S.F.
V.

Philippe Ariès und Georges Duby (Hg.)

Geschichte des privaten Lebens

S. Fischer

Geschichte des privaten Lebens

1. Band: Vom Römischen Imperium zum Byzantinischen Reich

Herausgegeben von
Paul Veyne

Deutsch von
Holger Fliessbach

S. Fischer

3. Auflage: 12.-15. Tausend
Die französische Originalausgabe des 1. Bandes der ›Histoire de la vie privée‹
mit dem Titel ›De l'Empire romain à l'an mil‹
erschien 1985 bei Editions du Seuil, Paris.

Umschlaggestaltung: Buchholz/Hinsch/Walch
Satz: Wagner GmbH, Nördlingen
Druck: Aumüller Druck KG, Regensburg
Bindung: Lachenmaier, Reutlingen
Printed in Germany 1991
ISBN 3-10-033610-0

Inhalt

Anhang

Georges Duby

Vorwort zur *Geschichte des privaten Lebens*

Die Idee zu einer allgemeinverständlichen Geschichte des privaten Lebens ist Michel Winock zu danken. Philippe Ariès hat sie aufgegriffen und in die Tat umgesetzt. Das Werk, das wir gemeinsam mit ihm begonnen haben und dann, nach seinem jähen Tod, ohne ihn fortsetzen mußten, widmen wir dem Andenken dieses hochherzigen Historikers. Unerschrocken folgte er seinen Ahnungen und Einsichten. Die Kühnheit und die Fruchtbarkeit seiner Forschungen sind bekannt. Als erster brachte er Licht in Bezirke der modernen Geschichte, die undurchdringlich schienen; er bahnte Wege und lehrte zu begreifen, was im 17. und 18. Jahrhundert Kindheit, Familie und Tod hieß. Sein Elan und seine im schönsten Sinne unakademische Neugier haben uns Mut gemacht, das Werk in seinem Geiste zu Ende zu führen. Unentbehrlich waren uns seine Ratschläge bei den vorbereitenden Besprechungen, bei dem Mediävisten-Kolloquium in Sénanque im September 1981 und bei dem von ihm geleiteten Kolloquium in Berlin, der letzten Station seiner wissenschaftlichen Laufbahn.

Auf Schritt und Tritt lauerten Gefahren. Unvertrautes Gelände erwartete uns. Kein Vorgänger hatte das Quellenmaterial bereitet oder gar gesichtet – ein Material, das auf den ersten Blick von gewaltiger Fülle, aber unendlich weit verstreut schien. Wir mußten uns in das Dickicht wagen, das Terrain abstecken. Wenn Archäologen auf eine unerkundete Fundstelle stoßen, die zwar Schätze birgt, aber für systematische Ausgrabungen zu großräumig ist, ziehen sie nur ein paar vorläufige Gräben: So mußten auch wir uns auf plausible Stichproben verlassen; das Ganze ergreifen zu wollen wäre illusorisch gewesen. Wir waren gezwungen, uns vorsichtig voranzutasten, und haben uns von Anbeginn damit abgefunden, daß wir dem Leser keine Bilanz vorlegen können, sondern nur ein Forschungsprogramm. Die Beiträge werfen denn auch mehr Fragen auf, als sie beantworten. Wir hoffen jedoch, daß sie die Aufmerksamkeit schärfen und dazu anregen werden, die von uns begonnene Arbeit fortzusetzen, neue Parzellen zu eröffnen und die von uns bloß oberflächlich vermessenen gründlich zu erforschen.

Noch ein anderes Hindernis stand im Wege – nicht ebenso augenfällig, aber kompakt. Ursprünglich hatten wir vor, die gesamte abendländische Geschichte, von den Anfängen bis heute, in unsere Untersuchungen einzubeziehen. Wir hätten also auf einen Zeitraum von zweitausend Jahren, auf die unterschiedlichsten Sitten und Gebräuche der verschiedensten Völker einen Begriff angewendet – den des »Privatlebens« –, von dem wir wußten, daß er in der uns geläufigen Lesart erst im 19. Jahrhundert und nur in einigen Gegenden namhafte Gestalt gewonnen hat. Wie steht es mit der Vorgeschichte dieses Begriffs? Wie bestimmt man die Vielfalt der Wirklichkeiten im Verlauf der Jahrhunderte, die der Begriff verdeckt? Es galt, das Thema genau einzukreisen, um nicht zum soundsovielten Male vom Alltagsleben zu handeln und, etwa bei der Darstellung der Wohnverhältnisse oder der Schlafgewohnheiten, weder in eine Historiographie des Individualismus noch in eine der Intimität zu verfallen.

So sind wir denn von der offensichtlichen Tatsache ausgegangen, daß der gesunde Menschenverstand allerorten einen Unterschied macht zwischen dem Öffentlichen – das der Gemeinschaft zugänglich und der Obrigkeit untertan ist – und dem Privaten; von der Tatsache, daß diesem Teil des Daseins, den alle Sprachen den »privaten« nennen, ein besonderer, klar abgegrenzter Bereich vorbehalten ist, eine unantastbare Rückzugszone, in der wir die Waffen fallen lassen können, mit denen wir uns gegen Zugriffe und Zumutungen der Öffentlichkeit wappnen, in der wir uns entspannen und gehenlassen, zwanglos und unbeschwert vom Panzer der Ostentation, der uns draußen beschützt. Dieser Ort atmet Vertrautheit; er ist heimelig. Doch er ist auch die Sphäre des Heimlichen: Im Privaten findet sich verdichtet, was uns am kostbarsten ist, was nur uns selbst betrifft, was man nicht sehen lassen mag und nicht zeigen darf, weil es so gar nicht dem Schein entspricht, den in der Öffentlichkeit zu wahren uns die Ehre gebietet.

Natürlicherweise gebannt ins Innere des Hauses oder der Wohnung, verborgen hinter Riegeln und Zäunen, erscheint das private Leben von einer Mauer umgeben. Doch über diese »Mauer« hinweg, deren Unversehrtheit das Bürgertum des 19. Jahrhunderts mit Zähnen und Klauen zu verteidigen wußte, spielen sich unablässig Konflikte ab. Nach außen muß sich das Private gegen Einmischungen des Öffentlichen wehren, und auf der eigenen Seite der Barriere gilt es, das individuelle Aufbegehren zu bändigen, denn sie schützt eine Gruppe, ein komplexes soziales Gebilde, in welchem die Ungerechtigkeiten und Widersprüche der Gesellschaft potenziert erscheinen: Heftiger als draußen tobt hier der Machtkampf zwischen den Geschlechtern, zwischen den Generationen, zwischen Herr und widerspenstigem Knecht.

Diesen zweifachen Konflikt hat die Entwicklung unserer Kultur seit dem Mittelalter zunehmend verschärft. Einerseits ist mit dem Erstarken des Staates die öffentliche Einmischung ins Private nachdrücklicher und aggressiver geworden, andererseits förderten die neuen wirtschaftlichen Möglichkeiten, der Verfall der kollektiven Rituale und die Verinnerlichung von religiösen Einstellungen die Freiheit des Einzelnen und bekräftigten Formen des Zusammenlebens außerhalb der Familie und des Hauses. So kam es zu einer Diversifizierung der Privatsphäre. Es setzte sich allmählich, vor allem in den größeren und kleineren Städten, eine Dreiteilung des privaten Raums durch. Es gab die Wohnung, in der sich das Leben der Frau abspielte; Arbeitsstätten von ebenfalls privatem Charakter wie die Werkstatt, den Laden, das Büro, die Fabrik; schließlich Gehäuse für männliche Kumpanei und Erholung, zum Beispiel das Café oder den Club.

Die folgenden fünf Bände wollen die Wandlungen sichtbar machen, die im Laufe der Zeit Wesen und Begriff des privaten Lebens erfaßt haben. Im Grunde verändert das Private unaufhörlich seinen Charakter. Auf jeder Stufe der Entwicklung läßt es Merkmale erkennen, »die aus einer fernen Vergangenheit stammen«, sagt Philippe Ariès in einem der Arbeitspapiere, die er uns hinterlassen hat. Und er fügt hinzu: »Andere, jüngere [sc. Merkmale] treten hervor, sei es, daß sie sich neu herausbilden, sei es, daß alte vergehen oder sich bis zur Unkenntlichkeit verdünnen.« Ausdrücklich gewarnt vor solcher Bilderflut, die sich stets und stetig selber erneuert, mag der Leser sich weniger hilflos fühlen angesichts des Geschehens, das sich vor seinen Augen vollzieht und das ihn mit seinem sich beschleunigenden Rhythmus mehr oder minder verwirrt. Erlebt er nicht mit, wie die vermittelnden Freiräume privater Geselligkeit schrumpfen, eingezwängt zwischen Schlafstelle und Arbeitsplatz? Trägt er nicht selber bei zu der ebenso rapiden wie nachhaltigen Verwischung des Geschlechtsunterschiedes, den die Geschichte fest verankert sieht in der Differenz des Drinnen und Draußen, des Öffentlichen und Privaten? Merkt er nicht, daß es heute not tut, über die Rettung der Humanität selbst nachzudenken, da doch der fulminante Fortschritt der Technik andauert und die letzten Schutzwälle um das Private mit sich fortreißt, da Praktiken staatlicher Kontrolle herrschen, die, wenn wir nicht achtgeben, schon bald das Individuum zu einer Nummer in einer riesigen, beängstigenden Datenbank herabwürdigen werden?

London
Belgien
Rhein
Trier
Mainz
Paris
Orléans
Lügenfeld
Donau
Atlantik
St. Gallen
Bordeaux
Po
Ravenna
Marseille
Florenz
Douro
Tiber
Tejo
Rom
Ostia
Spanien
Pompeji
Córdoba
Palermo
Sizilien
Hippona
Marokko
Karthago
Tunesien
Mittelmeer

Im Interesse des Lesers wurde auf die Poesie antiker Ortsangaben verzichtet; es werden nur die modernen Namen gegeben. Um die Größenordnung dieser Karte zu ermessen, muß man sich vor Augen halten, daß man in der Antike nicht mehr als 30 bis 60 Kilometer pro Tag zurücklegte, wenn man zu Lande auf Reisen war. Offizielle Boten waren ein wenig schneller. Auf dem Seeweg dauerte die Reise von Rom nach Syrien je nach Windverhältnissen mindestens zwei Wochen, manchmal auch sehr viel länger. Seereisen zwischen November und März vermied man nach Möglichkeit. Trotzdem waren die Menschen viel unterwegs, doch mußten sie ihr Leben entsprechend ausrichten. Die wichtigsten Städte (außer Rom) waren Karthago, Alexandria, das syrische Antiochia und Ephesos. Die deutlich wohlhabenden Regionen waren Tunesien, Syrien und die Türkei.

Das Besondere am Römischen Reich war seine Zweisprachigkeit. In der westlichen Hälfte war die Sprache der Verwaltung, Wirtschaft und Kultur das Lateinische, in der östlichen Hälfte das Griechische. Die Gesamtbevölkerung belief sich auf 50 bis 100 Millionen. Die Einwohnerzahl der drei größten Städte lag bei 100 000 bis 200 000; der größte Teil davon entfiel auf die zum Stadtgebiet gehörende Landbevölkerung. Rom zählte 500 000 Einwohner, vielleicht auch eine Million. Der Lebensstandard war von Provinz zu Provinz verschieden; er war ein wenig niedriger oder höher als in einem modernen Land Vorderasiens oder des Nahen Ostens.

Geschichte
des privaten Lebens

Vom Römischen Imperium
zum Byzantinischen Reich

Paul Veyne

Einleitung zu diesem Band

Dieser Band schlägt den Bogen von Caesar und Augustus bis zu Karl dem Großen, ja, bis zur Herrschaft der Komnenen-Dynastie in Byzanz; er umschließt also 800 bis 1000 Jahre. Es geht dabei nicht ohne erhebliche Lücken ab, die jedoch bewußt in Kauf genommen worden sind; Vollständigkeit war weder möglich noch erstrebenswert. Über manche Epochen sind wir nur so spärlich unterrichtet, daß sie für uns nicht lebendig werden. Der Stoff, aus dem dieses Jahrtausend gemacht ist, ähnelt einem fadenscheinigen und schlotternden Gewand: Wir haben aus ihm einige Stücke herausgeschnitten, die noch farbig und die in sich ganz sind.

Erstes Stück: das Römische Reich zur Zeit des Heidentums. Von ihm wird so eingehend berichtet, daß die massive Gewaltsamkeit der Christianisierung deutlich wird. Der große Historiker Peter Brown hat es unternommen, die christliche Säure auf das römische Reagens zu gießen. Das zweiteilige Bild entfaltet sich wie ein Drama vor uns: Es stellt dar den Übergang vom bürgerlichen zum innerlichen Menschen.

Zweites Stück: der materielle Rahmen des privaten Lebens. Das Haus im heidnischen und im christlichen Altertum wird genau untersucht – nicht so sehr auf seine materielle Beschaffenheit als vielmehr auf seine Funktionen hin, auf die Kunst und das Leben in ihm. Mit dieser Studie wird Neuland betreten. Wir hoffen, der Leser wird es uns doppelt danken, daß wir uns hierüber verbreitet haben. Wir wollten für die private Architektur ein Gegenstück zur Erforschung der öffentlich-städtischen schaffen, die im Text- und Bildteil der *Histoire de la France urbaine* so viel Platz beansprucht. Ein weiterer Grund war das lebhafte Interesse des Publikums an der Archäologie – man beobachte nur die Touristen, wie sie sich im Sommer auf den Ausgrabungsstätten tummeln, den Kunstführer in der Hand. Aber der garantiert keine Einsicht. Man kann aus ihm nicht lernen zu *sehen*: armselige Trümmer zu deuten, im Geiste Mauern, Stockwerke und Dach eines Hauses zu errichten, von dem bloß noch die Grundfesten da sind, und sich seine Bewohner vorzustellen, ihr Tagewerk, ihren häuslichen Umgang, ihre Nähe und ihre Ferne.

Drittes Stück: das Frühmittelalter in Westeuropa und im byzantinischen Osten. Im 5. Jahrhundert n. Chr. verliert das Römische Reich seine westlichen Provinzen, in denen nun Barbarenkönige herrschen. In der ihm verbleibenden östlichen Hälfte lebt das Römische Reich fort: Die byzantinische Kultur ist nichts anderes als die Fortsetzung der römischen Antike, umgeformt einzig durch die Gewalt der vergehenden Zeit. Zwei gegensätzliche Bilder bezeichnen, im Sinne der »nouvelle histoire«, das Leben im merowingischen und karolingischen Westen und im Byzantinischen Reich zur Zeit der makedonischen Dynastie.

Soweit unser Plan. Der Leser freilich könnte mit Recht zwei Fragen stellen: Warum mit den Römern beginnen? Und warum nicht mit den Griechen?

Warum die Römer? Weil ihre Zivilisation die Grundlage des modernen Westeuropas wäre? Es ist keineswegs sicher, daß sie diese »Grundlage« ist (Christentum, Technik und Menschenrechte sprechen dagegen); man sieht nicht recht, welche präzise Bedeutung man dem Wort »Grundlage« geben soll, damit die Diskussion über dieses Thema sich nicht in einem politischen und pädagogischen Wortschwall verliert. Es gibt gute Gründe für die Ansicht, daß es nicht unbedingt die Aufgabe des Historikers ist, den Parvenü in seinen genealogischen Illusionen zu bestärken. Die Beschäftigung mit der Geschichte ist eine Reise in das Andere; sie gebietet, daß wir »aus uns herausgehen«. Das ist ein ebenso legitimes Vorhaben wie das, uns in unseren Grenzen zu bestätigen. Die Römer sind gründlich verschieden von uns und brauchen, was Fremdheit und Befremdlichkeit betrifft, den Vergleich mit Indianern und Japanern nicht zu scheuen. Dies war eines der Motive, weshalb wir unsere Darstellung mit ihnen beginnen: Wir wollten einen Kontrast markieren, nicht die Vorahnung des zukünftigen Westeuropas beschwören. Die römische »Familie« – um nur sie zu nennen – hat so gut wie keine Ähnlichkeit mit ihrer Legende oder mit dem, was wir heute unter Familie verstehen.

Warum dann aber nicht die Griechen? Weil das Griechische im Römischen »enthalten« ist, sein Wesen ausmacht. Das Römische Reich ist die hellenistische Zivilisation in den brutalen Händen eines Staatsapparates italischen Ursprungs. Rom schöpft die Zivilisation und die Kultur, die Literatur, die Kunst und sogar die Religion fast zur Gänze aus dem Griechischen, und zwar im Verlauf einer fünfhundertjährigen Akkulturation. Rom, die mächtige Etruskerstadt, ist seit seiner Gründung nicht weniger hellenisiert als die anderen Städte Etruriens. Zwar haben die obersten Institutionen des Staates, Kaiser und Senat, sich den Hellenismus einigermaßen vom Leibe gehalten (aus ihnen spricht der römische Wille zur Macht); aber eine zweite institutionelle Struktur, nämlich die der Stadtgemeinden (im Körper des Römischen Reiches bildeten Tausende von autonomen Städten die lebendigen Zellen), war ganz und gar griechisch geprägt. Das Leben einer Stadt im lateinischen Westen unterschied sich seit dem 2. Jahrhundert v. Chr. in nichts von dem einer Stadt in der Osthälfte des Reiches. Und im wesentlichen war es dieser durch und durch hellenisierte städtische Alltag, der den Rahmen für das Private bestimmte.

So herrscht denn, wenn unsere Darstellung beginnt, von Gibraltar bis zum Indus eine Weltzivilisation: die hellenistische. Ein Volk am Rande, selber hellenisiert, erobert diesen Kulturraum und vollendet die eigene Hellenisierung. Denn es versteht sich diese Zivilisation anzueignen, die es niemals als etwas Fremdes empfunden hat, sondern als die

Zivilisation schlechthin, deren erste Repräsentanten allerdings die Griechen waren; und die Römer waren fest entschlossen, ihnen nicht das Monopol zu überlassen. Die Römer sind ein Volk mit der Kultur eines anderen Volkes, der Griechen. So stark war der Wille zur Macht in der politischen Klasse Roms, daß sie sich der fremden Werte wie einer Beute bemächtigte; Rom hat niemals befürchtet, seine »nationale Identität zu verlieren«, sich seines eigentümlichen kulturellen Erbes zu begeben; es ist weder fremdenfeindlich noch fremdenhörig. Daran erkennt man die souveränen Gemeinschaften. Rom ist griechisch geworden, so wie das zeitgenössische Japan ein Land des Westens wird. Dieser erste Band beschreibt vor allem das private Leben in jenem Reich, das man das römische nennt, das aber ebensogut das hellenische heißen könnte. Das ist die Grundlage unserer Geschichte: ein altes, verschwundenes Imperium.

Bacchus; Bronze, halbe Lebensgröße. Mit lässig geneigtem Kopf blickt dieser bartlose Jüngling mit dem langen Haar von seinem Sockel herab. Lippen und Augen und der Reiz der Gestalt sind geradezu verstörend und verraten den Gott. (Paris, Petit Palais, Sammlung Dutuit)

Paul Veyne

I. Das Römische Reich

Wandmalerei im sog. Haus des Terentius Neo, Pompeji. Bildnis eines Paares, vor 79 v. Chr. (Neapel, Archäologisches Museum)

Vor diesen beiden Gestalten ist das Eis schnell gebrochen: Um sie kennenzulernen, muß man ihnen nur in die Augen schauen, ganz so, wie sie selbst uns anschauen. Nicht zu allen Zeiten gibt es in der Kunst der Porträtmalerei einen ähnlichen Tausch der Blicke. Dieser Mann und diese Frau sind keine Gegenstände, sie sehen uns ja an. Aber sie tun nichts, uns zu provozieren, zu verführen, zu überzeugen; durch nichts lassen sie eine Innerlichkeit ahnen, mit der zu rechten wir nicht wagen würden. Sie stellen nicht so sehr unsere Anwesenheit bloß, als daß sie sich gelassen dem Blick der Welt stellen: Daß wir anwesend sind, ist ihnen natürlich, so wie sie selbst sich natürlich finden; sie sind, was wir sind, und die Blicke werden auf gleicher Frequenz gewechselt und zu gleichem Wert.

Diese griechisch-römische Humanität war lange Zeit klassisch; sie wirkte weder altmodisch noch spröde. Der Familienvater und seine Frau posieren nicht und zeigen keine Mimik; ihr Gewand prunkt nicht mit gesellschaftlichen Insignien noch mit politischen Symbolen, Kleider machen keine Leute; der Hintergrund ist leer, vor dieser neutralen Kulisse ist der Einzelne er selbst, und er wäre auch überall sonst derselbe: *vérité, universalité, humanité.* Die Frau hat ihre Eleganz allein in der Frisur ausgedrückt; sie trägt keinen Schmuck.

Heute bedrängen uns die Beliebigkeit von Sitten und Gebräuchen, der Zeittakt in der Geschichte und die verstörende Erfahrung der Endlichkeit. Um uns aus dem humanistischen Traum zu wecken, in dem die zwei noch befangen sind, genügt ein erstes, rein äußerliches Argument: Dieser Mann und diese Frau besaßen ausreichend Geld, um sich malen zu lassen. Auch sind sie nur scheinbar Individuen. Dieses Porträt, das man für einen Schnappschuß nehmen könnte, hält wie zufällig die Identität der beiden in einem kanonischen Alter fest, in dem man bereits erwachsen ist, aber noch nicht begonnen hat zu verfallen. Es sind keine Wesen aus Fleisch und Blut, fixiert in einer beiläufigen Situation ihres Lebens; es sind individualisierte Typen einer Gesellschaft, die sich als natürliche und ideale zugleich versteht. Der Augenblick koinzidiert mit einer zeitlosen Wahrheit, und das Individuum ist das Sinnbild.

Was der Mann und seine Gattin in ihren Händen halten, sind die unbestreitbaren und persönlichsten Attribute ihrer sozialen Überlegenheit – nicht solche des Reichtums oder der Macht, etwa Geldbeutel oder Schwert, sondern ein Buch, Schreibtäfelchen und Griffel. Dieses Kulturideal ist selbstverständlich: Buch und Griffel sind für die beiden offensichtlich vertraute Gerätschaften, mit denen sie nicht auftrumpfen müssen. Und was selten genug ist in der Kunst des Altertums, die kaum die intime Geste liebt – der Mann stützt erwartungsvoll sein Kinn auf das Buch (eine Schriftrolle), während die Frau nachdenklich den Griffel an die Lippen führt, sie fahndet nach einem Vers, denn die Poesie war durchaus auch eine Kunst der Damen. Michelangelo hat die »autistischen« Gesten hoch geschätzt (sein Moses streicht sich zerstreut den Bart); sie verraten bei ihm den Anflug des Schattens eines Traumes. Doch diese zwei träumen nicht, sie meditieren und sind sich dabei ihrer selbst sicher. Die autistische Geste beweist die Verinnerlichung einer Kultur – die Bücher sind keine Privilegien, sie halten sie in der Hand, weil sie es so wollen. Die Subtilität und das Ungekünstelte dieser schönen Lügen machen die Größe der griechisch-römischen Welt aus, die wir nun betreten werden. Sind es Bürger? Sind es Herren? Es sind elegante Menschen.

Wenn Freundschaft und Trauer ihre eigenen Rechte haben, dann möchte ich die folgenden Seiten dem Andenken Michel Foucaults widmen dürfen. Er war so stark, daß man neben ihm das nämliche Vergnügen empfand, das man in der Nähe der Berge erlebt. Mit ihm verlor ich eine Quelle der Kraft:

»It is a strange courage
You give me, ancient star.
Shine alone in the sunrise
Toward which you lend no part.«

Teilansicht eines Sarkophags; Mitte 2. Jh. Eine Frau sitzt auf dem ihr gebührenden Stuhl mit hoher Lehne und gibt ihrem Kind die Brust. Der Vater lehnt in vornehmer Haltung an einer Säule; zum Zeichen seines Ranges hält er eine Schriftrolle in der Hand. (Paris, Louvre)

Von der Wiege bis zur Bahre

Aufgenommenes und ausgesetztes Leben

Die Geburt eines Römers ist nicht lediglich ein biologischer Vorgang. Die Neugeborenen kommen zur Welt oder, besser gesagt, sie werden in die Gesellschaft aufgenommen kraft einer Entscheidung des Familienoberhaupts. Empfängnisverhütung, Abtreibung, das Aussetzen freigeborener Kinder und die Tötung des Kindes einer Sklavin sind übliche und legale Praxis. Verpönt und damit illegal wird diese Praxis erst mit der Ausbreitung jener neuen Moral, die wir der Kürze halber die »stoische« nennen. Der Bürger in Rom »hat« nicht einen Sohn, vielmehr wird er das Kind »nehmen« oder »aufheben« (»tollere«). Der Vater macht von seinem Recht Gebrauch, das Neugeborene vom Boden aufzuheben, wohin es die Hebamme gelegt hat, es auf den Arm zu nehmen und damit zu bekunden, daß er das Kind anerkennt und darauf verzichtet, es auszusetzen. Die Mutter hat soeben entbunden (im Sitzen und auf einem Spezialstuhl, den Blicken der Männer entzogen), oder sie ist während der Wehen gestorben, und man hat das Kind aus ihrem Uterus herausgeschnitten, was freilich bedeutet, daß es zum Stammhalter nicht taugt.

Das Kind, das der Vater nicht vom Boden aufgenommen hat, wird ausgesetzt, sei es vor der Haustür, sei es an einem öffentlich zugänglichen Ort – jeder, der mag, kann es nehmen. Ausgesetzt wird das Kind auch, wenn der Vater abwesend ist und es seiner schwangeren Frau so befohlen hat. Griechen und Römer wußten, daß es eine Eigentümlichkeit der Ägypter, der Germanen und der Juden war, sämtliche Kinder aufzuziehen und keines auszusetzen. In Griechenland wurden Mädchen häufiger ausgesetzt als Knaben. Im Jahre 1 v. Chr. schreibt ein Grieche an seine Frau: »Wenn Du ein Kind bekommst, dann laß es leben, sofern es ein Junge ist; wenn es ein Mädchen ist, setze es aus.« Es ist jedoch keineswegs sicher, daß die Römer genauso voreingenommen waren. Ausgesetzt oder ertränkt wurden bei ihnen mißgebildete Säuglinge (nicht aus Zorn, sondern aus vernünftiger Überlegung, meint Seneca: »Man muß das, was gut ist, trennen von dem, was zu nichts nütze ist«) und auch die Kinder von Töchtern, die einen »Fehltritt« begangen hatten. Doch der Hauptgrund für die Preisgabe ehelicher Kinder war bei den einen die Not, bei den anderen die Rücksicht auf das Erbe. Die Armen gaben Kinder auf, weil sie sie nicht zu ernähren vermochten. Andere »Arme« (im antiken Sinne des Wortes, den wir mit »Mittel-

Schild einer Hebamme; Terrakotta. Die eine Hebamme stützt die gebärende Frau, die sich am Stuhl festklammert, die andere bereitet die Entbindung vor. (Ostia, Archäologisches Museum)

schicht« umschreiben würden) setzten die ihren aus, »um sie nicht verdorben zu sehen durch eine mittelmäßige Bildung, die sie untauglich macht für Rang und Würde«, wie Plutarch schreibt; die Mittelschicht, die einfachen Notabeln, zog es aus Gründen der Familienehre vor, ihre Bemühungen und Geldmittel auf eine kleine Zahl von Nachkommen zu konzentrieren. In den östlichen Provinzen trennten sich die Bauern gütlich von ihrem Nachwuchs. Eine Familie mit vier Kindern hat bereits Mühe, die Mäuler zu stopfen; nun werden noch drei Knaben geboren, man gibt sie zu Freunden, die diese künftigen Arbeitskräfte gerne bei sich aufnehmen und »als ihre Söhne« gelten lassen. Unter Juristen bleibt es eine strittige Frage, ob diese »in Verwahrung genommenen« Kinder (»threptoi«) frei sind oder zu Sklaven der sie behütenden Familie werden. Aber selbst die Reichsten konnten keinen unerwünschten Sprößling wollen, wenn seine Geburt bedeutete, bereits getroffene testamentarische Verfügungen über die Aufteilung des Erbes umstoßen zu müssen. Ein Rechtssatz besagte: »Die Geburt eines Sohnes (oder einer Tochter) erledigt das [bereits besiegelte] Testament«, es sei denn, der Vater fand sich damit ab, im voraus den Nachkommen zu enterben, der ihm vielleicht noch geboren werden würde; bisweilen war es ihm lieber, gar nicht erst von ihm zu hören, als ihn enterben zu müssen.

Was wurde aus den ausgesetzten Kindern? Daß sie überlebten, war selten, wie (Pseudo-)Quintilian berichtet, der indes einen Unterschied zwischen Arm und Reich macht: Die Reichen wollen das Kind niemals wiedersehen, während die Armen, die nur der Not gehorcht haben, alles in ihrer Macht Stehende tun, um das Kind eines Tages zurückzubekommen. Mitunter geschah die Aussetzung bloß zum Schein: Die Mutter vertraute das Kind ohne Wissen des Vaters Nachbarn oder Untergebenen an, die es heimlich als Sklaven aufzogen und schließlich freiließen. In sehr seltenen Fällen erfuhr das Kind eines Tages, daß es frei geboren war; so geschah es etwa mit der Gattin des Kaisers Vespasian.

Die Kindesaussetzung als legitime und wohlbedachte Entscheidung hatte gelegentlich prinzipiellen Charakter. Ein Gatte, der seine Frau der Untreue verdächtigt, wird das Kind aussetzen, in dem er ein Geschöpf des Ehebruchs erblickt – vor dem Portal des kaiserlichen Palastes hat man beispielsweise das Töchterchen einer Prinzessin ausgesetzt, »ganz nackend«. Die Entscheidung konnte jedoch auch eine politisch-religiöse Demonstration sein: Beim Tode eines beliebten Prinzen aus dem Kaiserhaus, des Germanicus, zerschlug die Plebs, aus Wut über das Regiment der Götter, die Tempel, und manche Eltern setzten demonstrativ ihre Kinder aus, zum Zeichen des Protestes; nach der Ermordung der Agrippina durch ihren Sohn Nero setzte ein unbekannter Vater »mitten auf dem Forum sein kleines Kind aus, samt einer Tafel, auf der geschrieben stand: ›Ich ziehe dich nicht groß, auf daß du nicht einst deine Mutter erwürgst‹«. Die Kindesaussetzung war eine private Handlung. Doch warum sollte sie nicht auch einmal eine öffentliche sein? Eines Tages lief in der Plebs das Gerücht um, der Senat habe von den Wahrsagern erfahren, daß im nämlichen Jahre ein König geboren werden würde, und wolle das Volk zwingen, alle Kinder dieses Jahrgangs auszusetzen.

Bruchstück einer Vase mit Reliefs, 1. Jh. Ein Diener eilt mit einer Schüssel Wasser zu einem Liebespaar. Die Waschung nach dem Beischlaf war ein Ritual. (Lyon, Musée de la Civilisation Gallo-romaine)

Die »Stimme des Blutes« hatte in Rom wenig Gewicht, gewichtiger und vernehmlicher war die Stimme des Familiennamens. Uneheliche Kinder nahmen den Namen der Mutter an, und es gab weder Ehelichkeitserklärungen noch Vaterschaftsanerkenntnisse; von ihren Vätern vergessen, haben die unehelichen Kinder in der römischen Aristokratie so gut wie keine gesellschaftliche oder politische Rolle gespielt. Anders bei den Freigelassenen, die oft reich und mächtig waren und ihren Kindern gelegentlich den Weg zur Ritterschaft, ja sogar in den Senat ebneten. Die herrschende Oligarchie reproduzierte sich durch ihre legitimen Kinder und durch die Söhne ihrer ehemaligen Sklaven. Denn die Freigelassenen nahmen als Familiennamen den Namen jenes Herrn an, der sie aus der Sklaverei befreit hatte; sie gaben seinen Namen weiter. Nicht zuletzt daraus erklärt sich die Häufigkeit der Adoption: Das adoptierte Kind nahm den Familiennamen seines neuen Vaters an.

Geburtenrate und Empfängnisverhütung

Adoptionen und der soziale Aufstieg mancher Freigelassener machten die geringe natürliche Reproduktion wett; die römische Mentalität schwor nicht auf natürliche Blutsbande. Abtreibung und Empfängnisverhütung waren gängige Praktiken. Was freilich ihre historische Beurteilung erschwert, ist der Umstand, daß die Römer mit dem Wort »Abortus« sowohl, wie wir es heute tun, chirurgische Eingriffe bezeichneten als auch Verfahren, die bei uns »Kontrazeption« heißen. Der biologische Augenblick, in welchem eine Mutter sich eines künftigen Sohnes entledigt, den sie nicht haben will, spielte in Rom kaum eine Rolle. Die strengsten Moralisten mochten es der Mutter zur Pflicht machen, ihre

Leibesfrucht zu hüten; doch nicht im Traume wäre ihnen eingefallen, ein Recht des Fötus auf Leben anzuerkennen. Fraglos haben alle Schichten der Bevölkerung die eine oder andere Methode der Empfängnisverhütung angewendet. Augustinus spricht wie von etwas Geläufigem über »Liebesumarmungen, in denen die Empfängnis vermieden wird«, und untersagt sie, selbst mit der Ehegattin; er unterscheidet Empfängnisverhütung, Sterilisierung durch Arzneimittel und Abtreibung und stellt sie allesamt unter Verdikt. Alfred Sauvy schreibt: »Nach dem, was wir heute über die Vermehrungsfähigkeit der menschlichen Rasse wissen, hätte die Bevölkerung des [Römischen] Reiches viel stärker wachsen und alle Grenzen sprengen müssen.«

Welche Methoden der Empfängnisverhütung waren gebräuchlich? Bei Plautus, Cicero und Ovid finden sich Anzeichen des heidnischen Brauchs der Waschung nach dem Liebesakt, und eine in Lyon gefundene reliefierte Vase zeigt, wie ein Krugträger zu einem Liebespaar eilt, das sich eifrig auf dem Bett zu schaffen macht – eine Maßnahme, die anscheinend der Reinlichkeit, in Wahrheit jedoch der Empfängnisverhütung diente. Der christliche Polemiker Tertullian verficht die Auffassung, daß das männliche Sperma nach dem Erguß bereits ein Kind sei (weshalb er die Fellatio mit Menschenfresserei vergleicht). In seiner Schrift *Über die Verschleierung der Jungfrauen (De virginibus velandis)* macht er eine ihrer obszönen Urwüchsigkeit wegen unklare Anspielung auf jene falschen Jungfrauen, deren Niederkunft einer Schöpfung gleichkomme: Paradoxerweise setzen sie Kinder in die Welt, die ihrem Vater ähneln, und indem sie sie in die Welt setzen, töten sie sie – ein verdeckter Hinweis auf ein Pessar. Und Hieronymus spricht im 22. Brief von den Mädchen, »die im voraus ihre Unfruchtbarkeit auskosten und das Menschenwesen töten, bevor seine Saat noch gesät ist« – ein Hinweis auf ein spermizides Mittel. Was den Menstruationszyklus betrifft, so vertrat der Arzt Soranos aufgrund theoretischer Erwägungen die Ansicht, daß die Frauen entweder kurz vor oder kurz nach der Regel empfingen, eine Lehre, die zum Glück esoterisch geblieben ist. – Der Gebrauch all dieser Methoden liegt in der Verantwortung der Frau; Anspielungen auf den »Coitus interruptus« finden sich nirgendwo.

Wie viele Kinder hatte man? Das Gesetz kannte besondere Vorrechte für Mütter von drei Kindern, da sie ihre Pflicht getan hätten, und diese Zahl scheint kanonisch gewesen zu sein. Die Angaben auf den Grabinschriften sind sicherlich schwer zu deuten, die Texte wiederum sprechen mit besonderer Häufigkeit von Familien mit drei Kindern, ja, sie sprechen von ihnen, als seien sie sprichwörtlich. Rügt der Epigrammatiker eine Frau, die aus Geiz ihre Kinder hungern läßt, so schreibt er: »ihre drei Kinder«. Ein stoischer Moralprediger aber ruft aus: »Glaubt ihr vielleicht, ihr habt wer weiß was geleistet, bloß weil ihr zur Erhaltung des Menschengeschlechts zwei oder drei mißratene Gören gezeugt habt?« Solcher Malthusianismus entsprang dynastischen Überlegungen, wie Plinius d. J. in einem seiner Briefe meint, denn sobald man mehr als ein Kind hat, kostet es Anstrengung, für das zweite einen vermögenden Ehegatten zu finden. Man wollte also das Erbe nicht zerstükkeln. Zwar hatte die antike Moral dieses Kalkül ignoriert, aber sie war

Votivtafel für die lebenspendenden Göttinnen, 2. oder 3. Jh. Mutter und Kind treten mit einer Trage Obst vor die sitzende Göttin, die einem Säugling die Brust gibt. Die »Ammen«, »Mütter« oder »Matronen« waren die Schutzgottheiten der Kelten. (Marburg, Museum)

zur Zeit eben jenes Plinius noch immer die Moral gewisser Familienväter vom alten Schlage: »Sie ließen die Fruchtbarkeit ihres Weibes nicht brachliegen, mögen auch in unserer Zeit die meisten Menschen der Ansicht sein, daß schon ein einziger Sohn eine schwere Last ist und daß es von Vorteil ist, sich nicht mit Nachwuchs zu belasten.« Ändern sich die Verhältnisse am Ende des 2. Jahrhunderts n. Chr., als die stoisch-christliche Moral sich durchsetzt? Der Redner Fronto, Lehrer des Marc Aurel, hat durch Kinderkrankheiten »fünf Kinder verloren«; Marc Aurel selbst hat neun Söhne und Töchter gehabt. Nach drei Jahrhunderten erschien jenes goldene Zeitalter wieder, in dem Cornelia, die Mutter der Gracchen und eine vorbildliche Frau, dem Vaterland zwölf Kinder geschenkt hatte.

Erziehung

Kaum zur Welt gekommen, wird der Säugling, ob Junge oder Mädchen, einer Amme anvertraut. Die Zeiten sind vorbei, in denen die Mütter selbst stillten. Doch die »Nährmutter« gibt nicht nur dem Säugling die Brust. Bis zur Pubertät obliegt ihr, zusammen mit einem »Pädagogen«, »Ernährer« genannt (»nutritor«, »tropheus«), die Unterrichtung und Unterweisung der Knaben. Marc Aurel hat von seinem Lehrer gelernt, für sich selbst zu sorgen und sich nicht für die Wagenrennen im Zirkus zu begeistern. Die Kinder leben mit den Lehrern und essen mit ihnen; einzig das Abendessen, das zeremonielle Züge hat, nehmen sie gemeinsam mit den Eltern und deren Gästen ein. Amme und Erzieher genießen hohes Prestige; Marc Aurel sprach mit gebührender Pietät von seinem natürlichen Vater, seinem Adoptivvater und seinem »Ernährer«, während Kaiser Claudius einen bitteren Haß gegen seinen Erzieher bewahrte, weil dieser zu oft die Peitsche gebraucht hatte. Heira-

Sarkophag. Ein Knabe beim Spiel; er fährt in einem Wagen, vor den ein kleines Zugtier gespannt ist. Die Gabeldeichsel war noch nicht erfunden. (Paris, Louvre)

Malereien aus unterirdischen Gräbern, 2. und 3. Jh. n. Chr. Rechts: Ballspiel; unten: Kind mit einem rollenden Laufgerät. (Rom, Thermenmuseum)

tet ein Mädchen, so wird die junge Braut vor der Hochzeitsnacht von ihrer Mutter und ihrer Amme besucht, um von ihnen letzte Ratschläge zu empfangen. Lehrer, Amme und Milchbruder bilden eine Ersatzfamilie, die sich alle Freiheiten herausnehmen und des Urteils der Welt spotten darf. Nero hat bei der Ermordung seiner Mutter Agrippina seinen »Ernährer« zum Komplizen, und als er von allen verlassen ist und von seinen rebellierenden Untertanen in den Tod getrieben wird, hat er nur noch seine Amme, ihn zu trösten – sie und seine Konkubine Acte sind es, die ihn nach seinem Selbstmord ins Leichentuch hüllen. Und doch war er hart gegen seinen Milchbruder gewesen, dem er sehr wohl Respekt geschuldet hätte. Eines Tages sprach ein stoischer Philosoph über die Liebe in der Familie; er erklärte, daß diese Liebe der Natur entspräche, welche zugleich die Vernunft sei, und daß deshalb die Kinder ihre Mutter, ihre Amme und ihren Erzieher liebten.

In den guten Häusern wohnt die Ersatzfamilie auf dem Lande, fern von den schädlichen Verlockungen, und sie wird beaufsichtigt von einer strengen älteren Verwandten. »Ihren erprobten und zuverlässigen Vorzügen vertraute man den gesamten Nachwuchs dieses Hauses an. Sie überwachte die Studien und die Pflichten der Kinder, aber auch ihre Spiele und Zerstreuungen.« So wurden Caesar und Augustus erzogen; der spätere Kaiser Vespasian »wurde erzogen von seiner Großmutter väterlicherseits, auf ihrem Landgut in Cosa«, obwohl seine Mutter noch lebte. Die Großmutter väterlicherseits mußte freilich streng sein, während die Großmutter mütterlicherseits gehalten war, Nachsicht zu üben. Dieselbe Rollenverteilung herrschte bei den Onkeln.

Die Wirklichkeit der Erziehung indes scheint mit der Selbstzufriedenheit, welcher sich die Erzieher schmeichelten, nicht in jedem Fall übereingestimmt zu haben, wie wir den Bemerkungen eines römischen Lehrers entnehmen können. Freilich spricht er mit der besonderen Strenge, die sein Beruf erheischt (in Rom haben die Philosophen und manchmal auch die Redner eine Sonderstellung in der Gesellschaft, etwa so wie die Priester bei uns). Ihm zufolge ist das Kind, das im elterlichen Hause aufgewachsen ist, von seiner Umgebung »verweichlicht« worden; die Kleidung des Kindes ist ebenso luxuriös wie die der Erwachsenen, und es läßt sich in der Sänfte umhertragen; von den Frechheiten ihres Sprößlings sind die Eltern entzückt; bei den gemeinsamen Mahlzeiten schnappt das Kind gewagte Scherze und schlüpfrige Lieder auf, es beobachtet, daß es im Hause Konkubinen und Galane gibt. Wie wir noch sehen werden, war in den Köpfen vieler Römer die Meinung fest verankert, daß die Welt dekadent und verderbt sei und daß die Moral nicht so sehr darin bestehe, die Tugend zu lieben oder sie sich zur Gewohnheit zu machen, als vielmehr darin, die Kraft zum Kampf gegen das Laster aufzubringen. Schluß- und Eckstein der Individualität war die Widerstandsfähigkeit gegen das Böse. Daher galt als das Ziel der Erziehung, den Charakter zu festigen, solange dazu noch Zeit war, damit sich der Erwachsene resistent erweise gegen den Bazillus des Luxus und der Liederlichkeit, der in den Poren der Gesellschaft lauerte. Und so ist denn das Gegenteil von Verweichlichung die Regsamkeit, »industria«, welche die Muskeln des Charakters stärkt, während die Verweichlichung sie erschlaffen läßt. Tacitus erzählt uns von einem Senator, der »aus einer zwar plebejischen, aber sehr alten und geachteten Familie« stammte, »er nahm mehr durch sein gutmütiges Wesen als durch Tatkraft für sich ein, obgleich sein Vater ihn streng erzogen hatte«.

Allein Strenge bildet den Charakter, weil sie die Lust am Verbotenen abschreckt. Seneca sagt dazu: »Die Eltern tun dem noch unfesten kindlichen Charakter zu seinem Besten Zwang an; die Säuglinge werden in Windeln gewickelt, so sehr sie auch strampeln und heulen, damit ihr noch unfertiger Leib nicht schief und krumm wird, sondern gerade wächst; später lehrt man die Kinder die *artes liberales* [die freien Künste] und gebraucht Zwang, wenn sie sich sträuben.« Solche Strenge entspricht der Rolle des Vaters, während die Mutter das Programm der Nachsicht vertritt – ein wohlerzogenes Kind spricht den Vater nie anders als mit »domine« (Herr) an. Die Emporkömmlinge ahmten diesen aristokratischen Brauch bald nach. Der oben zitierte Rhetoriklehrer verlor einen zehnjährigen Sohn, der den Vater sehr verehrt und ihn sowohl seinen Ammen vorgezogen hatte als auch dem Großvater, bei dem er aufgewachsen war. Dieser Sohn hatte eine große Karriere richterlicher Beredsamkeit vor sich (diese Gattung der Beredsamkeit bildete

Kindersarkophag. Ein Kind spielt mit einem Reifen (»trochus«). (Rom, Vatikanische Museen)

Sarkophag eines Kindes, 2. Jh. Die Mädchen werfen einen Ball an eine Wand; die Knaben rollen Nüsse eine schiefe Ebene hinab, um einen aus Nüssen errichteten Turm einstürzen zu lassen. (Paris, Louvre)

damals den auffallenden, mondänen, bewegten Teil des literarischen Lebens, wie bei uns das Theater); die außergewöhnlichen Gaben des Sohnes rechtfertigten den öffentlichen Schmerz des Vaters. In dem angeblichen Mutter- oder Vaterinstinkt verquicken sich, wie man weiß, Regungen frei gewählter Liebe (die sich zwischen Eltern und Kind weder häufiger noch seltener einstellt als zwischen zwei Menschen, die das Schicksal zusammenführt) mit den zweifellos häufigeren Fällen, in denen das elterliche Gefühl von der herrschenden Moral »induziert« wird. Diese lehrt die Väter, in ihren Kindern die Träger des Familiennamens und Fortsetzer des Familienruhmes zu lieben – ohne eitle Zärtlichkeiten. Doch war es legitim, ruinierte Familienhoffnungen öffentlich zu beklagen.

Adoption

Unser Rhetoriklehrer hatte noch einen anderen Grund, seinen geliebten Sohn zu beweinen – eine hochstehende Persönlichkeit, ein Konsul, hatte den Knaben gerade adoptiert, was ihm eine glanzvolle Laufbahn eröffnet hätte. Die Häufigkeit von Adoptionen ist ein stichhaltiges Beispiel für die geringe Bedeutung der Blutsbande in der römischen »Familie«. Offensichtlich gab man ein Kind zur Adoption frei, so wie man seine Tochter in die Ehe gab, vor allem dann, wenn es eine »gute Partie« war. Auf zwei Wegen konnte man zu Kindern kommen: durch Zeugung in legaler Ehe und durch Adoption. Adoption konnte das Mittel sein, um eine Familie vor dem Aussterben zu bewahren, sie konnte aber auch helfen, den Status eines »pater familias« zu erwerben, den laut Gesetz ein Kandidat für öffentliche Ehren oder für ein Amt in der Provinzregierung vorweisen mußte. Die nämlichen Privilegien, die man durch Heirat erlangte, erschloß auch die Adoption. So wie der Erblasser denjenigen, den er zu seinem Erben erklärte, zum Wahrer des Familiennamens bestimmte, so erkor man sich durch die Adoption eines sorgfältig ausgewählten Jünglings einen würdigen Nachfolger. Der spätere Kaiser Galba ist Witwer, und seine beiden Söhne sind tot; seit langem schätzt er die Verdienste eines jungen Adligen namens Piso; er ändert sein Testament, setzt ihn zum Erben ein und adoptiert ihn endlich. Man konnte jedoch auch, wie Herodes Atticus tat, einen jungen Mann adoptieren, während die eigenen Söhne noch lebten. Die historischen Texte sprechen davon, daß es auch die Adoption durch Testament gegeben habe, in den juristischen Texten allerdings ist dafür kein Anhaltspunkt zu finden. Der eklatanteste Fall einer mit Adoption verbundenen Erbschaft ist der eines gewissen Octavius, der, zum Sohn und Erben Caesars geworden, eines Tages der Kaiser Augustus wird. Bisweilen fungierte die Adoption, wie die Ehe, als Instrument, um den Verbleib der Erbschaft zu regeln. Ein Schwiegervater, der die Ehrerbietung schätzt, mit welcher sein Schwiegersohn ihm begegnet, adoptiert ihn, wenn dieser nach dem Tod der Eltern sein Erbe antritt: Auf diese Weise hat der Schwiegervater die Verfügungsgewalt über das Erbe gewonnen, da ihm sein Schwiegersohn nun, als Adoptivsohn, Gehorsam schuldet. Dafür wird er diesem Adoptivsohn zu einer Karriere im Senat verhelfen. Die Adoption beeinflußt also auch Berufsschicksale.

Insoweit diese Kinder wie Bauern auf dem Schachbrett der Macht und des Geldes hin- und hergeschoben werden, sind sie nicht die »lieben Kleinen«, die man hätschelt und herzt; das überläßt man dem Personal. Sprechen gelernt hat das Kind von seiner Amme; in den guten Häusern war die Amme eine Griechin, weil das Kind von klein auf in diese Sprache der Kultur eingeübt werden sollte. Der Erzieher hingegen hat die Aufgabe, dem Kind das Lesen beizubringen.

Schule

Waren die Fertigkeiten des Lesens und Schreibens ein Vorrecht der Gebildeten? Aus den ägyptischen Papyri gehen drei Indizien mit Gewißheit hervor: Es gab Analphabeten, die sich die Feder von anderen führen ließen; es gab Menschen aus dem Volk, die schreiben konnten; es gab literarische Texte, Klassiker, in den armseligsten Städtchen (das war die »Kultur«, auf welche die antike Welt so stolz war). Die Bücher der Modepoeten gelangten sogleich bis ans Ende der Welt: nach Lyon. Doch so übersichtlich, wie diese Indizien vermuten lassen könnten, waren die Verhältnisse nicht. Die Wirklichkeit steckt in den Nuancen und Unterschieden. In einem Roman bekundet ein ehemaliger Sklave seinen Stolz, die Großbuchstaben lesen zu können. Was er demnach nicht lesen konnte, war die Kursivschrift der Bücher, der privaten Papiere, der Dokumente; zu entziffern vermochte er allerdings die Anschläge an den Läden und an den Tempeln, ferner die Bekanntmachungen über Wahlen, Schauspiele, zu vermietende Häuser und Versteigerungen, nicht zu vergessen die Grabinschriften. Zwar konnten sich nur die wohlhabenden Familien Privatlehrer leisten, aber es gab, wie Ulpianus be-

Grabrelief, 2. Jh. Mädchen beim Spiel mit Wurfscheiben. (Ostia, Archäologisches Museum)

Weitere Teilansicht des am Kapitelanfang abgebildeten Sarkophags. Vornehm gekleidet, trägt der Sohn seinem Vater (nicht seinem Lehrer!) eine rhetorische Übung vor. Die Finger des Kindes bilden eine der rhetorischen Gesten, die kodifiziert waren und in der Schule gelehrt wurden. Die Schriftrolle in seiner Linken ist kein realistisches Detail, sondern ein Zeichen von Kultur und damit von sozialem Rang. (Paris, Louvre)

richtet, »in Stadt und Land Lehrer, die Unterricht in den Anfangsgründen des Schreibens erteilten«. Die Schule war eine anerkannte Institution, der religiöse Kalender entschied über die Ferien, und der Morgen war die Stunde der Schüler. Wir haben eine Vielzahl von Dokumenten entdeckt, die von einfachen Leuten verfaßt wurden: Abrechnungen von Handwerkern, rührend schlichte Briefe, Graffiti, magische Täfelchen. Aber für sich selbst zu schreiben ist *eine* Sache, für und an Höhergestellte zu schreiben eine ganz andere; dazu muß man den vornehmen Stil beherrschen, insbesondere die Rechtschreibung (von der die Graffiti nichts wissen). Und so kam es, daß selbst Leute, die strenggenommen lesen und schreiben konnten, sich als »Analphabeten« vorkamen und zu einem öffentlichen Schreiber (»notarius«) gingen, um sich ein amtliches Schriftstück aufsetzen zu lassen, eine Eingabe, ja, selbst einen schlichten Vertrag.

Ein recht beträchtlicher Teil der kleinen Römer besuchte die Schule bis zum 12. Lebensjahr, die Mädchen ebenso wie die Knaben (wie der Arzt Soranos bestätigt). Es gab sogar »gemischte« Schulen. Im Alter von zwölf Jahren trennten sich die Wege der Knaben und der Mädchen, ebenso die von Reich und Arm. Einzig die Knaben setzten ihre Studien fort, sofern sie aus vermögendem Hause stammten. Sie studierten unter der Aufsicht eines »Grammatikers« oder Literaturlehrers die klassischen Autoren und die Mythologie (der man kein Wort mehr glaubte, deren Kenntnis aber den Bildungsstand bestimmte). In Ausnahmefällen wurden auch Mädchen von Hauslehrern in den Klassikern unterwiesen. Übrigens waren Mädchen mit zwölf Jahren heiratsfähig, ja, manche waren in diesem zarten Alter bereits verheiratet, jedenfalls galten sie mit vierzehn Jahren als erwachsen: »Die Männer sagen jetzt ›gnädige Frau‹ [›domina‹, ›kyria‹] zu ihnen, und da sie sehen, daß ihnen nichts anderes übrigbleibt, als das Bett mit einem Mann zu teilen, beginnen sie, sich herauszuputzen, und haben keine anderen Interessen mehr.« Der Philosoph, der dies geschrieben hat, zieht den Schluß: »es wäre besser, ihnen klarzumachen, daß nichts sie liebenswürdiger macht, als wenn sie züchtig und scheu erscheinen«. In den guten Familien sind die Mädchen ab diesem Zeitpunkt ins gitterlose Gefängnis der Handarbeit gesperrt: augenfälliger Beweis dafür, daß sie ihre Zeit nicht nutzlos vertun. Erwirbt eine Frau eine gefällige Bildung, kann sie singen, tanzen und ein Instrument spielen (Gesang, Musik und Tanz gehörten zusammen), so lobt man sie und rühmt ihre Begabung, doch beeilt man sich hinzuzufügen, daß sie trotzdem eine ehrbare Frau ist. Unter bestimmten Umständen übernimmt der Ehemann die Erziehung einer sehr jungen Frau aus gutem Hause. Ein Freund des Plinius hatte eine Gemahlin, deren Talente als Briefschreiberin man überschwenglich pries – entweder war der Ehemann selbst der Urheber dieser Briefe oder er verstand es, die Anlagen des Mädchens, »das als Jungfrau in die Ehe getreten war«, zu entwickeln, so daß ihr Talent letztlich doch sein Verdienst war. Andererseits wurde der Mutter Senecas von ihrem Mann das Studium der Philosophie untersagt, der darin den ersten Schritt zur Lasterhaftigkeit erblickte.

Die Knaben gehen also zur Schule und lernen. Warum? Um gute Staatsbürger zu werden? Um sich auf ihren späteren Beruf vorzubereiten? Um etwas von der Welt zu verstehen, in der sie leben? Nein; sondern um den Geist zu ehren und sich in der schönen Literatur zu bilden. Es ist ein befremdlicher Irrtum anzunehmen, daß die Schule als Institution sich über Jahrhunderte hinweg aus der Funktion erkläre, den Menschen zu formen bzw. ihn in die Gesellschaft einzugliedern. In Rom lernte man nicht das, was bildend oder nützlich, sondern was prestigeträchtig war, vor allem die Rhetorik. Es ist in der Geschichte eher die Ausnahme, daß die Erziehung das Kind auf das Leben vorbereitet; weit häufiger ist die Geschichte der Erziehung die Geschichte der Vorstellungen, die man sich vom Kind gemacht hat, und gründet sich nicht auf die gesellschaftliche Funktion des Erziehens. In Rom staffierte man die Seele der Knaben mit Rhetorik aus, so wie man im 19. Jahrhundert die kleinen Jungen als Matrosen oder Soldaten kostümierte. Die Kindheit ist ein Alter, das wir verkleiden, um es zu verschönern; wir erklären sie zur Inkarnation unseres Ideals vom Menschen.

Beiseite gelassen haben wir bislang die Erziehung in den griechischen Regionen des Reiches, wo die Dinge in vieler Hinsicht anders lagen. Hier muß man Martin Nilsson folgen: Die römische Schule ist ein Importprodukt und bleibt abgespalten vom Alltagsleben und der politischen und religiösen Betätigung; hingegen war die griechische Schule ein Bestandteil des öffentlichen Lebens. Ihren Rahmen bezeichneten die Palästra und das Gymnasion, denn das Gymnasion war ein zweiter öffentlicher Platz, wohin jedermann kommen konnte und wo man nicht nur Leibesübungen trieb. Der wesentliche Unterschied zwischen der griechischen und der römischen Erziehung besteht wohl darin, daß in jener der Sport im Mittelpunkt stand; selbst die Vermittlung des literarischen Lehrstoffs (Muttersprache, Homer, Rhetorik, ein wenig Philosophie und viel Musik, noch in der Zeit des Kaiserreichs) fand in einer

Ecke des Gymnasions oder der Palästra statt. Auf diesen Unterricht, der bis zum sechzehnten Lebensjahr dauerte, folgten sogleich zwei Jahre der Ephebie mit demselben Stoff.[1]*

Über die Öffentlichkeit der Erziehung, die Betonung der Musik und der Leibesübungen hinaus gab es noch einen weiteren Unterschied zwischen griechischer und römischer Erziehung. Kein Römer aus gutem Hause konnte sich kultiviert nennen, wenn er sich nicht bei einem Privatlehrer die griechische Sprache und Literatur angeeignet hatte; die kultivierten Griechen hingegen mokierten sich über das Latein und straften Cicero und Vergil mit erhabener Nichtachtung (von einzelnen Ausnahmen wie dem Verwaltungsbeamten Appianus abgesehen). Die griechischen Intellektuellen, die, wie die Italiener des 16. Jahrhunderts, ihre Talente in der Fremde verkauften, übten ganz selbstverständlich ihr medizinisches oder philosophisches Wissen in griechischer Sprache aus, der Sprache dieser Wissenschaften; in Rom lernten sie für den Hausgebrauch Latein. Am Ausgang der Antike machten sich die Griechen mit dem Lateinischen einzig zu dem Zweck vertraut, eine juristische Laufbahn in der Verwaltung des Reiches einschlagen zu können.

Adoleszenz

Mit zwölf Jahren ist für den jugendlichen Römer aus guter Familie der Elementarunterricht beendet; mit vierzehn Jahren legt er die Kinderkleider ab und hat das Recht, alles zu tun, was einem jungen Menschen behagt; mit sechzehn oder siebzehn Jahren kann er sich für eine öffentliche Laufbahn entscheiden oder ins Militär eintreten, so wie Stendhal mit sechzehn beschloß, Husar zu werden. »Mündigkeit« im rechtlichen Verstande gibt es nicht, auch nicht ein Volljährigkeitsalter; man kennt keine Minderjährigen, sondern nur Nichtmannbare. Sie werden mannbar, sobald ihr Vater oder ihr Erzieher bemerkt, daß sie alt genug sind, Männerkleidung zu tragen und sich den ersten Schnurrbart zu stutzen. Betrachten wir als Beispiel den Sohn eines Senators. Mit sechzehn Jahren wird er Ritter; mit siebzehn versieht er sein erstes öffentliches Amt, er ist für die Polizei verantwortlich, überwacht die Hinrichtung der zum Tode Verurteilten, kontrolliert die Münze. Seine Karriere ist vorgezeichnet, er wird es zum General, zum Richter, zum Senator bringen. Wo hat er gelernt, was er wissen muß? In seinem Amt. Von den Vorgesetzten? Nein, von den Untergebenen. Er besitzt genügend Standesdünkel, um so zu tun, als entscheide er selbst, obschon in Wirklichkeit andere für ihn entscheiden. Ein solcher Sohn eines Notabeln war mit sechzehn Jahren Oberst oder Priester des Staatskultes oder hatte schon seine ersten Auftritte vor Gericht hinter sich.

Staatsbürgerliche und berufliche Kenntnisse erwirbt man »vor Ort«. Die Schule unterrichtet über die Kultur (das niedere Volk *hat* eine Kul-

* Die Anmerkungen finden sich jeweils am Schluß der einzelnen Kapitel.

tur, aber es hat nicht den Ehrgeiz, sich zu kultivieren); durch die Schule wird diese Kultur vermittelt, aber zugleich geprägt – bestimmte Texte wurden auf diese Weise zu »Klassikern«, so wie der Kanon des Tourismus bestimmte Stätten vorschreibt, die man besucht, bestimmte Baudenkmäler, die man gesehen haben muß. Die Schule erzieht zwangsweise alle Notabeln zu Tätigkeiten, die für alle prestigeträchtig sind, die aber nur wenige Menschen interessieren. Und in dem Maße, wie die Schule, darin anderen Institutionen durchaus ähnlich, zum Selbstzweck wird, vermittelt sie und nennt klassisch, was am bequemsten zu vermitteln ist. Die Rhetorik war seit den Zeiten des klassischen Athens eine vielfach aufbereitete und leicht lehrbare Disziplin geworden. Auf diese Weise lernten die jungen Römer zwischen zwölf und achtzehn oder zwanzig ihre Klassiker kennen, um dann die Rhetorik zu studieren. Was ist Rhetorik?

Junger Prinz; Prozession am Altar des Augusteischen Friedens, 9. v. Chr. Sein Großonkel, der Kaiser, führt die Prozession an. Er meidet die Blicke der Erwachsenen und wirkt geistesabwesend. Das ist aber nicht wichtig; wichtig ist die Zugehörigkeit zur kaiserlichen Familie, deren Privatsphäre in der Prozession öffentlich wurde. Dieses Bild ist daher ebensosehr Familienporträt wie offizielles Bildnis. Die Züge des Jungen sind wenig individuell; was ihn charakterisiert, ist seine Jugend. Er ist noch zu jung, um offiziell er selbst sein zu dürfen. (Paris, Louvre)

Jedenfalls nichts Nützliches, nichts, was in der »Gesellschaft« etwas einbringt. Die Beredsamkeit des Tribunen ebenso wie die des Anwalts haben in der römischen Republik eine beträchtliche Rolle gespielt, doch verdankte sie ihr Ansehen mehr ihrer literarischen Wirkung als ihrer staatsbürgerlichen Funktion. Cicero, der keinen Oligarchen zum Vater hat, wird die seltene Ehre zuteil werden, in den Senat aufgenommen zu werden, weil seine literarische Wirkung als Rhetor das Prestige dieses Gremiums zu erhöhen verspricht. Noch im Kaiserreich verfolgte die Öffentlichkeit aufmerksam die Gerichtsverfahren, und der Ruhm der Dichter geriet niemals zu jenem Glorienschein enormer Popularität, der die Stirn der begabten Redner schmückte.

Die Popularität der Beredsamkeit hatte zur Folge, daß die Kunst der Rhetorik, d. h. die auf Flaschen gezogene Beredsamkeit, der einzige Unterrichtsstoff der römischen Schule nach dem Studium der Klassiker wurde. Alle Knaben erlernten die Redefiguren, die der Anwalt oder der Politiker brauchte, samt Musterbeispielen und katalogisierten Effekten. Erwarben sie damit die Kunstfertigkeit der Beredsamkeit? Nein, denn sehr rasch wurde die Rhetorik, so wie man sie in der Schule einübte, eine eigene Disziplin mit eigenen Regeln, die man beherrschen mußte. Zwischen der wahren Beredsamkeit und dem Rhetorikunterricht der Schule bestand eine Kluft, die das Altertum stets beklagt hat, wenngleich es sie amüsant fand. Die Redethemen, welche die jungen Römer exerzieren mußten, hatten mit der wirklichen Welt nichts gemein, im Gegenteil, je abstruser ein Thema war, desto mehr Nahrung bot es der Phantasie; die Rhetorik entwickelte sich zum Gesellschaftsspiel. »Angenommen, es gibt ein Gesetz, wonach eine verführte Frau die Wahl hat, ihren Verführer zum Tode verurteilen zu lassen oder ihn zu heiraten; nun schändet ein Mann in ein und derselben Nacht zwei Frauen, von denen die eine seinen Tod fordert, während die andere ihn heiraten will« – diese Übung in Beredsamkeit ließ der Virtuosität freien Lauf, sie kam dem Geschmack der Römer am Melodramatischen und Sexuellen entgegen, und sie entsprach ihrer Freude am Paradoxen und am humoristischen Beiklang. Besonders versierte Amateure gefielen sich noch nach der Schulzeit in derlei Spielen – in privatem Kreis und vor fachkundigem Publikum. Die Genealogie des antiken Bildungswesens sieht also so aus: Am Anfang stand die Kultur selbst, dann folgte der Wille zur Kultur, danach die Schule und schließlich das zum Selbstzweck gewordene schulische Exerzitium.

Jugendjahre

So sitzt denn der kleine Römer zu Füßen seines Lehrers, »gibt Sulla den Rat, der Diktatur zu entsagen«, oder erwägt das Schicksal eines geschändeten Mädchens. Darüber kommt er in die Pubertät. Es beginnen die Jahre der Nachsicht mit der Jugend. Alle geben es zu: Kaum haben sie zum ersten Mal Männerkleidung angelegt, da treibt sie nur noch der Wunsch um, die Gunst einer Dienerin zu erlangen oder sich in das verrufene Viertel Roms, die Subura, zu schleichen, es sei denn, eine Dame der guten Gesellschaft nimmt sich ihrer an, um sie in Liebesdingen aufzuklären (die Freiheit der Sitten in der römischen Aristokratie glich der des 18. Jahrhunderts in Frankreich). Für die Mediziner, Celsus etwa oder Rufus von Ephesos, ist die Epilepsie eine Krankheit, die in der Pubertät von selber schwindet, d. h. in dem Augenblick, da die Mädchen die erste Regel haben und die Knaben den ersten Geschlechtsverkehr. Das heißt, daß für die Jungen Pubertät gleichbedeutend ist mit sexueller Initiation, während bei den Mädchen die Jungfräulichkeit sakrosankt bleibt. Zwischen Pubertät und Eheschließung lag bei den Jungen eine Periode, in der elterliche Nachsicht geboten war. Cicero und Juvenal, die strengen Sittenrichter, auch Kaiser Claudius in seiner Eigenschaft als Zensor räumten einmütig ein, daß man der »Hitzigkeit der Jugend« Zugeständnisse machen müsse. Fünf bis zehn Jahre lang lief der junge Mann den Schürzen nach oder hielt sich eine Mätresse; gemeinsam mit seiner Clique verschaffte er sich gelegentlich Zutritt zum Haus einer stadtbekannten Dirne.

Hinzu kommt ein folkloristisches Moment: Die jungen Leute schließen sich in eigentümlichen halboffiziellen Organisationen zusammen. Diese Zusammenschlüsse waren im griechischen Teil des Imperiums wohlbekannt und existierten (als »collegia iuvenum«) auch in der lateinischen Sphäre, allerdings ist hier ihre genaue Rolle unklar, wohl deshalb, weil sie mannigfaltig war und weil sie (die Jugend ist heißblütig) über die »gewohnten« Aktivitäten hinausging. Die jungen Leute trieben Sport, fochten oder gingen zur Hetzjagd; die Cliquen erschienen im Amphitheater, wo sie sich zur Belustigung der Mitbürger mit wilden Tieren maßen. Leider beschränkten sie sich nicht auf diese löblichen körperlichen Tätigkeiten, mit denen sie die bei den Griechen überaus beliebten Leibesübungen nachahmten – sie mißbrauchten den Gruppenzusammenhalt und ihren offiziellen Status, um zu randalieren. In Rom war es seit jeher das Vorrecht der »jeunesse dorée«, nachts die Straßen unsicher zu machen, den Bürger zu verprügeln, die Bürgerin zu belästigen und ein paar Läden zu demolieren (auch der junge Nero übte sich in dieser Praxis, und zwar gründlich – einmal hätte er fast eine Tracht Prügel von einem Senator bezogen, der von Neros Clique überfallen worden war und unter seinen Angreifern den Kaiser nicht erkannt hatte). Die Jugendlichen-Gruppen scheinen dergleichen als altes Brauchtum und ihr gutes Recht betrachtet zu haben. »Verlaß dein Gastmahl so rasch wie möglich und eile nach Hause: eine losgelassene Horde von Jugendlichen aus den besten Familien plündert die Stadt«, liest man in einem lateinischen Roman. Dieselben jungen Leute agierten als »Schlachtenbummler« und »Fanclub« der verschiedenen Gladiatoren- und Wagenlenkermannschaften, auf die sich die Gunst der sportbegeisterten Öffentlichkeit verteilte, wobei es nicht ohne Schlägereien abging. »Manche, die sich ›die Jungen‹ zu nennen pflegen«, erläutert ein Jurist, »ergreifen in gewissen Städten bei öffentlichen Ausschreitungen lauthals Partei: Wenn ihre Verfehlung sich hierauf beschränkt, sind sie zunächst durch den Statthalter zu ermahnen; im Wiederholungsfalle sind sie auszupeitschen und dann freizulassen.«

Grab der Haterii (Teilansicht), um 100 n. Chr. In der ganzen römischen Kunst taucht das Kindergesicht als Glücksbringer auf. (Rom, Lateranmuseum – jetzt im Vatikan)

Dies sind die Privilegien der Jugend, aber auch Privilegien der aus Jugendlichen bestehenden Gruppe. Im Augenblick der Eheschließung ist es vorbei mit den Mätressen, vorbei auch mit den Beziehungen zu Lustknaben: So sehen es jedenfalls die Dichter, welche die Epithalamien verfassen und die in diesen Hochzeitsgedichten ungeniert ausplaudern, wie der Bräutigam früher über die Stränge geschlagen hat; zugleich versichern sie, daß die junge Braut so hübsch ist, daß all dies nun nicht wieder vorkommen wird.

So war jedenfalls die ältere römische Moral. Im 2. Jahrhundert n. Chr. breitet sich allmählich die neue Moral aus. Diese Moral, untermauert von medizinischen Legenden (man darf nicht vergessen, daß die antike Medizin wissenschaftlich etwa so ernst zu nehmen ist wie die Medizin zur Zeit Molières), sucht die Liebe auf die Ehe zu beschränken, auch bei den jungen Männern; die Eltern sollen darauf achten, daß ihre Söhne bis zum Tag der Hochzeit unberührt bleiben. Die Liebe ist gewiß keine Sünde, sondern ein Vergnügen. Doch liegt im Vergnügen eine Gefahr, wie im Alkohol. Man muß daher um der Gesundheit willen den Genuß mäßigen, und wirklich klug ist, wer ihn meidet. Das ist nicht Puritanismus; es ist Hygiene. Anders verhält es sich mit den ehelichen Freuden: Sie verschmelzen mit der bürgerlichen und natürlichen Institution der Ehe und sind infolgedessen Pflicht. Die Germanen, die Tacitus beschreibt wie die Guten Wilden, »lernen erst spät die Liebe kennen, so daß sie ihre Jugendkraft nicht verausgaben«. Die Philosophen, professionell zum Rationalisieren und Räsonieren neigend, unterstützen diese Entwicklung. Einer von ihnen dekretiert: »Was die Freuden der Liebe betrifft, so mußt du dich ihrer bis zur Ehe so gut als möglich enthalten.« Marc Aurel, Kaiser und Philosoph, beglückwünscht sich dazu, daß er »seine Jugendunschuld bewahrte, die Manneskraft nicht vor der Zeit verschwendete, sondern bis in ein reiferes Alter keusch blieb« und weder mit seinem Sklaven Theodotus noch mit seiner Sklavin Benedicta »Gemeinschaft« hatte, obwohl er Lust dazu verspürte. Die Ärzte verordnen den jungen Leuten Leibesübungen und philosophische Studien zur Abfuhr ihres erotischen Triebes. Die Masturbation ist verpönt, nicht weil sie die Liebeskraft vergeudet, sondern weil sie zur vorzeitigen, verfrühten Reifung führt.

Väterliche Gewalt

Mit dieser gewandelten Sittlichkeit verknüpfen sich Argumente der alten, der staatsbürgerlichen, um das Erbe besorgten Moral – Überlegungen, die in der Zeit des Kaiserreichs den neuen Begriff der Volljährigkeit hervorbringen. Der Übergang ins Mannesalter ist nun nicht mehr ein physisches Datum, dem nach dem herkömmlichen Recht Rechnung getragen wird, sondern eine juristische Fiktion – aus dem noch nicht mannbaren Knaben wird der Minderjährige. Es triumphiert der Bürgersinn. Mißbraucht ein junger Mann die Nachsicht, die man ihm und seinen Vergnügungen gewährt, so hat er für immer die Chance vertan, seinen Charakter zu stählen. Der gestrenge Kaiser Tiberius, noch dazu ein Stoiker, beförderte seinen Neffen Drusus schleunigst zum Kommandeur eines Regiments, »weil er zuviel Geschmack an den Vergnügungen der Hauptstadt gefunden hatte«. Jung zu heiraten war ebenfalls eine Garantie dafür, daß man seine Jugend nicht in Ausschweifungen verschwendete. Die Juristen hatten übrigens schon immer mehr die Erbschaft im Sinn als die Moral: Ein Vierzehnjähriger in der Pubertät, dessen väterliches Erbteil auf sich warten läßt, leiht sich gegen Wucherzinsen das Geld für seine Vergnügungen, weil er juristisch das Recht dazu hat, und verzehrt im voraus sein Erbe. Die Wucherer (das heißt in Rom: alle) »dienen sich den jungen Leuten an, die soeben erst die Toga des Mannes angelegt haben, aber noch immer unter dem harten Regiment ihres Vaters leben«. Mehrfach erneuerte Gesetze verfügten deshalb, daß diejenigen, welche an den Sprößling eines vornehmen Hauses Geld verliehen, nicht das Recht hatten, ihre Forderungen einzutreiben, und zwar auch dann nicht, wenn der Vater starb. Vor seinem 25. Lebensjahr durfte sich niemand Geld leihen. Es gab noch andere Behelfe: Ein Großvater oder ein Onkel väterlicherseits konnte einen elternlosen Halbwüchsigen weiter der Kuratel seines Erziehers unterstellen, sofern dessen Autorität erprobt war. Grundsätzlich war es so, daß jeder mannbare Junge, wenn er vaterlos war, sein eigener Herr wurde. Quintilian erzählt im Tonfall der Beiläufigkeit, daß ein junger Adliger von achtzehn Jahren gerade noch die Zeit fand, seine Mätresse zur Erbin einzusetzen, bevor er in der Blüte seiner Jahre starb.

Damit sind wir bei einem Thema angelangt, das bedeutsam scheint und es vielleicht tatsächlich ist. Es war eine Eigentümlichkeit des römischen Rechts, welche die Griechen erstaunte, daß ein Sohn, ob mannbar oder nicht, ob verheiratet oder nicht, der Autorität des Vaters unterworfen war und erst bei dessen Tod ein vollwertiger Römer und selber »pater familias« wurde. Mehr noch, der Vater war sein natürlicher Richter und konnte ihn im Hausgerichtsverfahren zum Tode verurteilen. Außerdem besaß der Erblasser einen fast unbegrenzten Ermessensspielraum – der Vater konnte seine Söhne enterben. Was war die Folge? Ein junger Mensch, erst achtzehn Jahre alt, jedoch verwaist, kann seine Geliebte zur Erbin einsetzen, während ein Mann im reifen Alter keinerlei Rechtsgeschäfte aus eigener Vollmacht tätigen darf, solange sein Vater am Leben ist: »Wenn es sich um den Sohn einer Familie handelt«,

Grabstatue; Trauer um die Toten oder über den Tod. Das Gesicht der Statue ist ein Porträt: ein Meisterwerk griechisch-römischer Bildhauerei, deren Existenz gern übersehen wird, weil man nur Augen für die griechischen Originale hat, für die angeblich rein römische Kunst des Porträts und rein römische Originalität.
(Rom, Museo dei Conservatori)

argumentiert ein Jurist, »sind seine öffentlichen Würden unerheblich: Selbst wenn er Konsul ist, hat er nicht das Recht, sich Geld zu leihen.« Soweit die Theorie. Und wie sieht die Praxis aus? In moralischer Hinsicht noch finsterer.

Griechisches Grabrelief aus Thyrea (Lakonien), 2. oder 1. Jh. v. Chr. Dieser reiche junge Reiter und Jäger zog einst mit Brustpanzer und Helm, die sein Sklave zur Schau trägt, in den Krieg. Oben rechts die Vase, die sein Grabmal schmückte. Die Schlange, die er füttert, ist der Verstorbene selbst: Er hat sich in einen guten Genius verwandelt, der von den Lebenden versorgt wird. (Athen, Archäologisches Nationalmuseum)

Juristisch gab es ohne Frage Abmilderungen der väterlichen Gewalt. Nicht jeder Vater enterbt seine Kinder, und um es zu tun, bedarf es eines verbindlichen Testaments. Die um das Erbe gebrachten Söhne können versuchen, das Testament vor Gericht anzufechten; und man kann auf jeden Fall nur zu drei Vierteln enterbt werden. Was die Hinrichtung eines Sohnes kraft väterlichen Richterspruchs betrifft, welche die Phantasie der Römer stark beschäftigte, so stammten die letzten derartigen Fälle aus der Ära des Augustus und empörten die öffentliche Meinung. Immerhin bleibt es dabei, daß ein Kind kein eigenes Vermögen hat und daß alles, was es verdient oder erbt, dem Vater gehört. Der Vater kann dem Sohn nur einen gewissen Betrag (»peculium«, Sondergut) aussetzen, über den dieser nach Gutdünken verfügen darf. Und der Vater kann sich entschließen, den Sohn für mündig zu erklären und aus der väterlichen Gewalt zu entlassen (»emancipare«). Der Sohn hatte also Grund, zu hoffen, und Möglichkeiten, zu handeln.

Aber die Möglichkeiten sind bloß Notlösungen, und die Hoffnungen bergen Risiken. Seelisch ist die Situation eines erwachsenen Mannes, dessen Vater noch lebt, unerträglich. Ohne Einwilligung seines Vaters kann er nichts unternehmen – keinen Vertrag schließen, keinen Sklaven freilassen, kein Testament machen. Er besitzt nichts als sein »peculium«, genau wie ein Sklave, und selbst das kann widerrufen werden. Zu diesen Demütigungen kommt die reale Gefahr hinzu, enterbt zu werden. Blättern wir ein wenig im Briefwechsel des jüngeren Plinius:

»Einer hat seinen Bruder zum Universalerben eingesetzt, zum Nachteil seiner eigenen Tochter«; »eine Mutter hat ihren Sohn enterbt« ... Die öffentliche Meinung, die, wie wir noch sehen werden, erheblichen Einfluß auf die Oberschicht hatte, verurteilte dergleichen nicht automatisch; sie billigte es sogar. »Deine Mutter hat einen legitimen Grund gehabt, dich zu enterben«, schreibt derselbe Plinius. Im übrigen wissen wir, wie es vor Pasteur um die demographischen Verhältnisse der Gesellschaften bestellt gewesen ist: Die Sterblichkeitsrate vermehrte die Anzahl der Witwer und Witwen, der Frauen, die im Kindbett gestorben waren, und der Wiedervermählungen. Und da der Vater praktisch freie Hand bei der Abfassung seines Testamentes hatte, lebten die Söhne aus erster Ehe in begründeter Furcht vor einer Stiefmutter.

Eine letzte Bürde ist diese: Ohne Einwilligung des Vaters ist dem Sohn jede Karriere versperrt. Freilich konnte er sich jederzeit als Senator nominieren lassen, wenn er zur Aristokratie zählte, oder als Mitglied des Rats seiner Stadt, wenn er aus der Gruppe der Notabeln kam. Doch wovon sollte er den beträchtlichen Aufwand finanzieren, zu dem diese Ehren verpflichteten, in einer Zeit, in der jeder, der in der Öffentlichkeit handelte, seinen Aufstieg durch »Brot und Spiele« nahm? Also bemühte sich der Sohn nur dann darum, Senator oder Ratsherr zu werden, wenn es der Vater befahl, der die notwendigen Auslagen aus dem Erbe bestritt. Auf manchem öffentlichen Gebäude im römischen Afrika, das ein Ratsherr auf eigene Rechnung errichtet hat, um Ehre einzulegen, liest man eine Inschrift, die mitteilt, daß der Vater für den Sohn die Kosten getragen hat. Die Folge war, daß der Vater eine selbstherrliche Wahl zwischen seinen Kindern traf; die Zahl der Stellen im Senat und in den Stadträten war begrenzt, und nur wenige Familien konnten Anspruch darauf erheben, mehr als einen Sohn in diese Gremien zu entsenden, außerdem waren die damit verbundenen Aufwendungen beträchtlich. Nur derjenige Sohn, für den der Vater sich entschied, genoß die kostspielige Ehre, Karriere zu machen; man rühmte denn auch überschwenglich das Opfer derer, die ihrem Bruder mit Freuden den Vortritt gelassen hatten. Der Genauigkeit halber sei hinzugefügt, daß es kein Recht des Erstgeborenen gab; doch wurde von den jüngeren Brüdern erwartet, daß sie dem Ältesten den Vortritt ließen.

Das Testament

Starb der Vater, so bedeutete das für die Kinder in der Regel die Erbschaft, auf jeden Fall aber das Ende einer Art Sklaverei. Aus den Söhnen wurden Erwachsene, und die Tochter, wenn sie nicht geheiratet hatte oder geschieden war, wurde Erbin und konnte ehelichen, wen sie wollte. (Die Einwilligung der Tochter in die Eheschließung, die das Gesetz vorschrieb, wurde gleichzeitig vom Gesetz immer vorausgesetzt, obwohl der Tochter gar nichts anderes übrigblieb, als ihrem Vater zu gehorchen.) Auch durfte die Erbin nicht in die Gewalt einer anderen Autorität geraten, nämlich der des Bruders ihres Vaters, der ihre Bekanntschaft mit heimlichen Liebhabern zu verhindern trachtete und sie mit Spinnen und Klöppeln beschäftigte. Horaz hat dieser Geschöpfe mit zärtlichem Mitleid gedacht.

So wird man sich nicht darüber wundern, daß der Vatermord zur Zwangsvorstellung wurde und relativ häufig vorkam; er galt als ein schweres Verbrechen, das man vernünftig erklären konnte, nicht als tätlicher Ausdruck verdeckter psychischer Spannungen. »Während der Bürgerkriege mit ihren Verbannungen«, berichtet Velleius über eine Zeit, in der Denunziationen an der Tagesordnung waren, »war die Treue der Gattinnen am größten, die der Freigelassenen weniger groß, die der Sklaven nicht unbeträchtlich und die der Söhne gleich null; so schwer ist es, den Aufschub einer Hoffnung zu ertragen!«

Die einzigen Römer, die im vollen Sinne des Wortes Männer sind, sind also jene freien Bürger, die, elternlos oder für mündig erklärt, den Status des »pater familias« haben – verheiratet oder nicht – und über ein Erbe verfügen. Der »pater familias« nimmt in der herrschenden Moral eine Sonderstellung ein, wie Aulus Gellius bestätigt, der folgenden Diskurs überliefert: »Muß man stets seinem Vater gehorchen? Manch einer sagt darauf: ›Jawohl, immer.‹ Und wenn euer Vater euch befiehlt, das Vaterland zu verraten? Andere geben die feine Antwort, daß man niemals dem Vater gehorcht, sondern der Moral, die aus ihm spricht.« Aulus Gellius fügt klug hinzu, daß es eine dritte Kategorie von Entscheidungen gibt, die weder moralisch geboten noch unmoralisch sind, beispielsweise ob man heiratet oder ledig bleiben will, diesen oder jenen Beruf ergreift, außer Landes geht oder in der Heimat bleibt, öffentliche Ehren anstrebt oder nicht. In dieser dritten Kategorie gilt die väterliche Autorität.

Waffe und zugleich Symbol der häuslichen Autorität und gesellschaftlichen Würde des »pater familias« ist das Testament. Denn das Testament ist eine Art von Bekenntnis, in dem sich der Einzelne als soziales Wesen offen bekundet und nach dem er beurteilt wird: Hat er den Würdigsten zum Erben gemacht? Hat er all seinen Getreuen etwas hinterlassen? Hat er über seine Frau in Worten gesprochen, die ihr ein gutes Zeugnis als Gattin ausstellen? »Wie viel Zeit haben wir doch damit verbracht, in unserem Herzen zu erwägen, wem wir etwas hinterlassen sollen und wieviel! Niemals werden unsere Entscheidungen sorgfältiger überlegt als in diesem Augenblick.« Alle Familienangehörigen, ob fern- oder nahestehend, müssen bedacht werden, ebenso die Mitglieder der Hausgemeinschaft: Verdiente Sklaven werden aufgrund testamentarischer Verfügung freigelassen, und auch die treu gebliebenen Freigelassenen sowie die Klienten finden Beachtung in den Vermächtnissen.

Die öffentliche Verlesung des Testaments war ein Ereignis, denn es ging nicht nur um Legate und Erbschaften; das Testament hatte auch Bedeutung als Manifest. Es gab die Gewohnheit, »Ersatzerben« zu benennen, die freilich nie einen roten Heller sahen, falls nicht der Haupterbe seinen Anteil ausschlug; diese Gewohnheit ermöglichte es dem Erblasser, in seinem Testament jeden zu erwähnen, den er wollte, und mit einem symbolischen Bruchteil des Erbes zu bedenken, je nach der Wertschätzung, die er für ihn hegte. Man konnte auch *post mortem* jene

Eröffnung eines Testaments. Jedes Testament mußte auf einem öffentlichen Platz, auf dem Forum oder in einer »Basilika« eröffnet werden, und zwar bei Tage und vor Zeugen. Hier ist ein vornehmer Mann gestorben, und der Magistrat, mit Amtsschemel und Liktoren, ist persönlich zur Testamentseröffnung erschienen. Alle Beteiligten tragen eine Toga. (Rom, Palazzo Colonna)

beschimpfen, die man insgeheim gehaßt hatte, ebenso wie man Verdienste lohnen konnte. Bei den Adligen war es Brauch, den großen Schriftstellern der Zeit ein Legat auszusetzen. Plinius, damals als Redner berühmt, versäumte keine Testamentseröffnung und vermerkte mit Genugtuung, daß ihm stets dieselbe Summe hinterlassen wurde wie seinem Rivalen und Freund, dem Redner Tacitus (das war nicht gelogen; die Epigraphiker haben ein Testament entdeckt, in dem er genannt wird). Auch die Politik warf ihren Schatten – ein Senator, den man stets ernst genommen hatte, verscherzte sich nachträglich alles Ansehen durch sein Testament, das sich in Schmeicheleien gegen Nero erging (offenbar um zu verhindern, daß das Testament kassiert und das Erbe vom Fiskus eingezogen wurde); andere beleidigten im Gegenteil die allgewaltigen Minister des Souveräns (einstige Freigelassene), ja, sie fanden sogar kritische Worte für den Kaiser selbst, heiße er Nero oder Antoninus Pius ... Ein Testament war etwas so Wichtiges, und man war so stolz darauf, daß mancher kaum der Versuchung widerstehen konnte, nach einem Zechgelage daraus vorzulesen, um den Legataren im voraus eine Freude zu bereiten und um sich beliebt zu machen.

Wir wissen, welche Bedeutung in anderen Gesellschaften der Kult des Totenbettes und der letzten Worte gehabt hat. In Rom treten an dessen Stelle erstens das Testament, mit dem sich das Individuum als gesellschaftliches Wesen kundgibt, und zweitens – wie wir sehen werden – der Epitaph, in welchem sich die Person gleichsam öffentlich bekennt.

Wandmalerei in Herculaneum, vor 79 n. Chr. Das Leben der Unvermählten, wie es nur im Bild existiert. Die beiden sind dieses Leben gewohnt und genießen es ausgiebig. Die Frau ist halb nackt; der Mann zecht eifrig (das Trinkgefäß hatte ein Loch in der Spitze, das man mit einem Finger zuhalten konnte; für gewöhnlich wurde es in einem Zuge geleert). Die Frau braucht sich zu ihrer Sklavin nicht einmal umzudrehen; eine Handbewegung genügt, und das Schmuckkästchen wird herbeigetragen. (Neapel, Archäologisches Museum)

Ehe

Im römischen Italien leben hundert Jahre vor und nach der Zeitenwende fünf bis sechs Millionen Männer und Frauen als Freie und Bürger; sie wohnen in Hunderten von ländlichen Gebieten, deren Mittelpunkt eine Reihe von Bauten und »herrschaftlichen Privathäusern« (»domus«) sind. Diese Gebiete nennen sich »Städte«. Außerdem gibt es ein bis zwei Millionen Sklaven,die entweder Domestiken oder landwirtschaftliche Hilfskräfte sind. Über ihre Sitten und Gebräuche wissen wir wenig; die Ehe, damals noch eine Privatangelegenheit, war ihnen versagt und blieb es bis zum 3. Jahrhundert. Das Leben dieser Menschen galt als sexuell freizügig, mit Ausnahme einer Handvoll vertrauter Sklaven, die für ihre Herren als Gutsverwalter fungierten, oder derjenigen Sklaven des Kaisers, die höchste Verwaltungsaufgaben wahrnahmen; sie lebten monogam mit einer einzigen Konkubine zusammen, die sie mitunter aus der Hand ihres Herrn empfingen.

Kriterien der Ehe

Beschränken wir uns also auf die freien Männer. Von ihnen sind die einen frei geboren, hervorgegangen aus der rechtmäßigen Verbindung eines Bürgers mit einer Bürgerin; andere sind das uneheliche Kind einer Bürgerin; wieder andere wurden zwar als Sklaven geboren, sind aber freigelassen worden. Doch alle sind sie Bürger und können von der bürgerlichen Einrichtung der Ehe Gebrauch machen. Diese Einrichtung ist in unseren Augen paradox. Die römische Eheschließung ist ein privater Akt, ein Vorgang, der durch keine öffentliche Gewalt sanktioniert wird: Bräutigam und Braut erscheinen nicht vor einem Priester oder Standesbeamten; die Eheschließung wird nicht schriftlich fixiert (es gibt keinen Ehevertrag, sondern nur einen Vertrag über Mitgift – vorausgesetzt, die Auserwählte bringt eine solche mit), und sie wird formlos begangen, keinerlei symbolische Geste war vorgeschrieben, auch wenn mitunter etwas anderes behauptet wird. Kurzum, die Heirat war eine Privatsache wie bei uns die Verlobung. Wie konnte nun ein Richter entscheiden – im Falle des Erbschaftsprozesses –, ob ein Mann und eine Frau wirklich in legaler Ehe verbunden waren? In Ermangelung eines förmlichen Zeremoniells oder eines offiziellen Dokuments entschied er anhand von Indizien, so wie bei uns die Gerichte verfahren, um eine Tatsache festzustellen. Was für Indizien waren das? Nun, zum Beispiel unmißverständliche Handlungen wie das Einbringen einer Mitgift, oder Gesten, die den Willen zum Ehebündnis bewiesen, etwa wenn der mutmaßliche Ehemann von dem weiblichen Wesen an seiner Seite stets als von seiner Frau gesprochen hatte oder wenn Zeugen bestätigen konnten, daß ein kleines Fest stattgefunden hatte, das unverkennbar die Merkmale einer Hochzeitsfeier trug. Im Grunde konnten jedoch nur Mann und Frau selbst im Innern ihres Herzens wissen, ob sie miteinander verheiratet waren oder nicht.

Gleichwohl war es von Bedeutung festzustellen, ob die beiden in rechtmäßiger Ehe verbunden waren; denn die Ehe war zwar eine private Einrichtung, weder schriftlich fixiert noch feierlich bekräftigt, aber sie markierte eine Situation, die rechtliche Folgen hatte – die Kinder, die dieser Verbindung entspringen, sind legitim, sie tragen den Namen des Vaters, in ihnen lebt sein Geschlecht fort, und nach dem Tode des Vaters gelangen sie in den Besitz des Erbes – sofern er sie nicht enterbt hat.

Noch ein Wort zur Präzisierung der Spielregeln, und zwar für die Scheidung. Rechtlich gesehen ist eine Scheidung, für den Gatten wie für die Gattin, genauso leicht und formlos wie die Heirat. Es genügt, daß der Mann oder die Frau aus der gemeinsamen Wohnung auszieht, in der Absicht, sich vom Partner zu trennen. Bisweilen hatten die Juristen da begründete Bedenken: Handelte es sich bloß um einen Ehekrach oder um eine wirkliche Trennung? Strenggenommen war es nicht einmal notwendig, den Ehegatten von der Trennung in Kenntnis zu setzen. Es gab in Rom Ehemänner, die faktisch von ihrer Gattin geschieden waren, ohne es zu wissen. Was die Ehefrau betrifft, so verläßt sie – gleichgültig, ob sie von sich aus die Scheidung anstrebt oder ob sie verstoßen wird – die eheliche Wohnung und nimmt ihre Mitgift mit, falls eine solche vorhanden war. Dagegen scheinen die Kinder stets beim Vater geblieben zu sein. Scheidung und Wiedervermählung waren ziemlich häufig, und in fast allen Familien lebten Kinder von verschiedenen Müttern und Adoptivkinder unter einem Dach zusammen.

Bei der Hochzeitsfeier waren naturgemäß Zeugen zugegen, was sich im Falle einer Anfechtung der Ehe als nützlich erwies. Kleine Geschenke zur Vermählung waren üblich. Der Vollzug der Ehe in der Hochzeitsnacht war legale Vergewaltigung, und die Gattin war hinterher »gekränkt über den Gatten«. (Dieser war bisher gewohnt, sich seiner Sklavinnen zu bedienen, und begriff nur mühsam den Unterschied zwischen sexueller Initiative und Vergewaltigung.) Es kam häufig vor, daß der junge Gemahl mit Rücksicht auf die Schüchternheit seiner Braut in der ersten Nacht davon absah, sie zu entjungfern. Doch wählte er in diesem Falle einen Ausweg – nämlich per anum. Bei Martial und dem älteren Seneca ist dieser Usus sprichwörtlich, und Plautus' Komödie *Casina* bestätigt ihn. Auch China kannte diesen befremdenden Behelf. – In der Zeit der Schwangerschaft enthält sich die Frau des ehelichen Verkehrs; Aelian und Pseudo-Quintilian halten diese Schamhaftigkeit für natürlich, weil sie angeblich auch den Tieren eignet. Die ehelichen Freuden sind legitim, und so haben die geladenen Gäste am Tage der Hochzeit das Recht, ja die Pflicht, sie mit lockeren Worten zu rühmen. Ein Dichter geht in seinem Hochzeitsgedicht so weit, dem

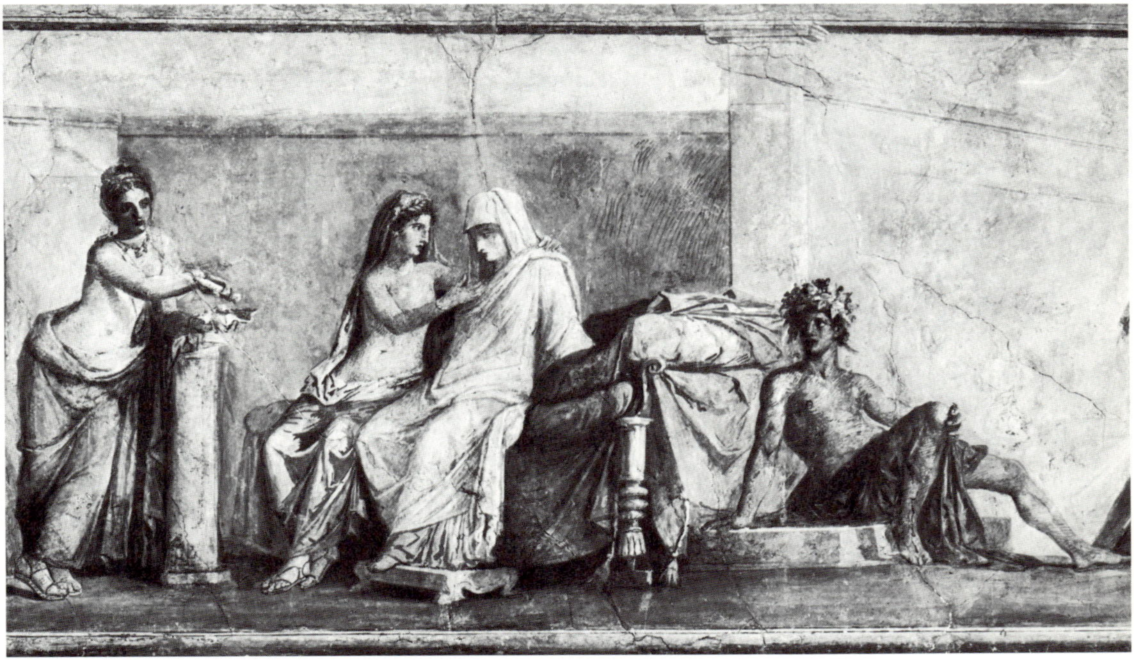

jungen Bräutigam einen ganzen Nachmittag der Liebe zu verheißen – eine verzeihliche Kühnheit am Tage nach der Hochzeit, gemeinhin nannte man es liederliche Ausschweifung, zu anderen Zeiten als nachts miteinander zu schlafen.

Warum heiratete man? Um sich einer Mitgift zu versichern (dies war eine der respektablen Methoden, um reich zu werden) und um in rechtmäßiger Ehe Nachkommen zu zeugen, die als legitime Kinder das Erbe antraten und die für den Fortbestand des Staates sorgten, indem sie die Reihen der Staatsbürger auffüllten. Die Politiker appellierten an die Bürger, ihrer »staatsbürgerlichen Pflicht« zu genügen und Kinder in die Welt zu setzen – keine künftigen Arbeitskräfte, sondern künftige Staatsbürger. Plinius d.J., als Senator nicht pathetischer als andere, fügte bei dieser Gelegenheit hinzu, daß es noch eine weitere Möglichkeit gab, die staatsbürgerliche Gemeinschaft zu stärken – man konnte verdiente Sklaven freilassen und sie damit zu Staatsbürgern machen.

Vor der Hochtzeitsnacht; Kopie eines griechischen Originals. Die verschleierte Braut sitzt auf der Bettkante, während die Überredung ihr Mut zuspricht. Vor dem Bett sitzt Gott Hymen und wartet keck auf seine Stunde. Doch an einer Säule steht Venus oder eine der Grazien bereit, um die Braut zu parfümieren. Ihr holder weiblicher Reiz wird die legale Vergewaltigung in der Ehe zur Gatteneintracht läutern. (Rom, Vatikanische Museen)

Monogamie und Ehepaar

Ob in Gestalt der rechtmäßigen Ehe oder in der des Konkubinats, die Monogamie beherrscht das Feld. Aber Monogamie und Ehepaar sind keineswegs ein und dasselbe. Wir fragen uns hier nicht, wie der Alltag der Ehemänner und Ehefrauen wirklich ausgesehen hat, sondern welche Vorstellung von seiner Frau ein Mann nach jeweils herrschender Moral zu beherzigen hatte: War sie ein Mensch wie seinesgleichen, seine Königin, die zusammen mit ihm das »königliche Paar« bildete (selbst wenn besagte Königin faktisch als Hausmädchen fungierte, nur unter

Stabies, Porträt eines Paares; vor 79 n. Chr. Mittelmäßig, aber von grausamer Wahrheit. Zwischen Mann und Frau ein kleiner Bacchus. (Neapel, Archäologisches Museum)

edlerem Namen)? Oder war sie bloß das ewige Kind, das nur insoweit in Betracht kam, als es die Institution Ehe verkörperte? Die Antwort fällt leicht: Im 1. Jahrhundert v. Chr. hat sich der Ehemann als Staatsbürger zu verstehen, der seiner bürgerlichen Pflicht genügt hat; hundert Jahre später hat er sich als guter Gatte zu verstehen und seine Frau offiziell zu respektieren. Mit anderen Worten, die Moral hat zu irgendeinem Zeitpunkt die monogame Ehe mit ihren Rechtsformen und Mitgift-Regeln verinnerlicht. Wie kommt es zu diesem Wandel? Michel Foucault vertritt die Ansicht, daß die Rolle des Mannes sich in dem Moment verändert, da das Kaiserreich an die Stelle der Republik und der unabhängigen griechischen Stadtstaaten tritt; aus den Angehörigen der herrschenden Klasse, den Bürger-Soldaten, werden nun örtliche Notabeln und treue Untertanen des Kaisers. Das griechisch-römische Ideal der Selbstbeherrschung, der Autonomie, war mit dem Willen verbunden, auch im öffentlichen Leben zu wirken (niemand verdient zu herrschen, der sich nicht selbst zu beherrschen vermag). Im Kaiserreich ist diese Herrschaft über sich selbst keine bürgerliche Tugend mehr, sondern wird zum Selbstzweck – die Autonomie gewährleistet den Seelenfrieden und macht den Menschen unabhängig von den Launen des Glücks und der Gewalt des Kaisers. Sie war vornehmlich das Ideal der Stoa, der verbreitetsten jener Weisheitslehren oder »Philosophien«, die damals ähnlich einflußreich waren wie bei uns Ideologien oder Religionen. Die Stoa predigte unermüdlich die neue Moral des Ehepaares. Doch auch hier ist eine Präzisierung geboten: Alles, was wir berichten, gilt nur für ein Zwanzigstel oder Zehntel der freien Bevölkerung, für die Schicht der Wohlhabenden, die sich zugleich für die Kultivierten hielten; weiterführende Schlüsse erlaubt die Quellenlage nicht. In den ländlichen Regionen Italiens waren die freien Bauern (Kleinbauern oder Pächter auf den Gütern der Reichen) verheiratet, mehr wissen wir nicht über sie; die Alternative zwischen staatsbürgerlicher und stoischer Ethik gab es für sie nicht.

Erst bürgerliche Moral, dann die Moral des Ehepaares – was sich nach dem Übergang von jener zu dieser, im Verlauf von ein oder zwei Jahrhunderten, am wenigsten verändert hat, ist das Verhalten der Menschen (hüten wir uns vor übertriebenem Optimismus!) und die Anwendung der verordneten Spielregeln. Verändert hat sich indessen etwas Formelles, wiewohl Entscheidendes: das Recht, welches die jeweilige Moral für sich und ihre Anweisungen in Anspruch nimmt, und gleichzeitig das Menschenbild – im Vordergrund stand jetzt die Person mit sittlicher Verantwortung. Der Formenwandel war ein Wertewandel. Die ältere Moral sagte: »Heiraten gehört zu den Pflichten des Bürgers«; die neue sagt: »Wenn man ein guter Mensch sein will, darf man nur miteinander schlafen, um Kinder in die Welt zu setzen; der Stand der Ehe dient nicht den Freuden der Venus.« Die ältere Moral zweifelt nicht an der Berechtigung dieser Regelung: Da nur die rechtmäßige Ehe es erlaubt, regulär neue Staatsbürger zu zeugen, muß man eben gehorchen und heiraten. Die neue, minder militaristische Moral greift nach einer Begründung der Institutionen. Da die Ehe existiert und meist länger hält, als die Zeit des pflichtgemäßen Kindergebärens währt, bedarf sie einer rationalen Legitimation. Weil sie zwei vernünftige Wesen, den Gatten und die Gattin, veranlaßt, ihr ganzes Leben miteinander zu teilen, ist sie Freundschaft, die dauerhafte Zuneigung zweier guter Menschen, die miteinander nur ins Bett gehen, um die Gattung nicht aussterben zu lassen. Kurzum, die neue Moral entwickelte argumentative Vorschriften für vernünftige Personen, und da sie nicht den Mut zu einer Kritik der Institutionen besaß, mußte sie die Ehe auf ein allgemeines Vernunftfundament gründen. Diese Mischung aus gutem Willen und Konformismus hat zum Mythos des Ehepaares geführt. In der alten bürgerlichen Moral war die Gattin sozusagen nur ein Instrument des Staatsbürgers und Familienoberhaupts; sie setzte die Kinder in die Welt und vergrößerte das Erbe. Nach der neuen Moral ist die Frau eine Freundin. Sie wird zur »Gefährtin ein ganzes Leben lang«. Sie muß allerdings vernünftig sein, d. h. ihre natürliche Unterlegenheit anerkennen und gehorchen; dann wird ihr Gatte sie respektieren, so wie ein Vorgesetzter seine ihm ergebenen Helfer respektiert, die seine Freunde, wenn auch minderen Ranges sind. Mit einem Wort, das Ehepaar erscheint in Westeuropa in dem Augenblick, da eine Moral sich die Frage stellt, warum ein Mann und eine Frau ihr ganzes Leben miteinander verbringen müssen, und diese Verabredung nicht länger als eine Naturtatsache hinnimmt.

Ehe als Pflicht

Die neue Moral wurde so formuliert: »Solches ist die Pflicht eines verheirateten Mannes.« Umgekehrt war die staatsbürgerliche Moral wie folgt formuliert worden: »Das Heiraten gehört zu den Pflichten des Staatsbürgers.« Diese Ausdrucksweise hatte die Ethiklehrer veranlaßt, an die Geltung dieser Pflicht zu erinnern. Um das Jahr 100 v. Chr. sagte ein Zensor vor einer Versammlung von Bürgern: »Die Ehe ist, wie wir alle wissen, eine Quelle des Verdrusses; dennoch muß man heiraten, und zwar aus Bürgersinn.« Jeder Bürger wurde aufgefordert, sich zu fragen, ob er bereit war, diese Pflicht zu erfüllen. Die Ehe war nichts Selbstredendes, sondern wurde beredet. Das hat die Illusion befördert, es habe eine »Krise der Eheschließungen« gegeben und die Ehelosigkeit habe um sich gegriffen (wir kennen diese kollektiven Zwangsvorstellungen, die sich durch keinerlei statistische Gegenbeweise erschüttern lassen). Schon die Römer hegten diese Illusion, noch bevor die Altertumswissenschaftler sie aufnahmen, und Kaiser Augustus hat eigens Gesetze erlassen, um die Heiratswilligkeit der Bürger anzuspornen.

Das Heiraten wurde als eine Pflicht unter anderen Pflichten empfunden, als etwas, das man tun oder lassen konnte. Die Ehe ist nicht »Gründung eines Hausstandes«, Koordinatensystem eines Lebens, sondern eine von mehreren dynastischen Entscheidungen, die ein vornehmer Römer zu treffen hat. Soll er eine öffentliche Laufbahn einschlagen oder Privatmann bleiben, um das dynastische Erbe zu mehren? Soll er Soldat oder Redner werden? Usw. – Die Gemahlin ist weniger die Gefährtin des vornehmen Römers als vielmehr der Gegenstand einer seiner Ent-

Pompeji; idealisierte Gestalten im Gespräch. Legendäres oder theatralisches Modell der Eleganz für die wirkliche Welt. Szene vom Gynaikeon; vielleicht ein Pasticcio hellenistischer Malerei. Die Figuren sind nicht willkürlich placiert; ihre Stellung zueinander macht die Großartigkeit der Komposition aus. (Neapel, Archäologisches Museum)

scheidungen. Sie ist so sehr Gegenstand, daß zwei Männer sich freundschaftlich in sie teilen können: Cato Uticensis, ein Ausbund an Tugend, überließ einem Freund seine Frau, um sie dann später zurückzuheiraten, wobei er nebenbei ein enormes Erbe einstrich; ein gewisser Nero hat seine Gattin Livia mit dem nachmaligen Kaiser Augustus »verlobt« (so der gängige Ausdruck).

Heiraten ist nur eine von vielen Tätigkeiten im Leben, die Gattin nur einer von vielen Bestandteilen der Hausgemeinschaft, zu der auch die Söhne gehören, die Freigelassenen, die Klienten und die Sklaven. »Wenn dein Sklave es wagt, dir zu widersprechen, oder dein Freigelassener, dein Weib, dein Klient, so gerätst du in Wut«, schreibt Seneca. Die vornehmen Herren, Vorstände einer Hausgemeinschaft, machen die Dinge unter sich ab, von Souverän zu Souverän, und wenn einer von ihnen eine schwierige Entscheidung zu treffen hat, so spricht er nicht mit seiner Frau darüber, sondern beruft den »Rat seiner Freunde« ein.

Sind Herr und Frau Romanus »ein Ehepaar«? Stellt Herr Romanus seine Frau Besuchern vor, wie es im europäischen Westen bereits üblich ist, oder zieht sie sich bald zurück, wie es in den islamischen Ländern geschieht? Und wenn man Herrn Romanus zum Essen einlädt, gehört es sich dann, seine Frau ebenfalls einzuladen? Die wenigen Andeutungen in den Quellen erlauben keine schlüssige Antwort; klar ist nur, daß die Frau das Recht hat, ihre Freundinnen zu besuchen – wohlbewacht von einer Anstandsdame.

Die Ehefrau ist ein großes Kind, mit dem man schonend umgehen muß, der Mitgift wegen und mit Rücksicht auf die vornehme Herkunft des Vaters. Cicero und seine Briefpartner lästern über diese »ewig Unerwachsenen«, die zum Beispiel die Abwesenheit ihres Gatten, der zum Statthalter einer fernen Provinz ernannt worden ist, dazu nutzen, sich von ihm scheiden zu lassen und neu zu heiraten. Derlei Kindereien, so entwaffnend sie sein mögen, haben freilich Konsequenzen für die politische Situation der Männer. Es versteht sich von selbst, daß diese putzigen Geschöpfe nicht geeignet waren, ihren Herrn und Meister zu blamieren – das Molièresche Thema des gehörnten Gatten war unbekannt, und wenn es bekannt gewesen wäre, dann wären Cato, Caesar und Pompeius berühmte Gehörnte gewesen. Ein Mann ist der Herr seiner Frau, so wie er Herr seiner Töchter und Domestiken ist; die Untreue der Frau macht ihn nicht lächerlich, sondern ist Unbill, nicht schlimmer oder besser als ein Fehltritt seiner Tochter oder die Pflichtvergessenheit eines Sklaven. Betrügt ihn seine Frau, so macht man ihm Vorhaltungen, daß er es an Wachsamkeit oder an Rückgrat habe fehlen lassen und daß er durch seine Schwäche der Ehebrecherei in der Stadt Vorschub leiste. Ähnlich wirft man bei uns den Eltern vor, daß sie durch Nachlässigkeit und laxe Erziehung schuld daran sind, wenn ihre Kinder auf die schiefe Bahn geraten und die Kriminalität zunimmt. Ein Gatte oder Vater konnte solchen Verdächtigungen nur begegnen, indem er selbst als erster öffentlich den schlechten Lebenswandel der Seinen anprangerte. Kaiser Augustus zählt in einem Edikt alle Amouren seiner Tochter Julia auf; Nero macht den Ehebruch seiner Gattin Octavia publik. Damit wollten sie unterstreichen, daß sie keine »Geduld« – d. h. keine Nachsicht – mit dem Laster hatten. Die öffentliche Meinung war unschlüssig, ob das stoische Schweigen anderer Ehemänner Bewunderung oder Tadel verdiene . . .

Da ein betrogener Gatte eher verletzt als blamiert ist und da eine geschiedene Frau ihre Mitgift mitnimmt, sind Scheidungen in der Oberschicht sehr häufig (Caesar, Cicero, Ovid und Claudius waren dreimal verheiratet); bei der städtischen Plebs mag es ähnlich gewesen sein. Juvenal schreibt von einer Frau aus dem Volk, die einen durch-

Malerei von einem unterirdischen Grab; 2. Jh. n. Chr. (Rom, Thermenmuseum)

Wahrscheinlich 2. Jh. n. Chr. Kein Phantasiebild, sondern ein Grabporträt, das von einer Muschel umrahmt wird – ein beliebtes Sujet. Offensichtlich gab es malende Frauen; diese hier, mit ihren Farbtöpfen, arbeitete mit einem nackten Modell. Man beachte die kunstvolle Frisur (eine ähnliche Frisur zeigt das Bildnis eines Mädchens im Museum von Saloniki). (Rom, Villa Albani)

reisenden Wahrsager um Rat fragt, ob sie ihren Gatten, einen Gastwirt, verlassen und einen Mann heiraten soll, der mit Gebrauchtkleidung handelt (ein einträglicher Beruf damals, weil das Volk gern Kleidung aus zweiter Hand trug). Nichts war den Römern fremder als die biblische Vorstellung, daß Mann und Frau »ein Fleisch« sein und bleiben sollten; sie fanden nichts dabei, eine geschiedene Frau zu heiraten oder, wie Kaiser Domitian, zum zweiten Mal eine Frau zu ehelichen, die eine Zeitlang die Gemahlin eines anderen Mannes gewesen war. Zwar galt es als Verdienst, wenn eine Frau nur einen einzigen Mann in ihrem Leben gekannt hatte, aber erst die Christen erhoben dies zur Pflicht und verwehrten Witwen die Wiedervermählung.

Falscher Auftritt des liebenden Paares

Die Ehe war also staatsbürgerliches Gebot und privater Vorteil, und alles, was die alte Moral von den Ehegatten verlangte, war die Erfüllung einer genau umschriebenen Aufgabe, nämlich Kinder in die Welt zu setzen und die Hausgemeinschaft zu erhalten. Also hat die alte Moral einen doppelten Boden: einerseits die strikten Aufgaben der Eheleute, andererseits das Moment der Freiwilligkeit, das zusätzliches Verdienst oder Zufall ist, nämlich ein liebendes Paar zu bilden. An dieser Stelle hat das Paar seinen Auftritt auf der westeuropäischen Bühne; es ist jedoch ein falscher Auftritt. Haushalt ist Haushalt, und den Ehegatten ist weiterhin auferlegt, ihre jeweiligen Aufgaben zu erfüllen. Sofern sie sich im übrigen gut verstehen, ist das löblich und ehrenwert, aber keine Grundbedingung der Ehe. Man freute sich zu hören, daß zwei Eheleute gut miteinander auskamen, so wie weiland Odysseus und Penelope, ja, einander vergötterten, wie in der griechischen Sage Philemon und Baucis; die Regel war dies nicht, und das war kein Geheimnis. Die Wirklichkeit der Ehe war das eine; ob die eheliche Zweisamkeit glückte, das andere.

Dieses Paar – 1. Jh. v. Chr. – sieht so »echt altrömisch« aus, daß man die griechische Tracht auf den ersten Blick gar nicht bemerkt. Griechische Bildhauer stellten Römer ohne Toga dar; nur die Schuhe erinnerten an die römische Kleidung. (Rom, Museo dei Conservatori)

Die Liebe zwischen den Gatten erschien als glückliche Fügung oder als Zufall; sie bestimmte weder die Form der Ehe noch die Grundbefindlichkeit eines Paares. Man wußte, daß Uneinigkeit in der Ehe gang und gäbe war, und fand sich damit ab. Die Moralisten sagten, wer es lerne, die Fehler und Launen seines Weibes zu ertragen, der wappne sich damit gegen die Widerwärtigkeiten der Welt. Auf zahllosen Grabinschriften spricht ein Mann von seiner »sehr lieben Frau«, doch auf anderen, nicht minder zahlreichen heißt es: »Meine Frau, die mir niemals Anlaß zur Klage gab« (»querella«). Die Geschichtsschreiber erstellten Verzeichnisse von Ehepaaren, die bis zu ihrem Tod vereint geblieben waren; doch wenn die Zeit kam, einem frisch vermählten Mann zu gratulieren, wünschte man mit Ovid: »Möge deine Frau es ihrem Gatten an unentwegter Gutmütigkeit gleichtun! Möge nur selten ein Streit euer Einvernehmen trüben!«

Da es nicht obligatorisch war, seine Frau gut zu behandeln, war es nur um so verdienstvoller, wenn ein Mann es dennoch tat, wenn er »guter Nachbar und liebenswürdiger Gastgeber, sanft zu seinem Weibe

Jupiter, Juno und Cupido; Spiegelapplikation aus Bronze, 1. Jh. v. Chr. (?) Fünf Jahrhunderte lang umgab sich die elegante Römerin vorzugsweise mit Szenen aus der griechischen Mythologie. (Paris, Louvre)

und milde gegen den Sklaven« war, wie es der Moralist Horaz formuliert. Das Ideal der Zärtlichkeit zwischen Eheleuten war seit Homer zur elementaren Gattenpflicht hinzugetreten; Grabreliefs zeigen den Händedruck zwischen Mann und Frau, und zwar nicht als Symbol der Ehe, sondern zum Zeichen dieser erwünschten, innigen Einigkeit. Als Ovid in der Verbannung lebte und in Rom seine Frau zurückließ, die dort das Erbe des Dichters verwaltete und seine Begnadigung betrieb, schrieb er ihr, zwei Dinge seien es, die sie verbänden: der »eheliche Pakt« sowie »die Liebe, die aus uns zwei Gefährten macht«. Zwischen Gattenpflicht und Zärtlichkeit kann es allerdings zum Konflikt kommen: Was ist, wenn die geliebte Frau unfruchtbar ist? »Der erste, der seine Frau verstieß, weil sie unfruchtbar war, hatte einen annehmbaren Grund, entging aber nicht dem Tadel der öffentlichen Meinung [›reprehensio‹], weil nicht einmal der Wunsch nach Kindern den Sieg hätte davontragen dürfen über die dauerhafte Bindung an eine Gattin«, schreibt der Moralist Valerius Maximus.

Die neue Illusion

Hatte nun das liebende Paar seinen Einzug im Abendland gehalten? Keineswegs, Verdienst ist nicht dasselbe wie Pflicht. Man beachte die Nuance. Eheliche Einigkeit wird gelobt, wenn sie vorkommt, sie ist jedoch keine Norm, die in der Institution Ehe zu verwirklichen ist; dann müßte nämlich der Zwist als schockierend gelten und nicht als etwas, das zu erwarten steht. Zur Norm erhoben wird sie jetzt in der neuen

Für Byzanz und Mysien typisches Grab, 1. Jh. v. Chr. Es zeigt ein Ehepaar (ohne seine Kinder) in einer Geste der Gattenliebe. Ganz links eine Dienerin; in der Mitte ein Sklave, der mit gekreuzten Beinen dasteht und die Befehle seines Herrn erwartet. Die unvermeidliche Schriftrolle zeugt vom gesellschaftlichen Rang des Hausherrn.
(Paris, Louvre)

Moral, die der Stoa verwandt ist und die das Ideal des liebenden Paares für verbindlich erklärt. Wer die Möglichkeit der Uneinigkeit zwischen Eheleuten auch nur hypothetisch in Betracht zieht, wird nun der Verleumdung oder des Defätismus bezichtigt. Die Vorkämpfer der neuen Moral des liebenden Paares sind übrigens leicht an ihrem erbaulichen Tonfall zu erkennen. Wenn Seneca oder Plinius von ihrem Eheleben sprechen, dann geschieht es im Stil des Sentimentalen, Tugendhaften, Exemplarischen. Das hat eine praktische Konsequenz: Der Ort, der theoretisch der Gattin zugewiesen wird, ist nicht mehr derselbe wie einst. In der alten Moral hatte die Frau ihren Platz beim Hausgesinde, über das sie im Namen ihres Mannes das Regiment führte. In der neuen Moral wird sie auf eine Stufe gestellt mit den Freunden des Mannes, die im gesellschaftlichen Leben der Griechen und Römer eine gewichtige Rolle spielten. Für Seneca ist das eheliche Band durchaus vergleichbar mit dem Freundschaftsbund. Aber was bewirkte das praktisch? Wenig. Was sich allenfalls änderte, war der Stil, in dem die Männer in einem allgemeinen Gespräch über ihre Frauen redeten oder in Gegenwart Dritter zu ihnen sprachen.

Es verhält sich mit dieser Transformation der Moral ebenso wie mit anderen Blickwechseln in der Ideengeschichte: Nach hundert Jahren Kultursoziologie erklären immer mehr Historiker, daß sie unfähig sind, die kulturellen Wandlungen zu ergründen, ja, daß sie nicht die leiseste Ahnung haben, wie eine taugliche Auskunft aussehen könnte. Halten wir jedenfalls fest, daß die Ursache *nicht* die stoische Philosophie war: Vorkämpfer hat die neue Moral auch unter den Gegnern der Stoa und bei den Neutralen gehabt.

Der Philosoph Plutarch, ein Platoniker, hatte große Mühe, sich gegen das stoische Denken abzugrenzen, diesen noch immer triumphierenden Rivalen des Neuplatonismus. Dennoch entwickelte er eine Theorie der ehelichen Liebe, die er als eine überlegene Variante der Freundschaft deutete. Der Senator Plinius wiederum gehörte keiner Sekte an: Er hatte statt der Weisheit die Beredsamkeit erwählt. In seinen Briefen äußerte er sich über viele Gegenstände mit der typischen Autorität des römischen Senators. So befindet er, eine Wiedervermählung sei löblich, und zwar auch dann, wenn das Alter eines der Partner die Fortpflanzung als Ziel der ehelichen Verbindung ausschließe, denn das wahre Ziel der Ehe sei die gegenseitige Hilfe und die Freundschaft, welche die Gatten einander entgegenbringen. Er selbst gefällt sich darin, das vorzügliche und sentimentale Verhältnis zu seiner Frau zu illuminieren, für die er, in aller Tugendhaftigkeit, höchste Achtung und tiefe Freundschaft empfinde – der moderne Leser hat angesichts solcher Elogen einige Mühe, sich zu vergegenwärtigen, daß diese Frau aus Vernunftgründen geheiratet worden war, mit Rücksicht auf Karriere und Erbe; sie war eine Kindfrau, die so jung in die Ehe eintrat, daß sie während ihrer ersten Schwangerschaft eine Fehlgeburt hatte. Ein anderer »Neutraler«, der Senator Tacitus, nimmt keinen Anstoß daran, daß – entgegen der republikanischen Tradition – eine Frau ihren Gatten begleitet, wenn er zum Statthalter einer fernen Provinz ernannt worden ist, obwohl dies praktisch ein militärischer Auftrag und das weibliche Ge-

Teilansicht eines Sarkophags, 3. oder 4. Jh. Eine Muse mit nackten Armen lehnt melancholisch sinnend am Epitaph eines Mannes von Bildung. (Paris, Louvre)

schlecht von allen militärischen Geschäften strikt fernzuhalten war. Aber eine Gattin schuldet ihrem Gatten moralische Unterstützung, und ihre Anwesenheit wird den Militär nicht verweichlichen, sondern kräftigen.

So ist es kaum verwunderlich, daß auch die Stoiker die neue Moral übernahmen, nachdem sie sich durchgesetzt hatte und inzwischen als selbstverständlich galt. Allerdings gerieten die Stoiker, da sie zahlreich waren und ihre Stimme Gewicht besaß, fälschlich in den Ruf, die neue Moral propagiert zu haben. In Wahrheit waren sie selbst die Genarrten.

Genarrt deshalb, weil die stoische Lehre sie keineswegs dazu zwang, die Unterwerfung unter die herrschende Moral zu predigen; im Gegenteil. In ihrer ursprünglichen Version lehrte die Stoa den Menschen, zum sterblichen Gegenstück der Götter zu werden, autark und gleichgültig wie diese gegen alle Schicksalsschläge, indem er dank seiner kritischen Vernunft die natürliche Neigung zur Autarkie in sich entdeckte und ihr mutig folgte: Der Mensch sollte sich den gesellschaftlichen Rollenzuweisungen nur dort beugen, wo dies vereinbar war mit seinem Streben nach Autarkie und mit der nicht minder natürlichen Sympathie, die jeden Menschen antreibt, sich zu seinesgleichen zu gesellen. Solche Überlegungen konnten sehr wohl einer Kritik der Institutionen in Politik und Familie Vorschub leisten, und zunächst war dies auch durchaus der Fall. Doch die Stoa wurde das Opfer ihres Erfolges in

Octavia, die Schwester des Augustus; Kamee. Schöne Prinzessinnen wurden wie Stars gefeiert und verliehen der neuen Monarchie zusätzlichen Glanz. (Paris, Bibliothèque Nationale, Cabinet des Médailles)

einem Milieu reicher und mächtiger Gebildeter und geriet zu einer gelehrten Legitimation der gängigen Moral. Die Pflichten des Menschen gegen sich selbst und gegen seinesgleichen wurden zunehmend an die Institutionen gekoppelt, die man nunmehr in der Moral zu integrieren suchte: Die Ehe ist eine (ungleiche) Freundschaft zwischen Mann und Frau. Vorbei waren die Zeiten, da die Stoiker über die Sehnsucht nach dem Schönen spekulierten und über Knabenliebe als Typus der Liebe überhaupt.

Venus; römische Replik eines griechischen Originals aus dem 5. Jh. v. Chr. Der Effekt des sog. »nassen Tuches«.
(Rom, Museo dei Conservatori)

Die keuschen Gatten

Über diesen freiwilligen Konformismus hinaus, zu dem die spätere Stoa verkam, gab es noch einen engeren Zusammenhang zwischen ihr und der neuen ehelichen Moral. Diese verlangte nicht mehr die fügsame Erfüllung einer Reihe ehelicher Aufgaben, sondern forderte von den Gatten, als ideales Paar zusammenzuleben, und zwar auf der Grundlage einer ständig bewiesenen freundschaftlichen Gesinnung, die hinreichen sollte, die Pflicht zu tun. Die Stoa wurde eine Philosophie der moralischen Autonomie, der Steuerung des verständigen Individuums durch sich selbst und sein Inneres. Der Einzelne war gehalten, unablässig die Details seiner Lebensführung zu kontrollieren.

Hieraus ergeben sich zwei Konsequenzen: Der stoische Konformismus geht mit seiner ganzen Rigorosität in die Institution der Ehe ein, und er macht die Ehe schwieriger, indem er von den Gatten verlangt, noch die beiläufigste Geste unter Bedacht zu nehmen und nicht dem geringsten Wunsch nachzugeben, sofern er nicht nachweislich vernunftbegründet ist.

Perpetuierung der Institution: Man muß heiraten, so lehrt Antipatros von Tarsos, um dem Vaterland Staatsbürger zu schenken und weil die Fortpflanzung des Menschengeschlechts im göttlichen Weltenplan beschlossen ist. Das Fundament der Ehe, sagt Musonius, ist das Zeugen von Kindern und die gegenseitige Hilfe der Gatten. Ehebruch ist Diebstahl, lehrt Epiktet – dem Nächsten seine Frau zu nehmen ist ebenso flegelhaft, wie bei Tisch dem Nachbarn seine Portion Fleisch vom Teller zu entwenden. »Auch für die Frauen sind ja die Portionen [d. h. die Männer] verteilt.« Die Ehe, meint Seneca, beruht auf beiderseitigen Verpflichtungen, selbst wenn diese ungleich oder, besser gesagt, unterschiedlich sein mögen; die Pflicht der Frau ist es, zu gehorchen. Marc Aurel, der kaiserliche Stoiker, beglückwünscht sich dazu, in der Kaiserin »eine gehorsame Gattin« gefunden zu haben. Da beide Eheleute moralische Subjekte sind und ein Vertrag eine Sache auf Gegenseitigkeit ist, wird der Ehebruch des Mannes als ebenso gravierend empfunden wie derjenige der Frau (im Gegensatz zur alten Moral, welche die Fehltritte nicht nach dem moralischen Ideal bewertete, sondern nach der bürgerlichen Realität, in der das Privileg des Mannes sich von selbst verstand).

Vertiefung der Institution, wie man sieht. Da die Ehe Freundschaft ist, dürfen die Gatten miteinander nur dann ehelich verkehren, wenn

Porträt einer unbekannten Frau, um Christi Geburt. (Paris, Petit Palais, Sammlung Dutuit)

Porträt eines unbekannten Mannes; Fundort Annecy, 2. Jh. (Paris, Petit Palais, Sammlung Dutuit)

sie Kinder haben wollen, und sie sollen dabei nicht ungebührlich in Ekstase geraten. Ein Mann darf seine Frau nicht behandeln wie eine Mätresse, versichert Seneca, auf den sich später der hl. Hieronymus berufen wird. Sein Neffe Lucan war derselben Ansicht. Er hat eine Epopöe verfaßt, eine Art von realistischem historischen Roman, worin er auf seine Weise den Bürgerkrieg zwischen Caesar und Pompeius nacherzählt. Er beschreibt Cato, das Muster eines Stoikers, beim Abschied von seiner Gattin (derselben Frau, die er vorübergehend einem Freund überlassen hatte). Cato wird in den Krieg ziehen. Am Vorabend einer derartigen Trennung verzichten die beiden auf den Beischlaf, wie Lucan in deutlich moralisierender Manier klarstellt. Und selbst Pompeius, dieser minder bedeutende Mann, schläft im Augenblick des Abschieds nicht mit seiner Frau, obwohl er kein Stoiker ist. Warum solche Enthaltsamkeit? Weil ein guter Mensch nicht gierig nach dem kleinen Glück greift und weil er sich noch bei der geringsten Handlung in der Gewalt hat; und es ist unmoralisch, seinem Begehren nachzugeben – der Beischlaf kennt nur einen vernünftigen Grund, die Zeugung. Das ist nicht Askese, sondern Rationalismus. Die Vernunft fragt sich: »Warum dies tun?« Es widerspricht ihrem planenden Vorgehen, sich zu fragen: »Warum es nicht tun?« Darin ähnelt der stoische »Plan« täuschend der christlichen Askese. Freilich ist das Christentum kein monolithisches System; es hat sich in seinen ersten Jahrhunderten nachdrücklicher entwickelt als das stoische Denken. Und es ist sehr vielgestaltig. Der Christ Clemens von Alexandria ist von der Stoa beeinflußt, ja, er schreibt die Eheregeln des Stoikers Musonius ab, ohne ihren Urheber zu nennen. Hieronymus wiederum wäre diese Doktrin viel zu sinnlich gewesen. Und was Augustinus angeht, einen der gedankenreichsten Köpfe, welche die Welt kennt, so zog er es vor, sich eine eigene Ansicht von der Ehe zu bilden.

Wie man sieht, soll man nicht auf schematische Kategorien setzen und eine Kluft zwischen heidnischem Denken und christlicher Moral behaupten. Die wirklichen Scheidelinien verlaufen anderswo: zwischen einer Moral der ehelichen Aufgaben und einer verinnerlichten Moral des liebenden Paares. Die letztere, aus dem Heidentum hervorgegangen, ist in ihm etwa seit dem Jahre 100 n. Chr. verbreitet und auch dem stoisch geprägten Christentum nicht fremd. Die Stoa glaubte, daß diese Moral, als Moral par excellence, ihre eigene Erfindung gewesen sei. Wenn ich freilich die Einheit von spätheidnischer Moral und nahezu der gesamten christlichen Moral betone, dann nicht deshalb, um »das« Heidentum und »das« Christentum miteinander zu vermengen, sondern um beide Ideenentwürfe, einen wie den anderen, zu verabschieden. Beide sind papierene Maschinerien; man muß sie öffnen und in ihrem Innern die feineren Mechanismen ergründen, die den herkömmlichen Einteilungen widerstehen.

Und noch etwas: Eine Moral erschöpft sich nicht in ihren Handlungsanweisungen. Selbst wenn die ehelichen Spielregeln in einer heidnischen und in einer christlichen Partie wörtlich dieselben sind, ist die Partie selbst dann noch nicht gespielt. In einer gewissen Epoche erklärten Heiden wie Christen gleichermaßen: »Ihr dürft nur miteinander schlafen, wenn ihr Kinder zeugen wollt.« Aber dieser Satz hat unterschiedliche Folgen, je nachdem, ob er einer Weisheitslehre entspringt, die freien Einzelnen zum Zwecke ihrer Autonomie in dieser Welt Ratschläge erteilt, die sie, wenn sie von ihnen überzeugt sind, als autonome Personen befolgen können; oder ob er von einer allmächtigen Kirche formuliert wird, die das Gewissen der Menschen auf das Heil im Jenseits zu vereidigen trachtet und die jedermann Vorschriften machen will, gleichgültig, ob er überzeugt ist oder nicht.

Statuette der Venus oder einer Jahreszeit; Rom. Diese Frisur war zu Beginn der christlichen Zeit modern. Trug die Jahreszeit einst einen Spiegel in der Hand, was den Zeigefinger unter dem Kinn erklären würde? An der Taille sieht man die Schnalle eines Gürtels, durch den das Kleid so gerafft wurde, daß es viele Falten warf.
(Paris, Petit Palais, Sammlung Dutuit)

Teilansicht eines Sarkophags, 2. oder 3. Jh. Szenen wie diese sind auf Gräbern selten. Entweder war der hier begrabene Mann ein reicher Grundbesitzer, oder das Pflügen hing mit einem Mythos, etwa dem des Triptolemos, zusammen. Der Genius des Sommers trägt einen Korb mit Obst auf dem Arm. Das Joch ist, wenig wirkungsvoll, am Widerrist des Ochsen befestigt. (Museum Benevent)

Die Sklaven

Auch Sklaven sind Menschen

Von allen Seiten kann dich unversehens der Tod treffen, sagt Seneca, bei einem Schiffbruch oder durch Räuber, »und der letzte deiner Sklaven – von höheren Mächten zu schweigen – hat Macht über dein Leben und deinen Tod«. Besorgt schreibt Plinius an einen Bekannten: Sein Freund, der Ritter Robustus, hat in Begleitung eines seiner Sklaven eine Reise angetreten und ist seitdem verschollen, niemand hat ihn gesehen; »ist er einem seiner Leute zum Opfer gefallen?« Eine Grabinschrift in Mainz bezeugt das tragische Geschick eines dreißigjährigen Herrn, den einer seiner Sklaven umbrachte, der sich dann durch einen Sprung in den Main selbst den Tod gab. Die Römer lebten in heimlicher Angst vor ihren Sklaven, so wie heutzutage der Besitzer eines Dobermann. Der Sklave ist zwar von Natur aus minderen Werts, jedoch ein Mitglied der Familie, das der Familienvater »liebt« und väterlich züchtigt und von dem er Gehorsam und »Liebe« erwartet. Also ist die Beziehung des Sklaven zu seinem Herrn gefährlich, weil ambivalent – die Liebe kann sich plötzlich in Haß verkehren. Die Annalen der modernen Kriminologie verzeichnen manche überraschende Bluttat, begangen von einer Hausgehilfin, die bis dahin die schiere Selbstaufopferung war. Der antike Sklave wäre ein Thema für Jean Genet gewesen.

Ungeachtet gegenteiliger Behauptungen war der Sklave keine »Sache«. Selbst die »schlechten Herren«, die ihnen mit Brutalität begegneten, hielten es für die moralische Pflicht ihrer Sklaven, hingebungsvoll und treu zu sein. Einem Tier oder einer Maschine traut man nicht Moral zu. Allerdings ist dieses Menschenwesen zugleich ein Gut, an welchem sein Herr das Besitzrecht hat. Damals gab es zweierlei Objekte, die man in dieser Weise besitzen konnte: Sachen und Menschen. »Mein Vater«, schreibt Galen, »hat mich gelehrt, den Verlust materieller Güter nicht wichtig zu nehmen; so ist es für mich kein Unglück, wenn mir ein Rind, ein Pferd oder ein Sklave wegstirbt«. Auch Platon, Aristoteles und Cato reden nicht anders. Und heute sagt ein Offizier, er habe ein MG und zwanzig Mann verloren.

Da der Sklave ein Gut ist, das man besitzt, ist er minderwertig. Und da seine Minderwertigkeit einen anderen Menschen, nämlich seinen Besitzer, zum Überlegenen macht, rechtfertigt der Herr, im sicheren Bewußtsein seiner Dominanz, die Unterlegenheit des Sklaven dadurch, daß er sie für natürlich erklärt. Ein Sklave ist nicht durch Zufall unterlegen, sondern aus Schicksal – das psychologische Analogon zur Sklaverei ist wohl der Rassismus. Und weil schließlich die Gewalt seines Herrn keine reglementierte, sondern eine uneingeschränkte und unmittelbare ist, ist der Sklave kein Lohnarbeiter, sondern ein aufopferungsvoller Knecht, der aus tiefster Seele gehorcht und nicht aufgrund fester Anweisungen und Stundenpläne. Die Beziehung des Sklaven zum Herrn ist zwar ungleich, aber eine zwischen Menschen; der Herr »liebt« seinen Sklaven, so wie ein Herr auch seinen Hund liebt, der Firmenchef seine Arbeiter, der Kolonialbeamte die Eingeborenen. Jener Offizier, der zwanzig Mann verloren hat, hat sie geliebt und wollte von ihnen geliebt werden. Die antike Sklaverei war juristisch ein merkwürdiges Verhältnis, das banale Abhängigkeits- und Machtgefühle erzeugte, affektiven Austausch ohne Anonymität.

Dieses Verhältnis war nicht, oder nicht nur, auf den Bereich der Produktion beschränkt. Die Sklaven waren zwar in ihrer Minderwertigkeit einander gleich, hatten aber ganz unterschiedliche Aufgaben in Wirtschaft und Gesellschaft, ja sogar in Politik und Kultur. Eine kleine Gruppe von Sklaven war reicher und mächtiger als die Mehrzahl der Freien. Ihre ethnische Herkunft war unerheblich. Die Unterjochung besiegter Völker und der Sklavenhandel an den Grenzen des Reiches rekrutierten nur einen geringen Teil der versklavten Arbeitskräfte: Die Sklaven reproduzierten sich selbst; aufgefüllt wurden ihre Reihen mit ausgesetzten Kindern und durch den Verkauf von Freien in die Sklaverei. Die Kinder einer Sklavin, gleichgültig, wer der Vater war, gehörten dem Herrn, so wie der Nachwuchs seines Viehs ihm gehörte; es lag beim Herrn, sie aufzuziehen oder auszusetzen – oder gar zu ertränken, so wie man bei uns kleine Katzen ertränkt. Ein griechischer Roman schildert die Gemütsbewegung einer Sklavin, welche die Geliebte ihres Herrn ist und vor dem Gedanken zurückbebt, er könne das Kind umbringen, das sie von ihm erwartet. In einer Sammlung von »Schnurrpfeifereien«, dem *Philogelos*, lesen wir folgende Episode: »Der Zerstreute hat einer Sklavin ein Kind gemacht. Der Vater des Zerstreuten rät ihm, das Kind zu töten. Darauf erwidert der Zerstreute: ›Bring erst einmal deine eigenen Kinder um, bevor du mir mit solchen Ratschlägen kommst!« Kinder auszusetzen war üblich, nicht lediglich bei den Armen; Sklavenhändler sammelten die Säuglinge ein, die in den Heiligtümern oder auf öffentlichen Plätzen ausgesetzt worden waren. Not bewog die Mittellosen, ihre Neugeborenen an Schieber zu veräußern (die die Säuglinge noch »blutig« erwarben, kaum aus dem Schoß der Mutter gekommen, die deshalb keine Zeit hatte, ihr Kind zu sehen und liebzugewinnen). Erwachsene verkauften sich in die Sklaverei, um nicht zu verhungern, auch einige Ehrgeizige taten es, in der Hoffnung, es vielleicht zum Gutsverwalter bei einem Adligen oder zum kaiserlichen Schatzmeister zu bringen. So verhielt es sich wohl bei dem allgewaltigen und außerordentlich reichen Pallas, dem Sproß einer arkadischen Adelsfamilie – er verkaufte sich in die Sklaverei, um Gutsverwalter bei einer Dame aus der kaiserlichen Familie zu werden, und stieg dann zum Finanzminister und zur grauen Eminenz unter Kaiser Claudius auf.

Grabmal des Freigelassenen Cornelius Atimetus, eines Messerfabrikanten und -händlers; 1. Jh. n. Chr. In dieser Szene werden Messer verkauft. Der Grabschrift zufolge besaß Atimetus mehrere Sklaven. Der Verstorbene, mit einer Tunika bekleidet, steht rechts und führt seine Ware dem links stehenden Kunden vor, der ebenfalls eine Tunika trägt. (Rom, Vatikanische Museen)

Wesen der Sklaverei

Im Römischen Reich waren Leute, denen bei uns ein Colbert oder Fouquet entsprochen hätte, Sklaven oder Freigelassene des Kaisers; die Mehrzahl jener, die wir Beamte nennen, waren es ebenfalls, sie besorgten die Verwaltungsangelegenheiten des Princeps, ihres Herrn. Am untersten Ende der sozialen Stufenleiter standen die Sklaven, die als Landarbeiter tätig waren. Gewiß, die Zeit der »Plantagensklaverei« und des Spartacus-Aufstandes liegt weit zurück, und es ist nicht wahr, daß die Sklaverei der Grundpfeiler der römischen Gesellschaft gewesen wäre. Im übrigen war das System der großen Domäne, die von einer Vielzahl von Sklaven bewirtschaftet wurde, durchaus eine Besonderheit einiger Regionen wie Süditalien oder Sizilien gewesen. Das Sklaventum ist daher ebensowenig ein Wesensmerkmal der römischen Antike, wie die Sklaverei in den amerikanischen Südstaaten vor 1865 typisch für die moderne westliche Welt ist. Außerhalb dieser speziellen Gebiete und in späterer Zeit ist die Sklaverei nur eines von mehreren Produktionsverhältnissen der Landwirtschaft, neben dem Kolonat und der Lohnarbeit.

Eine Familienwerkstatt – man beachte das kleine Kind links –, in der Metallgefäße hergestellt wurden; 1. oder 2. Jh. Der Preis für ein Gefäß hing von seinem Gewicht ab; deshalb die Waage. (Neapel, Archäologisches Museum)

Teilansicht eines Sarkophags, 2. oder 3. Jh. Ein Flickschuster und ein Seilmacher, die unter einem Dach wohnten und, wie die Grabschrift besagt, gemeinsam bestattet wurden, weil sie Freunde waren. (Rom, Thermenmuseum)

Grabmal des Cornelius Atimetus: Ein Messer wird geschmiedet.

In bestimmten Provinzen gibt es so gut wie keine ländliche Sklaverei; zu ihnen zählt Ägypten. Ein Großgrundbesitzer läßt durch die Sklaven den von ihm persönlich genutzten, nicht verpachteten Teil seines Besitzes bewirtschaften; diese Sklaven leben in einem Schlafhaus zusammen und unterstehen einem Verwalter, der selbst Sklave ist und eine ihm zugewiesene Gefährtin hat, die für alle kocht. Auch mancher kleine Grundbesitzer läßt sich von ein paar Sklaven helfen. Philostratos erzählt von einem bescheidenen Winzer, der dazu übergegangen war, seinen Weinberg selbst zu bestellen, weil ihm seine wenigen Sklaven zu teuer wurden.

Die meisten Arbeitskräfte in den Handwerksbetrieben scheinen Sklaven gewesen zu sein. In den Töpferwerkstätten von Arezzo arbeiteten überwiegend Sklaven und Freigelassene. (In Arezzo gab es eine große Zahl von selbständigen Kleinunternehmern, die zwischen einem und 65 Helfern beschäftigten.) In der Landwirtschaft dominierten selbständige Kleinbauern und Pächter (Kolonen), die von den Großgrundbesitzern abhängig waren; ihnen zur Seite standen zusätzliche Arbeitskräfte, entweder Tagelöhner, die zwar frei, aber im Elend lebten, oder »Kettensklaven«, worunter wohl »schlimme« Sklaven zu verstehen sind, die ihr Herr bestraft hatte, indem er sie unter der Bedingung weiterverkaufte, daß die Käufer sie in dieser Form der privaten Zwangsarbeit hielten. Die Sklavenarbeit traf auf die Interessen der ansässigen Bauernschaft. Um dieses Produktionsverhältnis zum hauptsächlichen zu machen, hätten die Römer die freien Bauern insgesamt versklaven müssen. Grob geschätzt, stellten die Sklaven ein Viertel der ländlichen Arbeitskräfte in Italien. In diesem Reich, in welchem die Bauern die Lasttiere der Gesellschaft waren, war das Schicksal der Sklaven gewiß am härtesten.

Wenn der Sklave nicht Bauer ist, dann ist er meist Domestike; ein Römer der Oberschicht hat Dutzende von Dienern in seinem Hause, ein Römer der Mittelschicht (der noch immer so reich ist, daß er nicht zu arbeiten braucht) hat ein, zwei oder drei Sklaven. »Es gab in Pergamon«, berichtet Galen, »einen Grammatiker, der zwei Sklaven besaß; jeden Tag ging der Grammatiker mit einem von ihnen ins Bad [wo der Sklave ihn an- und ausziehen mußte], während er den anderen in seiner Wohnung einschloß, wo er das Haus hüten und das Essen vorbereiten mußte.« Der Status dieser Sklaven variiert beträchtlich; er umschließt den gemeinen Knecht ebenso wie den mächtigen Gutsverwalter, der – so wiederum Galen – alle Angelegenheiten seines Herrn regelt und die besten Ärzte bekommt, falls er einmal erkrankt. Das Verhältnis der Sklaven zu ihrem Herrn ist sehr unterschiedlich, und der Sklave als Komplize, der Sklave, der seinen Herrn an der Nase herumführt, kommt nicht bloß in der Komödie vor (es sei denn, der Herr schickt ihn in einem Wutanfall zur Zwangsarbeit auf eines seiner Güter, sobald dieses ambivalente Verhältnis einmal umschlägt). Der Herr und die Herrin des Hauses beauftragen die Sklaven ihres Vertrauens mit dem Ausspähen von »Freunden« und Klienten, aber auch von Hauslehrern, Philosophen und anderen Domestiken von freier Geburt; auf diese Weise gewinnt man Kenntnis von den heimlichen Intrigen und Skanda-

Wagenrennen im Zirkus. Das Relief zeigt zwei verschiedene Phasen des Rennens. Der an seinem Szepter kenntliche Magistrat, der das Rennen leitet und finanziert hat, wird sogleich ein Taschentuch fallen lassen und damit das Zeichen zum Start geben. Und der in Führung liegende Wagen des Siegers zeigt den Moment des Zieleinlaufs an.
(Rom, Vatikanische Museen)

Deckplatte, 1. Jh. Vor dem Bau des Kolosseums fanden die Kämpfe zwischen Gladiatoren und wilden Tieren im Zirkus statt. Die sieben großen Steine bedeuten, daß die Wagen sieben Runden gefahren sind. (Rom, Thermenmuseum)

len der Hausgemeinschaft. Bei gewissen Berufen ist der Sklavenstand die übliche Bedingung, um sich in den Dienst einer großen Persönlichkeit zu stellen und eine stabile Position zu erlangen – ein Grammatiker, ein Baumeister, ein Sänger, ein Komödiant sind oft Sklaven eines Herrn, der aus ihrem Talent Kapital schlägt. Die Intimität mit einem Großen ist leichter zu ertragen als ein Hungerlohn, und früher oder später wartet ohnehin die Freilassung.

Welchen Nachfolger hat in der Regel ein römischer Arzt? Seinen Sklaven, den er in der Heilkunst unterwiesen und dann freigelassen hat (Medizinschulen gab es noch nicht). Die Lohnarbeit faßt man nicht als neutrales, reglementiertes Verhältnis auf; sie gilt als geringwertig, weil sie keine Beziehung zwischen Personen ist. Doch auch in der persönlichen Beziehung ist die Intimität hoch asymmetrisch, und das ist es, was die unterschiedlichen Lebensbedingungen der Sklaven bei aller sonstigen Ungleichheit gemeinsam haben. Aus diesem Grund ist Sklaverei kein leeres Wort – ob mächtig oder schwach, sämtliche Sklaven werden so wahrgenommen, wie man kleine Kinder und Untergebene wahrnimmt. Die Sklaverei ist etwas Außer-Ökonomisches und nicht mehr bloß eine juristische Kategorie. Sie ist, was in unseren Augen als unverständlich und empörend erscheint, eine gesellschaftliche Klassifizierung, die nicht auf der »Rationalität« des Geldes beruht, und eben deshalb vergleichen wir sie mit dem Rassismus. In den USA konnte vor einem halben Jahrhundert ein Schwarzer ein noch so berühmter Sänger oder vermögender Geschäftsmann sein, die Weißen redeten ihn in vertraulichem Ton an und nannten ihn sofort beim Vornamen, wie einen Domestiken. Wie Jean-Claude Passeron bemerkt: Es gibt Hierarchien, die sich in Zeichen der Wertschätzung ausdrücken und nichts mit Reichtum oder mit Macht zu tun haben, beispielsweise Sklaverei, Rassismus, Adel.

Selbstverständlichkeit der Sklaverei

Der Sklave ist von Natur aus minderwertig, was immer er auch ist oder tut. Damit ist auch seine juristische Inferiorität verknüpft. Wenn sein Herr beschließt, ihn Geschäfte besorgen zu lassen, von denen er selbst zu profitieren wünscht, dann verfügt der Sklave sogleich über ein »peculium«, über finanzielle Selbständigkeit, Geschäftsfähigkeit und Prozeßfähigkeit, jedenfalls soweit es sich um die Belange seines Herrn handelt und solange das »peculium« nicht widerrufen wird. Trotz dieser nützlichen Scheinbilder von Freiheit aber kann der Sklave jederzeit verkauft werden; sein Herr hat das Recht, ihn nach Belieben zu bestrafen, und wenn er findet, daß sein Sklave die Todesstrafe verdient, nimmt er die Dienste des städtischen Scharfrichters in Anspruch und kommt nur für Pech und Schwefel auf, womit der Unglückliche verbrannt wird. Von den Gerichten kann der Sklave auf die Folter gespannt werden, damit er die Verbrechen seines Herrn gesteht, da die freien Männer nicht von der Tortur bedroht sind.

Die hermetische Trennwand sollte undurchdringlich sein. Es galt als unschicklich, daran zu erinnern, daß ein Sklave »eigentlich« frei geboren war und sich freiwillig in die Sklaverei verkauft hatte. Ebenso unschicklich war es, über die Möglichkeit zu spekulieren, daß ein Freigeborener sich auf diese Weise verkaufen könnte. Es war zwar legitim, noch nicht existierende Güter zu erwerben, zum Beispiel die Ernte, »sobald sie reif sein wird«; aber es war nicht legitim, einen Preis für einen Bürger zu bieten, »sobald er sich selbst in die Sklaverei verkaufen muß«. In ähnlicher Weise breitete sich zur Zeit des Ancien régime in Frankreich der Schleier des verschämten Schweigens über die Sprößlinge aus verarmtem Adel, die ruhmlos in den Bürgerstand absanken. Und da es zwischen Freiheit und Knechtschaft kein Drittes gab, kannte das römische Recht die Regel »im Zweifelsfalle zugunsten der Freiheit«; sie bedeutete, daß ein Richter im Zweifelsfalle zugunsten der Freiheitsvermutung entscheiden konnte. Gab es beispielsweise Unstimmigkeiten bei der Interpretation eines Testamentes, in dem der Verstorbene seine Sklaven freizulassen schien, so entschied man sich für die günstigere Auslegung, d. h. für die Freilassung. Eine andere Regel besagte, daß man die Entscheidung, einen Sklaven freizulassen, nicht mehr rückgängig machen konnte, denn »die Freiheit ist das gemeinsame Gut« aller freien Menschen, wie der Senat im Jahre 56 n. Chr. nochmals bekräftigte. Die Freilassung eines einzelnen Sklaven in Frage zu stellen hieße, die Freiheit aller freien Menschen zu bedrohen. Dieses großartige Prinzip, im Zweifelsfalle die »menschliche« Lösung zu wählen, ist indes nicht so humanitär, wie es aussieht. Angenommen, es gibt einen Grundsatz, dem zufolge von einem Geschworenengericht auf Freispruch erkannt wird, wenn ebenso viele Geschworene für Freispruch plädieren wie für die Guillotine, dann bedeutet das nicht, daß irgend jemand ein schlechtes Gewissen bei der Hinrichtung unzweifelhaft Schuldiger hätte; es ist ein Prinzip zugunsten der Unschuldigen, nicht der Schuldigen. Man erkennt das Paradox: Die Frei-

Dieses Sklavenband aus Bronze fand man am Hals eines südlich von Rom ausgegrabenen Skeletts: »Einfangen und zurückgeben an Apronianus, Minister im kaiserlichen Palast, Mappa Aurea, Aventin. Entlaufener Sklave.« (Paris, Petit Palais, Sammlung Dutuit)

Bronzeplakette, 3. bis 4. Jh. »Asellus, Sklave des Prejectus, vom Ministerium für Märkte, geflohen aus Rom. Einfangen: entlaufener Skave! Abzugeben in der Straße der Barbiere, beim Tempel der Flora.« Einem Sklaven blieb nach gelungener Flucht kaum etwas anderes übrig, als sich an einen Sklavenhändler zu verkaufen, in der Hoffnung, an einen besseren als den bisherigen Herrn weiterverkauft zu werden. (Paris, Petit Palais, Sammlung Dutuit)

heit soll begünstigt werden, doch nur im Zweifelsfall; niemand macht sich Gedanken über die Sklaven, an deren Knechtschaft kein Zweifel besteht. Justizirrtümer zu verabscheuen heißt nicht, die Heiligkeit der Justiz anzutasten, ganz im Gegenteil.

Die Sklaverei war eine unbestreitbare Tatsache. Human war es nicht, alle seine Sklaven freizulassen, sondern sich persönlich als guter Herr zu erweisen. Die Römer waren sich ihrer Überlegenheit so sicher, daß sie die Sklaven als große Kinder betrachteten. Sie nannten sie gewöhnlich »Kleiner« oder »Junge« (»pais«, »puer«), selbst wenn es alte Leute waren; auch die Sklaven selbst redeten einander so an. Und so wie die Kinder unterstanden auch die Sklaven der häuslichen Gerichtsbarkeit ihres Herrn. Sofern jedoch die öffentlichen Gerichte für ihre Missetaten zuständig waren, erwarteten die Sklaven Körperstrafen, von denen die Freien verschont blieben. Niedere Wesen ohne gesellschaftliche Bedeutung, hatten sie weder Gattin noch Kinder; mit ihnen war es, was ihre Liebeshändel und ihren Nachwuchs betrifft, wie mit dem Vieh bestellt – der Herr freute sich, wenn seine Herde wuchs; punktum. Die Eigennamen, die ihnen ihr Herr gab, waren von anderer Art als die Eigennamen freier Menschen (wie bei uns die Namen von Hunden, etwa Stromer oder Fifi, oder von Dienstboten, wie Minna oder Eulalia). Diese Namen waren griechischen Ursprungs, zumindest äußerlich (in Wirklichkeit trugen die Griechen solche Namen nicht; es waren ad hoc erfundene Travestien griechischer Namen). Und da man mit den Sklaven wie mit Kindern umging, trug ihre Rebellion das Mal des Vater-

zene aus einer griechischen Komödie (oder einer lateinischen Komöe mit griechischen Kostümen). Zu sehen sind vier maskierte Schaupieler: ein zorniger Herr, der zum hlag gegen seinen Sklaven ausholt d von einem Freund zurückgehalten wird; ganz rechts der Sklave, der Schutz bei einem Dritten sucht. In der Mitte eine Frau mit einer »Doppelflöte« (eher einer doppelten Klarinette). (Neapel, Archäologisches Museum)

mords. Wenn Vergil in den hintersten Winkel seiner Hölle jene verbannte, »die teilgehabt an gottlosen Kriegen und verraten die Treue gegen ihren Herrn«, dann dachte er an Spartacus und seine Gefährten.

Das private Dasein der Sklaven war ein kindisches Schauspiel, das man mit Widerwillen verfolgte. Dennoch führten sie ihr eigenes Leben; so nahmen sie an religiösen Riten teil, und zwar nicht nur am Kult des häuslichen Herdes, der ja schließlich der ihre war. Ein Sklave konnte außerhalb seiner Hausgemeinschaft durchaus zum Priester einer Glaubensgemeinschaft gewählt werden. Sklaven konnten sogar Priester jener christlichen Kirche werden, die keinen Augenblick lang daran dachte, die Sklaverei abzuschaffen. Religiöse Formen und Handlungen, ob heidnisch oder christlich, scheinen die Sklaven stark angezogen zu haben, da ihnen wenig andere Betätigungen offenstanden. Sie begeisterten sich überdies für die öffentlichen Spektakel: Theater, Zirkus und Arena, denn an Feiertagen hatten sie frei, genauso wie die Gerichte, die Schulkinder – und die Arbeits-, Last- und Zugtiere.

All dies hat die Freien niemals irritiert, die Gefühle der Sklaven sind nicht jene der hohen Herrschaften, und die Vorstellung eines leidenschaftlich verliebten Sklaven ist etwa so lächerlich wie die Vorstellung einer Molièreschen Bäuerin mit Racineschen Gemütsbewegungen. Wohin käme man, wenn die Herren sich zu allem Überfluß noch um die sentimentalen Launen ihrer Knechte bekümmern wollten? »In diesem Lande sind die Sklaven jetzt verliebt?« fragt mit schockierter Verwunderung der Held einer Zauberkomödie des Plautus. Ein Sklave hat für seine Arbeit zu leben, und damit basta. Horaz amüsiert seine Leser mit den privaten Gepflogenheiten seines Sklaven Davus, der den billigen Mädchen in den verrufenen Straßen nachläuft und mit weit aufgerissenen Augen die Gemälde von den großen Gladiatorenkämpfen anstaunt. Weniger amüsiert sind die Juristen: Religiöser Fanatismus, übersteigerte Sinneslust und unmäßige Freude an Schauspielen und Gemälden (wir würden sagen »Plakaten«) gelten als Mängel eines Sklaven, auf die ein Sklavenhändler den Kauflustigen hinzuweisen hat. Mängel in dem Sinne, wie wir von Mängeln einer Ware sprechen? Nein, der Sklave ist ein Mensch, und seine Mängel sind sittliche Defizite und seelische Schwächen.

Jedermann weiß, daß die Psychologie der Knechte nicht die Psychologie der Herren ist. Die Psychologie eines Sklaven erschöpft sich in der Frage, ob er für seinen Dienst taugt oder nicht und ob er Treue gegen seinen Herrn übt. Geschichtsschreiber und Moralisten berichten zustimmend und mit Hochachtung von Sklaven, die ihre Pflicht bis zur heroischen Selbstaufopferung erfüllt haben und willig gestorben sind, um ihren Herrn zu retten oder ihm in den Tod zu folgen. Aber es gibt auch allzu viele »schlechte Sklaven«, und dieser Ausdruck verrät genug: Ein schlechter Sklave ist nicht ein Sklave mit gewissen Fehlern, so wie wir von einem »versoffenen Kutscher« oder einem »bequemen Notar« sprechen; es ist ein Sklave, der nicht zu gebrauchen ist, also ein »schlechtes Werkzeug« – ein Sklave, der keiner ist.

Die Psychologie des Sklaven erklärt sich, wie jene der kleinen Kinder, aus den Einflüssen, denen er ausgesetzt ist, dem Beispiel, das man ihm gibt: Seine Seele ist nichts Selbstbestimmtes. Das schlechte Vorbild anderer Knechte kann, so wurde immer wieder betont, aus ihm einen Spieler, Trunkenbold und Tagedieb machen, so wie das Beispiel eines tugendlosen Herrn ihn zum Schürzenjäger und Faulpelz werden läßt. Deshalb gab es im römischen Recht die Möglichkeit des Regreßanspruchs gegen Dritte, die einen Sklaven verdorben hatten; es war strafbar, einem entflohenen Sklaven wissentlich Asyl zu gewähren oder ihn durch Worte in seinen Fluchtplänen zu bestärken. Im Grunde ist nur allzuoft das Opfer selbst der erste Schuldige. Ein Herr, der sich Respekt verschaffen will, darf – so Platon – mit seinen Knechten nicht scherzen, und er muß morgens als erster aufstehen. Freilich, viele Herren sind schwächlich und müssen sich öffentlichen Spott gefallen lassen. Ein römischer Grammatiker überliefert ein seltsames Detail: »In den leichten Possen ist es dem Komödiendichter erlaubt, Sklaven auf die Bühne zu bringen, die klüger sind als ihre Herren, was in der Komödie unerträglich wäre.« Denn die Posse führt uns lachend eine verkehrte Welt vor Augen, während die realistische Komödie die edle Wahrheit zu zeigen hat.

Wirklichkeit der Sklaverei

Wie ertrugen die Sklaven dieses Elend und diese Demütigung? In ständiger Wut bzw. mit heimtückischen Empörungsgedanken – Vorboten von Explosionen und Bürgerkriegen? Oder in stiller Ergebung? Nun, man darf nicht vergessen, daß es zwischen der reinen Passivität und dem aktiven sozialen Kampf noch eine dritte Möglichkeit gibt, die für unser Leben am typischsten ist: sich einzurichten. So wie jemand, der auf harter Pritsche schläft, nahmen die Sklaven im Geist diejenige Haltung ein, in der sie am wenigsten litten. Sie bestand darin, den Herrn, den sie nicht umbringen konnten, zu lieben, diesen Herrn, den sie, wenn sie unter sich waren, »Selbigster« nannten (»ipsimus« oder »ipsissimus«). »Vierzig Jahre war ich Sklave«, erzählt bei Petronius ein Freigelassener, »keiner hat es mir angesehen; ich habe mir Mühe gegeben, meinen Herrn zufriedenzustellen. Ein großer Mann, ein Ehrenmann. Und es gab da Leute im Hause, die mir ab und zu ein Bein stellen wollten; aber mit ein bißchen Glück habe ich es trotzdem geschafft. Das will etwas heißen. Als freier Mann geboren zu werden, ist so einfach wie zu sagen: Komm her, mach das und mach das!« Solchem Karrieredenken erschien die Sklaverei als eine Art Berufslaufbahn, wobei es darauf ankam, beflissener zu sein als die anderen.

In Ermangelung anderer Perspektiven teilen die Sklaven die Wertvorstellungen ihres Herrn, bewundern sie und dienen ihm ergeben. Sie beobachten sein Leben mit jener Mischung aus Erstaunen und spöttischer Rachsucht, die aus den Knechten die Voyeure ihres Herrn macht. Sie ergreifen für ihn Partei, verteidigen sein Leben, sind die eifersüchtigen Hüter seiner Ehre; bei Krawallen, ja sogar im Bürgerkrieg sind sie seine Mannen und Krieger. Mag der Herr auch über sie und ihre Konkubinen sein »ius primae noctis« ausüben, sie wissen sich mit einem Sprichwort zu trösten: »Es ist keine Schande, zu tun, was der Herr befiehlt.« Wenn der Herr sein Gut besucht, steigt die Gefährtin des Verwalters selbstverständlich nachts zu ihm ins Bett. Zu gehorchen wissen ist in ihren Augen das Unterpfand aller Tugend, und sie beschimpfen jene, die sich der Zucht nicht beugen: »Deine Idioten von Herren haben dir keinen Gehorsam beigebracht«, sagt ein ehemaliger Sklave zu einem schlechten Sklaven. Man kann sich leicht ausmalen, wie solche Liebe, wenn sie enttäuscht oder verletzt wurde, umschlagen konnte in rasenden Zorn gegen einen unwürdigen Herrn. Was die Sklavenaufstände von Spartacus und seinesgleichen betrifft, so war ihr Anlaß ein anderer. Die Benachteiligten dachten nicht im Traume daran, für eine gerechtere Gesellschaft zu kämpfen, in der das Übel der Sklaverei getilgt sein würde. Sie ließen sich vielmehr, um ihrem Elend zu entfliehen, auf ein Abenteuer ein wie die Mamelucken oder Freibeuter: Sie versuchten, sich in römischen Landen ihr eigenes Reich zu schaffen. Eine Generation vor Spartacus, während der großen Sklavenrevolte auf Sizilien, hatten sich die aufständischen Sklaven bereits eine Hauptstadt gegeben – Enna – und einen der Ihren zum König erhoben, der sogar Münzen schlug. Es ist schwer zu glauben, daß in diesem Reich ehemali-

Groteske Phantasiefigur; Bronze, 1. Jh. (?) Wenn man so klein und dick ist, sollte man nicht so lange Schritte machen, zumal wenn man sich ein Kleidungsstück übergeworfen hat, das man notdürftig zusammenhält und das um eine Spur zu kurz ist. (Paris, Petit Palais, Sammlung Dutuit)

ger Sklaven die Sklaverei verboten gewesen wäre. Warum hätte sie es sein sollen?

Kein Mensch hat jemals einen Blick hinter die wechselnden Kulissen des welthistorischen Dramas werfen können, in dem er Statist ist; denn es gibt kein solches »Dahinter«. Kein Sklave, kein Herr vermochte die Wirklichkeit der Sklaverei an sich in Frage zu stellen. Alles, was sich die Sklaven wünschten, oder jedenfalls die meisten von ihnen (denn es war immer noch besser, als Sklave zu dienen, denn zu verhungern), war, individuell der Sklaverei zu entrinnen und freigelassen zu werden. Und die Herren selbst hielten es für gut, Sklaven freizulassen. »Liebe Freunde«, erklärt der angeheiterte Trimalchio, »auch die Sklaven sind schließlich Menschen und haben ebenso wie wir Muttermilch getrunken, auch wenn sie nicht soviel Glück hatten. So wahr ich lebe, sie sollen eines Tages die Luft der Freiheit atmen. In meinem Testament mache ich sie jedenfalls alle frei.« Ein Herr legte Ehre ein, wenn er so redete und handelte, und zog, ohne damit die Legitimität der Sklaverei zu beschädigen, die logischen Konsequenzen aus seiner väterlichen Gewalt über diese großen Kinder. Ein Herr, der seine Sklaven liebt, wird sich dazu durchringen, sie freizulassen, weil dies ihr sehnlichster Wunsch ist. Daraus folgt nicht, daß in seinen Augen die Sklaverei eine Ungerechtigkeit und nicht vielmehr ein schicksalhaftes Unglück ist; es zeigt nur, daß er selbst ein guter Mensch sein will.

Seine Sklaven freizulassen ist verdienstvoll, aber es ist nicht Pflicht; das ist der springende Punkt. Ein König ist im Recht, wenn er einen Verbrecher zum Tode verurteilt, und er ist bewunderungswürdig, wenn er ihn begnadigt; doch die Begnadigung geschieht freiwillig, und der König ist nicht im Unrecht, wenn er niemanden begnadigt. Das Vergnügen, das ein Herr an der Freilassung seiner Sklaven empfindet, unterstreicht seine Machtvollkommenheit, die ihm auch anders zu handeln erlaubte; er gebietet aus Liebe, und Liebe kennt kein Gesetz. Der Untergeordnete kann die Milde nicht wie ein Recht erwarten. Der Vater hat ein doppeltes Gesicht, er züchtigt und er verzeiht; und da das Verzeihen nicht Pflicht ist, kann die Verzeihung auch nicht vom Sklaven selbst erbeten werden, sondern nur von einer dritten Person, die frei geboren ist wie der Herr. Diese dritte Person erweist sich selber Ehre, indem sie dem Bild der väterlichen Strenge das der väterlichen Nachsicht gegenüberstellt, und sie erweist gleichzeitig der Gewalt der Herren über die Sklaven Ehre.

Die beiden Bilder des Herrn

Ein freier Mensch bittet einen Herrn, einem seiner Sklaven zu verzeihen. Das war eine typische Episode in der römischen Realität, die von den Schriftstellern und sogar den *Digesten* mit Gusto geschildert wurde, spürte man doch dunkel, daß der paradoxe Reiz dieser Konstellation den Schlüssel zur Macht des Sklavenbesitzers bildete. Ovid gibt dem geschickten Liebhaber den Rat, seiner Angebeteten die schmeichelhafte Rolle der wohlwollenden Tante zu überlassen, die sich für ihren Neffen bei seinem gerechten, aber strengen Vater verwendet: »Was du selber zu tun im Begriff warst, was du für nützlich / Hältst, laß immer zuerst bitten dein Mädchen darum: / Hast du die Freiheit vielleicht schon einem der Deinen versprochen, / Um ihr Fürwort noch laß bei der Herrin ihn flehn. / Willst du die Strafe dem Knecht und die grausigen Fesseln erlassen, / Muß sie dir danken für das, was du von selber getan.« Nach römischem Recht galt der Sklave nicht als flüchtig, der zu einem Freund seines Herrn geflohen war, um ihn zu bitten, ein gutes Wort für ihn einzulegen. Über einzelnen Beispielen eines harten Herrn schwebt die universelle Güte der Herren insgesamt. Denn Milde wird nur zwischen Ebenbürtigen gefordert und gewährt. Wollte ein Sklave sie erflehen, so bewiese er die Überheblichkeit, seinem Herrn vorzuschreiben, welches der beiden Vaterbilder er zu verkörpern hat.

So wie die Nachgiebigkeit des Herrn keine Huldigung an die Menschlichkeit war, sondern individuelles Verdienst, so war auch die Grausamkeit, ja Brutalität einzelner Herren etwas, das nur auf den Einzelnen zurückfiel. Grausamkeit gegen Sklaven war nichts Außergewöhnliches; man erspürt sie, wenn man die Ratschläge liest, die Ovid in seinem Handbuch der Verführung erteilt: »Laß auch die Sklavin [die der Herrin das Haar kämmt] in Ruh; ich hasse das Weib, das den Mägden /Kratzt ins Gesicht und den Arm mit Nadeln zersticht.« Kaiser Hadrian, ein kultivierter Mann, stieß eines Tages einem seiner Schreiber den Stiel seines Schreibgeräts ins Auge und bohrte es ihm aus. Später ließ er den Sklaven zu sich rufen und fragte ihn, was er sich als Entschädigung für die erlittene Unbill wünsche. Der Mißhandelte antwortete nicht. Der Kaiser wiederholte die Frage und fügte hinzu, der Sklave solle bekommen, was immer er wolle. Der Mann antwortete: »Alles, was ich will, ist mein Auge.« Kurz vor dem endgültigen Siegeszug des Christentums verurteilte die Synode von Elvira christliche Herrinnen, »die in eifersüchtiger Wut ihre Sklavin so schwer schlagen, daß sie stirbt, sofern der Tod in weniger als vier Tagen eintritt«.

Ein grausamer oder jähzorniger Herr bringt sich moralisch in Verruf und fügt sich selbst materiellen Schaden zu; auch reut ihn seine Tat häufig, sobald der Zorn verraucht ist. Ich verweise auf eine Anekdote aus dem 2. Jahrhundert n. Chr.: Der Arzt Galen hatte Rom verlassen, um in seine Heimat Pergamon (an der türkischen Küste) zurückzukehren. Sein Reisebegleiter war ein Kreter. Dieser Mann hatte durchaus Vorzüge, er war liebenswürdig, ehrlich, anspruchslos in bezug auf den täglichen Aufwand. Doch neigte er zu plötzlichen Wutausbrüchen, in deren Verlauf er seine Sklaven eigenhändig bestrafte, ihnen Faustschläge versetzte oder mit Peitsche oder Stock auf sie einschlug. Die Reisenden gelangten zum Isthmus von Korinth, und im Hafen von Kenchreai verluden sie ihr Gepäck aufs Schiff, um es nach Athen vorauszuschicken. Für sich selbst und die Sklaven mieteten sie einen Wagen, der sie auf der Küstenstraße über Megara nach Athen bringen sollte. Sie hatten gerade Eleusis passiert, als Galens Begleiter bemerkte, daß seine Sklaven ein Gepäckstück mit auf das Schiff verfrachtet hatten, das er für die Landreise benötigt hätte. Er geriet in Wut, und da er nichts anderes zur Hand hatte, womit er seine Leute schlagen konnte, zog er seinen Reisedolch samt Scheide aus dem Gürtel. Als aber die Waffe auf die Sklaven niederging, schnitt der Dolch durch die Scheide hindurch und verletzte sie am Kopf, einen von ihnen schwer. Entsetzt über das, was er angerichtet hatte, verfiel der Mann ins andere Extrem: Er reichte Galen eine Peitsche, zog sich aus und bat darum, geschlagen zu werden, »zur Strafe für das, was er unter der Gewalt seines verdammten Zorns getan hatte«. Galen lachte ihm ins Gesicht und hielt ihm einen philosophischen Vortrag über den Zorn (er war nicht nur Arzt, sondern auch Philosoph). Für den Leser aber zieht er folgende Nutzanwendung: Ein Herr soll seine Sklaven niemals eigenhändig strafen, und er darf die Entscheidung, sie zu strafen, erst am nächsten Tage fällen.

Diese Anekdote relativiert den Gemeinplatz, die Sklaverei sei unter dem Einfluß stoischen Denkens in den drei Jahrhunderten der Glanzzeit des Reiches zunehmend humaner geworden. Die angebliche Humanisierung war in Wirklichkeit eine Moralisierung. Ihr Beweggrund war nicht irgendeine »natürliche« Tendenz der zivilisierten Menschheit, sondern eine besondere Entwicklung, die wir bereits im Zusammenhang mit der Herausbildung der Idee vom liebenden Paar beschrieben haben. Diese Moralisierung entsprang nicht dem Zweifel an der Legitimität der Sklaverei und war auch kein ideologischer Trick, um diese bedrohte Institution vor einem Aufstand zu bewahren. Sobald man aus den eingefahrenen Bahnen des Denkens heraustritt, wird man leicht gewahr, daß die Moralisierung der Sklaverei das Los des Sklaven um keinen Deut gebessert hat. Sie ging auch nicht auf kaiserliche Gesetzgebung zurück. Die angebliche rechtliche Besserstellung des Sklaven reduzierte sich auf eine einzige Maßnahme, die noch dazu einem anderen Zweck diente: Unter Antoninus Pius mußte jeder, der seinen eigenen Sklaven erschlug, mit Tod oder Deportation rechnen, wenn er nicht vor einem Richter glaubhaft nachweisen konnte, daß er einen stichhaltigen Grund hatte, den Sklaven zu töten. Dabei ist zu beachten, daß es ein Unterschied ist, ob der Herr seinen Sklaven erschlägt oder ob er ihn vom häuslichen Gericht, bei dem er selbst den Vorsitz führt, willkürlich zum Tode verurteilen läßt. Die Verfügung des Antoninus Pius gemahnt an den alten Unterschied zwischen normalem Mord und legalem Mord. Wenn ein wütender Herr seinen Sklaven unter Wahrung minimaler Formalitäten zum Tode verurteilt, dann kann ihm niemand etwas anhaben; wenn er ihn dagegen in seiner Wut mit einem Faustschlag niederstreckt, muß er sich dazu bequemen, dem Richter zu erklären, daß seine Wut begründet war (so begründet, daß er »normalerweise« auch im Hausgericht den Sklaven, den er erschlagen hat, zum Tode verurteilt hätte). Solange die Formen gewahrt werden, darf jeder seinen Sklaven nach Gutdünken strafen, und niemand findet etwas daran auszusetzen. Das ist es, was Antoninus Pius bekräftigt. Im selben Sinne verurteilte Hadrian einen Vater, der seinen Sohn während einer Jagd getötet hatte, diesen Mord aber auf das Konto seiner väterlichen Jurisdiktion setzen wollte.

Hydraulische Orgel, auf einem Grabstein aus dem 4. Jh. Die Pfeifen wurden durch Wasserdruck in Schwingungen versetzt. Der dunkle Klang der Orgel kontrastierte mit der hohen Tonlage der üblichen antiken Musik. (Rom, Museo San Paolo fuori le mura)

Über alles – die Moral

Es gab noch andere Maßnahmen, die darauf zielten, die Situation des Sklaven zwar nicht zu verbessern, aber zu versittlichen; denn die kaiserliche Gesetzgebung wurde immer prüder, und was hier folgt, ist ein Kapitel aus der Geschichte der Sexualmoral. Übrigens konnte der sittliche Schutz des Sklaven einzig durch den Herrn bewirkt werden, kraft seiner väterlichen Vollmacht. Es war gängige Praxis, einen Sklaven nur unter einer bestimmten Bedingung zu verkaufen (wie wir gesehen haben, konnte man beispielsweise bestimmen, daß ein schlechter Sklave von seinem neuen Käufer weiter in Ketten gehalten wurde). Ebenso konnte man eine Sklavin mit der Maßgabe verkaufen, daß ihr neuer Herr sie nicht zur Prostitution zwang. Stellte sich heraus, daß er es dennoch tat, so war die Sklavin nach der Verfügung des Kaisers »ipso facto« frei, und der Käufer verlor Hab und Gut. Ein minder beachteter Aspekt des Moralkodex ist die neue Sitte, daß Sklaven heiraten dürfen (die Tertullian um das Jahr 200 erwähnt). Früher wäre das unvorstellbar gewesen. Nun aber steht die Ehe, verstanden weniger als Zeichen der Macht denn als Unterpfand der Sittlichkeit, auch den Sklaven offen, und in den *Digesten* werden verheiratete Sklaven häufiger erwähnt, als man vermuten sollte. Die früheste Erwähnung hat Michel Foucault bei Musonius entdeckt. Wie erinnerlich, war die Heirat eine private Entscheidung und Zeremonie, und die Einrichtung der Sklavenehe verrät eher eine Fortbildung der Sitten als eine rechtliche Revolution.

Fortbildung der Sitten? Ursprünglich waren die freien Männer hart gegen sich selbst und gegen ihre Sklaven gewesen, weil ihr Pflichtgefühl sich allein auf ihren Status als Bürger stützte, ohne die zwar poröse, aber sensible Instanz eines moralischen Gewissens. Es gab ebenso viele verschiedene Ethiken, wie es Stände gab, und die Moral eines Sklaven war nicht die eines Bürgers. »Stillschweigende Duldung des Ehebruchs«, sagte ein Redner, »ist bei einem freien Menschen eine Schande; bei einem Freigelassenen ist sie, wenn sie seinem Herrn gilt, Zeichen berechtigter Dankbarkeit; beim Sklaven ist sie ganz einfach Pflicht.« Nunmehr scheint die Moral in einem allgemeinen menschlichen Gewissen zu gründen; der Sklave bleibt ein Sklave, doch die Ethik wird universell.

Das Verhältnis des Herrn zum Sklaven wird also im Laufe der Zeit ganz unterschiedlich gefaßt, ohne deshalb seinen tyrannischen Charakter einzubüßen. Die Sklavenhalter der amerikanischen Südstaaten ließen ihre Schwarzen taufen, weil nach ihrer Auffassung alle Geschöpfe Gottes eine Seele hatten; darum wurden jedoch die Sklaven nicht weniger autoritär behandelt. Im Römischen Reich geht die herrschende Moral allmählich von der Idee des »politischen Menschen« ab und setzt an deren Stelle die Vorstellung vom »inneren Menschen«. Stoa und Christentum beeinflussen in unterschiedlicher Weise diese Entwicklung, die auch das Bild vom Sklaven berührt. Der Sklave ist nicht länger jemand, dessen Seelenleben darauf beschränkt ist, die Unterwerfung unter seinen Herrn als Pflicht zu empfinden. Er wird zu einem menschlichen

Wesen mit moralischem Gewissen, so daß er seinem Herrn nicht mehr aus privater Pflichterfüllung gehorcht, sondern aufgrund einer allgemeinen moralischen Verpflichtung. Daher hat der Sklave Pflichten gegen seine Frau, weil er nun verheiratet ist, und auch gegen seine Kinder, weil er nun im moralischen Verstande Kinder hat, mögen diese gleichwohl Eigentum seines Herrn bleiben.

Man kann in den Rechtstexten und in der Literatur zunehmend die Tendenz der Herren beobachten, Sklaven, die einen eigenen Haushalt bilden, nicht mehr voneinander zu trennen und den Mann nicht ohne seine Frau oder sein Kind zu verkaufen. Ebenso läßt sich anhand der lateinischen und griechischen Grabinschriften die Tendenz beobachten, die Sklaven mit allen Formalitäten beizusetzen, anstatt wie bisher ihren Leichnam auf eine Müllhalde zu werfen oder es den Mitsklaven zu überlassen, sich um die Beerdigung eines ihrer Gefährten zu kümmern.

So erlebte die Sklaverei innere Veränderungen, weil alles sich um sie drehte. Es wäre zu optimistisch, diese Veränderungen mit humanitären Skrupeln zu erklären, so wie es spitzfindig wäre, in ihnen lediglich soziale Sicherheitsventile zu vermuten. Sie zeugen vielmehr von einem selbständigen Wandel der herrschenden Moral. Das Erstaunlichste bleibt die Unfähigkeit der römischen Gesellschaft, die Einrichtung der Sklaverei selbst – und sei es nur einen Augenblick lang – in Frage zu stellen oder gar zu mildern. Es war zwar gut und schön, den »pater familias« an seine Pflichten als gewissenhafter Richter zu erinnern, der die Formalitäten zu beachten hat, oder die Sklaven zu verheiraten. Das änderte aber nichts an der Grausamkeit der Bestrafungen, an der Unterernährung, an der materiellen und moralischen Not, an der Tyrannei.

Mehr haben die Moralisten nicht zuwege gebracht, auch die Stoiker nicht. Was gelegentlich über die Einstellung eines Seneca zur Sklaverei gesagt wird, verrät bloß die Projektion unseres eigenen Moralismus. In seiner Sicht ist die Sklaverei kein Produkt der »Gesellschaft«, sondern ein individuelles Unglück, und dieses Unglück kann jeden von uns treffen, weil wir Menschen sind wie sie und denselben Launen Fortunas unterworfen wie diese Unglücklichen: Man hat in den Kriegen erlebt, wie die vornehmsten Personen in die Sklaverei gerieten. Denn Fortuna ist es, die über das Schicksal jedes Einzelnen entscheidet. Welche Pflicht hat also ein guter Mensch? An der Stelle, wohin ihn das Schicksal gestellt hat, zu tun, was ihm aufgetragen ist, er sei König, Bürger oder Sklave. Ist es sein Schicksal, Herr zu sein, so muß er sich als guter Herr betragen. Schon immer hatten die Römer mehr Achtung vor den guten Herren und den guten Gatten als vor den schlechten. Die Philosophie macht aus diesem Verdienst einiger Weniger eine Pflicht für jeden, der ein Weiser sein will. Seneca lehrt daher seinen Schüler, sich als guter Herr seiner Knechte, dieser »demütigen Freunde«, zu verhalten. Wäre es ihm eingefallen, auch den Sklaven Lehren zu erteilen, so hätte er sie gelehrt, sich als gute Sklaven zu verhalten – so wie es der hl. Paulus getan hat, ebenso Epiktet.

Eine elegante Toilettenszene. War es erlaubt, eine vornehme Dame kleiner darzustellen als die Sklavin, die sie frisiert? Ja, sofern es eine sehr junge Dame war. Es handelt sich also hier um die Toilette vor der Hochzeit. An diesem Tag, im magischen Alter von fünfzehn Jahren, wird das Mädchen erwachsen. Das Alter bei der Vermählung war unterschiedlich.
(Neapel, Archäologisches Museum)

Hausgemeinschaft und Freigelassene

Der Mythos von der römischen Familie

Die römische Hausgemeinschaft besteht aus Haussklaven, ehemaligen Sklaven – den Freigelassenen –, dem »pater familias«, seiner rechtmäßigen Ehefrau und zwei oder drei Kindern. Hinzu kommen einige Dutzend Freie, die »Klienten« des Hausvaters, die jeden Morgen im Vorzimmer ihres Gönners oder »Patrons« kurz ihre Aufwartung machen. Die Hausgemeinschaft ist jedoch keine »natürliche« Familie, die emotionalen Bindungen in ihr sind ebenso geschwächt wie bei uns und noch pittoresker.

Entgegen einem Mythos, den Yan Thomas demontiert hat, ist die Hausgemeinschaft auch kein Clan, keine patriarchalische Großfamilie oder »gens«; sie ist nicht einmal das Überbleibsel dieses archaischen Gebildes. Der »pater familias« hat nicht etwa aufgehört, der Gebieter dieses Gebildes zu sein; er ist es niemals gewesen. Das archaische Rom war keine Gemeinschaft von Clans, deren jeder unter der Herrschaft des Ahnherrn stand. Es war eine Etruskerstadt – eine der größten –, die uns nicht auf eine archaische Stufe der Menschheitsgeschichte zurückführt. Lassen wir also diese politischen Ursprungsmythen beiseite und sehen wir die Sache, wie sie ist. Der »pater familias« ist Gatte, er ist auch Besitzer eines Erbgutes, Sklavenhalter, ein Patron von Freigelassenen und Klienten; die Stadt hat ihm kraft Delegation die Rechtsgewalt über seine Söhne und Töchter übertragen. Diese vielen heterogenen Vollmachten sind nicht einer einzigen Quelle entsprungen.

Alle Söhne einer Familie werden, sobald sie elternlos und in die Freiheit entlassen sind, selber zum Oberhaupt einer neuen Familie. Mit ihren Brüdern oder Onkeln verbindet sie nichts, es sei denn Anhänglichkeit oder Familienstrategie. Die Familie ist auf die Ehe gegründet. Ob die Brüder gemeinsam ein ererbtes großes Haus bewohnen oder nicht, ist bloß eine Frage der Bequemlichkeit und des Geldes. Jeder dieser Familienväter würde es vorziehen, in einem eigenen Haus zu leben, und die Töchter einer Familie haben denselben Wunsch. Der Sohn Ciceros und der seines Freundes Caelius zogen zusammen in eine gemietete Wohnung, um nicht mehr bei ihren Vätern leben zu müssen. Hätten sie irgendeinen Schaden in der Nachbarschaft angerichtet, so wären sie nach dem Gesetz selbst dafür verantwortlich gewesen, ihre Väter hätten dafür nicht aufkommen müssen. Diese Söhne lebten ihr eigenes Leben. Der »pater familias« ist in erster Linie Herr des Patrimo-

Toilettenkästchen einer Frau; Fundort Cumae. (Neapel, Archäologisches Museum)

niums und der Patrimonialrechte. Was die Kinder an ihn bindet, sind finanzielle Rücksichten und die Hoffnung auf das Erbe. Aber er fesselt sie nicht an sich, und jedes neue Paar zieht es vor, ein eigenes Haus zu haben, sofern die Mittel hinreichen.

Die Dame des Hauses

Grundsätzlich ist es der »pater familias«, der die Geschicke der Hausgemeinschaft lenkt. Er ist es, der am Morgen den Sklaven Befehle erteilt und ihnen ihre Aufgaben zuweist. Er ist es, der sich vom Gutsverwalter die Abrechnungen vorlegen läßt. Und die Herrin des Hauses? Da gab es Reibungen. Manche Ehemänner – freilich nicht alle – überließen ihrer Frau die Sorge (»cura«) für die Hausgemeinschaft und die Schlüssel zum Geldschrank. Die Schwägerin Ciceros machte ihm eines Tages eine Szene: Sie fühlte sich in ihrer Würde verletzt und in ihren Kompetenzen beeinträchtigt, weil er mit der Vorbereitung des Mittagessens einen Sklaven beauftragt hatte. Die häusliche Gewaltenteilung gab häufig Anlaß zu Streitigkeiten, sofern wir den Kirchenvätern Glauben schenken dürfen, die allerdings Feinde der Ehe waren: Heiraten bedeutete für sie, sich unter die Herrschaft einer Frau zu begeben oder sich jedenfalls ihren Nörgeleien auszuliefern. Die Ärzte hingegen befürworteten Arbeitsteilung in der Ehe; es sei der Gesundheit der Frau dienlich, beschäftigt zu sein; die Frau solle ruhig »den Bäckersklaven überwachen, den Gutsverwalter kontrollieren und ihm die benötigten Lebensmittel aushändigen und einen Rundgang durch das Haus machen, um überall nach dem Rechten zu sehen«. Das ist nicht wenig, denn die Regel gebot, daß eine reiche Dame keinen Handschlag tat, außer beim Klöppeln oder am Spinnrocken, um die Zeit ehrbar und nach herkömmlicher Gewohnheit totzuschlagen.

Man muß sich vergegenwärtigen, daß diese Menschen dauernd einen Sklaven um sich hatten, der ihnen jeden Wunsch von den Augen ablesen mußte, und daß sie nie allein waren. Es kam nicht in Betracht, daß sie sich selbst ankleideten oder die Schuhe anzogen (immerhin durften sie sich eigenhändig die Zähne putzen). Die biblische Wendung »Ich bin es nicht wert, deine Schuhriemen zu lösen« besagt also genaugenommen: »Ich bin nicht einmal wert, dir als Sklave zu dienen.« Im Museum von Piräus und in dem von Larissa gibt es Grabstelen, auf denen kniende Sklavinnen dargestellt sind, die ihren Herrinnen die Schuhe ausziehen. In den großen römischen Häusern, die man in Pompeji, Vaison und an hundert anderen Orten bewundert, hatten selbst die Hausbesitzer nicht viel Bewegungsfreiheit; es lebten mehr Menschen darin als heutzutage in einer geräumigen Mietwohnung. War das Ehepaar wenigstens im ehelichen Schlafgemach allein? Nicht immer. Ein junger Liebhaber, der in einem solchen Gemach ertappt worden war, redete sich darauf heraus, er habe nicht der Dame des Hauses nachgestellt, sondern der jungen Dienerin, die im selben Raum schlief. Die Hausfrau schläft allein, doch nicht weit von ihrem Bett schlafen eine oder mehrere Sklavinnen. Häufiger noch schlafen die Sklaven vor der Tür und halten dort Wache. »Als Andromache den Hektor bestieg«, behauptet ein Satiriker, »standen die Sklaven mit gespitzten Ohren an der Tür und onanierten.« Offenbar schliefen die Sklaven überall im Hause verteilt. Wenn man einen Abend lang ungestört sein wollte, dann schickte man die Sklaven mit ihrem Bettzeug in einen entfernten Winkel des Hauses.

Die ständige Gegenwart der Sklaven bedeutete zugleich die ständige Überwachung durch sie. Freilich zählt der Sklave nicht, und schließlich wird er überhaupt nicht mehr wahrgenommen. Bei Horaz heißt es: »Ich habe die Gewohnheit, mich ganz allein zu ergehen«; fünf Zeilen später hören wir, daß er von einem seiner drei Sklaven begleitet wird. Verliebte wußten oft nicht, wo sie sich treffen sollten: bei ihm, bei ihr? Ihre Domestiken würden alles erfahren und es herumerzählen. Die einzige Lösung war ein hilfsbereiter Freund, der ihnen sein Haus überließ (und dabei riskierte, wegen Beihilfe zum Ehebruch belangt zu werden), oder ein Sakristan, der ihnen sein Zimmerchen vermietete (und den sein heiliges Amt zum Stillschweigen verpflichtete). Wollte eine Dame ausgehen, so tat sie es, aus Schicklichkeit und Rücksicht auf ihren Stand, stets in Begleitung von Dienerinnen, Gesellschaftsdamen (»comites«) und einem Diener zu Pferd (»custos«), von dem die erotischen Dichter häufig sprechen. Dieses mobile Gefängnis, das die Frau überall umgibt, entspricht durchaus dem monogamen Harem, dem Frauengemach, in welches sich nachts die griechischen Damen, aus Sorge um ihren Ruf, von ihrem Gatten einsperren ließen. Auch die Knaben gingen nicht ohne ihren »custos« aus, da man nicht weniger um ihre Unschuld fürchtete als um die des schönen Geschlechts. Altmodische Damen verließen ohnehin sehr selten das Haus, um ihre Züchtigkeit zu beweisen, und zeigten sich in der Öffentlichkeit stets halb verschleiert.

Mutter einer Familie zu sein, bedeutet ehrenvolle Gefangenschaft, ringsum eingehegte Würde, woran ein stolzes Mädchen aus vornehmer Familie die Selbstaufopferung lernt. Denn in einem vornehmen Mädchen wirkt der Dünkel ihres Vaters fort, der sie dem Gatten gleichsam bloß ausgeliehen hat (in Rom verließ eine unzufriedene Frau ihren Gatten nicht, um »wieder zur Mutter zu gehen«, sondern um zum Vater zu gehen). Dem Dünkel des Adels gesellt sich der des Geldes. Oft hat die Frau ein Vermögen, von dem der Ehemann nichts bekommt. Die Frau ist dem Manne gleichgestellt, was das Erbrecht und die Testierfähigkeit betrifft; sie besitzt ihre Mitgift. Manche Frauen, die vornehmer und reicher als ihr Mann waren, widersetzten sich seiner Autorität; andere haben eine große Rolle in der Politik gespielt, weil sie kraft Erbschaft mit dem Patrimonium auch sämtliche erbliche Klienten ihrer Familie übernommen hatten. Andere Damen, nicht zufrieden damit, sich für den Gatten aufzuopfern, demonstrierten die Qualität ihrer Herkunft, indem sie ihm in die Verbannung folgten, ja sogar in den Freitod. (Seneca, eifersüchtig auf die Geltung seiner Frau in seiner Umgebung, versuchte, ihr und seinem Schüler Lucilius das Versprechen abzunötigen, nach seinem Tode Selbstmord zu begehen.) Diese Frauen waren durchaus imstande, die Interessen ihres Mannes zu wahren, wenn dieser in

Statue einer Verstorbenen; 1. bis 3. Jh. Die Haltung erinnert an jene von drapierten Statuen im hellenisierenden Stil; die Absichten des Künstlers werden an der Draperie der linken Schulter sichtbar – vielleicht ein frühes Beispiel für den ornamentalen, graphischen Stil, der den plastischen Naturalismus des Altertums ablöste. Ein Beispiel für den Verfall des klassischen Stils. (Aquileia, Archäologisches Museum)

Silber aus der Krypta von Mildenhall, unweit einer kleinen Villa aufgefunden.
(London, British Museum)

der Verbannung lebte oder sich verbergen mußte. Doch konnte sich eines schönen Tages ihre Haltung durchaus ändern, was weit weniger gelobt wurde, weil es zu erkennen gab, daß sie mit ihrem gewohnten Dasein zu brechen entschlossen waren – sie nahmen irgendeinen Kummer, etwa den Verlust eines Sohnes, zum Vorwand, um der Welt zu entsagen und sich im Schmerz zu vergraben. Derlei begab sich noch unter Ludwig XIV., wie La Rochefoucauld an einer merkwürdigen Stelle vermeldet.

Witwen, Jungfrauen, Konkubinen

Was geschieht mit unserer begüterten Erbin, wenn sie Witwe ist, besser gesagt: »vidua«, »ohne Mann«, d. h. verwitwet oder geschieden? Oder wenn sie gar noch Jungfrau ist, wiewohl – nach dem Tode des Vaters – »Familienmutter«? Die Verwandten dieser Frau beeilen sich, ihre Tugend durch einen »custos« zu schützen. Ein kaiserliches Edikt setzte die Liebschaften einer »vidua« mit Ehebruch und Notzucht gleich; allerdings wurde dieses Edikt niemals angewendet. Da ist sie also, diese junge Frau, Herrin über ihr Haus und ihr Erbe: Die reiche Witwe ist eine Standardfigur jener Zeit. Man findet sie nicht kokett, sondern »gebieterisch«, da sie selbst keinen Gebieter mehr hat. Sie ist umlagert von Freiern, die es auf ihr Erbe abgesehen haben. Entweder geht sie eine neue Ehe ein oder sie nimmt sich einen Geliebten. Eine solche Liaison erhielt mitunter durch ein Eheversprechen den Schein des Ehrbaren, war oft allgemein bekannt und wurde geradezu gerühmt. (Die Liebschaften junger Mädchen hingegen mußten ein Geheimnis bleiben.) Diese Frauen standen stets im Verdacht, ein heimliches Verhältnis zu haben, vorzugsweise mit dem Sklaven, der als ihr Gutsverwalter fungierte; denn wie sollte eine Frau imstande sein, ohne Herrn und Meister ihre Dinge zu ordnen? Die Kirchenväter äußern sich abfällig über die Sitten der Witwen und Waisen, und das war keine Verleumdung. Wo hätte Ovid sonst die vielen begüterten und unabhängigen Frauen gefunden, die aus seiner *Liebeskunst* die Sünde lernten? Die Situation dieser Frauen war die am meisten beneidete in ganz Rom. Ihre Liebhaber mußten sich anstrengen, sie im Bett zu verwöhnen, wie Seneca und Martial mit Empörung vermerken.

Und wie ist es im umgekehrten Fall, wenn nämlich der »pater familias« zum Witwer wird? Er kann sich an seine Dienerinnen halten oder er kann wieder heiraten. Er kann sich freilich auch eine Konkubine nehmen. Dieses Wort hatte zwei verschiedene Bedeutungen – anfangs wurde es abwertend gebraucht, schließlich meinte es, wie bei uns, ziemlich Respektables. Als Konkubinen bezeichnete man zunächst die Frau oder Frauen, mit denen ein Mann, verheiratet oder nicht, zu schlafen pflegte. Die Kaiser hielten sich, selbst wenn sie verheiratet waren, in ihrem Palast Sklavinnen als Konkubinen; von Kaiser Claudius wissen wir, daß er mit zwei Konkubinen gleichzeitig ins Bett ging. Im Laufe der Zeit beurteilte man jedoch die Beziehung zu einer Konkubine mit mehr Nachsicht, vorausgesetzt, es handelte sich um ein festes und ausschließliches Verhältnis, das insoweit eheähnlich war und nur wegen der sozialen Unterlegenheit der Frau vom Mann nicht in eine legale Ehe umgewandelt wurde. Die Juristen waren dieser Entwicklung gefolgt. Für sie war das Konkubinat ein Tatbestand, indes kein ehrenrühriger; er zog die Frau nicht auf das Niveau jener Damen hinab, über die man die Nase rümpfte. Zudem mußte das Konkubinat in jeder Hinsicht der Ehe ähneln. Die Konkubine – im zweiten und allein ehrbaren Sinn des Wortes – mußte eine freie Frau sein (Sklaven durften nicht heiraten), und die Verbindung mußte monogam sein. Es war undenkbar, sich eine

Grabstele, 1. Jh. Eine Dame wendet ihr Gesicht halb dem Betrachter zu, während eine Freigelassene sie ansieht. (Arles, Musée lapidaire)

Konkubine zu halten, wenn man verheiratet war, oder zwei Konkubinen gleichzeitig zu haben. Das Konkubinat ist, mit einem Wort, eine verhinderte Ehe. Der charakteristische Fall war der eines Mannes, der ein Verhältnis mit seiner Freigelassenen unterhielt und aus der ungleichen Verbindung keine rechtmäßige Ehe machen wollte. Als Kaiser Vespasian Witwer geworden war, nahm er seine Schreiberin, eine kaiserliche Freigelassene, zur Konkubine und räumte ihr »fast die Stelle einer rechtmäßigen Gattin« ein. Wir kennen fünfzehn Fälle, in denen ein Verstorbener eine Grabinschrift für sich selbst, seine verstorbene Gemahlin und seine spätere Konkubine anfertigen ließ. Auf anderen Inschriften ehrt der Ehemann in ähnlicher Weise die beiden Gattinnen, mit denen er nacheinander verheiratet war.

Im Unterschied zur legalen Ehe bleibt das Konkubinat in rechtlicher Hinsicht folgenlos. Darin waren die Juristen unerbittlich, ungeachtet ihrer sonstigen Großzügigkeit. Die Kinder, die aus einem ehrbaren Konkubinat hervorgehen, sind frei, weil von einer freien Mutter geboren. Da diese Frau jedoch nicht verheiratet ist, sind es uneheliche Kinder, die deshalb den Namen der Mutter tragen. Sie beerben ihre Mutter, nicht jedoch ihren natürlichen Vater. So hat das Konkubinat nichts als seine Ehrbarkeit für sich. Es verleiht der Konkubine eine Würde, die sie nicht hätte, wenn ihre Beziehung zu dem Mann nicht stabil und monogam wäre. – Was ist nun, wenn ein Patron seine ursprünglichen Bedenken überwindet und sich entschließt, seine Freigelassene und Konkubine zu seiner rechtmäßigen Gattin zu machen? Die Frau ist stolz darauf, daß sie für würdig erachtet wird, das traditionelle Gewand der echten »Familienmutter« zu tragen; doch sie bleibt sich ihrer sozialen Unterlegenheit stets bewußt, und nach dem Tod ihres Mannes wird sie ihm auf der Grabinschrift die Titel »Patron« und »Gatte« geben, als wäre die Eigenschaft des Patrons unverlierbar und als könnte selbst die eheliche Zuneigung der Frau ihr nicht den Sklavinnenmakel nehmen. – Dies also ist die »Familie zur Linken«; sie besteht aus dem Mann, seiner Konkubine und seinen natürlichen Kindern. In der Praxis gab es noch andere, ausgefallenere Kombinationen, um die sich die Juristen aber nicht kümmerten, etwa ein Mann, seine Dienerinnen und die »Lieblingskinder«. Um dies zu verstehen, müssen wir noch tiefer in die Geheimnisse der Sklaverei eindringen und uns klarmachen, daß das Römische Reich, nicht anders als Brasilien zur Kolonialzeit, ein Reich der Rassenmischung war.

Nicht anerkannte uneheliche Kinder

Als Vespasian jene gebildete Konkubine verlor, von der wir gesprochen haben, vertrieb er sich eine Weile die Zeit mit der einen oder anderen seiner vielen Sklavinnen. Genauso mochte jeder andere verfahren sein, der Sklaven besaß: Gelegenheit macht Liebe. Es gab ein eigenes Wort für Ehemänner, die der Versuchung erlagen: »ancillariolus« (Schürzenjäger); ihre Ehefrauen waren verzweifelt über sie. Ein Herr hatte den Mißbrauch seiner Sklavinnen so exzessiv betrieben, daß sie ihn ermordeten und überdies kastrierten; sie werden gewußt haben, warum. Als die Hausgemeinschaft von der Bluttat erfuhr, »liefen heulend und schluchzend seine Konkubinen herbei«. Allerdings hatte die Sklaverei auch ihre lyrischen Aspekte. Horaz beschreibt zart, ja poetisch die Empfindungen eines Herrn, der einer sehr jungen Sklavin mit den Blikken folgt: Bald wird sie alt genug sein, den Mann zu entdecken, und in Gedanken genießt er bereits diesen Augenblick. Kurzum, der Herr mochte mit guten Gründen so manches Kind, das seine Sklavinnen zur Welt brachten, für sein eigenes halten. Doch durfte das niemand sagen, weder er noch irgend jemand sonst. Die Freien mußten über jeden Verdacht erhaben und durch eine lückenlose Schranke von den Sklaven geschieden sein. Erst recht war es ausgeschlossen, daß der Herr darüber nachdachte, wie er den kleinen Sklaven als seinen eigenen Sohn anerkennen könnte – dies war eines der ungeschriebenen Gesetze der Sklaverei. Gleichwohl wußte jedermann, wie es sich in Wirklichkeit verhielt: »Es kommt vor, daß ein Sklave das Kind ist, welches der Herr von einer seiner Sklavinnen bekommen hat«, schreibt ein Jurist. Man konnte dieses Kind jederzeit freilassen, wobei man sich allerdings hüten mußte zu sagen, welchem Umstand es diese Gunst zu verdanken hatte. Doch man konnte es weder als sein eigenes anerkennen noch adoptieren; das verbot das Gesetz.

Eine merkwürdige Sitte erlaubte, noch mehr zu tun, sofern man nur den Schein wahrte. Die Römer hatten gern ein Kind im Hause, ob Sklave oder Findling, das sie aufzogen (»alumnus«, »threptos«), weil sie es »vergötterten« (»deliciae«, »delicatus«). Sie hatten das Kind bei den Mahlzeiten um sich, spielten mit ihm, gingen auf seine Launen ein. Mitunter ließen sie ihm eine »liberale« Erziehung angedeihen, die grundsätzlich den Freien vorbehalten war. Der Vorteil dieser Sitte war ihre völlige Unverbindlichkeit – der »Liebling« konnte als Spielzeug dienen, aber auch als Lustknabe; er konnte in aller Unschuld adoptiert worden sein; es konnte auch ein eigenes Kind sein, das man heimlich begünstigte. Nicht vergessen sei der schmucke Kranz von Halbwüchsigen, die man Pagen nannte, wenn sie aus gutem Hause waren; auch sie waren freilich Sklaven.

Sich einen Lieblingsknaben zu halten, galt bei Personen von Stand als kleine Schwäche, die man respektvoll belächelte. Brutus, der Mörder Caesars, liebte einen Knaben, der so hübsch war, daß sein in Stein gehauenes Bildnis allenthalben in Reproduktionen zu sehen war. Der Lustknabe des furchtbaren Kaisers Domitian und der des Kaisers Hadrian, der berühmte Antinoos, wurden von Hofpoeten überschwenglich besungen, so wie später Mme de Pompadour besungen wurde. Eifersüchtig auf den Liebling ihres Gemahls, duldete die Gattin nicht, daß ihr Mann ihn in ihrer Gegenwart küßte. Ließ der Gatte sich gehen, wenn er unbeobachtet war? Der gute Ton verlangte, diese Frage nicht zu stellen. Der Knabe diente dem Herrn normalerweise als Schildknappe oder als Mundschenk; er goß ihm die Getränke ein, nach dem Vorbild des Götterknaben Ganymed. Genaugenommen bildeten die Pagen (»paedagogium«) eine Gruppe hübscher Knaben, die bei Tisch zu servieren hatten, um das Fest zu verschönen. Ging der Herr aus, so

Die »*fanciulla* [Mädchen] von Anzio«; gefunden in Anzio in einer Villa Neros. Diese berühmte »junge Frau« mit der flachen Brust ist in meinen Augen ein junger Mann. Er trägt auf einem Tablett verschiedene Kultgegenstände. Diese Porträtstatue ist wahrscheinlich in einem Tempel vom Modell selbst gestiftet worden (oder von seinen Eltern). Es handelt sich entweder um ein Original aus dem 4. oder 3. Jh. v. Chr. oder um eine römische Kopie, worauf die etwas nachlässige Ausführung der Falten in der Draperie hindeutet. Der untere Teil wurde in anderem Marmor ausgeführt als Kopf und Büste, so daß es sich auch um ein griechisches Original handeln kann, dessen Unterteil in römischer Zeit restauriert worden ist. Ob Original oder Kopie, dieses Meisterwerk ist ein Meilenstein in der Kunst- und Geschmacksgeschichte des Römischen Reiches. (Rom, Thermenmuseum)

begleiteten ihn seine Sänftenträger, so wie auf dem Bild Le Bruns im Louvre die Knaben die Sänfte des Kanzlers Séguier umgeben. Der entscheidende Augenblick im Leben dieses Knaben ist der des ersten Bartwuchses. Der Schein der Ungeschlechtlichkeit vergeht, und da es anstößig wäre, einen Heranwachsenden in der Rolle des passiven Objekts festzuhalten, verliert der Lieblingsknabe seine Stellung. Der Herr befiehlt ihm, sich die langen, mädchenhaften Haare abzuschneiden – zur Erleichterung der Herrin des Hauses. Hartnäckige Herren freilich hielten an ihrem jeweiligen Lieblingsknaben auch dann fest, wenn er schon aufgehört hatte zu wachsen (»exoletus«), was jedoch als verrucht galt.

Der Herr kann allerdings auch andere Gründe für die Freude an seinem Liebling haben. Vielleicht sieht er in ihm lediglich ein Spielzeug, mit dem er sich bei Tisch liebevoll vergnügt wie mit einem Haustier, einem Vogel, einem Hund oder einem Kaninchen (die Katze war noch nicht domestiziert). Möglicherweise empfindet er wirkliche Zuneigung zu seinem kleinen Sklavenkind. Plutarch schreibt: »Es kommt vor, daß Menschen, die unbeugsame Gegner der Ehe und der Fortpflanzung waren, später von Reue zerfressen werden. Dann weinen sie hemmungslos, wenn das Kind eines Domestiken oder der Säugling einer Konkubine krank wird oder stirbt.« Und nicht immer nur dann, wenn sie das Kind für ihr eigenes halten. Bisweilen wenden sie sich einem Kind, dessen Vater unbekannt ist, in inniger Fürsorglichkeit zu und nehmen es, wenn es in der Hausgemeinschaft geboren worden ist, unter ihre Fittiche. Die Küsse, mit denen sie es bedecken, sind gänzlich unschuldig. Der Kuß auf den Mund zwischen Männern, Zeichen freundschaftlicher Treue, war zunächst sehr umstritten, kam dann aber in Mode – der halbwüchsige Marc Aurel tauschte gefühlvolle Küsse mit seinem Lehrer Fronto; der Dichter Statius hat rührende Zeilen auf den Tod eines Kindes hinterlassen, das er so sehr liebte, daß er es bei seiner Geburt freiließ: »Kaum geboren, hat es mir sein Gebrüll entgegengeschickt, womit es mich umfing und durchbohrte; ich habe ihm beigebracht, die Worte zu gebrauchen, ich habe es über seine Wehwehchen getröstet, ich habe mich gebückt, es auf die Arme zu nehmen und zu herzen; und solange es am Leben war, habe ich mir keinen Sohn gewünscht.« War Statius der Vater dieses Kindes? Das ist nicht gesagt. Die Lust an der Vaterrolle konnte man leidenschaftlicher bezeugen, wenn es sich um ein Kind ohne soziale Bedeutung handelte; den eigenen, legitimen Sohn mußte man hart anfassen – ihn, den Träger des Familiennamens und heimlichen Gegner des derzeitigen Besitzers seines künftigen Erbes. In anderen Gedichten des Statius oder auch Martials ist das Lieblingskind allerdings ohne Zweifel der heimliche Sprößling des »pater familias«. Diese Kinder werden genauso wie Freie behandelt. Gekleidet wie Fürsten, mit Schmuck bedeckt, verlassen sie das Haus niemals ohne Gefolge. Das einzige, was ihnen verwehrt bleibt, ist die Kleidung der heranwachsenden Freigeborenen (»praetexta«). Der Dichter betont das ausdrücklich; diese Kinder sind Freigelassene und müssen es bleiben.

Die Familienhölle der Freigelassenen

Nun gut, aber wessen Freigelassene sind sie? Man verzeihe uns diese penetrante Genauigkeit. Doch wir begeben uns nunmehr in einen neuen Kreis der Hölle, zu den verqueren Verwandtschaftsverhältnissen

Antinoos, nach 131. Diese griechische Arbeit aus römischer Zeit trägt die »Signatur« (oder, falls es eine Replik ist, den Namen) eines Antoninianos aus der für ihre Kunstwerke berühmten Stadt Aphrodisias (Türkei). Der verstorbene Liebling des Hadrian ist als Gott Silvanus gekleidet, dessen Gartenmesser er in der Hand hält. Diese Apotheose mag auf einen Einfall des Künstlers zurückgehen und keine kultischen Anklänge haben; oder die Arbeit wurde von einer monarchistisch gesinnten Person oder Bruderschaft in Auftrag gegeben, die Antinoos als »neuen Silvanus« verehrte. Die erstere Erklärung entspricht mehr dem pittoresken Charakter des Bildes. (Rom, Thermenmuseum)

unter Freigelassenen. Der Herr hat also mit seiner Dienerin ein Kind gezeugt. Angenommen, er läßt die Mutter frei – was dann? Dann ist es schon zu spät. Von einer Sklavin empfangen, kommt das Kind als Sklave seines Vaters zur Welt. Und wenn er das Neugeborene freiläßt?

Dann wird der natürliche Vater des kleinen Freigelassenen dessen Patron bleiben. Es kann freilich sein, daß die Mutter, wenn sie eine reiche Freigelassene ist, später das Kind vom Herrn zurückkauft; ihr eigener Sohn ist dann ihr Sklave oder ihr Freigelassener. Es kam auch nicht selten vor, daß der Sohn aus Pietät seine Mutter zurückkaufte, die Sklavin geblieben war; dann wurde die Mutter zur Sklavin oder Freigelassenen ihres Sohnes. Grabinschriften und juristische Texte bezeugen, daß derartige Konstellationen keineswegs erfunden waren, sondern ziemlich häufig vorkamen. Auf dieser Basis war praktisch alles möglich. So konnte der Sohn, als Freigelassener seiner Mutter, den eigenen Vater zum Sklaven haben, den er zurückgekauft hatte. Oder der Bruder hatte den Bruder freigelassen ... Familiäre Gefühle mögen in solchen Fällen über rechtliche Erwägungen gesiegt haben; festzuhalten bleibt indes, daß dieses Gefühl in Widerstreit lag mit der Verfügungsgewalt, die das Recht demjenigen einräumte, der unter schweren finanziellen Opfern und ungeachtet erbrechtlicher Bedenken seinen eigenen Vater oder sein eigenes Kind zurückkaufte. Das Familienleben der antiken Sklaven muß eine Hölle aus Konflikten, Ambivalenzen und Ressentiments gewesen sein. Der Vater kann dem Sohn seine Wohltat nicht verzeihen, und der Sohn kann dem Vater seine scheinbare Undankbarkeit nicht verzeihen.

Epitaph eines kleinen Mädchens; 1. oder 2. Jh. Dieses wichtige historische Dokument ist eines der beiden frühesten Zeugnisse für die Domestizierung der Katze in Europa.
(Bordeaux, Musée d'Aquitaine)

Die Freigelassenen, von denen hier die Rede ist, leben normalerweise nicht mehr im Hause ihres einstigen Herrn, kommen aber weiterhin in dessen Wohnung, um ihre Aufwartung zu machen. Nach Gutdünken lassen sie sich als Handwerker, Krämer oder Kaufmann nieder, und obschon sie nur einen verschwindend geringen Prozentsatz der Gesamtbevölkerung bilden, sind sie doch in der Gesellschaft sichtbar und wirtschaftlich von großem Gewicht. Nicht alle Krämer sind Freigelassene, jedoch sind alle Freigelassenen Krämer oder Händler. Das verlieh der Gruppe der Freigelassenen insgesamt eine eigentümliche Struktur, die geeignet war, Haß zu erzeugen. In den Augen vieler waren sie habgierige Ausbeuter. Hinzu kam, daß diese ehemaligen Sklaven reicher, zum Teil viel reicher waren als die Mehrheit der freien Bevölkerung. Viele wurmte der Wohlstand von Leuten, die nicht einmal frei geboren waren. Man verzieh dem Freigelassenen nicht den Überfluß, den man bei einem vornehmen Herrn gutgeheißen und bewundert hätte. Die Schicht der Freigelassenen befand sich daher in einer prekären Lage. Sie waren der großen Mehrzahl ihrer Mitmenschen gleichzeitig überlegen und unterlegen; im stillen litten sie darunter, und so haben sie ihre eigenen Sitten entwickelt, über die ich ein paar Bemerkungen machen muß.

Sie scheinen beispielsweise lieber im Konkubinat gelebt als geheiratet zu haben. Zu diesem Ergebnis kann man im Anschluß an Plassard und Rawson kommen. Der Grund dafür war offensichtlich nicht die soziale Unterlegenheit ihrer Gefährtin. In den Jahren der Sklaverei hatten viele Sklaven als Paar zusammengelebt. Das traf vor allem auf die glücklichsten unter ihnen zu, die Verwalter eines Großgrundbesitzes oder die kaiserlichen Sklaven, d. h. die jungen Funktionäre. Eine Dienerin, welche auf diese Weise mit einem ständigen Gefährten zusammenlebt,

Ladenschild des Walkers Verecundus, via dell'Abondaga, Pompeji; kurz vor 79 n. Chr. In der Mitte wringen vier Männer in Unterhosen Stoff über einem Ofen (ohne Rauchabzug) aus. Drei Männer knien auf Bänken und längen Stoff. Rechts führt der Meister ein fertiges Stück vor. Die Aufschrift bezieht sich übrigens auf eine Wahl und hatte auf dem Schild überhaupt nichts zu suchen.

könnte man als Konkubine bezeichnen. Wenn sowohl diese Dienerin als auch ihr Gefährte Freigelassene waren, mußte ihre Verbindung, die nunmehr eine Verbindung von Freien war, in Erwägung gezogen werden und galt als ehrbar. Wurden jedoch diesem Paar Kinder geboren, bevor beide freigelassen waren, so waren die Nachkömmlinge entweder unehelich oder Sklaven des Besitzers der Mutter. Selbst wenn beide Freigelassene eine legale Ehe eingingen, konnte der Vater seinen natürlichen Sohn nicht anerkennen; selbst wenn sie ihr Sklavenkind von seinem Herrn zurückkauften, konnten sie es nicht zu ihrem Sohn machen, sondern nur zu ihrem Freigelassenen. In Ancona steht das Grabmal des freigelassenen Titus Primus, der eine prominente Persönlichkeit seiner Stadt war. Der Bildhauer mußte ihn in der Toga darstellen, dem Gewand für feierliche Anlässe. Zu seiner Rechten ließ er seine (wie es auf der Grabinschrift wörtlich heißt) »Konkubine« abbilden, eine Freie mit Namen Lucania Benigna, die fraglos eine Freigelassene war. Auf dem Arm trägt sie ein Kleinkind. Es heißt Chloe. Daß es keinen weiteren Namen hat, zeigt an, daß es eine Sklavin ist. Die Tochter kam zur Welt, als ihre Mutter noch eine einfache Dienerin war. Der natürliche Vater hat nicht mehr für sie tun können, als sie zu seinem »Lieblingskind« (»delicium«) zu erklären, und keinen anderen Titel hat sie denn auch in der Inschrift: Natur und Zuneigung vermögen nichts gegen das Gesetz. Auf der anderen Seite der Skulpturgruppe ist eine andere Freigelassene zu sehen. (Das darf nicht verwundern: Gemeinschaftsgräber waren in der Hausgemeinschaft üblich.) Man erkennt nicht recht, welches Interesse dieses Paar daran haben könnte, sich nochmals zu verheiraten. Ihre Beziehung ist eine weitere Version des Konkubinats, die der Gleichgültigkeit gegenüber der Ehe entspringt.

Die soziale Hölle der Freigelassenen

Überall finden sich Hinweise auf das, was die Freigelassenen am meisten quälte: die Ungewißheit über ihren Platz in der Gesellschaft. Die soziale Abstufung deckt sich nicht mit der Statushierarchie, und die Freigelassenen fallen durch die Lücke hindurch. Sie leiden unter ihrem Legitimationsmangel. Sie führen das luxuriöse Leben, das ihnen ihr Reichtum gestattet. In Rom waren es die Freigelassenen, nicht die Vornehmen, die sich die kostspieligen Grabsteine mit gemeißeltem Bildnis leisten konnten. Mit ihrer Kleidung, ihren Klienten, ihren Sklaven und

ihren eigenen Freigelassenen, mit ihren Gastmählern ahmten sie die gute Gesellschaft nach, in die sie doch nicht einzudringen vermochten, da sie als Halbbürger keinen Zutritt zu ihr hatten. Das *Satyricon* des Petronius zeichnet ein in seiner Genauigkeit grausames Bild dieses auf Nachahmung gegründeten Daseins. Die niedere Abkunft der Freigelassenen verrät sich ein für allemal durch ihre Unbildung (ihre Kinder genießen keinen Schulunterricht). Es sind keine Emporkömmlinge, wie man immer sagt, sondern »Gewesene«, vor deren einstigem Makel sich die Türen der guten Gesellschaft schließen. Dafür bürgen die Standesbarrieren. Und die gute Gesellschaft findet, daß die Nachahmung mißlungen ist und nur die lächerlichen Prätentionen und den »Webfehler« der Freigelassenen verrät: Snobs, die über den Möchtegern-Snobismus lachen. Schlimmer noch ist, daß die Freigelassenen nicht einmal eine soziale Klasse bilden, die diesen Namen verdiente und sich hinter dem bescheidenen Stolz verschanzen könnte, etwas Besonderes zu sein. Den Stand des Freigelassenen gibt es nämlich nur in der ersten Generation; der Sohn eines Freigelassenen ist Vollbürger. Eine instabile Gruppe dürfen wir aber nicht als soziale Klasse auffassen. Mehr noch, die Oberschicht Roms rekrutierte sich überwiegend aus den Söhnen reicher Freigelassener und den Söhnen kaiserlicher Freigelassener; sogar man-

Grabrelief zur Erinnerung an einen weit bekannten Kaufmann; Rom, 1. Jh. (?) Zwei Kunden sitzen; fünf Gehilfen stehen herum, darunter eine im Profil gezeigte Frau (eine Sklavin). Die Architektur ist bemerkenswert, doch dürften die Säulen nicht aus Marmor, sondern aus Stuck gewesen sein. Man beachte auch die abwechselnd runden und flachen Dachziegel (»römische Ziegel«). Der Boden ist nicht mit Platten ausgelegt. (Florenz, Uffizien)

Grab zweier Freigelassener, mit ihrem Sohn und dessen zahmer Taube. Man beachte die Gesichter und die Kopfhaltung des Mannes – ein ungelenker Versuch, die Komposition zu beleben. Der Mann hält kein Buch, sondern eine Anzahl von Täfelchen in der Hand: Er ist zwar kein Kenner der freien Künste, aber er kann lesen und schreiben. Die Haartracht der Frau ist typisch für die Jahre nach 30 oder nach 110. (Rom, Thermenmuseum)

cher Senator war der Enkel eines Freigelassenen. Alles in allem waren die Chancen sozialen Aufstiegs für die Sklaven minder begrenzt als für die zwar Freien, aber Armen.

Was den Freigelassenen die Chance zum Vorwärtskommen eröffnete, war ihr Reichtum. Dieser Reichtum hing mit ihrer Neigung zu den Kaufmannsberufen zusammen, die sich ihrerseits aus den Bedingungen ihrer Freilassung erklärt. Derlei Details mit ihren oft unbeachteten Folgen erhellen eine gesellschaftliche Struktur ebenso scharf wie die Produktionsverhältnisse. Den vornehmen Römern waren ihre Freigelassenen lieber als die armen Bürger, weil sie ihnen treu ergeben blieben, wie wir noch sehen werden, und weil sie sie persönlich kannten.

Was mochte einen Herrn dazu bewegen, seine Sklaven freizulassen? Nun, es gab dafür mindestens drei Gründe: 1. Der Sklave ist dem Tode nahe, und man will ihm die Genugtuung gewähren, in Freiheit und in dem Wissen zu sterben, daß er Anrecht auf die Grabstätte eines freien

Mannes hat. 2. Bei ihrem eigenen Tod ließen die Herren durch testamentarische Verfügung mehrere Diener oder gar alle frei; sie vermachten ihnen statt eines Legats die Freiheit, so wie sie sämtlichen Getreuen etwas hinterließen. Da überdies das Testament den Charakter eines Manifests hatte, erbrachte der Herr damit den Nachweis, daß er ein guter Herr gewesen war und seinen Sklaven das zugestanden hatte, was sie am meisten begehrten: die Freiheit. 3. Schließlich ist die Freilassung häufig ein finanzielles Arrangement. Der Herr tätigt Geschäfte, bei denen der Sklave als Vermittler fungiert und am Gewinn beteiligt ist, und vereinbart mit seinem Diener, daß dieser sich gegen eine vorher festgelegte Summe freikaufen kann. Oder die Freiheit ist der Bonus dafür, daß der Sklave sich auch als Freigelassener weiter um die Geschäfte seines Herrn kümmern wird. Daß die Sklaven bei ihrer Freilassung völlig mittellos ins Leben gestoßen wurden, scheint selten der Fall gewesen zu sein. Wenn der Herr bei seinem Tod alte und bewährte Diener freiläßt, vermacht er ihnen ein Stück Land oder eine kleine Rente (»alimenta«), so wie das früher auch bei uns der Fall war. Die Zukunft eines Sklaven, der Geschäftsmann wurde, war jedenfalls gesichert. Schließlich werden viele Freigelassene die Hausgemeinschaft gar nicht verlassen, sondern dort weiter gelebt und das getan haben, was sie schon immer getan hatten, nur mit größerer Würde. Andere sind in einem Beruf oder Gewerbe tätig, dessen Gewinn sie mit ihrem einstigen Herrn teilen – auf diese Weise entrichten sie den Preis für ihre Freiheit. Die verschiedensten Arrangements waren denkbar. Es bleibt zu erwähnen, daß wohl in der Mehrzahl der Fälle nur solche Sklaven freigelassen wurden, die selbst Geld zu verdienen imstande waren. Es gibt eine einzige Ausnahme: Der Schatzmeister, der die Gelder seines Herrn verwaltet, wird niemals freigelassen, mag auch sein Herr der Kaiser persönlich sein. Die Freiheit, die jeden kaiserlichen Funktionär zu einem bestimmten Zeitpunkt seiner Laufbahn wie eine Beförderung erwartete, gab es für den Schatzmeister nicht – man wollte sich die Möglichkeit vorbehalten, diesen Sklaven der Folter zu unterwerfen und Privatjustiz an ihm zu üben, falls er sich an der Kasse seines Herrn vergreifen sollte.

Gewisse Freigelassene verbleiben also in der Hausgemeinschaft und in den Dienststellen ihres einstigen Herrn, während andere sich auf eigene Faust irgendwo niederlassen und völlig selbständig sind. Doch in dem einen wie in dem anderen Fall verbindet ein symbolisches Band die Freigelassenen mit der Hausgemeinschaft ihres Herrn, der nun ihr »Patron« ist. Sie sind gehalten, diesem Patron ihre Huldigung (»obsequium«) darzubringen, worauf er großen Wert legt. Sie sind ihm diese Huldigung schuldig, aus Dankbarkeit dafür, daß er so gnädig war, sie aus der Sklaverei zu befreien. Verweigern sie ihm diese geschuldete Anerkennung (zu der man sie praktisch kaum zwingen kann), so zeigt alle Welt mit Fingern auf sie und schilt sie »undankbare Freigelassene«. Das war eines der Themen, über das die Römer sich entrüsteten, eines der bewegenden Probleme der Zeit. Die Freigelassenen durften aus der Hausgemeinschaft nur dann ausscheiden, wenn sie die Aura der Botmäßigkeit zurückspiegelten, die den Glanz dieses Hauses bewies. Die-

Grab des Freigelassenen
Titus Primus. (Ancona, Museum)

Mosaik aus Pompeji; Replik eines Werkes, das einst berühmt gewesen sein muß. Zu sehen sind drei Wandermusiker mit Theatermasken, denen ein Gassenjunge zuschaut. Hintergrund der lustigen Szene ist eine Stadt, wie man an den geraden Linien und rechten Winkeln erkennt. (Neapel, Archäologisches Museum)

selbe Rolle spielten die Klienten. Von diesem Umfeld der Hausgemeinschaft ist nun zu sprechen.

Die Römer schwankten zwischen einem staatsbürgerlichen Verständnis der Gesellschaft und der Vorstellung, daß eine Gesellschaft sich auf das Treueverhältnis von Mann zu Mann gründe. Einerseits muß die Freiheit über jeden Verdacht erhaben sein, und die Freiheit eines Freigelassenen darf nicht mit Verpflichtungen belastet werden. Andererseits schuldet der Freigelassene seinem einstigen Herrn etwas und bleibt immer sein Getreuer, andernfalls hat der Patron Grund, ihn im Rahmen seiner Möglichkeiten zu bestrafen – er kann ihn von der Liste derer streichen, die er in seinem Testament bedenken will; er kann ihm einen Platz im Gemeinschaftsgrab des Hauses verwehren; er kann ihm auch Stockschläge versetzen. Zwar ist es grundsätzlich verboten, gegen einen freien Mann die Hand zu erheben. Aber: »Man kann ebensowenig dulden, daß ein Individuum, das noch bis gestern bloß Sklave war, sich über seinen Herrn beklagt, der ihm die Tür gewiesen, ihn ein wenig geschlagen oder ihn gezüchtigt hat.« Der Stock ist schließlich ein Symbol. Gleichzeitig sind die Familien- und Geldinteressen einer noch so neuen Freiheit sakrosankt. Der Patron darf dem Freigelassenen nicht mehr Arbeit aufbürden, als vereinbart war, und er darf die Freilassung nicht mit einschnürenden Klauseln versehen, so daß der einstige Sklave lediglich nominell frei ist. Er darf dem Freigelassenen nicht das Versprechen abnehmen, nicht zu heiraten und keine Kinder zu haben, in der Absicht, sich sein eigenes Anrecht auf das Erbe seiner Freigelassenen zu sichern. Er kann ihm in der Regel nicht einmal verbieten, denselben Beruf auszuüben wie er selbst und ihm somit Konkurrenz zu machen.

Die Klientel

Materiell frei, soweit es die Konvention der Freilassung erlaubt, bleibt der einstige Sklave dennoch symbolisch unter der Fuchtel seines Patrons. Die Römer mit ihrem Sinn für das Paternalistische wiederholten ständig, daß der Freigelassene Sohnespflichten gegenüber seinem einstigen Herrn habe, dessen Familienname der seine wurde; er habe den Geboten der »Pietät« zu genügen. Freigelassene waren ursprünglich verpflichtet, zweimal täglich im Hause vorzusprechen und dem »pater familias« ihre Aufwartung zu machen. Das wurde jedoch später ungebräuchlich. Dafür verlangte die Pietät vom Freigelassenen Höflichkeitsbesuche. Wie verkrampft diese Szene war, lehrt ein Blick in Plautus' Komödie *Cistellaria*. Der Freigelassene ist erbittert, weil er auf sich eine Macht lasten fühlt, die ihn eigentlich nicht mehr zwingen kann und sich überlebt hat. Der Patron wiederum weiß, daß seine Zeit um ist, daß der Freigelassene ihn haßt, weil er ihn nicht mehr fürchten muß, und streicht deshalb seine eigene Bedeutung nur um so mehr heraus. Diese überlangen Abhängigkeitsverhältnisse waren noch bedrückender, wenn der Sklave sich bereit erklärt hatte, als Gegenleistung für seine Freiheit bestimmte Arbeiten für seinen Patron zu verrichten (»operae libertorum«). Anscheinend war der Freigelassene, im Unterschied zu den Klienten, nicht verpflichtet, dem Patron jeden Morgen seine Aufwartung (»salutatio«) zu machen. Jedoch wurde er häufig zum Gastmahl eingeladen, wo er sich, auf seinem Lager zu Tische liegend, in der Gesellschaft der Klienten wiederfand. Dabei kam es häufig vor, daß diese beiden ungleichen Gruppen von Getreuen einander in die Haare gerieten. Ein mittelloser Klient verträgt es schlecht, wenn ein wohlhabender einstiger Sklave ihn bei seinem Patron auszustechen versucht. Die Dichter Juvenal und Martial waren aus Not gezwungen, die Gunst der Großen zu suchen, und haßten die reichen Freigelassenen ebenso wie die Klienten griechischer Nationalität, weil ihnen diese ebenso wie jene Konkurrenz machten.

Eine Hausgemeinschaft »mit ihren Klienten und ihren fleißigen und dankbaren Freigelassenen«, wie Fronto sagt, macht in der Öffentlichkeit großen Eindruck – die notwendige, aber auch hinreichende Vorbe-

Mosaik aus Karthago, 4. Jh. Diese Bauwerke an einem Gewässer mögen wie Phantasiegebilde wirken. Aber wenn es um architektonische Landschaften ging, übertraf die römische Wirklichkeit jede Phantasie. Die kleine Insel Brioni in Istrien hatte eine dreihundert Meter tiefe Bucht, die ringsum von Bauwerken umgeben war; neben einer prächtigen Villa mit halbkreisförmigem Portikus standen da drei Tempel, Thermen, Hafenanlagen, eine überdachte Uferpromenade usw. Die ganze Bucht war eine dekorative Szenerie. (Tunis, Musée du Bardo)

dingung dafür, der herrschenden Klasse zugerechnet zu werden. »Ich habe viele Klienten gehabt«, schreibt ein Freigelassener, der sehr vermögend wurde, um seinen Erfolg zu veranschaulichen. Was ist ein Klient? Es ist ein Freier, der dem »pater familias« seine Aufwartung gemacht hat und sich ausdrücklich als sein Klient bezeichnet. Er kann reich oder arm sein, mächtig oder elend; mitunter ist er mächtiger als der Patron, dem er seinen Respekt bezeugt. Es gibt mindestens vier Kategorien von Klienten: 1. solche, die ein öffentliches Amt anstreben und auf die Protektion ihres Patrons hoffen; 2. Geschäftsleute, die der Patron durch seinen politischen Einfluß fördert, und zwar um so lieber, als er häufig am Gewinn beteiligt ist; 3. arme Teufel, Dichter und Philosophen (darunter viele Griechen), die auf die Almosen des Patrons angewiesen sind und die es, da sie nicht Leute aus dem Volk sind, entehrend fänden zu arbeiten, statt von der Protektion der Großen zu leben; und 4. solche, die mächtig genug sind, um in derselben Welt zu verkehren wie der Patron, und die daher mit Gründen erwarten dürfen, in seinem Testament berücksichtigt zu werden (unter ihnen finden sich sowohl die größten Persönlichkeiten des Staates als auch kaiserliche Freigelassene, allmächtige Beamte) – derartige Klienten hatte vor allem der reiche Alte ohne Nachkommen.

Das war sie also, die buntgemischte Gruppe, die sich allmorgendlich in wohlgeordneter Aufstellung vor der Tür des Patrons einfand, in der Stunde des Hahnenschreis, wenn der Römer sich erhob. Es sind einige Dutzend, mitunter gar einige Hundert. Die Vornehmen des Quartiers werden ebenfalls belagert, jedoch von einer kleineren Menge. Außerhalb Roms, in den kleinen Städten, haben die weniger mächtigen Landnotabeln ihre Klientel. Daß ein wohlhabender oder einflußreicher Mann von Schützlingen und interessierten Freunden umgeben ist, ist nicht weiter verwunderlich. Bei den Römern indes war daraus eine Institution und ein Ritus geworden. Die kleinen Leute, meint Vitruv,

Silbergerät; Fundort Pompeji. (Neapel, Archäologisches Museum)

sind diejenigen, die Besuche machen, aber keine empfangen. Wenn man jemandes Klient war, posaunte man es laut hinaus, um damit zu prahlen und um den Einfluß des Patrons hervorzuheben. Man nannte sich »Klient des Soundso«, man war »bekannt im Hause Soundso«. Ist man nicht selbst ein Gemeiner, so errichtet man ein Standbild des Patrons auf seinem eigenen Grundstück oder auf einem öffentlichen Platz oder gar im Haus des Betreffenden. Die Inschrift am Fuße des Standbildes zählt alle öffentlichen Ämter des Patrons auf und nennt den vollen Namen des Klienten. Ein allzu gutmütiger Patron wandte in einem solchen Falle ein, daß die Bezeichnung »Freund« doch wohl eher angebracht gewesen wäre; und so wurde »Freund« zum schmeichelhaften Synonym für »Klient«.

Die morgendliche Begrüßung ist ein Ritual; ihr fernzubleiben würde die Aufkündigung der Klientschaft bedeuten. Im festlichen Gewand (der Toga) steht man Schlange. Jeder Besucher erhält ein symbolisches Trinkgeld (»sportula«); davon können die Ärmsten einen Tag lang zehren. (Übrigens hat dieses Trinkgeld die wirkliche Verteilung von Lebensmitteln abgelöst.) Dann werden die Klienten ins Vorzimmer eingelassen, und zwar nach einer unerbittlichen, hierarchischen Rangfolge, die der bürgerlichen Rangordnung entspricht. Genauso ist es beim Gastmahl: Den Gästen werden je nach ihrer bürgerlichen Würde unterschiedliche Gerichte und Wein von ungleichem Wert vorgesetzt. Alles unterstreicht die soziale Abstufung. Anders gesagt, der »pater familias« nimmt nicht die individuellen Begrüßungen einer gewissen Zahl von Freunden entgegen; vielmehr empfängt er in seinem Hause einen Teil der römischen Gesellschaft, der sich mit seinen Graduierungen und öffentlichen Ungleichheiten *en bloc* bei ihm einfindet und über den er moralische Autorität hat. Er weiß das viel besser als seine Klienten. »Ein reicher Patron«, sagt Horaz, »herrscht über euch, wie es eine gute Mutter tun würde, und er heischt von euch mehr Weisheit und Tugend, als er selbst besitzt.«

Kleiner Bronzekessel, Durchmesser 12 cm; Fundort Doudeville. Wahrscheinlich wurde in diesem Gefäß das Öl, das man im Altertum anstelle von Seife benutzte, ins Gymnasion oder ins Bad getragen. Die Szene zeigt einen auf seinen Stock gestützten Ziegenhirten mit seinen Ziegen. (Paris, Petit Palais, Collection Dutuit)

Moralische Autorität

Die ökonomische Macht, welche die Hausgemeinschaft über die Bauern ausübt, die durch ihren Pachtvertrag gebunden sind, geht einher mit moralischer Autorität. Die christlichen Grundbesitzer, die sich zur Zeit der Kirchenverfolgung entmutigt entschlossen, den heidnischen Götzen zu opfern, zogen auch ihre Bauern und ihre Klienten (»amici«), die mit ihnen opferten, in diese Häresie mit hinein. Andere Herren bekehrten die Bewohner ihrer Domäne gleichsam im Handstreich: Sie entschieden, daß fortan der bäuerliche Kultus ihrer Untertanen dem wahren Gott geweiht sein müsse, brachen das heidnische Heiligtum auf ihrem Grund und Boden ab und errichteten an seiner Stelle eine christliche Kirche. Die moralische Autorität der Hausgemeinschaft reicht so weit, wie ihr Ansehen reicht. Drei Jahrhunderte zuvor war es Catilina gewesen, der seine Pachtbauern in die Auflehnung gegen den Senat verstrickt hatte. Und als Cicero sich in die Verbannung begab, hatte er

Öllämpchen in Form eines Schuhs, mit Kette zum Aufhängen; Länge: 15 cm. (Paris, Petit Palais, Collection Dutuit)

den Trost und die Genugtuung, daß seine Freunde ihm alles zur Verfügung stellten, was sie hatten, »Leib und Leben, ihre Kinder, ihre Freunde, ihre Klienten, ihre Freigelassenen, ihre Sklaven und all ihr Hab und Gut«.

Die Hausgemeinschaft übt materielle und moralische Macht aus über die, die in ihr leben, und über die, die in ihrem Umkreis wohnen. Nach einhelliger Auffassung verleiht diese Macht über eine kleine Gruppe von Menschen der Hausgemeinschaft auch die Qualifikation, zur herrschenden Klasse in jeder Stadt, ja, im ganzen Reich zu zählen. Tacitus schreibt, daß selbst in Rom »der vernünftige Teil des Volkes alles mit den Augen der großen Häuser sah«. Reichtum und die Macht über einen kleinen Kreis (beides war ein und dasselbe) bedeuteten zugleich politische Qualifikation. Das soll nicht heißen, daß das öffentliche Bewußtsein die Macht jeder Hausgemeinschaft über ihren kleinen Kreis konkret wahrgenommen hätte. Diesem Zusammenhang lag stillschweigend die Überzeugung zugrunde, daß das Herrschen über Menschen kein spezielles Amt ist, sondern die Ausübung der natürlichen Befehlsgewalt der Großen über die Kleinen. Gesellschaftliche Bedeutung und politische Legitimation gingen Hand in Hand; die Wahrnehmung eines öffentlichen Amtes war kein Beruf wie bei uns, wo die »zweihundert Familien«, die faktisch herrschen mögen, nicht selber im Parlament sitzen. In der römischen Welt setzten sich der Senat und die Stadtverwaltungen tatsächlich aus den Vornehmen und Notabeln zusammen, und zwar selbst dann, wenn die Zahl der Sitze in diesen Gremien einmal begrenzt war und nicht alle Notabeln in ihnen Platz fanden.

Noch eine Marginalie zum Thema »gesellschaftliche Macht und politische Herrschaft«: Jeder, der einen großen Namen hat, muß bei allem, was für seine Klienten von Belang ist, zugegen sein und eine Ehrenrolle spielen. Das ist einer der vielen Aspekte (der harmloseste) des vielschichtigen Phänomens »Klientel«. Das Römische Reich, ein Gebilde indirekter politischer Herrschaft, war ein Bund von autonomen Städten. Jeder Angehörige des Adels, ob Senator oder Ritter, trachtete danach, Patron einer Stadt (oder mehrerer Städte) zu werden. Das war allerdings nicht mehr als ein Ehrentitel – Ursache oder Folge einer Wohltat oder eines Dienstes, den der Patron der Stadt erwies, er spendete etwa eine Summe für den Stadtsäckel, ließ ein Gebäude errichten oder reparieren, verteidigte bei irgendeinem Grenzkonflikt die Stadt vor Gericht; dafür erhielt er einen offiziellen, ehrenvollen Brief der Stadtväter, den er in seinem Vorzimmer aufhängen konnte. Trauerfälle in seiner Familie wurden zum lokalen Ereignis. Er unterrichtete seine

Stadt davon, und sie antwortete mit einer Beileidsadresse. Wenn er die Stadt besuchte, wurde er offiziell empfangen und zog feierlich, wie ein Souverän, in sie ein. Städte in die Klientel aufzunehmen war deshalb ein Merkmal jener Karrieren, die Raum für die Gier nach Symbolen boten. Selbst die zahllosen Vereinigungen (»collegia«), zu denen sich die Leute aus dem Volk zum Zwecke der Geselligkeit zusammenschlossen, hatten ihre vornehmen Patrone. Da der Hauptzweck dieser »Kollegien« das gemeinsame Essen war, hatte der Patron dabei kaum etwas zu sagen; allenfalls durfte er entscheiden, welches Menü er aus seiner Tasche bezahlen wollte. Die Gier nach Symbolen war eine der beherrschenden Leidenschaften der griechisch-römischen Welt. Kein berühmter Mann ging aus, ohne ein großes Gefolge um sich zu versammeln. Komödianten und Wagenlenker aus dem Zirkus ließen sich von der Schar ihrer »Fans« begleiten; dasselbe taten manche Ärzte, die zu Zierden ihrer Zunft geworden waren.

Zum Schluß noch zu einigen regionalen Nuancen. Das Stammland des Klientelsystems ist Italien. Zwar erlebt man in den griechischen Gebieten wie überall sonst den Einfluß, die ökonomische Macht und die Machenschaften der Reichen, der natürlichen Verbündeten der Römer und Herren des Landes; auch gibt es von Zeit zu Zeit mächtige Persönlichkeiten, die ihre Stadt tyrannisieren. Aber das Schaugepränge, die Eitelkeiten und Aufwartungen der Klienten sind in Griechenland unbekannt. Die Freigelassenen zählen nicht zu den Honoratioren (in Athen besteht die Hälfte der Halbbürger, auf deren Grabinschrift kein Demos genannt wird, aus Freigelassenen) und bilden auch keinen Strahlenkranz um ihren ehemaligen Herrn. Dafür war das Mäzenatentum, ebenfalls Ausdruck einer ruinösen Sehnsucht nach Symbolen, in Griechenland weiter verbreitet als in Italien. In der Tat hatte Italien das Modell für diesen (wie man neuerdings sagt) »Euergetismus« von den Griechen übernommen.

Porträtstatue; frühchristliche Zeit. Ein anonymer Adliger (der Kopf ist eine moderne Hinzufügung) mit den Büsten seiner Ahnen; die Büsten spiegeln Ähnlichkeit, ohne ins Detail zu gehen. Mit eindrucksvoller Naivität wird hier der dynastische Sinn römischer Porträtkunst demonstriert. Diese Kunst war ein Nebenprodukt des Exports der griechischen Porträtkunst; an Wirklichkeitstreue erreichte sie das griechische Vorbild nicht. (Rom, Museo dei Conservatori)

Das Private im Öffentlichen

Was besitzt ein Römer? Was verliert er, wenn er in die Verbannung geschickt wird? Sein Erbe, seine Frau und die Kinder, seine Klienten und auch seine »Ehren«. So berichten wiederholt Cicero und Seneca. Die »Ehren«, das sind die öffentlichen, für gewöhnlich einjährigen Ämter, die man ihm verliehen hat und die mit seinem Namen verbunden bleiben wie eine Art Adelstitel. Die vornehmen Römer besaßen einen ausgeprägten Sinn für Macht und Prunk ihres Reiches; dafür fehlte ihnen der Sinn für das, was wir »Staat« oder »öffentlichen Dienst« nennen. Sie unterschieden kaum zwischen öffentlichen Aufgaben und privater Würde, öffentlichen Mitteln und Privatschatulle. Die Größe Roms war kollektiver Besitz der herrschenden Klasse und der leitenden Senatorengruppe; ebenso waren die vielen autonomen Städte, aus denen das Reich bestand, die Pfründe der örtlichen Notabeln.

Kooptation

In diesen Städten und auch in Rom steht die Macht von Rechts wegen der herrschenden Elite zu, deren Lage durch Überfluß gekennzeichnet ist. Allein diese Elite kann beurteilen, welche Familie zu ihr paßt und welche nicht. Die rechtlichen Auswahlkriterien, wie Wahl oder der Besitz eines Mindestvermögens, sind nur ein Köder: eine notwendige, jedoch keineswegs hinreichende Bedingung. Tausende von Grundbesitzern hätten den Einzug in den Senat anstreben können, wenn das Vermögen ausschlaggebendes Kriterium gewesen wäre. Die Wirklichkeit des politischen Lebens bestimmte die Kooptation: Der Senat war ein Club, und die Clubmitglieder befanden darüber, ob jemand das geeignete soziale Profil besaß, um in den erlauchten Kreis aufgenommen zu werden und zum kollektiven Prestige des Clubs beizutragen. Allerdings wurde die Kooptation nicht unmittelbar von den Senatoren selbst vorgenommen; diese Aufgabe fiel einem der zahllosen Verbände politischer Klientschaft zu. Die öffentlichen Ämter standen im Zeichen privater Würden, und den Zugang zu diesen Würden erschloß das Instrument privater Gefolgschaft.

Nur allzu viele Historiker vergessen, daß Rom kein Staat im modernen Verstande des Wortes war, und diagnostizieren in diesen antiken Grundsätzen eine Verfallsgeschichte. Sie empören sich, daß Korruption, Schmiergelder und Klientenwirtschaft gang und gäbe waren, oder

(oben links)
'pfer; 2 n. Chr. Die vier Priester sowie der Oboenspieler sind rituell verschleiert. Die Darstellung zieht zwei Augenblicke zusammen: zwei Priester, die Weihrauch verbrennen, während die beiden anderen wohl einen Opfertrank ausgießen. .inks ein Liktor, da dieses Opfer zu einem öffentlichen Kult gehörte. (Rom, Museo dei Conservatori)

(oben rechts)
Trankopfer auf einem Opfertisch, or der Schlachtung eines Ochsen; 1. oder 2. Jh. Links ein Mann, der Menge darstellt; er kneift sich ins hr, was bedeutet: »Erinnere dich,)aß auf«, mit einem Wort: »Sei andächtig!« (Mailand, Archäologisches Museum)

aber sie schweigen darüber, so als seien diese »Mißbräuche« nur von anekdotischem Belang. Nach moderner Auffassung ist ein Beamter kein wirklicher Staatsdiener, wenn er von seinen Ämtern profitiert und sich persönlich bereichert oder wenn er seinen privaten Ehrgeiz über das Allgemeinwohl stellt. Aber der moderne Staat ist nicht die einzige wirksame Herrschaftsform; organisiertes Verbrechen und Mafia sind es ebenso. Wenn die Mafia die italienischen Einwanderer in einer amerikanischen Großstadt oder die italienischen Gastarbeiter in einer französischen Kleinstadt beschützt und ausbeutet, dann erfüllt sie eine »öffentliche« Aufgabe. Sie spricht unter diesen Neuankömmlingen Recht und verteidigt sie durch nationale Solidarität gegen die übrige Bevölkerung. Soll sie nicht jede Glaubwürdigkeit verlieren, so muß sie sich um ihre Landsleute kümmern; sie erweist ihnen Gutes und kann ihnen deshalb auch Vorschriften machen. Sie erfüllt ihre Aufgabe sehr gewissenhaft, da das Geld auf dem Spiel steht, das sie diesen Einwanderern abpreßt. Wer beschützt, kann kontrollieren, und wer kontrolliert, kann ausplündern. Wie ein alter Römer hält noch der kleinste Mafia-»Patron« erbauliche Reden über seine Hingabe an die gemeinsame Sache, und wie ein alter Römer erwartet er, daß die Beziehung zu jedem einzelnen seiner Schützlinge eine persönliche und vertrauensvolle sei. Ein römischer Aristokrat, ja selbst ein einfacher Honoratior, hatte mehr Ähnlichkeit mit einem solchen »Paten« als mit einem modernen Verwaltungsfachmann. Sich aus öffentlichen Mitteln zu bereichern, hinderte nicht, im öffentlichen Dienst ein Ideal zu sehen; das Gegenteil wäre erstaunlich gewesen.

Der unbestechliche Beamte ist eine Besonderheit des modernen Westens. In Rom plündert jeder Höhergestellte seine Untergebenen aus, genauso wie dies im chinesischen und im türkischen Reich der Fall war, die nach dem Bakschisch-Prinzip funktionierten und dennoch jahrhundertelang ihre Herrschaftsfähigkeit bewiesen. Nicht minder fähig war das römische Heer, trotz seiner seltsamen Bräuche: »Die Soldaten zahlten seit jeher den Offizieren Schmiergelder, um vom Dienst verschont zu bleiben, so daß ein Viertel der Männer jedes Regiments, oder fast so viele, sich im Freien ergingen oder es sich vor den Kasernen bequem machten, vorausgesetzt, der Offizier hatte seinen Obolus erhalten. [...] Das notwendige Geld verschafften sich die Soldaten durch Diebstähle und Räubereien oder indem sie die Arbeit von Sklaven übernahmen. Wenn ein Soldat etwas wohlhabender war, traktierte ihn sein Offizier mit Strafdienst und Schlägen, bis er sich vom Kriegsdienst freikaufte.« Man glaubt, ein Sittenbild aus dem Morgenland vor sich zu haben, aber der hier redet, ist Tacitus. Jedes öffentliche Amt war ein Schauplatz von Schiebergeschäften, bei denen die Vorgesetzten ihre Untergebenen ausbeuteten und alle gemeinsam die Bürger. So war es in der Blütezeit Roms, und so war es zur Zeit seines Niedergangs.

Noch das unbedeutendste Hofamt (»militia«), etwa das des Urkundsbeamten oder des Gerichtsdieners, wurde vom Amtsinhaber an seinen Nachfolger verkauft, schließlich garantierte dieses Amt ein festes Einkommen in Form von Bestechungsgeldern. Der Nachfolger mußte im übrigen seinem Vorgesetzten eine ordentliche Spende (»sportula«) zukommen lassen. In der Spätzeit des Römischen Reiches handelten so selbst die höchsten Würdenträger, die der Kaiser persönlich ernannt hatte; sie entrichteten ihren Obolus in die kaiserliche Kasse. Seit den Anfängen des Reiches war jede Würde, die der Kaiser selbst verleihen durfte, ob Konsulat oder schlichter Hauptmannsrang, für den Erwählten mit der moralischen Verpflichtung verbunden, seinen Wohltäter, den Souverän, in seinem Testament zu bedenken; tat er das nicht, riskierte er, daß sein Testament wegen Undankbarkeit kassiert und sein

Triumphbogen in Lepcis (Libyen), 203 n. Chr. Nach Epiktet fluchen die Menschen entweder den Göttern oder dem Kaiser, dem sie die Schuld an allem Übel geben. Doch war der Kaiser auch der Inbegriff römischen Wesens: Als Eroberer ziehen Severus und seine beiden gesetzlichen Erben auf einem Wagen in eine Stadt ein. Rechts ein Kind, das außer sich vor Begeisterung ist. Auf dieser naiven Arbeit werden die Figuren von vorn dargestellt. Der Jüngling, der die Zügel der Pferde hält und ein Porträt des Prinzen um den Hals hängen hat, ist wahrscheinlich der Sohn eines Sklaven und Page von einer Pagenschule (*paedagogium*).

Erbe zugunsten der kaiserlichen Kasse eingezogen wurde. Und da es keine Ernennung ohne die Empfehlungen eines bei Hofe wohlgelittenen »Patrons« gab, wurden auch die Fürsprachen (»suffragia«) verkauft oder jedenfalls bezahlt. Wenn der Patron nicht Wort hielt, dann zögerte der Geschädigte nicht, ihn vor Gericht zu verklagen. Es gab Höflinge (»proxenetae«), die sich auf den Verkauf von Empfehlungen und Klientschaften (»amicitiae«) spezialisiert hatten, doch galt ihr Treiben als verächtlich.

Im Reiche des Bakschisch

Die Beamten ließen sich bezahlen. Die Militärposten, die auf dem Lande Polizeifunktionen und Verwaltungsaufgaben wahrnahmen, ließen sich von Kleinstädten und Dörfern eine Gratifikation (»stephanos«) bewilligen. Jeder Beamte mußte geschmiert werden, bevor er eine Hand rührte. Doch nach dem Motto »Scher' sie, aber schinde sie nicht« gab es natürliche Grenzen. Schließlich wurde die Höhe der Schmiergelder offiziell festgesetzt, und in den Amtsstuben hing eine Art Gebührentafel für die Amtshandlungen aus. Die Bürger wagten sich niemals ohne ein Geschenk zu einem Beamten oder hohen Würdenträger; damit erkannten sie symbolisch die Überlegenheit der Herrschenden über die Beherrschten an.

Zu den Schmiergeldern kamen Erpressungen hinzu, die bei den ho-

Im Herzen Roms. Der offene Platz in der Mitte des Bildes dürfte ursprünglich überdacht gewesen sein (anders als die Agora in Athen). Dies war von 600 v. Chr. bis 700 n. Chr. der Mittelpunkt Roms, das Forum – oder was von ihm nach dem Bau verschiedener Monumente übrig blieb. Im Vordergrund drei Säulen von dem 494 v. Chr. geweihten Tempel der griechischen Halbgötter Castor und Pollux. Im Hintergrund links der Bogen des Severus (nach 203) und rechts – mit modernem Dach – der Senat; dazwischen befand sich der umfriedete Wahlbezirk der Republik, der im Kaiserreich zerstört wurde. Oberhalb des Fotos denke man sich links den Kapitolinischen Hügel, die Akropolis von Rom, auf dem der Tempel des römischen Stadtgottes Jupiter stand (geweiht 509 v. Chr). Agora und Akropolis machten die eigentliche Stadt aus.

hen Beamten beliebt waren. Als die Römer Britannien unterworfen hatten, zwang die Militärverwaltung die besiegten Stämme zunächst dazu, ihre Getreideabgaben in weit entfernte öffentliche Speicher zu liefern. Danach konnten sich die Stämme die Erlaubnis erkaufen, das Getreide in näher gelegene Speicher zu bringen. Das Erpressen illegaler Abgaben war große Mode bei den Provinzstatthaltern. Sie erkauften sich das Stillschweigen der kaiserlichen Inspektoren und teilten den Gewinn mit ihren Beamten und Amtsvorstehern. Die Zentralgewalt ließ sie gewähren; ihr genügte es, wenn sie ihren Anteil erhielt. Die Provinz auszuplündern, deren Statthalter man ist, sei, wie Cicero meint, »die Bereicherungsmethode der Senatoren«. Ein krasses Beispiel war Verres, der seine Provinz Sizilien mit eiserner Faust regierte und ein blutiges Schreckensregiment errichtete. Ein Parallelfall aus moderner Zeit wäre etwa das Staatsganoventum gewisser mittelamerikanischer Präsidenten, wie Duvalier, Batista oder Trujillo. Im Grunde war es während des ganzen Römischen Reiches alltägliche Praxis, daß der Statthalter seine Provinz wie ein privates Wirtschaftsunternehmen verwaltete. Daraus wurde keineswegs ein Geheimnis gemacht. Die erotischen Dichter warteten mit Ungeduld darauf, daß die Ehemänner von ihrer Frau Abschied nahmen, um sich während eines einjährigen Aufenthaltes in einer fernen Provinz zu bereichern. Sie für ihren Teil behaupteten, einzig für die Liebe zu leben, und verachteten die Sorge um Karriere und Besitz (beides war ein und dasselbe). Die Bereicherung erfolgte teilweise aus öffentlichen Mitteln. Ein bestimmter Statthalter strich für seine Mission pauschal riesige Aufwandsentschädigungen ein, die er niemals abrechnete. Zur Zeit der Republik bildeten solche Unkosten den Hauptposten des Staatshaushaltes. Doch es ging nicht nur um Erpressungen, der Statthalter machte auch Geschäfte. Im ersten Jahrhundert v. Chr. übernahmen italienische Händler die wirtschaftlichen Schlüsselstellungen im griechischen Osten, und zwar mittels der nicht uneigennützigen Hilfe der dorthin entsandten Gouverneure. Die römischen Statthalter unterstützten also die römischen Kaufleute nicht kraft irgendeines »Wirtschaftsimperialismus«, sondern schlicht aus Korruption.

Ein hoher Offizier mit einem »Muskel-Brustpanzer« (dessen Oberfläche die Brustmuskulatur nachbildete) und einem kleineren Centurio mit »Offiziersstöckchen«. (Syrakus, Museum)

Sich in seinem Amt zu bereichern, galt noch bis zum 19. Jahrhundert als nicht ehrenrührig. Als Graf Mosca in Stendhals *Kartause von Parma* den Dienst im Ministerium quittiert, kann er dem Großherzog einen schlagenden Beweis seiner Ehrlichkeit liefern: Bei Dienstantritt hat er 130000 Francs besessen, bei seinem Ausscheiden aus dem Amt sind es nicht mehr als 500000. Nachdem Cicero ein Jahr lang Statthalter einer Provinz gewesen war, hatte er nur umgerechnet drei Millionen DM verdient und konnte sich darauf etwas zugute halten, denn das war recht wenig. Die antiken Verwaltungssysteme haben mit dem, was wir Verwaltung nennen, nur den Namen gemeinsam. Jahrtausendelang haben sich die Souveräne zur Erpressung von Abgaben und zur Einschüchterung der Menschen einer Mafia namens »Verwaltung« bedient, genauso wie die Könige Frankreichs, die unter der Tarnkappe der Kriegsmarine Freibriefe für die Piraten ausstellten, die sie »Korsaren« nannten und die mit ihnen den Gewinn aus ihren Raubzügen teilten.

Rom, Trajanssäule, ca. 110 n. Chr., Teilansicht: Die Zivilisation erobert Rumänien. Trajan (unten links) überwacht den Bau eines befestigten Brückenkopfs. Man sieht Palisaden, Heuhaufen für die Pferde und mit Zinnen bewehrte Mauern aus luftgetrockneten Ziegeln (anstelle der landesüblichen Holzkonstruktionen). Die Säule erzählt die Geschichte einer Annexion, und der 200 Meter lange Comic-strip zeigt viele derartige Bauten, während auf der Säule des Marc Aurel vorzugsweise von Schlachten und Barbarenmassakern berichtet wird. Diese Kunst, stilistisch und kompositorisch anspruchslos, verstand sich als Nachahmung jener plakativen Gemälde, die der Bevölkerung nach einem Sieg die militärischen Heldentaten erklärten. Doch war sie keine Propaganda; denn diese Reliefs waren in solcher Höhe angebracht, daß man sie von unten kaum entziffern konnte: Sie kündeten Trajans Ruhm in Zeit und Ewigkeit.

Man diente nicht dem Staat, sondern man bediente sich durch ihn und an ihm. Diese Konstruktion mag tadelnswert sein, doch psychologisch ist ein Korsar nicht dasselbe wie ein moralisch verrotteter Marineoffizier.

Nicht Redlichkeit war gefragt, sondern Takt – der Takt des Händlers, der bei seinem Kunden nicht den Eindruck erwecken darf, er wolle aus blankem Eigennutz verkaufen. Während die Statthalter sich selbst bedienen, indem sie dem Kaiser dienen, möchte die unterdrückte Bevölkerung gerne glauben dürfen, daß diese väterlichen Herren sie nur zu ihrem Besten unterdrücken. »Sei gehorsam deinem Herren, so wird er dich lieben«, schreibt der hl. Paulus. Es gilt also, sich zu bereichern, ohne durch aufdringliches Gebaren diesen Glauben zu untergraben. Das Interesse der Beamten an den Pfründen der Macht darf ihr Desinteresse an der Macht selbst nicht Lügen strafen. Von Zeit zu Zeit wurde in einem öffentlichen Prozeß ein Exempel statuiert, und dann rollte der Kopf eines Mächtigen, zumindest war seine Karriere beendet. Er hatte zynisch genug seine Interessen verraten; man fand einen Brief, in dem er seiner Geliebten mitgeteilt hatte: »Freude! Freude! Schuldenbefreit komme ich zu dir, nachdem ich die Hälfte der von mir regierten Leute verkauft habe.« (Es ist einer der drei oder vier Liebesbriefe, die uns aus dem Altertum überliefert sind.) Der Kaiser selbst und seine hohen Beamten bewiesen ihr Desinteresse an der Macht, indem sie ihre eigenen Untergebenen Lügen straften. Der Kaiser tadelte laut und deutlich den Fiskus, der nichts anderes war als die Verwaltung der kaiserlichen Domänen. Von Zeit zu Zeit beschied er eine Bittschrift der Bauern, die sich bei ihm über die Bedrückung durch seine Beamten beklagten, und erließ in regelmäßigen Abständen ein Edikt gegen die Korruption. »Es muß ein Ende haben mit der Raubgier der Beamten; ein Ende, sage ich«, schrieb der Kaiser. Und die hohen Beamten machten aus dem Bakschisch eine feste Gebühr, womit es legalisiert war.

Die »Würde«

Beamte, Militärs und alle führenden Männer fühlten sich nicht als Angehörige einer Gruppe, die ihren Ruf durch einen *esprit de corps* verteidigen mußte, sondern als Mitglieder einer unspezifischen, grundsätzlich überlegenen Elite. Der Rangunterschied zwischen ihnen entsprang den mehr oder minder hervorgehobenen öffentlichen Aufgaben, die ihnen anvertraut waren, sei es im Staatsapparat oder – bei den Notabeln – in einer der zahllosen autonomen Städte, aus denen das Reich sich zusammensetzte. Ein Amtsinhaber sagte sich: »Indem ich dem Kaiser oder meiner Stadt diene, habe ich durch diese einjährige Aufgabe endgültig meine und meines Hauses ›Würde‹ erlangt, und ich werde in offizieller Tracht in meine Ahnengalerie eingehen.« Die »Würde« – ein großes Wort! Sie war keine Tugend der Ehrbarkeit, sondern aristokratisches Ideal des Ruhms. Jeder Große ereifert sich leidenschaftlich für diese seine Würde, so wie der Cid sich für seinen »point d'honneur« ereifert. Die Würde wird erworben, sie kann wachsen, freilich auch verlorengehen. Cicero in der Verbannung ist untröstlich – seine Würde ist dahin. Dann wird er aus der Verbannung in die Heimat zurückgerufen – schon hat er die Würde wiedergewonnen. Die öffentliche Würde war privater Besitz. Deshalb wurde allgemein zugestanden, daß jemand, der ein öffentliches Amt erlangt hatte, mit ebensoviel Recht sich dieser Würde rühmte und sie verteidigte wie ein König seine Krone. Er genoß Generalabsolution. Niemand mochte es Caesar verübeln, daß er den Rubicon überschritt, gegen sein Vaterland marschierte und es in den Bürgerkrieg stürzte; der Senat hatte seine Würde beschneiden wollen, obgleich

Fragment einer Opferszene, 1. oder 2. Jh. Ein Mann mit Axt, der den Ochsen opfern wird, und zwei Liktoren. Es sind nur zwei und nicht fünf oder mehr, und in ihrem Liktorenbündel fehlt das Beil, mit dem sie sonst die zum Tode Verurteilten köpfen – Rangabzeichen, die jeder verstand: Es sind Liktoren eines städtischen Magistrats und nicht die eines Repräsentanten des fernen und unheimlichen Staatsapparates. (Portogruaro, Museum)

Caesar ihn hatte wissen lassen, daß er die Würde allem vorzog, selbst seinem Leben. Ebensowenig kann man es dem Cid übelnehmen, daß er, um seine Ehre zu retten, den besten General seines Königs im Duell tötet.

Die Zugehörigkeit zur herrschenden Klasse war an gewissen äußeren Merkmalen ablesbar; der Unterschied der Manieren war dabei nicht das wichtigste. Die römische Gesellschaft war wenig mondän, und die Römer waren nicht solche Ästheten wie die Griechen, standen der Eleganz ziemlich mißtrauisch gegenüber und maßen ihr keine soziale Bedeutung bei. Eher zeigte sich der Mann von Autorität am Ernst der Gesten und der Sprache. Der Vornehme muß an seiner guten Erziehung (»pepaideumenos«) zu erkennen sein, die in der literarischen Bildung und der Kenntnis der Mythologie gipfelt. Zum Senator oder auch nur zum Amtsvorsteher ernannte man vorwiegend Personen, die durch ihre Kultur bekannt waren, mit der Begründung, solche Leute verstünden es besser, die offiziellen Schriftstücke in schöner Prosa abzufassen. Die Rhetorikschulen wurden zur Pflanzstätte künftiger Verwaltungsbeamten, da die herrschende Klasse sich in ihren eigenen Augen durch Kultur erhöht sah. Die ersten Griechen, die es als naturalisierte Römer bis zum Senator brachten, waren Aristokraten mit allseits bekannter Bildung. Der Effekt, den dies beim niederen Volk der Regierten hatte, war zweifelhaft; die Folgen für den Gang der Regierungsgeschäfte waren jedenfalls verheerend. Seit dem 1. Jahrhundert werden die kaiserlichen Edikte in einem so schwülstigen Stil und in einer so altertümelnden Sprache verfaßt, daß sie nahezu unverständlich sind, ja sogar unanwendbar; denn die gebildeten Redaktoren vermieden Fachausdrücke, selbst dann, wenn sie ein Dekret über die Finanzen redigierten.

Doppelaspekt der Klientel

Mit einem Wort, die herrschende Klasse rekrutiert nicht fähige Verwaltungskräfte, sondern Individuen, in denen sie jene privaten Eigenschaften gespiegelt sieht, die sie an sich selbst schätzt: Reichtum, Bildung, natürliche Autorität. Man zieht es vor, diese Qualitäten durch Anschauung zu prüfen, weil sie mit regulären Kriterien nicht zu fassen sind. Aus diesem Grunde bleibt die Kooptation das Prinzip, das stillschweigend über den Eintritt in diese Klasse und die Verleihung von Würden bestimmt. Doch ist es nicht die Klasse als ganze, welche die Auswahl der Kandidaten vornimmt. Jedes ihrer Mitglieder hat eine Reihe von Schützlingen, die es seinen Kollegen empfiehlt, und diese verfahren ebenso. Bei Ernennungen zu den höchsten Ämtern befindet der Kaiser selbst über die Empfehlungen. Dieses System gewährt jeder bedeutenden Persönlichkeit das Vergnügen, über eine Gruppe von Bittstellern zu herrschen. Klientel? Gewiß; aber seien wir vorsichtig mit diesem vagen und schillernden Begriff! Es gibt zwei Kategorien von Klientel: Bald ist es der Klient, der den Patron braucht; bald ist es der Patron, der um seines Ruhmes willen den Klienten umwirbt. In der

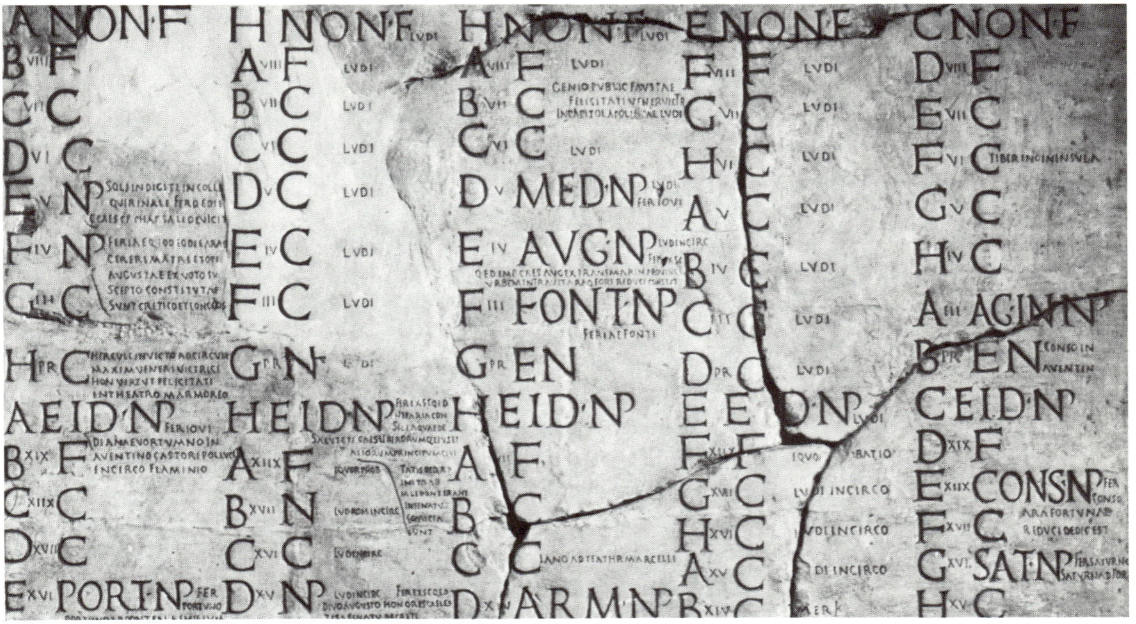

Der Rhythmus des Lebens: Ausschnitt aus einem Kalender, um 25 n. Chr. Die Einteilung in Wochen gab es noch nicht; Ruhepunkte waren die über das ganze Jahr verteilten religiösen Feiertage (man opferte den Göttern einen Arbeitstag). Eine zusammenhängende »Ferienzeit« war unbekannt. An Feiertagen ruhten Magistrat, Freigelassene, Schüler, Sklaven und Tiere von der Arbeit aus. Das Wort LVDI an verschiedenen Stellen des Kalenders bedeutet »Spiele« im Zirkus (z. B. Wagenrennen) oder im Theater. Gladiatorenkämpfe waren kein religiöser Anlaß und sind daher in dem Kalender nicht aufgeführt. (L'Aquila, Museum)

ersten Spielart übt der Patron wirkliche Macht aus, in der zweiten streiten sich die Patrone um die Klienten, und diese sind die eigentlichen Herren, denn hier ist es der Patron, der des Klienten bedarf.

Leider war nicht jedes Klientelverhältnis von dieser Art. »In Istrien«, berichtet Tacitus, »hatte das Haus der Familie Crassus immer Klienten und Ländereien und immer einen guten Namen im Volk.« Überall auf dem Lande herrschte ein Patronat, das mit dem südamerikanischen Kazikentum vergleichbar war. Überall auf dem Lande wurden die Bauern der Umgebung von Großgrundbesitzern drangsaliert und beschützt. Ganze Dörfer ergaben sich einem dieser Schirmherren, um wenigstens vor den anderen sicher zu sein. Manchmal war das Patronat eher ein Wechsel auf die Zukunft als ein Ausdruck der herrschenden Verhältnisse. Während eines Bürgerkrieges schlug sich, wie ebenfalls Tacitus berichtet, die Stadt Fréjus auf die Seite des Siegers, um einem jungen Menschen vom Lande zu folgen, »aus Begeisterung für einen Landsmann und in der Hoffnung, daß er eines Tages mächtig sein würde«.

In Wirklichkeit sind »Klientel« und »Patronat« Begriffe, welche die Römer in vielfachen Zusammenhängen gebrauchen; sie versammeln darunter die verschiedensten Verhältnisse. Eine beschützte Nation ist die »Klientin« eines mächtigen Staates; ein Angeklagter wird vor Gericht von seinem »Patron« verteidigt, sofern er nicht seinerseits denjenigen als Patron anerkennt, der bereit ist, ihn zu verteidigen. Nichts ist trügerischer, als sich an den Wortgebrauch zu halten. Bald beschützt der Patron, weil er ohnedies herrscht, bald wird er zum Patron erwählt, damit er beschützt. Letzteres gilt eindeutig beim Patronat von Laufbahnen: Der junge Ehrgeizling, der nach höheren Würden trachtet, hat nichts mit der Klasse der Armen zu schaffen, die unter dem Einfluß eines mächtigen Nachbarn stehen, ihn lieben, ihm dienen und sich an ihn um Hilfe wenden. Er fragt sich vielmehr, wen er zum Patron wählen soll: einen Landsmann? einen alten Freund in wichtiger Position? den Mann, der schon die ersten beruflichen Schritte seines Vaters unterstützt hat? Der so gewählte Protektor wird den jungen Mann nur deshalb empfehlen, weil dieser, den er vielleicht bis gestern nicht gekannt hat, sich ihm zur Verfügung gestellt hat und weil er weiß, daß der junge Mann, wenn dessen Treueangebot zurückgewiesen wird, sich einen anderen Gönner suchen wird. Die Römer waren es gewohnt, ein allgemeines Verhältnis in eine individuelle Beziehung umzuwandeln und diese zu ritualisieren. Die nachwachsende Generation zerfiel in tausend Klientelverhältnisse, die sich jeden Morgen in der Begrüßung der Patrone bezeugten.

Zum Ausgleich für seine Protektion schart der Patron möglichst viele Schützlinge um sich; darin wünscht er seinesgleichen mindestens ebenbürtig zu sein. Der Kontakt der politischen Eliten vollzieht sich in den Bahnen persönlicher Bekanntschaft. Und in dieser Verkehrsform wurzelt die Pflicht zu wortreicher Huldigung. Wer sie verletzt, begeht die Sünde der Undankbarkeit. Die Patrone hegen die Illusion, die Karriere der jungen Leute aus Gründen edler Freundschaft zu fördern; sie genießen das Privileg, ihnen Ratschläge für ihren beruflichen Werdegang zu erteilen (Cicero befleißigt sich gegenüber dem jungen Trebatius eines höchst gönnerhaften Tons, den er sich bei anderen Briefpartnern nicht herausnimmt); sie verfassen zahllose Empfehlungsbriefe an ihre Standesgenossen. Diese Briefe, fast eine eigene literarische Gattung, sind in der Regel ganz und gar formelhaft; es genügt, dem Standesgenossen den Namen des Schützlings mitzuteilen. Jeder Patron schenkt seinen Standesgenossen Vertrauen und tauscht mit ihnen Einflußchancen, zweifellos um den Preis einer vorherigen Selbstzensur: Man durfte nur solche Bittsteller empfehlen, denen die herrschende Klasse zuzustimmen vermochte, wenn man nicht jeden Kredit verlieren wollte. Und Kredit ist alles: Wer viele Schützlinge hat und viele Möglichkeiten, sie unterzubringen, der wird allmorgendlich von einem kleinen Volksauflauf begrüßt. Wer aber auf jede öffentliche Rolle verzichtet, der wird verlassen: »man hat kein Gefolge mehr, keine Eskorte an der Sänfte, keine Besucher im Vorzimmer«. Eine säuberliche Unterscheidung zwischen öffentlichem und privatem Leben war vom Gesetz nicht vorgesehen und auch nicht Sitte; einzig die Weisen praktizierten sie – »Laß also deine Klienten und komm zu mir, damit wir in Ruhe speisen«, sagte der weise Horaz zu einem Freund.

Amtsadel

Man unterschied nicht zwischen Öffentlichem und Privatem, und wenn man jemanden beschreiben wollte, kennzeichnete man ihn durch seinen Platz in der bürgerlichen Ordnung und durch die politischen und städtischen Ehrungen, die ihm zuteil geworden waren. Das machte einen Teil seiner Identität aus, so wie bei uns der Dienstgrad eines Offiziers in Verbindung mit seinem Namen oder wie ein Adelstitel. Führte ein Geschichtsschreiber oder ein Erzähler eine neue Figur ein, so gab er stets an, ob es sich um einen Sklaven oder Plebejer, einen Freigelassenen, einen Ritter oder Senator handelte, im letzteren Fall sogar, ob es ein Prätor oder ein Konsul war. War der Mann ein Berufssoldat, der ein Regimentskommando in einer Provinz oder an den Grenzen vorzog und die Ambition auf eine der einjährigen Würden in Rom vorläufig vertagte, so hieß er »der junge Soundso« (»adulescens«), mochte gleich ein Vierzigjähriger in seinem Brustpanzer stecken; er hatte ja noch nicht seine eigentliche Karriere begonnen. Soweit der Senatoren-Stand. Was die Notabeln der einzelnen Städte betrifft, so charakterisiert Censorinus folgendermaßen den Protektor (»amicus«), dem er alles verdankt und an den sein Buch sich wendet: »Du hast die munizipale Laufbahn vollendet, dir ward die Ehre zuteil, kaiserlicher Priester inmitten der vornehmsten Männer deiner Stadt zu sein, und durch deine Würde als römischer Ritter erhebst du dich sogar über provinziellen Rang.« Denn auch das städtische Leben hatte seine Hierarchie. War man kein Plebejer und gehörte dem örtlichen Rat an (der »curia«), so zählte man zu den Dekurionen, ja, war ein »führender Mann«, da man in strenger Reihenfolge alle einjährigen Funktionen erfüllt hatte, bis hin zu den höchsten, die zugleich die kostspieligsten waren.

Dieser Konsul wird sogleich das Tuch fallen lassen und damit das Zeichen zum Beginn des Wagenrennens geben.
(Rom, Museo dei Conservatori)

Denn »in die Politik zu gehen«, das heißt »öffentliche Aufgaben wahrzunehmen«, wurde nicht als spezialisierte Tätigkeit betrachtet. Es war vielmehr die Vollendung eines Menschen, der dieses Namens würdig war, eines Mitglieds der herrschenden Klasse – die sich als menschliche par excellence verstand –, eines idealen Privatmannes. Wer keinen Zugang hatte zu den öffentlichen Aufgaben, zum politischen Geschehen der Stadt, der galt als unvollkommen. Um ihre Leser mit einem amüsanten Paradoxon zu erheitern, kokettierten die erotischen Dichter damit, die politische Karriere zu verschmähen und nirgends aktiv sein zu wollen als im Dienst der Liebe (»militia amoris«). Und in der Sicht der meisten Philosophen, die sich in der Materie auskannten, durfte das politische Leben (»bios politikos«), wenn es denn unbedingt sein mußte, einzig der philosophischen Existenzweise, also dem Studium der Weisheit nachgeordnet werden. In der Praxis standen die öffentlichen Aufgaben in der Stadtverwaltung, und erst recht die im Senat, nur den reichen Familien offen. Aber dieses Privileg war zugleich ein Ideal, ja, fast eine Verpflichtung. Der stoische Konformismus wird später das politische Leben geradezu mit dem vernunftgemäßen Leben gleichsetzen. Man konnte noch so reich sein, wenn man die Bühne der Öffentlichkeit mied, zählte man nicht zu den »Ersten unserer Stadt«. Es war unzweifelhaft, daß die anderen reichen Familien einem nicht erlaubten, beiseite zu stehen, und daß die Bevölkerung der Stadt einen aus der Abgeschiedenheit seiner Ländereien zurückrief und mit sanfter Gewalt zu öffentlichem Handeln drängte, d. h. dazu, ihr die aufwendigen öffentlichen Vergnügungen zu bereiten, die an die Wahrnehmung jeder dieser Würden geknüpft waren, die ein Jahr lang währten und den Alltag veredelten.

Alle diese öffentlichen Würden kamen jeden teuer zu stehen, der mit ihnen für sein ganzes Leben geehrt worden war. Zwischen öffentlichen

Wagenrennen; ein 1944 zerstörtes Relief aus dem 2. oder 3. Jh. Allenthalben sieht man Götterstatuen; die Rennen waren Opfergaben an die Götter, die sich dafür ebenso interessierten wie die Menschen. Ein Vergleich mit modernen Ereignissen wie der Fußballweltmeisterschaft oder den Olympischen Spielen wäre irrig: Die antiken Spiele waren weder »Volksfeste« (eher ein Stelldichein der vornehmen Welt) noch »Freizeitvergnügen« (zum Ausgleich für den Ernst des Lebens). Sie waren Kollektiv-Feierlichkeit und politisches Ritual, vergleichbar dem Aufmarsch auf dem Roten Platz in Moskau.

Mitteln und privaten Patrimonien wurde nicht unterschieden. Seinen institutionellen Ausdruck fand das in der merkwürdigen Praktik, die man »Euergetismus« [politische Wohltaten] nennt. War man zum Prätor oder Konsul ernannt worden, mußte man aus eigener Tasche Milliarden berappen, um dem Volk von Rom Spektakel zu spendieren, Theatervorführungen, Wagenrennen im Zirkus, ja sogar ruinöse Gladiatorenkämpfe in der Arena des Colosseums; später holte man sich das Geld über die Verwaltung einer Provinz wieder zurück. So verfuhr jedenfalls die Familie von senatorischem Adel, das heißt eine von zehn- oder zwanzigtausend Familien. Bei den städtischen Honoratioren dagegen, das heißt vielleicht in einer von zwanzig Familien, frönte man dem Euergetismus, ohne daß man auf einen Ausgleich für die finanziellen Opfer, die er verlangte, hätte hoffen können.

Euergetismus

Noch in der kleinsten Stadt des Reiches, gleichgültig, ob man dort Lateinisch redete oder Griechisch, Keltisch oder Syrisch, wurden die meisten der öffentlichen Gebäude, die heute von den Archäologen untersucht und von den Touristen bestaunt werden, von den örtlichen Notabeln aus eigener Tasche bezahlt. Sie finanzierten ihren Mitbürgern auch die öffentlichen Spektakel, welche die Stadt Jahr für Jahr erfreuten. Denn jeder, der eine munizipale Würde erlangte, mußte zahlen. Er vermachte dem Stadtsäckel eine feste Summe, kam während seines Amtsjahrs für die Schauspiele auf oder ließ ein Bauwerk errichten. War seine finanzielle Lage beengt, so mußte er schriftlich und öffentlich versprechen, das Versäumte eines Tages nachzuholen oder durch seine Erben nachholen zu lassen. Doch damit noch nicht genug. Abgesehen von den Leistungen, die sie aufgrund ihrer Amtsverpflichtungen erbrachten, schenkten die Notabeln ihren Mitbürgern spontan Bauwerke, Gladiatorenkämpfe, öffentliche Bankette oder Feste. Dieses Mäzenatentum war seinerzeit in Rom noch weiter verbreitet als heute in den USA, allerdings mit dem Unterschied, daß es fast ausschließlich der Verschönerung der Stadt und dem öffentlichen Vergnügen diente. Die große Mehrzahl der Amphitheater – steinerne Zeugen eines enormen Reichtums – wurden von Mäzenen gestiftet, die damit der Stadt ihren Stempel aufdrückten.

Entsprangen solche Wohltaten privater Großzügigkeit oder einer öffentlichen Verpflichtung? Beide Motive waren wirksam, lediglich ihr Mischungsverhältnis war von Fall zu Fall verschieden. Die Städte hatten den Wohlhabenden die Vorliebe für Prachtentfaltung nachgerade zur Aufgabe gemacht. Nun waren die Reichen genötigt, immer zu tun, was sie im Interesse ihres gesellschaftlichen Ranges gelegentlich getan hatten. Mit ihrer Großzügigkeit bezeugten die Notabeln, daß sie zur herrschenden Klasse gehörten. Die satirischen Dichter übergossen mit Hohn und Spott jene Neureichen, die sich förmlich gegenseitig überboten, für ihre Mitbürger Spektakel zu inszenieren. Die Städte gewöhnten sich an einen öffentlichen Luxus, auf den sie allmählich ein Anrecht zu haben glaubten. Gelegenheit dazu bot ihnen die Nominierung der jährlichen Würdenträger. Jedes Jahr und in jeder Stadt spielten sich kleine Komödien ab – es galt, neue Kühe zu finden, die man melken konnte. Jedes Ratsmitglied klagte laut, daß es ärmer sei als die anderen, und verwies auf einen glücklichen und wohlhabenden Mann, der willens und in der Lage sei, dieses Jahr eine Würde anzunehmen, mit der die Pflicht verbunden war, aus eigener Tasche die Heizung der öffent-

Fragment eines Sarkophags, 4. Jh. Ein wichtiger Mann (mit Szepter in der Hand und einem den Weg bahnenden Liktor) ist im Wagen unterwegs; ein Schreiber unterstreicht noch seine Bedeutung. Hinter ihm wird eine leere Sänfte getragen; sobald der Mann die Stadttore erreicht, wird er rücksichtsvollerweise die Sänfte besteigen, um nicht protzig im Wagen in die Stadt einzuziehen. (Aquileia, Archäologisches Museum)

lichen Bäder zu finanzieren. Der Betroffene protestierte. Wer den dikkeren Schädel hatte, setzte sich durch. Kam keine Einigung zustande, schaltete sich der Provinzstatthalter ein. Oder das Volk, das geheizte Bäder haben wollte, demonstrierte friedlich, es applaudierte dem designierten Opfer, pries dessen souveräne Freigebigkeit und wählte es durch Handzeichen oder einmütige Akklamation zum Würdenträger – es sei denn, es trat plötzlich ein Mäzen auf, an den man bislang nicht gedacht hatte und der sich bereit erklärte, seiner Stadt eine Wohltat zu erweisen. Die Stadt dankte es ihm, indem sie ihn vom Rat zur lokalen Persönlichkeit ernennen ließ und ihm einen außergewöhnlichen Ehrentitel zudachte wie »Patron der Stadt«, »Vater der Stadt« oder »großartiger und spontaner Wohltäter«, den er auf seinen Grabstein meißeln ließ; es kam auch vor, daß man ihm ein Standbild weihte, für dessen Kosten er dann geradestand.

Das ist der Grund, weshalb die lokalen Würdenträger immer seltener vom Volk gewählt wurden und immer häufiger von der Ratsoligarchie, die sie in ihren Kreis aufnahm. Das Problem war der Mangel, nicht der Überfluß an Kandidaten. Da das Amt nicht zum Zweck hatte zu regieren, sondern zu zahlen, überließ man es dem Rat, eines seiner Mitglieder zu opfern, und der beste Kandidat war jener, der bereit war, in seine Tasche zu greifen. Die Klasse der Notabeln hatte daher die zweifelhafte Genugtuung, sich als Besitzer der Stadt empfinden zu können, da sie für sie zahlte. Zum Ausgleich konnte sie nach Gutdünken die kaiserlichen Steuern umverteilen und deren Hauptlast auf die armen Bauern abwälzen. Jede Stadt zerfiel in zwei Lager: die Notabeln, die gaben, und das Volk, das empfing. Sieht man einmal von den mit den jährlichen Amtswürden verbundenen Verpflichtungen ab, so war das Renommee, das einer in der Stadt genoß, davon abhängig, ob er wenigstens einmal ein Gebäude oder ein öffentliches Bankett stiftete. So entstand eine herrschende Oligarchie. Eine »erbliche Oligarchie«? Das ist nicht leicht zu bestimmen. Die Würden des Vaters begründeten durchaus eine moralische Verpflichtung für den Sohn, er war für die nächsten Aufwendungen ausersehen, und insofern war er der Erbe. Unter den ortsansässigen Reichen suchte man zunächst diejenigen zu schröpfen, deren Vater bereits Würden innegehabt hatte (»patrobouloi«); man hoffte, der Sohn werde die Freigebigkeit des Vaters nachahmen. Gab es unter den Söhnen früherer Würdenträger keine genügend reichen Kandidaten, so fand sich der Rat damit ab, den Vertreter einer Kaufmannsfamilie in seinen Kreis aufzunehmen, um ihm kostspielige Ehrungen zuzuschanzen.

Die Honoratioren nahmen an der Aufrechterhaltung dieses Systems nur deshalb Interesse, weil Tradition und Herkunft es geboten. Sie lehnten sich gegen diese Tradition ebensooft auf, wie sie sich ihr mit Anstand unterwarfen. Auch die Zentralgewalt schwankte – bald erlegte sie, um sich beliebt zu machen, den Notabeln die förmliche Verpflichtung auf, dem Volk Vergnügungen zu spendieren, um »es auf andere Gedanken zu bringen«; bald übernahm sie die Politik der Notabeln und bemühte sich, die Ansprüche der Plebs einzudämmen; bald verfolgte sie ihre eigene Politik und versuchte, die Reichen vor ihrer eingefleischten

Neigung zu demonstrativem Prunk zu bewahren. War es nicht vernünftiger, einer Stadt einen Hafendamm zu stiften als ein Fest? Denn man schenkte dem Volk insbesondere Vergnügungen, die es zerstreuten, oder Bauwerke, die der Eitelkeit des Spenders schmeichelten. Einzig in Zeiten der Knappheit besann sich das Volk darauf, von seinen Repräsentanten vor allem die Verbilligung des Getreides zu verlangen, das diese gehortet hatten. Aus Bürgersinn schenkte man den Mitbürgern Zerstreuungen, aus Prahlsucht der Stadt Bauwerke. Das sind die beiden Ursprünge des Euergetismus, und in beiden verfließt der Unterschied zwischen dem öffentlichen und dem privaten Handeln.

Aristokratischer Bürgersinn

Wer Prahlsucht meint, sagt Spontaneität; wer Bürgersinn sagt, meint Pflicht – die paradoxe Pflicht, der Stadt mehr zu geben, als ihr gebührt. Die Bürger eines modernen Staates beschränken sich darauf, auf Heller und Pfennig ihre Steuern zu entrichten. Die griechischen Städte hingegen (und nach ihrem Vorbild auch die römischen) hegten ein ambitionierteres Prinzip oder Ideal: Wenn möglich, verhielten sie sich gegenüber ihren Bürgern so, wie sich heutzutage eine Partei gegenüber ihren aktiven Mitgliedern verhält – erwartet wird nicht halber Eifer und begrenztes Engagement, sondern die Aufbietung aller Kräfte und Mittel. Dieselbe Hingabe erwarteten die Städte von ihren reichen Bürgern. (Es würde hier zu weit führen, auseinanderzusetzen, warum diese Zuwendung sich vor allem auf kostspielige Vergnügungen richtete. Diejenige Ausgabe, die ein Würdenträger am wenigsten verweigern konnte, war jene, welche die Pietät erheischte. Wenn er zu Ehren der Stadtgötter kraft seines Amtes ein Fest oder ein öffentliches Schauspiel zelebrieren ließ, versäumte er niemals, einen ordentlichen Betrag aus seiner Börse für den städtischen Haushalt zu stiften.)

Hieran knüpft sich die aristokratische Prahlsucht. Seit jeher handelten die Reichen im Lichte der Öffentlichkeit. Sie luden alle Mitbürger ein, wenn ihre Tochter Hochzeit feierte; beim Tod ihres Vaters mußte die ganze Bevölkerung am Leichenschmaus und an den Gladiatorenkämpfen zu Ehren des Toten teilnehmen. Das wurde sogar zur Pflicht. Ein Honoratior, dessen halbwüchsiger Sohn Männerkleidung anlegte oder der wieder heiratete, war gehalten, die Stadt zu vergnügen oder ihr eine Summe Geldes zu spenden. Wollte er das nicht, so mußte er sich auf eines seiner Güter zurückziehen, um dort seine Hochzeit zu feiern. Das bedeutete allerdings, daß man auf jeden öffentlichen Existenzbeweis verzichtete und in Vergessenheit geriet. Der Adelsstolz indes will dauern. Deshalb schenkt er der Stadt lieber ein Bauwerk, in das der Name des Stifters eingemeißelt wird, als eine flüchtige Lustbarkeit. Oder er entschließt sich zu einer dauerhaften Stiftung, was eine andere Mode der Zeit war: Jedes Jahr am Geburtstag des Stifters wird die Stadt ihm zu Ehren ein Festmahl geben, und zwar von den Einkünften eines Kapitals, das er zu diesem Zweck hinterlassen hat, oder sie wird ein Fest unter dem Namen des Stifters veranstalten.

Rom, Villa Albani, zwischen 177 und 180. Die kaiserliche Regierung schützte Kaufleute vor übermäßigen Zollabgaben. Diese Entscheidung wurde vorsorglich in Stein gehauen, weil Gesetze niemals automatisch und zuverlässig befolgt wurden.

Mosaik des Magerius (Gesamtansicht und zwei Ausschnitte); Smirat (Tunesien)

Dies alles sind Mittel, mit denen eine Lokalgröße, sei es zu Lebzeiten oder nach ihrem Tod, ihre Bedeutung unterstreicht. Eine Lokalgröße ist keine Privatperson mehr; die Öffentlichkeit verschlingt sie. Mehr noch, die Beziehung des Wohltäters zu seinem Publikum war physisch, Auge in Auge, wie bei den Politikern der römischen Republik, die ihre Entscheidungen auf der Rednertribüne vor den Blicken des Volkes trafen, sichtbar wie Generäle auf dem Schlachtfeld. Und die Kaiser, in ihren Palästen verschanzt, suchten immerhin den Anschein zu wahren, sie setzten diese republikanische Tradition fort; so zeigten sie sich im Zirkus oder im Amphitheater, wo die Plebs sie kritisch beobachtete und erwartete, daß sie ein offenes und geneigtes Ohr hätten für die Stimme des Volkes, des einzig wahren Richters.

Die städtischen Notabeln haben dasselbe Schicksal. In einer kleinen tunesischen Stadt hat man ein Mosaik entdeckt, auf dem ein vornehmer Mann namens Magerius seine eigene Freigebigkeit preist. Das Mosaik zierte sein Vorzimmer. Das Bild zeigt den Kampf von vier Tierkämpfern gegen vier Leoparden. Neben jedem Kämpfer steht sein Name, ebenso neben jedem Tier. Das Mosaik diente nicht zum Schmuck; es dokumentierte drastisch ein Spektakel, das Magerius aus eigener Tasche finanziert hatte. Ausführlich beschrieben sind auch die Beifalls- und Mißfallensbekundungen des Publikums; es wußte den Eifer seines Wohltäters zu schätzen, wie die Sprechchöre zu seinem Ruhme bewiesen: »Magerius! Magerius! Dein Beispiel möge Schule machen! Die alten Wohltäter sollen sich schämen! Wann und wo hat es so etwas gegeben? Dein Schauspiel ist würdig der Hauptstadt Rom! Du spendest aus eigener Tasche! Dieser Tag ist dein großer Tag! Magerius heißt der edle Spender! Das ist wahrer Reichtum! Das ist wahre Macht! Jawohl, bei ihm! Wenn es vorbei ist, entlasse die Tierkämpfer mit einem Extralohn!« Magerius erhörte diese Bitte. Auf dem Mosaik sieht man die vier Beutel mit Silberstücken (und der Summe darauf), die er den Tierkämpfern in die Arena bringen ließ.

Den Beifallsbekundungen des Volkes folgten normalerweise die Nennung der Ehrentitel und die Ehrenbezeugungen, die der Rat auf Lebenszeit gewährt hatte. Die Stadt ist zwar die Schuldnerin des Reichen, aber sie ist es auch, die über ihn urteilt. Ein Honoratior unterscheidet sich von seinesgleichen nur dadurch, daß ihm gehuldigt wird. Man begreift, daß die Ehrentitel eines Wohltäters und die öffentlichen Würden, die er bekleidet hatte, von ebenso großer Bedeutung waren wie die Adelstitel im vorrevolutionären Frankreich und ebenso lebhafte Leidenschaften weckten. Das Römische Reich kennt und bezeugt, paradox genug, aristokratischen Bürgersinn. Dieser prahlerische Bürgersinn muß seine ererbte Anmaßung durch einen Akt jener Großzügigkeit bewähren, die ihn auszeichnet, freilich innerhalb des bürgerlichen Rahmens: Der Honoratior, der Plebs seines Dorfes überlegen, ist in seiner Stadt deshalb groß, weil er sich in ihren Augen und zu ihrem Vorteil verdient gemacht hat. Die Stadt ist Nutznießerin und Richterin über die Selbstaufopferung, die ihr Sohn ihr bewiesen hat. Die Plebs empfand diese Ambivalenz so deutlich, daß das Publikum oft davonging, ohne zu wissen, ob es von seinem Wohltäter geehrt oder gedemütigt worden war. Eine Wendung, die Petronius einem Zuschauer in den Mund legt, bringt dieses Ressentiment zum Ausdruck: »Er hat mir ein Spektakel geboten, ich habe Beifall geklatscht; so sind wir quitt, eine Hand wäscht die andere.«

Was patriotische Aufopferung war, war zugleich Streben nach persönlichem Ruhm (»ambitus«). Schon unter der römischen Republik suchten die Angehörigen des Senatorenstandes sich beliebt zu machen, indem sie öffentliche Schauspiele und Bankette arrangierten, nicht um die Wähler zu bestechen, sondern um der Plebs zu gefallen. Und sie fuhren damit auch dann noch fort, als die öffentliche Wahl von Würdenträgern abgeschafft war. Wie sagt doch Georges Ville? »Hinter dem Ehrgeiz aus materiellen Interessen kann sich ein sozusagen interesseloser Ehrgeiz verbergen, der die Gunst der Masse um ihrer selbst willen sucht und sich daran genügen läßt.«

Einzigartigkeit des Euergetismus

Reden wir nicht länger von einer römischen »Bourgeoisie«. Wie die Klientel so gründet auch der Euergetismus nicht in einem Klasseninteresse, sondern in einer vornehmen Gesinnung, die zum Ruhme einer Dynastie öffentliche Bauten und Ehrenstatuen errichtet, die von einem imaginären Adel künden: Sie sind heraldische Kunst. In diesem Zusammenhang von Machiavellismus zu sprechen, von Umverteilung, Entpolitisierung oder vom kalkulierten Aufbau symbolischer Klassenschranken, hieße, ein Phänomen zu verkürzen und zu rationalisieren, das materiell und symbolisch sehr viel komplexer war, als es der gesellschaftliche Zweck erfordert hätte. Was uns irritiert, ist, daß dieser Adel mit seiner scheinbar bürgerfreundlichen Symbolik, seinen »öffentlichen« Gebäuden und seinen Magistratstiteln keine Ähnlichkeit hat mit unserem früheren Schwert- und Briefadel – es handelt sich um eine historisch einmalige Formation, die in dem alten Vokabular der antiken Stadt ihren Ruhm proklamiert, anstatt die Größe ihrer Familie zu preisen.

Die Kurialen waren nicht identisch mit der besitzenden Klasse, und sei es nur deshalb, weil die Anzahl der Sitze im Magistrat begrenzt war, im allgemeinen auf hundert. Auch im vorrevolutionären Frankreich genügte es nicht, reich zu sein, um einen Adelstitel zu erhalten; auch die Anzahl der Mitglieder der Académie Française ist auf vierzig Personen beschränkt, wie sehr oder wie wenig berühmt sie auch seien. Der Stadtrat war ein vornehmer Club, zu dem nicht alle Reichen Zutritt fanden. Die kaiserlichen Gesetze schrieben vor, daß im Falle eines finanziellen Notstandes ausnahmsweise auch gewöhnliche reiche Kaufleute zuzulassen waren. Doch der Club der vornehmen Reichen übte lieber Druck auf einen der Ihren aus, sich zum Wohle der Stadt zu ruinieren. Manchmal beschlossen dann die Vornehmen, sich der sanften Gewalt ihrer Standesgenossen durch Flucht zu entziehen. Sie entwichen auf ihre Güter, zu ihren Pächtern, wie das letzte Buch der *Digesten* berichtet. Denn der Zugriff der öffentlichen Gewalt wurde um so schwächer, je weiter man aus der Stadt hinaus und aufs flache Land kam – Christen wie Cyprianus suchten denn auch auf dem Lande Zuflucht vor den Verfolgungen.

Eine adlige Klasse bildeten diese Leute auch aufgrund des Alters ihrer Familien. Zwar ist erwiesen, daß auch Dynastien von Neureichen zugelassen wurden; aber ebenso erwiesen ist der jahrhundertelange Bestand dieser Familien, die Mischehen, die Endogamie. Die Mischehen zwischen den wenigen großen Familien einer Stadt rekonstruiert Ph. Moreau anhand der Rede Ciceros *Pro Cluentio.* In Griechenland können wir anhand der zahlreichen Grabinschriften aus der Zeit des Kaiserreiches die Geschichte mancher vornehmen Familie durch zwei oder drei Jahrhunderte verfolgen, zumal in Sparta, jedoch ebenso in Böotien und anderswo. Das Kaiserreich war eine Ära der Stabilität dieses Adels.

Der Euergetismus war für diesen Adel Ehrensache; der Kastendünkel bediente sich all jener bürgerfreundlichen und liberalen Motive, über welche die Historiker sich kundig, aber einseitig verbreitet haben: Bürgersinn, Spendierfreudigkeit, Lust am Sichhervortun. So verstellten sie sich selbst den Blick auf den Adelsstolz und die Existenz eines de facto erblichen Adels. Jeder will es den anderen Adligen zeigen und möchte von sich sagen können, daß er »als erster« oder »als einziger« in unerhörter Freigebigkeit gespendet hat. Die früheren Würdenträger hatten ans Volk kostenloses Badeöl verteilt; nun aber kommt ein neuer großer Mann, der *parfümiertes* Öl verteilt . . .

»Ich will Geld verdienen«, sagt eine Figur bei Petronius, »und einen so schönen Tod haben, daß mein Leichenbegängnis zum geflügelten Wort wird.« Er hat seine Erben zweifellos angewiesen, bei seiner Beisetzung einen Leichenschmaus für die ganze Stadt zu veranstalten. »Panem et circenses« oder vielmehr Bauten und Schauspiele: Autorität war häufiger der Ausdruck der Selbstinszenierung eines Individuums als ein Zeichen öffentlicher oder privater Zwangsgewalt; sie gebrauchte die Sprache der Monumentalisierung und der Theatralisierung. Der Euergetismus war keineswegs so verdienstvoll, wie seine jüngsten Kommentatoren uns glauben machen wollen. Er war auch nicht so machiavellistisch, wie seine früheren, marxistisch argumentierenden Kritiker behauptet haben. Der Adel spielte im wahrsten Sinne des Wortes ein »Konkurrenzspiel«, das in politischer und wirtschaftlicher Hinsicht genauso irrational war wie die Verschwendung aus barer Prahlsucht. Das Spiel ging weit über die Notwendigkeit hinaus, »seinen Rang zu behaupten« oder die Klassenschranken zu markieren. Dem Grundphänomen der Verschwendungskonkurrenz läßt sich nicht mit modernen gesellschaftlichen Begriffen beikommen; es ist auch nicht mit den Erklärungen zu fassen, welche die Alten selbst gegeben haben: Vaterlandsliebe, Fest und Gelage, Großzügigkeit usw. Das Phänomen ist ähnlich merkwürdig wie der Potlatsch vieler »primitiver« Völker, der die Ethnologen fasziniert: eine ebenso verzehrende Leidenschaft wie jene, die sich bei »zivilisierten« Völkern auf »politische« Macht und »wirtschaftlichen« Reichtum richtet. Wie wir jedenfalls glauben wollen.

Dieser kleine Römer trägt eine Toga, obwohl er noch nicht erwachsen ist, wie man an der *bulla* um seinen Hals erkennt (man legte dieses Schmuckstück ab, sobald man die Erwachsenentoga anzog). Von dieser Statue sind mehrere Kopien gefunden worden, was darauf schließen läßt, daß es sich um ein oft reproduziertes, offizielles Porträt handelte. Aber wer ist es? Nun, entweder der unglückliche Britannicus oder sein Mörder Nero. Da alle Bildnisse Neros nach seinem Tode vernichtet wurden, eine Nachbildung dieser Statue aber auf dem Forum von Velleia gefunden worden ist, muß es sich um Britannicus handeln. (Paris, Louvre)

Ansicht der Stadt Alba Fucens in den Abruzzen, um 50 n. Chr. Es ist schwierig, diese Darstellung zu interpretieren, weil sie vereinfacht ist. Statt ausladender, verschwenderischer Villen oder massiver, mehrstöckiger Wohnhäuser gab es hier vielleicht vorwiegend alte, schmale, hohe Häuser, die noch der Ausgrabung harren und die dieser mittelitalienischen Kleinstadt ein mittelalterliches Aussehen gaben. (Rom, Sammlung Torlonia)

»Arbeit« und Muße

Lob des Müßiggangs

Ein bedeutender Faktor der römischen Wirtschaft war die Sklavenarbeit, ergänzt durch die Zwangsarbeit, zu der ein Gläubiger seinen Schuldner samt Frau und Kindern verpflichten lassen konnte. Es gab auch den staatlichen Sektor: die Verurteilten, welche Sklaven des Fiskus (d. h. der zahllosen kaiserlichen Domänen) waren und unter den Schlägen ihrer Aufseher stöhnten – ein Schicksal, das viele Christen ereilte. Die römischen Arbeiter waren in ihrer Mehrzahl im juristischen Sinne frei. Die selbständigen Kleinbauern rackerten sich ab, um ihre Steuern zahlen zu können. Wie Peter Brown schreibt: »Das römische Reich ließ den örtlichen Oligarchien von Notabeln freie Hand und überließ es ihnen, für die Erledigung der Verwaltungsaufgaben zu sorgen. In steuerlicher Hinsicht verlangte es wenig von ihnen, und es interessierte sich auch kaum dafür, auf welche Weise man der Bauernschaft diese Steuern abgepreßt hatte. Es ist jene hochmütige Herrschaft, die noch in jüngster Zeit das Prinzip jeder Kolonialmacht war.« Andere Bauern waren abhängige Pächter dieser Notabeln. Landarbeiter, Lohnarbeiter, Handwerker, die für einen bestimmten Auftrag bezahlt wurden, hatten mit dem Arbeit- oder Auftraggeber eine Vereinbarung getroffen, die nur selten die Form eines schriftlichen Vertrages annahm. (Eine Ausnahme war z. B. der Ausbildungsvertrag eines Lehrlings.) So wie im *Code Napoléon* der Meister das letzte Wort hat, wenn es um Lohnstreitigkeiten mit seinen Domestiken geht, so greift der römische Arbeitgeber, wenn seine Lohnabhängigen ihn bestehlen, zur Selbstjustiz, als ob sie seine Sklaven wären. Die Städte sind im wesentlichen der Ort, an dem die Notabeln, so wie etwa der »städtische Adel« der italienischen Renaissance, die Erträge aus der Landwirtschaft ausgeben. Hier besteht also ein großer Unterschied zum Mittelalter, als der Adel im Lande verstreut auf seinen befestigten Schlössern lebte. – Umringt waren die städtischen Notabeln von Handwerkern und Kaufleuten, die als Zulieferer der Reichen fungierten. Alle zusammen bildeten die römische »Stadt« (die mit der modernen Stadt nur den Namen gemein hat). Woran erkannte man eine Stadt? An einer Schicht von Müßiggängern, eben den Notabeln. Der Müßiggang ist das Kernstück ihres privaten Lebens. Die Antike erblickte im Müßiggang eine Tugend. Der städtische Adel empfand nichts als Verachtung für das flache Land und betrachtete mit Argwohn eine Stadt, in der es auch Arbeiter gab. Die kai-

Teilansicht eines Mosaiks aus den Thermen des Caracalla, 3. oder 4. Jh. Im 3. Jh. wurde Rom neben Olympia zum bekanntesten Zentrum für Sportveranstaltungen nach griechischem Muster. Dieser alte Mann trainierte auf dem Sportgelände der Thermen die Berufssportler, die aus der ganzen Welt nach Rom kamen, um an den Wettbewerben teilzunehmen. (Rom, Lateranmuseum)

serliche Macht hielt es ebenso. Im Jahre 215 n. Chr. beschloß ein Kaiser, aus Alexandria die ägyptischen Bauern zu vertreiben, die sich dort angesiedelt hatten, weil »die Art ihres Lebens beweist, daß die Landleute für das bürgerliche Leben nicht geeignet sind«. Das Kaiserreich kommt nur in jenen Städten voll zur Geltung, in denen die Notabeln, als Herren im Magistrat, die arbeitende Bevölkerung gleichsam einrahmen. Geringschätzig schaute man auf das agrarische Land in der Zentraltürkei; dort waren die Städte nicht mehr als Marktflecken, in denen grobschlächtige Bauern lebten, die reich genug waren, um sich eine Grabinschrift meißeln zu lassen und Anspruch auf derlei schriftliche Unsterblichkeit anzumelden.

»Vielleicht wird man in hundert Jahren keine Müßiggänger mehr haben wollen«, sagte um 1820 ein Astrologe in der *Kartause von Parma* zum jungen Helden. Er hatte recht. Heutzutage gibt man ungern zu, daß man nicht arbeiten muß, um zu leben. Der Begriff Arbeit ist seit Marx und Proudhon zum gesellschaftlichen Wert geworden, zu einem philosophischen Konzept, und zwar so sehr, daß wir schockiert sind über die antike Mißachtung der Arbeit, über die unverhohlene Herabwürdigung jener, die von ihrer Hände Arbeit leben müssen, über den Lobpreis des Müßiggangs als der notwendigen Vorbedingung der Lebensweise eines »liberalen« Menschen, eines Menschen also, der diesen Namen wirklich verdient. Der Arbeiter war nicht nur gesellschaftlich von minderem Rang; er galt auch als einigermaßen gemein. Wir ziehen daraus häufig den Schluß, daß eine Gesellschaft, die in diesem Punkt die wahren Werte verkannte, eine verstümmelte Gesellschaft gewesen sei, die den Preis für ihre Verstümmelung zahlen mußte: War es nicht gerade die Geringschätzung der Arbeit, was die wirtschaftliche Rückständigkeit der Alten und ihre Unkenntnis der maschinellen Arbeitsweise erklärt? Aber vielleicht darf man nicht ein Defizit durch ein anderes Defizit erklären; vielleicht erklärt sich die Geringschätzung der Arbeit vielmehr aus dem Skandalon der Sklaverei.

Und doch, wenn wir ehrlich sind, finden wir in uns selbst einen Schlüssel zur Lösung dieses Rätsels. Gewiß, die Arbeit dünkt uns ehrenhaft, und wir würden es nicht wagen, aus dem Müßiggang einen Beruf zu machen. Doch das schließt nicht aus, daß wir für Klassenunterschiede sensibel sind, und ohne es uns einzugestehen, halten wir Arbeiter und Ladenbesitzer für kleine Leute – wir würden uns und unseren Kindern nicht wünschen, ihr Los teilen zu müssen, obschon wir uns solcher Gefühle schämen.

Dies ist der erste von sechs Schlüsseln zur Einstellung der Antike gegenüber der Arbeit: Die Verachtung des Wertes Arbeit war gleichbedeutend mit gesellschaftlicher Verachtung der Arbeiter. Diese Einschätzung galt bis in die Zeit, als die *Kartause von Parma* erschien. Danach mußte zur Aufrechterhaltung der Klassenhierarchie und zur Regulierung von Klassenkonflikten die Arbeit zum gesellschaftlichen Wert erhoben und als Wert für alle proklamiert werden: ein sozialer Friede, der aus heuchlerischen Herzen kam. Und das Geheimnis der antiken Verachtung der Arbeit gründet ganz einfach darin, daß die Gefahr des sozialen Bürgerkriegs noch nicht bis zum provisorischen Waffenstillstand der Heuchelei gediehen war. Eine soziale Klasse, die stolz ist auf ihre Überlegenheit, beweihräuchert ihren eigenen Ruhm (das nennt man Ideologie).

Reichtum als Tugend

1. Dies wäre also der erste Schlüssel: Der Unterschied der gesellschaftlichen Gruppen äußert sich in der unterschiedlichen Bewertung ihrer finanziellen Mittel. Wenn die Komödiendichter im Athen der klassischen Ära einen Menschen durch seinen Beruf charakterisieren (etwa den Hanfhändler Eukrates oder den Schafhändler Lysikles), dann nicht deshalb, um ihm eine besondere Ehre zu erweisen. Vielmehr ist das Bild vom Menschen grundsätzlich von den Leitvorstellungen des Müßiggangs und der Muße bestimmt. Eine wohleingerichtete Stadt ist Platon zufolge jene, in der die Bürger sich von der Feldarbeit ihrer Sklaven ernähren und die Ausübung von Berufen den kleinen Leuten überlassen. Das »tugendhafte« Leben, das Leben eines Menschen von Rang, kann nur ein Leben im »Müßiggang« sein. (Wie wir sehen werden, ist dies das Leben eines Grundbesitzers, der nicht eigentlich »arbeitet«, sondern sich mit der Verwaltung seiner Güter befaßt.) Für Aristoteles kennen Sklaven, Bauern und Krämer kein »glückliches« Leben, d. h. ein Leben in Wohlstand und Adel. Dazu sind allein diejenigen befähigt, welche die Mittel haben, ihre Existenz zu bestreiten und sich einem hohen Ziel zu verschreiben. Nur sie entsprechen und genügen moralisch dem Ideal des Menschen und sind Bürger im vollständigen Sinne des Wortes: »Die Vollkommenheit des Bürgers zeichnet nicht den freien Menschen schlechthin aus, sondern allein den, der unbelastet von notwendigen Aufgaben ist, die den Leibeigenen, Handwerkern und Handlangern obliegen. Diese sind keine Bürger, wenn die Verfassung die öffentlichen Ämter nach Tugend und Verdienst verteilt, da man die Tugend nicht üben kann, wenn man das Leben eines Arbeiters oder Handlangers führt.« Aristoteles will nicht sagen, daß ein Armer kaum die Mittel und die Gelegenheit hat, gewisse Tugenden zu üben, sondern vielmehr, daß Armut ein Defekt ist, eine Art Untugend. Für Metternich begann der Mensch beim Freiherrn; für Griechen und Römer begann er beim reichen Grundbesitzer. Die Notabeln der griechisch-römischen Welt wähnten sich nicht der Hälfte der Menschheit überlegen, wie die Adligen im vorrevolutionären Frankreich; sie verstanden sich als die Menschheit schlechthin. Die Armen waren moralisch makelhaft; sie lebten nicht so, wie man leben mußte.

Reichtum war Tugend. Demosthenes entgegnete in einem Prozeß, in dem er der Angeklagte war und das athenische Volk der Richter, seinem Gegner mit folgendem Vorwurf: »Ich bin mehr wert als Aischines, und ich bin von besserer Geburt als er. Ich möchte die Armen nicht beleidigen, aber ich muß feststellen, daß es mein Los gewesen ist, als Kind gute Schulen zu besuchen und genügend Vermögen zu besitzen, um nicht aus Not zu schimpflicher Arbeit gezwungen zu sein. Dein Los, Aischines, ist es gewesen, als Kind wie ein Sklave den Boden des Raumes zu kehren, in dem dein Vater Lehrer war.« Demosthenes ging als unangefochtener Sieger aus diesem Prozeß hervor.

Die griechischen Denker haben die Römer in dieser Ansicht bestärkt. »Die gewöhnlichen Fertigkeiten, die schmutzigen Fertigkeiten«, schreibt Seneca, »sind nach dem Philosophen Poseidonios diejenigen der Handarbeiter, die ihre ganze Zeit darauf verwenden, sich ihren Lebensunterhalt zu verdienen; diese Berufe haben nichts Schönes und kaum Ähnlichkeit mit dem Guten.« Und nicht erst vom Philosophen Panaitios, dessen Konformismus er schätzte, mußte Cicero lernen: »Jede Lohnarbeit ist schmutzig und eines freien Mannes unwürdig; denn der Lohn ist der Preis einer Arbeit und nicht einer Kunst. Jedes Handwerk ist schmutzig, ebenso der Zwischenhandel [im Gegensatz zum Großhandel].« Damals waren solche Auffassungen weder anrüchig noch dubios – die Entdeckungen der demokratischen Gleichheit, der Ideen des Sozialismus und der christlichen Nächstenliebe standen noch bevor.

Das Altertum rühmte den Mann, der leben konnte, ohne zu arbeiten, mit derselben Schamlosigkeit, mit der das vorrevolutionäre Frankreich jeden Nichtadeligen für einen Bettler hielt. Eine Klasse reicher, mehr oder weniger gebildeter Notabeln, die unbehelligt an den Schalthebeln der Macht hantieren wollten, erhob ihren Lebensstil zur Vorbedingung einer »liberalen« Kultur und einer öffentlichen Laufbahn. Die Arbei-

Fragment eines Sarkophags, 3. Jh. Ein Ziegenhirt sitzt vor einer Strohhütte und melkt eine Geiß. Dieser Sarkophag war ein beliebtes Modell (der Herstellerbetrieb verkaufte ihn mehrfach). Die Hirtenszene ästhetisierte den Tod und wirkte der Trauer entgegen. (Rom, Thermenmuseum)

ter, meinte Aristoteles, verstünden nicht, das Gemeinwesen zu lenken, und er fügte hinzu, daß sie es auch schwerlich könnten, es nicht sollten und auch kaum daran dächten. Platon zufolge gab es sogar mehr als genug Reiche, die sich nicht um die öffentlichen Angelegenheiten bekümmerten und allein auf ihr Vergnügen und die Vermehrung ihres Erbes bedacht waren. Nur zu oft seien die Reichen eine Enttäuschung, schreibt der Mystiker Plotin; doch wenigstens hätten sie das Privileg, nicht arbeiten zu müssen, und dadurch »bilden sie eine Gattung, die entfernt an die Tugend gemahnt«. Hingegen sei »die Masse der Handarbeiter ein verächtlicher Haufen, dazu bestimmt, die Dinge herzustellen, welche die Tugendhaften zum Leben benötigen«.

Gewiß müssen die Reichen nicht arbeiten. Sie machen freilich, wie Platon schreibt, den Fehler, daß sie trotzdem arbeiten, und zwar aus Habgier. Ihre Liebe zum Geld »läßt ihnen keinen Augenblick Zeit, sich mit etwas anderem zu beschäftigen als mit ihrem Besitz; die Seele jedes Bürgers ist heute ganz auf seine Bereicherung gerichtet und denkt niemals an etwas anderes als daran, daß jeder Tag Gewinn abwerfen muß. Jeder ist bereit, jede beliebige Technik zu erlernen und jede beliebige Tätigkeit auszuüben, wenn er nur dabei verdient; alles andere ist ihm gleichgültig.«

Rom, Teilansicht vom Grab eines Metzgers, 2. Jh. (?) Der Mann zerteilt Koteletts. Vielleicht war es ein kleiner Ladenbesitzer, vielleicht aber auch ein bedeutender Großhändler; das verrät diese allzu konkrete Kunst nicht.
(Dresden, Museum)

Klassenkampf

Unsere Historiker haben die Ideen der Antike über die Arbeit allzuoft so erörtert, als seien es Dogmen gewesen, juristische oder philosophische Erkenntnisse. In Wirklichkeit handelte es sich um konfuse kollektive Vorstellungen, die zudem klassengebunden waren. Sie formulierten keine Grundsätze; sie dekretierten z. B. nicht, Arbeit sei einzig das, was man für einen anderen und gegen Entlohnung tut. Doch gab es nach diesen Vorstellungen generell gesellschaftlich untergeordnete Gruppen, die von Arbeitslohn leben oder sich in die Dienste anderer begeben mußten. Hinter solchen Vorstellungen stand jedoch nicht die Absicht, Verhaltensregeln für alle zu definieren; sie waren vielmehr Hilfsmittel, um eine soziale Klasse zu bewerten. Für die einen war Arbeit häusliche Sklavenarbeit, für ihre Klassengenossen Lohnarbeit. Man wirft ihnen vor zu arbeiten, um ihnen mit Klassenverachtung begegnen zu können: Man verachtet sie nicht deshalb, weil sie arbeiten. Und man rühmt die Klasse der Notabeln, die reich, gebildet und mächtig ist, indem man ihr unterschiedslos das Privileg zuschreibt, nicht arbeiten zu müssen, oder das Verdienst, das Gemeinwesen zu lenken. Die »antiken Ideen über die Arbeit« waren keine Ideen, sondern Wertungen, die für die Mächtigen positiv ausfielen und für die Geringen negativ. Worauf es ankam, war die Wertung; die Details der Argumentation blieben gleichgültig.

2. Der zweite Schlüssel zum antiken Arbeitsbegriff sind also Klassenbewertungen, denen so gut wie jedes Argument recht ist. Xenophon erläutert, daß die handwerklichen Berufe weich und weibisch machten, »weil jene, die sie ausüben, gezwungen sind, ständig im Dunkeln zu

sitzen und manchmal sogar den ganzen Tag am Feuer zu verbringen«. Außerdem hätten die Handwerker »keine Zeit, sich um ihre Freunde zu kümmern und über das Wohl der Stadt zu wachen«. Dagegen zwinge der Landbau dazu, sich an Hitze und Kälte zu gewöhnen, früh aufzustehen und die nährende Erde zu schützen.

Hat man akzeptiert, daß Klasseninteressen eine Rolle in der Geschichte spielen, wird man mühelos das folgende historische Rätsel lösen: Warum ist bis zur Industriellen Revolution im 19. Jahrhundert der Handel fast überall beargwöhnt worden? Die Antwort lautet: weil der Reichtum aus Handel der Reichtum der Neureichen war, während der alte Reichtum sich dem Boden verdankte. Der altangestammte Reichtum wehrt sich gegen den Handel, indem er den Kaufmann aller nur erdenklichen Untugenden verdächtigt – der Kaufmann ist ein Entwurzelter; er handelt aus Habgier, trägt den Keim zu allem Bösen in sich, befördert Luxus und Verweichlichung, und er betrügt die Natur, indem er ferne Länder aufsucht, von denen uns die natürliche Schranke des Meeres trennt und von wo er Erzeugnisse mitbringt, welche die Natur bei uns nicht hat gedeihen lassen wollen. Solche Überlegungen findet man im alten Griechenland und im alten Indien ebenso wie bei Benjamin Constant und Charles Maurras. In Rom gliederten sich die Bürger in Stände (einfache Bürger, Dekurionen, Ritter, Senatoren), und diese Gliederung gründete sich auf Besitz. Die Besitzschätzungen berücksichtigten jedoch nur den Grundbesitzer; ein reicher Kaufmann konnte nur dann innerhalb der bürgerlichen Gesellschaft aufsteigen,

Grab eines Mosaizisten, 3. oder 4. Jh. Zwei sitzende Arbeiter hauen mit einem großen Hammer kleine Vierecke zurecht. Zwei Lastenträger bringen farbigen Stein oder holen die fertigen Mosaiksteine ab. Oben rechts eine Gestalt, die den Betrachter zur Bewunderung auffordert. (Diese Art von »deiktischer Geste« war dann später in der mittelalterlichen Kunst sehr beliebt.) (Ostia, Archäologisches Museum)

Schild eines Ladens, der gewiß »Zu den zwei Affen und der Schnecke« hieß. War das eine Anspielung auf die Gehilfen, die hier Obst und Wildbret verkauften? Die Schnecke ist rechts von der im Profil dargestellten Frau zu sehen.
(Ostia, Archäologisches Museum)

wenn er auch Grund und Boden besaß. Wenn, so Cicero, ein Kaufmann es leid geworden ist, Reichtümer zu sammeln, und er sein Geld in Grundbesitz anlegt, dann hat er von Stund an nichts Verächtliches mehr an sich, und man muß ihn loben.

Die Abwertung des nicht auf Grundbesitz beruhenden Reichtums ist eine Ablehnung des Parvenüs. Denn solange der bebaute Boden der hauptsächliche Reichtum und die Landwirtschaft zugleich die wichtigste Einnahmequelle war, bedeutete reich zu sein den Besitz von Grund und Boden. Der Boden war die universelle Investition; der Handel war bloß ein Mittel zum Zweck, durch das man reich wurde. Grundbesitz unterschied damit den Erben vom Parvenü. Handel war das Werkzeug zum Erwerb von Hab und Gut, der Boden war erworbener Reichtum. Daraus folgte, daß ein Erbe, ein Mann, der bereits vermögender Grundbesitzer war, nicht in den Ruf des Händlers geriet, wenn er sich zusätzlich auf den Handel verlegte. Wichtig war, daß nicht am Anfang der Handel stand und dann erst der Besitz kam.

Was heißt arbeiten?

Der Handel ist etwas Schmutziges, wiederholt Cicero, »wenn es ein kleines Geschäft ist, wo nur zum Zweck des sofortigen Weiterverkaufs gekauft wird. Wenn es ein Großhandel ist, gibt es nicht mehr viel dagegen einzuwenden«. Und obwohl, fügt er hinzu, alle handwerklichen Tätigkeiten schmutzig sind, so sind immerhin die freien Professionen wie Architektur oder Medizin ehrbar. Zwar schicken sie sich nicht für Personen höchsten Ranges, doch jemand, der nicht zur Elite der Gesellschaft gehört, mag sie mit Anstand ausüben.

3. Aber sind die freien Berufe »Arbeit«? Was heißt überhaupt »Arbeit«? Für dieses Wort hat weder das Lateinische noch das Griechische eine genaue Entsprechung. »Arbeitet« ein Schriftsteller? Ein Minister?

Ein Kupferschmied bei der Arbeit. (Este, Museum)

Eine Hausfrau? Ein Sklave »arbeitet« nicht, er gehorcht und erledigt das, was sein Herr ihm aufgetragen hat. Und bei uns heute: Kann man sagen, daß ein Soldat »arbeitet«? Er führt Befehle aus. Platon stellt in den *Nomoi* fest, daß ein wahrer Staatsbürger nicht arbeiten darf; zwei Seiten weiter heißt es, derselbe Bürger müsse »einige Stunden am Abend darauf verwenden, seinen politischen Aufgaben nachzukommen, falls er ein öffentliches Amt bekleidet, oder aber, wenn er keines bekleidet, seinen häuslichen Geschäften«, nämlich der Verwaltung seiner Güter, die von seinen Sklaven bewirtschaftet werden. Der Arzt und Philosoph Galen berichtet von einem seiner Lehrer, der aufhören mußte, Philosophie zu unterrichten, »weil er keine freie Zeit mehr hatte; seine Mitbürger hatten ihn überredet, politische Verpflichtungen zu übernehmen«. Keines von beiden war Arbeit.

Denken wir an die »Philosophen, Redner, Musiker, Grammatiker«, von denen Lucian spricht: »Sie alle glauben, sich in einem Haus verdingen zu müssen, um dort gegen ein Entgelt Stunden zu geben«, unter dem Vorwand, daß sie arm sind (»arm« im antiken Sinne des Wortes, d. h. daß sie kein ausreichendes persönliches Vermögen besitzen). Arbeiten sie? Nein. Je nach Laune heißt es von ihnen, daß sie einem Beruf nachgehen, der eines freien Mannes wahrhaft würdig ist, und »liberale« Würde besitzen, oder daß sie die »Freunde« (das war der höfliche Ausdruck) des Herrn sind, der sie bezahlt, oder aber, daß sie arme Schlukker sind, die sich ihr Brot verdienen müssen und im Grunde das Leben von Sklaven führen: Sie können sich ihre Zeit nicht frei einteilen, und wie die Sklaven eines Hauses gehorchen sie der Glocke, die in allen guten Häusern Beginn und Ende der Arbeit anzeigt. Seltsame »Freundschaft, die soviel Arbeit und Mühsal verursacht!« Sie erlaubt ihnen nicht einmal, wahrhaft freie Menschen zu werden, anders gesagt, ein hinreichend großes Erbgut zu erwerben: »Ihren Lohn, vorausgesetzt, daß ihr Herr ihn auszahlt und daß er ihn vollständig auszahlt, müssen sie bis auf den letzten Pfennig ausgeben; sie können sich nichts auf die Seite

Schild eines Ladens oder Hauses »Zu den vier Schwestern«, von denen drei die Grazien waren. (Berlin, Museum)

Rom, unweit Aracoeli; Mietshaus aus dem 2. Jh.; nach dem Stadtmodell von Gismondi. Das große Gebäude hatte fünf Stockwerke und war in zahlreiche Wohnungen unterteilt; im Erdgeschoß befanden sich Läden. Eine reiche Familie lebte dagegen in einem ebenerdigen Gebäude mit Innenhof.

legen.« Freier Beruf, Freundschaft oder Lohnarbeit? Es ist müßig, sich zu fragen, was die Römer oder auch nur die römischen Juristen eigentlich hierüber dachten. Es gab da nichts Eigentliches, und sie dachten alle drei Dinge zusammen, wobei sie sich über den Widerspruch wunderten, daß ein derart »liberaler« Sachverhalt wie die Gelehrsamkeit (oder »Grammatik«) einen armen Schlucker ohne Vermögen auszeichnen konnte. Sie verachteten und respektierten zugleich ihren Hausgrammatiker, den Erzieher ihrer Kinder. Freund oder bezahlte Kraft? In dieser Gesellschaft war niemand Arbeiter – alle zwischenmenschlichen Beziehungen sah man verwurzelt entweder in einem Freundschafts- oder in einem Befehlsverhältnis.

Bleiben zuletzt die Tätigkeiten, die ein hohes Amt und eine persönliche Würde bedeuten: die öffentlichen Aufgaben. Doch selbst hier ist die Definition eine Mischung aus Vorurteil und historischer Tradition. Ist jemand Senator und wird zum Statthalter der Provinz Afrika mit einem erklecklichen Gehalt ernannt, so ist alles klar, der Mann erfüllt eine ruhmvolle öffentliche Aufgabe und genügt dem Ideal des politischen Lebens. Übernimmt man dagegen zu vergleichbarem Gehalt die Statthalterschaft über die Provinz Ägypten, so ist das kein öffentliches Amt mehr. Der Grund hierfür war, daß die Statthalter Afrikas aus dem alten Senat stammten, während diejenigen Ägyptens sich aus einem Korps hoher kaiserlicher »Funktionäre« rekrutierten, das erst zu Beginn des Kaiserreichs geschaffen worden war. (Man erinnert sich der Geringschätzung des aus altem Adel stammenden Saint-Simon für die Minister Ludwigs XIV.)

Dienten diese »Beamten«, wie wir sagen würden, dem Staat und ihrem Fürsten? Ihre Gegner behaupteten, sie seien nichts anderes als die allmächtigen Sklaven ihres Herrn, des Kaisers, von dem erwartet wurde, daß er sich seiner Domestiken sowohl für die Staatsgeschäfte

Der verstorbene Kaufmann vor der Abreise, samt Pferd und Sklave; der Sohn wird ihm ein würdiger Nachfolger sein. Einer der Helden bei Apuleius war ein solcher Kaufmann: Er verkaufte Honig, Käse u. dgl. an Gasthäuser und war immer unterwegs – kein Weg war ihm zu weit, wenn es irgendwo guten Käse wohlfeil zu kaufen gab. (Aquileia, Archäologisches Museum)

wie für seine privaten Domänen bediente. Einer dieser hohen Beamten jedoch, der Schriftsteller Lucian, der eine Zeitlang Oberschatzmeister von Ägypten war, erwiderte im Namen aller Kollegen, daß der Unterschied zwischen ihm und einem senatorischen Statthalter nicht ins Gewicht falle. Er hatte recht; aber die kollektiven Urteile kümmern sich nicht um das Rechthaben. Der Arzt Galen betrachtete einen kaiserlichen Funktionär, den er gepflegt hatte, als eine Art Sklaven, da dieser Mann den ganzen Tag für seinen Herrn, den Kaiser, arbeitete und »erst bei Anbruch der Nacht er selbst und frei von seinem Herren wurde«. Dieselbe Doppeldeutigkeit gibt es bei einer anderen wichtigen Funktion, der des Gutsverwalters. Dieses Amt vertraute man im allgemeinen dem Nachkommen einer alten, aber verarmten Familie an. Plutarch spricht voller Mitleid von seinem Verwalter, wie von einem bedauernswerten Bruder.

Urteil nach dem Äußerlichen

Was entscheidet darüber, ob ein Statthalter von Ägypten ein Mann der Öffentlichkeit ist oder ein Gehaltsempfänger? Ist es sein Posten? Nein. Ist es der »Lebensstil«, der ihn zu einer herrschaftlichen Haltung oder zur Unterwürfigkeit zwingt? Auch nicht. Die Einstufung richtet sich nicht danach, was er ist oder tut, sondern nach dem Äußerlichen. In der antiken Vorstellung von der Arbeit finden wir eine Vielzahl von »Urteilen nach dem Äußerlichen«. Denken wir uns einen analogen Fall: Wonach entscheiden wir, ob das mächtige Haus Medici eine Adels- oder eine Bankiersfamilie war? Waren die Medicis Bankiers, die das Leben von Adligen führten, oder waren es Adlige, die Bankgeschäfte tätigten? Befindet darüber ihr Lebensstil, wie Max Weber meinte? Nein. Das Urteil über sie wird von außen gefällt, was immer sie auch tun. Ihre Zeitgenossen sind es, die sie zu den Adelsfamilien rechnen oder nicht rechnen. Und wenn sie die Medicis zum Adel rechnen, dann ist das Bankgeschäft nicht mehr ihr Beruf, sondern nur noch ein anekdotisches Datum. Solche »Klassifizierungen nach dem Äußerlichen« sind eine Falle, vor der die Historiker sich hüten müssen. Daraus, daß die antiken Notabeln sich als Müßiggänger bezeichneten, darf man nicht schließen, daß sie nicht mit Bank- oder Handelsgeschäften befaßt gewesen wären.

Noch heute ist bei uns ein Herzog, dem ein Stahlwerk gehört, eben ein Herzog, der nebenbei eine Eisenhütte betreibt. Ein Hüttenbesitzer aber, der nicht gleichzeitig Herzog ist, wird mit seinem Status als Hüttenbesitzer identifiziert. Im Altertum wurde ein vornehmer Mann nicht mit seinem »Beruf«, ob Schiffseigner oder Landwirt, gleichgesetzt – er war er selbst, ein Mensch. Anachronistisch ausgedrückt: Hätte es damals Visitenkarten gegeben, so hätte auf ihr nur sein Name gestanden. Sich um ihre Ländereien zu kümmern, war eine prosaische Pflicht, die für die Person ebensowenig bestimmend war wie die Regel, sich nach dem Aufstehen anzukleiden. Versetzen wir uns in die Zeit der alten Römer zurück und fragen wir den Mann auf der Straße, was er von der Dynastie von Schiffseignern hält, die seine Stadt beherrschen. Er wird

zur Antwort geben: »Ja, das sind Notabeln, mächtige und reiche Leute! Sie befassen sich mit den öffentlichen Angelegenheiten, und mit ihren öffentlichen Wohltaten erweisen sie der Stadt viel Gutes und spendieren prächtige Spiele!« Im Laufe des Gesprächs werden wir natürlich auch erfahren, daß diese Leute viele Schiffe ausgerüstet haben, was nicht heißt, daß man in ihnen nichts als Schiffseigner gesehen hätte. Wie ein Historiker kürzlich dargelegt hat, tadelte die Antike die aus Handel erzielten Gewinne als Früchte der Habgier und des Lasters; dagegen lobte man einen Adligen, der auf alle mögliche Weise ein Vermögen zu bilden verstand, auch durch Handel. Man verachtete die professionellen Händler und hielt die Vornehmen für politische Menschen oder für Müßiggänger. Ist das widersprüchlich? Rein logisch gesehen, schon. Die Römer selbst empfanden das jedoch anders. Ein Honoratior, der Handel trieb, wurde nicht zu den Kaufleuten gezählt, sondern zu den mächtigen Stützen der Gesellschaft, eben zu den Notabeln. Zwar gab es in Rom ein Gesetz, das es Senatoren untersagte, Seehandel zu treiben. Dieses Gesetz wurde aber bedenkenlos übertreten. Denn das Entscheidende war, daß der Senator nicht *im Geschäft* war; so blieb der Schein gewahrt, der Senator *betrieb* Geschäfte.

Ein Honoratior oder ein Adliger ist niemals durch das definiert, was er tut. Ein Armer hingegen *ist* Schuster oder Tagelöhner. Um man selbst sein zu können, muß man ein Erbgut besitzen. Wenn ein Honoratior auf seinen Grabstein schreiben ließ »ein guter Bauer«, dann wollte er damit ausdrücken, daß er das Talent hatte, seine Ländereien ordentlich zu bewirtschaften, jedoch nicht, daß er von Beruf Bauer war. Wenn wir von der Frau Gräfin sagen, daß sie eine gute Hausherrin ist, dann sagen wir damit nicht, daß sie von Beruf Hausfrau ist. Was also wurde auf dem Grabstein eines Notabeln erwähnt? Zunächst einmal die politischen Würden, die er bekleidet hatte (wie wir sehen werden, entsprachen sie dem, was z. B. im vorrevolutionären Frankreich die Adelstitel

Ein Augenarzt. Teilansicht eines Sarkophags, 2. oder 3. Jh. Manche Augenerkrankungen waren geradezu eine Volkskrankheit; sie wurden mit Salben, aber auch durch Schröpfen, Aderlaß oder mit Waschungen behandelt. Links und rechts zwei übergroße Schröpfköpfe. (Ravenna, Kirche San Vittore)

Grab eines athenischen Arztes, 1. Jh. v. Chr. Die Patienten mußten sich vor der Untersuchung entkleiden, weswegen Frauen lieber zu einer Ärztin oder Hebamme gingen. Rechts ein übergroßer Schröpfkopf. (London, British Museum)

Teilansicht von Rom, nach dem Stadtmodell von Gismondi. Man erkennt den Tiber mit zwei seiner acht Brücken, den größeren der beiden Zirkusse, zwei der elf Aquädukte, das Amphitheater des Colosseums und den rechteckigen Park beim Tempel des vergöttlichten Claudius. Der Circus Maximus, doppelt so lang, als der Eiffelturm hoch ist, vermittelt einen Eindruck von der Größenordnung.

waren), sodann die »freien Künste«, die er aus Neigung zu seinem »Beruf« erwählt hatte, d. h. denen er sich gewidmet hatte, so wie man sich später dem Mönchsberuf widmete. Notabeln und Adlige taten sich gerne in der Philosophie hervor, in der Beredsamkeit, im Recht, in der Dichtkunst, in der Medizin oder, sofern sie Griechen waren, in den Leibesübungen. Unter diesen Titeln errichtete ihre Stadt ihnen ein Standbild – den »Berufen« wird öffentlich Ehre bezeugt. Mit diesen Titeln definierte man sich auch selbst. Man nannte sich etwa »einstiger Konsul, Philosoph«. So ist der Titel zu verstehen, den Marc Aurel trägt: »Kaiser [und] Philosoph«. Das soll heißen, daß er seiner politischen Würde noch die Krone des Philosophenberufes hinzugefügt hat.[2]

Lobpreis der Arbeit

5. Gesellschaftliche Geringschätzung der kleinen Leute, die arbeiten, ist *eine* Sache. Wenn man jedoch selbst der herrschenden Klasse angehört, dann muß man auch Worte des Lobes für das Volk finden, dessen Arbeit der Stadt nützt. Denn im Grunde gewährleistet diese Arbeit den

sozialen Frieden. »In der guten alten Zeit«, behauptet Isokrates, »hielt man die kleinen Leute zum Landbau und zum Handel an; denn man wußte, daß aus Faulheit Armut entsteht und aus Armut Verbrechen.« Nach antiker Auffassung ist ein Staat keine »Gesellschaft«, in der alle für alle anderen arbeiten. Vielmehr war die »Stadt« eine Institution, die zu der natürlichen Gesellschaft der Menschen hinzutrat; sie verbesserte deren Existenzbedingungen. Die Armen sollten arbeiten, nicht um ihren Beitrag zur Gesellschaft zu leisten, sondern damit verhindert würde, daß die Not sie zum verbrecherischen Umsturz des Gemeinwesens trieb. Ich berichtige mich: Es gab einen antiken Denker, für den die Arbeit oder jedenfalls der Handel allen Bürgern einen Dienst erwies, nämlich die notwendigen Güter bereitzustellen. Dieser Philosoph wunderte sich über die Geringschätzung, mit der man gemeinhin dem Kaufmannsstand begegnete, während man andere Tätigkeiten, die ebenfalls das Gemeinwohl förderten, sehr wohl achtete. Dieser politische Kopf war kein anderer als eben jener Platon, der verächtlich über die Leute ohne gesellschaftliche Würde redete. Es ist auch wahr, daß dieser selbe Platon niemals behauptet, daß die Gesellschaft von der Arbeit aller lebe, von den Bauern und Handwerkern ebenso wie von den Kaufleuten. Er spricht einzig vom Handel. In seinen Augen lebt praktisch jeder Bürger von seinem Erbgut (das seine Sklaven bewirtschaften), und diese Hilfsquelle ist genauso »natürlich« wie die Luft, die man atmet. Der Mensch beginnt erst dann, dem Menschen einen Dienst zu erweisen, wenn er ihn mit Waren versorgt, welche die Natur ihm nicht liefert. Der Handel ist die Ergänzung des Erbgutes.

Schließlich ist die Arbeit die einzige Hilfsquelle der Masse. Der Kaiser wußte das und versuchte als »ehrlicher Sachwalter« der Gesellschaft, jeder Gruppe ihre traditionellen Ressourcen zu sichern. Caesar ordnete an, daß ein Drittel der Schafhirten freie Männer sein müßten (da die Sklavenarbeit freie Hirten arbeitslos machte). Augustus nahm gleichzeitig auf die Belange der Bauern und die der Händler Rücksicht. Vespasian weigerte sich, beim Bau des Colosseums Maschinen einzusetzen, wodurch die kleinen Leute Roms um einen kärglichen Verdienst gekommen wären und hätten hungern müssen. Die Politik in Rom verfolgte ein doppeltes Interesse. Einerseits war man auf die Sicherheit oder Macht des Staatsapparates bedacht, die es trotz aller innen- und außenpolitischen Schwierigkeiten aufrechtzuerhalten, ja zu mehren galt. Andererseits gab es die *cura* – der Kaiser verhielt sich zur römischen Gesellschaft in ihrer Gesamtheit oder doch zu Teilen von ihr so, als sei er ihr »Kurator« oder Vormund; er sorgte für das Wohlergehen der Gemeinschaft, wie sie seit jeher war, so wie ein Vormund die Belange seines Mündels wahrnimmt, ohne irgend etwas zu ändern.

6. Bisher haben wir dargelegt, welche Meinung Notabeln und Politiker von der Arbeit hatten – sie verachteten oder schonten die Inferioren. Ganz anders verhielt es sich mit der Meinung dieser Inferioren selbst.

In dem Roman des Petronius hat der reiche Freigelassene Trimalchio ein Vermögen mit überseeischen Spekulationen gemacht; danach hat er sich von den Geschäften zurückgezogen, um nun wie ein Honoratior

Teilansicht eines Sarkophags, 2. Jh. oder später. In der Mitte zwei Fässer (statt der früher üblichen Amphoren: das war der Fortschritt). Links ein Kunde mit dem Geldbeutel in der Hand; rechts der Verstorbene mit einer Schale und einem Zapfhahn in den Händen. Da nichtererbter Reichtum ohne äußerlich sichtbare Würde blieb, erlaubt dieser bedeutende Weingroßhändler keinerlei Rückschlüsse auf den Umfang seiner Geschäfte, sondern zeigt nur die konkretesten Einzelheiten seines Betriebs: Man könnte ihn auch für einen kleinen Schankwirt halten. (Ancona, Museum)

vom Ertrag seiner Ländereien und den Zinsen seiner Darlehen zu leben. Er ist weder ein Honoratior noch ein Mann aus dem Volk, und er ist stolz auf das Vermögen, das er sich mit den für seine Schicht charakteristischen Tugenden erarbeitet hat, mit Eifer, Geschicklichkeit und Risikofreude. Er beauftragt einen Bildhauer, auf seinem Grabstein das Gastmahl darzustellen, das er als öffentlicher Mäzen für die Bürger seines Dorfes gegeben hat und an dem alle teilgenommen haben. Trimalchio, reicher als seine Standesgenossen, möchte »anerkannt« sein – wenn schon nicht von der Elite, so doch immerhin von den Bürgern seiner Stadt. Und obwohl die Notabeln ihn verachten und jene, die ärmer sind als er, insgeheim über ihn spotten – indem sie auf seine Kosten essen und trinken, haben sie ihm für diesen Tag zumindest äußerlich Respekt gezollt.

Zahlreicher waren jene, die sich vollständig mit den Werten ihrer Gruppe identifizierten, mit Fleiß, Wohlstand und guter beruflicher Reputation. Sie strebten nicht nach der Anerkennung durch die sozial Überlegenen oder nach dem flüchtigen Beifall des Kollektivs. Die Archäologen haben Hunderte von Grabsteinen gefunden, auf denen der Verstorbene sich in seinem Kaufmannsladen oder seiner Handwerksstube abbilden ließ. Wie fast alle kulturellen Phänomene in Rom sind auch solche Grabsteine griechisch inspiriert – schon im Athen des 5. Jahrhunderts besaßen die Handwerker ein eigentümliches »Klassenbewußtsein«.

Das stand zu vermuten. Neben dem Ideal des Müßiggangs und der Politik, das die antike Gesellschaft auszeichnete, zeigt sich in Dokumenten des einfachen Volkes eine positivere Vorstellung von Arbeit. So gab es in Pompeji schöne Häuser, geschmückt mit Malereien und Marmorstatuen, deren Besitzer Bäcker, Walker oder Töpfer waren, die sich offen zu ihrem Beruf bekannten. Das hinderte nicht, daß einige von ihnen im Senat ihrer Stadt saßen. In Afrika erzählt ein reicher Bauer in seiner Grabinschrift, die er sich von einem Dichter in Versform hat schreiben lassen, wie er durch seiner Hände Arbeit reich geworden ist. Ja, alle diese reichen Ladenbesitzer und Handwerker und Großbauern (die sich einen teuren Epitaph leisten konnten) sprechen auf dem Grabstein gern von ihrem Beruf. Sie heben hervor, daß sie »fleißig« gearbeitet haben, daß sie »ein wohlbekannter Geldwechsler« waren, ein »angesehener Fleischhändler«, wobei zu bedenken ist, daß ein Töpfer oder Bäcker damals sozial höher stand als heute (ein Backofen war eine relativ kostspielige Investition). Im *Satyricon* des Petronius wird ein junger Literat von einem freigelassenen Kaufmann zur Rede gestellt, der sich zu sich selbst und seinesgleichen bekennt: »Ich bin nicht weniger als andere und kann jedem in die Augen sehen; ich schulde keinem auch nur ein As; ich habe nie vor Gericht gestanden; keiner kann zu mir sagen: Bezahle erst einmal deine Schulden! Ich habe auch meinen Grundbesitz und ein paar Groschen beiseite gelegt, ich füttere zwanzig Mäuler und einen Hund noch obendrein. . . . Komm mit auf den Markt, ob dir einer was dafür gibt [für deine hölzernen Armspangen]. Du wirst sehen, daß mein Eisenring [des Freigelassenen] Kredit bedeutet.« Deshalb zeigen die Grabsteine der Händler das Innere des Ladens, die ausgestellten Waren, den schönen Ladentisch, die schöne Dame, welche die Stoffe vorführt, die Werkzeuge oder Maschinen des Betriebs. Waren und Gerät waren kostbares Kapital: Zeichen des Wohlstandes, nicht Symbole des Berufs. Und die Grabreliefs benennen nicht einfach den Beruf des Verstorbenen, wie auf dem Standesamt; sie rühmen ihn als Ladenbesitzer. Doch stellt kein einziger Grabstein den Verstorbenen bei der Arbeit dar.

Richtig verstanden, drücken diese Bildnisse das Gegenteil plebejischer Unterwürfigkeit aus. Sie bezeugen den Reichtum einer »Mittelschicht«, die Wert darauf legt, sich von der Plebs zu unterscheiden. Diese Klasse, zu der viele Freigelassene rechnen, ist eine »Mittelschicht« nicht aufgrund ihrer Quantität (sie stellt keineswegs die Mehrheit der Bevölkerung dar, sondern einen Prozentsatz, den man an den Fingern zweier Hände abzählen kann), sondern weil sie in der Gesellschaft eine ambivalente Zwischenposition einnimmt. Zwar zählen diese Bäcker, Metzger, Wein-, Tuch- und Schuhhändler (noch) nicht zu den städtischen Notabeln, aber sie sind erheblich reicher als die Plebs und ebenso reich wie viele Notabeln. Sie besitzen Reichtum, ohne aristokratischer Würden teilhaftig zu sein. Der Apostel Paulus war ein hervorragender Vertreter dieser Mittelschicht, in der er auch seine korinthischen Anhänger fand; er war der Sohn eines Zeltmachers, der sicherlich Sklaven beschäftigt hat (Werkstätten dieser Art kennen wir aus Pompeji). Die Angehörigen der Mittelschicht konnten lesen und schreiben; sie mußten bis zum zwölften Lebensjahr in die Schule gehen. Und für diese Leute hat er geschrieben.

Grab eines Schmieds, 1. oder 2. Jh. Laut Grabinschrift beschäftigte dieser Schmied eine Reihe von Sklaven und Freigelassenen. In der Mitte arbeitet der Schmied am Amboß; links der Schmelzofen mit dem Blasebalg. Einen Rauchabzug gab es nicht. (Aquileia, Arachäologisches Museum)

Wir müssen uns an den Gedanken gewöhnen, daß in der Antike ein Bäcker, ein Metzger oder ein Schuhhändler kein armer Ladeninhaber ist, sondern ein vermögender Plebejer. Der Bäcker (der zugleich Müller ist) besitzt mehrere Getreidemühlen, die von Sklaven oder von Tieren angetrieben werden. Der Metzger ist so reich, daß er ein ganzes Schwein auf einmal kaufen kann. Der Schuhhändler unterscheidet sich deutlich vom armen Flickschuster, der allein in seiner bescheidenen Werkstatt sitzt und arbeitet; er beschäftigt mehrere Sklaven, die Schuhe auf Vorrat herstellen. Es gilt also, innerhalb der Plebs drei ökonomische Schichten zu differenzieren: 1. Die Mehrheit der Plebejer besitzt nichts und verdient sich das Brot von Tag zu Tag. Sie wird, wie zu den Zeiten Ricardos, durch die Lohnarbeit auf das Existenzminimum gedrückt. 2. Ein armer Krämer, Schuster oder Schankwirt hat so wenig Geld, daß er sich jeden Morgen die paar Waren besorgt, die er tagsüber verkaufen will. Taucht zufällig ein wohlhabender Kunde auf, geht der Wirt zum reichen Weinhändler in der Nähe und kauft bei ihm einen Krug mit gutem Wein. (Ähnlich geht es noch heute in Griechenland und im Nahen Osten zu, wo der arme Ladenbesitzer niemals mehr als eine Tageseinnahme in der Kasse hat.) 3. Der reiche Kaufmann ist jemand, der genügend Kapital besitzt, um mehrere Fässer Wein, mehrere Säcke mit Lebensmitteln oder ein ganzes Sortiment von Schuhen am Lager zu halten. Dennoch ist er kein »Großhändler« im modernen Verstande. Er verkauft sowohl an Privatpersonen als auch an Kleinhändler aus der Nachbarschaft, beispielsweise dem Wirt die Schweinskoteletts, die dieser am selben Tag seinen Gästen vorsetzt.

In Pompeji ist der Unterschied zwischen dem kleinen Krämer und dem reichen Kaufmann auf den ersten Blick zu erkennen. Der Krämer hat in seinem Laden zugleich seine Wohnung (nachts steigt er auf einer Leiter in einen Verschlag über dem Laden, um dort zu schlafen); der reiche Kaufmann hingegen besitzt ein eigenes Haus, eine *domus* samt Patio von vier- bis fünfhundert Quadratmetern, in das er seine Erträge investiert hat; und dieses Haus unterscheidet ihn von den kleinen Plebejern.

Rätselhaft bleibt dem Fremden, der Pompeji besichtigt, daß die Häuser mit Innenhof das Stadtbild prägen und sehr viel zahlreicher sind als die kleinen Läden. Gab es doch mehr Reiche als Arme in Pompeji? Man wird wohl die Hypothese wagen müssen, daß viele dieser Häuser nicht von einem einzelnen Reichen bewohnt waren, sondern an mehrere arme Familien vermietet wurden, welche die Räume unter sich aufteilten.

Ästhetische Geringschätzung

Schließlich bleiben jene vier Fünftel der Gesellschaft, die sich auf dem Lande abrackerten. In dem harten Existenzkampf, der ihr Los war, beschränkte sich ihre Moral ohne Zweifel auf das Wort des Paulus: »Wer nicht arbeitet, der soll auch nicht essen.« Das ist die Lehre, die sie sich selbst erteilen, und zugleich eine Mahnung an den Trägen, der an dem teilzuhaben wünscht, was sie im Schweiße ihres Angesichts verdient haben.

Wir haben nur geringe Kenntnisse über diese sich plackende Menge, die Landarbeiter, Fischer und Schäfer, von denen manche Sklaven waren, manche Freie. Immerhin wissen wir, wie die obere Klasse sie wahrnahm: so wie man malerische Geschöpfe betrachtet. Das belegt die bukolische Dichtung, die mit der Schäferdichtung neuerer Zeit nur den Namen gemein hat, ebenso wie die Genre-Bildhauerei hellenistischer Art.

Die moderne Schäferdichtung verkleidet die vornehmen Herren als kultivierte Schäfer. Die antike bukolische Dichtung zehrte vom Ethos der Sklaverei, so wie in den USA die Neger-Musicals für die Weißen vom Rassismus zehren. Sie handelte von Sklaven, beließ ihnen die Sprache mitsamt ihren Späßen (nicht ohne sie zu verklären und zu glätten) und verkleidete sie als Liebhaber und als Dichter. Ob Neger oder Sklaven, man gaukelt den Weißen bzw. den Herren eine naive kleine Welt vor, eine unschuldige, subalterne Welt, von der die Herren wie von einer Idylle träumen können.

Die Genre-Bildhauerei, welche die schönen Häuser und Gärten schmückte, gibt in pittoresker Weise die bekannten volkstümlichen Gestalten wieder: den alten Fischer, den Bauern, den Gärtner, die betrunkene Alte ... Dargestellt wird mit brutalem, verzerrtem Verismus. Die Adern und Muskeln des alten Fischers treten plastisch hervor, sein ausgezehrter Körper wirkt wie ein anatomisches Modell, und sein Gesichtsausdruck ist so bestürzt, daß die Statue lange Zeit als Bildnis des sterbenden Seneca gegolten hat. Das Pittoreske verharrt zwischen Expressionismus und Karikatur. Alter und Elend sind hier nur Anschauungsstoff für einen unbeteiligten, oberflächlichen Ästhetizismus, der an seiner Dünkelhaftigkeit festhält. Die Entstellung der Körper soll zum Lachen reizen, so wie man über Mißgeburten und Liliputaner auf dem Jahrmarkt lachte. In diesem Verismus lauert ein menschenverachtender Humor. Er ist skrupellos. Seneca, ein durchaus skrupelhafter Philosoph, befand, daß ein Herr, der seine Sklaven mißhandelte, sich selbst erniedrigte. Doch derselbe Seneca betrachtete eines Tages den Sklaven, der vor seiner Haustür Wache hielt, und fand den Anblick so wenig

(links) Ein alter Fischer. Die Fische im Korb hat der Bildhauer realistisch modelliert. (Rom, Museo dei Conservatori)

(rechts) Angeblich der »sterbende Seneca«; römische Kopie eines hellenistischen Originals. In Wirklichkeit ein alter Fischer, der seinen Fang im Korb nach Hause trägt. (Rom, Vatikanische Museen)

erfreulich, daß er zu seinem Hausverwalter sagte: »Wo kommt denn dieses alte Wrack her? Du hast gut daran getan, ihn beim Ausgang zu postieren; er sieht so aus, als ob er bald das Haus verläßt und seine letzte Ruhestätte bezieht! Wo hast du denn diesen lebendig Toten aufgestöbert?« Der Sklave hörte das und erwiderte dem Philosophen: »Herr, erkennst du mich nicht mehr? Ich bin Felicio. Wir haben zusammen gespielt, als du klein warst.« Daraufhin ging Seneca in sich; er verfaßte eine Meditation über die Verwüstungen, die das Alter in ihm selbst angerichtet hatte, und zog daraus Schlüsse für weises Verhalten in der Vergänglichkeit.

Zur gehobenen Schicht zu gehören, oder vielmehr zur wirklichen Menschheit, heißt insbesondere, so reich zu sein, die Insignien des Reichtums (und damit der Zugehörigkeit zur Menschheit) öffentlich bekunden zu können. Es heißt für den Einzelnen ferner, niemandem gehorchen zu müssen und Herr seiner Unternehmungen zu sein; denn die Menschheit besteht aus Subjekten, die voneinander unabhängig sind. Das beste Mittel, diese drei Bedingungen zu erfüllen, ist, ein Erbgut zu besitzen und nicht einen Laden. Ein Erbgut sichert sozialen Rang, Unabhängigkeit und Befehlsgewalt.

Die Alten hatten keine Vorstellung von der Arbeit und haben die Arbeit nicht verachtet; sie verachteten jene, die arbeiten mußten, um zu leben. Folglich wäre es falsch, anzunehmen, die Weisen des Altertums hätten die praktischen Anwendungsmöglichkeiten der Naturkenntnis vernachlässigt, weil sie die Arbeit geringgeschätzt oder das Ideal der reinen Wissenschaft gepflegt hätten. Das wäre in dreifacher Hinsicht falsch. Erstens sieht man nicht recht, welche wissenschaftlichen Entdeckungen der Antike sich für eine technische Umsetzung hätten eignen sollen. Zweitens ist Technik immer zum großen Teil unabhängig von der Wissenschaft (der Automobilkonstrukteur Ferrari hatte keine Ahnung von Mathematik). Und drittens ist zwar richtig, daß die griechischen Ingenieure eine Art Theodolit erfunden und daß sie ihn in der Astronomie und nicht in der Geodäsie verwendet haben; das geschah jedoch nicht aus Lust an der Kontemplation, sondern weil erst im 14. Jahrhundert der Nonius erfunden wurde und ein Theodolit ohne Nonius eine Fehlweisung von einem halben Grad hat (das entspricht dem scheinbaren Durchmesser des Mondes am Himmel); für Erdvermessungen ist das viel zu ungenau. Es ist auch richtig, daß griechische Mechaniker dampfgetriebene Automaten gebaut, aber den Schritt zur Dampfmaschine nicht getan haben. Die Erklärung dafür ist, daß erst im Mittelalter Kurbel und Pleuelstange erfunden wurden. Ohne Pleuelstange kann man eine Längsbewegung nicht in eine Kreisbewegung umwandeln.

Reiche und Arme in der Antike – was uns ins Auge sprang, war ein Kontrast von Luxus und Elend wie in einem unterentwickelten Land. Aquitanien, schrieb Marcellinus, sei eine blühende Provinz, denn die einfachen Leute gingen dort nicht mehr in Lumpen. In der Tat, die Armen kleiden sich beim Lumpenhändler (»centonarius«) ein; der Luxus beginnt dort, wo man neue Kleidung trägt.

Grabrelief, 2. bis 3. Jh. Ein Grundbesitzer überprüft die Abrechnungen seiner Pächter in einem großen Kontobuch oder Polyptychon (bestehend aus fünf mit einer Wachsschicht überzogenen Holztafeln). Der sog. »augustinische Vorhang« sollte anzeigen, daß dieser Herr nicht für jedermann zu sprechen war. (Trier, Landesmuseum)

Patrimonium

Lob des Reichtums

Alle Menschen, sogar die Sklaven, sind einander gleich; aber diejenigen, die ein Patrimonium besitzen, sind gleicher als die anderen. Das Patrimonium spielt in der antiken Wirtschaft eine ebenso zentrale Rolle wie heutzutage das Unternehmen oder die Aktiengesellschaft. Vergleiche mit dem Europa der frühen Neuzeit wären allerdings verfehlt. Geschäfte zu machen war im alten Rom keineswegs unstandesgemäß. Wucher und Handel waren nicht das Vorrecht einer besonderen Klasse oder Ordnung, etwa der Bürger, der Freigelassenen oder der Ritter. Nicht alle Adligen und Notabeln waren desinteressierte Grundbesitzer oder »faule Aristokraten«. Ziel ihrer Wirtschaftstätigkeit war keineswegs die von den Philosophen beschworene »Autarkie«, und sie begnügten sich nicht damit, ihre Domänen nur so weit zu nutzen, wie es zur Aufrechterhaltung ihres Status nötig war; sie wollten ihr Patrimonium mehren und mit allen Mitteln Geld verdienen. Nicht Autarkie oder Faulheit oder Standesgemäßheit heißt das Stichwort, sondern vornehme Geschäftstüchtigkeit. Der Patron, der damalige Unternehmens-Chef, war der »Familienvater«, wobei mit Familie die Hausgemeinschaft und das Patrimonium gemeint waren – patrimoniale Geschäftstüchtigkeit.

Deshalb bildete die Wirtschaft einen Bestandteil des privaten Lebens, im Gegensatz zu heute, da die Aktiengesellschaften »anonym» [société anonyme] sind. Heute sind die Akteure der Wirtschaft juristische Personen: Unternehmen oder Gesellschaften. Es gibt also bei uns anonyme Apparate, die Geld erzeugen, und Privatpersonen, die diese Quellen anzapfen. Bei den Römern war der Akteur der Wirtschaft selbst Privatperson, nämlich »pater familias«. Bei uns ändert ein Import-Export-Unternehmen nicht seine Identität, wenn die Aktionäre wechseln und ihre Anteile an andere Aktionäre verkaufen. Bei den Römern behielt ein Patrimonium seine Identität selbst dann, wenn der Besitzer auf den Seehandel verzichtete und sein gesamtes Vermögen in Grundbesitz anlegte. Daraus folgt jedoch nicht, daß die Rationalität des »pater familias« sich darauf beschränkte, die Zukunft seines Hauses zu sichern, statt mit kapitalistischer Rationalität nach Gewinn zu streben. Der Unterschied war ein anderer.

»Handeln wir wie ein guter Hausvater«, schreibt Seneca an Lucilius. »Vergrößern wir das Erbteil, das wir empfangen haben, auf daß es ver-

Mosaik aus Saint-Roman-en-Gal, 2.-3. Jh. Mosaiken, auf denen jahreszeitliche Feste oder Arbeiten dargestellt wurden, waren nichts Seltenes. Der September ist die Zeit der Apfelernte; im Dezember preßt man die Oliven in einer Ölpresse mit horizontaler Schraube. (Saint-Germain-en-Laye, Musée des Antiquités Nationales)

mehrt auf die Nachkommen übergehe.« Sein Erbteil zu verschleudern bedeutet, die eigene Dynastie auszulöschen und selber zum Deklassierten abzusinken. Die ruinierten Adligen waren die Unzufriedenen, die Verschwörer gegen die Macht, die Helfershelfer der Catilinas. Der Sohn eines Parvenüs hingegen, eines reich gewordenen Freigelassenen, konnte sehr wohl zum Ritter aufsteigen und seinen eigenen Sohn zum Senator zu machen. Die Tugenden des Erwerbs waren vornehme Tugenden. Wenn ein Sprößling aus der Oberschicht nicht gänzlich mißraten ist, meint Cicero, dann schlägt er eine öffentliche Laufbahn ein oder vermehrt jedenfalls das Patrimonium der Familie. Die Lehrjahre im Umgang mit dem Patrimonium sind ein bislang unterschätzter Bestandteil der römischen Erziehung. Im Jahre 221 v. Chr. lauschte das römische Volk der Grabrede auf Caecilius Metellus, einen großen Herrn. Eines der anerkannten Verdienste des Verstorbenen war es gewesen, »auf ehrliche Weise ein großes Vermögen anzusammeln«. Natürlich war es keine Schande, »arm« zu sein, was ja offenbar die meisten waren. Eine Quelle der Mißverständnisse ist indes, daß das Wort »arm« im Lateinischen nicht dasselbe bedeutet wie für uns. Wir beziehen diesen Begriff auf die Gesellschaft als ganze, die zum größeren Teil aus Armen und zu einem kleinen Teil aus Reichen besteht. Das Lateinische nimmt die Mehrheit der Armen gar nicht zur Kenntnis und meint mit »arm« eine Minderheit innerhalb derer, die wir reich genannt haben – arm waren die Reichen, die nicht *sehr* reich waren. Horaz machte aus der Armut eine Tugend; er sagte, er werde sich zu trösten wissen, falls seine Pläne scheitern sollten, seine Armut werde ihm jederzeit als Rettungsboot dienen; dieses Rettungsboot bestand aus zwei Landgütern – eines in Tivoli, das andere in Sabinia, wo zum herrschaftlichen Haus 600 Quadratmeter Grund gehörten. Armut im christlichen oder modernen Sinne des Wortes vermochte Horaz sich gar nicht vorzustellen.

Stand das Geldverdienen oder die Beschäftigung mit dem Patrimonium nicht dem Müßiggang im Wege? Nein. Von seiner Geschäftstüchtigkeit wurde das Wesen des Notabeln nicht berührt (so wie der Dichter Gottfried Benn, der als Facharzt tätig war, für uns ein Dichter ist und nicht ein Spezialist für Haut- und Geschlechtskrankheiten). Die Bewirtschaftung eines Patrimoniums mit Grundbesitz verlangte vom Besitzer, den Anbau auf seinen Ländereien zu überwachen, seinen Verwalter zu beaufsichtigen und die Erzeugnisse seiner Domäne zu Höchstpreisen zu verkaufen. Auch mußte er sein Geld arbeiten lassen, d. h. zu Wucherzinsen verleihen. Dies alles ergab sich aus dem Besitzrecht und war dessen praktische Anwendung. Was die anderen Methoden, »Reichtümer anzusammeln«, betraf, die ehrenhaften ebenso wie die verpönten, so resultierten sie aus den bürgerlichen Rechten oder Ehrenämtern – man konnte eine wohlhabende Frau mit Mitgift heiraten, man konnte sich Nachlässe oder Legate verschaffen, man konnte seine Untertanen oder die öffentlichen Kassen plündern.

Eine nicht klassifizierbare Klasse

Wirklich arbeiten müssen nur die einfachen Leute. Die feinen Leute üben eine leitende Tätigkeit aus, die man »cura« oder »epimeleia« nannte. Man kann das mit »Herrschaft« übersetzen, in dem Sinne, wie Olivier de Serres von der »häuslichen Herrschaft« auf einer Domäne spricht. Es war die einzige Tätigkeit, die eines Freigeborenen würdig war, weil sie praktische Befehlsgewalt bedeutete. Mit »cura« bezeichnete man die Verwaltung des Patrimoniums durch den »pater familias«, aber auch den öffentlichen Auftrag an einen Delegierten, ja sogar die kaiserliche Herrschaft; in diesem Sinne verwenden zumindest jene Autoren das Wort, die sich den Kaiser als patriarchalischen Souverän denken. Daß Scipio Africanus bei der Bewirtschaftung seiner Ländereien selber zum Pflug griff wie ein zweiter Cincinnatus, änderte daran nichts – er war darum nicht weniger der Herr. Unter diesen Umständen galt es als ein Verdienst, zu »arbeiten«, tätig, »energisch« zu sein – ein Eigenschaftswort, das eine moralische Qualität benannte. Wenn Vergil schreibt, daß hinter allem die Arbeit stehe, so meint er damit nicht, daß dies das eherne Gesetz der Welt sei, sondern daß hingebungsvoller Eifer alle Hindernisse überwindet. Trägheit zu meiden war eine Tugend, geboren aus der Notwendigkeit. Wer niemals tätig ist, wer seine Freunde, seinen Ruhm und die Sorge um die öffentlichen Angelegenheiten vernachlässigt, der lebt, laut Plutarch, wie eine Auster. Ein hoher Beamter ist ein tätiger Mann, der in dem ganzen Jahr seiner Amtszeit, von morgens bis abends, die Abrechnungen des Fiskus prüft – Zeile für Zeile. »Wer rastet, der rostet« war eine Maxime des großen Cato.

Wie man sieht, ist es unmöglich, ein mittelalterliches oder neuzeitliches Pendant zu dieser Klasse ausfindig zu machen, die wir in Ermangelung eines besseren Ausdrucks als Notabeln oder Adlige bezeichnen, als Mittelschicht oder Landadel. Diese Klasse hegte denselben Stolz wie

Bronzene Waage, 47 n. Chr., amtlich kontrolliert. Die Waagschale, die früher an den Ketten hing, ist verschwunden. (Paris, Petit Palais, Sammlung Dutuit)

bei uns früher der Adel; sie war weltoffen und betriebsam wie das Bürgertum. Sie lebte von der Bodenrente wie generell der europäische Adel, sie »arbeitete«, hielt sich jedoch für eine Klasse des Müßiggangs. Doch damit nicht genug. In der römischen Welt fehlt der uns geläufige Zusammenhang zwischen einer bestimmten sozialen Schicht und der ihr zugeordneten Wirtschaftstätigkeit – es gab kein römisches Bürgertum, weil die Gruppe der Bodenbesitzer ohne viel Aufhebens auch »bürgerlichen« Tätigkeiten nachging. Fahnden wir in Rom nach der Klasse der Händler, der Fabrikanten, der Spekulanten, der Wucherer, der Staatspächter, so finden wir sie überall: bei den Freigelassenen, den Rittern, den städtischen Notabeln, ja sogar bei den Senatoren. Wenn man wissen will, ob der ältere Cato sich auf den Seehandel einließ oder ob eine Familie von städtischen Notabeln Handel bis zum Donauraum trieb, dann darf man nicht nach ihrer sozialen Zugehörigkeit fragen. Ausschlaggebend waren persönliche Lust und Laune und wohl auch die geographischen Verhältnisse. Es gab erhebliche Unterschiede von Person zu Person und von Region zu Region. Der Senator Cato »investierte seine Gelder in solide und sichere Geschäfte: Er erwarb Fischteiche, Thermalquellen, Grundstücke für den Bau von Walkmühlen, Pechfabriken, Weideland und Waldgebiete. Er gab Darlehen für den Seehandel, die verrufenste aller Formen des Wuchers. Zu diesem Zweck gründete er eine Gesellschaft von rund fünfzig Teilhabern und nahm einen Teil des Kapitals durch seinen Freigelassenen Quintio an sich.« Neben der persönlichen Initiative spielen örtliche Traditionen eine Rolle. Die eine Stadt lebt abgekapselt und selbstgenügsam als bäuerliche Siedlung, wie man sie heute noch in Süditalien oder in Ungarn antrifft. Zwanzig Kilometer weiter liegt vielleicht eine Stadt wie Aquileia, das Venedig oder Genua des Altertums. Die Notabeln einer solchen Stadt engagieren sich im Seehandel und stehen mit der ganzen Welt in Geschäftsverbindung.

Die Wirtschaftstätigkeit des Römers erschöpft sich freilich nicht in Bodenbesitz, individuellen Investitionen und den Traditionen des Familienunternehmens. Bei diesem geschäftstüchtigen Volk spielt auch die »einmalige Gelegenheit« eine Rolle, welche die feinen Leute ebenso wie die obskuren Spekulanten sich nicht entgehen lassen. Erfährt ein vornehmer Römer durch einen vertraulichen Hinweis, daß irgendwo schnell Geld zu verdienen ist, stürzt er sich in das Geschäft, selbst wenn er davon nichts versteht und improvisieren muß. Er packt das Glück beim Schopf bzw. beauftragt einen seiner Freigelassenen damit. Da es keinen offenen Markt gibt, eröffnen sich immer wieder Chancen zu solchen Coups. Das setzt allerdings korrekte Informationen und politische Hilfestellungen voraus. Es bestand in der Klasse der Herrschenden und Besitzenden eine heimliche Komplizenschaft mit den Spekulanten, die einen privilegierten Zugang zu Informationen und Einfluß hatten. Diese Leute waren mächtiger als die mächtigsten Gesetze des Marktes. Die Patrimonialwirtschaft war nicht eigentlich patriarchalisch und erst recht nicht liberal.

Die Art der Wirtschaftstätigkeit eines Menschen hängt also davon ab, wie reich er ist. Sie ist jedoch nicht von Klasse zu Klasse verschieden, sondern variiert je nach Individuum, Ort und Gelegenheit. – Eine letzte Frage stellt sich: Woraus bestand das Vermögen eines Römers? Hierzu zwei hypothetische Fälle. Nehmen wir an, Juvenal spricht in satirischer Absicht von einem »Ochsentreiber«, der junge Vergil ironisch von einem »Maultiertreiber«. Daraus folgt nicht, daß der Mann bei Juvenal

(links) Das Abwiegen von Wolleballen auf einer ähnlichen Waage. (Trier, Landesmuseum)

(rechts) Das Innere eines Ladens. Diesmal liegt der Gedanke an einen Großhandel nahe. Oben links eine schief aufgehängte Waage. (Rom, Museo dei Conservatori)

Ländliche Szene, 3. oder 4. Jh. Die Jacke mit Kapuze wurde viel getragen. Eine einfache, aber treffende Darstellung der Landarbeit. (Trier, Landesmuseum)

eigenhändig seine Ochsen mit der Peitsche antreibt oder daß der Mann bei Vergil seine Maultiere selber am Zügel führt. Vielmehr ergibt sich aus dem Textzusammenhang, daß der eine ein Unternehmen für Maultiertransporte auf den schlammigen Wegen der Po-Ebene leitet und der andere über beträchtliche Rinderherden verfügt. Ähnlich ironisch redet Monsieur de Charlus in Prousts großem Roman, der Verächter der bürgerlichen Amerikanerin, von Mrs. Singer so, als ob sie ihre Singer-Nähmaschinen mit eigenen Händen zusammenbaute. Hätte besagter »Ochsentreiber« nur ein oder zwei Rinder besessen, so würde der Dichter kein Wort über ihn verloren und sich vor allem nicht über ihn lustig gemacht haben.

Unternehmer

Zweite Hypothese: In einem Text wird ein Römer nur bei seinem Eigennamen und ohne Berufsbezeichnung genannt. Woraus besteht das Patrimonium dieses Notabeln, und wie ist er zu seinem Besitz gelangt? Auf verschiedenartige Weise, da die Patrimonialwirtschaft keine professionalisierte Wirtschaft war. Genauer gesagt: Für einen reichen »pater familias« fungieren als wirtschaftliche Transmissionsagenten bestimmte Freigelassene und Sklaven. Ihnen hat er eine gewisse finanzielle Autonomie und rechtliche Selbständigkeit eingeräumt, was ihnen erlaubt, frei Geschäfte zu tätigen – zugunsten ihres Herrn. Dieser »Wirtschaftsstab« aus Freigelassenen und Sklaven befaßt sich damit, das Patrimonium des Herrn zu vergrößern; sie sind die wahren Geschäftsleute jener Epoche. Hinzu kommt noch eine weitere Gestalt von romanhaftem Zuschnitt: der Verwalter. Er ist ein Freigelassener oder – häufiger noch – ein Sklave, der die Güter beaufsichtigt, die landwirtschaftlichen Erzeugnisse veräußert oder die wirtschaftlichen Transaktionen für seinen Herrn besorgt. Auf diesen Pfeilern ruhte die römische Wirtschaft.

Bisweilen ist der Gutsverwalter aber auch ein Freigeborener, der sich in die Sklaverei verkauft hat, um Karriere zu machen. Er hat eine besondere Vertrauensstellung inne. Die damalige Praxis der Buchführung unterschied sich nämlich klar von der unseren. Der Verwalter legte dem Herrn nicht in regelmäßigen Abständen die Bücher vor; diese wurden vielmehr jahrelang einfach fortgeschrieben. Pflicht des Verwalters war die ehrliche Verbuchung der Einnahmen und Ausgaben, so daß er jederzeit Rechnung legen konnte, etwa wenn der Herr das Zeitliche segnete und es zum Erbfall kam, oder wenn der Sklave in den Ruhestand ging, oder wenn das Gut verkauft wurde oder wenn der Herr die Abrechnungen zu sehen wünschte. Wehe dem Verwalter, der dann die Differenz zwischen der Summe der Einnahmen und der Summe der Ausgaben nicht in bar auf den Tisch legen konnte! Hatte er dagegen eine ausgeglichene Bilanz vorzuweisen (»pariari«), so verdiente er sich den Titel eines »pariator«, mit dem er seinen Grabstein zieren konnte. Auch der Grundbesitzer selbst schrieb bei seinen Bauern die Bücher jahrelang fort. Starb er oder wurde das Gut verkauft, so mußte das den

Sarkophag, 2./3. Jh. Ein Geldwechsler. (Rom, Palazzo Salviati)

Bauern gehörende Guthaben (»reliqua colonorum«) erst ermittelt werden. Damit wollte man die Bauern nicht etwa systematisch in Schulden stürzen; doch die Abrechnungen wurden eben nicht regelmäßig aktualisiert. Ein solches Verfahren trug gewiß dazu bei, die Geldschuld als eine Art Klientelband erscheinen zu lassen und jenen Schuldner, der seine Schulden begleichen wollte, in den Ruf eines Ungetreuen zu bringen, der sich von seinem Wohltäter lossagte.

Ein Honoratior ist im Wirtschaftsleben allenthalben präsent. Er kann der Chef eines landwirtschaftlichen Betriebes sein oder eines Handelsunternehmens (mancher hatte keine Hemmungen, aus gegebenem Anlaß seine Wohnung zu einem Laden umzufunktionieren und vor den Augen der Käufer die zu verkaufenden Waren auszulegen). Als Grundbesitzer kann er eine Art stiller Teilhaber an den Unternehmen seines Verwalters sein. Er kann an Handelsgesellschaften oder an einer Staatspacht beteiligt sein. Er kann jedoch auch selbst »energisch« werden: Unter den Patienten Galens war ein Mann, der seine Bildung vernachlässigte und durch die Straßen zog, um Geschäfte zu tätigen. »Er kaufte und verkaufte und hatte viel Ärger, so daß er mehr Schweiß vergoß, als ihm gut tat.«

Geschäftstüchtigkeit des Adels

Wir haben also eine Wirtschaft vor uns, deren institutionelle und soziologische Voraussetzungen so verschieden von den unseren sind, daß man sie archaisch nennen könnte. Gleichwohl hatte sie ein ordentliches Produktionsniveau, und es ging in ihr ebenso dynamisch und hart zu wie im Kapitalismus, denn diese Aristokraten, die sich einiges zugute hielten auf ihre Kultur und ihr Interesse an der Weisheit, waren gleichzeitig süchtig nach Profit. Die großen Herren sprachen ungeniert von ihren Geschäften. Der Senator Plinius beschreibt in seinen Briefen sein eigenes Verhalten als reicher Grundbesitzer als mustergültig und beispielhaft. Will ein vornehmer Herr sich alter Möbel oder nutzlos gewordener Baumaterialien entledigen, veranstaltet er eine öffentliche Versteigerung. (Versteigerungen waren für Privatpersonen das reguläre Mittel, um gebrauchte Gegenstände loszuwerden. Sogar die Kaiser veranstalteten Versteigerungen, wenn sie sich von überflüssigem Palastmobiliar trennen wollten.) Auf jeden Fall mußte das Geld arbeiten. Für alles verlangte man Zinsen. Freunde nahmen Zinsen, wenn sie einander Geld liehen, und unter Verwandten war es genauso. (Wer keine Zinsen nahm, galt als besonders edelmütig.) Der Schwiegersohn nahm Zinsen von seinem Schwiegervater, wenn die versprochene Mitgift auf sich

Christlicher Sarkophag. Vielleicht ein Schreiber, der ein Stück Pergament beschreibt (über ihm hängt ein gegerbtes Tierfell). Der leicht abgeflachte Bogen ist eine Erfindung des Bildhauers – solche Bögen gab es erst im Mittelalter. (Mailand, Palast der Sforza)

Ostia; 2. - 3. Jh. Ein Schiff läuft in den Haupthafen Roms ein; es segelt an dem stufenförmigen Leuchtturm vorbei, auf dem ein Feuer brennt. Überall stehen Götterstatuen. Das große Auge rechts ist ein Talisman, der nichts mit dem Dargestellten zu tun hat; er soll den bösen Blick des Mißgünstigen abwehren, der dem Helden dieses Reliefs gerne etwas antun würde. Die nackte Gestalt mit dem Füllhorn, die dem Schiff einen Kranz entgegenzustrecken scheint, ist Bonus Eventus, der Gott des guten Gelingens.
(Rom, Sammlung Torlonia)

warten ließ: Das Wuchern gehörte zum Alltag. In Rom waren Geldverleih gegen Zinsen und Handel nicht das Vorrecht von Berufshändlern oder einer bestimmten Gesellschaftsschicht. Alles kostete Geld, selbst dann, wenn es Vergnügen bereitete. Erwähnenswert ist ein Detail der galanten Sitten: In den höchsten Kreisen der Gesellschaft gehörte es zum guten Ton, daß ein Liebhaber seine Geliebte bezahlte. Die Matrone, die ihren Mann betrog, bekam von ihrem Galan ein hübsches Sümmchen, sofern er ihr nicht sogar eine jährliche Rente aussetzte. Kam es allerdings zum Bruch mit der Geliebten, forderten manche Rüpel ihre Investitionen zurück; mitunter wurden dazu die Gerichte bemüht. Doch handelte es sich bei derlei Liebesdiensten nicht um Prostitution, sondern um Lohnarbeit. Die Matrone gab sich nicht hin, weil sie bezahlt wurde, sondern sie wurde für ihre Hingabe belohnt. Die Frau, die am meisten geliebt wurde, erhielt das höchste Entgelt. So waren die Frauen hinter dem Lohn für den Ehebruch her, die Männer aber hinter der Mitgift.

Diese universelle Geschäftstüchtigkeit verwischte nicht nur die Grenzen zwischen den Gesellschaftsklassen oder Ständen der Bürgerschaft, sondern auch die Unterschiede zwischen den wirtschaftlichen Kategorien. Dieselben Leute, die Gelegenheitsgeschäfte tätigten, gingen zugleich einer dauerhaften wirtschaftlichen Tätigkeit nach. Sie waren Spekulanten und gleichzeitig »Profis«. Dieselben Leute, die nach uralter Praxis vorhandenes Vermögen verzehrten, bildeten auch neue Reichtümer mit Hilfe von Investitionen – ein sehr modernes Verhalten. Sie bereicherten sich sowohl in volkswirtschaftlicher Manier, d. h. durch Produktion oder Verkauf, als auch durch (legale oder nicht legale) außerökonomische Mittel: Erbschaft, Mitgift, Bakschisch, Gewalt, Schikane. Sie verließen sich ebensosehr auf das Gesetz von Angebot und Nachfrage wie auf ihren politischen Einfluß und die Komplizenschaft unter »Leuten von Welt«. Und da die Notabeln die mächtigsten Grundbesitzer waren, erzeugte ihre Geschäftstüchtigkeit einerseits ein Heer von armen Bauern, andererseits eine reiche städtische Schicht mit höchst vielfältigen Aktivitäten. In dieser Zeit, in der die Medizin eine finanzielle Pfründe darstellte, hatte Galen nur Notabeln zu Patienten, überdies nur Männer. Sie wohnten in der Stadt, überwachten ihren Verwalter, schwitzten bei ihren Geschäften, übten, wie Galen selbst, einen Beruf aus, lenkten die Geschicke des Gemeinwesens oder blieben daheim, um zu lesen und die philosophischen Texte ihrer Lieblingssekte abzuschreiben. Im Alter zogen sie sich auf ihre Besitzungen zurück. Bei ihrem Tode stellte man fest, daß ihr Erbe im wesentlichen aus drei Elementen bestand: dem – landwirtschaftlich genutzten oder bebauten – Grund und Boden, dem landwirtschaftlichen Gerät und Hausrat sowie den Außenständen (»nomina debitorum«). Bankkonten, wie wir sie aus der Zeit der Republik und der Spätantike kennen, waren in der frühen Kaiserzeit nicht üblich.

Die Wucherer damals waren nicht die Bankiers, sondern die Notabeln und die Senatoren. Jeder »pater familias« verwahrte bei sich zu Hause einen Kasten, das sogenannte »calendarium«. Darin befanden sich ein Kalender mit Fälligkeiten, ferner Schuldscheine und schließlich diejenige Summe Geldes, die der Besitzer gegen Zinsen zu verleihen gewillt war und die im Kasten darauf wartete, gebraucht zu werden. »Eine Geldsumme zum Verleihen zurücklegen« nannte man »das Geld ins calendarium tun«. Jeder verfolgte dabei seine eigene Strategie – der eine verlieh einen großen Teil des Patrimoniums, der andere einen kleinen; der eine verlieh wenig Geld an viele Gläubiger, der andere viel Geld an wenige. Forderungen wurden von Hand zu Hand weitergereicht, entweder durch förmliche Schenkung oder durch Verkauf. Sie dienten zur Begleichung einer Schuld sowie als Spekulationsobjekt. So stellten sie eine Art Buchgeld dar. Vererben konnte man das »calendarium« selbst, aber auch die Forderungen an die Schuldner und das zum Verleihen bestimmte Kapital.

Andere Methoden der Bereicherung

Geld gegen Wucherzinsen zu verleihen galt als ehrenhafte Methode, sich zu bereichern, genauso wie der Erwerb von Geld durch Landwirtschaft, Mitgift oder Vermächtnisse: Bei den Römern war es der Brauch, sich bei einem reichen Alten einzuschmeicheln, um vielleicht von ihm im Testament bedacht zu werden, ähnlich wie wir uns heute bei einem Firmenchef oder Vorgesetzten lieb Kind machen. Jedermann lachte darüber, und jedermann hielt sich an die Gepflogenheit. Die Konventionen geboten, daß man in seinem Testament sämtliche Freunde und Getreuen bedachte. Diese Sitte hatte zur Folge, daß reiche Leute von einer Korona von Höflingen umgeben waren, ohne

Häuser in Ostia, 2. Jh.; Modell von Gismondi. Selbst in Rom waren nicht alle Wohnhäuser vier bis fünf Stockwerke hoch. In Ostia hatten sie zwei bis vier Geschosse und einen Balkon; zu ebener Erde befanden sich Läden.

die ein Römer sich nicht als halbwegs bedeutender Mann vorgekommen wäre.

Für einen Mann oder eine Frau war es, wie Tacitus feststellt, von Vorteil, keine Kinder zu haben, um die Aufmerksamkeit auf sich zu ziehen. Wie die Demographen ermittelt haben, hatte die französische Durchschnittsfamilie vor der Revolution vier bis fünf Kinder, von denen freilich zwei nicht älter als zwanzig wurden; dagegen hatte die römische Durchschnittsfamilie drei Kinder. Man kann sich denken, daß alte Leute, die ihre Kinder hatten wegsterben sehen, keine Seltenheit waren. Manche Erbschaft war also zu erraffen, zumal nach römischem Gesetz und Herkommen der Erblasser bei der Gestaltung seines Testaments erhebliche Freiheit hatte. So stand in jeder Generation aufs neue ein nicht geringer Prozentsatz des nationalen Reichtums zur Umverteilung: Wer würde ihn erlangen? Die Römer, Virtuosen im Schikanieren, wußten sich zu helfen. Eine geschiedene Frau setzt ihren Sohn zum Erben ein; da sie jedoch weiß, daß ihr Ex-Ehemann eine eher unerquickliche Person ist, verfügt sie gleichzeitig, daß das Kind die Erbschaft nur dann antreten darf, wenn es im Augenblick des Erbfalles nicht mehr der väterlichen Gewalt untersteht (dann würde das Erbe nämlich seinem Vater zufallen). Mit anderen Worten, der Sohn sollte erst erben, wenn der Vater tot war. Nun war der Vater aber noch am Leben, als die Mutter starb und das Testament eröffnet wurde. Er fand jedoch einen Ausweg: Er entließ das Söhnchen aus der väterlichen Gewalt und verhalf ihm damit zu seinem Erbe. War der Vater also doch besser als sein Ruf? Gemach, die Geschichte ist noch nicht zu Ende. Der Vater begann nämlich jetzt, sich bei seinem eigenen Kind einzuschmeicheln, indem er es reichlich mit Spielzeug und Haustieren beschenkte. Er machte schamlos Jagd auf das Erbe seines Sohnes und hatte Erfolg damit – der verhätschelte Knabe starb in jungen Jahren und hinterließ dem Vater das begehrte Erbe.

Die öffentliche Meinung verdammte solch berechnendes Verhalten nicht, differenzierte aber ihr Urteil. »Nachdem Herr Soundso sich zunächst mit lauter Erbschleichern umgeben hatte, hat er bei seinem Tode doch alles seiner Tochter und den Enkeln hinterlassen. Nun gehen die Meinungen auseinander. Die einen schimpfen ihn einen Heuchler und Undankbaren, der seine Freunde vergessen habe, während die anderen sich diebisch freuen, weil der alte Mann den Erbschleichern ein Schnippchen geschlagen hat.« So argumentierte ein Senator, und folglich stimmt es.

Auf der Jagd nach dem Reichtum verschmähte man auch nicht die krummen Wege. Eine Polizei im strengen Sinne kannte die römische Welt nicht; die Soldaten des Kaisers (die, von denen der Hauptmann von Kapernaum [Lukas 7,8] im Evangelium spricht) schlugen Unruhen nieder und verfolgten Räuber, kümmerten sich aber kaum um die Fährnisse des Alltags, da diese das Bild souveräner Herrschaft, das der römische Staat von sich selbst zu vermitteln wünschte, weniger beeinträchtigten. Das tägliche Leben hatte Wildwest-Charakter. Polizeistreifen auf den Straßen gab es ebensowenig wie Polizeistationen auf dem Land oder das Amt eines öffentlichen Anklägers. Jeder mußte sich eigenhändig zur Wehr setzen und Gerechtigkeit verschaffen, und das einzig probate Mittel dazu bestand für die Kleinen – freilich auch für die nicht ganz Kleinen – darin, sich in den Schutz eines Großen zu begeben. Doch wie schützt man sich vor dem Großen, und wie schützen sich die Großen voreinander? Freiheitsberaubung, Amtsanmaßung, private Schuldgefängnisse waren die Regel. Jede Stadt lebte in der Furcht vor tyrannischen Lokal- oder Regionalpotentaten, die mitunter so fest im Sattel saßen, daß sie es sogar mit dem Provinzstatthalter aufnehmen konnten. Ein Großer trägt keine Bedenken, sich Grund und Boden eines armen Nachbarn anzueignen, ja, er schreckt nicht einmal davor zurück, mit einem Trupp Sklaven die Besitztümer eines anderen Großen zu überfallen. Was tut man gegen einen Menschen, der sich auf anderer Leute Kosten bereichert? Die Aussicht, zu seinem Recht zu kommen, hing vom Wohlwollen des Provinzstatthalters ab, der vielbeschäftigt war, die Mächtigen aus Staatsräson schonen mußte und überdies mit ihnen durch vielfältige Freundschafts- und Interessenbande verflochten war. Die Gerechtigkeit, die er übt (sofern er sie übt), bleibt eine Episode in der Fehde der Sippen, eine zeitweilige Umkehrung bestehender Kräfteverhältnisse.

Zum reinen Faustrecht kam die Gewalt der Justiz hinzu. Die Römer stehen zwar im Ruf, das Recht erfunden zu haben, und sie haben in der Tat darüber viele Bücher geschrieben und sich einen Sport daraus gemacht, in die Geheimnisse und Irrgänge der Rechtsverhältnisse einzudringen. Das gehörte zur Kultur und war Gegenstand des Nationalstolzes. Daraus darf man jedoch nicht schließen, daß es im täglichen Leben der Römer streng rechtlich zugegangen wäre; die Juristerei ergänzte lediglich das vorhandene Chaos um eine zusätzliche Komplikation, ja, um eine neue Waffe, nämlich die Schikane. Im griechischen Gebiet nannte man in der Zeit des Kaiserreichs die Leute, die mit Klagedrohungen und halblegalen Erpressungen arbeiteten, »Sykophanten«.

Nehmen wir an, ein großer Herr namens A ist neidisch auf die Ländereien eines anderen Großen namens B, und B ist nicht gut auf die kaiserliche Familie zu sprechen. Dann kann ihn A wegen Majestätsbeleidigung verklagen und erhält als Denunziant einen Teil des Erbgutes des B zugesprochen, während B selbst vermutlich zum Tode verurteilt wird. Nehmen wir andererseits an, daß fern von Rom ein Vornehmer lebt, der vergeblich darauf gehofft hat, von einem reichen Alten in seinem Testament bedacht zu werden. Ihm bleibt als Ausweg die Behauptung, der Alte sei nicht eines natürlichen Todes gestorben, sondern habe Selbstmord begangen, oder er sei vergiftet worden, doch hätten seine Erben es unterlassen, den Mörder dingfest zu machen und den Tod ihres Wohltäters zu rächen. In dem einen wie in dem anderen Fall wird das Testament kassiert, und das Erbgut fällt an den Fiskus – abzüglich der Prämie für den Denunzianten. Denn dem Fiskus oblag nicht nur das Steuerwesen; er umfaßte die Gesamtheit aller Domänen, die der Kaiser aufgrund vakanter oder irregulärer Erbfolge beschlagnahmt hatte. Der Fiskus besaß seine eigene Rechtsprechung, in der er Richter und Partei in einem war. Auf diese Weise hatte es der römische Kaiser in kurzer Frist zum größten Grundbesitzer seines Reiches gebracht. Der Fiskus war daher nicht abgeneigt, den Denunzianten Glauben zu schenken, da sie ihm Gelegenheit boten, ein weiteres Erbgut zu konfiszieren. Das war allgemein bekannt, und manche Erblasser, die ihren Erben einen Tort antun wollten, setzten von vornherein den Kaiser als Miterben ein. Kurzum, das Recht wurde zu einer Waffe im Kampf um die Patrimonien; niemand konnte sicher sein, seinen Besitz friedlich genießen oder weitergeben zu können. Man kennt den Fall eines jung verheirateten Mannes, der von neidischen Verwandten um die Mitgift seiner Braut gebracht wurde – sie zeigten ihn an, weil er angeblich schwarze Magie eingesetzt hatte, um die Frau zu verführen.

Doch auch die rein ökonomischen Methoden im alten Rom vermitteln das Bild einer gesetzlosen Welt, in der schlechterdings alles möglich war: Man ließ sich von den Behörden das Recht zu irgendeinem Geschäftsbetrieb übertragen, der überdies noch meist mit einem Monopol verbunden war; man machte sich die Ungereimtheiten eines chaotischen Wirtschaftsgefüges zunutze; man gründete ein Transportunternehmen an einem Ort, an dem dringender Bedarf bestand, aber noch niemand dergleichen versucht hatte, sei es aus Kapitalmangel oder aus Interesselosigkeit. Usw. Auf diese Weise kamen nicht wenige Notabeln an die Spitze eines bunten, auf gut Glück zusammengerafften Konglomerats verschiedenartigster Geschäfte und Betriebe. Der eine handelte mit Immobilien und gleichzeitig mit Tuchen, besaß überdies eine Färberei und transportierte schließlich Waren auf dem Rhein; ein anderer trieb Landwirtschaft und unterhielt daneben eine Schiffahrtslinie über die Ägäis; ein dritter erteilte gegen Honorar Rhetorikunterricht und führte außerdem ägyptische Waren nach Athen ein. Ein großer Mann in jener Zeit bietet nicht das schlichte Bild eines vornehmen Herrn, der im ländlichen Frieden lebt und bäuerliche Arbeit verrichtet. Er ist vielmehr eine ebenso schillernde Persönlichkeit wie etwa ein südamerikanischer Notabel und zeigt wie dieser, in einer Gesellschaft des brutal ausgeprägten Gegensatzes zwischen Arm und Reich, das Gehabe des Aristokraten, und seine Erwerbsmethoden unterscheiden sich deutlich von denen der Armen.

Der Boden

Das finanzielle Gerüst für diese vielfältigen Aktivitäten ist der Besitz an Grund und Boden. Dabei kann es sich um Streubesitz handeln, der mitunter in kleinsten Parzellen über die entferntesten Provinzen verteilt ist. Doch sind sämtliche Besitztümer im Rechnungsbuch des »pater familias« aufgeführt, und dieses Buch (»rationes, libellus«) gibt Auskunft, wie der Besitzer sein Patrimonium geordnet hat. Ist das Bad Bestandteil seines Anwesens oder bildet es einen selbständigen Betrieb? Ein Blick in das Rechnungsbuch zeigt, daß der Mietzins für das Bad in einer eigenen Rubrik notiert ist, getrennt von den Abrechnungen für die eigentliche Hausgemeinschaft. Wer entrichtet die Steuern: der Grundbesitzer selbst oder seine Kolonen? Was hat der Eigentümer für »Recht« oder für »Gewohnheit« erklärt? Auch dies geht aus dem Buch hervor. Aus ihm erfährt man auch, ob es sich bei den Pächtern des Grundbesitzers um Bauern handelt, die selber die Erzeugnisse des Bodens verkaufen, oder um Kolonen, die einen entsprechenden Anteil an den Besitzer abführen, und ob der »pater familias« selbst den Verkauf dieser Güter organisiert oder ob er das seinem Verwalter überläßt.

Gemälde aus Ostia. Der Name des Schiffes ist *Isis Geminiana* (Isis des Geminus), und der Kapitän und Steuermann (im Altertum waren beide identisch) heißt Pharnaces. Das Schiff ist ein einmastiges Handelsschiff, eine *corbita* – die stilisierte Version eines hochseetüchtigen Fahrzeuges, nicht die realistische Darstellung eines Lastkahns (*caudicaria*). Die Passagiere an Bord beten zur Göttin Isis um eine gute Reise. Noch im 18. Jahrhundert erlitten Jahr für Jahr zwei von hundert Schiffen Schiffbruch. (Rom, Vatikanische Bibliothek)

Der Besitz an Grund und Boden beschränkt sich nicht auf die landwirtschaftliche Nutzfläche. Ein Stück Land kann erschlossen sein; doch auch ein Anwesen mit einem Gebäude, das als ganzes oder in Teilen vermietet wird, gilt als Grundstück. Somit ermöglicht der Grundbesitz Unternehmungen aller Art, und es kann vorkommen, daß die Notabeln nicht nur den bebauten Boden besitzen, sondern auch städtische Wohngebiete, die eine weitere bedeutsame Einkommensquelle darstellen. Die Notabeln errichten auf ihrem Grund und Boden Häfen, Schenken, Hurenhäuser, »Speicher« (d. h. Magazine, die zur Lagerhaltung oder zur sicheren Verwahrung von Wertgegenständen und Dokumenten vermietet werden); sie erwerben vom Kaiser das Privileg (die »Wohltat des Princeps«), auf ihrer Domäne einen Markt abhalten und die dort getätigten Geschäfte besteuern zu dürfen. Sie beuten Minen und Steinbrüche aus – eine Art Nebenerwerb neben der Landwirtschaft, ähnlich der Industrie. Ziegeleien und Töpfereien entstehen auf ihrer Domäne, vom Eigentümer persönlich geleitet oder verpachtet; hier werden die Landarbeiter in der toten Zeit beschäftigt, wenn die Arbeit auf dem Felde ruht. Man kennt seit kurzem aus dem alten Ägypten einen Arbeitsvertrag mit zweijähriger Laufzeit zwischen einem Töpfer und einem Grundbesitzer, der auf seinen Domänen Brennöfen unterhielt. Der Töpfer verpflichtete sich, pro Jahr 15000 Krüge herzustellen, wozu der Verpächter ihm den Ton lieferte. (Es war üblich, einem Maurer oder

Handwerker das Arbeitsmaterial zur Verfügung zu stellen, das er zur Erfüllung des Auftrags benötigte.)

Aber lassen wir uns nicht täuschen von der Vielfalt der Geschäfte. Es gab auf der einen Seite die Landwirtschaft und auf der anderen Seite eine Vielzahl von Erwerbstätigkeiten, die wiederum abhängig waren von den Erzeugnissen des Bodens. Die Erde war nicht produktiv genug, um das sein zu können, was sie heutzutage in den entwickelten Ländern ist: eine derartig ergiebige Ressource, daß nur ein Bruchteil der Bevölkerung in der Landwirtschaft gebraucht wird und das Problem eher in der Überproduktion als in der Knappheit besteht. Im Altertum erbrachte die Landwirtschaft nicht genügend Erträge, um Industrie in großem Stil zu erlauben; die meisten Menschen mußten den Boden bewirtschaften, um sich selber und die wenigen Nicht-Landwirte durchzubringen. Dieser Umstand bestimmte, wie wir im folgenden sehen werden, die private Strategie der Patrimoniumsbesitzer.

Jeder in der Landwirtschaft tätige Mensch ernährte von seiner Hände Arbeit nicht mehr als zwei bis drei Personen: seine eigene Familie sowie den Honoratior, dem das Land gehörte. Das reichte zwar nicht aus, um ein Heer von Arbeitskräften zu verköstigen; aber es warf genug ab, um den Reichen jene monumentale Prachtentfaltung zu gestatten, die das Kennzeichen aller Klassengesellschaften vor der Industriellen Revolution war. Doch kann den Reichen die Prachtentfaltung nur gelingen, wenn sie die Erzeugnisse des Bodens auch absetzen, wenn also der Handel blüht – sie müssen ihren Weizen eintauschen gegen Säulen und Statuen. Wäre die römische Welt wirklich jenes Reich ohne Warenaustausch gewesen, als welches manche Leute es sich vorstellen, so hätten die Touristen und Archäologen heute nicht so viele Ruinen zu besichtigen und auszugraben. Landwirtschaft und Handel waren keineswegs Gegensätze; es waren Synonyme.

Der Boden ist gleichzeitig Reservoir des Reichtums, Mittel zum Überleben und Quelle tauschfähiger Güter. Zu den Strategien der Reichen gehört die Spekulation mit den Lebensmitteln; ihre Getreidespeicher sind bis zum Bersten gefüllt, doch sie warten auf Mißernte und Teuerung, um möglichst vorteilhaft verkaufen zu können. »Sie weigern sich, die Früchte des Bodens um einen gerechten Preis zu verkaufen«, schreibt der Rechtsgelehrte Ulpianus, »und indem sie die Jahre der Not abwarten, sorgen sie für den Anstieg der Preise.« Eine andere Strategie der Reichen war die regionale Spezialisierung. Nach Ansicht der Archäologen waren bestimmte Gegenden der römischen Welt, wie etwa die damals gut bewässerte und fruchtbare tunesische Sahelzone, aus Exportgründen jeweils auf ein Haupterzeugnis der mediterranen Landwirtschaft spezialisiert, also auf Weizen, Wein oder Öl. Man könnte geradezu von überregionaler Arbeitsteilung, von agrarwirtschaftlicher Marktorientierung sprechen. Selbst wenn Absatzschwierigkeiten oder Störungen des Warenaustauschs eintreten, so bleibt doch das Patrimonium erhalten, und die Domäne fällt in die Subsistenzwirtschaft zurück. Der Grundbesitzer sorgt schließlich dafür, daß nicht alle seine Ländereien mit Weizen oder mit Weinstöcken bepflanzt werden, was immer riskant und kostspielig ist. Auf jeder Domäne gibt es ein Stück

Wald, das kaum Kosten verursacht und als Sparkasse fungiert. Von einem dummen Menschen, der alles verkehrt macht, sagt ein Sprichwort: Er ist wie ein Schuldner, der das Holz verkauft und die Weinberge behält. Letzten Endes zählt allein, Grund und Boden zu besitzen, der Wertbeständigkeit verheißt. Man ist nicht verpflichtet, den Boden zu kultivieren: Muß man denn seine Zeit damit vertun, Sklaven, Landarbeiter und Kolonen zu beaufsichtigen, so ergötzlich das sein mag? Wie Plutarch berichtet, hat Cato zuletzt »die Landwirtschaft auch und vor allem als einen Zeitvertreib angesehen, nicht nur als eine Einkommensquelle«. Auf Ergötzlichkeiten nicht erpicht, bevorzugte er einträgliche, aber nicht kultivierte Ländereien, beispielsweise »Fischteiche, Thermalquellen, Grundstücke für den Bau von Walkmühlen, Weideland, Wald«. Er bezog daraus »Einkünfte, die nicht den Wechselfällen des Glücks und der Witterung« unterworfen waren.

Investitionen

Auf welche Art das Patrimonium auch organisiert sein mag, wichtig ist, daß der Besitzer es »als guter Hausvater« führt. Der Ausdruck ist nicht so patriarchalisch, wie er klingt, und selbst das moderne Handelsrecht kennt ihn noch im Zusammenhang mit der verständigen Leitung einer Aktiengesellschaft. Nach Auffassung der römischen Juristen muß der Familienvater »rührig und redlich« sein, und Cicero und Seneca rechnen es ihm zum Verdienst an, wenn er das Patrimonium mehrt. Die Römer hatten sich über die »Rührigkeit« des soliden Firmenchefs ihre eigenen Gedanken gemacht: Um ein guter Hausvater zu sein, der dieses Namens würdig ist, genügt es nicht, sich neutral zu verhalten und keinen anderen Ehrgeiz zu haben als den, seinen Erben ein ungeschmälertes Patrimonium zu hinterlassen. Investitionen sind vonnöten, wobei der Familienvater jede erdenkliche Umsicht walten lassen muß und vor allem die Kosten der geplanten Investition mit der zu erwartenden Steigerung der Einkünfte vergleichen muß.

Im letzten Buch der *Digesten* unterscheidet der Rechtsgelehrte Paulus klar und deutlich drei Arten von Ausgaben: solche, die »notwendig sind, um den Untergang oder die Wertminderung eines Gutes zu verhüten«; solche, die dem Vergnügen dienen, beispielsweise für Gärten, Malereien oder Marmorinkrustierungen; und solche, die »nützlich sind« – wir würden von Investitionen sprechen – und die »zunächst nicht ohne Wertminderung des Bodens zu tätigen sind, die aber langfristig eine Steigerung der Einnahmen bewirken«. Eine derartige Ausgabe wäre es z. B., »mehr Weinstöcke zu pflanzen, als für den Unterhalt eines Weingartens nötig wäre«, oder den Grundbesitz zu ergänzen um Speicher, eine Mühle oder einen Backofen, oder »seinen Sklaven in eine Lehre zu geben«. Paulus betont, daß diese Investitionen die Nettoeinkünfte der Domäne unterm Strich nicht verringern dürften. Für die Juristen, die sich häufig mit derlei Problemen zu befassen hatten, stellte sich die Frage, wer das Recht hatte, über eine Investition zu entscheiden, und wann. Denn billigerweise konnte diese wichtige Entscheidung

Presse für Öl oder Wein, diesmal mit vertikaler Schraube. Das Schraubengewinde war offensichtlich bekannt; dagegen wurde die Kurbel erst im Mittelalter erfunden. (Aquileia, Archäologisches Museum)

nur vom Eigentümer selbst getroffen werden. Und während ein Vormund nur verpflichtet ist, seinem Mündel das Erbe ungeschmälert zu hinterlassen, wird sich ein guter Hausvater Verdienste erwerben, wenn er im Gegensatz zum Vormund darauf bedacht ist, das Patrimonium aufzuwerten.

Ein Vormund darf keinen Übereifer entwickeln. Es ist nicht seine Sache, Investitionen zu veranlassen und die damit verknüpften Risiken auf sein Mündel abzuwälzen. Ebensowenig darf er im Namen seines Mündels großzügig Geschenke machen, nicht einmal, um das gesellschaftliche Ansehen des Kindes zu erhöhen. Vornehmste Pflicht des Vormundes ist es im Gegenteil, vergängliche Güter (möblierte Häuser, die abbrennen, oder Sklaven, die sterben können) zu veräußern und vom Erlös die einzig sicheren Güter zu erwerben, nämlich Grundstücke und Gold, das gegen Zinsen verliehen werden kann (hingegen darf man das Gold nicht einfach horten; das wäre nach den Worten des Evangelisten ein Mangel an Umsicht). Einem guten Hausvater dagegen kommt eine solche allzu neutrale Haltung nicht zu; es wäre falsch, ihn sich sozusagen als Vormund eines Erbgutes vorzustellen, dessen wahre Eigentümer die Nachkommenschaft sind, oder als zeitweiligen Nutznießer eines Gutes, das der ganzen Familiendynastie gehört.

Nach römischen Recht ist der einfache Nießbraucher befugt, Investitionen zu tätigen und zu »verbessern« – eine Handlungsweise, die auch dem guten Hausvater zur Ehre gereicht. Der Ehegatte, der die als Heiratsgut seiner Frau in die Ehe eingebrachten Güter verwaltet, hat dieses Recht ebenfalls. In Buch XXIII der *Digesten* berichtet der Jurist Javolenus von einem Mann, der auf einem Grundstück, das seine Frau in die Ehe mitgebracht hatte, einen Marmorsteinbruch anlegte. Später trennte er sich von der Frau, und sie erhielt des Grundstück zurück. Mußte sie nun nicht ihrem Ex-Ehemann die Kosten für die Anlage jenes Steinbruchs ersetzen, der den Wert des Grundstücks gesteigert hatte? Die Vertreter der alten Schule verneinten dies; die Ausgabe sei nicht »notwendig« gewesen, und überdies habe der Ehemann die Domäne keineswegs »verbessert«, sondern ihr den Marmor entrissen, der im Schoß des Bodens verborgen lag. Javolenus hielt dem entgegen, daß auch die nur »nützlichen« Ausgaben zulässig seien, selbst bei einem Heiratsgut; einzige Bedingung war, daß in dem betreffenden Steinbruch der Marmor nicht tot war, sondern »weiter wuchs«. Dann hatte die Gattin keinen Verlust erlitten, und der Gatte hatte bloß die Früchte des Steinbruchs geerntet. (Die Vorstellung, daß Marmor oder Gold nach Pflanzenart »wachsen«, findet sich bei allen Völkern und liegt auch den römischen Rechtsbestimmungen für Bergbau und Steinbrüche zugrunde.)

Was ein guter Hausvater zu tun hat, der seinen Besitz verständig verwaltet, ergibt sich zwischen den Zeilen aus dem, wozu der Nutznießer befugt ist. Im Gegensatz zum Hausvater ist es dem Nießbraucher nicht erlaubt, die Domäne oder Teile davon umzuwidmen: Lustgärten darf er nicht durch Anpflanzungen ersetzen. Unter diesem Vorbehalt darf er jedoch, wie Ulpianus in Buch VII schreibt, »den Zustand des Besitzes verbessern«. So kann er Steinbrüche, Sandgruben oder Kreidebrüche anlegen (Kreide brauchte man zum Stärken und Glänzendmachen von Kleidung), ferner Gold- oder Silberminen, Schwefel- oder Eisenbergwerke, »die auch ein Hausvater hätte anlegen können oder bereits angelegt hätte«; allerdings unter gewissen Bedingungen: Die Minen und Bergwerke müssen mehr abwerfen als die Weingärten oder Olivenhaine, die ihnen weichen müssen. Im übrigen darf der Nießbraucher das, was unter der Erdoberfläche liegt, nicht dergestalt auslaugen, daß nur er den Nutzen davon hat und nichts als eine leere Abraumhalde zurückbleibt; ferner darf die neue Investition nicht zum Ruin der übrigen Domäne führen, und der Gesamtertrag der Domäne, unter Berücksichtigung der Kosten für die zusätzlichen Arbeitskräfte, darf sich nicht verringern.

Geschäftstüchtigkeit als Mentalität

Diese aufschlußreichen Texte beweisen, daß der oft behauptete Gegensatz zwischen kapitalistischer Rationalität, die auf Gewinnmaximierung ausgehe, und einer patrimonialen Rationalität, der allein an der unversehrten Überlieferung ererbten Reichtums gelegen sei, nicht triftig ist. Die Römer waren bestrebt, das Patrimonium nach Möglichkeit zu vergrößern, und dachten in erster Linie an sich selbst und nicht an ihre Nachkommen. Die These, eine kapitalistische Firma kenne kein anderes Ziel als die Profitmaximierung, wäre genauso kurzschlüssig wie die Ansicht, Politik bestehe in der Kunst, neue Provinzen zu erobern. In

Wirklichkeit ist moderne Unternehmenspolitik ebenso komplex wie die Staatspolitik, und sie ist von Firma zu Firma ebenso verschieden wie die Außenpolitik Schwedens von der einer Großmacht. Unsinnig ist auch das gelehrte Gerede von den Römern als einem »Volk von Bauern«. Die Notabeln waren Unternehmer, deren oberste Absicht es war, sich zu bereichern. Sie versteckten ihren Besitz nicht wie die Geizhälse ihre Goldstücke, sondern sie legten an, investierten und spekulierten. Ihr Gewinnstreben ist eine nationale Besonderheit, die sie von vielen Völkern unterscheidet. Trotz vergleichbarer Wirtschaftsstrukturen und Klasseninteressen entfalten nämlich unterschiedliche Völker eine durchaus unterschiedliche Dynamik. Das ist eine Tatsache, und diese unterschiedliche »Mentalität« läßt sich nicht nach Belieben erzeugen oder induzieren. Die Wirtschaftstheoretiker, die versucht haben, gewisse Volkswirtschaften in der Dritten Welt »zu entwickeln«, haben feststellen müssen, daß es nicht genügt, ökonometrische Variablen zu kontrollieren oder Anreize für das Klasseninteresse zu schaffen, um wirklich das Interesse der Menschen zu wecken; es existiert daneben eine »Mentalität«, die man nicht nach Gutdünken modellieren kann; Galbraith hat daraus die Lehre gezogen, die Historiker zur Zurückhaltung zu mahnen. Halten wir abschließend fest, daß die Römer eine wirtschaftlich sehr aggressive »Mentalität« hatten. Will man sich ein Bild davon machen, wie ein »pater familias« agiert hat, so darf man weder nach den wirtschaftlichen Strukturen noch nach den augenscheinlichen Klasseninteressen urteilen, sondern man muß die Mentalität als selbständige Variable berücksichtigen. Ein reicher Römer war mit Leib und Seele Geschäftsmann und verstand es, sich zu bereichern. Die günstigen Auswirkungen auf das Produktionsniveau liegen auf der Hand; die Verteilung des Reichtums steht freilich auf einem anderen Blatt.

Zum Schluß sei darauf hingewiesen, daß ein Merkmal der Römer, das leicht übersehen wird, diesen Sachverhalt bestätigt. So wie die Juden, die Griechen und die Chinesen waren auch die Römer nicht lediglich Bauern, Unternehmer oder Soldaten; sie waren vielmehr ein Volk in der Diaspora. In den zwei Jahrhunderten vor der Zeitenwende und noch davor lebten sie zerstreut im griechischen Orient, in Afrika und an den Grenzen zur barbarischen Welt und wirkten als Händler und Bankiers und auch als Landwirte. Unter Gebrauch ihres politischen Einflusses haben sie sich die guten Ländereien in Afrika und der Zentraltürkei angeeignet und die Handelstätigkeit der griechischen Städte zu ihren Gunsten ausgenutzt. Die Stadt Rom beherbergte eine Vielzahl griechischer Intellektueller, denen die römischen Intellektuellen mit Eifersucht begegneten; gleichzeitig wimmelte es in Mytilene oder Smyrna von geschäftstüchtigen Italienern, die den Griechen mit Gründen verhaßt waren.

Aufbahrung eines Toten; 100 n. Chr. Klageweiber schlagen sich an die Brust. Die Fackeln ließ man auch tagsüber brennen. Zu Füßen des Verstorbenen drei Tafeln mit seinem Testament. Rechts vorne die testamentarisch freigelassenen Sklaven, die zum Zeichen ihrer Freiheit eine phrygische Mütze tragen. (Rom, Vatikanische Museen)

Zensur und Utopie

Statusdemonstrationen

Das Bild des römischen Privatmannes setzt sich aus vielen Komponenten zusammen: Er ist frei geboren und frei, wohlhabend, aber nicht neureich, ein wohlerzogener, ja, gebildeter Geschäftsmann, zugleich ein Müßiggänger, jedoch Träger einer politischen Würde. Die eigentümlichen Züge dieses Menschen sind ein Vermächtnis der griechisch-römischen Vergangenheit. Und dieses gebieterische Bild mußte nicht mit Gewalt aufgezwungen werden, es war evident.

In der Grabkunst spiegelte es sich wider; sie zeugte weniger von einem Jenseits als davon, was der Verstorbene auf dieser Erde gewesen war, und sie bediente sich einer jedermann verständlichen Sprache. Je nach Lust und Laune des Bildhauers und den besonderen Wünschen des Käufers trat die eine oder andere Komponente auf dem Grabstein in den Vordergrund. Man sah den Wohlstand eines verstorbenen Mannes, der gerade seine Abrechnung macht, die Huldigung seiner Bauern entgegennimmt, seinen Weizen mit Hilfe einer mechanischen Mähmaschine, dieses neuesten Wunderwerks des menschlichen Erfindungsgeistes, mähen läßt oder der einfach in seinem Laden sitzt. Oder man sah den Luxus einer verstorbenen Frau, die auf einem Stuhl mit hoher Rückenlehne sitzt und sich von einer Dienerin einen Spiegel vorhalten läßt, während eine andere Dienerin ihr das Schmuckkästchen reicht. Häufig reduziert sich die Darstellung auf ein Emblem. Ein Schirm in einer Ecke des Grabsteins signalisiert, daß die Verstorbene eine Sklavin hatte, die ihr den Schirm hielt, und daß sie genügend Muße zum Flanieren hatte. Manchmal hebt die Verstorbene vor ihrem Toilettentisch zum Zeichen der Ehrerbietung die Hand vor einer kleinen Venusfigur, die eine Sklavin aus der Nische mit den Götterbildern des Hauses (»lararium«) herbeigetragen hat. Auf Sarkophagen von Senatoren kontrastiert man das private Leben des Verstorbenen mit seinem Wirken in der Öffentlichkeit – in der Mitte sieht man ihn, wie er seiner Gattin die Hand reicht; links und rechts ist er in Generalsrüstung auf dem niedrigen Klappstuhl des Würdenträgers dargestellt, wie er die Unterwerfung von Barbarenhäuptlingen entgegennimmt, die er besiegt hat (oder bei seinen Funktionen hätte besiegen können). Andere Grabreliefs zeigen die Verteilung von Münzen oder einen Gladiatorenkampf, den der Honoratior für seine Mitbürger veranstaltet hatte. Die (dem Range nach ungleichen) senatorischen oder munizipalen Aufgaben des

Teilansicht eines Sarkophags, 2. Jh. (?) Die Dame grüßt mit der Hand die Venusstatuette. Die Skulptur gibt einen guten Eindruck von der Wirklichkeit der römischen Religion. (Arezzo, Museum)

Der Arzt untersucht sitzend einen kleinen Patienten, der nackt vor ihm steht; 2./3. Jh. Im Hintergrund zwei Gehilfen oder Schüler des Arztes. Es sind Sklaven, aber sie werden in seine Fußstapfen treten, sobald er sie zu einem fairen Preis (einige Tausend Silberlinge) freigelassen hat. (Rom, Vatikanische Museen)

Verstorbenen lassen sich an den »fasces« ablesen, den Rutenbündeln, die von Liktoren getragen werden, den Bütteln und Scharfrichtern, welche in dem Jahr seines öffentlichen Wirkens dem Verstorbenen voranschritten. In dieser Gesellschaft ohne Strafrecht verschaffte sich jeder bedeutende Würdenträger auf eigene Faust sein Recht.

Jedem seine Rolle. Auf der linken – der vornehmen – Seite eines Grabsteins übt der Ehegatte seinen Beruf aus. Er untersucht einen Kranken, der nackt vor ihm steht. Auf der rechten Seite beweist die Frau die Tugend der Frömmigkeit, umgeben von Sklaven erhebt sie die Hand vor einem Götterbildnis, um der Gottheit für eine Gunst zu danken; einer der Sklaven hält ein Spruchband hoch, auf dem die Herrin diese Gunst notiert hat, damit alle Passanten davon erfahren. Manche Grabsteine wollen nicht vor allem an den Reichtum, den Müßiggang, die Würde oder den Beruf des Verstorbenen erinnern als vielmehr höhere Werte preisen, beispielsweise die Frömmigkeit oder die Bildung des Verstorbenen. Die Dame opfert auf einer Räucherpfanne den Göttern einige Weihrauchkörner; der Mann sitzt auf einem Stuhl und liest eine Schriftrolle oder er hält sie zusammengerollt in der Hand zum Zeichen, daß er die trefflichen Studien beendet hat, die einem Mitglied der guten Gesellschaft zur Zierde gereichen.

Diese Bilder sind weder gleichmacherisch noch individualistisch. Mit Begriffen wie Originalität, Stolz, Fröhlichkeit, Leichtigkeit und Anmut kommt man bei den Römern nicht weiter. Die Grabkunst unterstreicht das nachdrücklich. Die römische Gesellschaft war nicht nur faktisch ungerecht und ungleich, weil sie drei Stände unterschied (im Sinne der von Ludwig XVI. ausgerufenen drei »Stände« von 1789); es wurden Auge und Ohr ständig an die Unterschiede zwischen den Menschen erinnert. Man demonstrierte lobenswerte »Freimütigkeit« (»parrhesia«), indem man geringen Leuten Beleidigungen ins Gesicht sagte; die Freunde der Großen (zu denen auch die der Gracchen gehörten, der beiden berühmten Sozialreformer aus der Epoche der alten Republik) teilte man in unterschiedliche Klassen ein, ähnlich wie in Versailles die Kurtisanen. Ein großer Mann verließ sein Haus niemals ohne Gefolge; wenn er in eine Stadt kam, die ihn zu ihrem »Patron« gemacht hatte, weil er ihr eine Wohltat erwiesen hatte, zog er dort feierlich ein. »Gestern hatte ich Leute zum Essen bei mir, die höher standen als ihr«, sagt Trimalchio zu seinen Gästen; sein Fehler ist freilich, daß er Reden führt, die empörend sind im Munde eines Freigelassenen, und daß er Personen zu sich einlädt, die gesellschaftlich höher stehen als er. Die einfachen Leute sind außerordentlich empfindlich gegen die »Schlichtheit«, die mancher Mächtige zu demonstrieren liebt. »Dieser Würdenträger erwiderte unseren Gruß«, meinte einer von ihnen, denen in jeder Situation Botmäßigkeit abverlangt wurde. Kurz, den Verhaltenskatalog bestimmte das, was MacMullen den »expliziten Statusausdruck« genannt hat.

Individualismus des Rechts

Zu den sichtbaren Statusdemonstrationen kamen andere, nicht weniger wirksame Zwänge, d. h. sittliche Vorstellungen, hinzu, sei es, um jene nachhaltig im Bewußtsein zu verankern, sei es, um sie erträglicher zu machen. (So mochte etwa die verwaltete Bevölkerung selber die private Tugend der »Milde« üben, die ihr der Statthalter vorgelebt hatte.) Jeder richtete über jeden, um ihn an seine öffentlichen und privaten Pflichten zu gemahnen. »Die Tyrannei der Meinung, und was für einer Meinung! ist in den Kleinstädten Frankreichs genauso idiotisch wie in den Vereinigten Staaten«, schreibt Stendhal im Hinblick auf das puritanische Amerika seiner Zeit. War der heidnische Bürgersinn vielleicht ebenso inquisitorisch, wenn es um die Privatsphäre anderer ging?

Gleichwohl soll Rom, die vielgepriesene Mutter des Rechts, ein Rechtsstaat gewesen sein, in dem niemand zu tun oder zu unterlassen gezwungen war, was das Gesetz nicht vorschrieb, und das öffentliche Recht die private Willkürjustiz ersetzte. Allerdings war das römische Recht individualistisch. Beide Geschlechter hatten das Recht, sich scheiden zu lassen, Besitz konnte nach Belieben übertragen werden, die Freiheit des Erblassers war beträchtlich. Es gab keine Staatsreligion, doch huldigte jede einzelne Stadt ihren bevorzugten Göttern und jedermann den seinen, die ihm zur Seite standen. Der weltliche Arm überließ es den Göttern, zugefügtes Unrecht zu rächen, und der Respekt vor den Stadtgottheiten beschränkte sich auf die Einhaltung ihrer Festtage. Jedem blieb es unbenommen, Wohnort oder Beruf zu wechseln. Hinzu kam eine augenzwinkernde Nachsicht gegenüber sexuellen Verfehlungen (auch von Frauen), die vom Senat sogar zum Prinzip erhoben wurde. Immerhin ist es richtig, daß dieser Liberalismus, wie Bleicken andeutet, in einer aristokratischen Auffassung des privaten Lebens wurzelte. Rom hat diese Freiheiten ebensowenig wie Griechenland jemals formell durch Gesetz garantiert, vielmehr begriff man das Recht als Kodifizierung jener Pflichten, die mit der Hausgemeinschaft, den Treueverhältnissen, der Verantwortung für das Patrimonium und dem persönlichen Status verbunden waren.

»Privat« (als Gegensatz zu »öffentlich«) ist ein häufig gebrauchtes Adjektiv der lateinischen Sprache, doch grenzt es nicht positiv die Sphäre des Privaten ab. Es hat eine eher negative Funktion: »Privat« ist das, was nicht durch Gebote und Haltungen in öffentlichen Ämtern oder Institutionen festgelegt und geregelt ist. Das »Private« ist nicht das Allerheiligste im Privatrecht; es wird zwar faktisch respektiert, aber es muß nicht respektiert werden. Man könnte einwenden, dies sei kaum mehr als eine formelle Nuance, erklärlich aus einem historischen Zufall (so wie sich unsere Freiheits- und Menschenrechte dem »Zufall« einer Auflehnung gegen die Fürsten verdanken). Das ist gewiß richtig; doch der Mangel an Rechtsgarantien öffnete allen möglichen Gefahren Tür und Tor, die plötzlich und unvermutet wie ein Gewitter hereinbrechen konnten. Das blutigste dieser Gewitter war die Verfolgung der Christen und der Manichäer.

Die Frau des Arztes bringt einer Gottheit einen Korb mit Blumen dar. Der Sklave, der ein Schild trägt, entbietet dem Gott seinen Gruß, indem er eine Hand an die Stirn führt.

Silbermünze aus der Zeit Domitians, Durchmesser: 19 mm. Mit dieser Münze konnte sich ein Kleinbürger einen Tag lang über Wasser halten. Goldmünzen benutzte man für größere Käufe und im Fernhandel.

Sarkophag, 2. Jh. Die drei Tugenden eines vornehmen Mannes. Links: seine Milde. Als General überwindet und begnadigt er Barbaren (hinter ihm das Vaterland und – mit nacktem Fuß und nackter Brust – die Tapferkeit). Mitte: seine Frömmigkeit. Er opfert einen Ochsen. Rechts: die Eintracht zwischen ihm und seiner Gattin (als Braut gekleidet), in Gegenwart von Venus und Cupido (mit Fackel). Eine Grazie mit entblößter Schulter berührt die andere Hand der Frau. (Mantua, Palazzo Ducale)

Bedeutsam in diesem Zusammenhang waren, unter einzelnen Kaisern, Umbrüche in der Moralordnung. Grundsätzlich folgten die römischen Herrscher, im Gegensatz zu den chinesischen und japanischen, nicht »der alten konfuzianischen Gewohnheit, Macht durch Moral einzudämmen« (Maurice Pinguet). Einige suchten die Sitten durch kaiserlichen Erlaß zu bessern, so Augustus, Domitian, die Severer und Konstantin. Augustus ergriff (zumindest nominell) strenge Maßnahmen gegen den Ehebruch der Frau. Domitian forderte, freie Liebesverhältnisse in reguläre Verbindungen umzuwandeln; er ließ eine Vestalin lebendig begraben, weil sie ihr Keuschheitsgelübde gebrochen hatte, und untersagte den Satirikern, obszöne Worte zu gebrauchen. Die Severer erklärten den Ehebruch des Mannes zu einem Vergehen und die Abtreibung zu einem Verbrechen gegen Gatten und Vaterland. Die Gesetzgebung des Konstantin ersetzte die alte aristokratische Laxheit durch eine Rigorosität, die nicht christlich, sondern im Volk verwurzelt war. Mit diesem Moralismus hat es eine eigene Bewandtnis. In der griechisch-römischen Welt konnte ein Gesetzgeber versuchen, die Gesellschaft per Dekret zu revolutionieren; oft hinkten die Gesetze den Sitten und Gebräuchen hinterher oder eilten ihnen voraus. Denn die Stadt galt nicht als Ausdruck des natürlichen Kräftespiels der gesellschaftlichen Tendenzen, vielmehr betrachtete man sie als eine vom Recht ins Leben gerufene Institution, die zerfiel, sobald der Gesetzgeber sie nicht vor den natürlichen Gegenkräften schützte – der Bürger ist ein eigenwilliger Schüler, der Disziplin und Ordnung nur beherzigt, wenn er unter der Fuchtel des Zuchtherrn steht. Entsprechend verfolgten die Eingriffe in die Moralordnung vor allem das Ziel, für jedermann sichtbar zu machen, daß der herrschende Kaiser in der Tat der Zuchtherr war, der nicht nur den allgemeinen Verhaltenskodex zu bewahren wünschte, der

ja durch die privaten Laster kaum bedroht war, sondern der auch das moralische Gewissen der Einzelnen zu bestimmen suchte. Sobald die neue Idee, das revolutionäre Gesetz in die Köpfe eingedrungen waren, wurden sie nicht länger angewendet und gerieten unter dem nächsten Herrscher in Vergessenheit. Einzig die Gesetzgebung Konstantins vermochte sich zu behaupten und prägte das Mittelalter.

Gibt es ein römisches Recht?

Vergessen wir die Gewitter. In normalen Zeiten spiegeln sich die römischen Sitten präzise genug im Bürgerrecht wider, das seine Herkunft aus der herrschenden Moral nie völlig leugnet. Die technische Kompliziertheit dieses Rechts, das mehr am Wortlaut als an Begriffen orientiert und erst recht nicht deduktiv war, erlaubte den Rechtsgelehrten wahre Orgien der Virtuosität. Taugte dieses Recht wirklich dazu, Gerechtigkeit herzustellen? Verschaffte es den Spielregeln Geltung, wenn Einzelne zum Nachteil ihrer Mitbürger dagegen verstießen? Nun, es versteht sich von selbst, daß in einer so ungleichen, ungerechten und von Klientelbindungen durchsetzten Gesellschaft wie der römischen selbst die förmlichsten Gesetze wenig effektiv waren und daß ein Schwacher wenig zu hoffen hatte, wenn er gegen einen Mächtigen klagte. Ein Beispiel mag genügen, aus dem hervorgeht, daß die öffentliche Gewalt eher dazu diente, die Privatfehde zu strukturieren als sie zu unterbinden.

Nehmen wir an, ein Schuldner will uns das Geld nicht zurückzahlen, das wir ihm geliehen haben. Oder besser, stellen wir uns vor, daß unser einziges Besitztum ein kleiner Bauernhof ist, an dem unser Herz hängt, weil schon unsere Vorfahren auf ihm gelebt haben oder weil er in einer

Gebt dem Kaiser, was des Kaisers ist, denn es trägt sein Bild: Bronzemünze mit dem Kopf des Severus – Durchmesser: 28 mm. Mit einer solchen Münze konnte ein Sklave sein täglich Brot kaufen, ohne verhungern zu müssen.

schönen Gegend liegt. Ein mächtiger Nachbar wirft begehrliche Blicke auf unser Gut. An der Spitze seiner bewaffneten Sklaven dringt er in unser Grundstück ein, tötet unsere Sklaven, die uns zu Hilfe kommen wollten, schlägt uns zusammen, jagt uns von unserem eigenen Grund und Boden und bemächtigt sich unseres Hofes, als ob er sein Eigentum wäre. Was sollen wir tun? Ein moderner Bürger würde antworten: Anklage vor dem Richter erheben (»litis denuntiatio«), sich sein Recht verschaffen und mit Hilfe der Staatsgewalt (»manu militari«) das geraubte Gut zurückholen. In der Spätantike hätte sich der Fall tatsächlich ungefähr so abgespielt; damals hatten die Provinzstatthalter endlich ihr Ideal des staatlichen Zwangs verwirklicht. Doch in den ersten zwei oder drei Jahrhunderten unserer Zeitrechnung ging es in Italien anders zu.

Der Überfall unseres mächtigen Nachbarn ist ein privatrechtliches Delikt und fällt nicht unter das Strafrecht. Es liegt bei uns als dem Antragsteller, für das Erscheinen unseres Gegners vor Gericht Sorge zu tragen. Wir müssen ihn also inmitten seiner bewaffneten Schar überwältigen und bis zum Tag der Verhandlung in unserem Privatgefängnis in Ketten legen. Gelingt uns das nicht und können wir ihn auch nicht zwangsweise vor den Richter führen lassen, so kommt es erst gar nicht zum Prozeß (»litis contestatio«). Nun, angenommen, es ist uns geglückt, und dank einem mächtigen Mann, der uns als Klienten akzeptiert hat, ist uns auch Gerechtigkeit widerfahren: Der Urteilsspruch lautet, daß wir das Recht auf unserer Seite haben. Jetzt liegt es bei uns, diesen Spruch in die Wirklichkeit umzusetzen, falls wir die Mittel dazu haben. Bedeutet das, daß wir das Anwesen unserer Ahnen mit Waffengewalt zurückerobern müssen? Nein. Infolge einer unerklärlichen Bizarrerie des Gesetzes konnte ein Richter einen Angeklagten nicht dazu verurteilen, die entwendete Sache einfach wieder herauszugeben. Der Richter überläßt unseren Hof seinem Schicksal; dafür sind wir aber befugt, über *alle* Güter und Domänen unseres Widersachers zu verfügen und sie in einer Versteigerung zu veräußern. Vom Erlös behalten wir diejenige Summe Geldes zurück, auf die der kluge Richter unseren Hof geschätzt hat (»aestimatio«); der Rest gehört unserem Widersacher.

Wer mochte es bei dieser Sachlage wagen, an die Justiz zu appellieren, die so wenig Ähnlichkeit mit einem Schiedsrichter hatte, welchem die Ahndung von Regelverstößen im gesellschaftlichen Wettkampf obliegt? Wohl nur zwei Personengruppen. *1.* Von zwei starrsinnigen, mächtigen Männern, die um ein Stück Land streiten, will jeder Recht bekommen und den Fall vor einer möglichst großen Öffentlichkeit verhandelt sehen, die den Prozeß mit der Lust des Römers an der Schikane oder mit der Freude an juristischer Beredsamkeit verfolgt. Und darum bringen sie ihren Streit vor Gericht, so wie sie ihn zu anderen Zeiten im Duell und vor Zeugen ausgetragen hätten. *2.* Ein Gläubiger wird einen Prozeß gegen einen säumigen Schuldner anstrengen, der wenig Widerstand leisten kann. Bevor er ihn zu fassen bekommt, wird es freilich ein kurzes Versteckspiel geben. Der Jurist Ulpianus schildert uns einen Schuldner, der es vermeidet, den Marktplatz zu betreten, um nicht seinem Gläubiger über den Weg zu laufen. Erblickt er ihn, so verbirgt er sich rasch hinter den Säulen, die den Hof säumen, oder hinter einem Pavillon.

Also war das Recht nur einer von mehreren möglichen »Spielzügen« im gesellschaftlichen Wettkampf, und gewisse Leute baten sogar darum, auf die Anwendung des Gesetzes zu verzichten: »Juris consultus abesto«, »keinen Rechtsgelehrten in dieser Sache«!

Das Recht ist eine Strategie, freilich auch ein Bestandteil der alten römischen Kultur. Es gehörte zur Bildung, zu Rechtsmitteln greifen und den Rechtsvorschriften bis in die gelehrtesten Exegesen hinein folgen zu können. Ein Beispiel: Theoretisch konnte eine Römerin nicht selbst vor Gericht erscheinen, sondern mußte sich von einem Mann vertreten lassen (eine Bestimmung, die allerdings außer Gebrauch geraten

Rückseite derselben Münze; die drei Geldsorten (Gold, Silber, Bronze) halten Füllhorn und Waage in den Händen.

Grab der Haterii, um 100 n. Chr. Auf diesem Familiengrab, einem überladenen Tempel ähnelnd, wird die Errichtung eben dieses Grabes verherrlicht. Über dem Tempel hat der Bildhauer eine andere Szene dargestellt, für die er sonst keinen Platz fand. Die Maschine links ist ein Wunderwerk menschlichen Erfindungsgeistes, das die Familie voller Stolz auf dem Grabmal zur Schau stellte.
(Rom, Vatikanische Museen)

Blick beim Verlassen Pompejis auf die Straße nach Herculaneum. Das vorderste in der langen Reihe altarähnlicher Gräber zeigt das Bild eines Schiffes.

war); erst recht galt dies für eine nicht-römische Reichsbewohnerin, etwa eine Griechin oder eine Ägypterin. Aus den Papyri ersehen wir jedoch, daß dennoch häufig Frauen vor Gericht auftraten. Welche Regel galt also? Wir müssen zur Kenntnis nehmen, daß es keine gab. Andererseits wissen wir, daß die Römerinnen oft genug vor Gericht mit einem männlichen Rechtsvertreter erschienen, den sie gar nicht benötigt hätten. Gab es schon keine Regel, so gab es doch Eleganz vor Gericht, ja sogar Pedanterie.

Dieses im Grunde doppelbödige Recht schloß Überbleibsel der Volks- und Privatjustiz ein. Noch in der Kaiserzeit war Volksjustiz keine Seltenheit. Das einfachste Mittel, einen säumigen Schuldner zum Zahlen zu veranlassen, bestand darin, ihn in seinem Hause zu überrumpeln und ihn öffentlich bloßzustellen (»convicium«). Man überhäufte ihn mit Schmähungen oder sang ein Spottlied, in dessen Refrain die fällige Summe angemahnt wurde. Die Juristen verlangten lediglich, daß man, mit Rücksicht auf die als Zeugin angerufene Öffentlichkeit, den Schuldner nicht nackt auszog und daß in dem Lied keine obszönen Wörter vorkamen. Der Schuldner wiederum versuchte, Mitleid zu erwekken; zum Zeichen seiner Verlassenheit zog er Trauerkleidung an und schnitt sich nicht mehr die Haare.

Die Furcht vor der öffentlichen Meinung spielte eine große Rolle, und die Öffentlichkeit fungierte als legitimer Richter über die Privatsphäre. In den kleinen Städten tat man jemandem, der wider den Stachel lökte, manchen bösen Tort an – die Meute drang in seine Wohnung ein, legte ihn auf einen Leichenwagen und zog heulend und grölend hinter dem »Toten« her, bevor man ihn schließlich laufen ließ. Man beleidigte sogar die Toten, wenn die öffentliche Meinung ihr Testament nicht billigte. Ebenso hielt man es, wenn die Erben aus Geiz nicht jene Gladiatorenkämpfe zur Erinnerung an den Verstorbenen veranstalteten, auf welche die Menge beim Tod eines Notabeln glaubte Anspruch zu haben. In einem kleinen Ort in Ligurien hielt die Masse auf dem öffentlichen Platz den Leichenzug eines ehemaligen Offiziers an; seine Familie konnte ihn erst auf den Scheiterhaufen betten, nachdem sie ein feierliches Leichenspektakel versprochen hatte.

Öffentlichkeit des Grabes

Es gibt ein Anrecht aller auf ein bestimmtes Verhalten jedes Einzelnen. Sei er Dekurio, Plebejer oder gar Senator, von keinem Römer wird vermutet, daß er ein persönliches Intimleben hat. Jeder kann sich an jeden wenden und über jeden urteilen; man nimmt an, daß jeder jeden kennt. Der geringste Privatmann kann sich deshalb an die »Öffentlichkeit« wenden, die ja nichts anderes ist als ein Ensemble von Privatleuten. Er kann »für die Galerie« den Clown spielen – alle Welt wird ihn beklatschen. Man kennt die New Yorker Graffiti: Jeder x-beliebige teilt Passanten und U-Bahn-Fahrgästen seine Einfälle mit, seine erotischen Phantasien oder auch bloß seinen Namen und die Tatsache seiner Existenz, indem er auf die Wände sprüht, was ihn bewegt. Nicht anders in

Pompeji: Die Mauern dieser Stadt – wie die vieler anderer Städte – sind bedeckt mit Kritzeleien von Leuten, die den anderen etwas zu lesen und zu lachen geben wollten.

Ein vergleichbares Forum der Öffentlichkeit bilden seltsamerweise die Straßenränder, das antike Pendant zu unseren Friedhöfen. Der Wegsaum vor der Stadt war Eigentum aller, und so standen hier die Grabmäler. Sobald ein Reisender das Stadttor passiert hatte, bewegte er sich zwischen einer Doppelreihe von Gräbern, und jedes buhlte um seine Aufmerksamkeit. Der Grabstein spricht nicht zur Familie oder zu den Verwandten des Toten, sondern zu jedermann. Die Grabstätte unter der Erde war das eine – hier hielt die Hausgemeinschaft des Verstorbenen jährlich eine Gedenkfeier ab. Der Grabstein darauf, mit der Inschrift, war etwas anderes – er war für die Augen der Passanten bestimmt. Der Vergleich mit modernen Grabinschriften wäre trügerisch; sie sind Erinnerungstafeln ohne Adressaten, die nur zum Himmel sprechen. Die römischen Grabinschriften aber sagten: »Du, der du hier vorüberziehst, lies, welche Rolle ich in dieser Welt gespielt habe ... Und nun, da du gelesen hast, fahr wohl. – Sei auch du gegrüßt« (die Antwort des Passanten wurde gleich mit eingemeißelt). Wir wissen es aus den Quellen: Wer in der Antike Lust auf Lektüre verspürte, erging sich vor den Toren der Stadt; eine Grabinschrift war leichter zu entziffern als die Kursivschrift eines Buches. – Zwei spätere Entwicklungen bleiben an dieser Stelle unberücksichtigt: die Nekropolen und die heidnischen Katakomben.

Die Ausfallstraßen einer Stadt mit ihrer Doppelreihe plakativer Todesanzeigen erinnern an einen Jenseits-Broadway mit seinem reklamesüchtigen Totenkult. Manche Grabinschriften werben unverhohlen um Beachtung – sie verheißen Frieden und Einkehr auf dem engen Raum der Grabstätte. Was jedoch unterschiedslos alle Inschriften bekunden, ist nicht die Trauer der Hinterbliebenen, sondern die soziale Rolle des Verstorbenen und seine Treue zu den Verwandten. Das ist ihre gemeinsame Botschaft an den Wanderer, der über sie urteilen soll.

Die Archäologen haben gut hunderttausend solcher Grabinschriften entdeckt, und MacMullen hat festgestellt, daß sie seit dem 1. Jahrhundert n. Chr. in Mode kamen und im 3. Jahrhundert allmählich wieder verschwanden. Das ist nicht verwunderlich. Die Grabinschriften gründeten ja nicht in einer elementaren Vorstellung vom Tod, sondern sie zeugten von der Herrschaft des öffentlichen Wortes und der öffentlichen Kontrolle. Auch waren sie nicht den großen Männern vorbehalten; selbst schlichte Privatleute hatten sehr wohl in einem öffentlichen Rahmen und unter den Augen von ihresgleichen gelebt. Und sie pflegten der Mitwelt auf ihrem Grabstein eine Nachricht zu hinterlassen, nicht anders als in ihrem Testament: »Ich habe armselig gelebt, solange mir zu leben bestimmt war; darum rate ich euch: genießt das Leben mehr, als ich es getan habe. So ist das Leben: man kommt bis hierher und nicht weiter. Lieben, trinken, ins Bad gehen, das ist das wahre Leben: danach kommt nichts mehr. Ich habe niemals den Rat eines Philosophen befolgt. Hütet euch vor den Ärzten: sie sind es, die mich ins Grab gebracht haben.« Zum Nutzen der Lebenden zieht der Tote die

Ein verstorbenes Ehepaar, dargestellt als Mars und Venus, nach 120 n. Chr. Da die Toten genau wie die Götter verehrungswürdig und unsichtbar waren, stellte die Grabkunst sie oft hyperbolisch als Götter dar, was nur die Archäologen wörtlich genommen haben. Der Gatte, gewiß ein stolzer Senator, hielt sich mehr auf seine militärischen als auf seine zivilen Funktionen zugute. So wie mancher Zeitgenosse Napoleons III. sich als Kaiser verewigen ließ, so ähnelte auch dieser Senator seinem Kaiser, nämlich Hadrian. Seine Gattin mochte nicht die nackte Venus spielen; andere Frauen hatten weniger Hemmungen. (Paris, Louvre)

Lehre aus seinem Leben. Die wenigen Hinweise auf ein Jenseits, die von christlich geprägten Historikern über Gebühr hervorgehoben worden sind, verleugnen gerade diese öffentliche Funktion des antiken Grabmals. Gelegentlich werden auf der Grabinschrift auch Zensuren verteilt – der Verstorbene prangert diejenigen an, die ihm Anlaß zur Klage gaben. Ein vornehmer Herr verurteilt auf dem Grabstein – wie in einem Testament – einen undankbaren Freigelassenen und schimpft ihn einen Wegelagerer. Ein Vater tut jedermann kund und zu wissen, daß er seine unwürdige Tochter enterbt hat. Eine Mutter gibt einer Giftmischerin die Schuld am Tod ihres Säuglings. Derlei auf den Grabstein zu schreiben, hieße für uns, die Majestät des Todes zu beleidigen. Aber die Römer wuschen ihre schmutzige Wäsche in aller Öffentlichkeit. In Pompeji gibt es, an der Straße nach Nocera, eine Grabinschrift, die einem treulosen Freund den Zorn der über- und unterirdischen Götter an den Hals wünscht.

Die Zensur der öffentlichen Meinung

Allenthalben wurden kollektive Zensuren für privates Verhalten erteilt, und auf Schritt und Tritt wurde man an die Spielregeln erinnert. Die Luft war gleichsam erfüllt von Ordnungsrufen, von der Aufforderung, die Regeln zu achten. Ein Honoratior in Pompeji ließ an der Wand seines Speisesaals folgenden Hinweis anbringen: »Erzeige dich liebenswürdig und behalte deine streitsüchtigen Bemerkungen für dich, wenn es möglich ist; wenn nicht, lenke deine Schritte wieder heimwärts. Wende deine verliebten Augen und deine lüsterne Miene von der Frau deines Nachbarn; auf deinem Antlitz spiegele sich Zucht.« Die Gäste empfanden solche Ermahnungen nicht als Zumutung; sie registrierten vielmehr mit Befriedigung, daß tugendhafte Sprüche ihrer ehrsamen Geselligkeit die höhere Weihe gaben. Die Heftigkeit, mit der man für die Tugend das Weihrauchfaß schwenkte, hätte einen Ochsen zu Boden gestreckt. Ovid, der zartsinnige Dichter, der eines Tages die Qual der Verbannung erleiden sollte, huldigt tränenfeuchten Auges seiner hingebungsvollen Gattin, die er in Rom zurückgelassen hat: Sie werde ihn nicht hintergehen. In einer Eloge auf sich selbst reckt Horaz stolz das Haupt: In seiner Jugend ist er, dank den klugen Weisungen seines Vaters, niemandes Lustknabe gewesen. Statius verfaßt für seinen Mäzen, der verwitwet ist, ein Preisgedicht auf dessen verstorbene Frau: Sie war so sittsam und züchtig, daß sie ihren Mann um nichts in der Welt betrogen hätte, nicht einmal für sehr viel Geld. Es war als Kompliment gemeint, wenn man eine Frau dafür lobte, daß sie sich nicht verkauft hatte, und einen Jüngling dafür, daß er niemandes Lustknabe gewesen war. Statius beglückwünscht einen jungen Mann dazu, daß er, obwohl ein Waisenkind, sich in seiner Jugend nicht der Ephebenliebe ergeben hat. Das Lob, das die argusäugige Tadelsucht spendete, war taktlos.

Skrupellos holte man Leichen aus dem Keller – alles war erlaubt, wenn es galt, der Tugend gegen das Laster beizuspringen. Von Statius hören wir, daß besagter Jüngling, der zugleich sein Gönner war, Glück gehabt hatte; seine Mutter war eine Giftmischerin gewesen, die ihm nach dem Leben getrachtet hatte, doch der Kaiser hatte sie bestraft und ins Gefängnis gesteckt. Der Dichter konnte in aller Öffentlichkeit deshalb den gestrengen Richter spielen, weil vor ihm bereits die öffentliche Meinung das nämliche getan hatte. Das kollektive Gewissen kommentierte schamlos Tun und Lassen jedes Einzelnen. Das galt nicht als Klatsch, sondern als berechtigte Einschätzung: »reprehensio«. Jede Heirat, jede Scheidung, jedes Testament wurde kritisch taxiert. Die Briefe Ciceros beweisen es, und der Briefwechsel des Plinius – von vornherein zur Veröffentlichung bestimmt – belegt es erst recht, er versteht sich als Handbuch des vollkommenen römischen Senators, dessen Modell der Autor ist. Jedesmal, wenn Plinius von einem Testament oder einer Scheidung spricht, erläutert er umständlich, was die Leute darüber dachten; waren die Meinungen geteilt, so entscheidet er, welche Partei recht hatte. Denn die herrschende Klasse fühlte sich legitimiert, das Leben ihrer Mitglieder im Interesse der Gesamtheit zu kontrollieren. Wer ihrer Meinung trotzte, erntete Spott und Hohn: Beleidigende anonyme Lieder gingen von Mund zu Mund (»carmina famosa«), und es zirkulierten Pamphlete (»libelli«) über den Nonkonformisten, worin dieser mit obszönen Verunglimpfungen und sarkastischem Schimpf bedacht wurde, um ihm klarzumachen, daß die öffentliche Meinung stärker war als er. Als ein Senator in einem Klima engsinniger Moral beschloß, seine Mätresse zu heiraten, brachte Statius, der dessen Schützling war, die Sache auf den Begriff: »Daß doch die lügnerischen Verleumdungen in den Pamphleten verstummten! Diese bisher zuchtlose Liebe hat sich den Gesetzen Roms unterworfen, und die Bürger konnten mit eigenen Augen die Küsse sehen, über welche sie einst gelästert haben.« Es steckt Heuchelei in diesem bürgerlichen Puritanismus, der nicht zögert, jeden anzuschwärzen, der sich nicht anpaßt. Eine ganze literarische Gattung hat hier ihre Wurzeln: die Satire.

Niemand kommt darum herum, der öffentlichen Meinung Rechenschaft über sein privates Leben zu geben, selbst nicht die Kaiser und erst recht nicht die »guten« Kaiser. Als Claudius von den Schandtaten der Kaiserin Messalina erfahren hatte, hielt er eine Rede vor den Prätorianern, informierte sie eingehend über die Untreue seiner Gattin und erklärte den Männern, »er habe kein Glück mit seinen Ehen und werde Junggeselle bleiben«. Als Augustus die Zuchtlosigkeit seiner Tochter und seiner Enkelin zu Ohren kam, die sich als Lebedamen und nicht wie Mitglieder der herrschenden Familie aufführten, ließ er im Senat einen genauen Bericht über ihr skandalöses Verhalten verlesen, ja, er wandte sich in einem Manifest (»edictum«) sogar an das ganze Volk. Die »schlechten« Kaiser hielten es genauso, nur mit umgekehrten Vorzeichen: Sie prahlten mit ihren Mätressen und Lustknaben, um zu demonstrieren, daß ein mächtiger Mann über der öffentlichen Meinung stand.

Um der Kritik aus dem Wege zu gehen, empfiehlt es sich für den »pater familias«, vor jeder wichtigen privaten Entscheidung seine Standesgenossen und Freunde um Beistand und Zustimmung zu bitten: Soll er kraft väterlicher Autorität seinen Sohn bestrafen? einen jungen Sklaven freilassen? sich vermählen? eine unwürdige Gemahlin verstoßen? noch einmal heiraten? sich gar das Leben nehmen? (Ohne die Billigung der Freunde könnte der Selbstmord als Feigheit ausgelegt werden.) Vor dem Rat der Freunde breitet man auch Unrecht und Beleidigungen aus, die einem widerfahren sind. Ein Mann, der von seinem Bruder ungerechterweise enterbt worden war, las in aller Öffentlichkeit sein eigenes und das Testament seines Bruders vor, der Unterschied der beiden Texte löste allgemeine Empörung aus. Der Rat der Freunde war, zumal in den alten Familien, eine durchaus formelle Institution – wenn man sich mit einem Freund überworfen hatte und ihn in diesem Rat nicht mehr sehen wollte, teilte man ihm das ausdrücklich mit (»renuntiare amicitiam«).

Die herrschende Klasse kennt keine Verschwörung des Schweigens; ihre öffentlichen und privaten Fehler sind für die kleinen Leute durchaus sichtbar. Plinius, dieser selbsternannte Tugendapostel, verurteilt die Torheiten seiner Standesgenossen oder vielmehr ihre Schwächen (Torheit war in Rom nicht tödlich); er veröffentlicht Stellen aus vertraulichen Briefen, wodurch er den Sturz eines habgierigen Statthalters auslöst. Seneca schildert in seiner Eigenschaft als Senator ausführlich die sexuellen Perversionen, aufgrund derer einer seiner Standesgenossen nicht zum Konsul ernannt worden ist. Die Herrschenden zögerten nicht, ihre Standesgenossen in Verruf zu bringen, weil sie nie als Privatperson sprachen; jeder Bürger war bis zu einem gewissen Grade eine Person der Öffentlichkeit. Die Legitimität der öffentlichen Meinung hatte eine eigenartige »Freiheit der [mündlichen] Presse« zur Folge, nämlich eine retrospektive – einen verstorbenen Kaiser durfte man der Tyrannei bezichtigen und ihm vorwerfen, er habe den freimütigen Ausdruck (»parrhesia«, »libertas«) edler Gesinnung beschneiden wollen, sofern man nur vorsichtigerweise hinzusetzte, daß der herrschende Kaiser das Gegenteil eines Tyrannen war.

Moralische Autorität

Ein Senator ist kein Mensch wie andere. Jedes seiner Worte ist öffentlich und hat Anspruch darauf, geglaubt zu werden. Er beurteilt die öffentlichen und privaten Handlungen von seinesgleichen in derselben Weise, wie bei uns Diplomaten und Generäle in ihren Erinnerungen über die öffentlichen und privaten Verdienste und Makel der Staaten- und Schlachtenlenker urteilen. Die Legitimität der herrschenden Klasse beruhte weniger auf offiziellen Titeln als auf der »Autorität« (»auctoritas«), die ihr ganz natürlich und ohne weitere Begründung zuwuchs: Es war einfach so. Diese Autorität erstreckte sich ebensosehr auf die private Moral wie auf das öffentliche Leben. Der Senator sagt, wie der anständige Bürger zu leben hat. Verfaßt dieser Senator historische oder philosophische Werke, so werden sie nicht wie diejenigen gewöhnlicher Sterblicher gelesen. Ist er Historiker, so sagt er, unter welchem Gesichtspunkt man die römische Vergangenheit zu deuten hat, und veranschaulicht an ihrem Beispiel jene politischen, moralischen und patriotischen Wahrheiten, als deren Hüter und Lehrer der Senat gewirkt hat. Die »normalen« Historiker übernehmen getreulich diese erbauliche Version der römischen Geschichte: Sind sie selber unbedeutende Männer, so begnügen sie sich damit, bei allem gebührenden Respekt die Dinge aus der Kammerdiener-Perspektive zu betrachten und ihre Leser mit Anekdoten aus der Privatsphäre der Großen zu ergötzen. Ist der Senator Philosoph, wie etwa Cicero oder Seneca, so obliegt es allein ihm zu sagen, wie die Anwendung der Philosophie auf die Politik auszusehen hat – in den Weisheitsbüchern finden sich die alten römischen Prinzipien, deren Hüter er ist.

Jeder Aristokrat muß sich gravitätisch geben, denn er ist ein Mann von Gewicht (»gravis«). Er darf in der Öffentlichkeit nicht scherzen; das käme einer Anbiederung gleich. Doch alles hat seine Zeit, die Würde und das Sichgehenlassen (»non intempestive lascivire«): Es zeichnet den Senator aus, daß er weiß, wann er in seinen eigenen vier Wänden scherzen und sich gehenlassen darf. Scipio, in der Öffentlichkeit außerordentlich schroff, erwies sich im Verkehr mit seinen Vertrauten als sehr »zivil«. Rom blickte auf eine lange Tradition aristokratischer Vornehmheit zurück – die Kritik am Nächsten war nicht beißend, sondern spöttelnd ironisch. Die Satiren des vornehmen Lucilius bewahren den esoterischen Charakter einer mondänen Insider-Lektüre. Die mokanten Anspielungen sind meist indirekt, ohne jedoch an Schärfe zu verlieren. Derselbe Lucilius lachte mit Scipio und anderen seiner Standesgenossen. Wenn sie auf einem ihrer Refugien auf dem Lande (in einer »villa«) beisammen waren, brauchten sie die Strenge des aristokratischen Verhaltenskodex nicht mehr zu beachten, und die hohen Herren waren sich nicht zu schade, einander um den Eßtisch zu jagen – wie die Kinder. Der zivile Ton des privaten Lebens erlaubte es ihnen, wieder zu Kindern zu werden (»repuerascere«). Sie verhielten sich für eine Weile so, wie sich die Menschen aus dem Volk stets verhielten, die etwa bei der Weinlese oder beim Kleiderflicken in aller Öffentlichkeit sangen. »Ein armer Mann lacht häufiger und mit fröhlicherem Herzen.« (Seneca) Die Römer teilten nicht die hochmütige Eleganz der Griechen, die sich öffentlich wie privat derselben noblen Manieren befleißigten. Zweihundert Jahre v. Chr. nahm Rom, schon immer eine zur Hälfte hellenisierte Stadt, zum ersten Mal diplomatische Beziehungen zu den hellenistischen Königreichen auf, die damals noch den Status einer Weltmacht genossen. Ein römischer Gesandter, der dem König Antiochos gegenübertrat, dem berühmtesten Manne seiner Zeit, vermochte die erhabene Idee, die er von seinem römischen Vaterland hatte, nur durch spröde Förmlichkeit auszudrücken, seine Äußerungen wirkten pompös und deplaziert. Der König gab ihm zu verstehen, daß ihn solche halbbarbarische Arroganz wenig beeindrucke, setzte jedoch hinzu, daß er dem Gesandten nichts übelnehme – seiner Jugendlichkeit und seines guten Aussehens wegen.

Rom war kein wirklicher Rechtsstaat, obwohl dies immer wieder behauptet worden ist: Dieser Staat gehorchte vielmehr einer Macht, die dem modernen Soziologismus verhaßt ist: einer herrschenden Klasse. Die römische Rechtsprechung wird verständlicher, wenn man darin

Diese römische Bronze ist die auf ein Drittel verkleinerte Kopie einer altgriechischen Athletenstatue. Doch hat ihr der römische Kopist ein Füllhorn in die Linke und wohl einen Kranz in die Rechte gegeben und damit aus der zwecklosen Schönheit des nackten Mannes einen Bonus Eventus (Gott des guten Gelingens) gemacht. (Paris, Petit Palais, Sammlung Dutuit)

nicht nach festen Regeln sucht, sondern sich klarmacht, daß sie ad hoc und nach den jeweiligen Kräfteverhältnissen entschied. Seltsamerweise war Rom auch kein traditionalistischer Staat, in welchem, wie in England, der Respekt vor der Herkunft den Ausschlag gab. Das immense Gefüge der römischen Institutionen blieb instabil. Rom war ein autoritärer Staat, in dem es keine Spielregeln gab: Das berühmte »Auf Treu und Glauben« der Römer bezeichnete ein Vertrauens-, nicht ein Vertragsverhältnis. Die ähnlich berühmte, unablässige Berufung auf den »Brauch der Alten«, die »Sitte der Väter« (»mos maiorum«) ist nicht minder trügerisch und läßt nicht auf die Fortgeltung der alten Sitten und Gebräuche schließen. Das Herkommen wurde allein im Zusammenhang mit öffentlichen Einrichtungen beschworen, und selbst dann nur von den Machthabern, die als einzige zu politischen Aussagen berechtigt waren. Auch berief man sich auf das Herkommen lediglich dann, wenn es verletzt zu werden drohte. Man erinnerte an die Sitte der Väter, um einen Rivalen an der Einführung von Neuerungen zu hindern oder um sich selbst Rückendeckung für einen unerwarteten Schritt zu verschaffen, den man mit einem in Vergessenheit geratenen Brauch zu legitimieren hoffte. Gegen die Sitten der Väter wurden freilich stets und ebenso heftig die Sitten der Gegenwart ins Feld geführt. Ob altehrwürdig oder neu, Brauch und Sitte waren jeweils bloß vorgeschoben, und jeder bediente sich ihrer nach Gutdünken und Opportunität.

Volksweisheit

Das öffentliche Leben gehorchte dem Willen der herrschenden Klasse; das private Leben stand in der Furcht vor deren Meinung. Diese Meinung wurde als Selbstzensur verinnerlicht und brach bisweilen in einem öffentlichen Anfall von Scham wieder hervor – einer Scham, die als ehrenhaft galt. Wir erinnern uns an den jähzornigen Herrn, der seine Sklaven mißhandelt hatte und dann Galen anflehte, ihn auszupeitschen. Ein reicher Schiffseigentümer in Sparta, dem der weise Apollonios von Tyana Vernachlässigung der öffentlichen Belange und Selbstsucht vorgeworfen hatte, nahm sich den Tadel zu Herzen und änderte sein Leben von Grund auf.

Im übrigen hielt man in der Öffentlichkeit zwanghaft an gewissen Formen des Aberglaubens fest. So galt zu jener Zeit die Astrologie als kulturell bedeutsame und wissenschaftlich fundierte Lehre; sie genoß das Prestige, das bei uns die Psychoanalyse behauptet. Die Mächtigen unternahmen nichts, ohne ihren Astrologen befragt zu haben. Auch Träume mochten Vorzeichen sein. Das war freilich umstritten. Sueton, ein Beamter von hoher Bildung und besonnenem Wesen, hatte eines Nachts einen Traum, der ihm anzukündigen schien, daß er einen Prozeß verlieren werde; daraufhin bat er einen befreundeten Senator, den Prozeß zu vertagen. Der Senator forderte ihn auf, den Traum noch einmal zu überdenken: Träume seien Vorzeichen, gewiß; aber ihre Botschaften seien oft nicht klar. Ein anderer hoher Beamter hatte eines Tages nicht einen Traum, sondern eine veritable Erscheinung: Er lustwandelte in einem Säulengang (»porticus«), als eine ungeheure Gestalt auf ihn zutrat. Es war Africa, die Verkörperung des Kontinents, mit den weiblichen Zügen, die Maler und Bildhauer ihr zu geben pflegten. Die Erscheinung prophezeite ihm, daß er eines Tages Statthalter der Provinz Afrika sein werde, was später tatsächlich eintraf. Eine andere Frage bewegte ebenfalls die Gemüter: Gab es Geister oder nicht? Die hierzu befragten Philosophen gaben zur Antwort, daß es, wenn die Seele wirklich unsterblich sei, wie Platon behauptete, gewiß auch Geister geben könne.

Weit verbreitet war die Furcht vor dem »bösen Blick«. Zum Schutz davor versah man den Eingang seines Hauses mit dem gemalten oder steinernen Abbild eines Phallus, eines Skorpions oder einem anderen Sinnbild der Durchbohrung, um die Neider abzuschrecken. Denn Furcht vor dem bösen Blick war vornehmlich Furcht vor der Mißgunst der Nachbarn, die einem das schöne Haus und den Reichtum nicht gönnten. »Zerspringe, Neid!« (»rumpere, invidia«) schrieb man neben den phallischen Abwehrzauber.

Soviel zur Scham, zu den Ängsten und Phobien der Reichen. Was die kleinen Leute betraf, so richtete sich ihr privates Leben nach den Sitten und Gebräuchen, die ihnen überdies durch eine mündlich tradierte Volksweisheit nahegebracht wurden, vergleichbar den Weisheitsbüchern des Alten Testaments. Die Meinung der Senatoren mahnte die Menschen bei jeder Gelegenheit an das, was sie tun sollten. Die Volksweisheit ihrerseits lehrte: »So handelt der Weise, und so handelt der Tor.« Der einfache Mann erteilte seinen Kindern theoretischen Anschauungsunterricht, indem er sie auf die Fehler anderer hinwies und daraus den Gegensatz von Gut und Böse, aber auch von Dummheit und Klugheit im privaten Leben ableitete. Der Adelshochmut hatte es nicht nötig, sich auf Weisheitslehren zu stützen. Die Notabeln gaben sich selbst ihr Gesetz, sobald sie nur den Mund auftaten; Sprichwörter waren gut fürs Volk. Der Vater des Dichters Horaz, ein reicher Freigelassener, ließ seinem Sohn jene Bildung angedeihen, die ihm selber versagt geblieben war, gab ihm aber seine persönlichen Einsichten mit auf den Weg. Um seinen Sohn zu lehren, das Laster und die ehebrecherische Liebe zu fliehen, berichtete er von einem Mann, der in flagranti ertappt worden war und deshalb seinen guten Ruf eingebüßt hatte. Um ihn die kluge Verwaltung seines Erbgutes zu lehren, beschrieb er ihm, wie ein anderer Mann seine Tage in Not und Elend beschlossen hatte. Denn ein Mann aus dem Volk hat ebensosehr die Dummheit zu fürchten wie die Unmoral: »Wie kann man übersehen«, sagte er zu seinem Sohn, »daß diese oder jene Handlung unsittlich oder unvorteilhaft ist, wenn derjenige, der sie begeht, bei den Leuten ins Gerede kommt?« Und er empfahl, zum Vorbild das Verhalten eines großen Mannes zu nehmen, der, zum Geschworenen ernannt, offiziell als guter Mensch anerkannt wird. »Das ist eine Autorität«, erklärte der Vater. Horaz empfand später eine gewisse Verwandtschaft zwischen dieser zwar mündlichen, aber konkreten Belehrung durch den Vater und den konkreten Lehren der Philosophie. Nicht zuletzt die Leute aus dem Volk fühlten diese Verwandtschaft. Auf ihren Grabinschriften liest man

Sätze wie »Niemals folgte er den Lehren eines Philosophen« oder »Ganz allein erkannte er die ehrwürdigen Wahrheiten«. Darin offenbart sich nicht Verachtung der Kultur, sondern der Anspruch auf kulturelle Gleichberechtigung – der Verstorbene bedurfte nicht der Philosophie, um selbst als Philosoph zu leben und um zu erkennen, was gut und was nützlich war.

Verweichlichung

Neben der Volksweisheit kannte man die mündlich tradierten Lehren des »gesunden Menschenverstandes«, die in allen Gesellschaftsklassen verbreitet waren und alle nur erdenklichen Probleme zum Gegenstand hatten. Es handelte sich um veritable Philosophien nach Art des Marxismus oder der Psychoanalyse. Wie diese boten die mündlich überlieferten Lehren grundsätzliche Erklärungen für Alltagserfahrungen. Sie hatten Entlarvungscharakter. Ihre Hauptannahme lautete, daß die Wirklichkeit, in der man lebte, entstellt und verderbt sei, daß sie von Grund auf verändert werden müßte und daß sämtliche privaten und öffentlichen Mißstände in dieser Entstellung wurzelten. Der Fehler lag nicht in der Klassengesellschaft, sondern in einem Verhaltensmakel, den, quer durch die Klassen, praktisch alle Menschen teilten: in der Verweichlichung, aber auch in der Neigung zum Übermaß. Jedermann kannte Beispiele für diesen Sachverhalt, und die Philosophen meinten ihn aus ihren Erkenntnissen ableiten zu können. Ein halbes Jahrtausend lang haben Griechen und Römer geglaubt, daß ihre Gesellschaft im Verfall begriffen sei – das berühmte »dekadente Rom«. In den mündlich tradierten Weisheiten verkörpern sich nämlich Wechselfälle der Ideengeschichte, keine starren, funktionalen Abbildungen des Faktischen; sie sind freie Schöpfungen, und ihr Zusammenhang mit der Realität ist schwankend; manche von ihnen fördern den Konformismus, andere dienen der Demaskierung.

Verweichlichung lähmt die Individuen und stürzt ganze Gesellschaften ins Unglück, die ja nichts anderes sind als Aggregate von Individuen. Aber was ist diese Weichheit? Nicht so sehr ein bestimmtes einzelnes Charaktermerkmal als vielmehr ein Symptom, das Rückschlüsse auf die innere Verfassung des Individuums zuläßt. Auf den ersten Blick scheint Weichheit ein Defekt neben anderen zu sein, die in ihrer Gesamtheit »unmännlich« wirken: weibische Sprechweise, affektierte Gesten, schlaffe Gangart usw. Aber der griechisch-römische Puritanismus nahm diese Details sorgfältig unter die Lupe und maß ihnen eine übertriebene Bedeutung bei. Man glaubte, in dieser äußerlichen Weichheit das Anzeichen einer tieferen Verweichlichung zu erkennen, eine Schwächung des gesamten Charakters. So wie ein schwacher Organismus keine Resistenz gegen Erkrankungen besitzt, so wird ein Charakter ohne Widerstandskraft dem Ansturm der Laster erliegen, vor allem jener Laster, die seiner eigenen Weichheit am wenigsten ähneln. Diese Weichheit erklärte den Luxus und die Hemmungslosigkeit, für welche es im Lateinischen nur das eine Wort »luxuria« gab und die darin bestanden, daß man sich keinen Wunsch versagte und daß man alles für erlaubt hielt. Wer im alten Rom die Frauen zu sehr liebte und zu sehr der Sinnenlust frönte, bewies damit, daß er verweichlicht war. Wie ließ sich diese Verweichlichung bekämpfen? Indem man das Nichtstun bekämpfte, das ihr Vorschub leistete. Zwar war in den Augen der Römer der Müßiggang nicht aller Laster Anfang; ihre Kritik folgte nicht der modernen Anschauung, daß der Mensch überschüssige Energien hat, die er beispielsweise in der Liebe verausgabt, wenn er sie nicht in die Arbeit investiert. Aber sie hielten das Nichtstun gleichwohl für eine Einbruchstelle des Lasters insofern, als ein untätiger Charakter »aus der Übung kommt« und den Versuchungen keinen Widerstand mehr zu leisten vermag. So herrschte denn im griechisch-römischen Gesellschaftssystem ein Männlichkeitswahn, der jedes Vergnügen, jeden Tanz und jede Leidenschaft mit klerikaler Strenge verdammte und die Beschäftigung des Einzelnen mit sich selber unter Verdacht stellte. Daher die gelegentlichen Ausbrüche von Intoleranz, sobald ein Kaiser oder die öffentliche Meinung sich zu moralischer Entrüstung aufgerufen wähnte.

Übermaß

Die andere Schule der philosophischen Anthropologie, die allenthalben und allerorten Übermaß und Exzeß witterte, begünstigte eine grundsätzliche Skepsis gegenüber dem Menschen und dem Leben. Alle Menschen sind Narren. Eine Art Größenwahn treibt sie, immer noch mehr von dem besitzen zu wollen, was von Natur aus weder nützlich noch besitzenswert ist. Daher rühren Ehrgeiz und Begehrlichkeit – Strebungen, aus denen Verschwendung, Konflikte und der Niedergang der Staaten entspringen. Man erkennt hier die Weisheit eines Horaz, die nicht, wie man ihm unterstellt hat, darin bestand, dem Weisen den Mittelweg zu empfehlen, sondern in der Klage, daß dieser Rat niemals befolgt worden ist und daß es etwas radikal Falsches im Herzen eines jeden Menschen gibt. Gegen dieses universelle Falsche tritt die Weisheitslehre mit der Kraft der Verzweiflung an. Und deshalb tadelt sie nachdrücklich den häufigsten Exzeß: die Begehrlichkeit, die Habsucht; freilich auf eine besondere Weise. Ein behäbiges Auskommen ist genug, wozu mehr verlangen als Einnahmen ohne Arbeit? Die Torheit der Menschen gründet darin, daß sie sich nicht bescheiden mögen. (Hier zeigt sich ein eigentümlicher Ansatz zu einer Theorie der Armut.) Schon Galen hat es gesagt: »Wozu soll es gut sein, fünfzehn Paar Schuhe zu besitzen? Zwei Paar Schuhe reichen aus, eines zum Gebrauch, eines als Reserve. Ein Haus, ein paar Sklaven, bequeme Möbel, und der Mensch kann glücklich und zufrieden sein.« Von Prodikos bis zu Musonius und anderen gefielen sich die Philosophen darin, das paradoxe Loblied der »Armut« anzustimmen, ein Lied, das allgemein Anklang fand, zum Beispiel im Theater, einem beliebten Zeitvertreib, in dessen Verlauf die Menschen ihrer Meinung lautstark Ausdruck gaben. Seneca berichtet von dem stürmischen Applaus, den die Tiraden gegen

Bankett auf einem griechischen Grab. Es gibt einen römischen Epitaph, der die Bedeutung solcher Bilder erklärt: Der Verstorbene, betrübt über das kümmerliche Leben, das er führen mußte, will wenigstens auf seinem Grab als Gastgeber erscheinen. »Aber was nützt es den Toten, wenn man sie beim Feiern zeigt? Sie hätten klüger daran getan, bei Lebzeiten zu feiern.« (Avignon, Musée Calvet)

die Geizigen hervorriefen, die Habgierigen, die sich selber schaden, weil sie unersättlich sind. Die griechischen Wirtschaftstheoretiker lehrten, das wahre Ziel jeder Produktion müsse die Autarkie der Volkswirtschaft sein, was bedeutete, die Bedürfnisse so weit zu regulieren, daß man nicht mehr von der Wirtschaft abhängig war. Moderne Historiker haben geglaubt, aus dieser Ideologie den Schluß ziehen zu dürfen, die Alten hätten wenig Sinn für wirtschaftliche Produktivität bewiesen und folglich könne das griechisch-römische Wirtschaftssystem nicht sonderlich entwickelt gewesen sein. Das ist freilich ein gründliches Mißverständnis der geläufigen Maßhalte-Parolen, welche die Wirklichkeit nicht beschrieben, sondern kritisierten.

Man muß mit wenigem zufrieden sein können, sagte Epikur, doch fügte er hinzu: wenn es sein muß. Ob der »gesunde Menschenverstand« der Antike den Reichtum verdammt oder die Verweichlichung, er verfolgt immer dasselbe Ziel: die Sicherheit der Privatperson durch Kritik an jenen Schwächen oder Gelüsten zu verbürgen, die den Menschen den Zufällen des Lebens ausliefern. Der Tadel gilt denen, die zuviel wagen, indem sie zu viele Segel setzen. Wir haben es mit Einsichten zu tun, die der Besänftigung dienen. Dem Exzeß, der den Einzelnen gefährdete, stellten Religion, Philosophie und Jenseitslehren den Seelenfrieden entgegen, der Fülle des Vergnügens das theoretische Gebot, zu wählen – und zu verzichten. Die einfachen Leute verurteilten vor allem den Geiz, der Reichtümer anhäuft, ohne sich ihrer zu erfreuen. Wenn dagegen ein reicher Mann, sei es ein »princeps« oder ein Liebling des Volkes, dem Vergnügen frönte, sein Geld mit vollen Händen ausgab und mit seinen Festen, Mätressen und Lustknaben prahlte, dann brachte man ihm Sympathie entgegen: »Dieser mächtige Mann ist im Grunde aus demselben Holz geschnitzt wie wir«, sagten sich beruhigt die Armen.

Hercules und Bacchus; 2. Hälfte des 1. Jh. Diese Kolossalstatuen aus einem sehr harten Stein (daher die schimmernde, weiche Oberfläche) fand man im kaiserlichen Palast in Rom. Der alte Satyr, der Bacchus umarmt, ist selber überlebensgroß. Das Feste und das Weiche: Hercules versinnbildlicht die tugendhafte, zivilisierende Macht; Bacchus steht für Freude und überschäumende Lust. (Parma, Museum)

Vergnügen und Exzeß

Das liberale Ideal

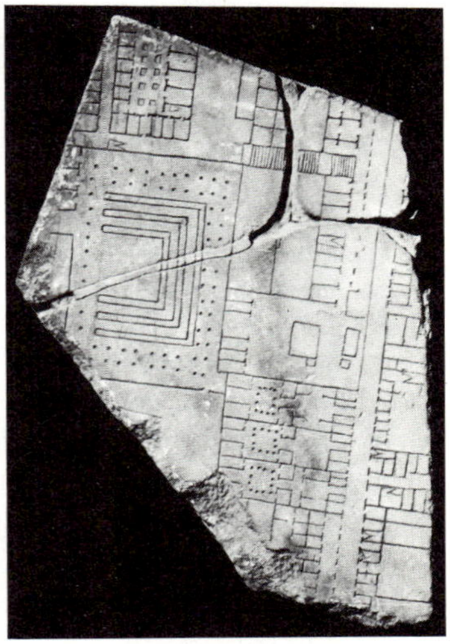

Fragment eines offiziellen Stadtplans von Rom; Marmor, um 210. Zu sehen ist ein Teil dessen, was den Raum zwischen den Denkmälern ausfüllte: eine von Läden und mehrstöckigen Häusern gesäumte Straße sowie drei nebeneinander stehende »domus« mit Innenhof und Kolonnaden (die drei gepunkteten Rechtecke). Der Plan macht nicht an den Außenmauern der Häuser halt, sondern zeigt auch das private Innere; er kündet von der Größe der Stadt und von dem menschlichen Triumph über den Raum dank der Kunst des Vermessers.

»Bad, Wein und Venus verbrauchen den Körper, aber sie machen das Leben lebenswert«, sagt ein römisches Sprichwort. Ausgerechnet in Sparta fand sich folgendes Epigramm zu einem erotischen Grabrelief:

»Dies also nennt sich Tempel,
dies also ist der Sitz deiner Mysterien;
dies also kommt auf den Sterblichen zu,
wenn er das Leben enden sieht.«

Alles zu seiner Zeit: Das Vergnügen hatte ebenso seine Berechtigung wie die Tugend. Ein Bild verrät mehr als viele Worte: Man liebte es, Hercules im Augenblick seiner Schwäche darzustellen, beim Spinnen zu Füßen seiner Geliebten Omphale oder umnebelt vom Wein, kaum noch imstande, aufrecht zu gehen, mit glasigem Blick und glühendem Gesicht.

Neben dem Vergnüglichen gab es auch Erstaunliches: das bunte Spektakel der Arena und des Theaters, die Pracht der öffentlichen Bauten, die überwältigenden Dimensionen einer Stadt. Man stand ergriffen vor den Wunderwerken der Technik – im Theater und im Amphitheater verblüfften geistreiche Vorrichtungen und Maschinen die Zuschauer. Landkarten, Stadtpläne und Gebäudegrundrisse waren schon gebräuchlich und wirkten weniger faszinierend als heutzutage ein Computer. Die Ingenieurskunst wurde von zivilen wie von militärischen Behörden geschätzt und vom Volk bewundert. Großprojekte, beispielsweise Kanalbauten und Straßen, beschäftigten die Phantasie wie eine kühne Heldentat; unter Nero versuchten die Ingenieure, den Isthmus von Korinth zu durchstechen und einen Kanal anzulegen. Die damalige Technik erhob, anders als die heutige, nicht den Anspruch, die Natur zu unterjochen und umzuwälzen, doch auf begrenzten Gebieten waren die Alten zu außerordentlichen Leistungen fähig – zu rechten Wundertaten, erstaunlich wie die Wunder der Natur selbst. Dazu zählten der Siphon (durch welchen es möglich wurde, Aquädukte über Täler zu führen) und die Sonnenuhr. Im 1. Jahrhundert v. Chr. waren Sonnenuhren die große Mode; jede Stadt wollte eine solche Uhr haben. Kaiser Nero, der die Psychologie des Verblüffens zu nutzen verstand, entwickelte einen Herrschaftsstil, wie ihn später die Renaissancefürsten beherzigten: Er stilisierte sich zum »artifex«, was »Künstler, Urheber«, aber auch »Ingenieur« bedeuten kann. Nero wurde jedoch gestürzt,

Sarkophag. Zwei Ehegatten beim Mahl; zu ihren Füßen spielen die Kinder. Die musikbegeisterte Dame sitzt auf einem Sessel, während ihr Herr und Gebieter das Vorrecht genießt, beim Essen zu liegen. Sklaven tragen Gerichte auf. (Rom, Vatikanische Museen)

weil die Vornehmen des Reiches und die städtischen Notabeln eine andere, konservative Tugend bevorzugten: die Urbanität.

Zur Urbanität gehörte das »savoir-vivre«. Ein wohlerzogener Mann (»pepaideumenos«), also per definitionem jeder Mann von vornehmer Geburt, zeigte in Gesellschaft von seinesgleichen weder Unterwürfigkeit noch Arroganz. Der Respekt vor dem Gleichgestellten bekundete sich mit der Ungezwungenheit der freien (»liberalen«) Seele. Zur Ehrerbietung vor dem Höhergestellten gehörte die natürliche Schlichtheit – Kennzeichen des Bürgerstolzes des freien Mannes. Den Barbaren entspricht es, »versteinert vor Königen zu verharren«, und den Abergläubischen, vor den Göttern zu zittern wie Sklaven vor ihrem Herrn. In den Augen der herrschenden Klasse regierte die »Freiheit«, und der regierende Herrscher war ein »guter Kaiser«, solange er mit den Bürgern der Oberschicht in »freiem« Ton umging, Befehle von gleich zu gleich erteilte, sich nicht als Gott oder als barbarischer Potentat gerierte und die eigene Vergöttlichung – dieses Zugeständnis an die religiöse Begeisterungskraft der Massen – nicht allzu ernst nahm. Der politische Stil in der Blütezeit des Römischen Reiches ist ein Stil der Geselligkeit. Persönlichkeiten des öffentlichen Lebens sollten ebenso frei und unverkrampft miteinander verkehren wie die Gestalten in den philosophischen Dialogen Ciceros; von demselben liberalen Geist sollte das religiöse Leben beflügelt sein. Nichts war weiter entfernt von dem christlichen Verhältnis zum Göttlichen, das nach dem Vorbild der Familie strukturiert war. Die Kindesliebe zum göttlichen Vater mußte den Heiden als geschmacklose Zudringlichkeit und sklavische Kriecherei erscheinen. Wahrscheinlich wirkte sie plebejisch.

Selbst in der Politik hatte der Stil der Beziehungen, die zwischen Kaiser und Untertanen bestanden, häufig größeres Gewicht als die tatsächlichen politischen oder ökonomischen Sachentscheidungen oder die Verteilung der Macht. Auch in dieser Hinsicht ist eine Abgrenzung des öffentlichen Lebens vom privaten schwierig. Heute würde es ein geschiedener Mann nicht zum Präsidenten der USA oder der Französischen Republik bringen. In Rom nahm man die private Dimension des öffentlichen Lebens noch wichtiger. Kaiser stürzten über ihr unsittliches Betragen oder ihre private Meinung von dem von ihnen regierten Volk. Zwar tat das persönliche Fehlverhalten des »princeps« politischen oder materiellen Interessen ersichtlich keinen Abbruch; aber es war für römische Notabeln eine demütigende Vorstellung, einen Kaiser zu haben, dessen Größenwahn oder Unmoral ihr Ehrgefühl kränkte.

Unser klassisch-humanistisches Bild von der Klarheit, Vernunft und Freiheit der antiken Welt – vor der Dekadenz der späten Kaiserzeit – rührt von dem dünnen Firnis der Eleganz her, der die privaten Beziehungen der herrschenden Schicht überzog. Diese Werte bestimmen selbst die Privatbriefe und überhaupt die Prosa bis hin zu den Grabinschriften. Auch der Realismus der römischen Kunst hat dieses Bild mitgeprägt. Wie Ernst Gombrich schreibt, stellen die Katakombenmalereien oder die »Bilderbibeln« der mittelalterlichen Bildhauer die Elemente und Inhalte der Legenden im Stil der konventionellen Montage dar. Dagegen bestand die klassische heidnische Kunst aus Momentaufnahmen oder »Schnappschüssen« einer als bekannt vorausgesetzten Legende. Mensch und Realität standen gleichberechtigt nebeneinander. Kaiserporträts der Spätantike statten den Souverän mit den Zügen des Mystikers oder des diktatorischen Hierarchen aus; in den Kaiserporträts aus der Blütezeit des Reiches indes figuriert der »princeps« als attraktiver junger Mann, als Intellektueller oder als vornehmer Herr – die Züge sind individualisiert: Die Büsten haben nichts Ideologisches oder Didaktisches an sich.

Dem liberalen Ideal zufolge sollten sowohl die zwischenmenschlichen Beziehungen als auch die innere Unabhängigkeit des Einzelnen vom Gefühl der Freundschaft, nicht dem der Leidenschaft bestimmt sein. Liebe ist Versklavung; Freundschaft jedoch ist Freiheit und Gleichheit, und zwar ungeachtet der Tatsache, daß »Freundschaft« oft, wenngleich nicht immer, »Klientschaft« bedeutete. Hatten die Menschen damals wirklich mehr Freunde als heute? Ich weiß es nicht; jedenfalls redete man viel häufiger über Freundschaft, als wir es heute tun. Allerdings spricht eine Kultur oft nicht von dem, was wirklich in ihr vorgeht, sondern von imaginären Lösungen für ihre realen Widersprüche. (Die Japaner begehen nicht häufiger Selbstmord als die Menschen des Westens, aber sie reden mehr davon.) In der Spätantike ändert sich das. Die Rhetorik wird dunkel und expressionistisch, der Stil der Politik nimmt anmaßend autoritäre Züge an. Der hochgestochene Ton in der Spätzeit des Reiches – so übertrieben, daß er nachgerade zur Karikatur gerät – ist schuld an dem »dekadenten« Erscheinungsbild der Epoche. Lange Zeit haben sich die Historiker hierdurch irremachen lassen und angenommen, damals sei alles ernstlich im Niedergang begriffen gewesen, die Bevölkerungszahl und das städtische Leben, die Produktion, die Geldwirtschaft und die Autorität der Regierung. So sehr kann der Stil täuschen.

Das urbane Ideal

Der Stil in den ersten zwei oder drei Jahrhunderten des Kaiserreiches war also »urban«, im doppelten Sinne des Wortes. Die Notabeln bildeten, wie wir gesehen haben, einen städtischen Adel, der seine Güter auf dem Lande nur in den heißen Sommermonaten aufsuchte. An der Natur schätzten sie einzig das Liebliche und Angenehme (»amoenitas«). Beschwerliche Jagdexpeditionen in unzugängliche Gegenden unternahm man nur, um seine »virtus«, seinen Mut zu beweisen. Die Natur, die diese Menschen liebten, war eine durch Parks und Gärten vermenschlichte; man gestaltete die Landschaft zu einem geschlossenen Bild, indem man die geographischen Möglichkeiten nutzte und beispielsweise einen Hügel oder einen Ausblick mit einem kleinen Tempel krönte. Ganz sie selbst konnten diese Menschen nur in der Stadt sein. Stadt hieß für sie nicht nur vertraute Straßen und anonymes Gewimmel, sondern auch Bequemlichkeiten (»commoda«), beispielsweise öffentliche Bäder und Bauten, an welchen sich Einwohner wie Besucher gleichermaßen ergötzten und die aus der Stadt mehr als ein bloßes Konglomerat von Menschen machten. Pausanias fragt: »Kann man einen Ort als ›Stadt‹ bezeichnen, wo es keine öffentlichen Gebäude gibt, kein Gymnasion, kein Theater, keinen öffentlichen Platz und nicht einmal das Wasser für einen einzigen Springbrunnen, und wo die Menschen in Hütten [›kalybai‹] leben, die armselig am Rand eines Abgrunds kleben?« Die Römer waren auf dem Lande nicht heimisch. Um sich zu Hause zu fühlen, brauchten sie eine Stadt, am liebsten eine mit Stadtmauern. Mauern waren der markante Schmuck einer Stadt; sie definierten den Raum des heimatlichen Gemeinwesens. Noch heute pflegen wir uns nachts in unserer Wohnung einzuschließen, auch wenn wir keine Angst vor Einbrechern haben. Ähnlich schlossen umwehrte Städte bei Einbruch der Dunkelheit ihre Tore, und nächtliches Kommen und Gehen erregte Argwohn. Wer Böses im Schilde führte, wagte es nicht, sich von der Schildwache das Stadttor aufschließen zu lassen; er benötigte einen Komplizen, der ihn an einer kaum bewachten Stelle der Stadtmauer in einem Korb herauf- und in die Stadt hineinbeförderte.

Gastmahl

In der Stadtmauer erkannte der Bürgersinn sein Symbol; im Gastmahl feierte er sich selbst. Kaum war Horaz auf seiner geliebten ländlichen Bleibe angekommen, da lud er bereits eine befreundete Frau zum Gastmahl ein – wahrscheinlich eine Freigelassene, eine berühmte Sängerin oder Schauspielerin. Bankette boten dem Privatmann die Gelegenheit, sich des Erworbenen zu erfreuen und es stolz seinen Standesgenossen vorzuführen. Das Gastmahl war für die Römer ebenso wichtig wie der Salon für die französische Aristokratie des 18. oder Versailles für den Adel des 17. Jahrhunderts. Die Kaiser kannten keine Hofhaltung. Sie lebten in ihrem »Palast« auf dem Palatin, nicht anders als die vornehmen Römer in ihren Privatvillen, und waren lediglich von ihren Sklaven und Freigelassenen umgeben (was zur Folge hatte, daß im Palast auch die Staatsministerien untergebracht waren). Nahte der Abend, so speiste der Kaiser mit Gästen, Senatoren und Bekannten, die er gerne um sich versammelte. Jetzt war die Zeit gekommen, um sich zu entspannen und die öffentlichen Pflichten oder die Verwaltungsgeschäfte zu vergessen. Jetzt konnte man sich als Privatmann bei Tisch amüsieren. Selbst die armen Leute (»hoi penetes«), immerhin neun Zehntel der Bevölkerung, übten den Brauch der abendlichen Feste. Während des Gastmahls vergaß der Privatmann alles bis auf seinen »Beruf«, so er einen hatte. Wer freilich sein Leben dem Studium der Weisheit gewidmet hatte, feierte nicht wie das profane Volk, sondern als Philosoph.

Silbergerät; Fundort: Boscoreale, vor 79 n. Chr. Selten war das durchschnittliche Niveau einer Kunst geschmacklich so hoch wie das der spätrömischen Ziselierkunst. (Paris, Louvre)

Es gab eine Kunst des Gastmahls. Doch waren die römischen Tischsitten wohl nicht so streng und förmlich wie die heutigen. Die Leute speisten mit Klienten und Freunden aus allen Schichten der Bevölkerung; allerdings verfuhr man bei der Zuweisung der Ruhelager genau nach Protokoll. In der Mitte befand sich der kleine runde Eßtisch, auf dem die Platten mit den verschiedenen Gerichten standen. Ohne die Ruhelager war ein richtiges Fest undenkbar, nicht einmal bei den Armen. Im Sitzen aßen die Römer nur bei gewöhnlichen Mahlzeiten (bei den einfachen Leuten stand die Mutter am Tisch und bediente den Vater, der saß). Die römische Küche mutet uns teils orientalisch, teils mittelalterlich an. Die Speisen wurden kräftig gewürzt und mit komplizierten Saucen angerichtet. Fleisch wurde im allgemeinen gekocht, seltener geschmort oder gebraten, so daß es ausgeblutet war, und mit Zucker gesüßt. An Getränken standen zur Auswahl ein Wein mit marsalaähnlichem Aroma und ein geharzter Wein, wie man ihn heutzutage in Grie-

Bankettszene auf einem syrischen Grab; 2. Jh. (Beirut, Museum)

Familienbankett. Das auf zahllosen Gräbern erscheinende Bankettmotiv besagte zweierlei: »Was für ein glückliches Leben haben diese Leute geführt« Und: »So muß man leben; denn das Leben ist kurz.« (Plovdiv, Museum)

chenland trinkt; beide wurden mit Wasser vermischt. »Mach ihn stärker!« befiehlt der liebeskranke Liebesdichter seinem Mundschenk. Der anspruchsvolle und längste Teil des Abends war dem Trinken vorbehalten. Zu Beginn des Mahls aß man, ohne zu trinken. Später trank man dann, ohne zu essen; das war das eigentliche Trinkgelage (»comissatio«). Das Gastmahl war nicht bloß ein Festessen; es war eine kleine Feier, und man erwartete von jedem, daß er gelegentlich eine solche Feier veranstaltete. Zum Zeichen ihrer guten Stimmung trugen die Gäste blumengeschmückte Kopfbedeckungen oder »Kränze« und waren parfümiert, d. h. mit duftendem Öl gesalbt (da reiner Alkohol unbekannt war, diente Öl als Lösungsmittel für Parfüms). Die Bankette glänzten vor Öl – ebenso wie die Liebesnächte.

Das Gastmahl war mehr als nur ein Gastmahl. Man erwartete von den Gästen, daß sie ihre allgemeine Denkungsart und ihre Auffassung von bestimmten Themen äußerten oder aus ihrem Leben erzählten. Hielt sich der Gastgeber einen eigenen Philosophen oder Erzieher unter seinen Domestiken, so wurde dieser aufgefordert, das Wort zu ergreifen. Zwischen den einzelnen Gängen gab es gelegentlich Musikeinlagen (mit Gesang und Tanz), die von eigens gemieteten Berufsmusikern gestaltet wurden. Das klassische Gastmahl war nicht allein ein Anlaß zum Essen und Trinken, sondern auch ein gesellschaftliches Ereignis; so begründete es denn eine eigene literarische Gattung, das »Symposion«, bei dem Philosophen, Gelehrte (»grammatici«) und gebildete Menschen hochgeistige Gespräche führten. Im Idealfall sollte der Bankettsaal nicht einem Speisezimmer ähneln, sondern einem literarischen Salon; dann konnte auch niemand mehr das Gastmahl mit den lärmenden Besäufnissen des Volkes verwechseln. »Trinkgelage« bedeutete dann gute Gesellschaft, Kultur und die Vergnügungen der Freundschaft.

Schenke und Kollegium

Gewöhnliche Leute genossen die Freuden der Geselligkeit auf weniger erlesene Weise. Sie hatten ihre Schenken sowie ihre »Kollegien« oder Bruderschaften. Die Männer trafen sich, wie heute noch in den muslimischen Ländern, beim Barbier, im Bad oder in der Schenke. In Pompeji gab es zahlreiche Schenken (»cauponae«). Dort begegnete man Reisenden, man konnte sich Speisen aufwärmen lassen (nicht alle Armen hatten zu Hause einen Herd), oder man schäkerte mit der herausgeputzten Kellnerin; an den Mauern las man anzügliche Späße. Dieses derbe Treiben galt den Vornehmen als verdächtig, und ein Honoratior, der sich in eine Schenke verirrte, riskierte seinen guten Ruf. Das Straßenleben wurde beargwöhnt (man entrüstete sich über einen schamlosen alten Philosophen, der niemals ohne Geld auf die Straße ging, um sogleich jedes Vergnügen kaufen zu können, das sich ihm dort bieten mochte). Die römische Regierung versuchte in einer vierhundertjährigen Anstrengung zu verhindern, daß die Schenken, indem sie warme Mahlzeiten ausgaben, als Restaurant (»thermipolium«) fungierten; man hielt es für gesünder, zu Hause zu essen.

Was die »collegia« (Zünfte, Bruderschaften) betrifft, so waren sie den Kaisern ein Ärgernis, denn dort kamen viele Männer zusammen, zu Zwecken, die man schwer durchschauen konnte. Ob zu Recht oder zu Unrecht, die Regierung fürchtete das hier gebündelte Machtpotential. Im Prinzip waren die Bruderschaften freie, private Vereinigungen, die sich aus Freien und Sklaven zusammensetzten, die demselben Gewerbe nachgingen oder denselben Gott verehrten. Beinahe jede Stadt wies mindestens eine solche Bruderschaft auf. So gab es in einer Stadt eine Zunft der Weber und ein Kollegium des Herkules-Kultes. In der Nachbarstadt fand man eine Zunft der Schmiede und einen Verein der Tuchhändler, die dem Gott Merkur huldigten. Jede Bruderschaft beschränkte sich auf das Territorium einer einzigen Stadt, ihre Mitglieder lebten dort und kannten sich untereinander. Sämtliche Mitglieder waren Männer; Frauen ließ man zu den Kollegien nicht zu. Im übrigen gehorchten die Kollegien, ob religiös oder berufsbezogen, denselben organisatorischen Grundsätzen wie die Stadt selbst. In jedem Kollegium gab es einen Rat, Funktionäre mit einjähriger Amtszeit sowie Wohltäter, zu deren Ehren man ausgefeilte Resolutionen verfaßte, die den Verlautbarungen des Magistrats nachempfunden waren. Mit einem Wort, die Kollegien waren Städte en miniature. Sie dienten religiösen und beruflichen Zwecken, und die Mitglieder rekrutierten sich aus den arbeitenden Schichten einer bestimmten Stadt.

Warum trat man einer solchen Gruppe bei? Warum verspürten die Zimmerleute der einen Stadt oder die Herkules-Anbeter in einer anderen das Bedürfnis nach Zusammenschluß? Soviel steht fest: Die Kollegien hatten keine Ähnlichkeit mit unseren Gewerkschaften oder mit Arbeiterhilfsvereinen. Sie waren ein Ort, an dem Männer mit anderen Männern zusammensein konnten, ohne Frauen. War das Kollegium religiös geprägt, so bot die gemeinsame Verehrung eines Gottes einen

Grabrelief. Man sieht die Verstorbene, die zu Lebzeiten Getränke servierte, und zwei am Tisch sitzende Gäste. (Ostia, Archäologisches Museum)

plausiblen Vorwand, Gastmähler zu arrangieren. War es berufsbezogen, so brachte es Männer zusammen, die dasselbe Gewerbe ausübten – ein Schuster sprach gerne mit anderen Schustern, ein Zimmermann gerne mit anderen Zimmerleuten. Jedes neue Mitglied mußte eine Aufnahmegebühr zahlen. Zusammen mit den Spenden der Wohltäter erlaubten diese Einnahmen dem Kollegium die Veranstaltung von Banketten sowie die ordentliche Bestattung der Verstorbenen (ebenfalls gefolgt von einem Gastmahl). Sklaven traten dem Kollegium bei, um nicht wie ein Hund verscharrt zu werden; hier erkennt man eine deutliche Parallele zu den Arbeiterbünden und religiösen Vereinigungen in der frühen Neuzeit Europas. In Florenz widmeten sich laut Davidsohn die Handwerkszünfte und frommen Bruderschaften dem Marienkult oder der Verehrung eines Heiligen. Die Beisetzung eines Mitglieds wurde feierlich begangen, ein langer Zug geleitete den Leichnam des Verstorbenen zu der Gemeinschaftsgrabstätte, die das Kollegium auf eigene Kosten angelegt hatte. Bruderschaften in der frühen Neuzeit waren berüchtigt für ihre Genußsucht; oft veranstalteten sie ein Gastmahl zu Ehren von Gründungsmitgliedern, die das Geld für den auf sie ausgebrachten Trinkspruch zuvor gespendet hatten. In römischen Kollegien scheint es nicht anders zugegangen zu sein. Das einzige, was solche Kollegien interessiere, moniert der hl. Cyprianus, seien Gastmähler und Leichenbegängnisse. In ganz wenigen Fällen bekannte man sich ohne hehre Vorwände zur Lust am Trinkgelage – in Fano am Adriatischen Meer gab es ein Kollegium von »bon vivants, die miteinander dinieren«.

Die Anzahl der Kollegien erhöhte sich stetig, bis sie schließlich zum Zentrum der plebejischen Privatsphäre wurden. Natürlich beobachtete die Regierung diese Entwicklung mit Argwohn. Das war nicht ganz unbegründet – jede Vereinigung verfolgt tendenziell Zwecke, die über ihre erklärten Ziele, ja, über ihre unbewußten Wünsche hinausgehen. Wo Menschen zusammenkommen, gleichgültig zu welchem Zweck, wird selbstverständlich über allgemein interessierende Fragen gesprochen. Am Ausgang der Republik suchten Kandidaten für öffentliche Ämter nicht nur die Unterstützung der Städte, sondern auch die der Kollegien. Später kam es in der politisch zerrissenen Stadt Alexandria vor, daß die Mitglieder religiöser Kollegien »sich unter dem Deckmantel irgendeiner Opferhandlung betranken und Unsinn über die politische Lage schwatzten«. Hatten sie lange genug »Unsinn geschwatzt«, zogen sie protestierend durch die Straßen, aufgehetzt von einem Notabel, der die Vorrechte der einheimischen Griechen gegen den römischen Statthalter verteidigte. Dieser Notabel hatte sich durch großzügige Schenkungen das Amt des Vorsitzenden in diesem religiösen Kollegium gesichert, dem antiken Gegenstück zum heutigen politischen Stammtisch.

Weit zahlreicher waren jedoch die »Stammtische«, die man nur besuchte, um in angeregter Stimmung gemeinschaftlich trinken zu können. Das Bedürfnis nach Geselligkeit war so groß, daß sich sogar innerhalb der Hausgemeinschaft und – unter dem Vorwand der Frömmigkeit – auch in der feinen Gesellschaft Gruppen bildeten. So mochten sich etwa Sklaven und Freigelassene einer Hausgemeinschaft oder Kolonen und Sklaven eines Gutes zu einem Kollegium zusammentun, wo sie Beiträge zur Deckung der künftigen Bestattungskosten entrichteten und der herrschaftlichen Familie ihre Ergebenheit bewiesen, indem sie der Schutzgottheit des Hauses oder des Gutes einen Schrein errichteten. Auch diese Kollegien orientierten sich an der politischen Organisation der Stadt.

Der Bacchus-»Kult«

In den Städten selbst waren es, wie wir gesehen haben, die vermögenden Wohltäter selbst, welche die öffentlichen Festlichkeiten finanzierten. Bankette waren bedeutsame Rituale des Austauschs und des Umtrunks. Manche fanden in regelmäßigen Abständen statt, andere bei bestimmten Gelegenheiten. Sie wurden mit Ungeduld erwartet und umgaben das Vergnügen mit der Aura des Feierlichen. Auch eine Beisetzung war ein wichtiger Anlaß, auf den man sich sorgfältig vorbereitete. Das glorreiche Symbol für die Einstellung der Römer zum Feiern und zum Tod war der Bacchuskult. »Kult« ist vielleicht zuviel gesagt. Auch wer naiv daran glaubte, daß es Bacchus »gab«, verehrte diesen Gott nicht, den man hauptsächlich aus den Sagen kannte. Einzelne mystische Sekten hielten ihn zwar für einen wirklich großen Gott, aber die meisten Römer verehrten, wenn sie das Bedürfnis nach göttlichem Schutz empfanden, andere Gottheiten, die als authentischer galten; für Bacchus wurden nicht einmal Heiligtümer errichtet. Trotzdem war die Bacchussage mehr als nur eine Sage. Der bacchischen Bilderwelt begegnete man allenthalben, und ihr Sinn war klar. Darstellungen des Bacchus fanden sich auf Mosaiken, auf Bildern, die in Wohnhäusern und Schenken an der Wand hingen, auf Tellern und Hausgeräten, von Sarkophagen ganz zu schweigen. Keine andere Gottheit war bildlich ähn-

Mausoleum aus Igel bei Trier (sog. Igeler Säule); um 200 n. Chr. Zwei Diener der Familie Secundini (die Land besaß und einen Großhandel unterhielt) bereiten für ihre Herrschaft Getränke zu.

lich populär, nicht einmal Venus. Die bacchische Bilderwelt taugte immer und überall, weil sie nur freundliche Assoziationen weckte. Bacchus, der Gott der Freude und Geselligkeit, war stets von einem Schwarm beschwipster Freunde und ekstatischer Verehrerinnen umringt; lustvolle Exzesse warteten auf sie. Er war ein wohlwollender, wohltätiger Gott, der die Seele besänftigte und friedliche Triumphe feierte. Geschickt zähmte er die wildesten Tiger, die sich wie Lämmer vor seinen Wagen spannen ließen. Seine Verehrerinnen waren ebenso schön und ebenso leicht gewandet wie seine reizende Geliebte Ariadne. Die bacchische Bilderwelt hatte vielleicht keine religiöse oder mystische Konnotation, doch sie erfüllte auch nicht bloß dekorative Funktionen. Sie bekräftigte die Bedeutung der Geselligkeit und der Freude und gab ihnen die übernatürlichen Weihen. Sie war eine Ideologie, die Affirmation eines Prinzips. Ihr stand, als Sinnbild für Bürger- und Philosophentugend, das Bild des Hercules gegenüber.

Bacchus, Inbegriff eines Prinzips, war ein Gott, an dem das Volk nicht zweifelte. Seine Verehrer taten sich zu volkstümlichen Bruderschaften zusammen, deren Hauptzweck es (laut Satzung) war, auf das Wohl dieser liebenswürdigen Gottheit zu trinken. Nicht minder fröhlich verehrte man im Mittelalter gewisse Heilige aus der *Legenda Aurea*. Für die Gebildeten war die Bacchussage ein freundliches Phantasiebild; vielleicht gab es den Gott wirklich, vielleicht war er nur einer der Namen der Einen Gottheit, vielleicht war er ein übermenschliches Wesen, das in ferner Vorzeit gelebt hatte und dessen Legende auf tatsächlichen

Ein anderer Diener, der Getränke für seine Herrschaften zubereitet. Man beachte den Stil des Möbelstücks: Der Fuß des Tisches hat die Form eines Löwenkopfs. (Trier, Landesmuseum)

Triumph des Bacchus; Mosaik aus Susa, 2. - 3. Jh. Die Siegesgöttin krönt den Gott auf seinem Wagen, während Putti auf Löwen reiten. Auf dem damaligen Theater war der Triumph des Bacchus ein Sujet des (pyrrhischen) Tanzes, ebenso Venus und die Grazien, die Nymphen und die Jahreszeiten; das berichten Philostratos und Athenaios. Religiöse Motive wurden auf Mosaiken nur selten dargestellt; bevorzugte Gottheiten sind Venus und Bacchus, der Stil ist mythologisch. (Tunis, Musée du Bardo)

Ereignissen beruhte. Diese Überzeugungen lösten gewisse Spekulationen über den Gott aus, und es entstanden ein paar Sekten zur Bacchusverehrung: kleine, isolierte Gruppen, in denen übersteigerte Frömmigkeit und religiöse Inbrunst einhergingen mit weltlicheren Bestrebungen. Um diese Mischung aus Snobismus und Salonmystik zu verstehen, brauchen wir uns nur an die Anfänge der Freimaurerei zur Zeit der *Zauberflöte* zu erinnern. Wie die Freimaurerei kannten auch die bacchischen Sekten geheime Riten, Initiationen (»Mysterien«) sowie eine Hierarchie, von der Frauen nicht ausgeschlossen waren. Die Archäologen sind bisher nur ein- oder zweimal auf eine Kultstätte solcher Bacchusmysterien gestoßen. Trotzdem wollte ich sie nicht unerwähnt lassen, weil Sekten (volkstümliche und andere) ein Signum der Zeit waren und religiöse Inbrunst für die Menschen ebenso wichtig war wie ihr Bedürfnis nach Geselligkeit. Die Spekulationen dieser Mysteriensekten haben das Ihre zu der geistigen Revolution in der Spätantike beigetragen.

Fest und Religion

Vergnügung und Andacht bildeten in Sekten und Bruderschaften eine Einheit, weil das Fest ein integraler Bestandteil der heidnischen Religion war. Ein Kult war nichts anderes als ein Fest, an dem die Götter ebensosehr Gefallen fanden wie die Männer und Frauen, die es begingen. In allen Religionen trifft man auf ein Amalgam aus spirituellem Gefühl und formellem Ritual; die Gläubigen, unbeeindruckt von dieser

Vermengung, finden Halt an beidem. War einen Kranz zu tragen im Altertum Zeichen eines Festes oder einer religiösen Zeremonie? Woher sollen wir das wissen? Frömmigkeit bedeutete, die Götter nach Verdienst zu ehren. Religiöse Feste gewährten eine doppelte Genugtuung – man vergnügte sich, und gleichzeitig erfüllte man seine religiöse Pflicht. Die Heiden richteten an die Gläubigen niemals die Frage, wie sie »wirklich« empfänden: Wir können es also nicht wissen. Die Götter zu ehren war eine feierliche Form, sich zu vergnügen. Glücklich diejenigen, welche stärker als andere die Gegenwart des Göttlichen empfanden und davon in der Seele bewegt wurden ...

Hauptbestandteil jedes Kultes war das Opfer, dem die Menschen in versammelter Andacht beiwohnten. Man muß jedoch im Auge behalten, daß in griechischen oder lateinischen Texten in dem Wort »Opfer« fast immer die Bedeutung »Fest« mitschwingt. Jedem Opfer folgte ein Festessen, bei dem das Opfertier auf dem Altar gebraten und dann verzehrt wurde. (In den griechischen Tempeln gab es Küchen sowie Köche, die den zur Opferhandlung erschienenen Gläubigen ihre Dienste anboten.) Die Teilnehmer verspeisten das geopferte Tier, der Rauch stieg zu den Göttern auf. Kleine Fleischstückchen blieben auf dem Altar zurück und wurden später von Bettlern (»bomolochoi«) entwendet. Wurde das Opfer nicht auf dem häuslichen Altar dargebracht, sondern in einem Tempel, so war es üblich, die Priester mit einem Stück des Opfertiers für ihre Dienste zu entlohnen. Die Tempel verkauften dieses Fleisch an Metzger weiter und besserten so ihr Budget auf. (Als Plinius d. J. dem Kaiser mitteilt, daß er in seiner Provinz das Christentum ausgerottet hat, schreibt er: »Das Fleisch von Opfertieren wird wieder verkauft«, was heißt, daß in den Tempeln wieder Opfer dargebracht werden.) Wie verhielt es sich nun – aßen die Menschen die geopferten Tiere oder opferten sie Tiere, die sie gern essen wollten? Das griechische Wort für jemanden, der häufig opferte (»philothytes«), bezeichnete später nicht einen besonders frommen Menschen, sondern einen Gastgeber, der erlesene Festessen veranstaltete, wie Amphitryon.

Der religiöse Kalender, der übrigens von Stadt zu Stadt variierte, war angefüllt mit Fest- und Feiertagen, an denen die Arbeit ruhte. Sie waren ungleichmäßig über das ganze Jahr verteilt. (Nebenbei bemerkt, setzte sich die Woche als Zeiteinheit erst gegen Ende des Altertums allgemein durch; sie ist übrigens eher astrologischen als jüdisch-christlichen Ursprungs.) An Festtagen lud man seine Freunde zum gemeinsamen Opfer in seine Wohnung ein (solche Einladungen waren höchst ehrenvoll), und bei derlei feierlichen Anlässen drang, wie Tertullian berichtet, aus vielen Häusern Weihrauchgeruch. Zu den wichtigen Feiertagen zählten die nationalen Feste der Kaiser, die Festtage bestimmter Götter, der Neujahrstag und der erste Tag in jedem Monat. Römer, die es sich leisten konnten, opferten am ersten Tag des Monats ein Ferkel zu Ehren der Hausgötter, der Laren oder Penaten. Einmal im Jahr wurde mit großem Pomp der Geburtstag des »pater familias« begangen; an diesem Tag feierte die ganze Familie zu Ehren ihrer Schutzgottheit, des »genius«. (Jedermann hatte sozusagen einen göttlichen Doppelgänger, eben den Genius; man huldigte ihm mit Ausrufen wie »Möge mein Genius mich beschützen!« oder »Ich schwöre bei deinem Genius, daß ich deine Befehle ausgeführt habe«.) Die Armen opferten weniger kostspielige Tiere. Hatte Äskulap sie von irgendeiner Krankheit geheilt, opferten sie in seinem Tempel ein Huhn, das sie dann mit nach Hause nahmen und dort verzehrten. Oder sie legten ein schlichtes Getreidebrot auf den Hausaltar (»far pium«).

Von einer schlichteren Methode, eine Mahlzeit zu heiligen, berichtet, wenn ich nicht irre, Artemidor; er spricht von Gastgeschenken für die Götter. Man lud die Götter zu Tisch (»invitare deos«), indem man ihre Figurinen aus dem Hausaltar holte und im Speisezimmer aufstellte, während Schüsseln und Platten um sie herum aufgebaut wurden; nach dem »Essen« gehörten diese nicht berührten Gerichte den Sklaven. Dieser Brauch mag die folgenden Zeilen von Horaz erklären: »O Nächte, o Gastmähler der Götter, bei denen meine Freunde und ich im Angesicht des häuslichen Genius aßen und ich meinen erregten Sklaven geweihte Speisen gab.« Wenn die Sklaven erregt waren, dann infolge des Festes, und so gehörte es sich. Die Bauern feierten insbesondere jahreszeitliche Feste, die der ländliche Kalender vorschrieb. Der Großgrundbesitzer einer Region nahm die offiziellen Geschenke seiner Pächter entgegen und opferte den Göttern der Landwirtschaft ein Zehntel des Ernteertrages; danach wurde geschmaust, gezecht und getanzt.

Zierrelief. Die drängenden Rhythmen der Doppeloboe und des Tamburins bestimmen das Tempo des Marsches. Das Pantherfell und das lange Rohr mit dem Tannenzapfen sind Insignien des Bacchus. (Madrid, Prado)

Ein Stier, ein Widder und ein Eber werden geopfert; 1. Hälfte des 1. Jh. Am Altar nimmt eine verschleierte Gestalt, wahrscheinlich ein Kaiser, die heilige Handlung vor. Die Tiere sind bereitet, und bald wird es hier aussehen wie im Schlachthaus, beim Metzger – oder bei einer Grillparty. (Paris, Louvre)

Nachts ergab man sich dann, wie Horaz hervorhebt und Tibull andeutet, pflichtgemäß dem sexuellen Genuß – stimmiger Ausklang eines Tages, an dem man fröhlich war, während man die Götter ehrte. Bei Gelegenheit hielt man Aristipp, dem Theoretiker des Hedonismus, seinen trägen, genußsüchtigen Lebenswandel vor. »Wenn es falsch ist, so zu leben«, erwiderte er, »warum tut man es dann zur Feier der Götter?«

Die Bäder

Diana die Bogenschützin; hellenistische Kunst. Die Frauen aus dem Volk beteten zur Mutter der Diana, sie möge ihnen eine ebenso schöne Tochter schenken. (London, British Museum)

Neben den Freuden und Ekstasen des religiösen Kalenders gab es andere Vergnügungen weltlicher Art, die nur eine Stadt bieten konnte; sie rechneten zu den Bequemlichkeiten (»commoda«) der Urbanität und waren das Ergebnis öffentlicher Wohltätigkeit, des Euergetismus: öffentliche Thermen, Theater, Wagenrennen im Zirkus, Kämpfe zwischen Gladiatoren oder Jägern und wilden Tieren in der Arena des Amphitheaters (bzw. in griechischen Gebieten: des Theaters). Bäder und öffentliche Spektakel kosteten Eintritt, zumindest in Rom, aber der Preis war erschwinglich. (Wir wissen hierüber wenig; vermutlich hing der Eintrittspreis nicht zuletzt von der Spendierfreudigkeit des Mäzens ab.) Bei jeder Veranstaltung gab es Freiplätze, und schon am Abend vorher standen die Leute Schlange. Zu den Thermen hatte jedermann Zutritt – Freie, Sklaven, Frauen, Kinder, ja sogar Fremde. Stand ein Gladiatorenkampf auf dem Programm, kamen die Menschen von weither in die Stadt. Den größeren Teil seines privaten Lebens verbrachte man in derlei öffentlichen Einrichtungen.

Die Badehäuser dienten nicht der Reinlichkeit. Sie boten vielfältige Vergnügungsmöglichkeiten, so wie heute die Badestrände. Christen und Philosophen versagten sich diese Vergnügungen; sie waren nicht auf äußere Reinlichkeit erpicht und badeten nur ein- oder zweimal im Monat. Der schmutzige Bart eines Philosophen galt als Beweis seiner unbeugsamen Askese, worauf er stolz war. In jedem Haus (»domus«) eines Reichen gab es ein Bad, das mehrere sinnreich ausgestattete und mit einer Bodenheizung versehene Räume umfaßte. Und in jeder Stadt gab es mindestens eine öffentliche Therme, die notfalls über einen Aquädukt mit Wasser versorgt wurde, genauso wie die öffentlichen Brunnen. (Dagegen blieb die Lieferung von Wasser ins Haus ein korruptes Geschäft zwielichtiger Leute.) Der Gong (»discus«), der jeden Tag die Öffnung des Bades bekanntgab, klang laut Cicero lieblicher in den Ohren als das Stimmengewirr der Philosophen in der Schule.

Das Sturmgebraus der musikalischen Ekstase macht vor nichts halt und zerwühlt auch die vornehmste Draperie.
(Rom, Vatikanische Museen)

Für ein paar Pfennige konnten sich die Armen stundenlang in einer luxuriösen Umgebung aufhalten, die ihnen die Behörden, der Kaiser oder die städtischen Notabeln zur Verfügung gestellt hatten. Neben komplizierten Installationen, z. B. für warme und kalte Bäder, gab es Promenaden und Plätze für Sport und Spiel. (Das griechisch-römische Bad war zugleich ein Gymnasion und wurde auch in griechischen Gegenden noch immer so genannt.) Die beiden Geschlechter badeten getrennt – jedenfalls in der Regel. Ausgrabungen in Olympia gestatten uns, die Entwicklungsgeschichte des Bades über mehr als sieben Jahrhunderte zu verfolgen. Ursprünglich waren die »Thermen« bescheidene, funktionale Bauten mit einem Kaltwasserbecken, Sitzwannen für warme Bäder und einem Schwitzbad, doch nach und nach entwickelten sie sich zu wahren Vergnügungspalästen. Ein bekanntes Bonmot bezeichnet sie (und die Amphitheater) als »Kathedralen des Heidentums«. Seit Beginn der hellenistischen Ära hatte das Bad nicht mehr die Aufgabe, die individuelle Reinlichkeit zu erleichtern; es geriet zunehmend zum Schauplatz des Amüsements. Die Neuheit (die in Olympia um das Jahr 100 v. Chr. und im arkadischen Gortys schon früher aufkam) war, daß der Boden und sogar die Wände des Gebäudes beheizt wurden. So gab es für eine große Zahl von Menschen einen geschlossenen Raum, der stets warm war. In einer Zeit, da in den Häusern selbst bei klirrender Kälte nur mit Kohlebecken geheizt werden konnte und die Menschen in der Wohnung wie auf der Straße im Mantel umhergingen, fungierten die Bäder als willkommene Wärmestube. Das Meisterwerk dieser Entwicklung stellten die Thermen des Caracalla dar – hier führten die Römer eine Art Klimaanlage vermittels Luftumwälzung ein. Noch einen anderen Fortschritt in den Thermen gab es: Der funktionale Zweckbau von einst wurde zum Traumpalast. Skulpturen, Mosaiken, gemalter Dekor und verschwenderische Baukunst suggerierten die Pracht einer Kaiserresidenz für jedermann. Das Treiben in den Thermen glich dem heutigen sommerlichen Trubel am Strand; es bereitete Spaß, sich unter die Menge zu mischen, zu schreien und zu rufen, Bekannte zu treffen, Gesprächen zu lauschen, sonderbare Typen zu beobachten und sich über sie lustig zu machen, vor allem aber, sich zu zeigen.

Schauspiele

Vor lauter Begeisterung für die Wagenrennen im Zirkus und die Kämpfe in der Arena versäumten die jungen Leute aus gutem Hause das Studium der Beredsamkeit, rügt Tacitus. Doch an diesen Spektakeln nahmen alle Anteil, auch der Senator und der Philosoph. Gladiatorenkämpfe und Wagenrennen waren nicht lediglich Spektakel für die Plebs. Die Kritik daran, meist mit platonischen Argumenten bewaffnet, schmeckte nach jener utopischen »Vernünftigkeit«, die wir bereits kennengelernt haben. Man befehdete die sogenannten »Pantomimen« auf dem Theater (eine Art Oper – das Wort hat mittlerweile einen Bedeutungswandel durchgemacht), weil sie angeblich der »Verweichlichung« Vorschub leisteten; hin und wieder wurden sie denn auch verboten. Anders die Gladiatorenauftritte. So abgeschmackt sie sein mochten, sie hatten immerhin den Vorzug, den Mut der Zuschauer zu üben, indem sie sie an den Anblick von Blut gewöhnten. Aber selbst Gladiatorenkämpfe und Wagenrennen stießen auf Kritik. Solche Spektakel, so hieß es, seien typisch für die Neigung der Menschen, ihre Zeit mit Nichtigkeiten zu verschwenden. In den griechischen Teilen des Reiches verurteilten Intellektuelle aus denselben Gründen sportliche Wettbewerbe; andere hielten dem entgegen, von Sportlern könne man Ausdauer, Charakterkraft und Körperharmonie lernen. Was nicht hinderte, daß sich die Intellektuellen, wie alle anderen, diese Spektakel nicht entgehen ließen. Cicero, der gerne von sich behauptete, Tage des Schauspiels verbringe er mit Bücherschreiben, war dann doch im Publikum zu finden und berichtete seinen erlauchten Briefpartnern, was er beobachtet hatte. Wenn der Schatten der Melancholie über Senecas Seele zog, ging der Philosoph ins Amphitheater, um auf andere Gedanken zu kommen. Maecenas, ein vornehmer und feinsinniger Epikureer, erkundigte sich bei seinem Klienten Horaz gründlich nach dem Programmablauf der Kämpfe. Marc Aurel jedoch, als guter Philosoph, befand, daß ein Gladiatorenkampf wie der andere sei, und genügte lediglich seiner kaiserlichen Anwesenheitspflicht. Das Publikum allerdings war leidenschaftlich bei der Sache, und die »jeunesse dorée« und das brave Volk bildeten rivalisierende »Fan-Clubs«, die diesen oder jenen Gladiator oder Wagenlenker gegen seinen Konkurrenten unterstützten. Bisweilen schwappte die Begeisterung über, doch hinter den daraus entstehenden Krawallen steckten keine politischen Motive oder Klassenantagonismen. Gelegentlich freilich mußten die Behörden einen Schauspieler oder Wagenlenker in die Verbannung schicken, weil er die Leidenschaften der Masse zu sehr für oder gegen sich eingenommen hatte.

Rom, 3. Jh. (?) Dieser »bestiarius« oder Tierkämpfer verteidigt sich mit Spieß und Peitsche gegen wilde Bären. (Kopenhagen, Ny Carlsberg Glyptotek)

In Rom und anderen italienischen Städten waren solche Spektakel beim Publikum besonders beliebt, in griechischen Gegenden vornehmlich die sportlichen Wettbewerbe. Die Griechen versammelten sich nicht nur zu den großen Spielen (»isolympikoi«, »periodikoi«), sondern auch zu geringeren Veranstaltungen (»stephanitai«), die mit einem Markt verbunden waren, ja, selbst zu kleinen Wettbewerben (»themides«). Enthusiastisch übernahmen die Griechen von den Römern die

Gladiatorenkämpfe. Sportler, Schauspieler, Wagenlenker und Gladiatoren waren Stars. Das Theater bestimmte, was Mode war; das Volk sang die zündenden Lieder, die es zuerst von der Bühne vernommen hatte.

Der Rang, den derartige Spektakel und Wettbewerbe im Altertum hatten, mag auf den ersten Blick befremden; sogar Staatsbeamte bekannten ungeniert ihr leidenschaftliches Interesse an ihnen. Anstatt Dämme oder Hafenanlagen zu bauen, ruinierten sich Städte und deren Mäzene mit dem Bau von Aquädukten (zur Versorgung der öffentlichen Thermen mit Wasser), von Theatern und riesigen Amphitheatern. Diese Lust an den öffentlichen Spektakeln ist verständlich – sie waren (anders als die Politik) keine Angelegenheit des Geschmacks, und es handelte sich auch nicht um Freizeitaktivitäten zum Ausgleich für die alltägliche Mühsal und Plage. Deshalb wäre es falsch, die römischen oder griechischen »Spiele« mit unseren Olympischen Spielen oder der Fußballweltmeisterschaft zu vergleichen. In der Antike machte man keinen Unterschied zwischen Breiten- und Spitzensport, und die Schauspiele waren öffentliche Ereignisse, die von staatlichen Behörden organisiert (und teilweise auch finanziert) wurden. Dem Ideal des Müßiggangs stand nicht das Ideal eines Lebens voller Anstrengung und Arbeit gegenüber; Adel und Plebs nahmen die öffentlichen Spektakel gleichermaßen ernst.

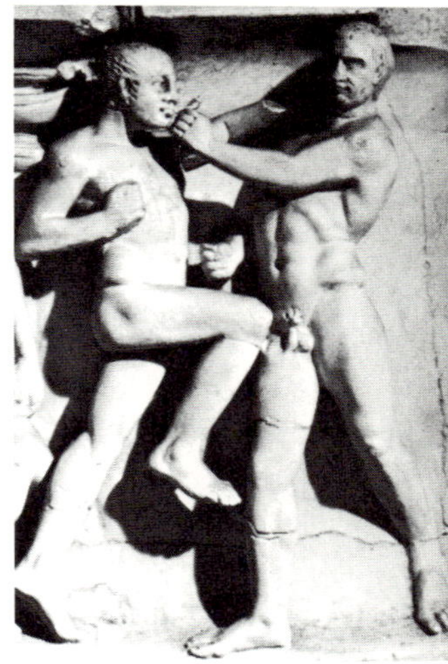

Zwei Boxer; Teilansicht eines Sarkophags, 2. Jh. (?) Eine eher literarische als biographische Besinnung auf griechischen Sport und griechische Erziehung. (Rom, Sammlung Torlonia)

Nicht nur die Philosophen übten Kritik an dem Übermaß der Leidenschaften, die solche Spektakel aufwühlten, sondern auch die Christen: »Das Theater ist Zuchtlosigkeit, der Zirkus Nervenkitzel, die Arena Grausamkeit.« Den Kritikern zufolge verkörperten die Gladiatoren diese Grausamkeit, da sie sich freiwillig zu Mord und Selbstmord bereit erklärten. (Alle Gladiatoren waren Freiwillige; andernfalls hätten sie eine schlechte Figur in der Arena gemacht.) Unser Vorbehalt gegen die blutigen Kämpfe – daß nicht die Gladiatoren, sondern die Zuschauer Sadisten gewesen seien – wäre einem Römer niemals gekommen, ob Philosoph oder nicht. Die Gladiatoren versorgten Rom mit einem wohlinszenierten Sadismus, der den Menschen offenkundig Vergnügen bereitete: das Vergnügen am Anblick von Leichen und Sterbenden. Gladiatorenkämpfe waren kein Waffengang mit kalkuliertem Risiko. Sinn der Übung war es vielmehr, den Tod eines der Kämpfer zu erleben bzw. über Schonung oder Tötung eines besiegten Gladiators zu entscheiden, der, ermattet und in Todesangst, bloß noch um Gnade betteln konnte. Die besten Kämpfe waren jene, die mit der restlosen Erschöpfung eines Gladiators endeten, so daß der Mäzen, der das Spektakel gestiftet hatte, zusammen mit dem Publikum das Urteil über Leben oder Tod sprechen konnte. Auf unzähligen Lampen, Tellern und Haushaltsgegenständen war dieser große Augenblick abgebildet. Und der Mäzen war stolz darauf, über das Schicksal eines Menschen entschieden zu haben: Mosaiken, Malereien oder Skulpturen hielten die Szene fest, wie man dem besiegten Gladiator die Kehle durchschnitt, und schmückten das Vorzimmer oder das Grabmal des Patrons. Hatte der Patron dem Staat zum Tode Verurteilte abgekauft, um sie in den Pausen zwischen zwei Gladiatorenkämpfen hinrichten zu lassen, so mußten Maler den Augenblick festhalten, da diese Gefangenen den wilden Tieren vorgeworfen wurden: Wohltätigkeit verpflichtet. In griechischem Gebiet galt der Tod eines Boxers während des Kampfes nicht als »Sportunfall«. In der Arena zu sterben, gereichte dem Athleten zum Ruhme, so als wäre er auf dem Schlachtfeld gefallen. Das Publikum pries seine Tapferkeit, seine Ausdauer und seinen Siegeswillen.

Man sollte aus alledem nicht den Schluß ziehen, daß die griechisch-römische Kultur sadistisch gewesen sei. Die Leute waren nicht der Ansicht, daß es lustvoll sei, dem Leiden anderer beizuwohnen; sie empörten sich über Menschen wie Kaiser Claudius, der offensichtlich Genugtuung dabei empfand, das blutige Gemetzel zu beobachten, anstatt die objektive Haltung eines Zuschauers bei einer Mutprobe zu wahren. Mit derselben grundsätzlichen Objektivität verfolgte man im vorrevolutionären Frankreich eine Hinrichtung. Literatur und bildende Künste in Rom und Griechenland sind nicht wesentlich sadistisch. Das Gegenteil ist der Fall: Wo immer die Römer ein barbarisches Volk kolonisierten, schafften sie als erstes das Menschenopfer ab. Jede Kultur besteht aus Ausnahmen, deren Inkonsequenz den Beteiligten verborgen bleibt; in Rom waren die Schauspiele diese Ausnahme. Die Darstellung von Hingerichteten begegnet uns in der römischen Kunst nur deshalb, weil diese Menschen während eines Spektakels, im Rahmen eines sakralen Rituals, zu Tode kamen. Heutzutage sind sadistische Darstellungen in Kriegsfilmen mit patriotischen Obertönen erlaubt, ansonsten aber verpönt; unsere Schaulust an diesen Dingen müssen wir verdrängen. Die Christen wandten sich denn auch mehr gegen diese Schaulust als gegen die Blutrünstigkeit der Spektakel.

Wollust und Leidenschaft

Ähnliche Inkonsequenzen und seltsame Beschränkungen gibt es in allen Jahrhunderten. In der griechisch-römischen Kultur begegnen sie uns noch im Zusammenhang mit einem anderen Vergnügen: der Liebe. Wenn es einen von Legendenbildungen umrankten Aspekt des antiken Lebens gibt, dann ist es die Liebe. Gemeinhin glaubt man, in erotischen Belangen hätten im Altertum repressionsfreie Verhältnisse wie im Paradies geherrscht, und erst das Christentum habe den Gewissenswurm der Sünde in die verbotene Frucht transplantiert. In Wirklichkeit konnten sich die Heiden vor Verboten kaum retten. Das Gerücht von der heidnischen Sinnlichkeit beruht auf einer Reihe traditioneller Fehlinterpretationen. Die berühmte Geschichte von den zügellosen Ausschweifungen des Kaisers Elagabal (Stefan Georges »Algabal«) ist schlicht ein Schwindel, den die Verfasser der *Historia Augusta*, einer späten Fälschung, in Umlauf gebracht haben. Und in naiven Gemütern löste schon der Gebrauch eines »schlimmen Wortes« einen Schauer perverser Anmutungen oder betretenes Gekicher aus: Pennäler-Erotik.

Woran erkannte man den echten Lüstling? Der Lüstling war ein Mann, der gegen drei Tabus verstieß: Er machte Liebe vor Einbruch der Dunkelheit (Geschlechtsverkehr bei Tageslicht war ein Vorrecht der

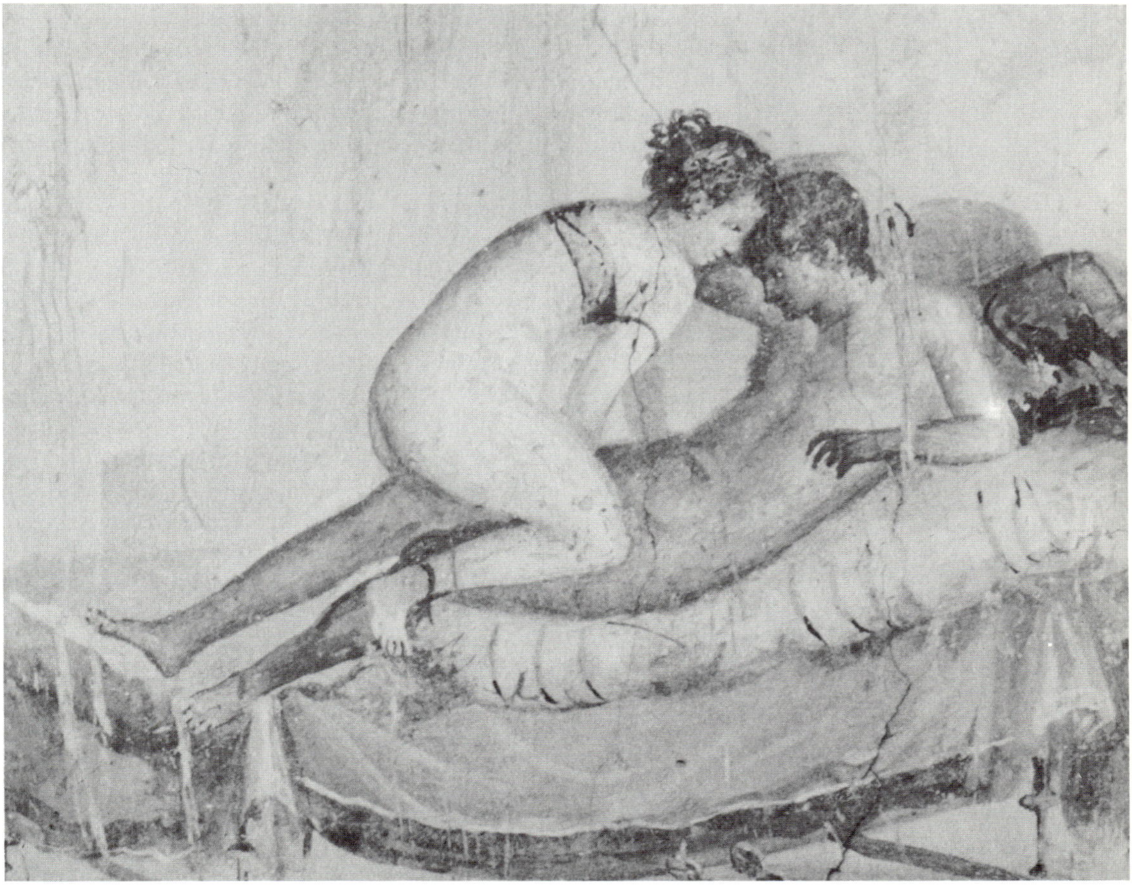

Pompeji, sog. Casa del Centenario. Das Gemälde fand sich in einem abgelegenen Zimmer eines Hauses, dessen Dekorationen zu den schönsten in ganz Pompeji gehören. Schamhaft hat die Sklavin nicht alle ihre Hüllen abgelegt. (Neapel, Archäologisches Museum)

Neuvermählten am Tag nach der Hochzeit); er machte Liebe im unverdunkelten Zimmer (frivole Dichter riefen als Zeugen ihrer Lust die Lampe an, die ihnen geleuchtet hatte); er machte Liebe mit einer Frau, die er zuvor völlig entkleidet hatte (nur gefallene Frauen liebten, ohne wenigstens den Büstenhalter anzubehalten, und Malereien aus pompejanischen Bordellen zeigen, daß selbst Prostituierte sich dieser letzten Hülle nicht entledigten). Lüstlinge nahmen sich nicht nur Zärtlichkeiten heraus, sondern auch Berührungen, allerdings einzig mit der Linken. Wollte ein anständiger Mann die Geliebte nackt erblicken, so mußte er warten, bis der Mond im richtigen Augenblick ins Zimmer schien. Von lüsternen Tyrannen wie Elagabal, Nero, Caligula und Domitian munkelte man, daß sie auch andere Tabus verletzt und mit verheirateten Frauen, jungen Mädchen aus gutem Hause, frei geborenen Jünglingen, Vestalinnen, ja sogar mit ihrer eigenen Schwester geschlafen hätten.

Dieser Puritanismus ging mit einer Herrenmentalität gegenüber dem »Liebesobjekt« einher; es wurde oft nicht besser als ein Sklave behandelt. Die typische Haltung für den Liebenden war nicht, daß er die Hand der Geliebten hielt oder ihr den Arm um die Taille bzw., wie im Mittelalter, um den Hals legte; die Frau war eine Sklavin, und der Mann nahm von ihr Besitz wie von einem Sofa. Es waren Methoden wie im Serail. Auch ein wenig Sadismus war erlaubt: Man durfte eine Sklavin im Bett züchtigen, um sie »zum Gehorsam zu zwingen«. Die Partnerin war ihrem Herrn zu Willen und tat, wenn nötig, die ganze Arbeit selbst. Wenn sie auf ihrem passiven Liebhaber »ritt«, dann nur, um ihn zu bedienen.

Diese Versklavungsmentalität war zugleich Männlichkeitswahn: überwältigen, ohne überwältigt zu werden. Junge Männer forderten einander mit phallisch gefärbten Zoten heraus. Sexuelle Aktivität hatte mit der Bekräftigung von Männlichkeit zu tun, unabhängig vom Geschlecht des passiven Partners. Daher gab es zwei schändliche sexuelle Praktiken: Einer Frau mit dem Munde Lust zu bereiten galt als knechtisch und feige; sich anal koitieren zu lassen galt für einen Freigeborenen als Höhepunkt der unzüchtigen sexuellen Passivität (»impudicitia«) und war ein Zeichen mangelnder Selbstachtung. Die Päderastie war eine läßliche Sünde, solange ein Freier sie mit einem Sklaven oder einem Verächtlichen praktizierte. Im Volk und auf dem Theater riß man Witze darüber, und in guter Gesellschaft prahlte man damit. Jedermann mochte mit einem Geschlechtsgenossen sinnliche Freuden teilen, und die Päderastie war im toleranten Altertum gang und gäbe. Viele im Grunde heterosexuelle Männer gaben sich zu sexuellen Zwecken mit Knaben ab. Geschlechtsverkehr mit Knaben galt sprichwörtlich als ein nervenschonendes Vergnügen, das die Seele nicht aufwühlte, während die Leidenschaft für ein Weib einen freien Mann in unerträgliche Sklaverei stürzte.

Die Liebe im alten Rom hatte also zwei Komponenten: den männlichen Versklavungswunsch und die Furcht vor der Sklaverei der Leidenschaft. Die erotischen Exzesse verschiedener Tyrannen waren Exzesse des Unterwerfungswillens, die man zu Unrecht zu sadistischen Szenen stilisiert hat. Nero, als Tyrann eher schwach denn grausam, hielt sich für seine passiven Bedürfnisse einen Harem. Tiberius besorgte sich junge Sklaven, um seinen Launen zu frönen, und Messalina inszenierte ihre eigene Versklavung, in Nachahmung des männlichen Privilegs, Potenz an der Zahl der Geschlechtsakte zu messen. Es ging nicht darum, Verbote zu übertreten; es ging darum, die Inhalte dieser Verbote umzudeuten. Dazu gehörte auch, daß man die Lust plante. Denn so wie der Alkoholgenuß ist auch die Wollust der Männlichkeit abträglich und darf nicht mißbraucht werden. Doch die Gastronomie ermuntert ja auch nicht gerade zur Mäßigung bei den Tafelfreuden.

Die Liebesleidenschaft war nach Überzeugung der Römer vor allem deshalb zu fürchten, weil sie einen freien Mann zum Sklaven einer Frau machen konnte: Er wird sie seine »Herrin« nennen und ihr wie ein Diener den Spiegel oder den Sonnenschirm halten. Die Liebe war nicht der Zufluchtsort individualistischer Phantasien, in denen sich die Liebenden vor der Gesellschaft sicher wähnen. Die Römer verwarfen die »höfische« Tradition der griechischen Ephebenliebe, in der sie eine Übersteigerung der reinen Leidenschaft erblickten (»rein« im zweifachen Sinne des Wortes, da die Griechen so taten, als sei die Liebe eines Mannes zu einem frei geborenen Epheben platonisch). Hatte ein Römer sich hoffnungslos verliebt, so glaubten er und seine Freunde, daß er durch ein Übermaß an Sinnlichkeit den Kopf verloren habe oder daß er in einen Zustand der moralischen Sklaverei geraten sei. So wie ein guter Sklave war auch der Liebende bereit zu sterben, wenn seine Herrin es befahl. Über solchen Exzessen lag der dunkle Glanz der Schande, und selbst die Liebesdichter wagten es nicht, sie umstandslos zu verherrlichen; sie betrachteten solches Verhalten als amüsante Umkehrung der Normalität, als lustiges Paradoxon.

Petrarcas Lob der Leidenschaft hätte die Alten entweder empört oder zum Lachen gereizt. Die Römer hatten keinen Sinn für die mittelalterliche Verklärung der Geliebten. Sie hatten auch keinen Sinn für den modernen Subjektivismus, unseren Erfahrungshunger – auf Distanz zur Welt gegangen, wollen wir etwas um seiner Folgen willen erleben, nicht aber, weil es in sich wertvoll oder von der Pflicht geboten ist. Und schließlich hatten die Römer erst recht keinen Sinn für das echte Heidentum, das mitunter so anmutige und beschwingte Heidentum der Renaissance. Das zärtliche Schwelgen in den Freuden der Sinne, aus denen Entzückungen der Seele werden, ist dem Altertum fremd. Noch die freizügigste bacchische Szene in der römischen Kunst hat nichts von der Gewagtheit mancher moderner Autoren. Die Römer kannten nur eine Spielart des Individualismus, welche die Regel bestätigte, indem sie ihr scheinbar widersprach: tatkräftige Trägheit. Mit heimlicher Bewunderung sprachen sie von Senatoren, die im privaten Leben von einer entsetzlichen Schlaffheit waren, in ihrem öffentlichen Wirken jedoch unerhörte Handlungskraft bewiesen, so Scipio, Sulla, Caesar, Petronius und sogar Catilina. Es war für Eingeweihte ein offenes Geheimnis, daß diese Männer dekadent waren, und dieses Wissen verlieh der Elite der Senatoren etwas Königliches: Sie schienen gegen den Buchstaben der Verhaltensvorschrift zu verstoßen, deren Geist sie dennoch verkörperten. Die »tatkräftige Trägheit« war blamabel, obwohl schmeichelhaft.

Und dabei beruhigten sich die Römer. Ihr Individualismus gründete nicht in der gelebten Erfahrung, im Selbstgenuß oder in der privaten Frömmigkeit, sondern in der Seelenruhe.

Eine Nymphe läßt sich von einem Satyr überwältigen; 1./2. Jh. Der dekorative Überschwang paßte gut zu Szenen, auf welchen Fabelwesen in Paradiesesunschuld der Liebe, dem Trunk oder der Musik frönten. (Venedig, Archäologisches Museum)

Stuckdecke einer großen Villa; wahrscheinlich kurz vor Christi Geburt. In der undifferenzierten Weite einer idealen Landschaft stehen weniger Bäume als Gebäude von unklarer Bestimmung. Ihr Stil ist die phantasievolle Weiterentwicklung der Exotik alexandrinischer Paläste. (Rom, Thermenmuseum)

Besänftigungsmittel

Kategorien

Wie kann man den Menschen die Lebensangst nehmen? Das war die zentrale Frage jener Weisheitslehren, die wir in ihrer Gesamtheit »antike Philosophie« nennen. Es war auch die zentrale Frage der Religion, die im allgemeinen für den Menschen kein Heil im Jenseits sah. Man bestritt sogar, daß es ein Jenseits gäbe, oder assoziierte damit kaum mehr als den Frieden des Todes und die Stille des Grabes. Die Philosophie, die Religion und das Leben nach dem Tode machten den Menschen keine Angst. Vor allem verliefen im Altertum die Grenzen zwischen diesen drei Sphären anders als heute, so daß ihre Begriffe etwas ganz anderes bedeuteten, als wir vermuten. Wer bin ich? Was soll ich tun? Wohin gehe ich? Was darf ich hoffen? Diese modernen Fragen sind keineswegs natürlich; es gibt sie, weil es die christlichen Antworten auf sie gibt. Antike Philosophie und antike Religion kamen ohne diese Fragen aus. Die Probleme, vor denen die Alten standen, waren von anderer Art.

Für uns ist Philosophie ein akademisches Fach und ein Teil unserer Kultur – sie ist ein Stoff, den Studenten sich aneignen und der die Gebildeten aus purer Neugierde interessiert. Unsere Religion ist eine Mischung aus spirituellen Verrichtungen, moralischen Geboten und Vorstellungen über das Leben nach dem Tode. Die Auffassung, daß nach dem Leben nichts mehr kommt, erscheint uns als irreligiös. Doch für die Alten bildeten moralische Vorschriften und spirituelle Tätigkeiten einen wesentlichen Bestandteil der »Philosophie«, nicht der Religion; die Religion hatte wenig mit Vorstellungen über den Tod und das Jenseits zu tun. Zwar gab es Sekten, aber das waren philosophische Sekten, die ihren Schülern Maßstäbe und Lebensregeln vermittelten. Man wurde Stoiker oder Epikureer und lebte mehr oder weniger getreu nach den Doktrinen seiner Sekte – ganz ähnlich, wie man heute Christ oder Marxist wird (und damit die moralische Verpflichtung eingeht, nach dem Glauben zu leben bzw. politisch zu arbeiten). Ein aufschlußreicher Parallelfall ist das alte China. Dort gab es die lehrhaften Sekten des Konfuzianismus und des Taoismus, die jedem, der sich dafür interessierte, ihre Theorien und Lebensregeln anboten. Ein ähnlicher Fall ist das moderne Japan, wo man sich für eine buddhistische Sekte interessieren und trotzdem, wie jeder andere, dem Shintoismus treu bleiben kann. Man kann sich nach shintoistischem Ritus vermählen und nach buddhistischem Ritus begraben lassen, womit man stillschweigend die tröstlichen buddhistischen Überzeugungen von einem Leben nach dem Tode akzeptiert, denen man sein Leben lang kaum Beachtung geschenkt hat.

Das Wesen der Gottheit

Das Heidentum der Griechen und Römer war zwar eine Religion, die weder Erlösung noch ein Leben nach dem Tode kannte; dennoch war es nicht gleichgültig gegen das moralische Betragen des Menschen. Was manche Historiker irritiert hat, ist der Umstand, daß diese Religion ohne Theologie und ohne Kirche sozusagen eine Religion »à la carte« und nicht »au menu« war. Gleicht die etablierte Kirche der Einheitspartei, so die heidnische Religion dem freien Unternehmertum. Jedermann hatte das Recht, seinen eigenen Tempel zu eröffnen und jeden Gott zu predigen, der ihm beliebte, so wie er das Recht hatte, eine Schenke zu eröffnen oder ein neues Produkt zu vertreiben. Und jeder machte sich zum Klienten desjenigen Gottes, der ihm behagte. Das mußte keineswegs die Lieblingsgottheit seiner Heimatstadt sein; er hatte freie Wahl.

Diese Freiheit der Wahl war möglich, weil der heidnische »Gott« und der »Gott« der Juden, Christen und Muslime kaum mehr als den Namen miteinander gemein haben. Für die drei Buchreligionen ist Gott unendlich größer als seine Schöpfung. Er existiert einzig als Akteur eines kosmischen Schauspiels, in dem sich die Erlösung der Menschheit vollzieht. Demgegenüber leben die heidnischen Götter ihr Leben und sind nicht auf eine metaphysische Rolle beschränkt. Sie sind ein Teil dieses einen Kosmos, eines von drei Geschlechtern, welche die Erde bevölkern: die Tiere, die weder unsterblich sind noch vernunftbegabt, die Menschen, die vernunftbegabt, aber sterblich, und die Götter, die unsterblich und vernunftbegabt sind. Da die Götter Lebewesen sind, gibt es bei ihnen Mann und Frau. Daraus folgt, daß auch die Götter anderer Völker echte Gottheiten sind. Andere Länder mögen Götter verehren, die den Römern unbekannt sind, oder dieselben Götter unter einem anderen Namen. Jupiter war in der ganzen Welt Jupiter, so wie ein Löwe überall ein Löwe ist; aber in Griechisch hieß er Zeus, in Gallisch Taranis, in Hebräisch Jahwe. Götternamen ließen sich von einer Sprache in die andere übersetzen, so wie die Namen von Planeten oder Gegenständen. Der Glaube an fremde Götter stieß nur dort an Schranken, wo es sich um absurden Aberglauben handelte, um ein phantastisches Bestiarium. Die Römer lachten über Götter in Tiergestalt, wie sie den Ägyptern heilig waren. In der antiken Welt beweisen Gläubige dieselbe Toleranz gegeneinander wie heutzutage hinduistische Sekten. Daß man sich für einen bestimmten Gott besonders interessierte, hieß nicht, daß man anderen Göttern die Existenzberechtigung absprach.

Das hatte Folgen für die Vorstellung des Menschen von dem Platz, den er selbst in der Ordnung der Dinge einnahm. Denkt man sich die Welt der Buchreligionen als einen Kreis, so beansprucht der Mensch,

Mosaik; Pompeji. Freut euch des Lebens, solange noch Zeit dazu ist. Das Meßinstrument (ein Nivelliergerät mit Winkelmaß) zeigt an, daß der Tod der große Gleichmacher ist und daß er allen Dingen ihr wahres Maß zumißt. (Neapel, Archäologisches Museum)

bei seiner Bedeutung für das kosmische Drama, zumindest die Hälfte dieses Kreises. Und Gott? Er ist so erhaben und übermächtig, daß er weit oberhalb des Kreises steht. Um ihn darzustellen, müßte man vom Mittelpunkt des Kreises einen nach oben gerichteten Pfeil zeichnen und daneben ein Unendlichkeitszeichen schreiben. Anders die heidnische Welt. Denken wir uns eine Treppe mit drei Stufen, so stehen auf der unteren Stufe die Tiere, auf der mittleren die Menschen und auf der oberen die Götter. Um zum Gott zu werden, brauchte man nicht sehr weit zu steigen. Epikur war nach den Worten eines seiner Anhänger »ein Gott, jawohl, ein Gott«, was heißen sollte: ein übermenschlicher Genius. Das erklärt, warum der Kosmos als »göttlich« galt; denn in ihm geschahen Dinge, die übermenschlich waren, weil kein Mensch sie geschehen lassen konnte. Es erklärt ferner, wieso man Könige und Kaiser unter die Götter versetzen konnte. Zwar mag diese Gepflogenheit eine ideologische Hyperbel gewesen sein, aber absurd war sie nicht. Der Kaiser rückte einfach um eine Stufe nach oben; er entschwand jedoch nicht in die Unendlichkeit. Angesichts dieser Gottesvorstellung war es nur logisch, wenn Stoiker und Epikureer ihre Schüler ermahnten, Weise zu werden, d. h. menschliche Partner der Götter, »Übermenschen«.

Der Mensch hatte Kontakt zur Tierwelt unter ihm und zur Götterwelt über ihm. Da die Götter ihm überlegen waren, war es seine Pflicht, ihnen Ehre und Respekt zu erweisen (»colere timorem«), so wie man es vor ranghöheren Menschen und vor Fürsten hielt. Die Götter hatten ihre eigenen Sitten und Gebräuche und ihre eigenen Fehler; es war gestattet, sie achtungsvoll zu belächeln, so wie man die Launen eines ausländischen Potentaten belächelte, der sich mit seinem Reichtum alles herausnahm. Die Römer rissen Witze über die zahllosen Liebesabenteuer des großen Jupiter, so wie die Untertanen Heinrichs IV. über die königlichen Amouren spotteten, ohne ihren Herrscher deswegen weniger zu fürchten und zu respektieren. Humor in heiligen Dingen braucht ein schlichtes Gemüt. Die Beziehungen zwischen Menschen und Göttern beruhten auf Gegenseitigkeit. Wer dem Äskulap für den Fall seiner Gesundung einen Hahn versprach, erwartete vom göttlichen Partner ebenso zuverlässige Vertragserfüllung wie von einem menschlichen. Enttäuschungen blieben nicht aus: »Nennst du das ein ehrliches Geschäft, o Jupiter?« War man von den Göttern enttäuscht, so kritisierte man sie, ähnlich wie man heute die Regierung kritisiert: »Jupiter, erbarme dich dieses kranken Mädchens. Wenn du sie sterben läßt, wird man dich dafür tadeln.« Als der beliebte Germanicus, ein Prinz aus dem Kaiserhaus, starb, verwüstete der römische Mob einige Tempel. Schlimmstenfalls wandte man sich von den Göttern ab: »Die Götter haben keine Rücksicht auf mich genommen, und ich werde keine Rücksicht mehr auf sie nehmen«, drohte wütend ein Unglücklicher.

»Grand Camée de France«; wahrscheinlich 17 n. Chr. Das ist weder die schönste noch die am wenigsten langweilige der antiken Kameen, aber die größte (Durchmesser: 30 cm). Dargestellt sind vergöttlichte oder glorreiche Mitglieder der von Augustus begründeten Dynastie. Das Stück ging aus dem römischen Kaiserschatz in den byzantinischen über und gelangte durch plündernde Kreuzfahrer in die Pariser Sainte-Chapelle. (Paris, Bibliothèque Nationale, Cabinet des Médailles)

Beziehung zu den Göttern

Die Beziehung zwischen Menschen und Göttern ähnelte jener zwischen einfachen und mächtigen Leuten (zum Beispiel Königen oder Adligen). Oberstes Gebot war es, das Bildnis der Götter mit erhobener Hand zu grüßen. Die geläufigste Gebetsformel schmeichelte der Eigenliebe des Gottes, indem sie an seine Macht appellierte: »Hilf mir, Jupiter, denn es steht in deiner Macht.« Wenn der Gott nicht half, dann war er wohl doch nicht so mächtig, wie er vorgab. Manche Menschen versuchten, durch endlose Gebete die Götter zu zermürben (»fatigare deos«) und sie aus ihrer hochmütigen Reserve zu locken. Sie »frequentierten die Tempel« und gingen jeden Morgen die Götter begrüßen, so wie der Klient am Morgen seinen Patron begrüßte. Besondere Ehre erwies man dem Gott des nächstgelegenen Tempels, denn ein geneigter Nachbar war der zuverlässigste Schutz. Frei, ungezwungen und mit heiterer Naivität gestalteten die Heiden ihre Beziehung zu den Göttern nach dem Muster ihres politischen und sozialen Alltags. Den Christen blieb es vorbehalten, sie nach dem Vorbild ihrer eigenen familial-paternalistischen Verhältnisse zu strukturieren. Deshalb wurde das Christentum, im Gegensatz zum Heidentum, eine Religion des Gehorsams und der Liebe. Das Genie des hl. Augustinus, die Größe der hl. Theresa waren höchste Ausformungen dieses familialen Vorbildes; dasselbe gilt für Luthers seelische Angst vor der Willkür des allmächtigen Vaters. Heiden von klarer Sinnesart verwarfen ebenfalls das Herr-Knecht-Modell als Sinnbild der Beziehung zum Göttlichen. Wer ständig vor den Göttern zitterte wie vor launischen und grausamen Herren, der hatte sich von ihnen ein Bild gemacht, das ihrer – und seiner selbst als eines freien Menschen – nicht würdig war. Diese Art von Gottesfurcht (»deisidai-

Ephesos. Einer der beiden Tempel des vergöttlichten Hadrian, gestiftet von einem öffentlichen Wohltäter im Jahre 118 n. Chr., mit verschwenderisch-anmutiger floraler Dekoration. Der Reiz der Fassade ergibt sich aus der Verletzung einer Regel, an die unser Auge sich unbewußt gewöhnt hat. Statt eines geraden Sturzes auf zwei runden Säulen oder einer Arkade auf zwei rechteckigen Pfeilern haben wir hier – in Nachahmung östlicher Vorbilder – eine Arkade auf Rundsäulen vor uns.

monia«) war das, was die Römer unter »Aberglauben« verstanden. Man überließ es den orientalischen Massen – gewöhnt an das Katzbuckeln vor Potentaten –, Frömmigkeit als eine Selbsterniedrigung vor Gott zu praktizieren. Im Grunde war die klassische Beziehung des Menschen zu den Göttern edel und frei und von Bewunderung gespeist.

Wahre Frömmigkeit hieß, sich die Götter wie gute Übermenschen vorzustellen: großzügig und fürsorglich, wohltätig und gerecht. Doch gelang dies nicht allen, weil das Verhalten des Einzelnen gegenüber den Göttern stets von seinem Charakter geprägt war. Einige handelten nach dem Prinzip, daß ein Gott nur so gut ist wie das, was er tut; sie boten einen Vertrag an – »Hilf mir, und ich werde dir ein Opfer bringen« –, den sie nur nach erhörtem Gebet erfüllten, indem sie eine Votivgabe stifteten. Andere hielten die Götter für ebenso unzart, wie sie selber waren: »Mach mich reicher, als mein Nachbar ist«, baten sie – freilich nicht mit laut erhobener Stimme in Hörweite der anderen Gläubigen, sondern verschämt auf Zetteln, die sie versiegelt auf den Altar legten. Die wahrhaft Frommen sind zartsinnig; sie haben seit jeher gewußt, daß die Götter dem kostspieligsten Opfer den schlichten Kuchen vorziehen, der reinen Herzens dargebracht wird. Daß diese Frommen immer wieder feierliche Gelübde ablegten und in Zeiten der Not ihr Herz den Göttern zuwandten, geschah nicht aus Eigennutz, sondern aus Liebe. Ein frommer Mensch liebte es, so oft wie möglich in Kontakt zur Gottheit zu treten – er pilgerte, er betete, er hatte Traumgesichte von den Göttern. Frömmigkeit bewies man nicht durch Glauben, Werke oder Kontemplation, sondern durch alle jene Verrichtungen, die nur deshalb selbstsüchtig scheinen, weil der geliebte göttliche Patron gleichzeitig der Beschützer ist. Krankheit, Reisen, Kindbett, alles bot Gelegenheit, gläubiges Vertrauen zu dem Beschützer zu beweisen.

Manche dieser Verrichtungen waren durch Herkommen geheiligt. Woran erkennt man einen gottlosen Menschen? Eine wenig bekannte Stelle bei Apuleius gibt uns Aufschluß darüber: »Niemals tat er eine feierliche Bitte an die Götter; niemals besuchte er einen Tempel. Kam er an einem Heiligtum vorüber, so hätte er es für Sünde gehalten, zum Zeichen der Verehrung die Hand an die Lippen zu führen. Nicht ein einziges Mal opferte er den Göttern seiner Landgüter, die ihn nährten und kleideten, die ersten Erntefrüchte und das Erstgeborene seiner Tiere. Auf dem Gelände seines Landsitzes gibt es kein Heiligtum, keinen den Göttern geweihten Ort, keinen heiligen Hain.« Ganz anders der Fromme. Ist er auf Reisen, »so hält er an jedem Heiligtum, an jedem heiligen Hain inne, um ein Gelübde zu sprechen, ein Stück Obst auf den Altar zu legen und eine Weile bei den Göttern zu sitzen«. Die Gabe und das Gelübde, der Tausch von göttlichem Schutz gegen die Gabe von Menschenhand, sind ebenso wichtig wie das Gebet. Wenn Gott ein Vater ist, dann vermag man kaum etwas anderes als zu ihm zu beten. Doch wenn die Götter Patrone sind, dann kann man auf der Basis von Gaben und Gegengaben verkehren, im Zeichen einer Freundschaft zwischen ungleichen Partnern, die jeder ihr eigenes Leben leben und nur zum gegenseitigen Nutzen in Kontakt miteinander treten. Triebe der menschliche Partner die Vertraulichkeit weiter, so wäre dies naiv

Zwei Schlangen, Symbol der Laren, und ein Altar, der anzeigt, daß sie verehrt wurden. Diese Symbole waren von den Griechen entlehnt; dort hielt man sich in vielen Wohnungen eine harmlose Hausschlange als Schutzgottheit. (Ostia, Archäologisches Museum)

Bronzestatuette; kein Exhibitionist, sondern Gott Priapus persönlich – und unbestreitbar männlich, trotz seiner weiblichen Frisur und Kleidung. Seine Göttlichkeit beschränkte sich darauf, den Menschen die Angst vor Einbrechern zu nehmen, die er mit seiner Schamlosigkeit in die Flucht schlug. Diese unanständige Statuette sollte zum Lachen reizen und den bösen Blick abwehren; Frauen schlugen vor ihr die Augen nieder. (Paris, Petit Palais, Sammlung Dutuit)

und eines freien Subjekts unwürdig. Man lächelte über Frauen, die in den Isistempel gingen, um der Göttin ihre Kümmernisse zu offenbaren. So etwas galt als zudringlich. Ein freier Mensch wußte die rechte Distanz zwischen sich selbst und den Mitmenschen zu wahren, ebenso zwischen sich selbst und den Vertretern des Göttergeschlechtes. Er erniedrigte sich nicht vor seinem Gott. Er überließ es dem gemeinen Mann, ganze Tage im Tempel zu verbringen und für die Götterstatuen die Kammerzofe oder den Barbier zu spielen.

Alle diese Praktiken der Privatreligion, die an die volkstümlichen Heiligenkulte im Mittelalter gemahnen, wirkten in zweifacher Hinsicht beruhigend. Nicht sonderlich religiöse Menschen, die in einer anderen Gesellschaft ungläubig gewesen wären, erblickten im Kontakt mit den Göttern sozusagen ein Besänftigungsmittel gegen den Kummer und die Fährnisse des wirklichen Lebens. Für sie hatten die frommen Übungen die Funktion eines Glücksbringers oder Amuletts. Zu den religiös Gesinnten aber sprach aus diesen Praktiken die Gegenwart einer »anderen« Wirklichkeit. Das Göttliche ließ ahnen, daß das Wirkliche nicht das Ganze war, und entwertete es damit. Je näher man dieser anderen Welt kam, desto wesenloser wurde die eigene Wirklichkeit; sie hörte auf, des Menschen einzige Sorge zu sein. In privaten Briefen, von denen viele in Ägypten gefunden worden sind, ist häufig von den Göttern die Rede (während die Göttlichkeit des Kaisers kaum einmal erwähnt wird). Die religiösen Riten wurden mit großer Sorgfalt und im Geist meditativer Sammlung vollzogen. Unzählige Reliefs zeigen Gläubige beim Opfer am Altar eines Gottes. Wenn wir nicht wüßten, mit welchem Vergnügen die Heiden diese Riten begingen, würden wir sie ebensowenig verstehen wie ein Asexueller einen erotischen Film.

Die beiden Besänftigungsmittel, Magie und Religion, unterschieden sich kaum voneinander, weil die dazugehörigen Akte und Symbole selber diesen Unterschied nicht machten. (Die »Religion« zählt zu den paradoxen Dingen, die prinzipiell verworren sind.) Ein Heiligtum am Wegesrand verkörperte die Möglichkeit einer spirituellen Zuflucht. Die einfachste religiöse Handlung wie beispielsweise das Verschütten der ersten Tropfen eines Getränks (»libatio«) bezeugte, daß das Nützliche nicht alles war. Der Kaiser persönlich wurde privatim verehrt und hatte in jedem Haus seinen Platz in der Nische mit den Götterbildern. Geschah dies, weil man ihn für einen Gott ansah? Nein, niemand legte beim Namen des Kaisers ein Gelübde ab oder glaubte, daß dieser Sterbliche Krankheiten heilen oder verlorene Gegenstände wieder herbeischaffen könnte. War es religiös getarnter Patriotismus? Keineswegs. Personenkult um einen charismatischen Führer? Auch nicht. Wenn man nach der Mahlzeit einen Trinkspruch auf das heilige Bildnis des Kaisers ausbrachte, dann trat man für einen Moment in Kontakt mit jenem beruhigenden, nicht näher bezeichneten Jenseits, das unser Leben überwölbt und dessen man sich versicherte, indem man es verehrte.

Pompeji: Bacchantin opfert an einem Altar mit Bacchusstatue. Die meisten Bacchusdarstellungen haben keine religiöse Bedeutung, doch verschönten sie den sakralen Versammlungsplatz einer Sekte oder die Privaträume eines Bacchuspriesters. (Neapel, Archäologisches Museum)

Kleine Bronze. Schutzgottheit der Stadt oder vergöttlichte Stadt. Eines jener authentischen frommen Bildnisse, die der Phantasie oder dem Kunstgeschmack wenig Nahrung bieten. Die Figur trägt einen Kranz in Gestalt einer Stadtmauer. Die Göttin bereitet ein Trankopfer vor: Der Künstler hat sie, gleichsam stenographisch, bei jener Geste dargestellt, die in Wirklichkeit die Gläubigen ausführten. (Paris, Petit Palais, Sammlung Dutuit)

»Die Götter«

Die private Religion spielte noch eine dritte Rolle (freilich minder gut als die Philosophie oder später das Christentum): Sie fungierte als unparteiischer Garant von ethischen Überzeugungen und von Interessen, die ihre Interessiertheit leugneten. Bislang haben wir die Religion im Zusammenhang mit den einzelnen Göttern des Pantheons erörtert – Jupiter, Merkur, Ceres usw. Aber Griechen und Römer beriefen sich genausooft auf »die Götter« insgesamt. Oder sie vermieden den Plural und sagten »das Göttliche« oder »der Gott«, d. h. »Gott« im allgemeinen (so wie der Philosoph »der Mensch« sagt), oder sogar »Jupiter«. Der Plural »Götter« und diese verschiedenen Synonyme bedeuteten etwas anderes als die Summe der einzelnen Götter. »Die Götter« hatten eine Funktion und besaßen Tugenden, die der einzelne Gott nicht oder nicht immer hatte. Nur der einzelne Gott wurde kultisch verehrt, »die Götter« nicht. Doch man berief sich auf ihren Willen; man hoffte, daß »die Götter« sich gnädig erzeigen und daß sie nach Verdienst belohnen und strafen würden. »Die Götter« liebten den Tugendsamen und würden dem Guten zum Sieg verhelfen. Sie werden meinen Unterdrücker strafen, sagte sich der Bedrängte, sie werden diesen Unhold im Jenseits züchtigen, sie werden nicht zulassen, daß eine Missetat ungesühnt

Kleine Bronzefigur: eine Gläubige bei einem Trankopfer. Ein authentisches frommes Bildwerk, weder Phantasiegebilde noch Mythos. (Paris, Petit Palais, Sammlung Dutuit)

bleibt. »Die Götter« beschützen unsere Stadt. »Die Götter« waren die Verheißung für jede Hoffnung. Man sagte gern, daß »die Götter« das Weltgeschehen lenkten und daß sie die Welt für den Menschen gemacht hätten. Zwar wußte niemand genau, wie das zugehen sollte; aber es bestand auch keine Notwendigkeit, darüber nachzudenken. Das Eingreifen der Götter wurde nur dort erhofft oder erkannt, wo es wünschenswert oder löblich war; den Rest ignorierte man. Sagte man von einem Ereignis, die Götter hätten es gesandt, so sollte das heißen, daß man es positiv fand und daß der Himmel selbst dieses Urteil bestätigte. Mit »den Göttern« im Plural hatte das Heidentum seine Vorsehung, die es anrief, ohne sie zu verehren.

Das war nicht alles. »Die Götter« insgesamt (bzw. die Vorsehung) sowie die Einzelgottheiten des Pantheons (die Übermenschen des Guten) waren Freunde eines sittlichen Lebenswandels. Sie standen für die Tugend und gegen das Verbrechen ein. Zwar war das Göttergeschlecht um seiner selbst willen da und definierte sich nicht durch seine Rolle als Gesetzgeber oder Rächer; aber die Götter waren wie gute Menschen – sie liebten die Tugend und haßten das Laster, und jene Verruchten, die den Göttern selbst Unmoral unterstellten, würden das eines Tages zu ihrem Schaden erkennen müssen. Das ist meine wohlerwogene Antwort auf die sehr umstrittene, aber falsch gestellte Frage: War das Heidentum eine ethische Religion, in dem Sinne, wie das Christentum eine war? Die Götter schätzten es, wenn die Menschen fromm waren. Warum? Weil sie von den Gaben profitierten, die ihnen die Menschen darbrachten? Nein, sondern weil Frömmigkeit eine Tugend ist und weil die Götter ebenso wie die Menschen die Tugend lieben. »Ich allein habe überlebt«, sagt ein Schiffbrüchiger nach seiner Rettung, »weil ich ein frommer Mann bin.« Gleich darauf berichtigt er sich: »Ich allein wurde gerettet, weil ich in meinem ganzen Leben niemals etwas Schlechtes getan habe.« Die Götter bildeten, wie gesagt, ein übermenschliches Geschlecht von Männern und Frauen, und ihre Stammbäume und Abenteuer wurden in Mythen erzählt, die in einer Phantasiezeit vor und jenseits unserer eigenen spielten. Mit der Gegenwart freilich bleibt für sie die Zeit stehen; sie altern ebensowenig wie bei uns die Helden der Comic strips. Gleichzeitig agierten diese fiktiven Wesen in der Rolle metaphysischer Gottheiten, der Vorsehung und des sittlich Guten, seit den homerischen Epen. Hier hatten sich einige Jahrhunderte zuvor die Wege getrennt. Neben die beschriebene Volksreligion trat jetzt eine Religion der Gebildeten und Reichen. Die Elite glaubte nur noch an ein metaphysisches Göttliches, nicht mehr an die Götter des mythologischen Pantheons, aus deren Bann sie gleichwohl nicht vollständig heraustrat.

Die Religion der Gebildeten

Irreligiosität war der Masse der Römer unbekannt; das Volk wurde nicht müde, zu glauben und zu beten. Doch was mochte ein gebildeter Römer von der Phantasmagorie der alten Götter halten – ein Cicero oder

Horaz, ein Vornehmer, ein Senator, ein Kaiser? Meine Antwort ist eindeutig: Er glaubte nicht ein einziges Wort davon. Er hatte Platon und Aristoteles gelesen, die schon vierhundert Jahre früher nicht mehr geglaubt hatten. Ein religiöser Mensch wie Vergil glaubte an die Vorsehung, aber nicht an die Götter in seinen eigenen Gedichten, an Venus, Juno oder Apoll. Cicero und der würdevolle Enzyklopädist Plinius d. Ä. hielten nicht zurück mit Spott über die Götter. Diese ätherischen Wesen, so meinten sie, erscheinen in Menschengestalt, wenn man den Bildhauern und der naiven Frömmigkeit trauen darf. Müssen wir also annehmen, daß sie Magen, Eingeweide und Geschlechtsteile haben? Und was, bitte sehr, machen die glückseligen Ewigen mit diesen Organen? In jeder Geschichte der römischen Religion verdient der Glaube der herrschenden Klasse ein eigenes Kapitel. In ihm dürfte nicht von Merkur oder Juno die Rede sein, sondern vielmehr von »Vorsehung, Fatum, Zufall«; denn um diese Begriffe drehte sich das religiöse Problem. Sollte man an die Vorsehung glauben wie viele Fromme und Gebildete und auch die Anhänger der Stoa? Sollte man an das Fatum glauben wie die Erforscher der Physik und der Astronomie (welche zugleich eine Astrologie war)? Oder sollte man in dieser verworrenen Welt doch nur das Walten des Zufalls sehen wie die vielen Gottlosen, die jegliche Vorsehung leugneten? Wie auch immer – die Gebildeten waren sich einig im Spott über die Frauen aus dem Volk, die die Göttin Latona in ihrem Tempel verehrten, die überzeugt davon waren, daß Latona so aussah, wie der Bildhauer sie geschaffen hatte, die sich mit ihr freuten, weil ihre Tochter Diana so schön war, und die sich selbst ähnlich hübsche Töchter wünschten. In der Senatorenklasse, die immerhin über die öffentliche Religion zu wachen hatte und deren Priester stellte, beobachtete man die offiziellen religiösen Zeremonien und die naive Gläubigkeit des Volkes mit nachsichtiger Skepsis.

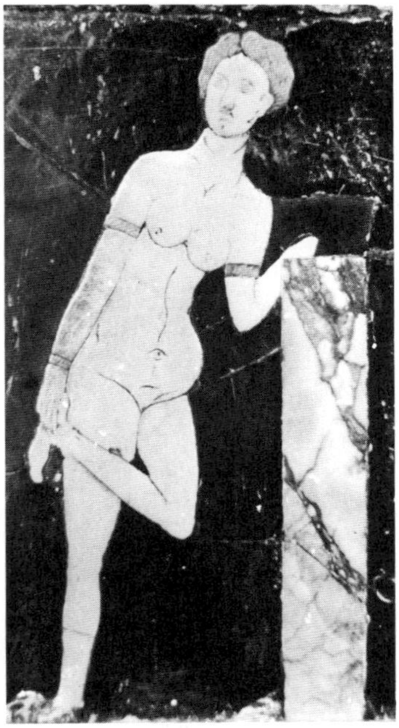

Pompeji. Die Einlegearbeit, als mindere Kunstgattung geltend, hat diese rührende kleine Szene entstehen lassen. Trotz der Schwierigkeit, Marmor zu schneiden, haben hellenistische Kunsthandwerker bemerkenswerte Bilder geschaffen. Es gibt mindestens siebzig weitere Beispiele dieser Venus, die sich die Sandale abstreift.
(Neapel, Archäologisches Museum)

Und doch, mochte es auch unmöglich sein, wortwörtlich an die alte Religion zu glauben, es war genauso unmöglich, sich ihr ganz und gar zu entwinden – nicht, weil sie das offizielle Credo und der Glaube des Volkes war, sondern weil in ihrem Geist ein Kern von Wahrheit steckte. Der Polytheismus tendierte nicht zum Monotheismus (der später durch einen historischen Zufall triumphierte), sondern zu einfachen Abstraktionen (wobei es dem Wesen abstrakter Begriffe entspricht, daß man sie nur in der Einzahl gebraucht). Solche Abstraktionen, über welche die Philosophen ausführlich debattierten, waren beispielsweise die Vorsehung oder das Gute. Ein gebildeter Mensch sagte sich folgendes: »Es gibt eine Vorsehung, wie ich glauben möchte. Das muß der Kern aller dieser Götterfabeln sein. Aber haben Apollo und Venus darüber hinaus Realität? Sind es Namen der einen Gottheit? Emanationen des Göttlichen? Namen für seine Tugenden? Ein abstraktes und doch zugleich lebendiges Prinzip? Oder doch bloß eine eitle Fabel?« In dem wesentlichen Punkt der göttlichen Vorsehung war man sich sicher; alles andere blieb im Zweifel. Und so war es zulässig, die Religion des Volkes zu teilen, einerseits herablassend, denn die Götterfabeln erzählen zwar die Wahrheit, aber in einer naiv-falschen Sprache, andererseits aus geistiger Berechnung, denn wer weiß, ob Apollo nicht doch mehr ist als ein

Name, nämlich eine Emanation Gottes, trotz der ihn umrankenden Fabeln? Und es war auch möglich, die Sprache der alten Religion zu benutzen, ohne sich lächerlich zu machen. Der Skeptiker Horaz, knapp dem Tode entronnen (um ein Haar wäre er von einem umstürzenden Baum erschlagen worden), dankte den Göttern des Pantheons auf traditionelle Weise. Er war sich gewiß, seine Errettung der Gottheit zu verdanken, doch er wußte nicht, wie er dieser Abstraktion anders danken sollte als in der altehrwürdigen feierlichen Manier. Als er seine Magd den Schutzgeistern des Hauses einen Kuchen opfern sah, war ihm klar, daß sie das Ergebnis seiner Überlegungen vorausgeahnt hatte. Atheisten hin oder her – die Zufälle der Welt wirken zugleich als Vorsehung, die von uns erwartet, daß wir nach dem Guten trachten.

Das zweite Heidentum

Soweit das, was das gemeine Volk einerseits und die Schicht der Gebildeten andererseits über die Götter gedacht haben, und zwar durch Jahrhunderte hindurch. Um das Jahr 100 n. Chr. trat jedoch dieselbe Entwicklung ein, die wir in anderem Zusammenhang schon kennengelernt haben: Das alte Heidentum wurde verinnerlicht und dabei modernisiert; es konnte von gebildeten Männern und Frauen nicht länger ignoriert werden.

Man darf diesen Vorgang nicht mit dem modernen Konflikt zwischen Katholizismus und Aufklärung vergleichen. Die antike Irreligiosität war keine Episode in dem angeblich ewigen Kampf zwischen Aufklärung und Obskurantismus oder zwischen Freiheit des Denkens und Autorität der Kirche. Vielmehr ging es um die Frage der *kulturellen* Würde oder Nicht-Würde der Religion. Die heidnische Religion unterdrückte nichts und niemanden; aber war sie nicht lächerlich und eines gebildeten Menschen unwürdig?

Mit »Kultur« meine ich hier etwas sehr Einfaches: »Gebildet sein« bedeutete »nicht wie das einfache Volk denken«. Kultur war ein Privileg, ebenso wie Reichtum und Macht. Das war nicht in allen Kulturen so. Versetzen wir uns in die homerische Welt, so sehen wir Anführer, die genauso reden, denken, beten, tanzen und sich kleiden wie ihre Gefolgsleute, ja, die sogar den Glauben mit ihnen gemein haben. Die hellenistische und römische Gesellschaft war hingegen ganz anders als die homerische; sie zerfiel kulturell in zwei Teile. Für Cicero war die Religion ein närrischer Aberglauben, der nur für Ungebildete taugte. Wie konnte jemand im Ernst glauben, daß Castor und Pollux einem Bürger an der Via Salaria leibhaftig erschienen waren oder daß Apollo mit silbernem Bogen über den Wolken schwebte?

Doch damit nicht genug. Der Gebildete ist auf Worte fixiert. So wie er mit Worten seine Meinung auszudrücken weiß, so glaubt er, daß Worte exakt seine Handlungen bezeichnen. (Ähnlich glauben die Soziologen, daß die Antworten der Befragten auf den Fragebogen das wiedergeben, was die Leute denken.) Aber die einfachen Leute konnten sich nicht gut ausdrücken. Ein Mann aus dem Volk, der inbrünstig zu

Apollo betete, dachte dabei kaum an den silbernen Bogen des Gottes oder an die kindlichen Mythen über seine Liebeshändel und Heldentaten. Hätte man ihn freilich befragt, so hätte er von diesen Legenden gesprochen und gelehrig wiederholt, was man ihm beigebracht hatte. Die Gebildeten, auf Worte vereidigt, beurteilten die Ungebildeten – und die Religion – nach diesen naiven Antworten und nicht nach den Geheimnissen des Herzens.

Pompeji, Grab einer Frau (und nicht eines Seemanns). Das Lebensschiff ist ans Ziel gelangt, und die Matrosen reffen die Segel.

Als das Heidentum sich um das Jahr 100 n. Chr. spontan zu modernisieren begann, hörte es auf, eine mythologische Religion zu sein, und nahm die Gottesbeziehung des Christentums vorweg. Beziehungen zwischen Menschen und Göttern waren nicht mehr die zwischen zwei ungleich mächtigen Gattungen von Wesen, deren jede ihr eigenes Leben hat, sondern die zwischen einem göttlichen Monarchen und seinen Untertanen. Dieser Monarch war entweder ein einziger Gott der Vorsehung oder er bestand aus einer Gruppe von Vorsehungs-Göttern, die einander ähnelten und vielleicht nur unterschiedliche Namen waren für ein und dasselbe göttliche Regiment unter verschiedenen Ministern. Diese Götter waren austauschbar und trugen die Uniform der Vorsehung. Sie verloren ihre mythologische Biographie und ihre persönlichen Züge. Sie erfüllten alle dieselbe Funktion: die Menschen zu lenken, anzuleiten und zu beschützen und sie vor dem Zugriff der blinden Fortuna oder des Fatums zu bewahren. An solche Götter zu glauben war nicht mehr lächerlich.

Die Götter lebten nun nicht mehr in ihrem eigenen Reich; ihre Existenz entsprach der Aufgabe, über einzelne Menschen zu wachen. Und die einzelnen Menschen begannen, sich den gefügigen Gehorsam gegenüber den souveränen Göttern als Verdienst anzurechnen. Ich meine nicht, daß diese Gefügigkeit vom antiken Orient übernommen worden ist, wo man seit langem gewohnt war, vor den Herrschern im Staube zu liegen; sie hat nichts Kriecherisches. Der Gläubige wollte nicht sich selbst erniedrigen, sondern die Majestät Gottes erhöhen. Die Vorsehung der Götter hatte nichts Launisches oder Beliebiges mehr, sondern wurde gleichbedeutend mit Gerechtigkeit und Vernunft. Die Menschen versuchten nicht länger, sich mit Opferversprechen bei den Göttern einzuschmeicheln. Im alten Heidentum ergriff der Gläubige die Initiative und schlug dem Gott einen Handel vor: »Wenn du machst, daß ich eine glückliche Überfahrt nach Alexandria habe, werde ich dir eine Opfergabe weihen.« Im neuen Heidentum sind es die Götter, die darüber entscheiden, was für den Menschen gut ist, und dem Gläubigen zu seinem eigenen Besten Befehle (sogenannte »Orakel«) geben: »Zieh unbesorgt nach Alexandria; dann bringe mir ein Opfer dar.« Die Menschen fühlten sich glücklich und zufrieden, weil sie unter dem Schutz einer mächtigen Gottheit lebten.

Im übrigen war das neue Heidentum minder nachdrücklich institutionalisiert als das alte; es war im Gegenteil ziemlich formlos. Jedermann konnte seine Religion nach Gutdünken gestalten. Wollte man früher den Willen der Götter erfahren, so befragte man eine offizielle Instanz – einen Priester oder ein Orakel. Jetzt taten die Götter ihre Weisungen außerhalb der offiziellen Zeichen kund: in Träumen, bedeutungsschweren Ereignissen, Ahnungen usw. Überall vernahm der Mensch göttliche Kommandos. Die Grenze zwischen dem Wirklichen und dem Göttlichen war fließend geworden und konnte sozusagen ohne Aufenthalt an einer Zollstation passiert werden. Schließlich entstand eine ganze Literatur volkstümlicher Andachtsbücher, von denen einige Bestseller wurden. Sie trugen dazu bei, die frommen Praktiken des Volkes zu modernisieren und zu »spiritualisieren«.

Das Leben nach dem Tode

Es fällt auf, daß in allen diesen Überlegungen zur Religion ein Aspekt fehlt: die Sorge um das Leben nach dem Tode, um die Unsterblichkeit der Seele. Die Römer standen dieser Frage kaum weniger gleichgültig gegenüber als die meisten modernen Menschen. Die Epikureer glaubten nicht an die Unsterblichkeit der Seele, die Stoiker mit Einschränkungen, und die offizielle Religion wich dem Problem aus: Was man vom Leben nach dem Tode hielt, war eine Frage für sich, die mit Religion nichts zu tun hatte. Überwiegend, zumal in den unteren Gesellschaftsschichten, war man der Meinung, daß der Tod ein Nichts sei, ein ewiger Schlaf. Die vage Vorstellung von Schatten, die nach dem Tode unbestimmt weiterlebten, war lediglich eine Fabel, wie immer wieder betont wurde. Gewiß gab es zahlreiche Spekulationen, die detailliert über das Fortleben der Seele nach dem Tode und über ihr Schicksal im Jenseits sprachen; aber sie waren nur ein paar kleinen Sekten bekannt. Keine allgemein anerkannte Lehre behauptete etwas anderes, als daß nach dem Tode ein unbeseelter Leichnam übrigbleibt. Die Römer hatten kein verbindliches Dogma, sie wußten nicht, was sie glauben sollten, und so nahmen sie nichts für gegeben und glaubten nichts.

Allerdings machte man in Bestattungsriten und in der Grabmalskunst affirmative Aussagen, welche die Angst vor dem Augenblick des Todes lindern sollten. Auch wenn die Menschen daran nicht wirklich glaubten, so wußten sie doch die tröstende Absicht zu schätzen. Ein in Simpelveld gefundener Sarkophag ist innen sorgfältig ausgehauen und zeigt ein Zimmer, worin die Verstorbene, auf einen Ellenbogen gestützt, auf ihrem Lager ruht. So wird im Jenseits der Faden weitergesponnen, den die Schicksalsgöttinnen abgeschnitten haben: Das Grab ist der Ort des ewigen Verweilens, wo alles weitergeht, wenn alles aufgehört hat. Auf vielen Kindergräbern versinnbildlicht ein schlafender Putto die dunkle Zone zwischen Schlaf und Tod. Auch das Bild eines Schiffes oder eines Reisenden zu Pferde oder im Wagen ist auf vielen Gräbern zu finden; es sollte nicht die Reise ins Jenseits darstellen, sondern die Reise unseres Lebens auf Erden – das natürliche Ende dieser Reise ist der Hafen der letzten Ruhe oder der Grenzstein des Todes. Es war ein tröstlicher Gedanke, sich den Tod als Zeit des Rastens nach einer langen Reise vorzustellen; ein resignativer Gedanke war es, das Leben als kurze Bahn aufzufassen. Auf einigen Sarkophagen wird denn auch das Leben mit den Rennen im Zirkus verglichen – die Wagen drehen sieben Runden und verschwinden dann.

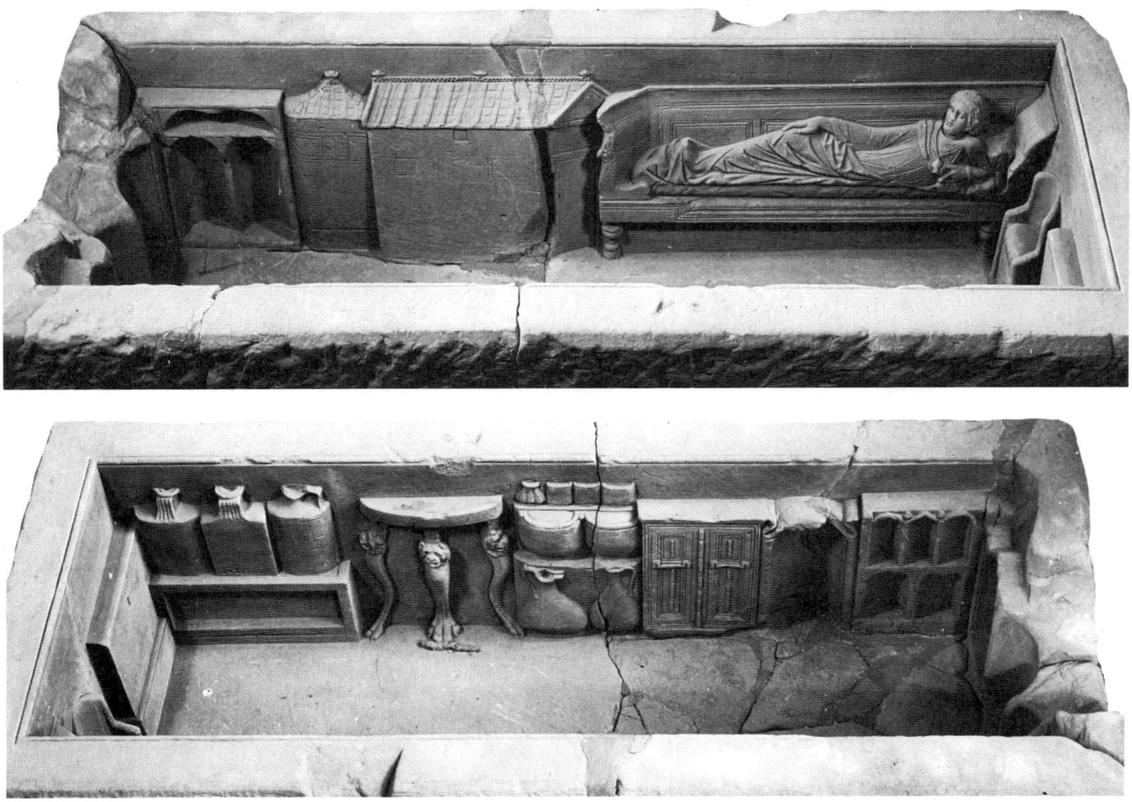

Sarkophag; Fundort Simpelveld. Man beachte das Mobiliar. (Leyden, Altertümer-Museum)

Die Römer hatten ein Fest der Toten, das vom 13. bis 21. Februar dauerte. In dieser Zeit brachten sie Opfergaben ans Grab ihrer verstorbenen Angehörigen. Daß die Toten sich von diesen Gaben nährten, glaubten sie freilich ebensowenig, wie wir glauben, daß die Toten sich am Duft unserer mitgebrachten Blumen erquicken. In Griechenland kannte man schon seit langem als Grabbeigaben Terrakotta-Figuren (sogenannte »Tanagra«-Figuren) in Gestalt von Liebes- oder Siegesgöttinnen oder Sirenen; die Alltagsreligion verriet wenig über diese Trauergeister, und so entzündeten sich an Trauerfällen spezielle Glaubensbrauchtümer, die sich von den üblichen Glaubensinhalten durch ihre Veräußerlichung unterschieden. Zur Zeit des Römischen Reiches scheinen sie in Vergessenheit geraten zu sein. Nun enthielten griechische Gräber, genauso wie römische, nur noch kleine Votivgaben: Lampen, Spiegel oder Phiolen mit Duftstoffen. Tröstliche Vorstellungen über das Leben nach dem Tode entstammten dem Wunsch, zu glauben, nicht der Autorität einer etablierten Religion – die innere Konsequenz einer dogmatischen Lehre war ihnen daher fremd. Ein und dieselbe Grabinschrift konnte, wie Rohde beobachtet hat, zwei Wahrheiten repräsentieren: baren Unglauben und gleichzeitige sublime Hoffnung. Daraus ergibt sich ein neues Interpretationsproblem für den, der vom antiken Bild auf die antike Mentalität schließen will: Was das Bild darstellt, ist oft weniger wichtig als der Kontext, in dem es steht. Ein bacchisches Relief auf einem Grab verweist nicht auf den

Unser Leben ist ein Wagenrennen. (Neapel, Archäologisches Museum)

Glauben an Bacchus, sondern auf einen Kontext religiöser Ideen – mehr nicht. Betrachten wir eine moderne Analogie. Viele religiöse Gemälde des 16. und 17. Jahrhunderts sind von hohem weltlichen Reiz; sie zeigen Heilige, die überaus hübsch sind und außerdem manchmal halbnackt. Trotzdem hätte jeder Betrachter, selbst ein aufgeklärter Philosoph oder ein Lüstling, diese Bilder als religiöse erkannt und sie in einer höheren Sphäre angesiedelt als etwa die nackten Figuren von Boucher.

Bacchus, der fröhliche Gott, die Randfigur, tauglich für jede Neuerung, eine Gottheit, die im wesentlichen mythologisch war und von der gängigen Religion ignoriert wurde, ein Gott, den die Phantasie sich nach Belieben ausmalen konnte, dieser Bacchus war der Lieblingsgott der Grabestheologie. Seine Legende und seine Riten wurden auf zahlreichen Sarkophagen dargestellt, insbesondere auf den Gräbern von Kindern. Der Tod eines kleinen Kindes gebot poetische Verklärung. Die Grabinschrift für einen Jüngling lautet: »Bacchus hat ihn entführt, um ihn zu seinem Eingeweihten und Gefährten zu machen.« Nicht zufällig sind das nicht die Sarkophage von Anhängern einer Bacchussekte, und auch der Sargschmuck spiegelt nicht die eigentümlichen Anschauungen dieser Sekte. Auch zeugen sie nicht, wie man gemeint hat, von einer weitverbreiteten Bacchusreligion. Aber diese Figuren sind auch nicht bloße Zierde: Die Menschen wußten nie genau, wieviel Wahrheit in diesen Fabeln und Sektenlehren vielleicht doch stecken mochte. Bacchus, der Gott des Jenseits, war ein tröstliches »Vielleicht«, von dem jeder gehört hatte.[3]

Grabinschriften und Grabkunst artikulierten taktvoll nur tröstliche Gedanken. Doch Platon, Epikur, Lukrez und andere sprechen immer wieder davon, daß die Seele Sterbender heimgesucht werde von der Erinnerung begangener Sünden und Verbrechen und sich bei dem Gedanken ängstige, bald vor die strafenden Götter treten zu müssen. Solche Befürchtungen sind begreiflich. Was die Sterbenden fürchteten, war nicht die Bestrafung in der Unterwelt – einer mythologischen Phantasiewelt, die niemand wörtlich nahm; wohl aber fürchteten sie »die Götter«, denn jedermann wußte, daß die Götter Gerechtigkeit, Vorsehung und Rache übten, obschon niemand hätte sagen können, wie das geschah. Die Götter waren da, um das menschliche Gewissen zu rächen. Valerius Maximus schreibt: »Dieser Bösewicht gedachte im Sterben seiner Schandtaten und seiner Undankbarkeit. Seine Seele wurde zerrissen wie von Folterknechten; denn er wußte, daß er von den Göttern des Himmels, denen er verhaßt war, zu den Göttern der Unterwelt kommen würde, die ihn verfluchten.«

Ich nehme nicht an, daß der Epikureer Lukrez die Seelenqual des Sterbens übertrieben hat, um die besänftigende Philosophie seiner eigenen Sekte hervorzukehren. Er hat schlicht die Wahrheit gesagt: Das Heidentum, eine Religion des Festes, hatte ethische Rand- und Dunkelzonen, die Ängste auslösten. Diese Ängste vermochte es nicht zu beschwichtigen, weil es keine Erlösungsreligion war: Es gewährte dem Gläubigen nicht dadurch Sicherheit, daß es sein diesseitiges Leben durch Verheißung der Erlösung im jenseitigen strukturierte. Wer lernen wollte, wie man in dieser Welt leben sollte, mußte sich daher an die Sekten wenden. Die dort gebotene Weisheit versprach, ihn von der Angst zu befreien und ihn glücklich zu machen, d. h. zu beruhigen.

Philosophische Sekten

In einem berühmten, eher geistreichen als tiefgründigen Buch wundert sich Max Pohlenz, daß die antike Philosophie, im Gegensatz zur modernen, das Gebäude der moralischen Pflicht auf dem eigennützigen Sockel des Glückes errichtete. Das verrät einen merkwürdigen Mangel an historischem Verständnis: Man sieht nicht recht, wie die Alten es hätten anders machen sollen. Das, was sie unter Philosophie verstanden, verfolgte ja nicht wie Kant das Ziel, die Bedingungen der Möglichkeit von Moral zu erkunden. Ziel der antiken Philosophie war es, dem Einzelnen eine Methode des Glücklichwerdens zu vermitteln. Eine Sekte war keine philosophische Schule, in der man allgemeine Ideen erörterte; von ihr erwartete man rationale Mittel zur Erlangung der Seelenruhe. Moral war nur eines der empfohlenen Verfahren, die von bestimmten

Ein kleines Kind ist gestorben; es hat seine Lebensbahn so beendet (links), wie es sie begonnen hat: auf den Knien der Mutter. (Rom, Thermenmuseum)

Sekten auch philosophisch begründet wurden. Das hat die modernen Forscher irritiert.

Die Sekten der Epikureer und der Stoiker lieferten ihren Anhängern eine Formel, die philosophisch auf der Natur des Kosmos gründete und den Zweck hatte, dem Menschen ein Leben zu ermöglichen, das frei von Furcht vor seinesgleichen vor den Göttern, dem Zufall und dem Tod war und das ihn, unabhängig von den Wechselfällen des Schicksals, glücklich stimmte. Erklärtes Vorhaben beider Sekten war es, die Menschen so gelassen zu machen, wie es die Götter waren; die Menschen sollten zu sterblichen Partnern der Götter werden. Die Unterschiede zwischen beiden Sekten lagen in Subtilitäten und in der metaphysischen Begründung ihrer Anweisungen. Der Stoizismus (der nichts mit dem gemein hat, was Vigny darunter versteht) verordnete geistige Exerzitien, mittels deren der Mensch sich in einem Zustand heroischer Gesinnung erhalten sollte. Der Epikureismus vertrat die These, daß der Mensch sich vornehmlich von illusorischen Ängsten zu befreien habe. Beide Sekten verachteten nicht nur den Tod, sondern auch eitle Wünsche, wie etwa den Wunsch nach Reichtum oder Ehren; dergleichen waren vergängliche Güter, die keine unverbrüchliche Sicherheit verbürgten. Die Epikureer lehrten, daß der Mensch sich von falschen Bedürfnissen lösen müsse; sie empfahlen, von Freundschaft und kaltem Wasser zu leben. Die Stoiker behaupteten, daß ihre Methode auf Vernunft und Vorsehung gegründet sei; die Epikureer zerstreuten mit ihrem Atomismus Befürchtungen, die auf Aberglauben beruhten. Die Stoiker waren überzeugt, daß der Mensch eine angeborene Liebe zu seiner Familie und seiner Heimatstadt empfinde und daß er sich unerfüllt und unglücklich fühle, wenn er seine Pflichten gegen beide versäume. Die Epikureer wiederum lehrten, daß das Glück des Menschen von ihm verlange, nur solche Verträge einzuhalten, die er selber bewußt

Grab eines Arztes, 3./4. Jh. Er liest nicht, wie man früher dachte, eine medizinische Abhandlung, sondern seine Klassiker; trotz der Beschwernisse seines Berufsalltags ist er ein gebildeter Mann. – In Rom gab es eine Frau, die sich »medica«, »philologa« nannte – »Ärztin und Liebhaberin der Literatur«. (New York, Metropolitan Museum)

Sarkophag; Spuren mehrfarbiger Bemalung; 2. Jh. Bacchantinnen und Musiker. Silen und Pan gehen vor Bacchus (links) einher, dessen Wagen von einem Kentauren gezogen wird. Auf den Gesichtern der Menschen spiegeln sich Verzükkung und Ekstase; ähnlich hingerissen sind die Tiere.
(Rom, Museo dei Conservatori)

und im eigenen Interesse geschlossen habe. Beide Sekten meinten, daß ein Mensch, der infolge von Krankheit oder Verfolgung sich nicht mehr imstande sah, ein würdiges Leben in seinem Körper oder seiner Heimatstadt zu führen, vernünftigerweise Zuflucht zum Selbstmord nehmen könne; der Selbstmord war sogar der ausdrücklich empfohlene Ausweg aus solchen Situationen.

Die Sekten behelligten ihre Mitglieder nicht mit Moralpredigten; sie versprachen ihnen Glück. Hätte sich ein Gebildeter einer Sekte angeschlossen, wenn er sich davon nicht einen persönlichen Vorteil versprochen hätte? Stoizismus und Epikureismus waren geistige Glaubenssysteme. Sie fragten, wie man dem Menschen zu einer heroischen Haltung verhelfen und ihn von Ängsten und eitlen Wünschen befreien könne. Und sie gaben die Antwort: durch eine den Geist affizierende Überzeugungsarbeit. Liefert man dem Verstand eines Menschen die guten Gründe, so wird der Wille nachfolgen. Eine andere Autorität als die der Überzeugung hätte ein »Führer des Gewissens« in der Antike schwerlich geltend machen können, denn seine Anhänger waren nicht seiner Zucht unterworfen.

Die Sekten unterschieden sich gründlich von der Schule. Jeder, der zur guten Gesellschaft gehörte, war in seiner Jugend in die Schule gegangen und hatte Rhetorik studiert. Doch nur einige von ihnen vollzogen irgendwann in ihrem Leben die (wie man sagte) »Konversion« zur Lehre einer Sekte. Außer einer Anzahl wohlhabender Konvertiten, die im Müßiggang lebten, gab es in den Sekten eine Handvoll Konvertiten kleinbürgerlicher Herkunft. Diese Leute mit geringem Einkommen waren genötigt, ihre bescheidenen Mittel aufzubessern, indem sie sich als Erzieher in einem vornehmen Hause verdingten, Klient eines mächtigen Herrn wurden oder das Dasein eines philosophischen Wanderpredigers akzeptierten. Sie gelobten Hingabe an die Philosophie und gingen in ärmlichen Gewändern umher – geradezu die Tracht der Philosophen. Bei den Reichen, die nicht von ihrer Hingabe an die Philosophie leben mußten, war die Bindung an die Sekte unterschiedlich stark. Einzig die wahrhaft Überzeugten zogen aus ihren philosophischen Ideen die letzte Konsequenz und trugen zum langen, ungepflegten Bart die »Philosophenuniform«. Die meisten reichen Konvertiten begnügten sich damit, symbolisch ein paar Kleinigkeiten in ihrem Alltag zu ändern, die Schriften der Sekten-Autoren zu lesen und sich einen Philosophielehrer zu halten, der sie in den Ansichten der Sekte zu unterrichten und das geistig-geistliche Niveau des Hauses zu gewährleisten hatte.

Warum zögerten die reichen Konvertiten, sich rückhaltlos für die Weisheitslehren ihrer Sekte zu engagieren? Meist behaupteten sie, sie hätten keine Zeit und seien zu sehr mit der Verwaltung ihres Gutes oder mit der Erfüllung ihrer Amtspflichten beschäftigt. Aber wie Seneca sagte: Allein wichtig war, daß sie sich überhaupt mit den Lehren ihrer Sekte befaßten, sich mit Freunden umgaben, die Philosophen waren, und ihre Mußestunden im Zwiegespräch mit ihrem Hausphilosophen verbrachten. Einem hohen Beamten, der sich zum Stoizismus hingezogen fühlte, riet Seneca zu aufmerksamer Lektüre und zu geistigen Übungen; hingegen warnte er vor Praktiken, die er zu Täuschungen stempelte: Philosophengewand und -bart zu tragen, nicht mehr von silbernen Tellern zu essen und auf hartem Lager am Boden zu schlafen. Immerhin war es vielen Menschen ernst damit, ihr Leben zu ändern, und einigen gelang es tatsächlich.

Der Einfluß der Philosophie

Wie man sich denken kann, mokierten sich die einfachen Leute über die Konvertiten und registrierten spöttisch den Widerspruch zwischen deren laut verkündeten Überzeugungen und ihrer Lebensweise mit ihrer Opulenz, den sich biegenden Tischen und den Mätressen. Solche Anzüglichkeiten waren freilich vom Neid diktiert, denn der Philosoph als Typus genoß beträchtliches Ansehen und hohe Autorität. Ein Senator konnte, ohne seinen Stand zu verleugnen, als Philosoph einhergehen und schreiben; sogar ein Kaiser konnte das. Kein römischer Schriftsteller, Dichter oder Gelehrter spielte die Rolle des öffentlichen Gewissens, die allein den Philosophen vorbehalten war – vorausgesetzt, ihre Lebensführung und ihr Auftreten genügten ihrer Lehre. Philosophen war es gestattet, öffentlich Tadel und Rat zu erteilen; eine ihrer Aufgaben bestand darin, der Stadt, die sie gerade besuchten, moralische Orientierung zu geben. Als der Apostel Paulus auf dem Areopag in Athen predigte, folgte er genau diesem Beispiel. Im Grunde stellten die Philosophen eine Art Laien-Klerus dar, und die Spötter erzählten über sie ähnliche Schwänke, wie man sie im Mittelalter über die Mönche zum besten gab. Ein zum Tode verurteilter Senator ging seinem Schicksal an der Seite seines Hausphilosophen entgegen, der bis zuletzt auf ihn einredete; ein anderer führte noch auf dem Totenbett ein angeregtes Gespräch mit einem Philosophen von der Sekte der Kyniker. Ein anderer

Sarkophag, angeblich des Plotin; spätes 3./4. Jh. Der Verstorbene, ein Mann von Bildung und offenbar eine berühmte Persönlichkeit, sitzt in der Mitte, ein Bündel Bücher zu seinen Füßen. Er ist umgeben von Verwandten oder Schülern. Rechts und links zwei betagte Weise, die Wache halten und diese ungewöhnliche Familie oder Schule abschirmen. Chronologische Gründe sprechen gegen die Vermutung, es handele sich um das Grab des Plotin. Es gab in jedem Zeitalter mehr als nur einen berühmten Gelehrten. (Rom, Vatikanische Museen)

Mächtiger befolgte, schwerkrank, den Rat eines Stoikers, Selbstmord zu begehen, und hungerte sich zu Tode.

Jeder Konvertit warb für seinen neuen Glauben und versuchte, neue Mitglieder zu gewinnen. Der eine Kandidat mochte sich als hartnäckig erweisen, der andere war vielleicht nicht gänzlich verstockt, und es gab noch eine Chance, ihn zu bekehren. Die Wörter »Konvertit«, »Dogma« und »Häresie« hat das Christentum später von den philosophischen Sekten übernommen. Ob Stoizismus oder Epikureismus, Platonismus, Kynismus oder Pythagoreismus, jede Sekte trug die Lehre ihres Stifters weiter und blieb ihr treu (oder meinte es jedenfalls): Die Idee einer rücksichtslosen Wahrheitssuche war verpönt. Die Lehre wurde als heiliger Schatz von Generation zu Generation überliefert, und jede Sekte reagierte mit heftiger Polemik auf die anderen Sekten. Die mitunter erheblichen Modifikationen dieser Lehren im Laufe der Jahrhunderte erfolgten unabsichtlich. Die Sekte war eine Gemeinschaft von Gläubigen, die sich ihr freiwillig angeschlossen hatten; es gab weder Hierarchie noch Organisation, aber ihre Überzeugungen waren gleichwohl typisch »sektiererisch«. Abgesehen davon, daß sie nicht organisiert waren, unterschieden sich die Sekten noch in einer anderen Hinsicht von den christlichen Kirchen: Sie postulierten nicht, daß eines Tages die ganze Menschheit die Wahrheit erkennen werde oder könne. Sie waren vielmehr überzeugt, daß nur wenige Glückliche einst das Licht erschauen würden. Sie suchten nicht, die Menschheit gegen ihren Willen zu erlösen. Mit anderen Worten: ihr Universalismus war kein Imperialismus.

Die Dogmen der Sekten dienten als Lebensregeln für eine Handvoll Gläubige, die sich selbst als Mitglieder verstanden. Wie Pierre Hadot gezeigt hat, wurden antike Philosophien nicht entworfen, um die Wahrheit zu erhellen, sondern um das Verhalten zu ändern und mittels geistiger Exerzitien (die dem Christentum als Vorbild dienten) das Leben des Gläubigen zu beeinflussen. Diese Übungen mußten täglich stattfinden:

»Denke immer an die Wahrheiten, die du so oft gehört und dir sogar selbst beigebracht hast.« Von den Sektenmitgliedern wurde erwartet, daß sie über die Doktrin ihrer Sekte meditierten und sie im Alltag anwandten; es wurde erwartet, daß sie nach Gelegenheiten suchten, über die Dogmen nachzudenken, die Sekteneinsichten zu rekapitulieren und sie schweigend (wenn andere dabei waren) oder laut für sich zu wiederholen; ferner wurde erwartet, daß sie öffentliche Vorträge besuchten und selbst Vorträge hielten. Geistige Exerzitien sollten zudem schriftlich festgehalten werden. Nach Hadot sind die *Selbstbetrachtungen* des Marc Aurel nicht, wie man lange Zeit angenommen hat, das private Tagebuch des Kaisers, eine Sammlung von zufälligen Gedanken und freien Spekulationen, sondern Frucht eines methodisch befolgten dreistufigen Meditationsplans.

Der Einfluß der Sektenlehre war nicht beschränkt auf die Mitglieder der Sekte. Er erstreckte sich auf viele Aspekte des gesellschaftlichen und erst recht des politischen Daseins; dabei veränderte sich die Bedeutung verschiedener dogmatischer Argumente mit ihrer zunehmenden Verbreitung. Der Stoizismus wurde zur Ideologie der rechtschaffenen Menschen und allgemein geachtet. Die Stoiker vertraten den Konformismus mit solcher Vehemenz, daß man sie im Volk für seine geistigen Urheber hielt. Generell hörte die Philosophie auf, eine Methode der Lebensführung zu sein, und wurde zum Gegenstand der intellektuellen Neugierde gebildeter Menschen. Für einen Mann wie Cicero, der sich nicht als Philosoph, sondern als gebildeter Senator verstand, bedeutete die Philosophie Kultur und Ideologie. Sie hatte für seine geistige Exi-

Meisterwerk aus einer namentlich bekannten Werkstatt, um 200 n. Chr. Ganz links ist der schöne Schafhirt Endymion in Schlaf gesunken; die verliebte Luna, von ihrem Schleier wie von einem Kranz umgeben, ist majestätisch von ihrem Wagen gestiegen, um den Schlafenden zu betrachten. Rechts der geflügelte Zephyr, starr vor Erstaunen beim Anblick eines so schönen Menschen. Morpheus streut Mohnblätter auf Endymion. Die ländliche Burleske rechts verleiht den Liebesabenteuern der Luna die Unschuld des Hirtenidylls. (Genua, Palazzo Doria)

stenz zentrale Bedeutung, für sein persönliches Leben jedoch fast keine. Ohne die Kenntnis einer Sekte und ihres Dogmas konnte niemand den Anspruch erheben, gebildet zu sein. Ärzte und Baumeister stritten darüber, ob ihre Kunst eine philosophische zu sein habe oder streng empirisch verfahren solle. Vor allem lieferten die philosophischen Lehren Rohmaterial für die Rhetorik. Ein Redner machte Eindruck, wenn es ihm gelang, seine Argumentation philosophisch zu verbrämen. Theorien der Beredsamkeit gaben dem angehenden Redner Hinweise, welche philosophischen Erkenntnisse für seine Zwecke am nützlichsten waren. So wurde die Philosophie schließlich ein Bestandteil des kulturellen Alltags, und die Menschen eilten in Scharen zu den öffentlichen Auftritten der Heldentenöre des Denkens. Philosophie wurde zum wesentlichen Element jener »paideia«, die gebildete Menschen als Ideal ihres müßiggängerischen Lebens ansahen. Auf Grabmälern konnte die Darstellung eines lesenden Literaten sowohl auf einen Philosophen hindeuten als auch auf einen dilettierenden Schöngeist oder einen Redner; die Unterschiede waren unerheblich. Für die Alten war das Arbeitszimmer eine Art privates Heiligtum. Es enthielt die Werke von Dichtern und Denkern und war geschmückt mit deren Porträtbüsten oder Bildnissen.

In welchem Umfang die Gebildeten – auch solche, die keiner Sekte angehörten – von philosophischen Vorstellungen geprägt waren, läßt sich an ihrer Fähigkeit zur Selbstreflexion ermessen. Den Erfolg der Philosophie beweist die Häufigkeit des philosophisch begründeten Selbstmordes. Wenn ein Senator erfuhr, daß der Kaiser ihm ein bestimmtes Verbrechen zuschreiben und ihn zum Tode verurteilen wollte, mochte er sich entschließen, selbst seinem Leben ein Ende zu setzen. Ein kranker oder altersschwacher Mann starb lieber einen würdigen Tod von eigener Hand als jenen qualvollen, der ihn vielleicht erwartete, wenn er den Dingen ihren Lauf ließ. Der Selbstmord wurde akzeptiert, ja, bewundert. Der Mut des Menschen, der sich entschloß, dem Leiden ein Ende zu bereiten und in die ewige Ruhe einzuwilligen, wurde von den Philosophen gefeiert, bewies der Selbstmord doch die Wahrheit der philosophischen Vorstellung, daß es auf die Qualität der gelebten Zeit ankomme und nicht auf deren Quantität. Das private Leben hatte seine letzte Zuflucht in der Selbst-Beherrschung, im doppelten Sinne des Wortes – man hatte es in seiner Gewalt, den Gang des eigenen Lebens zu steuern, und man behielt sich das souveräne Recht vor, über Leben und Tod selbst zu entscheiden, anstatt diese Entscheidung Gott oder der Natur zu überlassen. Selbstmord und ewiger Friede symbolisierten das Ideal der privaten Ruhe, die man erlangte durch den Verzicht auf illusorische Güter.

Sorge für das Selbst

Die Alten suchten sich nicht von sozialen oder ethischen Normen zurückzuziehen; sie wollten nur »für das Selbst sorgen« und Sicherheit erlangen, auch um den Preis einer Beschneidung des eigenen Ichs. In anderen Gesellschaften bedeutete privates Leben später, daß man sich von der Öffentlichkeit abtrennte oder die Existenz des Einzelgängers oder Freibeuters wählte, ausgesetzt den Stürmen der Lust, des Traums und der Phantasie.

Sich der Lust, dem Traum, der Phantasie anheimzugeben galt im Altertum als hemmungslos und narzißtisch. Es wird wenig gelächelt in der griechisch-römischen Kunst. Der Preis der Ruhe waren Anspannung und Entsagung – für die antike Welt ebenso kennzeichnend wie für die Welt der Samurai oder der Königin Victoria. Der Glaube der Alten mag uns oberflächlich anmuten. Ihre Moralisten, Dichter und Denker scheinen die Möglichkeiten der Selbstzensur naiv zu überschätzen und die Kraft des zensierten Materials leichtfertig zu unterschätzen; ihr Menschenbild ist eng. Das einfachste Beispiel dürfte auch das überzeugendste sein: »Jeder Mensch hat sein Geheimnis; in der Träumerei, die anderen verborgen bleibt, findet er Friede, Freiheit, Gram. Einsamkeit herrscht, wie zwischen Freunden und Liebenden, so zwischen allen Menschen.« Ein so simples Urteil wäre in der Antike undenkbar gewesen. Gewiß, im 2. Jahrhundert kam ein neuer, subjektiver Stil auf, der hypochondrische und affektierte Züge trug. Aelius Aristides ist vom Gedanken an seine Gesundheit besessen; Fronto tauscht die zärtlichsten (und eindeutigsten) Briefe mit seinem Zögling Marc Aurel; Herodes Atticus macht aus seinem tiefempfundenen Schmerz ein Ritual des Grams. Im Gehäuse der Kultur verwandelte sich jeder Impuls von Spontaneität in Gelehrsamkeit und in Artefakte. Die Gebildeten waren gefangen in ihrem aristokratischen Bürgersinn und Dünkel und hatten kein anderes Refugium als die Philosophie, die sie freilich erst recht zwischen Voraussicht und Selbstverstümmelung einzwängte. Es fehlte ihnen die Fähigkeit, »möglichst viele und vielfältige Erfahrungen bewußt zu wagen« – dieses Ideal des Abenteurers wäre ihnen unnatürlich vorgekommen. Die moderne Leidenschaft ist es, »eine Erfahrung zu machen«, um sie auszukosten und ihre Folgen zu beurteilen; dergleichen ist den Römern anscheinend niemals eingefallen. Wie Heidegger sagt, besuchten die Griechen die Spiele in Olympia, weil sie interessant und eine Institution waren. Niemand dachte: »Das ist eine Erfahrung, die ich einmal gemacht haben muß.« Der Wunsch, das Unbekannte zu ergründen, galt als lästerliche Versuchung, vor der man sich zu hüten hatte und welche die Römer »Wißbegier« nannten – sie war das Laster, dem sich die Adepten der Magie ergaben, und es nahm stets ein böses Ende.

Die Alten, ihre Dichter eingeschlossen, sprechen nicht von sich selbst. Nichts ist irreführender als der Gebrauch des Wörtchens »ich« in der griechisch-römischen Dichtung. Sagt ein antiker Dichter: »ich bin eifersüchtig, ich liebe, ich hasse«, so klingt er mehr wie ein moderner Pop-Sänger als wie ein moderner Dichter. Der moderne Sänger und der antike Dichter erzählen nicht von *ihrer* Liebe und *ihrem* Schmerz; sie stellen *die* Liebe, *die* Eifersucht dar. Sagt ein antiker Dichter: »Reichtum bedeutet mir nichts«, so äußert er das, was man über Reichtum zu äußern hat. Er spricht für alle und erhebt nicht den Anspruch, daß seine Leser sich für seine persönliche Einstellung interessieren müßten. Von sich selbst zu sprechen, das persönliche Zeugnis in die Waagschale zu werfen, die persönliche Überzeugung gelten zu lassen, wenn sie nur ehrlich ist – das ist eine christliche, vornehmlich protestantische Idee, welche die Antike nicht zu formulieren wagte.

Doch das Heidentum erschöpfte sich nicht hierin und beflügelt noch immer unsere Träume. Mit der Zensur kam die Eleganz: Die Kunst, die Bücher, sogar die Schrift der Alten waren schön. Man vergleiche eine griechische oder lateinische Inschrift aus dem 1. Jahrhundert, deren Stil unserer begabtesten Typographen würdig wäre, mit einer Inschrift aus der Spätzeit des Reiches oder dem Mittelalter. Der Niedergang begann im 2. Jahrhundert. Die Welt wurde immer häßlicher, während der innerlich gewordene Mensch sich seinem eigenen, unstilisierten Leid, seiner Ohnmacht und seiner abgründigen Natur stellte. Er war nicht länger ein eleganter Narr, Urheber hohler Ratschläge. Das Christentum hielt es mit der weniger beengten, weniger ausgetüftelten Anthropologie der Psalmen. Diese Anthropologie erwies sich als umfassender und volkstümlicher, aber auch als autoritärer. Fünfzehn Jahrhunderte lang sollten nun Priesterherrschaft und kirchlicher Seelenzwang heftigere Begehrlichkeiten wecken, schlimmere Unruhen erzeugen und alles in allem mehr Blutvergießen verursachen, als es Klassenkampf oder gar Patriotismus jemals vermochten.

Sarkophag; 2. Jh. oder 1. Hälfte des 3. Jh. Castor und Pollux, konische Mützen tragend, rauben zwei schöne Frauen, die von ihren Begleitern im Stich gelassen werden. Zwei Krieger versuchen, den bewaffneten Gefährten der Götter entgegenzutreten. (Rom, Vatikanische Museen)

Die Bilderwelt des Todes

Das Römische Reich war Eigentum eines städtischen Adels – wo nicht aus angestammtem Recht, so doch kraft Wohlstands und vermöge einer aristokratischen, wenngleich bürgerfreundlich drapierten Geisteshaltung. Von Eitelkeit zerfressen wie nur je ein Zeigenosse Saint-Simons, schwankten die römischen Notabeln lange Zeit zwischen dem alten Ideal des »homo civicus« und dem neuen Ideal des »homo interior«.

Zum Beweis zitiere ich bildliche Darstellungen, aus denen die vielen Schüler Frantz Cumonts den entgegengesetzten Schluß gezogen haben wie ich, nämlich die mythologischen Darstellungen auf den verschwenderisch ausgestatteten Sarkophagen der Reichen. Mit diesen letzten Bildern sei der Leser aus der antiken Stadt entlassen. Seit dem 2. Jahrhundert n. Chr. gingen wohlhabende Römer dazu über, sich in Sarkophagen bestatten zu lassen, die mit Reliefs verziert waren. Diese Verzierungen hatten nichts Melancholisches an sich; sie repräsentierten eine Vielfalt von Mythen. Insbesondere der Stil war nicht trauernd-ernst; er bezeugte den üblichen Akademismus der »Alten«, den heiteren, anmutigen Humanismus der griechischen Kunst. Verleiht ein Bildhauer seinen Figuren den Ausdruck leidenschaftlicher Beseelung, dann nur, um ein Gefühl hervorzurufen, so wie es auch einem talentierten Geschichtenerzähler gelingt. Diese Grabdekorationen sprechen nicht vom Tod oder vom Verstorbenen, sondern von anderen Dingen. Ein gutes Beispiel, im Louvre zu besichtigen, ist die nackte Diana, die der freche Jäger Aktaion beim Bade belauscht, weswegen ihn die keusche Göttin von ihren Hunden zerreißen läßt.

Was haben solche reizvollen, aber überflüssigen Darstellungen auf einem Grabstein zu suchen? Nichts wäre leichter und verführerischer, als sie symbolisch zu deuten. Cumont vermutete hinter solcher Mythologie einen eschatologischen Sinn. Statuen im Louvre wie Jupiter, der den hübschen Ganymed himmelwärts entführt, oder Castor und Pollux, welche die Töchter des Königs Leukippos rauben, sollen Allegorien der unsterblichen Seele sein, die gen Himmel getragen wird. Das Problem ist nur, daß solche geistreichen Deutungen bloß auf einen Teil der auf Gräbern abgebildeten Mythen passen, und nicht einmal auf jene, die am häufigsten vorkommen; ganz abgesehen davon, daß sie dem Stil dieser Kunstwerke widersprechen.

Wenn die mythologischen Ornamente auf den Sarkophagen aber

nicht symbolisch sind, heißt das dann, daß sie bloß zur Zierde da sind? Nein. Ikonographie im Sinne Panofskys hat ihre Grenzen; die Bilderwelt hat nicht nur eine begrifflich-lehrhafte Bedeutung. Die Mythologie auf den Sarkophagen diente nicht allein dazu, leeren Raum zu füllen; vielmehr versetzte sie den Betrachter in eine nicht-prosaische, nicht-wirkliche Stimmung. Welcher Mythos dargestellt wird, spielt dabei kaum eine Rolle; entscheidend ist, daß die Römer durch den Mythos vor dem Tode flohen. Die schönen Bilder der Mythologie (so unähnlich dem Pathos der gleichzeitigen Porträtkunst) waren geeignet, den Tod zu ästhetisieren, die Melancholie zu vertreiben. In dieser Hinsicht ist freilich die Bilderwelt bedeutungsschwer. In ihr erlebte der apollinische Geist des antiken Griechenland seine letzte Blüte. Wie reagiert der Betrachter auf einen Sarkophag mit mythologischen Motiven? Die Todesfurcht verschwindet hinter dem Wunderbaren, dem Sagenhaften, dem Wollüstigen und der fleischlichen Menschlichkeit. Kostbare, reichverzierte Gräber und moralischer Gleichmut gegenüber dem Jenseits – das waren Privilegien, die zusammengehörten. Verfeinerte apollinische Empfindungen, der Selbstzensur entsprungen; die Tugend eines selbstzufriedenen Reichtums; bewußter, doch insgeheim puritanischer Quietismus und Ästhetizismus – in alledem enthüllt sich eine Welt.

Anmerkungen

1 Die Bedeutung von Sport und Musik in der griechisch inspirierten Erziehung während der Kaiserzeit (vgl. Marc Aurel I, 6) unterstreicht Louis Robert in den Akten des Internationalen Kongresses über Epigraphie in Athen 1982 (Band I, S. 45). Das Standardwerk über hellenistische und römische Erziehung ist jetzt Ilsetraut Hadot, *Arts libéraux et Philosophie dans la pensée antique*, Paris: Etudes augustiniennes 1984.

2 Oder auch nicht ... Pierre Hadot hat mich davon überzeugt, daß die Dinge im Falle Marc Aurels nicht so einfach liegen, selbst wenn diese enge Verbindung von Thron und Philosophie keineswegs dem entspricht, was die moderne Marc-Aurel-Hagiographie allzu beflissen in ihr zu sehen beliebt.

3 Die bacchische Bildwelt ist mehr als nur dekorativ, jedoch nicht eigentlich religiös. Den Schlüssel zu diesem Problem liefert ein Gedanke Jean-Claude Passerons, der mir von großer theoretischer Reichweite zu sein scheint. Die Sprache der Bilder ist, Passeron zufolge, nicht »assertorisch«. Ein Bild kann das, was es darstellt, weder bestätigen noch dementieren, noch durch Wörter wie »ein wenig«, »vielleicht«, »morgen« usw. modifizieren. Die bacchische Bildwelt ist ein verführerisches Angebot, das keiner Reaktion bedarf und die Frage ihrer Realität in der Schwebe läßt. Das Entscheidende ist dabei nicht, daß – wie oft gesagt wird – alle Symbolik mehrdeutig ist und tausend verschiedene Interpretationen zuläßt. Vielmehr nötigt uns die Symbolik nicht dazu, mit Ja oder Nein zu reagieren. Der Betrachter muß nicht wissen, was er über Bacchus denkt. Das Bild, das weniger ist als eine Behauptung, ergreift nicht Partei und nötigt auch den Betrachter nicht, Partei zu ergreifen. Von einem Bild zu sagen, daß es nicht »assertorisch« sei, heißt aber keineswegs, daß es bloß dekorativ wäre.

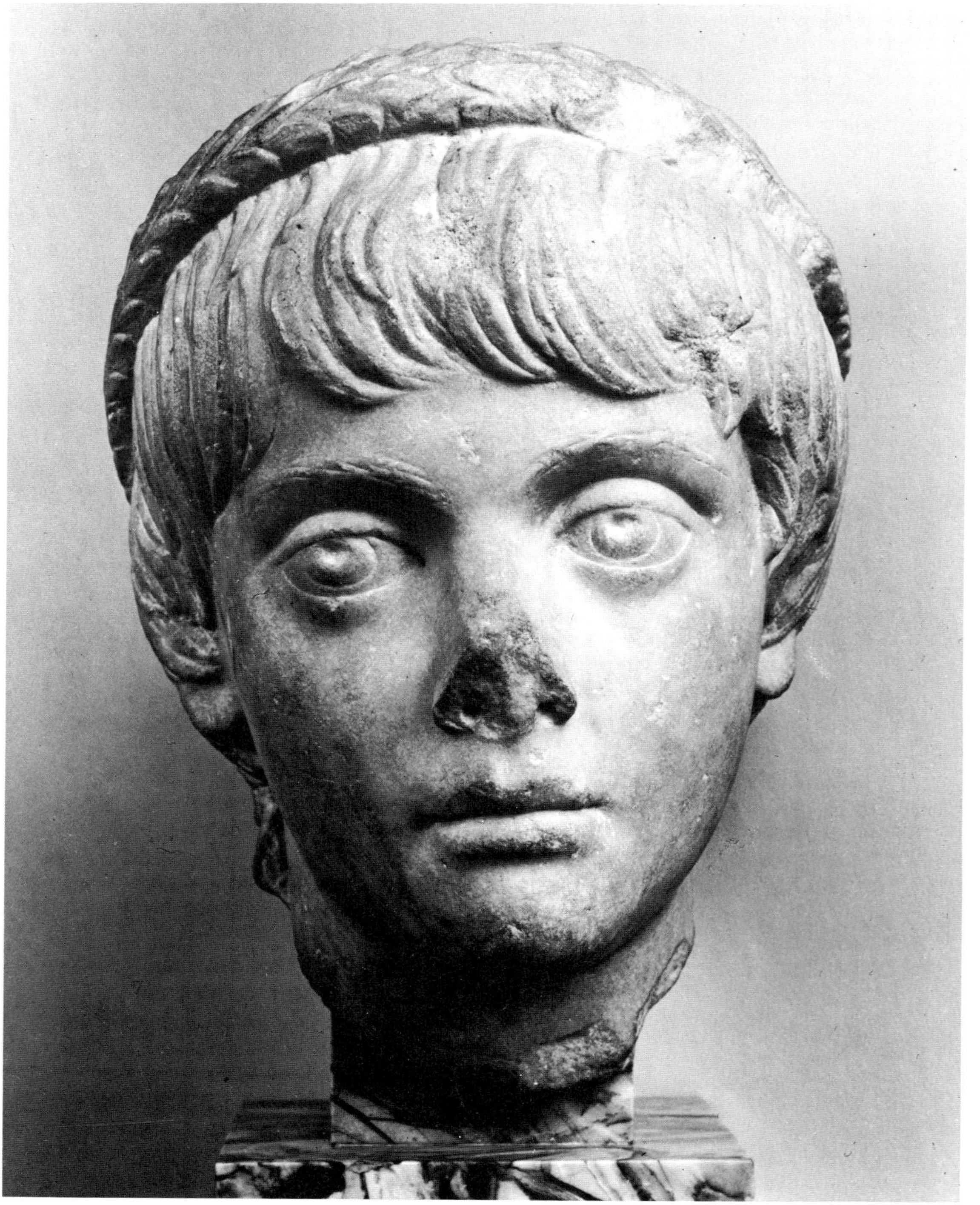

Büste eines jungen heidnischen Prinzen; spätes 2. Jh. Bemerkenswert sind nicht nur die Verarbeitung der Oberflächen und die strenge Linienführung, sondern auch der versonnene Gesichtsausdruck. Diese Verinnerlichung gehörte auch in christlicher Zeit zum offiziellen Porträtstil. (Paris, Louvre)

Peter Brown

II. Spätantike

Zu Beginn eines Opfers bringt Marc Aurel Weihrauch dar. Ein alter Mann hinter dem Kaiser symbolisiert den Senat. Im Hintergrund der Tempel des Jupiter Capitolinus, der Staatsgottheit. (Rom, Museo dei Conservatori)

Einführung

Innerhalb von vier Jahrhunderten, in der Zeit zwischen der Herrschaft des Kaisers Marc Aurel (161–180) und der des Kaisers Justinian (527–565), erfuhr die Mittelmeerwelt eine Reihe tiefgreifender Wandlungen, die den Lebensrhythmus und die moralische Sensibilität der Menschen in Stadt und Land ebenso berührten wie ihr Selbstgefühl. Die Spätantike ist gekennzeichnet durch den allmählichen Übergang von einer bestimmten Form öffentlicher Gemeinschaft zu einer bestimmten anderen – von der antiken Stadt zur christlichen Kirche. Das Leben des Einzelnen und der Familie, ja selbst so intime Verhaltensweisen wie die Wahrnehmung des eigenen Körpers gerieten in den Sog der Veränderung des sozialen Kontexts, die mit der Herausbildung neuer Gemeinschaftsstrukturen verbunden war.

Grabmal, 2.–3. Jh. Der hier begrabene Mann stammte zwar aus dem fernen Germania, aber er fand dennoch einen Bildhauer für sein Grabmal. Der Herr trägt ein prachtvolles Gewand und hält eine Schriftrolle in der Hand; die Frau ist schlank und groß, und das kleine Kind weiß schon, welche Haltung es einzunehmen hat. Das Blattwerk ist üppig, doch hat der Bildhauer auf die Ausarbeitung des Faltenwurfs der Kleider verzichtet, die statt dessen nur im »dekorativen« Stil gestaltet sind. (Trier, Landesmuseum)

Die »vornehmen« Wenigen

Will man Wesen und Umfang jenes Wandels ermessen, der vom guten Bürger des antoninischen Zeitalters zum guten Christen der mittelalterlichen katholischen Kirche führte, so muß man den Windungen des Geschehens wie einem Fluß kreuz und quer durch die mediterrane Gesellschaft folgen. Dieser Fluß bespült viele Ufer und rührt an intime und (im modernen Verstande) »private« Sachverhalte, beispielsweise die Einschätzung von Ehe, Sexualität oder Nacktheit. An seinem Ursprung aber stand eine Sorge, die dem modernen Menschen fremd ist: Ob im Leben eines antoninischen Notabeln oder in den Gepflogenheiten eines spätrömischen Christen, allenthalben begegnet uns das antike Bedürfnis nach öffentlicher Gemeinschaft – einer Gemeinschaft, in der die Erfahrungen des privaten Einzelnen mit den Werten der Sozietät verwoben werden, ja, im Idealfall, diese öffentlichen Werte spiegeln sollen. Die Art und Weise, wie Männer und Frauen in einem bestimmten sozialen Kontext der römischen Welt ihr Dasein an den sich wandelnden Vorstellungen von der öffentlichen Gemeinschaft ausrichteten, der sie sich zugehörig fühlten, eröffnet Einblicke in die Geschichte des privaten Lebens der Westeuropäer.

Gewisse Züge der Mittelmeerwelt blieben in der Epoche der Spätantike erstaunlich konstant. Topographisch gesehen, werden wir selten die Stadt verlassen. Jede Stadt war ein kleiner Kosmos für sich, mit einem ausgeprägten Statusbewußtsein gegenüber ihren Nachbarn. In einer Anekdotensammlung des 3. Jahrhunderts fragt ein Knabe seinen Vater: »Papa, haben die anderen Städte auch so einen großen Mond wie wir?« Status verlangte den bleibenden, engen Zusammenhang mit der Stadt. In unserer Anekdotensammlung gibt es einen reichen Grundbesitzer, der die Entfernungshinweise auf den Meilensteinen an der Straße zu seiner ländlichen Villa verkürzte, um die Distanz zu *seiner* Stadt zu verringern . . . In allen Bevölkerungsschichten war die Anonymität der modernen Großstadt fast unbekannt. Einer Frau, deren Mann gekreuzigt worden war, rieten die Rabbiner, aus der Stadt wegzuziehen – falls sie nicht so groß wie Antiochia sei. Die Norm, an der die Eliten ihre Handlungen maßen, war die städtische Face-to-face-Gesellschaft.

Ein Grundmerkmal der Gesellschaft der römischen Kaiserzeit bildete in den Städten das nachhaltige Erlebnis der gesellschaftlichen Distanz zwischen den Notabeln, den »Vornehmen«, und den sozial Untergeordneten. Die markanteste Entwicklung der römischen Zeit war der diskrete Einsatz von Kultur und Moral zur Behauptung dieser Di-

Seite aus einer Vergilhandschrift, 4. oder 5. Jh. Die Abbildung paßt nicht zum Text, wie denn die ganze Handschrift als Kunstwerk mißraten ist. Dem einstigen Auftraggeber mag es freilich nur darauf angekommen sein, einen kostspieligen Klassiker zu besitzen. (Rom, Biblioteca Vaticana)

Villa in Piazza Armerina, 1. Hälfte des 4. Jh. Die unbekleidete Frau trägt einen Büstenhalter und schützt geschickt ihren Liebhaber vor neugierigen Blicken – wohl mit gutem Grund; denn ihr Liebster dürfte Priapus sein, wie man an den Früchten in der Falte seines gerafften Gewandes und an der Frauenperücke erkennt.

stanz. Die oberen Schichten suchten sich von den unteren durch eine Kultur und eine Moral zu unterscheiden, deren lauteste Botschaft ihre Exklusivität war. Sie schufen eine Moral der sozialen Distanz, die eng mit der traditionellen Kultur der Städte zusammenhing. Zentral für diese Kultur und die sie begleitende Moral war das Gebot, bei den öffentlichen Geschäften der Stadt jene Regeln des gesellschaftlichen Verkehrs zu befolgen, die in der Oberschicht Geltung hatten.

Die Pädagogik überantwortete das Kind nicht der Schule, sondern der Stadt. Das begann damit, daß der »paedagogus« den siebenjährigen Knaben bei der Hand nahm und aus dem Elternhaus auf das Forum führte, wo seine Lehrer, nur notdürftig von diesem Zentrum städtischer Betriebsamkeit abgeschirmt, in ihren »Klassenzimmern« saßen. Hier wurde er in die Gruppe der gleichaltrigen Standesgenossen integriert, der er ebensoviel verdanken sollte wie seinem Lehrer. Das Programm dieser Erziehung sowie Art und Ort ihrer Vermittlung orientierten sich am Bildungsziel eines Menschen, der sich auf die »officia vitae« verstand – jene feierlich-traditionellen Fertigkeiten im Umgang miteinander, die man von einem Mann der Oberschicht erwartete.

Literarische Bildung galt als Bestandteil einer gründlichen und strengen moralischen Erziehung. Man war überzeugt, daß die peinlich genaue Verinnerlichung der literarischen Klassiker mit dem Formierungsprozeß der Moral einhergehe: Die Beherrschung der korrekten Formen verbalen Austausches bewies, daß der Bürger der Oberschicht imstande war, eine korrekte zwischenmenschliche Beziehung zu seinen Standesgenossen in der Stadt aufzubauen und zu unterhalten. Die einstudierte Disziplin des Benehmens und des Sprechens kennzeichnete den vornehmen Mann auf der Bühne der Öffentlichkeit. Verhaltensweisen, die uns heute als unerheblich erscheinen: die sorgfältige Kontrolle der Gesten, der Blickbewegungen, ja, des Atmens, wurden auf Anzeichen gelungener Anpassung an die moralischen Normen der oberen Klassen geprüft. Die unzähligen ruhmvollen Epitheta auf den Gräbern von Honoratioren, aus hellenistischer Zeit bis in die Tage Justinians, bezeugen mehr als nur Wunschdenken. Die bedeutsame Rolle von Eigenschaftswörtern, welche (unter Ausschluß praktisch aller anderen Werte) das kontrollierte und harmonische Verhältnis des Verstorbenen zu den Standesgenossen und der Stadt hervorheben, verrät das erdrückende Gewicht der Erwartungen, die an den erfolgreichen Mann gerichtet wurden.

Soziale Distanz

Diese »moralische Hypochondrie« errichtete eine feste Schranke zwischen den Eliten und dem Volk. Der »harmonische Mensch«, in langer Erziehung und durch den ständigen Druck seiner Peergroup geprägt, führte ein riskantes Leben. Er stand in der dauernden Gefahr der »moralischen Ansteckung« durch anormale Gefühle und Handlungen, die seinem öffentlichen Status unangemessen waren, obschon sie in der un-

Mosaik aus Susa, 2.–4. Jh. Flankiert von zwei Musen, sitzt Vergil auf einem Thron und hält ein Exemplar der *Aeneis* in der Hand. Das einzige Bildnis eines Dichters, das bisher in Mosaikform aufgefunden wurde, stellt den größten aller Dichter dar. War der Besitzer des Mosaiks ein aufrichtiger Bewunderer Vergils, oder wagte er bei aller Kulturbeflissenheit nicht, am Urteil anderer über die klassische Dichterhierarchie zu zweifeln?

kultivierten Gesellschaft der unteren Schichten akzeptiert wurden. Ich spreche bewußt von »Hypochondrie«, denn es war die Zeit der großen Ärzte – allen voran Galen (129–199 n. Chr.) –, deren Werke bei den Vornehmen weit verbreitet waren.

Physiologisches Fundament der moralischen Codes der Vornehmen war ein spezifisches Körperbild, das sich aus einer Vielzahl von Vorstellungen aus der langen Geschichte der griechischen Heilkunst und Moralphilosophie zusammensetzte. In diesem Modell konvergierten persönliche Gesundheit und öffentliches Benehmen. Der Körper erscheint darin als ein fein ausbalanciertes System sich gegenseitig ergänzender Säfte, deren Konsistenz durch Verlust nötiger Aufbaustoffe oder Verdichtung schädlicher Überflußstoffe beeinträchtigt wird. Gefühle, die das sorgsam gelassene Verhalten des Wohlerzogenen störten oder gar außer Kraft setzten, wurden in der Regel auf solche Ungleichgewichte zurückgeführt. Im Körper erkannte man das sensibelste und sichtbarste Ausdrucksmittel charaktervollen Betragens; seine harmonische Beherrschung aufgrund alterprobter griechischer Methoden der Gymnastik, der Ernährung und des Badens galt als innerer Garant einer ordentlichen Lebensweise.

Das statusorientierte und reflexive Moment einer Moral, deren Grundlage das Bedürfnis der Oberschicht nach der Bekundung gesellschaftlicher Distanz durch einen exzeptionellen Verhaltenskodex ist, zeigt sich in den moralischen Bedenken des antoninischen Zeitalters. Sowohl die Beziehungen zu sozial Untergeordneten als auch sexuelle

Diese Spielsteine aus Bronze zeigen auf der einen Seite Liebespositionen, auf der anderen Seite Zahlen; sie dürften zu einem Brettspiel gehört haben.

Beziehungen wurden durch einen strengen Code öffentlicher Förmlichkeit reguliert. Im Zorn einen Sklaven zu schlagen war verpönt – nicht, weil es als Akt krasser Unmenschlichkeit gegolten hätte, sondern weil eine solche Handlung den Zusammenbruch des harmonischen Bildes vom Selbst eines vornehmen Mannes anzeigte, der sich gedankenlos wie ein Sklave verhielt.

Ähnliche Bedenken bestimmten die Einstellung zur Sexualität. Zwischen homosexueller und heterosexueller Liebe wurde kein Unterschied gemacht. Was sie miteinander verband, war das Faktum der körperlichen Lust. Doch nicht die Geschlechtslust selbst erschien dem Moralisten der Oberschicht als anstößig. Was er übel vermerkte, waren die Auswirkungen dieser Lust auf das öffentliche Betragen und die sozialen Beziehungen des Mannes. Eine homosexuelle Beziehung galt als Schande allein wegen der »moralischen Ansteckung«, die ein Mitglied der Oberschicht veranlassen mochte, sich einem sozial Niedriggestellten entweder körperlich (durch passive Stellung beim Geschlechtsakt) oder moralisch unterzuordnen. Die Beziehungen zwischen Mann und Frau unterlagen denselben strengen Kriterien. Die Umkehrung der wahren Hierarchie durch oralen Sexualkontakt mit einer Partnerin war geächtet (und daher besonders reizvoll) – die Kapitulation des Mannes vor der »moralischen Ansteckung« durch die minder wertvolle Frau. Furcht vor Unmännlichkeit und emotionaler Abhängigkeit – nicht von sexuellen Skrupeln diktiert, sondern von dem Bedürfnis, der Öffentlichkeit das intakte Bild des intakten Oberschicht-Mannes darzubieten –

bestimmte die moralischen Codes, auf welche die meisten Notabeln ihr Sexualleben gründeten.

Die Furcht vor sozialer Abhängigkeit von einem Geringgeachteten wurde durch physiologische Angst subtil verstärkt. Ein Mann war ein Mann, weil er sich wirkungsvoll in der öffentlichen Welt bewegte. Er konnte das, weil sein Fötus gründlicher als der der Frau im warmen Mutterschoß »gekocht« worden war; sein Körper war ein Speicher jener kostbaren »Hitzen«, welche die männliche Tatkraft auszeichneten. Zwar ließ sich der Unterschied zwischen Mann und Frau zuverlässig bestimmen; im Falle der Frau war es ihre geringe Hitze und die daraus resultierende Anfälligkeit ihres Temperaments. Doch ähnlich zuverlässige Kriterien gab es für den tätigen Mann nicht. Seine Hitze konnte schwinden. Übermäßige sexuelle Entladung kühlte sein Temperament ab; die Erschöpfung seiner Ressourcen verriet der nachlassende Schwung seines öffentlichen Auftretens. Jene vollklingende Stimme des »öffentlichen Menschen«, die Quintilian und seine Zeitgenossen so gerne vernahmen, weil sie die Geschäftigkeit der Stadt übertönte – sie war die kostbare Frucht einer Männlichkeit, die durch »sexuelle Enthaltsamkeit« sorgsam bewahrt wurde. Die puritanische Traditionsmoral der griechischen und römischen Oberschicht lastete schwer auf denen, die sich ihr verschrieben. Dieser Puritanismus zielte nicht auf die Sexualität an sich; er zielte auf die Sexualität als möglicher Quelle moralischer Ansteckung. Denn sexuelle Ausschweifung untergrub, da exzessiver Sexualgenuß mit Partnern beiderlei Geschlechts »verweichlichte«, die unangefochtene Überlegenheit der Vornehmen.

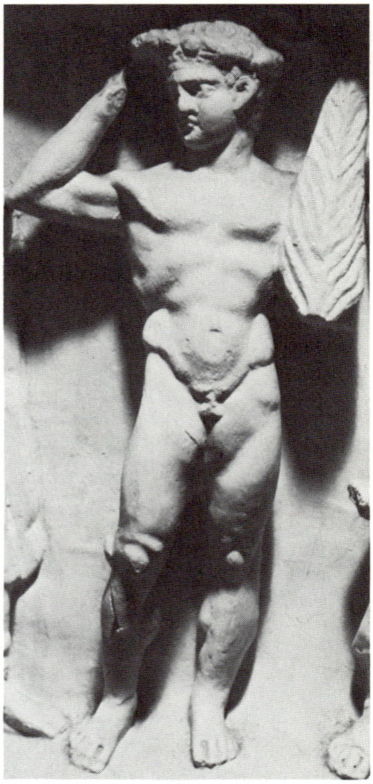

Teilansicht eines Sarkophags aus dem 2. Jh.; entweder Import aus Griechenland oder Imitation einer griechischen Arbeit. Nach dem Sieg in einem Sportwettbewerb setzt sich der Ephebe den als Preis ausgelobten Kranz aufs Haupt und nimmt die Siegespalme entgegen. (Rom, Vatikanische Museen)

Daher die bedingungslose Besonderheit der Sexualcodes jener Zeit. Sie galten nicht für alle. Die Honoratioren unterwarfen sich selbst und ihre Familien einem verbissenen männlichen Puritanismus, der mehr Ähnlichkeit mit dem noch heute üblichen Puritanismus islamischer Länder hat als mit dem des heutigen Nordeuropa. Doch sobald sie sich fest in dem Panzer ihrer öffentlichen Rolle eingerichtet hatten, fühlten sie sich berechtigt, die andere Version ihres öffentlichen Selbst zur Schau zu stellen: ihre »popularitas«. Als Wohltäter überschütteten sie die vermeintlich minder Empfindsamen mit Darbietungen, Ereignissen und Bildern, deren Grausamkeit und blanke Obszönität in krassem Widerspruch zu jener gesitteten Selbstkontrolle standen, deren diese Männer sich, zum Zeichen ihres überlegenen Status in der Stadt, rühmten. In den griechischen Städten der antoninischen Zeit finanzierten hochkultivierte Aristokraten das entsetzliche Blutbad der Gladiatorenspiele. Selbst der Aufstieg des Christentums änderte daran nur wenig. Verbindet ein heutiger Leser überhaupt etwas mit Kaiser Justinian, dann wohl aufgrund des Berichts des Prokop über die Jugendgeschichte der Kaiserin Theodora – der Striptease-Tänzerin im öffentlichen Theater zu Konstantinopel, die sich vor den Augen eines vieltausendköpfigen Publikums von Gänsen Getreidekörner aus den Genitalien picken ließ. Bedeutsam ist die giftige Genauigkeit der Skizze: Hier war eine Frau aus dem Volke, für welche die Oberschicht-Codes moralischer Zucht nicht galten. Theodora ist das Gegenbild zu den ehrbaren Oberschicht-Frauen (die damals in Konstantinopel dezent verhüllt gingen,

Einlegearbeit aus Marmor; Rom, nach 331. Eine feierliche Parade zieht durch Rom zum Zirkus. Im Wagen fährt der Konsul, der die Rennen leitet und bezahlt hat, gefolgt von vier Wagenlenkern, die sich an dem Rennen beteiligen werden. In der antiken Kunst werden Wagen so oft von der Seite dargestellt, daß es interessant ist, hier einmal eine Vorderansicht zu sehen. Diese führt zu einer Perspektive des »explodierenden Wagens«; selbst die Räder sind auseinandergeklappt wie die Seiten eines Buches.

ja, in Zurückgezogenheit lebten). Und doch waren es die Ehegatten dieser ehrbaren Damen, die als Notabeln jahrhundertelang solche widerwärtigen Darbietungen gestiftet hatten – zum unvergänglichen Ruhm ihrer selbst und der Stadt.

Auch die Unbekümmertheit der Römer gegenüber öffentlicher Nacktheit ist nicht verwunderlich. Diese Gesellschaft kannte nicht die implizite Demokratie der sexuellen Scham. Nacktheit beim Sport blieb ein Statusabzeichen der Vornehmen. In den Thermen, wichtigen Zentren bürgerlichen Lebens, war das Entblößen des Körpers vor Standesgenossen wie vor Untergebenen alltägliche Erfahrung. Der Code des Benehmens erfaßte, wie wir sahen, den Körper selbst; folglich war die Kleidung der Oberschicht im Zeitalter der Antonine zwar aufwendig, aber ohne die zeremonielle Pracht späterer Perioden. Die Haltung des Mannes, ob nackt oder bekleidet, war der wahre Ausweis seines Status – ein Ausweis, der um so überzeugender war, als er untertrieben wurde. Frauen fürchteten die soziale Schande nicht der Entblößung im allgemeinen, sondern der Entblößung vor der falschen Person. Nacktheit vor den eigenen Sklavinnen war moralisch ebenso bedeutungslos wie Nacktheit vor Tieren; und die körperliche Entblößung der Frauen der unteren Klassen war nur ein weiteres Zeichen ihrer Inferiorität gegenüber den Mächtigen.

Imperium und Ordnung

In den Städten des antoninischen Zeitalters lastete die Macht wie ein ungreifbarer atmosphärischer Druck auf den oberen Klassen des Weltreichs. So intim das Leben in einer Durchschnittsstadt sein mochte, Rom war ein Imperium, das sich auf Gewalt gründete und mit Gewalt verteidigt wurde. Die grausamen Gladiatorenkämpfe waren in jeder großen Stadt des Mittelmeerraums ein Bestandteil der offiziellen Feier zu Ehren des Kaisers. Derlei Veranstaltungen bezeugten den blutrünstigen Herrschaftswillen der italienischen Elite. Selbst die Spiele der Ärmsten, am Rande des Forums ausgewürfelt, waren Kriegsspiele. Die auf dem Feld markierten Spielzüge waren: Die Parther werden getötet; die Briten werden erobert; die Römer können spielen. Es war nicht zu verkennen, daß Kleinstadtpolitik, in allen Regionen noch immer die Charakterschule der Notabeln, nunmehr »unter dem Stiefel« betrieben wurde; d. h. sie war der ständigen Einmischung des römischen Statthalters ausgesetzt, symbolisiert in seiner militärischen Ehrenwache mit den derben Lederstiefeln der Legionäre. Selbstbewußter denn je zuvor baute man auf die Disziplin und Solidarität der lokalen Eliten und deren Herrschaft über die von ihnen Abhängigen. In der Privatsphäre der Notabeln verschärfte sich, als Preis für die Aufrechterhaltung der imperialen Ordnung, der Anspruch der öffentlichen Zucht. So kam es im Laufe des 2. Jahrhunderts n. Chr. zu einem tiefgreifenden Wandel der Einstellung zum Ehepaar.

In der Spätzeit der Republik und im frühen Kaiserreich betrachtete man die Frauen prominenter Männer als periphere Wesen, die für die öffentliche Erscheinung ihres Gatten so gut wie nichts leisteten. Man nannte sie »kleine Geschöpfe«, deren Verhalten und Beziehung zum Mann ohne Belang für die männliche Welt der Politik war. Sie mochten dem Mann mit ihrer Sinnlichkeit das Mark aussaugen; sie mochten ihn durch echte Liebe sogar zu heroischer Tollkühnheit anstacheln; häufig erwiesen sie sich in schwierigen Situationen als verläßliche

Lebende und tote Gladiatoren mit ihren Namen; Mosaik aus dem 4. Jh. Der Mäzen, der diesen Kampf finanziert hatte, wollte die Namen der Streiter verewigen, die auf seine Kosten gekämpft und den Tod gefunden hatten. Nie waren die Gladiatorenkämpfe blutiger als im 4. Jh., als Sadismus und Spendierfreudigkeit die Regel waren. (Rom, Villa Borghese)

Sarkophag; 3. Jh. Der Verstorbene, ein Kavallerieoffizier, erlegt hoch zu Roß einen Löwen. Links sehen wir den Offizier noch einmal mit einem seiner Männer, rechts seine Leute bei der Jagd. Zu den offiziellen Aufgaben der Armee gehörte die Jagd auf wilde Tiere – zum Schutz der Bevölkerung, aber auch, um Tiere für die Kämpfe in der Arena zu fangen. Hinter dem Offizier, mit blankem Busen, die Tapferkeit (Valor). (Rom, Palazzo Mattei)

Quelle des Mutes und guten Rates. Doch verheiratet zu sein wog in der Waagschale der Öffentlichkeit wenig. Vieles von dem, was wir für die Frühzeit des Kaiserreichs mit »Emanzipation« der Frau in der römischen Oberschicht umschreiben, war Freiheit, die aus Verachtung gewährt ward: Die »kleinen Geschöpfe« durften tun, was ihnen beliebte, sofern sie nur die ernsthafte Männersache der Politik nicht störten. Sich scheiden zu lassen war unkompliziert; einen Ehebruch der Gattin rächte der Mann mitunter brutal an ihr und ihrem Geliebten, doch beschädigte der Seitensprung der Frau niemals das öffentliche Ansehen des Mannes.

Im Zeitalter der Antonine stand man den ehelichen Arrangements der Oberschicht nicht länger neutral gegenüber. Jetzt pochte man auf die »concordia«, die »homonoia« der guten Ehe (oft in bewußter Anknüpfung an die eheliche Zucht, die angeblich in römischer Frühzeit geherrscht hatte), und diese Eintracht fungierte als tönendes Symbol für alle anderen Formen sozialer Harmonie. War auf älteren Münzen die gesellschaftliche und politische Kardinaltugend der Römer, die Concordia, durch den Händedruck zweier sich verbündender Politiker symbolisiert worden, so erscheint bei Marc Aurel im Zusammenhang mit der Concordia seine eigene Frau, die jüngere Faustina, auf den Geldstücken. Von jungen Paaren in Ostia wurde erwartet, daß sie sich »im Hinblick auf die außergewöhnliche Eintracht« des kaiserlichen Paares zum gemeinsamen Opfer versammelten. Ein wenig früher hatte Plutarch in seinem *Eheratgeber (Coniugalia praecepta)* dargelegt, wie der Gatte, mit der Begabung des Philosophen zur Menschenführung, seine junge Frau (noch immer das verspielte »kleine Geschöpf«, das mehr an die Potenz des Partners dachte als an dessen philosophische Würde) auf

Der Verstorbene beim Waidwerk; 4. Jh. Ein ganzer Trupp von Jägern war nötig, um das Wild mit Netzen einzukreisen, die Hunderte von Metern lang waren. (Rom, Museo dei Conservatori)

den Verhaltensstandard des Oberschicht-Mannes erfolgreich einzuschwören vermöchte. Der Ehestand hatte die zivilisatorische Aufgabe, den Habitus der Vornehmen auch in den gesetzlosen Randbezirken der eigenen Klasse, bei den Frauen, heimisch zu machen. Das öffentliche Prestige wuchs, wenn selbst Frauen zu dem magischen Kreis elitärer Vorzüglichkeit gehörten. So wurde das Ehepaar in der Öffentlichkeit allmählich zum Miniaturabbild der bürgerlichen Ordnung. »Eunoia«, »sympatheia« und »praotes« in den Beziehungen zwischen Mann und Frau entsprachen der würdevollen Freundlichkeit und fraglosen Klassenloyalität, womit der Mächtige seine Stadt umhüllte und beherrschte.

Die Rolle der Philosophen und ihrer Ideen zur Moral ist im 2. Jahrhundert vor dem Hintergrund des Wunsches der Oberschicht zu sehen, sich nun erst recht solidarisch zusammenzuschließen und die sozialen Kontrollmechanismen zu verfeinern. Der Philosoph als »Moralmissionar« der römischen Welt beanspruchte, zur ganzen Menschheit zu sprechen; er verstand sich als »Lehrer und Führer der Menschen in allen Dingen, die dem Menschen von Natur aus zukommen«[1]. In Wirklichkeit war er das keineswegs: Er war der Repräsentant einer prestigereichen Gegenkultur innerhalb der Elite und richtete seine erbauliche Botschaft ursprünglich an die Angehörigen dieser Elite.

Der Philosoph hatte niemals ernsthaft daran gedacht, sich an die Massen zu wenden. Er hatte sich in dem hohen moralischen Status gesonnt, der daher rührte, daß er den Unbekehrbaren unter seinen Standesgenossen predigte. Die Philosophen hatten die selbstgewissen Herrscher der Welt zu überreden gesucht, nach ihren eigenen Regeln zu leben; sie hatten sie gedrängt, über den engen Horizont ihrer unmittelbaren sozialen Umgebung hinauszuschauen. Die Stoa ermahnte den Mann der Oberschicht, nach dem universellen Gesetz des »kosmos« zu handeln und sich über die kleinlichen Rücksichten und heißen Leidenschaften der Gesellschaft zu erheben. Solche Lehren relativierten die anerkannten Moralcodes, pflanzten ihnen Vorbehalte und zusätzliche Bedeutungsdimensionen ein oder verstrickten sie in bewußt paradoxe Botschaften: Wörter wie »sogar« oder »auch« begegnen auffallend oft. Der Mann der Öffentlichkeit sollte sich nicht nur als Bürger seiner Stadt, sondern »auch« als Bürger der ganzen Welt verstehen. Der erklärte Junggeselle als Philosoph sollte einsehen, daß »sogar« er den neuen Status der Ehe zu akzeptieren habe, »denn eine solche Verbindung ist schön«. Der verheiratete Mann sollte »sogar« von sich selbst

Mosaik in Piazza Armerina; 1. Hälfte des 4. Jh. Spärlich bekleidete Damen bei einer aufreizenden Darbietung.

Weibliche Statue, nach einem altgriechischen Original, 1. oder 2. Jh. Auffallend die majestätische Eleganz der Haltung und des Gewandes. Die linke Hand ist verhüllt – nicht aus Schamhaftigkeit, sondern weil das ein Zeichen der Vornehmheit war. In Griechenland galt es sogar als elegant, wenn der Redner die Hand unter dem Gewand verbarg, anstatt ausladend zu gestikulieren. Rechte Hand und Gesicht sind moderne Hinzufügung. (Rom, Vatikanische Museen)

Treue zu seinem Weibe verlangen; »nein, *nicht einmal*[!] mit der eigenen Magd« durfte er es treiben, »etwas, woran manche Leute nichts auszusetzen finden, da es doch in der Macht des Herrn stehe, seine Sklavinnen nach Wunsch zu gebrauchen«. Der Mann der Öffentlichkeit sollte sich bewußtmachen, daß es nicht allein auf die Erwartungen seiner Standesgenossen ankam, sondern daß seine inneren Motive »auch« seinem stumm anwesenden Schutzgeist bekannt waren.

Als Wortführer der Gegenkultur der Vornehmen befand sich der Philosoph in der paradoxen Lage, zugleich Clown und »Kulturheiliger« zu sein. Die Borde heutiger Bibliotheken biegen sich unter den Büchern dieser Männer; doch ist keineswegs sicher, daß diese Bücher schon damals in größerer Zahl auf den Regalen der Mächtigen standen. Papyrusfragmente aus Ägypten belegen vielmehr, daß der wahre »Seelenspiegel« des griechischen Vornehmen unverändert Homer war; aus den Überresten der Büchersammlungen damaliger Notabeln lassen sich *Ilias* und *Odyssee* unschwer rekonstruieren. Von den philosophischen Moralisten des 2. und 3. Jahrhunderts ist hingegen kein einziges Fragment auf Papyrus erhalten. Miteinander konkurrierend, der Logik abhold, hoffnungslos weltfremd, gar heuchlerisch, Gelüste und Ehrgeiz hinter groben Gewändern und langen, ungepflegten Bärten verbergend, waren die Philosophen ein gefundenes Fressen für den Hohn der Menge. Fresken aus einem öffentlichen Abort in Ostia zeigen die Philosophen, die selbsternannten Meister der Lebenskunst, wie sie den vor ihnen auf dem Abtritt hockenden Klienten formelhafte Ratschläge für die Darmentleerung erteilen . . .

Aber »verba volant, scripta manent« – die Lehren der Philosophen mußten nur aus ihrem ursprünglichen, sehr spezifischen und klassengebundenen Kontext herausgelöst und in die Lebenswelt einer anderen sozialen Gruppe mit anderen Erfahrungen und signifikant anderen moralischen Vorurteilen übersetzt werden, um das »auch« und »sogar« in den weisen Ermahnungen an die Oberschicht bald vergessen zu lassen. Was die Philosophen als vorsichtige Erweiterung einer uralten und nach innen gekehrten Moral der Elite präsentierten, wurde in den Händen christlicher Lehrer zum Fundament eines ganz neuen Gebäudes, dessen Anspruch alle Klassen umfaßte. Das Genre der philosophischen »Ermahnung«, zunächst von Autoren wie Plutarch oder Musonius an Leser der Oberschicht adressiert, wurde gegen Ende des 2. Jahrhunderts von christlichen Morallehrern wie Clemens von Alexandria aufgenommen und auf ehrbare städtische Handwerker und Händler zugeschnitten. Clemens präsentierte das Christentum als wahrhaft universalistische Moral, deren Wurzel ein neues Gefühl für die Gegenwart Gottes und die Gleichheit aller Menschen vor Seinem Gesetz war.

Die erstaunlich rasche Demokratisierung einer philosophischen Gegenkultur der Elite durch die Sprecher der christlichen Kirche ist der tiefste revolutionäre Einschnitt in spätklassischer Zeit. Jedem, der christliche Schriften liest oder christliche Papyri wie die in Nag Hammadi gefundenen Texte studiert, muß auffallen, daß die Werke der Philosophen (mochte gleich der durchschnittliche städtische Notabel sie ignoriert haben) in den Kanülen christlicher Predigt und christlicher

Spekulation nach unten gesickert waren und ein Sediment moralischer Vorstellungen bildeten, welche Tausenden von Leuten geläufig waren. Gegen Ende des 3. Jahrhunderts waren diese Ideen den Bewohnern der Hauptregionen des Mittelmeerraumes zugänglich gemacht worden, und zwar in den damals verbreiteten Sprachen der unteren Schichten – Griechisch, Koptisch, Syrisch und Latein. Um zu verstehen, wie es dazu kommen konnte, müssen wir ein paar Jahrhunderte zurückgehen und uns einem ganz anderen Schauplatz zuwenden: dem Palästina zur Zeit Jesu. Danach werden wir unsere Schritte wieder durch sehr verschiedene Segmente der römischen Gesellschaft lenken, um dem Aufschwung der christlichen Kirchen von der Mission des Apostels Paulus bis zur Bekehrung Konstantins zu folgen.

Seitenansicht eines Sarkophags, 2. Jh. Sokrates im Gespräch mit einer Muse. Der Philosoph dominiert die Unterhaltung; die Muse ist eher seine Vertraute als seine Inspirationsquelle. (Paris, Louvre)

Sarkophag, 3. Jh., Fundort Acilia; Sarkophag eines Konsuls, wie Bernhard Andreae nachgewiesen hat. Der vornehme Alte rechts symbolisiert den Senat; er sieht den Konsul an und fordert ihn mit einer Handbewegung auf, sein Konsulat mit einem feierlichen Umzug zu beginnen. Der Junge in der Toga mit kahlgeschorenem Schädel – das Gesicht ist ein Porträt – ist der Sohn des Konsuls; er nimmt am Umzug teil und wird eines Tages in die Fußstapfen seines Vaters treten. (Rom, Thermenmuseum)

Der Gute Hirte mit der Panflöte geleitet ein verirrtes Schaf ins Paradies. Dieser Hirte hütete keine irdische Herde, sondern wachte über die Toten in einem bukolischen Eden; die Vögel verstärken den idyllischen Charakter der Szene. 3. Jh. (Rom, Gewölbe in der Katakombe der Hl. Priscilla)

Person und Gruppe in Judentum und Frühchristentum

Wendet man den Blick von den Eliten des antoninischen Zeitalters im 2. und frühen 3. Jahrhundert n. Chr. ab und der Szene des späteren Judentums seit dem 2. Jahrhundert v. Chr. zu, so verläßt man ein Moralsystem, das im Gefühl sozialer Distanz sicher verwurzelt war, und betritt die Welt eines angefochtenen Volkes. Das schiere Überleben der Gruppe als ganzer bestimmte hier die moralischen Interessen.

Die Kontinuität der Traditionen Israels, die ungebrochene Hingabe der Juden an diese Tradition und ihre Treue zueinander – das war die gemeinsame, zentrale Sorge so unterschiedlicher jüdischer Geister wie Jesus von Nazareth, Paulus und der späteren rabbinischen Weisen, nicht zu reden von den gesellschaftlichen Kooperationsexperimenten der Essener und der Qumran-Gemeinde. Selten in der Geschichte der Antike begegnet uns bei den Angehörigen einer bedrohten Gemeinschaft so explizit der Vorsatz, das ganze Selbst im Dienste eines religiösen Gesetzes zu mobilisieren und unbedingte Solidarität der Menschen untereinander zu stiften.

»Doch jetzt sind die Gerechten gesammelt,
und eingeschlafen sind die Propheten,
und auch wir sind außer Landes gezogen,
und Zion ist von uns genommen worden,
und wir haben nichts, das uns retten könnte, als den
Allmächtigen und sein Gesetz.«[2]

Erst recht selten in der antiken Literatur ist der klare und konsequente Ausdruck der Kehrseite dieser Sorge: der unbeschönigten Angst, daß die Betroffenen sich nicht vorbehaltlos für ein solch mühevolles Wagnis einsetzen könnten. Denn nur durch vollständige Hingabe konnte die Anfechtung Israels abgewendet werden:

»Wenn wir unser Herz lenken und bereit machen,
werden wir alles erhalten, was wir verloren haben.«

Das »Herz«, auf das sich die versammelte Hoffnung richtete, wurde zum Gegenstand eingehender, nüchterner Erforschung. So wie Ingenieure an einem sich senkenden Bauwerk die winzigsten Risse untersuchen und auf bislang übersehene kristalline Strukturen im tragenden Metallgerüst achten, so blickten die spätjüdischen Autoren angespannt ins menschliche Herz. Und wie Ingenieure, die sich um Materialermüdung und Bruchstellen im Metall kümmern, registrierten sie peinlich genau die »Zonen negativer Privatheit«, jene gefährliche Dunkelkammer des Herzens, die sich vor den Forderungen Gottes und der Mitjuden (oder Mitchristen) an das Selbst zu verschließen drohte.

In diesen Jahrhunderten ängstlicher Besorgnis um die Solidarität einer gefährdeten Gruppe entwickelte sich ein geschärftes negatives Gespür für das Private. Das Allerprivateste des Individuums, seine verborgenen Regungen und Motive, die für die Gruppe unergründlichen Triebfedern des Handelns, »die Gedanken des Herzens«, beobachtete man mit besonderer Aufmerksamkeit, als mögliche Quelle jener Spannungen, an denen die ideale Solidarität der religiösen Gemeinschaft zerbrechen konnte.

Dieses Menschenbild war unverwechselbar. Ausgangspunkt war das Herz, verstanden als Kern der Motivation, Reflexion und imaginierten Intention, der, im Idealfall, einheitlich, einfach und durchlässig für die Forderungen Gottes und des Nächsten sein sollte. Freilich war das Herz, nach alter Beobachtung, »falsch«. Die Menschen mit »falschem« Herzen schieden sich von Gott und dem Nächsten und tauchten in die trügerische »negative Privatheit« ein, die sie gegen jene Forderungen immunisierte. Daher das besondere Verhältnis der Juden und später der Christen zur übernatürlichen Welt. Das Herz, durch »negative Privatheit« vor den Augen der Menschen geschützt, sollte jedenfalls vor dem Blick Gottes und seiner Engel ein offenes Buch sein: »Wer heimlich eine Übertretung begeht, hat gleichsam die Füße der Gegenwart Gottes weggestoßen.«[3]

Im 1. Jahrhundert n. Chr. wurde dieses Menschenbild durch den Glauben untermauert, daß ein Gesellschaftszustand, der jetzt noch in der Undurchdringlichkeit der falschen Herzen begründet war, bei dem »wahren Rest« Israels einst durch das Wirken Gottes vollständiger Offenheit füreinander und vor Gott weichen würde. In einer solchen wahren, erlösten Gemeinschaft wären die Spannungen des »bösen Herzens« abgebaut. Den Blick auf die Endzeit und das Jüngste Gericht bekräftigte die Hoffnung, daß unbedingte Solidarität und Offenheit der vorherbestimmte und natürliche Zustand der Menschen als Gesellschaftswesen sei – ein Zustand, der zwar im Verlauf der Geschichte verlorengegangen, am Ende der Zeiten aber zurückzugewinnen war. Viele Gruppen glaubten, daß die idealen Verhältnisse, die am Ende der Zeiten herrschen würden, schon jetzt in einer religiösen Gemeinschaft vorweggenommen werden könnten. Die frühen Christen erhofften sich die Herabkunft des Heiligen Geistes auf den »wahren Rest« Israels. Ihre Anhänger erwarteten jene feierlichen Augenblicke zu erleben – sei es auch in der quälend vergänglichen Form der Besessenheit –, da »die verborgenen Dinge des Herzens« offenbar würden, so wie die Gemeinschaft der »Heiligen« ungeteilt und mit entschleiertem Herzen in der Gegenwart Gottes stand. Dies ist die Vision der Solidarität und damit der absoluten Offenheit der Privatperson gegenüber den Ansprüchen der religiösen Gemeinschaft, welche die Antike in ihren letzten Jahrhunderten beflügelte.

Wenn wir vom Aufstieg des Christentums in den Städten der Mittelmeerwelt sprechen, dann sprechen wir vom Schicksal eines ungewöhnlich labilen und strukturell porösen Teils eines sektiererischen Juden-

Elfenbeintafel, Höhe: 18 cm; 5. oder 6. Jh. Der segnende Christus im Kreise der zwölf Apostel, ihm zur Seite Petrus und Paulus. Die acht Bücher (Schriftrollen) in dem Behälter sind die vier Evangelien und die vier Bücher der großen Propheten. Die Perspektive ist umgekehrt: die vorderen Figuren sind kleiner als die im Hintergrund. Der Stil ist ungefällig – das Werk eines Kopisten, der nach einer uns unbekannten Vorlage arbeitete. (Dijon, Musée des Beaux-Arts)

tums. Die Mission des Paulus (von etwa 32 bis etwa 60) und anderer Apostel hatte darin bestanden, die Heiden in einem neuen Israel zu sammeln, das ihnen am Ende der Zeiten durch das Messiastum Jesu bereitet sein würde. In der Praxis entstand dieses neue Israel unter Ungläubigen, die sich (unterschiedlich stark engagiert) zu den einflußreichen jüdischen Gemeinden in den Städten Kleinasiens und der Ägäis sowie zu der großen jüdischen Gemeinde in Rom hingezogen fühlten. Seinem Selbstverständnis nach war das neue Israel eine »Sammlung«; Jesus der Messias hatte alte »Trennwände« niedergerissen. Paulus erwähnte in seinen Sendschreiben die überlieferten Gruppenstrukturen – Juden und Heiden, Sklaven und Freigeborene, Griechen und Barbaren, Männer und Frauen – und erklärte sie in der neuen Gemeinschaft für abgeschafft. Die Initiation – ein reinigendes Bad – beschrieb er als die Entkleidung von den früheren sozialen und religiösen Unterschieden und deren Aufhebung in Christus. Das hieß, daß jeder Gläubige eine einheitliche, ungeteilte Identität erlangte, die allen Mitgliedern der Gemeinschaft gemeinsam war, wie es sich für »Söhne Gottes« ziemte, die nun »in Christo« angenommen waren.

Das leuchtende Wunschbild der Solidarität erhob sich vor den Augen von Frauen und Männern, deren soziale Stellung in der römischen Gesellschaft solche Teilhabe zu einer Hoffnung machte, die auf ewig unerfüllbar schien und die deshalb ihre moralischen Erwägungen um so nachhaltiger besetzte. Die ersten christlichen Konvertiten befanden sich nicht in einer sozialen Lage, in der Paulus' Ideal undifferenzierter Solidarität »in Christo« realisierbar erschien. Die Patrone und Jünger des Paulus und seine Nachfolger waren keine schlichten Gemüter, sie waren aber auch nicht die »Elenden und Unterdrückten«, welche die moderne romantische Phantasie bevölkern – wenn sie dies gewesen wären, hätte Paulus' Ideal vielleicht schneller verwirklicht werden können. Doch sie lebten in bescheidenem Wohlstand und waren häufig weit gereist, also sehr viel mehr sozialen Kontakten, Entscheidungs- und Konfliktsituationen ausgesetzt als beispielsweise die ländlichen Armen der »Jesusbewegung« in Palästina oder die seßhaften Bewohner der abgeschlossenen jüdischen Siedlung in Qumran. Der Gläubige, der »Jesus nachfolgte«, indem er in Palästina oder Syrien von Dorf zu Dorf zog, oder der »das Gesetz erwählte«, indem er in einer Mönchsgemeinschaft am Rande der Wüste von Judäa »dem Willen des eigenen Geistes« entsagte, hatte deutlich weniger Alternativen als jene Männer und Frauen, die zu den »Sammlungen der Heiligen« in großen, blühenden Städten wie Korinth, Ephesos oder Rom gehörten. In der Geschichte der christlichen Kirchen des 1. und 2. Jahrhunderts treffen wir auf höcht vielschichtige Menschengruppen, die sich ebenso von den vornehmen Leuten der Städte wie von den Dorfbewohnern in den Evangelien unterscheiden.

Um zu ermessen, was das bedeutete, brauchen wir nur einen Blick auf die christliche Gemeinde Roms um das Jahr 120 zu werfen, wie sie sich in den Visionen im *Hirten des Hermas* enthüllt. Hier haben wir eine religiöse Gruppe vor uns, in der alles, was nach religionswissenschaftlicher Erfahrung in einer »paulinischen« Stadtgemeinde schiefgehen

Elfenbein-Relief, Höhe: 16 cm. Predigt des Paulus, vielleicht aber auch des Markus, des legendären Stifters der Kirche in Alexandria, umgeben von seinen 35 Nachfolgern als Oberhirte dieser Kirche; in diesem Fall stammte die Arbeit aus den Jahren 607 bis 609, und die Stadt wäre Alexandria. (Paris, Louvre)

konnte, schiefgegangen war. Hermas war ein Prophet, der unter den Gläubigen die Solidarität des einfältigen Herzens zu bewahren suchte. Er wünschte sich inständig, seine Gemeinde möge kindlich frei sein von Arglist, Ehrgeiz und der Angst des »falschen« Herzens. Hermas' Befürchtungen offenbaren, daß gerade die Sünden seiner Gruppe ein Gradmesser ihres Erfolgs in der Gesellschaft waren. Die Kirche in Rom wurde von reichen Gönnern unterstützt, deren Verbindungen mit der heidnischen Welt für die christliche Gemeinde Schutz und Prestige gewährleistet hatten. Das Herz einflußreicher Christen war verständlicherweise gespalten zwischen der Forderung nach Solidarität sowie offenem Umgang der Gläubigen miteinander einerseits und der Rücksichtnahme auf ihre geschäftlichen Unternehmungen (und damit die Kontakte mit ihren heidnischen Freunden) andererseits. Der Reichtum ihrer Häuser und der Erfolg ihrer Söhne belasteten sie. Hermas hegte keinen Zweifel daran, daß diese Menschen, obschon sie eine Quelle der Angst und Spannung waren, eine entscheidende Rolle in einer wohlgeordneten christlichen Gemeinde spielten – sie waren das feste, trockene

Teilansicht eines heidnischen Sarkophags, vor 275 n. Chr. Auf vielen heidnischen Sarkophagen finden sich solche paradiesischen Szenen, die vom Frühchristentum übernommen wurden. (Rom, Thermenmuseum)

Holz, um das sich der Weinstock einer blühenden und profilierten religiösen Gemeinschaft rankte.

Hermas selbst, der Prophet – »geduldig, nicht zur Empfindlichkeit neigend und immer lächelnd« –, war ein erfolgreicher, gebildeter Sklave in einem städtischen Hause. Ihn hatte das sexuelle Verlangen nach seiner Herrin irritiert; sie war wohl eine gute Christin, erwartete jedoch von ihrem Sklaven Hermas, daß er ihr zu Diensten war, wenn sie nach dem Baden nackt aus dem Tiber stieg. Er hatte die Verheerungen erlebt, welche Arglist und die Umtriebe eines »falschen« Herzens bei reichen christlichen Patronen, bei Priestern und rivalisierenden Propheten angerichtet hatten. Dennoch entwarf er die Hauptsätze seiner Heilsbotschaft im Angesicht einer klassisch-arkadischen Idylle. Ein Verächter des Reichtums und seiner Wirrsal, empfing er seine Visionen in dem properen kleinen Weinberg, den er in angenehmer Wohnlage vor den Toren Roms besaß... Wie Ortega y Gasset gesagt hat: Die Tugenden, die wir nicht besitzen, bedeuten uns am meisten. Die Geschichte der frühchristlichen Kirchen ist vor allem die Geschichte verzweifelter Menschen, die das Ideal der schlichten Treue zueinander und zu Christus ständig durch die objektive Komplexität ihrer eigenen Position in der mediterranen Gesellschaft bedroht sahen.

Frühchristliche Moral

Paulus schrieb, wohl im Frühjahr 54, an die Gemeinde in Korinth: »Denn Gott ist kein Gott der Unordnung, sondern des Friedens; wie [ich] in allen Gemeinden der Heiligen [lehre]« (Üb.: Leander van Eß). Wie vieles andere hat Paulus auch dies geschrieben, um in einer Situation gravierender Unübersichtlichkeit seine eigene Interpretation durchzusetzen (in diesem Falle ging es darum, in einer Sprache zu weissagen, die jedermann verständlich war). Wie wir sahen, stützten sich die christlichen Kirchen in den Städten auf ehrbare und begüterte Familien, deren Mitglieder gewisse Rituale einer unterschiedslosen Solidarität begrüßen mochten. Aber das Leben in einem städtischen Milieu ließ sich nicht auf erbauliche Augenblicke gründen (sofern man nicht zu den völlig Entwurzelten oder Marginalisierten gehörte, was auf die christlichen Stadtgemeinden des 1., 2. und 3. Jahrhunderts jedoch nicht zutraf). Sollte die Einfalt des Herzens nicht nur in den christlichen Kirchen überdauern, sondern sich auch vor den Blicken eines argwöhnischen Heidentums auf der gnadenlos öffentlichen Bühne des städtischen Alltags behaupten, so mußte man sie fest in ein Gruppenleben einbinden, das sich bewußt an biegsamen habituellen Normen orientierte.

Daher rührt das Widersprüchliche am Aufstieg des Christentums als sittlicher Kraft in der heidnischen Welt. Dieser Aufstieg hat die moralische Textur des spätrömischen Reichs erheblich verändert. Zwar haben die christlichen Kirchenführer kein neues Moralsystem eingeführt. Aber sie taten etwas viel Entscheidenderes: Sie bildeten eine neue Gruppe, die trotz ihrer Innenspannungen auf Solidarität setzte und damit gewährleistete, daß ihre Mitglieder das praktizierten, was heidnische und jüdische Moralisten seit geraumer Zeit predigten. Die Einfalt des Herzens, die ein Mann wie Hermas ersehnte, ließ sich in der prosperierenden Gemeinde Roms kaum durch das unterschiedslose Wirken des Heiligen Geistes gewinnen; vielmehr bedurfte es dazu der strengen Disziplin einer dicht gefügten Gruppe, deren moralische Grundeinstellungen sich von denen ihrer heidnischen und jüdischen Umgebung freilich durch praktische Zielstrebigkeit unterschieden.

Man beachte den bedeutsamen Unterschied zwischen der im Volk verbreiteten Moral, welche die Christen übernahmen, und den Verhal-

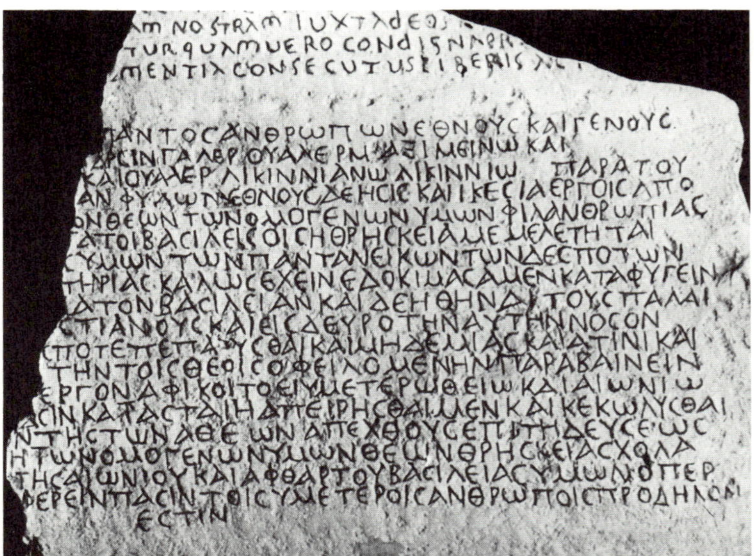

Arykanda (Lykien). 311/312, ein Jahr vor dem Triumph des Christentums, ersuchten die Delegierten einer Provinz den Kaiser, dafür zu sorgen, daß die »Atheisten« – d. h. die Christen – nicht länger gegen Gottesfurcht verstießen. Zu diesem Zweck sollte ihnen befohlen werden, künftig von ihren schändlichen Gebräuchen abzulassen und den Kult der Götter zu beachten. (Museum Istanbul)

Trajan erläßt den Armen ihre Steuerschulden. Datierung der Darstellung: unter Trajan oder Hadrian. Die Armen (kenntlich an ihrer Kleidung) schleppen die Tafeln mit der Liste ihrer Schulden herbei, damit sie von Amts wegen vernichtet werden können. (Rom, Forum; heute im Gebäude der Kurie)

tensformen der städtischen Eliten. Vieles von dem, was an der Moral der frühen Kirchen als typisch »christlich« gilt, war in Wirklichkeit die typische Moral eines Teils der römischen Gesellschaft, der in der Literatur der Vornehmen nicht vorkommt. Es war die Moral der sozial Gefährdeten. In Häusern von bescheidenem Wohlstand war, um die wenigen Sklaven zu lenken oder den Frauen zu gebieten, der krude Machtgebrauch nicht gefordert. Um so dringlicher war die Sorge um die innere Ordnung und innere Beherrschtheit des Verhaltens, um eheliche Treue und Gehorsam im Hause, »mit aufrichtigem Herzen, aus Ehrfurcht vor dem Herrn«. Folgsamkeit der Knechte, ehrliche Geschäfte zwischen Partnern und eheliche Treue waren für Menschen, die durch sexuelle Libertinage, durch Tücke und durch Unbotmäßigkeit der wenigen Haussklaven in ihrer Existenz erschüttert werden konnten, von viel stärkerem Gewicht als für die Reichen und Mächtigen. Außerhalb des Hauses hatte sich ein Gefühl der Solidarität mit einer breiten Schicht städtischer Mitbewohner entwickelt, in klarem Gegensatz zu den städtischen Notabeln, welche die Welt nach wie vor durch die Brille ihrer traditionellen »staatsbürgerlichen« Definition der Stadtgemeinschaft wahrnahmen. Solidarität war die natürliche Konsequenz einer Moral sozialer Außenseiter. So steckt denn nichts Merkwürdiges und erst recht nichts spezifisch Christliches in der Inschrift, die sich auf dem heidnischen Grab eines eingewanderten griechischen Perlenhändlers an der Via Sacra in Rom findet: »[Hier] ruht ein guter Mensch, ein Mann der Barmherzigkeit, ein Freund der Armen.«

Moral der Gefährdeten

Die Einstellung der Oberschichten zu brüderlichem Geben und Teilen unterschied sich deutlich von jener der durchschnittlichen Stadtbewohner. Die städtischen Notabeln »ernährten« die Stadt, man erwartete von ihnen, daß sie erkleckliche Summen ausgaben, um den Bürgern Abwechslung zu verschaffen und um ihr eigenes Prestige zu befestigen. Linderte diese Wohltätigkeit zugleich die Not der Armen, so galt dies als angenehme Nebenwirkung – das Gemeinwesen als ganzes, Reiche wie Arme, hatten also den Nutzen davon. Eine große Zahl von Stadtbewohnern – zumeist die wirklich Armen, beispielsweise Sklaven und Einwanderer – blieb indes von dieser Wohltätigkeit ausgeschlossen. Die großen Summen flossen der Stadt und ihren Bürgern zu, um den Status des Gemeinwesens insgesamt zu bessern, nicht um irgendeinen speziellen Übelstand bei den Notleidenden zu beseitigen. Die Schenkungen konnten auch die Gestalt eines prächtigen Geldsegens annehmen – um einen großen Anlaß zu feiern, nämlich die Autorität und Großzügigkeit der Spender oder den Ruhm der Stadt. Die Idee kontinuierlicher Hilfe (Almosen) für eine Schicht Bedürftiger fand in den Köpfen der Notabeln keinen Platz.

Die sozial Gefährdeten konnten sich Tag für Tag persönlich davon überzeugen, daß ein Zusammenhang zwischen dem Wohlergehen der Besitzenden und der Mittellosigkeit ihrer ärmeren Nachbarn bestand.

Ein solches Ungleichgewicht konnte immerhin entschärft werden, indem man geringe Summen umverteilte, die in einem normalen städtischen Haushalt ebenso erschwinglich waren wie in einem Bauernhaushalt auf dem Lande inmitten von Armen. Schon seit langem hatten jüdische Gemeinden erkannt – was die Christen ihrerseits erkennen sollten –, daß kleine Leute durch minimale gegenseitige Unterstützung ein Mindestmaß an finanzieller Unabhängigkeit erreichen konnten. Indem sie Almosen gaben und den bedürftigen Gemeindemitgliedern die Chance der Beschäftigung boten, bewahrten Juden wie Christen ihre Glaubensgenossen davor, gänzlich zu verarmen und ihren heidnischen Gläubigern oder Arbeitgebern auf Gedeih und Verderb ausgeliefert zu sein. Hieraus erklärt sich, daß die Praxis des Almosenspendens schon bald zum Sinnbild der Solidarität innerhalb der bedrohten Gruppe von Gläubigen wurde. Beruhte das bisherige Modell städtischer Gesellschaft auf der Pflicht der Vornehmen zum Unterhalt *ihrer* Stadt, so das neue Modell auf der impliziten Solidarität der Besitzenden mit den Habenichtsen. Hier haben wir eines der klarsten Indizien für den Übergang der klassischen zur nachklassisch-christianisierten Welt vor uns.

Auch ohne die Intervention der christlichen Kirchen ist, neben den Codes der Honoratioren, der allmähliche Aufstieg einer signifikant anderen Moral erkennbar, die einer anderen sozialen Erfahrung entstammt. Anfang des 3. Jahrhunderts, lange vor der Etablierung der christlichen Kirche, griff ein subtiler Wandel der moralischen Empfindlichkeit der schweigenden Mehrheit der reichsrömischen Provinzbewohner auf Teile des römischen Rechts und des römischen Familienlebens über. Den ehrbaren Ehestand gab es nun sogar bei Sklaven. Die Kaiser warfen sich zu Hütern der privaten Moral auf. Der Selbstmord, das stolze Vorrecht des Vornehmen, notfalls seinem Leben selber ein Ende zu bereiten, wurde als unnatürliche »Verirrung« gebrandmarkt.

Demokratisierung der Moralcodes

Die christliche Kirche hat diese Moral nahezu geräuschlos verändert. Sie erweiterte ihren Geltungsbereich und verankerte sie noch tiefer in der Privatsphäre des Gläubigen. Um das Ausmaß der Veränderung zu ermessen, welche die moralischen Ideale in den Kirchen erfuhren, brauchen wir nur einen Blick auf die Struktur von Ehe und sexueller Disziplin zu werfen, die sich im Verlauf des 2. und 3. Jahrhunderts in christlichen Häusern herausbildete. Galen war gegen Ende des 2. Jahrhunderts von der sexuellen Genügsamkeit der christlichen Gemeinden frappiert: »Ihre Todesverachtung steht uns Tag für Tag vor Augen, desgleichen ihre Zurückhaltung bei der Beiwohnung. Denn es gibt bei ihnen nicht nur Männer, sondern auch Frauen, die sich ihr Leben lang jeder Beiwohnung enthalten; sie haben auch einzelne, welche Selbstzucht und Selbstbeherrschung so sehr vervollkommnet haben, daß sie einem wahren Philosophen nicht nachstehen.«[4]

Oberflächlich betrachtet, praktizierten die Christen eine asketische

Teilansicht eines christlichen Sarkophags, 5. Jh. (?) Die wunderbare Vermehrung der Brote. (Rom, Thermenmuseum)

Sexualmoral, die Außenstehenden unmittelbar einsichtig war und von ihnen gerühmt wurde: vollständige sexuelle Enthaltung einiger weniger; eheliche Eintracht zwischen den Gatten (eine Eintracht, wie sie, wenn auch aus anderen Gründen, bereits das öffentliche Verhalten der Eliten prägte); entschiedene Ablehnung der Wiederverheiratung. Das war die Oberfläche. Da die Christen nicht über ähnlich klare rituelle Abgrenzungen wie das Judentum (die Beschneidung und die Speisegesetze) verfügten, artikulierten sie ihre Besonderheit gegenüber den Heiden vornehmlich in ihrer außergewöhnlichen sexuellen Disziplin. Die Botschaft der christlichen Apologeten glich dem, was später zum Ruhme des Priesterzölibats gesagt worden ist: daß nämlich, um Nietzsche zu zitieren, »ein Ausnahmemensch in diesem Punkte auch in anderen Punkten eine Ausnahme sein wird«[5].

Es gilt daher, die neuen *inneren* Strukturen zu begreifen, die das stützten und bekräftigten, was, von außen betrachtet, nicht mehr zu sein schien als eine sauertöpfische Moral, und die den vertrauten Formen sexueller Disziplin eine spezifisch christliche Tiefenbedeutung einpflanzten. Schon Paulus hatte von den Ehepaaren verlangt, im kleinen der Herzenseinfalt und Solidarität, welche die Glaubensgemeinschaft insgesamt bestimmen sollten, nachzueifern. Darüber, was angemessene Beziehungen zwischen Mann und Frau, Herr und Knecht waren, mochten sie auch in den undifferenzierten »Versammlungen der Heiligen« durch das Wirken des Heiligen Geistes gefährlich entgrenzt werden, gab es im christlichen Haus keinen Zweifel: Eheliche Treue und der Gehorsam des Knechts sollten an dem hohen Ideal unverstellter Herzenseinfalt gemessen werden. Mit der moralischen Entschlossenheit einer Gruppe, die keine Gelegenheit ausläßt, um ihren Willen zum Zusammenhalt zu erproben, lehnten die christlichen Gemeinden sogar jene Methoden der Zurechtweisung der Frau ab, auf die sich jüdische und heidnische Männer stets verlassen hatten – sie verwarfen die Scheidung und mißbilligten die Wiedervermählung der Witwen. Die Gründe, die sie hierfür nannten, schienen bisweilen den Maximen der Philosophen entlehnt und hätten einem Plutarch gefallen. Kurz, diese außergewöhnliche Ehemoral mäßig wohlhabender Leute verriet einen außergewöhnlichen Willen zur Ordnung: »Ein Mann, der sich von seiner Frau trennt, gibt zu, daß er nicht einmal eine Frau zu lenken vermag.«[6]

Dabei ließen es die christlichen Gemeinden im großen und ganzen bewenden. Sie propagierten ihre Ehemoral als besonders beweiskräftiges Beispiel für den Willen der Gruppe zur Herzenseinfalt. Ehebruch und sexuelles Geplänkel zwischen verheirateten Paaren galten als auffälligste Auswüchse »negativer Privatheit«, also der »Falschheit des Herzens«. Verweigerte man den jungen Menschen jene Freizügigkeit, welche die antike Stadt den Männern der Oberschicht einräumte und die diese ihre adoleszenten Bedürfnisse relativ ungehindert ausleben ließ, so würden sie früh heiraten – sobald wie möglich nach der Pubertät –, um in legaler Ehe die irritierenden Spannungen der sexuellen Anziehungskraft zu lösen. Frauen und, wie man gelegentlich hoffte, auch Männer würden durch eine frühe Heirat gezügelt, zumal wenn sie

Rom; am Konstantinsbogen angebrachtes Relief. Marc Aurel verteilt Beihilfen an bedürftige Bürger – nicht aus Mildtätigkeit, sondern um das Bürgertum zu erhalten. Der Unterschied zwischen Bürgern und Nichtbürgern wich allmählich der Kluft zwischen den Vornehmen und dem gemeinen Volk. Eine Inschrift erwähnt »Plebejer, frei oder unfrei«. Auf diesem Relief sind dagegen nur freie Bürger zu sehen. Der eine in der Mitte trägt ein zeremonielles Gewand, die Toga; die anderen sind als Plebejer gekleidet. Die Frau trägt die bis zum Boden reichende Robe der Bürgerin.

selbst im hintersten Winkel ihres Schlafgemachs den durchdringenden Blick Gottes auf sich ruhen fühlten. Mit der Ablehnung der Wiederverheiratung sorgte die Gemeinde dafür, daß stets eine Schar ehrenwerter Witwen und Witwer zur Verfügung stand, die Zeit und Kraft für den Dienst in der Kirche hatten. Diese stillen Bürger »aus mittleren Verhältnissen« erlagen seltener als die Notabeln den Anfechtungen realer Machtausübung – Bestechung, Meineid, Heuchelei, Zorn und Gewalt; ihr Interesse an gesellschaftlicher Ordnung und an zwischenmenschlichem Zusammenhalt dokumentierte sich hauptsächlich im Privatbereich: als sexuelle Selbstzucht.

Die bedenkliche Leichtigkeit, mit der sich bei den rituellen Versammlungen der Christen die Geschlechter mischten, blieb ehrbaren Heiden ein Greuel, und Fremde vermieden es aus diesem Grund sogar, mit Christen zu sprechen. Ein christlicher Zeitgenosse des Galen richtete an den Statthalter von Alexandria das Ersuchen, sich kastrieren lassen zu dürfen, denn nur so könne er sich selbst und seine Glaubensbrüder vom Verdacht der Promiskuität entlasten ... In der christlichen Gemeinde mit ihrer Abneigung gegen die Eheschließung mit Heiden war es schwierig, geeignete Verbindungen für junge Leute, zumal für christliche Mädchen, zu stiften, und so kam es, daß hier die sexuellen Kontrollmaßnahmen eifriger beachtet wurden als in gefestigten Gemeinschaften. Der Moralkodex und seine Einhaltung waren öffentliche Belange.

Von der Kontrolle zur Enthaltsamkeit

Die damit gesetzten Spannungen erklären zu einem erheblichen Teil die moralische Rhetorik der spätantiken Christengemeinde. Was sie jedoch nicht erklären können, ist die nächste Revolution: Geschlechtliche Entsagung – sei es Keuschheit von Geburt an, bei der Taufe gelobte Enthaltsamkeit oder die Enthaltsamkeit von Ehepaaren oder Witwen – wurde zur Bedingung der Führungsrolle des Mannes in der christlichen Kirche. Damit hatte das Christentum die große Entsagung, »il gran rifiuto«, vollzogen. Ausgerechnet in den Jahrhunderten, in denen im Judentum das Rabbinat seinen Aufschwung nahm, weil es den Ehestand als Kriterium des Weisen akzeptierte, schlugen die christlichen Gemeinden den entgegengesetzten Weg ein: Die Aufnahme in die Kirchenführung wurde an den Zölibat gekoppelt. Selten hat sich eine Machtstruktur so schnell und so klar konturiert über dem Fundament strenger Askese entfaltet. Was Galen bereits Ende des 2. Jahrhunderts wahrgenommen hatte, verdichtete sich nachmals zu einem wesentlichen Unterscheidungsmerkmal des Christentums sowohl gegenüber dem Judentum wie dem Islam.

Es wird behauptet, schon die heidnische Welt habe den Ekel vor dem menschlichen Körper gekannt und die Christen hätten, mit zunehmender Entfernung der Kirche von ihren Ursprüngen im Judentum mit seiner optimistischen Einstellung zu Geschlechtslust und Ehe als Bestandteilen des göttlichen Schöpfungsplanes, die düstere heidnische Einschätzung des Sexuallebens übernommen. Diese Auffassung ist brüchig. Die flinke Gegenüberstellung von heidnischem Pessimismus und jüdischem Optimismus ignoriert die Bedeutung, welche der sexuellen Entsagung als Vorbedingung der Herzenseinfalt in jenem radikalen Judentum zukam, aus dem das Christentum hervorging. Diese Entsagung mag vielfältige Wurzeln gehabt haben; das erklärt allerdings nicht, warum in den christlichen Gemeinden des 2. und 3. Jahrhunderts sexuelle Enthaltsamkeit zum Kennzeichen einer spezifisch männlichen Führungsrolle wurde.

Die Frage lautet nicht, wieso der menschliche Körper in der Spätantike so viel Argwohn auf sich zog. Sie lautet vielmehr: Warum wird

Die drei Männer im Feuerofen, 7./8. Jh. Durch die bogenförmigen Öffnungen wurde Holz in den Ofen geschoben. Die drei Hebräer tragen die phrygische Mütze der Orientalen.
(Verona, Krypta von Santa Maria)

der Körper derartig konsequent sexuell gedacht – als Ort imaginierter sexueller Triebkräfte und Mittelpunkt sexuell konzipierter sozialer Strukturen –, daß er von Anfang an, gekettet an einen schicksalhaften Geschlechtstrieb, mit Heirat und Kindbett assoziiert wird? Wie konnte diese eigentümliche Körperwahrnehmung im Frühchristentum eine solche Dominanz gewinnen? Was zählt, ist die Intensität des Deutungsmusters, nicht der Umstand, daß die häufig negativ formulierte Signifikanz der Sexualität die Aufmerksamkeit des modernen Lesers fesselt, den diese Sprache vor den Kopf stößt.

In diesem Punkt war die Trennung zwischen Christentum und Judentum eklatant. Die Rabbiner hielten die Sexualität für eine anthropologische Konstante. Obschon unberechenbar, ließ sie sich doch bezähmen – so wie man die Frauen einerseits ehrte, weil sie für das Überleben Israels unerläßlich waren, sie jedoch andererseits vom ernsthaften Geschäft männlicher Weisheit fernhielt. Das jüdische Modell der Sexualität beruht auf der Beherrschung einer zwar irritierenden, aber notwendigen Regung menschlicher Existenz. Ganz anders bei den Christen. Die Sexualität wurde gerade deshalb symbolisch so stark ausgezeichnet, weil man ihr Erlöschen im engagierten Individuum für möglich erachtete und weil dieses Erlöschen deutlicher als jede andere Verwandlung von den Qualitäten kündete, die für eine religiöse Führungsrolle unabdingbar waren. Die Überwindung der Sexualität – oder bescheidener gesagt: die Abkehr von ihr – stand für jenen bereitwilligen Dienst an Gott und den Nächsten, in dem das Ideal der Herzenseinfalt verankert war.

Papst Sylvester (314–335); Fresko, 10. Jh. Dieser Zeitgenosse Konstantins erlebte den Triumph des Christentums und die Gründung der Peterskirche in Rom. (Rom, Museum San Paolo fuori le mura)

Kirche und Kirchenführung

Das Entstehen einer zölibatär-männlichen Führung in der christlichen Kirche lenkt unseren Blick auf die Ära Konstantins und seiner Nachfolger. Seit frühester Zeit hatte der Zölibat in seinen vielen Erscheinungsformen einen klar umgrenzten »öffentlichen Raum« in dem lockeren Zusammenschluß von Haushalten geschaffen, aus dem die christliche Gemeinde bestand. Es war ein »öffentlicher Raum«, der im Körper der Kirchenführer selbst gründete – Zölibat bedeutete für die christliche Gemeinde Abkehr von einer höchst privaten Motivationsquelle des Menschen und Auflösung eines der tatsächlich privaten sozialen Bande, welche Kontinuität und Zusammenhalt der Gesellschaft verbürgten. Der Zölibat erzeugte einen Gegensatz zwischen der Gesellschaft der Kirche, die in der Öffentlichkeit von zölibatären Männern geleitet und repräsentiert wurde, und der Gesellschaft der Welt, in welcher der Stolz des »falschen« Herzens, der Ehrgeiz und die hartnäckigen Übereinkünfte von Familie und Verwandtschaft ungehindert walteten.

Der Zölibat bedeutete im allgemeinen den nachehelichen Verzicht auf Geschlechtsbeziehungen. Man beherzigte ihn meist in mittleren Jahren. Später wurde er den Priestern auferlegt, wenn sie 30 Jahre alt waren. Dies war der Zölibat, den man in der Spätantike vom normalen städtischen Kleriker erwartete. Es handelte sich also nicht um einen Akt spektakulärer Entsagung: Die Sexualität galt in der Antike als »flüchtiger Stoff«, der sich in den »Hitzen« der Jugend rasch verzehrte. Die erschreckend hohe Sterblichkeit in der antiken Gesellschaft sorgte für stetigen Nachschub an seriösen Witwern, die in mittleren Jahren »ihre Leidenschaft verbraucht« hatten und bereit waren, sich den weniger geheimen Freuden des Klerikeramtes zu widmen. So machte der Zölibat augenfällig, daß es eine Klasse von Menschen gab, die für das öffentliche Leben der Kirche gerade deshalb von entscheidender Bedeutung waren, weil sie dem, was im Dasein des normalen christlichen Laien als das Zentrum des Privaten galt, abgeschworen hatten. In falscher Erinnerung an den *Hirten des Hermas* sprach Origenes hundert Jahre später von den »Verheirateten«, nicht den Reichen, als dem soliden, unfruchtbaren Holz, um das sich der Weinstock der Kirche ranke.

Zölibat im strengen Sinne des Wortes, also dauerhafte sexuelle Enthaltsamkeit, war im Römischen Reich für Männer der Öffentlichkeit durchaus ungewöhnlich. Selbst Augustinus, nach eigenem Bekunden ein Mann in der Blüte seiner Jahre, dessen sozialer Status ihm die gedan-

Goldglas aus christlicher Zeit. Ein Familienandenken ohne religiöse Bedeutung; das verschwenderisch gekleidete Paar empfängt Siegeskränze, die Wohlstand symbolisieren.

kenlose Befriedigung der Geschlechtslust erlaubte, räumte in Mailand ein, daß er zwar den christlichen Bischof Ambrosius um seinen Einfluß und den Umgang mit den Mächtigen beneide, daß ihm aber »der Zustand des Zölibats als etwas schwer Erträgliches« erscheine. Wenn daher rüstige Männer bereit sein sollten, durch Verzicht auf die Ehe gleichsam in ihrem eigenen Körper einen »öffentlichen« Raum zu schaffen, mußte dieser öffentliche Raum faßbar (und attraktiv), das Bedürfnis der Gemeinde nach ihm dringlich sein.

Für die christliche Kirche des 3. Jahrhunderts traf dies zweifellos zu. Um das Jahr 300 war die Kirche faktisch, wenn auch nicht dem Namen nach, eine öffentliche Körperschaft. Im Jahre 248 beschäftigte die Kirche von Rom 155 Geistliche und unterstützte rund 1500 Witwen und Arme. Damit war diese Gruppe genauso groß wie der größte Handelsverband am Ort, das heißt außerordentlich groß für eine Stadt, in der die Mitglieder eines Kultes in der Regel nach Dutzenden und nicht nach Hunderten zählten. Aufschlußreich ist, daß Papst Cornelius diese eindrucksvolle Statistik ins Feld führte, um seinen Anspruch auf Anerkennung als rechtmäßiger Bischof von Rom zu untermauern. Cyprianus, der ihn darin unterstützte, versäumte nicht, die »moralische Zartheit seiner jungfräulichen Zurückhaltung« zu rühmen, infolge derer Cornelius vor der Übernahme des hohen Amtes zurückgeschreckt sei. Da es um solche gewichtigen Aufgaben in jeder größeren Stadt des Reiches ging, wurde der Zölibat zum Machtfaktor auf der Bühne des römischen Stadtlebens. Zölibatär und mithin von der Welt distanziert, waren die christlichen Bischöfe und Kleriker gegen Ende des 3. Jahrhunderts zu einer Elite geworden, die sich in den Augen ihrer Bewunderer an Prestige durchaus mit den traditionellen Eliten der städtischen Notabeln messen konnte.

Diese Kirche, mittlerweile fest in der Hand solcher Kirchenführer, gewann durch die Konversion Kaiser Konstantins im Jahre 312 ein öffentliches Ansehen, das sich im Laufe des 4. Jahrhunderts als ebenso entscheidend wie unerschütterlich herausstellte.

Imperium und Stadt nach 300

Das Reich, das Konstantin von 312 bis 337 als erklärter Christ regierte, unterschied sich wesentlich von der »klassischen« städtischen Gesellschaft im Zeitalter der Antonine. Das gewaltige Imperium machte sich zunehmend auch in den Städten geltend. Nach 230 wurden kräftige Steuererhöhungen nötig, um Einheit und Verteidigung des Reiches zu gewährleisten. In der Antike bedeuteten Steuererhöhungen weit mehr als nur eine Steigerung des von der Reichsregierung beanspruchten Anteils am Überschuß. Es bedurfte nämlich einer Umstrukturierung der gesamten Oberschicht, um dem Staat freien Zugriff auf diesen Überschuß zu ermöglichen. Überkommene lokale Ausnahmeregelungen fielen dem ebenso zum Opfer wie die altmodische Rücksichtnahme auf den Status der Reichen. Die direkte Einmischung der kaiserlichen Verwaltung in die Angelegenheiten der Städte wurde zur Regel.

Mausoleum, 3. Jh. Bilder des Reichtums. Oben: Edler Müßiggang (der Herr kehrt von der Kaninchenjagd heim). Unten: Verwaltung des Gutes (der Herr prüft in Anwesenheit des Zahlmeisters und eines Pächters das Kontobuch). (Trier, Landesmuseum)

Diese Besteuerung berührte nicht den Fortbestand der Städte. Es verschwanden auch nicht die traditionellen Eliten; sie änderten lediglich ihre Struktur. Wer jetzt in der Gesellschaft etwas darstellen wollte, verband seine alte Rolle als lokaler Notabel mit der neuen Rolle eines Beauftragten des Kaisers. Er genoß die enormen Vorteile des Zugangs zur kaiserlichen Verwaltung und verstand sich immer weniger als ein Mitbürger, der in althergebrachter Weise mit Gleichgestellten in der Unterstützung »seiner Stadt« wetteiferte. Er zählte nun zu den »potentes«, den Mächtigen, die ihre Stadt im Namen des fernen Kaisers beherrschten, und zwar höchst gebieterisch und wenig empfänglich für die feinen Bedenken und Rücksichten der Vornehmen und ihrer diffusen Peergroup. Im Zeitalter der Antonine unterlag der städtische Notabel, wie wir gesehen haben, dem beträchtlichen Anspruch einer gemeinsamen Kultur und vor allem einer gemeinsamen Moral der sozialen Distanz. Indem sie die unüberbrückbare Kluft zwischen ihrer eigenen Klasse und allen anderen hervorkehrten, bewiesen sich die antoni-

Elfenbein-Diptychon, rechter Flügel; um 400 n. Chr.; Höhe: 30 cm. Wenn ein vornehmer Mann einen hohen Posten bekam, verewigte er dieses Ereignis auf einem Elfenbeintäfelchen. Oben sitzt der zum Vizepräfekten (von Rom?) ernannte Rufus Probianus auf einem Thron, flankiert von Schreibern. Mit der Hand macht er die »Rednergeste«, die anzeigt, daß er gerade spricht oder das Recht hat zu sprechen, während andere nur das Recht haben, zuzuhören. Unten zwei gutgekleidete Juristen (der eine hält ein Gesuch in der Hand), die den Finger heben, um den Vizepräfekten auf sich aufmerksam zu machen; so melden sich noch heute die Kinder in der Schule, und so hoben die Griechen den Finger, um die Aufmerksamkeit der Götter auf sich zu lenken. (Berlin, Staatsbibliothek)

nischen Vornehmen als (austauschbare) Angehörige einer geschlossenen Elite. Im 2. und 3. Jahrhundert verbarg dieser Umstand noch erfolgreich die wachsenden Ungleichheiten in der Oberschicht und deren faktische Beherrschung durch diejenigen, deren Status auf dem Dienst für den Kaiser beruhte. Gegen Ende des 3. Jahrhunderts akzeptierte man diese Konstellation als Grundmuster, nach dem die römische Gesellschaft zu gestalten war, wenn sie überleben sollte. In der Gesellschaft der späten Kaiserzeit regierte eine Allianz aus Beauftragten des Kaisers und Großgrundbesitzern, die gemeinsame Sache machten, um die steuerpflichtigen Bauern zu kontrollieren und in den Städten für Recht und Ordnung zu sorgen. Die »potentes« unter Konstantin und seinen Nachfolgern ließen keinen Zweifel daran, daß nun die Wenigen auf Kosten ihrer vornehmen Standesgenossen dominierten. Der Verhaltenskodex für den Mann der Öffentlichkeit änderte sich drastisch. In den Augen jener, die dem alten Kodex nachtrauerten, setzte sich der »potens« ungebührlich in Szene. Die zurückhaltende, einheitliche Kleidung, von allen Mitgliedern der Oberschicht getragen (man denke an die Toga, die von der unbezweifelten Dominanz austauschbarer »nobiles« kündete), wurde abgeschafft; die Kleidung bekam eine Signalfunktion, um die hierarchische Gliederung der Oberschicht anzuzeigen. Die neue Mode reichte von der fließend fallenden Seidenrobe des Senators und dem uniformartigen Gewand der kaiserlichen Bediensteten mit genauem Rangabzeichen bis zu der schlichten Tunika, die der christliche Bischof ähnlich demonstrativ trug. Früher war es der Körper selbst gewesen, seine Erscheinung in der Öffentlichkeit (in den Thermen sogar im Zustand der Nacktheit), welche die natürliche Zugehörigkeit zu einer besonderen Klasse bezeugten. Jetzt wurde der Körper in die Embleme seines Trägers eingehüllt, in ein imposantes, eng anliegendes Kleid, dessen Verzierung explizit die Position in einer Hierarchie verriet, deren Spitze der kaiserliche Hof war.

Was die Stadt betraf, so sorgte die wirtschaftliche Entwicklung in den meisten Regionen des Reiches dafür, daß sie nicht länger eine Bühne war, auf der sich der Konkurrenzgeist der Honoratioren in verschwenderischen Bauten, Spektakeln und Inszenierungen öffentlicher Großzügigkeit bekundete. Zwar verschwanden diese Aspekte nicht völlig; sie blieben – teilweise überzeugend – erhalten in den kaiserlichen Residenzen in Trier, Sirmium und vor allem Konstantinopel, doch auch in großen Städten wie Rom, Karthago, Antiochia, Alexandria und Ephesos. Aber die Aura dieser Städte wurde jetzt vom Kaiser und, im Namen des Kaisers, von den »potentes« bestimmt. Die Stadt war nicht mehr die lebendige Bühne, auf der sich lokale Energien in eigener Regie betätigten; sie war zu einem Mikrokosmos geworden, der die geordnete Sicherheit des ganzen Reiches widerspiegelte.

Die Stadt des 4. Jahrhunderts war keine blasse Kopie ihrer klassischen Vergangenheit. Manche Beweise ihrer öffentlichen Zierde wurden liebevoll bewahrt, darunter die imposanten Fassaden heidnischer Tempel. In erstaunlich vielen Städten sorgte die kaiserliche Regierung für die Aufrechterhaltung des Privilegs der Lebensmittellieferungen, die wie in früheren Jahrhunderten allen Bürgern zugute kamen, gleichgültig, ob sie reich oder arm waren. Infolge einer ähnlichen Fürsorgepflicht unterhielt der Staat in den großen Städten weitläufige öffentliche Thermen. Der Zirkus, das Theater (das in dieser Zeit häufig umgebaut wurde, um dort grandiose Spektakel wie Seeschlachten oder die Jagd auf wilde Tiere aufführen zu können) und – namentlich in Konstantinopel – das Hippodrom traten an die Stelle der alten Schaustätten, die im öffentlichen Kult der Heiden feierlich den Treuebekundungen der Stadt zu ihren Herrschern und damit zu ihrer eigenen Zukunft gedient hatten. Die numinosen Assoziationen, die sich an den vorschriftsgemäßen Vollzug der ernsten Zeremonien im Rahmen solcher Spektakel hefteten, waren ebenso stark wie bei den religiösen Zeremonien heidnischer Zeit. In Trier, Karthago und Rom, die allesamt im 5. Jahrhundert von den Barbaren bedroht und verwüstet wurden, blieb das Volk davon überzeugt, daß die Zirkusspiele mit ihrer mysteriös-okkulten Kraft die Rettung der Stadt bewirkt hätten.

Die »potentes« ließen sich jetzt seltener als früher auf dem Forum blicken. Sie regierten die Stadt von ihren opulenten Palästen und Villen aus, abseits der Zentren des öffentlichen Lebens. Diese Residenzen waren jedoch keine Fluchtburg vor der Öffentlichkeit, sondern ein privatisiertes Forum. Die Privatgemächer der Frauen waren flankiert von geräumigen Sälen, die häufig mit einer Apsis abschlossen. Zu den kleinen Banketten, die hier stattfanden, erschien der innere Führungszirkel der Stadt; sie unterschieden sich klar von den prachtvoll wahllosen Gelagen, in deren Verlauf dreihundert Jahre zuvor der jüngere Plinius Klienten, Freigelassene, Freunde und Mitbürger mit billigem Wein traktiert hatte. Viele Meisterwerke der klassischen Bildhauerkunst, die einst die Tempel und die Foren geschmückt hatten, standen nun in den Innenhöfen und Eingangshallen solcher Paläste. Sie kündeten von dem Recht der »potentes«, die kostbarsten Insignien der klassischen Stadt für sich selbst zu beanspruchen und der Nachwelt zu überliefern. Diese Männer und ihre Untergebenen mußten erst einmal davon überzeugt werden, daß der christliche Bischof und seine rasch wachsende Gemeinde eine Alternative zu ihrer eigenen Vision einer urbanen Welt, restituiert und gewährleistet durch offene Ausübung der eigenen und der Macht ihres kaiserlichen Herrn, anzubieten hatten. Im 4. Jahrhundert war es keineswegs ausgemacht, daß die neue christliche Kirche der antiken Stadt in diesem letzten, sorgsam gehegten Stadium ihrer langen Geschichte die eigenen Vorstellungen von Gemeinschaft würde aufzwingen können.

Kirche und Stadt im 4. Jahrhundert

Der christliche Bischof mit seiner Kirche bildete nur *ein* Element der neuen städtischen Szene. Viele Kirchen waren prunkvolle Bauwerke, dank kaiserlichem Geschenk und gemäß einer neuen kaiserlichen Politik. Die Basilika gemahnte an die Empfangshalle des Kaisers und damit an den Richterstuhl Gottes, des unsichtbaren Beherrschers der Welt.

Für den Klerus gab es Vorzugslieferungen von Lebensmitteln. Der Bischof hatte Zugang zu den Statthaltern und »potentes«, bei denen er sich vor allem für die Armen einsetzte. (Freilich mußte er, wie Augustinus berichtet, oft stundenlang in der Eingangshalle warten, während wichtigere Persönlichkeiten vorgelassen wurden.) Die Kirche des 4. Jahrhunderts mag also insgesamt einen imposanten Eindruck gemacht haben, aber für das »saeculum« war sie marginal – eine Welt, deren Hauptstrukturen fern vom gewaltigen antiken Machtringen und vom Bedürfnis nach Sicherheit und Hierarchie entstanden waren. Für dieses »saeculum« war das Christentum peripher, mochte es inzwischen gleichwohl das Credo der Mächtigen sein.

Was die christliche Gemeinschaft einte, war die sie auszeichnende Solidarität. Diese Solidarität konnte jetzt vor aller Augen Ausdruck in den Zeremonien finden, die in der Basilika des Bischofs stattfanden. Obgleich nicht länger die »Versammlung der Heiligen«, blieb die christliche Basilika ein Ort, der durch die Abwesenheit der Strukturen des »saeculum« geprägt war. Die säkulare Hierarchie war in der Basilika minder sichtbar als in den Straßen der Stadt. Gewiß, der Klerus hatte an Prominenz gewonnen, Männer und Frauen wurden sorgfältig getrennt (meist auf verschiedene Seiten der Hauptschiffe verteilt), und die Mächtigen konnten sich weiterhin durch kostbare Sonntagsgewänder (die nun fromm mit Szenen aus den Evangelien bestickt waren) von der mausgrauen Masse unterscheiden. Aber die christliche Basilika blieb der Ort, an dem sich Männer und Frauen aus allen Klassen versammelten und alle gleichermaßen vor dem hohen Bischofsstuhl in der Apsis dem prüfenden Blick Gottes ausgesetzt waren. Johannes Chrysostomos machte sich in Konstantinopel unbeliebt, weil er gewissen Großgrundbesitzern und Höflingen, die während seiner Predigt kamen und gingen, aufmerksam mit den Blicken zu folgen pflegte und sie so als die Sünder und Übeltäter kenntlich machte, gegen die er wetterte. Die alte Redefreiheit des Philosophen als des Kritikers der Machthaber kehrte sich nun gegen die gesamte Stadtbevölkerung, die der Klerus im Empfangssaal Gottes versammelte. Eine auf diese Weise und von solchen Personen geführte Gemeinschaft konnte gar nicht anders als zu versuchen, die antike Stadt nach ihrem eigenen, sehr fremden Bild umzugestalten.

In den Augen der Kirchenführer war die Kirche eine neue öffentliche Gemeinschaft, zusammengehalten durch die unermüdliche Betonung von drei Kernthemen, deren jedes mit einer in der antiken Welt bislang nicht gekannten Schärfe beschworen wurde: Sünde, Armut und Tod. Diese drei dunklen, scheinbar gesichtslosen Begriffe besetzten, eng miteinander verflochten, den Horizont des spätantiken Christen. Nur indem er sich ihnen gegenüber so verhielt, wie es der Klerus verlangte, konnte er Einlaß finden in jene »Gottesstadt«, deren greifbare Freuden dem modernen Betrachter noch aus dem puren sinnlichen Entzücken der spätantik-christlichen Mosaiken und den beruhigten, ewig-schönen Gesichtern der Heiligen entgegenleuchten. Denn auf den Mosaiken konnte man die Heiligen sehen – Männer und Frauen, die angenehm vor Gott waren und die Er nicht in irgendein ätherisches, aseptisches Jenseits versetzt hatte, sondern in das uralte »Paradies der Wonnen«, auf »grasbewachsene Triften, wo frisches Wasser rinnt und Schmerz und Leid und Jammer nicht sind«[7].

Sünde und Gemeinschaft

Die christliche Basilika erlebte eine Versammlung von Sündern, die einer wie der andere der Barmherzigkeit Gottes bedurften. Die festen Grenzen innerhalb der Gruppe waren von der Sünde gezogen. Das Neuartige an einer solchen Definition von Gemeinschaft ist nicht zu unterschätzen. Gänzlich private Belange, beispielsweise die sexuellen Gewohnheiten eines Menschen oder seine Ansichten über das christliche Dogma, konnten für den Klerus Anlaß zu einem vernichtenden öffentlichen Akt der Verstoßung sein. Das System der öffentlichen Buße blieb während dieser ganzen Zeit gebräuchlich. Zur Exkommunikation gehörte der öffentliche Ausschluß von der Eucharistie, und dieser konnte nur durch einen ebenso öffentlichen Akt der Versöhnung mit dem Bischof rückgängig gemacht werden. So brachte man in der Basilika des 4. Jahrhunderts die öffentliche Solidarität in Zusammenhang mit dem Problem der Sünde und dem noch interessanteren »Gedankenverbrechen« der Ketzerei, und zwar mit einer Klarsicht, die späteren Zeiten wieder abhanden kam. Die Teilnahme an der Eucharistie war sichtbar von Verfahren der Trennung und der Einigung begleitet. Sobald die Hauptliturgie der Eucharistie anhob, wurden die Ungetauften aus der Kirche geführt. Die Feier begann damit, daß die Gläubigen Opfergaben zum Altartisch brachten. Und wenn zum Schluß die Gläubigen noch einmal zum »Mystischen

Villa eines Adligen; Mosaik, 4. Jh. Den Innenhof faßt eine langgestreckte Loggia ein, die links und rechts von zwei majestätischen Türmen flankiert wird. Auf der Fassade des Hauptgebäudes eine Reihe von Kuppeln wie bei den Jagdthermen in Leptis Magna. (Tunis, Musée du Bardo)

Der Vatikan im Mittelalter; Rekonstruktion von Marcelliani. Das große Gebäude in der linken Hälfte des Modells ist die ursprüngliche, um 325 begonnene Petersbasilika. Jede Stadt besaß, ebenso wie jeder Palast, wenigstens eine »Basilika«, d. h. einen offiziellen Versammlungssaal.

Mahl« feierlich nach vorne traten, wurde die einzige feste Hierarchie in der christlichen Gruppe deutlich: zuerst die Bischöfe und der Klerus, dann die Ehelosen beiderlei Geschlechts und zuletzt die verheirateten Laien. In einem eigens bezeichneten Bereich im Hintergrund der Basilika, in äußerster Entfernung von der Apsis, verharrten die »Büßer«, durch ihre Sünden ausgeschlossen von der aktiven Mitwirkung; ideell gedemütigt, erniedrigend gekleidet und unrasiert warteten sie vor aller Augen auf eine öffentliche Geste der Aussöhnung mit ihrem Bischof. Mitunter kam es zum Konflikt zwischen der Hierarchie des »saeculum« und der Demokratie der Sünden, was denkwürdige Folgen zeitigte – in Caesarea verwarf Basilius die Opfergaben des ketzerischen Kaisers Valens; in Mailand ließ Ambrosius den Kaiser Theodosius, den Herrscher der Welt, ohne Robe und Diadem bei den Büßern stehen, weil er das Massaker an den Thessalonikern befohlen hatte.

Die Armen und die Solidarität

Die Armen waren überall. Die Krüppel und die Bedürftigen, die Nichtseßhaften und die vor der Not des bäuerlichen Daseins Geflüchteten drückten sich in Scharen vor den Türen der Basilika herum oder schliefen in den Säulenhallen der äußeren Höfe. Von den Armen sprach man stets in der Mehrzahl. Man bezeichnete sie mit Ausdrücken, die von der früheren Einteilung der Gesellschaft in Bürger und Nichtbürger nichts mehr ahnen ließen. Sie bildeten den gesichtslosen menschlichen Abfall der antiken Ökonomie. Gerade diese Anonymität aber machte sie zur idealen Remedur für die Sünden der glücklicheren Mitglieder der christlichen Gemeinde. Den Armen Almosen zu geben war ein wesentlicher Bestandteil der langwierigen Entsühnung der Büßer und das normale Heilmittel bei geringeren, läßlichen Sünden – unreinen, müßigen Gedanken und harmlosem Selbstgenuß –, die keine öffentliche Buße erheischten.

Der elenden Lage der Armen wurde ein tiefer religiöser Sinn beigemessen – sie waren Beispiele des Sünders, der täglich der Barmherzigkeit Gottes bedarf. Die symbolische Gleichsetzung des Armen mit dem von Gott verlassenen, betrübten Sünder kehrte in der Sprache der Psalmen wieder, die das Rückgrat der kirchlichen Liturgie und vor allem der Bußzeremonien bildeten. Ohne diese Symbolik wäre der Funke des Mitgefühls kaum übergesprungen. Der Stadtbewohner hatte sich längst damit abgefunden, diesen unerfreulichen Anblick für die bedrohliche Ausnahme von der Regel der antiken städtischen Gemeinschaft der Mitbürger zu halten. Jetzt aber gab man dem Armen einen privilegierten Status als Symbol für den verhängnisvollen inneren Zustand der Menschheit, einschließlich des eigenen sündigen Selbst. Im Almosengeben spiegelte sich das Verhältnis Gottes zum sündigen Menschen. Das Jammern der Bettler, welche die Gläubigen beim Betreten der Basilika um eine milde Gabe anflehten, erschien als Vorbote des eigenen, verzweifelten Appells an die Barmherzigkeit Gottes. »Wenn du es leid bist zu beten«, sagt Johannes Chrysostomos, »und nicht erhört wirst, so bedenke, wie oft ein Armer dich gebeten hat, den du nicht erhört hast.« – »Nicht durch das Ausstrecken der Hand [in der Geste des Gebets] wirst du erhört werden. Strecke die Hand nicht zum Himmel aus, sondern dem Armen entgegen.«[8]

Die verstorbene Comminia; 4. oder 5. Jh. Diese Figur, in christlicher (und heidnischer) Gebetshaltung, ist gleichzeitig Comminia, ihre unsterbliche Seele und das Gebet selbst. (Neapel, Katakomben des hl. Januarius)

Gerade die Anonymität der Armen trug dazu bei, in der Kirche das Gefühl der unterschiedslosen Solidarität aller Sünder zu befestigen. Das städtische Ideal, wonach die Großen zur Freigebigkeit verpflichtet waren, brachte die Kirche in Bedrängnis; denn es implizierte, daß mit der Freigebigkeit das Herrschaftsrecht der Mächtigen in der Gemeinschaft einherging. Ohne diesen Reflex wären wohl nur wenige Basiliken errichtet worden – die auffälligsten von ihnen waren Geschenke des Kaisers oder führender Kleriker; sie waren Männern zu danken, die – in herkömmlicher Weise – auf ihr Recht pochten, die christliche Gemeinde, die hier zusammenkam, zu unterstützen und also auch zu kontrollieren. Die Namen derjenigen, die Weihegaben zum Altar brachten, wurden in den feierlichen Gebeten, mit denen die Eucharistie begann, laut genannt; oft klatschte die Gemeinde Beifall dazu. Einzig der Sündenbegriff konnte das selbstgefällige Profil dieser Patronagepyramide erschüttern. Und so ließen denn die Bischöfe nicht davon ab zu betonen, daß jedes Mitglied der Gemeinde seine eigenen Sünden habe und daß jede als Almosen gespendete Summe, so gering sie auch sein mochte, dem wahrhaft Armen willkommen war. Über die krassen Konturen der Patronage, die sich ganz im Sinne der alten städtischen Prachtentfaltung in Plastiken und Mosaiken, in seidenen Wandbehängen und schimmernden Kandelabern bekundete, legte sich so der dünne, aber breite Schleier täglicher Mildtätigkeit.

Die Hilflosigkeit der Armen machte sie zu idealen Klienten einer Gruppe, die den Spannungen der echten Patronage- und Klientelbezie-

Grab eines Schmiedes in der Katakombe der hl. Domitilla zu Rom, 4./5. Jh. Die Verwendung der Gravur anstelle des teureren Reliefs zeugt von der Demokratisierung der Grabkunst. (Rom, Christliches Museum im Lateran)

hung aus dem Wege gehen wollte. Von allen Formen der Patronage, die der Klerus hatte hinnehmen müssen, war die Abhängigkeit von reichen Frauen die bedenklichste und blamabelste. Seit den Zeiten des Cyprianus bestand ein enger Zusammenhang zwischen der Armut der Kirche und der Bedeutung einflußreicher Frauen in ihr. Der Reichtum vieler Jungfrauen, Witwen und Diakonissinnen schuf Patronagebindungen und demütigende Verpflichtungen des Klerus gegenüber Frauen, die gegen Ende des 4. Jahrhunderts eine führende Rolle in der Senatsaristokratie spielten. Dieser Reichtum und die damit verbundene Patronage konnten nun gefahrlos den Armen zugewendet werden, denn die Armen hatten, wie in der Antike jedermann wußte, keine Gegenleistung zu bieten; politisch zählte ihre Gunst nicht. Außerdem hatten strenge Regeln der Geschlechtertrennung den Frauen den Zutritt zur Macht in der Kirche versperrt. Jede Verletzung dieser Regeln rief einen eifrig herbeigeredeten Skandal hervor, sobald Gefahr drohte, daß Frauen durch ihr Vermögen, ihre Bildung oder ihren Mut Einfluß auf die Kirche nehmen könnten. Diese Tabus galten jedoch nicht, wenn die Frau ihre öffentliche Rolle darauf beschränkte, Retterin in menschlicher Not zu sein. Als Patronin der Armen, durch Almosen und die Fürsorge für Kranke und Fremde erwarb die wohlhabende Frau in allen mediterranen Städten einen öffentlichen Status, wie er in dem hierarchisch geordneten, von Männern dominierten öffentlichen Leben der Mächtigen in der Spätzeit des Reichs selten war.

Der Bischof machte sich in der Stadt des 4. Jahrhunderts einen Namen als Patron der Armen und Protektor einflußreicher Frauen, deren Besitztümer und Tatkraft er für die Kirche nutzbar zu machen verstand, indem er für eine Vielzahl von Witwen und Jungfrauen als Seelenhirte fungierte. Er suchte öffentlich die Gemeinschaft mit jenen Personengruppen, die im alten, »städtischen« Weltbild der Notabeln nicht vorgekommen waren. Mit den Worten der *Canones* des hl. Athanasius: »Ein Bischof, der die Armen liebt, ist reich, und die Stadt samt ihrem Umkreis soll ihn ehren.« Einen klareren Gegensatz zum urbanen Selbstverständnis der Notabeln zwei Jahrhunderte zuvor kann man sich schwerlich vorstellen.

Grabmosaik, 5. Jh. (?) In Spanien bedecken solche Grabsteine fast ebenerdig das Grab. Zu lesen sind der Name des Verstorbenen, sein Alter sowie Tag und Monat seines Hinscheidens, nicht immer jedoch das Jahr. Wichtig war der Jahrestag des Todes. (Tunis, Musée du Bardo)

Teil eines Elfenbein-Diptychons (Höhe: 29 cm) zur Erinnerung an das Konsulat des Flavius Felix im Jahre 426. Als Rangabzeichen hält er das Szepter mit dem Adler in der Hand; er trägt eine lange Tunika, darüber eine Dalmatika und über allem eine reich bestickte Toga. Die Zeit der drapierten Gewänder ist vorbei; nun benutzt man genähte Kleider mit Gold- und Silberstickerei. (Paris, Bibliothèque Nationale, Cabinet des Médailles)

Die christliche Gemeinde wuchs parallel mit der antiken Stadt, obschon sie diese im 4. Jahrhundert noch keineswegs dominierte. Mit ihren öffentlichen Zeremonien hatte sie ihr eigenes Bild vom öffentlichen Raum geschaffen, der von einer neuartigen öffentlichen Persönlichkeit auszufüllen sei. Ehelose Bischöfe, unterstützt von ehelosen Frauen, gründeten ihr Prestige auf die Zuwendung zu den anonymen, stadtfremden Entwurzelten und hilflosen Armen. Im 5. Jahrhundert erfaßte eine neue Krise die Städte des Mittelmeerraums. Die entscheidenden Generationen der Jahre vor und nach 400 erlebten städtische Katastrophen, zum Beispiel die Plünderung Roms durch die Westgoten (410), aber auch das Auftreten von energischen Bischöfen: Ambrosius in Mailand, Augustinus in Hippo, Papst Leo in Rom, Chrysostomos in Konstantinopel und Theophilos in Alexandria. Diese Bischöfe sorgten dafür, daß die restaurierte Fassade der spätrömischen Urbanität endgültig in sich zusammenbrach, was heißt, daß der christliche Bischof mit seiner nicht-städtischen Definition von Gemeinschaft als der einzige ernsthafte Repräsentant urbanen Lebens an den Küsten des Mittelmeers erschien.

Die Bedeutung des Jenseits

Vor den Toren der Städte wohnte die stillere, letzte Solidarität der christlichen Gräber. Kommt man heute in einem Museum aus den Sälen mit heidnischen Dokumenten in die mit christlichen, so betritt man eine Welt der klaren Standardbedeutungen. Die quälende Zeichenvielfalt der Oberschicht-Sarkophage aus dem 2. und 3. Jahrhundert – über deren Botschaft die Gelehrten noch lange streiten werden, nicht zuletzt deshalb, weil sie von unerschütterlicher Eigenwilligkeit sind – weicht einem begrenzten Repertoire klar unterscheidbarer Szenen, die mit geringen Abweichungen auf sämtlichen christlichen Gräbern wiederkehren. Die verwirrende Vielstimmigkeit heidnischer Grabinschriften und heidnischer Grabkunst zeugt von einer Gesellschaft, in der es nur wenige von allen geteilte Vorstellungen über Tod und Jenseits gab. Das Grab war ein Ort erhabener Privatheit. Der Tote mußte den Lebenden den Sinn seines Todes erläutern, worin ihn seine traditionelle Gruppe unterstützte – seine Familie, die Standesgenossen, der Begräbnisverein oder gar, wenn es ein großer Mann war, die Stadt – daher die prestigevolle Funktion des Familienmausoleums bei den Reichen und die geradezu bizarre Mannigfaltigkeit der Aussagen der Verstorbenen über sich selbst. (Man denke an den vornehmen Griechen Opramoas, der sein Grab mit den Dankesbriefen römischer Statthalter für seine Großzügigkeit schmückte, oder an die Zeilen eines Maurers, der sich für die unbeholfenen Verse seiner Grabinschrift entschuldigt.) Solche Gräber sind das Entzücken eines jeden, der griechische oder lateinische Grabinschriften studiert, doch sie bringen den Religionshistoriker zur Verzweiflung, der in ihnen nach einer einheitlichen Chiffre des Jenseits fahndet. In der heidnischen Welt des 2. und 3. Jahrhunderts gab es keine Religionsgemeinschaft

Teilansicht eines christlichen Sarkophags, 4. Jh. Jahrhundertelang zeigte die Grabkunst Mann und Frau halb zueinander, halb zum Betrachter gewandt. (Rom, Lateranmuseum)

von Belang und Gewicht, die dieses private Stimmengewirr aus den Gräbern gedämpft hätte.

Mit dem Aufstieg des Christentums drängte sich allmählich die Kirche zwischen den Einzelnen, die Familie und die Stadt. Die Geistlichen beanspruchten die Verwaltung des Totengedenkens; die christliche Lehre vom Leben nach dem Tode deutete den Lebenden den Sinn des Hinscheidens der Verstorbenen. Zwar wurden weiterhin die traditionellen Begräbniszeremonien begangen, aber sie waren nicht genug. Opferhandlungen bei der Eucharistie gewährleisteten, daß die gesamte Gemeinde sich im Gebet der Namen ihrer Toten entsann und so gleichsam die größere, künstliche Verwandtschaftsgruppe der Gläubigen verkörperte. Alljährliche Feste zum Gedächtnis der Toten und zu Nutz und Frommen ihrer Seele – veranstaltet für die niemals fehlenden Armen – fanden auf den Höfen der Basiliken oder in ihrem Inneren statt. Jetzt war es die Kirche und nicht mehr die Stadt, die den Ruhm der Abgeschiedenen verkündete. Nachdem die Demokratie der Sünde einmal in der Basilika Einzug gehalten hatte, erfaßte sie auch, für Heiden unvorstellbar, das Grab – der Klerus konnte Weihegaben zurückweisen, wenn es um nicht bekehrte Familienmitglieder, unbußfertige Sünder und Selbstmörder ging.

Ein neuer Sinn für den geweihten Boden zog die Toten in den Bannkreis der Basilika. In Rom hatte es bereits seit dem frühen 3. Jahrhundert großflächige, vom Klerus verwaltete christliche Begräbnisstätten gegeben. Es handelte sich dabei um sinnreich angelegte unterirdische Gänge, dazu bestimmt, eine Vielzahl von Armengräbern aufzunehmen, die, in den Katakomben reihenweise ins Gestein gehauen, bis auf den heutigen Tag den Willen des Klerus bezeugen, Patron der Armen zu sein – noch im Tode wurden die Armen mobilisiert. Diese Reihen schlichter Gräber, in gebührendem Abstand von den Mausoleen der Reichen gelegen, bekundeten die Solidarität und Anteilnahme der christlichen Gemeinde.

Statuette einer Kaiserin, um 380 (?) Unter dem in hellenistischer Manier gefalteten Umhang sieht man die lange, goldbestickte Schärpe, die seit dem 3. Jh. von Kaiserinnen getragen wurde. (Paris, Bibliothèque Nationale, Cabinet des Médailles)

Gegen Ende des 4. Jahrhunderts breitete sich der Brauch der »depositio ad sanctos« aus, das Privileg, in unmittelbarer Nachbarschaft eines Märtyrerheiligtums beigesetzt zu werden. Sofern es der christlichen Gemeinde auf eine Hierarchie der Wertschätzung ihrer Mitglieder ankam, war dafür gesorgt, daß der Klerus, der den Zugang zu den Heiligtümern bewachte, über diese Hierarchie entschied. Auf den Friedhöfen in Rom, Mailand und anderswo liegen die Ruhestätten von Jungfrauen, Mönchen und Klerikern den Gräbern der Märtyrer am nächsten. Sie waren die neuen Eliten der urbanen Kirche; ihnen folgten in der Rangordnung die einfachen Laien, die für ihr untadeliges christliches Verhalten belohnt wurden: »Probilianus [. . .] für Hilaritas, deren Keuschheit und Güte allen Nachbarn bekannt war. [. . .] Sie blieb in meiner Abwesenheit acht Jahre lang keusch, und darum liegt sie an dieser heiligen Stätte.«[9]

In dem Maße, wie man die Toten weithin sichtbar in die christlichen Kirchen einband, lockerte sich ihr Zusammenhang mit ihrer Stadt. Wenn es darum ging, ihren Toten Nachruhm und ewige Ruhe zu sichern, wandte sich die christliche Familie ausschließlich an den Klerus.

Malerei in einem kaiserlichen Empfangssaal (»Basilika«) in Trier; vor 326. Die Aureole um den Kopf der Frau deutet auf eine Prinzessin oder vielleicht auch eine Allegorie; die Frau, mit einem Lorbeerkranz gekrönt, führt als Zeichen des Wohlstands ihren Schmuck vor. (Trier, Bischöfliches Museum)

Porträt des hl. Ambrosius; Mosaik, 5. Jh. Wir sehen vor uns einen kleinen, klugen, verschlossenen Mann, den Augustinus nur sonntags in der Kirche zu Gesicht bekam – einen Bischof mit einer kalkulierten Politik der Gewalt, die sich den Schein des Zufälligen gab. (Mailand, Kirche San Ambrogio)

Städtische Formen der Ehrenbezeugung traten zurück. Nur bei altmodischen Leuten in italienischen Kleinstädten war der jährliche Gedenktag für eine verstorbene hohe Persönlichkeit noch Anlaß zu einem öffentlichen städtischen Bankett für die Notabeln und ihre Mitbürger. Petronius Probus, der größte der römischen »potentes« im 4. Jahrhundert, wurde als »erster Bürger« vom kaiserlichen Hof öffentlich betrauert. Danach jedoch bettete man ihn in der Grabstätte des Apostels Petrus. Ein prächtiger Marmorsarkophag kündete von des Probus neuer Unmittelbarkeit zu Christus im Himmelssaal. Und so ruhte der große Mann wenige Meter vom hl. Petrus entfernt, bis man bei Arbeiten im

16. Jahrhundert seinen Sarkophag entdeckte, angefüllt mit den Goldfäden, womit sein Totengewand durchwirkt war. Was die Geistlichen und andere fromme Tote betrifft, so erscheinen sie auf den Mosaiken nicht vor der Folie der antiken Stadt. Sie wandeln vielmehr auf den smaragdgrünen Wiesen im Paradies Gottes, gemeinsam mit einer gänzlich unklassischen Gruppe Gleichgestellter: »nun aber [lebt er] unter den Patriarchen, bei den Propheten mit dem klaren Zukunftsblick, in der apostolischen Gemeinschaft und bei den Märtyrern, den Gewaltigen der Macht.«

Rom, Santa Maria Maggiore, um 435. Nur der Fußboden, der Baldachin und der Altar stammen aus neuerer Zeit; die Decke ist eine Nachbildung im antiken Stil. Mit seiner eher herrscherlichen als sakralen Ausstrahlung könnte der Raum eine heidnische Bürgerbasilika sein. Es handelt sich um ein Meisterwerk des antiken Stils, mit einem harmonischen Ebenmaß der Proportionen. Die Mosaiken, in halber Höhe zwischen den Säulen und den Fenstern, wurden einst von Reliefs eingerahmt, deren Fehlen man heute bei einiger Überlegung spürt – sie lockerten die obere Wandfläche auf, ohne sie doch durch eine horizontale Projektion in zwei Hälften zu teilen.

Das Wagnis der Wüste

Der Aufstieg des Mönchtums im 4. Jahrhundert bereicherte die moralischen und sozialen Einstellungen des spätantiken Christentums um ein neues Ferment. Eines Tages schrieb Kaiser Konstantin einen Brief an den hl. Antonius, den um fast eine Generation Älteren – in dem Jahr, als der Kaiser geboren wurde, war Antonius aus seinem Dorf in der Fajum fortgezogen und hatte sich am Rande der ägyptischen Wüste niedergelassen. Doch der Brief des Kaisers machte keinen Eindruck auf ihn. Auch Pachomios hatte seine ersten Klöster einige Jahre vor der Thronbesteigung Konstantins im Osten gegründet. Die konstantinische Wende, hoch bemerkenswert in den Städten, war, verglichen mit der Welt der Askese, etwas Neues. Die Mönche – »monachoi«, »die Einsamen« – bewegten sich in einer anderen, fast archaischen christlichen Tradition. Ihre spirituellen und moralischen Haltungen speisten sich aus der Erfahrung einer vorwiegend ländlichen Umgebung, die mit jener der Christen in den Städten kaum etwas gemein hatte. Im 4. Jahrhundert erfreuten sich die Mönche Ägyptens und Syriens im ganzen Mittelmeerraum eines »succès d'estime et de scandale«. Die *Vita S. Antonii* des Athanasios erschien schon bald nach dem Tode des Heiligen 356. Johannes Chrysostomos zog sich von 380 bis 383 für eine kurze, aber folgenreiche Zeit in die Berge Antiochias zurück, um mit den Asketen zu leben. Für diesen erklärten Städter unter den christlichen Rednern blieb der sehnlichste Traum »die Reise in Gedanken auf den Berg, auf dem Christus verklärt wurde«. Im August 386 wurde Augustinus von der Geschichte des hl. Antonius so erschüttert, daß er seinem Heiratswunsch entsagte und einen Weg einschlug, der ihn in wenigen Jahren zur Ordination als Bischof von Hippo führte, wo er die restlichen 35 Jahre seines Lebens blieb. Gegen Ende des 4. Jahrhunderts stand die christliche Kirche in den Städten im Banne eines radikal neuen Begriffs vom Menschen und von der Gesellschaft, den die »Männer der Wüste« entwickelt hatten.

Das Ansehen des Mönches beruhte darauf, daß er »der Einsame« war. Er verkörperte das alte Ideal der Herzenseinfalt. Auf sichtbarliche Weise hatte er der Welt entsagt. In einem Akt der »anachoresis« hatte er sich von der Welt zurückgezogen, um in der Wüste zu leben – er war ein »Anachoret«, ein Mensch, der durch diese eine elementare Entscheidung definiert wurde. Eremiten ließen sich einzeln oder in Gruppen in unbebauten (jedoch keineswegs unwirtlichen) Landstrichen am Rande von Städten und Dörfern des Nahen Ostens nieder; man nannte

Der hl. Paulus der Einfältige. Menologion Basilius' II., 11. Jh. (Rom, Biblioteca Vaticana)

sie die Männer des »eremos«, der Wüste – daher »Eremiten«. Die Wüste war stets die allgegenwärtige Antithese zur etablierten Ordnung gewesen. Die Männer, die in die Wüste gingen, blieben häufig in Sicht- und Reichweite jener Siedlungen, die sie verlassen hatten, und fungierten für die Dorfbewohner bald als Heroen, bald als geistliche Führer.

Die Mönche zogen in eine Randzone, von der sie wußten, daß sie aller Ressourcen und Definitionen des organisierten Daseins in der Gesellschaft entbehrte. Die Gegend, die sie bewohnten, bildete das gesellschaftliche Gegenstück zur Antarktis, seit unvordenklichen Zeiten der weiße Fleck auf der Landkarte der Mittelmeerwelt – ein Niemandsland rings um das Getriebe der Stadt, abgetrennt von den geordneten Ereignissen der Kultur und immer verlockend, weil eine Alternative zum übervölkerten und reglementierten Leben in den Dörfern.

Mit diesem Schritt hatte der einzelne Mönch sich von allen Bürden befreit, um im Angesicht Gottes und im Kreise seiner Brüder dem Ideal der Herzenseinfalt nachzustreben. Unbelastet von den Konflikten der Gesellschaft, in einem langsamen, schmerzlichen Prozeß den Einflüsterungen der Dämonen entkommen, sehnte er sich das »Herz des Gerechten« herbei, so unzerfurcht und frei von den privaten Trieben des »falschen« Herzens wie das feste, milchweiße Herz der Dattelpalme.

Für die Bewunderer dieser Existenzform stand fest, daß der Mönch, der »Einsame«, die Ahnung der ursprünglichen Majestät des Menschen zurückerobert hatte. Jahrhunderte der Spekulation über die »Glorie Adams« begleiteten seine Gestalt. So wie Adam verharrte er in der Anbetung Gottes. Die öde, menschenfeindliche Landschaft der Wüste war ein ferner Fingerzeig auf das Paradies – das erste Paradies, die wahre Heimat der Menschheit, in der Adam und Eva zu Hause gewesen waren, bevor der übermächtige Ansturm der falschherzigen Bedürfnisse in der etablierten Ordnung, bevor Ehe, physische Gier, die Mühsal der Erde und die bohrenden Anforderungen des Gemeinwesens sie um ihren Seelenfrieden gebracht hatten. Das Streben des Mönchs war ganz und gar herzenseinfältig; es verband sich mit den englischen Heerscharen zum nimmermüden Lobe Gottes; es spiegelte auf Erden das Leben der Engel. Der Mönch war ein »engelsgleicher Mann«: »Oft zeigte Er mir [sagte der alte Anouph] die Heerscharen der Engel, die vor Ihm stehen; oft sah ich die glorreiche Gemeinde der Gerechten, der Märtyrer und der Mönche, die nichts anderes im Sinn haben, als Gott in der Einfalt ihres Herzens zu ehren und zu preisen.«[10]

Das Paradigma des Mönchtums konnte sich auf die radikalen Entwürfe der heidnischen Gegenkultur berufen, zumal auf den gründlich asozialen Lebensstil der Kyniker und auf eine lange jüdisch-christliche Überlieferung. Die Originalität dieses Paradigmas bestand in der veränderten Perspektive. Es nahm die ganze Welt als eine Einheit wahr, nämlich als die gegenwärtige Gesellschaftsordnung, und machte sie durchlässig für die wahre, d. h. »engelsgleiche« Ordnung des ursprünglichen Standes des Menschen. Hinter der Lehre des Johannes Chrysostomos, wie er sie in seinen um 382 gehaltenen Predigten *Über die Jungfräulichkeit* entfaltet hat, pocht die erregende Vision, daß das Menschengeschlecht an der Schwelle eines neuen Zeitalters stehe. Die Betriebsamkeit einer Stadt wie Antiochia, die Erfahrungen von Sexualität, Ehe und Kindbett, so hart und unumstößlich sie konventionellen Christen auch scheinen mögen, sie gleichen nun einem begrenzten Strudel in einem Strom, der rasch und geradewegs vom Paradies zur Auferstehung fließt. Die Gesellschaft ebenso wie die an deren Ansprüche angepaßte Menschennatur war ein ungeplanter und vergänglicher Zufall der Geschichte. »Die Zeit ist an ihr Ende gekommen; die Dinge der Auferstehung stehen vor der Tür.«[11] Alle Strukturen, jede menschliche Gesellschaft – alle »Künste und Bauten«, »Städte und Häuser« –, ja sogar die soziale Definition des Menschen als eines zu Heirat und Fortpflanzung bestimmten Geschlechtswesens sollten aufgehen in der ungeheuren Stille der Gegenwart Gottes. Die das Leben von Mönchen und Jungfrauen am Rande der Stadt erwählten, sie nahmen die Morgendämmerung der wahren Natur des Menschen vorweg; sie waren »bereit, den Herrn der Engel zu empfangen«. Der Augenblick anbetender Verzückung auf dem Höhepunkt der Eucharistiefeier (wie sie in Antiochia zelebriert wurde), da die Gläubigen ihre Stimmen mit denen der Engel vereinen, um dem König der Könige, der sich ungesehen dem Altar nähert, ihr »Heilig, heilig, heilig« entgegenzujubeln, enthüllte für einen kurzen Moment den wahren, ungeteilten Stand des Menschen. Stadt, Ehe und Kultur, die »notwendigen Überflüssig-

Teil eines Bodenmosaiks, 4. Jh. Es handelt sich nicht um den Teufel, der die Zunge herausstreckt, wie die Fremdenführer behaupten, sondern um einen Wind, dessen kühler Hauch nicht weniger erquicklich ist als die anderen Symbole des Paradieses in dem Mosaik: die Blumen, die Gewässer und die einladende Fülle eines Kruges. (Aquileia, Dom)

keiten« des reglementierten Daseins waren nur eine flüchtige Episode, gemessen an diesem klaren Zustand, der entlastet war von den »Sorgen für dieses Leben«. Die Mönche in den Bergen vor der Stadt trachteten danach, diesen Augenblick ein Menschenleben lang dauern zu lassen.

Wüste und Gesellschaft

Das christliche Mönchtum plädierte für eine Welt ohne lähmendes inneres und äußeres Gefüge. Die Organisationsmuster, die Hierarchien, die starren Schranken, die das Leben in der Stadt wie eh und je bestimmten – das eindrucksvolle Gemeinderitual der christlichen Basiliken hatte sie geschleift. Gleichwohl blieben diese Basiliken räumlich eingebunden in die Strukturen der Stadt. Mochte es auch gelingen, die gesellschaftlichen Konventionen für einige herausgehobene Momente außer Kraft zu setzen, so waren sie doch in den Köpfen der Gläubigen stets gegenwärtig, und wenn man nach der Andacht aus der Basilika trat, fand man sich wieder in der harten Wirklichkeit der spätantiken Stadt. Männer wie Johannes Chrysostomos wünschten, die Wirklichkeit möchte vor dem aufgehenden neuen Zeitalter erlöschen. Schon spielte das Frühlicht der »Auferstehung« über den kleinen Siedlungen

Koptisches Wüstenkloster St. Simeon, westlich von Assuan. Hinter der festungsartigen Mauer dichtgedrängt die Zellen der Mönche. Im 4. Jahrhundert gegründet, ist das Kloster das Ergebnis von 1500 Jahre währenden An- und Umbauten.

der »engelsgleichen Männer« in den Bergen um Antiochia; bald würde es die Hänge hinabgleiten, um die schlafende Stadt in seinen Glanz zu tauchen. Davon träumte Chrysostomos zeit seines Lebens. Er starb 407 im Exil – gebrochen von den Mächten der Welt. Doch die Einstellung vieler führender Christen zum Mönchtum verriet ein Gespür für die Verletzlichkeit der Städte, wie sie in der Generation des Konstantin restauriert worden waren. Das 5. Jahrhundert war im Westen von Barbareneinfällen gekennzeichnet, im Osten von der verbissenen Anstrengung, des Bevölkerungswachstums und damit der steigenden Not organisatorisch Herr zu werden. Die neugeschaffenen Strukturen der spätrömischen Städte wurden zusätzlich geschwächt durch die radikale Argumentation der Mönche, welche die Wortführer der christlichen Gemeinde vom »Ende« der klassischen Stadt sprechen ließ. Die Mönche und ihre Bewunderer waren die ersten Christen der Mittelmeerwelt, die den Horizont der antiken Stadt öffneten. Sie verfochten die Vision einer neuen Gesellschaft, und ihr Engagement für eine Änderung der Sitten (von der Selbstdisziplin bis hin zur sexuellen Entsagung) befeuerte die Hoffnung, daß in dieser Gesellschaft dann auch die Privatsphäre der christlichen Familie von einem neuen Geist erfüllt sein würde.

Stadt und Land

Im neuen Paradigma des Mönchtums büßte die Stadt ihre Identität als eigenständige kulturelle und soziale Größe ein. In weiten Teilen des Nahen Ostens war es seit dem Aufstieg des Mönchtums mit der »splendid isolation« der hellenistischen Stadt gegenüber dem flachen Land vorbei. Stadtbewohner, die aufs Land strömten, um Rat und Segen der dort ansässigen Heiligen zu erbitten, begegneten immer wieder dörflichen Analphabeten, die allenfalls Pidgin-Griechisch sprachen. Im gesamten Mittelmeergebiet bildeten die Mönche gemeinsam mit den anonymen Armen eine neue, universelle Klasse, die keine Bindungen an Stadt oder Land mehr kannte, da sie hier wie dort gleichermaßen auf die Barmherzigkeit Gottes angewiesen war. Spiegelte das Los der Armen symbolisch die erbärmliche Lage des Menschen, so wurde diese Symbolik durch die im Weichbild der Städte angesiedelte freiwillige Armut noch bekräftigt. Die echten Armen hatten davon freilich keinen Nutzen, denn die Laien spendeten ihre Almosen lieber den Mönchen, den »zeremoniellen Armen«, deren betende Fürsprache man für aussichtsreich hielt, als den abstoßenden, lärmenden Bettlern, die die Basiliken belagerten. Die Mönche wirkten so, wie die chemische Lösung in der Dunkelkammer des Fotografen wirkt: ihre Gegenwart ließ mit erhöhter Kontrastschärfe die neuen Züge eines christlichen Gesellschaftsbildes hervortreten. Es war ein Bild, in dem Städte keine Rolle mehr spielten, weil es die alte Scheidung in Stadt und Land, Bürger und Nichtbürger nicht mehr kannte, sondern nur noch den universellen Unterschied zwischen Reichen und Armen in Stadt *und* Land.

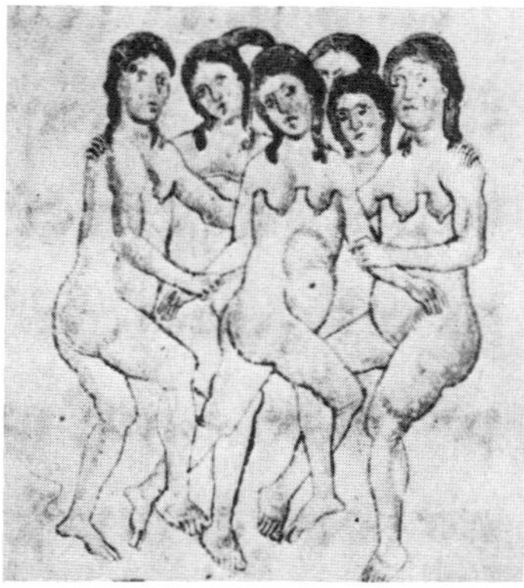

Codex Vaticanus latinus 1202, 11. Jh. Ein Beispiel für die Sittenlosigkeit, die der hl. Benedikt von Nursia in Rom entdeckte; sie bewog den vom östlichen Mönchtum beeinflußten Mann aus Umbrien zur Flucht aus der Stadt. Zunächst zog er sich nach Subiaco zurück, in die Ruinen der von Nero in ländlicher Lage gebauten Villa. Später gründete er das berühmte Kloster Monte Cassino. Die nackten Venusfiguren, die noch im 6. Jh. in Elfenbein und Silber verherrlicht wurden, stehen hier für die Sünde.

Betrachten wir etwa die ägyptische Provinzstadt Oxyrhynchos, die bis Ende des 3. Jahrhunderts das Privileg staatlicher Lebensmittellieferungen genossen hatte. Diese Lieferungen kamen, unabhängig von der Bedürftigkeit, jedem zugute, der behauptete, aus der Klasse der Bürger zu stammen; die Bürgerlisten reichen zurück bis zu den Anfängen römischer Stadtordnung in Ägypten. Gegen Ende des 4. Jahrhunderts aber war die Stadt umringt von aktiven Klöstern und Konventen, und die alten Strukturen waren endgültig zurückgedrängt. Als Christen wetteiferten die Notabeln nun untereinander, mit ihren Wohltaten die Armen und die Fremden zu überschütten und nicht länger die »höchst glanzvolle Stadt« Oxyrhynchos.

Der christliche Honoratior ist nun der »philoptochos«, der »Freund der Armen«, und nicht mehr der »philopatris«, der »Freund der Heimatstadt« – wenngleich ihm der einfache Mann unverändert in unterwürfiger Haltung gegenüberzutreten hat. Zwar hatte die christliche Symbolik der Sünde und Entsühnung das Elend der Armen enthüllt, aber verschwunden waren die Armen damit nicht. Sie zitterten und froren in der kalten Wüstennacht, wenn sie sich zur sonntäglichen Speisung vor der Basilika versammelten. Die Mahlzeit wurde jetzt von den Mönchen ausgeteilt, »für die Seelen« der »höchst glanzvollen Familien«, die nach wie vor die Stadt Oxyrhynchos und ihre Umgebung regierten. Diese Familien empfanden nicht mehr den Wunsch, ihre besondere Liebe zur Stadt zu bekunden; die Stadtbewohner unterschieden sich durch nichts von den zahllosen einfachen Leuten, über die diese Familien in Stadt *und* Land herrschten. »Freunde der Armen«, kümmerten sich die Großen um alle Mühseligen und Beladenen, mochten sie in der Stadt geboren sein oder auf dem Lande.

Ein neues Bildungswesen

Das Mönchtum zerstörte nicht nur die Besonderheit der Stadt, es bedrohte auch die urbane Haltung der Honoratioren – es rüttelte an der Bedeutung der öffentlichen Räume als Hauptort der Sozialisation der männlichen Jugend. Es wäre falsch, in den Mönchen ausnahmslos illiterate Helden einer Gegenkultur zu sehen. Viele, die sich zur Askese bekehrt hatten, waren gebildete Männer, die in der Wüste – oder in ihrer Idee von der Wüste – die Einfachheit als Kehrseite der Intellektualität entdeckt hatten. Unter Basilius von Caesarea oder Euagrius von Pontos gelangten in den Klöstern Techniken der moralischen Erziehung, Maßstäbe des Verhaltens und der spirituellen Zucht zur Blüte, wie sie früher einzig von städtischen Eliten praktiziert worden waren.

Es war auch nicht nur eine Kultur für gereifte Männer; schon Mitte des 4. Jahrhunderts rekrutierten sich Mönchssiedlungen aus dem Kreis der Jugendlichen. Einigermaßen wohlhabende dörfliche und städtische Familien bestimmten ihre Kinder zum Dienst an Gott, und zwar in nicht wenigen Fällen, um das Familienerbe beisammenzuhalten – unbe-

einträchtigt von verschwenderischen Söhnen, insbesondere jedoch von überzähligen Töchtern. Diese jungen Mönche verschwanden nicht für immer in der Wüste. Oft kehrten sie nach einigen Jahren zurück, sogar in die Städte, und repräsentierten eine neue Elite von Äbten und Klerikern, die durch die Schule der Askese gegangen waren. Das Kloster war die erste Gemeinschaftsorganisation, die eine ganz und gar christliche Erziehung ermöglichte. Die Mönche verlangten von den jungen Eremiten die Aneignung einer literarischen Kultur, die ausschließlich auf der Bibel und der Liturgie beruhte. Die klösterliche Praxis forcierte geläufige Verhaltensformen, indem sie bei der Bildung der Knaben und Mädchen auf die allmähliche Durchdringung ihrer Seele mit der gefürchteten »Gewißheit der Gegenwart des Unsichtbaren Gottes« setzte. Kraft ihrer Inhalte und mehr noch aufgrund der Gefühle, an die sie appellierte, bedeutete diese Sozialisation, wie sie in asketischer Absicht vertreten wurde, das Ende des Ideals der Erziehung durch die Stadt. Denn bis zum Ende des 4. Jahrhunderts war es selbstverständlich, daß sämtliche Knaben, Heiden wie Christen, im Kreise ihrer Alters- und Standesgenossen die zeichenreiche, profilierte und extrovertierte »Schamkultur« erlernten, die in dem Klassenzimmer des antiken Rhetors am Rande des Forums ihre Ergänzung fand. Dies alles verstummte jetzt.

Daß ein so drastisches neues Erziehungsmodell dennoch ziemlich folgenlos für die öffentliche Bildung der zeitgenössischen Oberschicht-Jugend blieb, verrät viel von der Vitalität der spätantiken Stadt. Die urbanen Bildungsideale wurden keineswegs von den Klöstern absorbiert. Gleichwohl signalisierten die Klöster einen Riß zwischen der Stadt und ihren christlichen Häusern, der sich jederzeit zum Bruch weiten konnte. Die antike Stadt, deren strenge Zucht jahrhundertelang die private und öffentliche Identität der Oberschicht-Angehörigen geprägt hatte, drohte zu einem bloßen Verband von Familien zu zerfallen, die jeweils einzeln, unter Mitwirkung des Klerus oder gar der vor der Stadt lebenden Mönche, die wahre, d. h. christliche Schulung der männlichen Jugend betrieben.

Codex Sinopensis auf Purpurblättern, 6. Jh. In diesem Fall mündete der Niedergang des antiken Akademismus nicht in Unbeholfenheit oder Naivität; unverkennbar ist hier ein lebhaftes theatralisches Temperament am Werk. Rechts das Gefängnis, wo Johannes der Täufer soeben enthauptet worden ist (dort herrscht Aufregung, und man sieht, daß gerade etwas Unerhörtes vorgefallen sein muß). Links wird das abgeschlagene Haupt während eines Festgelages vor Herodes Antipas, Herodias und Salome gebracht (die Perücken tragen). (Paris, Bibliothèque Nationale)

Bemaltes Glas; 5. Jh. (?) Zwei Frauen in höfischer Tracht mit einem jungen Prinzen. Wir wissen nicht, wer sie sind, aber jedenfalls sind es Christen. (Christliches Museum, Brescia)

Silberne Brauttruhe (Teilansicht); Fundort: Rom, 379/382. Als Geschenk für eine christliche Braut namens Prospecta bestimmt, wird die Truhe in das Haus des Bräutigams getragen. (London, British Museum)

Liest man die Predigten von Johannes Chrysostomos, so sieht man, wie sich die Türe des christlichen Haushalts vor dem jungen Gläubigen langsam schließt. Seine Adoleszenz gehört nicht mehr der Stadt. Schulen im Stadtzentrum mochten ihm noch eine klassische Kultur, das privilegierte Instrument des Austauschs zwischen den Mitgliedern der Oberschicht, vermitteln. Doch es war bereits eine »tote« Kultur, abgezogen aus alten Texten, die vielleicht noch korrektes Schreiben und Sprechen förderte, die aber den Kontakt zum Alltagsleben schon verloren hatte. Der Verhaltenskodex des jungen Christen stammte nicht mehr aus derselben Quelle wie zweihundert Jahre früher. Das Verhalten des christlichen Gläubigen kristallisierte sich jetzt am klarsten im Lebensstil des Mönchs. Dies lief auf die Erziehung in der Furcht vor Gott hinaus, die, wie man an den Mönchszirkeln beobachten konnte, tiefer in die Persönlichkeit eindrang als die altmodische städtische Furcht vor Schande in Gegenwart der Vornehmen. Diese Erziehung fand in einer Umwelt statt, die intimer und zugleich stabiler war als die der Oberschicht-Jugend. Chrysostomos, der große Psychologe des religiösen Schreckens, erklärte die Gottesfurcht, die dem heranwachsenden Knaben Tag für Tag durch die Anwesenheit des christlichen Vaters eingeflößt wurde, zur Grundlage eines neuen, christlichen Verhaltens.

Wir sehen das frühbyzantinische Antiochia vor uns – es ist keine hellenistische Stadt mehr, und das Verhalten der führenden Bürger wird nicht mehr von Codes geprägt, die dem Normenbestand öffentlicher Zentren der Antike entstammen. Die öffentlichen Räume der Antike sind hier unbekannt. Theater und Forum gibt es nicht. Gewundene, schmale Gassen führen zu den großen religiösen Versammlungen in der christlichen Basilika und zu abgelegenen Höfen, wo in abgeschirmter Privatheit der gläubige Vater seine Söhne in der Gottesfurcht unterweist. Es ist ein Blick in die Zukunft – in die islamische Stadt.

Und doch ist dieser Blick irreführend. Wenn wir die Predigten des Johannes Chrysostomos auf sich beruhen lassen und die – lateinischen und griechischen – Grabinschriften seiner Zeitgenossen betrachten, so bietet sich uns ein ganz anderes Bild des urbanen Christen. Bis zuletzt ist er ein Mensch des öffentlichen Raumes geblieben. Wohl war er nicht mehr der »Freund seiner Stadt«, aber er war der »Freund des Volkes Gottes« oder ein »Freund der Armen«. Außer auf wenigen Gräbern von Mönchen und Klerikern betonen Grabinschriften kaum einmal die Gottesfurcht als Antriebskraft des Gläubigen. Der christliche Laie war ein antiker Mensch geblieben, mit einem gut ausgebildeten Gespür für jene alten Adjektive, die seine Beziehungen zu den Mitmenschen priesen. Er wünschte nicht, der Nachwelt Handlungsmotive zu offenbaren, von denen wir wissen, daß sie seine Helden, die Mönche, lebenslang in heilsamer Furcht seufzen und zittern machten.

Askese und Ehe

Die intimsten Sachverhalte der etablierten Gemeinschaft, die das neue Paradigma des Mönchtums schwer und ungreifbar betraf, waren die Ehe, der eheliche Geschlechtsverkehr und die Rolle der Sexualität. Von der christlichen Familie stand zu erwarten, daß sie sich dem Forum und dem Theater als Ausbildungsstätten der Jugend verschloß; aber sie war aufgerufen, ihre Schlafzimmertür einem neuen Bewußtsein vom Wesen der Sexualität zu öffnen, einem Bewußtsein, das die enthaltsamen »Männer der Wüste« entwickelt hatten. Das unterschiedliche Ausmaß, in dem die christlichen Familien diese Türe öffneten – oder genauer gesagt: in dem Bischof, Klerus und geistliche Berater eine solche Öffnung befürworteten –, erhellt uns den Gegensatz zwischen der christlichen Gesellschaft in Byzanz und jener im katholischen Westen, der das gesamte Mittelalter durchzieht.

Sarkophag des Junius Bassus, um 359. In erlauchter pastoraler Szenerie und weihevoller Atmosphäre empfinden Adam und Eva Scham über die Sünde, die sie begangen haben. (Rom, Vatikanische Grotten)

Die neue Ehemoral im Osten und im Westen

Das Paradigma des Mönchtums hatte ein Fragezeichen hinter Ehe, Sexualität und den Unterschied der Geschlechter gesetzt. Adam und Eva im Paradies waren geschlechtslose Geschöpfe gewesen. Ihr Absturz aus dem »engelsgleichen« Zustand der einfältigen Verehrung Gottes wurde begleitet, ja, womöglich ausgelöst vom Absturz in die Sexualität.

Die Geschichte vom Sündenfall der Menschheit, personifiziert in Adam und Eva, galt als treues Spiegelbild der zeitgenössischen Asketenseele: Bebend stand sie vor der Bindung an die finsteren Zwänge des Lebens »in der Welt«, und es bedurfte ihrer versammelten Entschlußkraft, um sich für das »engelsgleiche« Leben des Mönchs zu entscheiden. In der engen Szenerie der nahöstlichen Dörfer ebenso wie in den freudlosen christlichen Familien der Städte vollzog sich nämlich der Eintritt in die Welt mit der von den Eltern arrangierten Eheschließung, die das junge Paar bereits mit zehn Jahren zusammenband.

In dieser radikalen Gestalt, als Wüstenwegweiser zum wiedergewonnenen Paradies, bedrohte das Mönchtum einige Stützpfeiler der Sozialordnung im östlichen Mittelmeerraum. Es gab zu verstehen, daß verheiratete Christen nicht hoffen durften, ins Paradies zu gelangen, und daß nur jene dort Einlaß fanden, die sich der sexuellen Enthaltsamkeit Adams und Evas vor dem Absturz in Sexualität und Ehe befleißigt hatten. Das Leben des Mönchs war der Vorschein paradiesischer Geschlechtslosigkeit. Mann und Frau – als Mönch und als Jungfrau, die ihrer Sexualität entsagt hatten – mochten dann gemeinsam über die öden Berge Syriens ziehen, so wie Adam und Eva einst auf den blühenden Hängen des Paradieses gestanden hatten: unberührt von der Geschlechtlichkeit und ihrer gegenwärtigen, drängenden Not.

Die drohende Diffamierung der Geschlechtlichkeit, die Gefährdung des Verhältnisses zwischen Mann und Frau durch die daraus resultierende sexuelle Gleichgültigkeit, löste im 4. Jahrhundert in der östlichen Welt die »Große Furcht« aus, auf die Mönche und Geistliche sogleich reagierten. Der erste Eindruck des modernen Lesers bei der Lektüre solcher Mönchsliteratur ist der einer eifernden Frauenfeindlichkeit. Vom guten Mönch, so hieß es, werde erwartet, daß er seine eigene Mutter nur sorgfältig in ein Gewand gehüllt über einen Fluß tragen würde, denn: »Das Fleisch des Weibes brennt wie Feuer.« Radikalchristliche Asketen leugneten offen den Wert der Ehe und sogar der Sexualität. Das aber bedeutete implizit, daß man den Unterschied zwischen Welt

Eines der sechs erhaltenen Anastasius-Diptychen. Anastasius war 517 Konsul in Byzanz; in der Hand hält er das Tüchlein, mit dem der Beginn des Rennens signalisiert wird. Er veranstaltete auch Jagden. Hier wird einer der Jäger von einer Hyäne angefallen; andere versuchen, mit Schlingen Löwen zu fangen. (Paris, Bibliothèque Nationale, Cabinet des médailles)

und Wüste leugnete. Athanasius rügte in dieser Frage die Anhänger des Hierakas. Hierakas, ein allseits verehrter asketischer Denker, hatte angezweifelt, daß verheiratete Menschen ins Paradies gehörten, gleichzeitig jedoch gefordert, daß jungfräuliche Gefährtinnen sich um seine sittenstrengen Anhänger kümmerten. Chrysostomos predigte gegen die »geistliche Gemeinschaft« von Mönchen und Jungfrauen in Antiochia. Später erregten die messalianischen Mönche Aufsehen in Syrien und im östlichen Kleinasien; sie hatten sich der Wanderschaft und dem unablässigen Gebet verschrieben und waren von notorischer Gleichgültigkeit gegenüber den Frauen in ihren zerlumpten Reihen.

Um dem im mönchischen Paradigma schlummernden Radikalismus entgegenzuwirken, organisierte sich die Gesellschaft des östlichen Mittelmeergebiets bewußter denn je zuvor als eine Demokratie der sexuellen Scham. Man erwartete von jedermann – vom verheirateten Oberhaupt der vornehmsten Familie ebenso wie von den heroischen Männern in der Wüste –, daß er ohne Rücksicht auf Klasse und Beruf einem gemeinsamen Kodex der Sexualitätsvermeidung gehorchte. In Antiochia wagte Chrysostomus Kritik an den öffentlichen Bädern, dem sozialen Treffpunkt par excellence der städtischen Oberschicht; er prangerte die aristokratischen Frauen an, die sich vor den Augen ihrer Bediensteten entblößten. Und in Alexandria erregten sogar die spärlichen Hüllen der Armen Anstoß, weil sie die Gläubigen auf schlechte Gedanken bringen mochten. Dergleichen wäre in früheren Jahrhunderten undenkbar gewesen, die körperliche Entblößung allenfalls verächtlich gescholten, nicht jedoch als Quelle sittlicher Zerrüttung verdächtigt hätten.

Was die verheirateten Christen im östlichen Mittelmeerraum betrifft, so waren sie jetzt und später ein Paradox. Die »kosmikoi«, die »Weltmenschen«, erkoren sich zu ihren Vorbildern und geistlichen Beratern gerne »Männer der Wüste«. Die »kosmikoi« liebten es, zu ihnen hinauszuwandern oder sie in ihrem Haus zu empfangen und den »süßen Duft der Wüste« zu atmen, den sie verströmten. Die mönchische Literatur dieser »Wüstenmenschen« erzeugte enorme Ängste; sie verpönte den Geschlechtstrieb als ein Gift, das alle sozialen Beziehungen zwischen Mann und Frau infizierte.

Für die geistlichen Herren der Wüste, namentlich Euagrius und seinen lateinischen Vorkämpfer Johannes Cassianus, war die Sexualität eines Mönchs der genaue Gradmesser seiner spirituellen Verfassung. Sexuelle Phantasien und die Manifestation des Geschlechtstriebs im Traum sowie durch nächtliche Samenergüsse wurden mit einer Akribie untersucht, die in den Traditionen der Introspektion bislang unbekannt war und auch nicht davon abhing, ob der Mönch Gelegenheit zum Kontakt mit dem anderen Geschlecht gehabt hatte oder nicht. Darin meldete sich ein revolutionärer Perspektivenwechsel – die Sexualität galt nun nicht mehr als Ursprungsort anomaler »Leidenschaften«, die durch Objekte der sexuellen Begierde hervorgerufen wurden und die Harmonie des Wohlerzogenen stören konnten; man sah in ihr vielmehr ein Symptom, das auf andere Leidenschaften schließen ließ. Sie wurde zum Fenster, durch das der Mönch die geheimen Winkel seiner Seele erspä-

Tafel aus Elfenbein. Ein bärtiger Christus mit Petrus und Paulus; darum herum Szenen aus dem Neuen Testament. (Paris, Bibliothèque Nationale, Cabinet des Médailles)

hen konnte. In der Tradition des Euagrius wurden sexuelle Phantasien einer minutiösen Ausforschung unterzogen. Man vermutete, daß sie (wenngleich in einer für den Mönch beschämenden Weise) auf noch verderblichere, anonyme Seelenregungen verwiesen: auf Zorn, Stolz und Neid. Deshalb registrierte man peinlich genau das Abflauen der sexuellen Phantasien und der nächtlichen Ergüsse, weil dies dem Mönch einen Hinweis darauf gab, wie sehr er sich bereits der einfältigen Liebe zu Gott und seinem Nächsten geöffnet hatte. »Denn du hast von meinen innersten Teilen Besitz ergriffen«, schrieb Cassianus, als er den Diskurs von Abbas Chairemon wiedergab. »Und so wird er des Nachts erfunden werden, wie er am Tage erfunden wird, im Bett ebenso wie beim Gebet, einsam ebenso wie in der Masse.«[12]

Die Lehre von der Sexualität als einem privilegierten Symptom der persönlichen Verwandlung war der konsequenteste praktische Ausdruck der alten jüdisch-christlichen Sehnsucht nach der Herzenseinfalt. Ein Intellektueller wie Euagrius verdichtete sie zum originellsten Introspektionskonzept, das wir aus der Antike kennen. Die Erfahrungen der Laien berührte sie jedoch kaum. Die Tür des christlichen Hauses, die den jungen Christen vom moralischen Führungsanspruch seiner Stadt trennte, trennte ihn auch von dem fremdartigen neuen Sexualitätsverständnis der Männer in der Wüste. Die Ehe- und Sexualmoral der frühbyzantinischen Christen war zwar rigide; aber sie versorgte jene Menschen, die sich weiterhin in der Welt zurechtfinden mußten, mit (freilich grobschlächtigen) orientierenden Normen. Im byzantinischen Nahen Osten waren die Normen des Ehelebens etwas ebenso Selbstverständliches und scheinbar Unerschütterliches wie die weltlichen Struk-

Syrisches Relief, um 200. Die syrische Frau ist unter ihren Schleiern unsichtbar; aus der syrischen Göttin ist eine nackte Venus geworden. Unten: Astarte-Venus, die Göttin der Natur, und ihr Geliebter Adonis, der orientalische Gott der Wiedergeburt, hier als griechischer Heros stilisiert. Links das Modell eines Rundtempels, den das Paar gestiftet hat; oben und unten die stilisierten Falten des Tempelvorhangs. (Paris, Louvre)

Konvent des hl. Simeon (Qal'at Saman), um 470. Fünfzig Kilometer nordwestlich von Aleppo gelegen, war dieser Konvent ein Meisterwerk im strengen Stil, monumental und zugleich beschwingt; die Sprache der antiken Baukunst war noch lebendig.

turen von Recht und Verwaltung, die hier noch in der Ära Justinians das imperiale Selbstgefühl von Markierungen »fest wie Bronzestatuen« beflügelten.

In der Sittenlehre der Ostchristen war die Sexualität nicht sonderlich geheimnisumwoben. Entweder lebte man mit ihr, wenn man verheiratet war, oder man hatte sich ihrer entschlagen, um den Körper mit dem »süßen Duft der Wüste« zu erfüllen. Die Entscheidung für die Wüste traf man tunlichst schon in jungen Jahren; die Zeit der stürmischen Konversion von Menschen mittleren Alters zum Asketendasein war vorüber. Um das Jahr 500 war es wichtig, daß der junge Mann, insbesondere jedoch das junge Mädchen sich für oder gegen eine künftige Existenz in der Ehe entschieden, bevor sie sich dem sozialen Druck der Verlobung aussetzten. Häufig wurde diese Entscheidung, die schon die Eltern hätten treffen können, um eine Generation verschoben und den Kindern überlassen. Das 6. Jahrhundert ist das Jahrhundert der kindlichen Heiligen, der Rekrutierung von Kleinkindern für die Askese. Martha, die gottesfürchtige Mutter des jüngeren Simeon von Antiochia, erzog ihren erst siebenjährigen Sohn zu einem berühmten Styliten, zu einem Heiligen, weil sie selbst einst gegen ihren Willen mit einem Handwerkerkollegen ihres Vaters verheiratet worden war. Der junge Simeon erfüllte stellvertretend das Verlangen der Mutter nach Heiligkeit, das, wie es oft vorkam, durch eine arrangierte Ehe ausgelöst worden war.

Im östlichen Mittelmeerraum hielt man nun zu den Frauen noch größeren Abstand als früher. Phantasievolle Grenzziehungen zwischen den Geschlechtern, die aus der Antike herrührten, wurden rekonstruiert, bis hin zum Ausschluß der menstruierenden Frau von der Eucharistie.

Reliefs von Holztüren, um 432. Eine der ältesten Darstellungen der Kreuzigung. Das Kreuz Christi selbst wurde in der frühchristlichen Kunst fast nie gezeigt und fehlt auch hier. Die edle Architektur im Hintergrund wirkt historisch lächerlich und macht die Szene unrealistisch; sie stellt – ungetreu – die Kirche mit drei Eingängen dar, die Konstantin auf Golgatha errichten ließ. (Rom, Kirche Santa Sabina)

Allerdings lebte man in byzantinischen Städten meist in überfüllten Wohnungen; die Trennung nach Geschlechtern dürfte also im wesentlichen bloßer Vorsatz geblieben sein. Die Architektur des Harems, eines separaten Wohnbereichs für Frauen, war im 6. Jahrhundert in den christlichen Städten des Nahen Ostens noch unbekannt. Bei den Männern wußte man, daß man die jugendlichen »Hitzen« in vorehelicher Sexualität abkühlen konnte. Der einzige Tribut an die asketische Tradition in dieser Hinsicht war es, auch männliche Beichtkinder zu befragen, ob und unter welchen Umständen sie »ihre Jungfräulichkeit verloren« hätten. Dreihundert Jahre früher wäre das eine höchst sonderbare Frage an einen Mann gewesen, für den »Jungfräulichkeit« etwas war, das ausschließlich seine Schwestern oder Töchter betraf.

Byzantinische Realitäten

Eine frühzeitige Eheschließung wurde jungen Menschen beiderlei Geschlechts empfohlen, um christliche Männer vor der adoleszenten Promiskuität zu bewahren. Doch selbst ein Moralist wie Chrysostomos fand am Akt der Sexualität in einer legalen Ehe wenig auszusetzen. Zwar gab es noch Vorschriften, die den Geschlechtsakt reglementierten, doch betrafen sie überwiegend dessen Wann und Wie. Zu dem altehrwürdigen Gebot, der Frau während der Menstruation und in der Zeit der Schwangerschaft fernzubleiben, war die Pflicht zur Enthaltsamkeit während der kirchlichen Fasten- und Festzeiten getreten. Sofern sie jedoch erlaubt war, galt die Beiwohnung zwischen Eheleuten als Normalität. Mehr noch, nach Meinung der Mediziner garantierte nur eine leidenschaftlich-lustvolle Entladung von Mann und Frau in einem innigen Liebesakt die Empfängnis eines Kindes und die Qualität seines »Temperaments« – jene Mischung warmer und kalter Säfte, die einen Knaben oder ein Mädchen entstehen ließ, einen gesunden oder einen kränkelnden Charakter.

Werfen wir einen Blick zurück auf die frühbyzantinische Welt. Was wir wahrnehmen, sind die Umrisse einer sehr alten, urbanen Gesellschaft in ihren letzten Tagen.

Außerhalb der Basilika und des christlichen Hauses war die Stadt profan und sexuell zuchtlos geblieben. Mochte sie auch jetzt von christlichen Honoratioren im Namen eines demonstrativ frommen christlichen Kaisers regiert werden, es gab noch immer die nackten Mädchen der Unterschicht, an denen die vornehmen Bürger Konstantinopels sich ergötzten; sie tummelten sich in Antiochia, Gerasa und andernorts. In der »gesegneten Stadt« Edessa, der ältesten christlichen Stadt des Nahen Ostens, produzierten sich noch immer geschmeidige Pantomimentänzer auf dem Theater. Vor den öffentlichen Thermen Alexandrias stand ein Standbild der nackten Venus, das angeblich die Fähigkeit besaß, Ehebrecherinnen zu entlarven, indem es ihre Gewänder emporflattern ließ; die Statue wurde gegen Ende des 7. Jahrhunderts beseitigt,

Teilansicht eines Sarkophags, 4. Jh. Adam und Eva werden nach dem Sündenfall aus dem Paradies vertrieben.
(Velletri, Museo Communale)

aber nicht von einem Bischof, sondern vom örtlichen muslimischen Gouverneur. Noch im Jahre 630 demonstrierten in Palermo dreihundert Prostituierte gegen den byzantinischen Statthalter, als er sich in den öffentlichen Thermen blicken ließ. (Wir wissen von dieser Episode nur deshalb, weil dieser Statthalter – der ein guter Byzantiner war und vom Klerus erwartete, daß er seine Pflicht in der Stadt tat –, dem Ersuchen der Geistlichkeit nachgekommen war und den christlichen Bischof zum kaiserlichen Bordell-Inspektor ernannt hatte, was ihm einen strengen Tadel des schockierten Papstes eintrug.) Die byzantinische Stadt im Osten oder das, was von ihr übriggeblieben war, entsprach offenbar nicht in jeder Hinsicht dem moralischen Kodex, den die Mönche den Laien vorlebten.

Laien und Klerus im Westen

Wenn wir die Probleme der Sexualität nicht aus dem Gesichtswinkel der byzantinischen »Wüste« bzw. »Welt« betrachten, sondern mit den Augen Augustins, des katholischen Bischofs von Hippo, und des späteren lateinischen Klerus, dann erkennen wir die Konturen einer ganz anderen Welt, die um die Bischöfe der katholischen Kirche in den westlichen Provinzen nach dem Ende des Kaiserreichs dort entstand.

Das mönchische Paradigma, gegründet auf der präsozialen und präsexuellen Glorie Adams und Evas, belastete den städtischen Bischof des lateinischen Westens nicht in dem Maße, wie es die Bischöfe des östlichen Mittelmeerraums bedrückte und irritierte. Augustinus gab die Grundvoraussetzung dieses Paradigmas preis. Die menschliche Gesellschaft, samt Ehe und Sexualität, erschien ihm keineswegs als eine Interimsordnung, welche die Sehnsucht nach der verlorenen »engelsgleichen« Majestät des Menschen in Mißkredit brachte. Für ihn waren Adam und Eva keine geschlechtslosen Geschöpfe gewesen. Sie hätten sich im Paradies eines unverkürzten Ehelebens erfreuen können; die Freude, in den Kindern fortzubestehen, wäre ihnen vergönnt gewesen. Augustinus sah keinen Grund, warum Kinder nicht in einem Geschlechtsakt hätten gezeugt und empfangen werden sollen, der von Empfindungen einer feierlich-intensiven Lust begleitet war. Im Paradies erblickte der Bischof von Hippo keine strahlende Antithese zum Leben »in der Welt«, sondern »einen Ort des Friedens und der harmonischen Freuden« – d. h. es signalisierte nicht die Abwesenheit geordneter Gesellschaft, wie es bei der Wüste der Fall war, sondern es war selbst die geordnete Gesellschaft, so wie sie sein sollte, bar jener Widersprüche, die dem gegenwärtigen Zustand innewohnten. Das Paradies und die Erfahrung Adams und Evas dort stellten das Paradigma eines sozialen und sogar sexuellen Austauschs dar, an dem sich das intimste sexuelle Verhalten der verheirateten Laien messen – und angesichts des Sündenfalls als gebrechlich erkennen – ließ. Denn wenn man das Paradies als gültigen gesellschaftlichen Zustand auffaßte, dann lag ein Abglanz des wiedergewonnenen Paradieses nicht nur, wie in Byzanz, über der ungeheuren Stille der Wüste, sondern auch über der Hierarchie des

Dienens und Gebietens in den katholischen Basiliken der Städte, nicht nur über dem öffentlichen Verzicht auf die Ehe zugunsten der Einsiedelei, sondern auch über dem intensiven privaten Bemühen von Eheleuten, die eigene Geschlechtsbetätigung jener harmonischen Unschuld der ehelichen Sexualität anzunähern, die Adam und Eva beispielhaft vorgelebt hatten.

So gesehen, war die Sexualität nicht länger eine Anomalie, deren Brisanz neben der weit gewichtigeren, traurigen Anomalie, daß der Mensch aus dem Stand der Engel gefallen war, zu relativer Bedeutungslosigkeit verblaßte. Anders als Euagrius und Johannes Cassianus mochte Augustinus seine Hoffnung nicht darauf setzen, daß die Sexualität aus der Phantasie einiger herzenseinfältiger Weniger schwinden werde, deren Schule die Einsamkeit der Wüste war. Ebensowenig wollte er dem byzantinischen Hausvater und dessen spirituellen Ratgebern beipflichten, Sexualität in der Ehe sei von geringem Belang, vorausgesetzt, man übte sie mit der gebotenen sozialen Zurückhaltung aus. Solange die Sexualität im Schatten der ungeheuren Trauer über die Vergänglichkeit des Menschen stand, mochte sie geduldet werden. Johannes Chrysostomos und andere griechische Bischöfe nannten den Geschlechtsverkehr eine zwar widerwärtige, aber notwendige Praktik, durch Zeugung von Nachwuchs für den Fortbestand des Menschengeschlechts zu sorgen. Für Augustinus hingegen war er ein ebenso herbes Symbol für den Sündenfall Adams und Evas wie die Sterblichkeit; er war, unmittelbar und zwangsläufig, der Ausdruck des Sündenfalls, genauso wie der kalte Bann der Hinfälligkeit.

Begehrlichkeit

Die Anomalie der Sexualität, so wie sie konkret erlebt wurde, gründete in der Kluft zwischen der Geschlechtlichkeit, wie sie ohne den Sündenfall von Adam und Eva genossen worden wäre, und dem Begehren des gegenwärtigen, sündigen christlichen Paares. Mit dem Talent des kundigen Redners, der seine Befunde als Feststellung des Offensichtlichen formuliert, das jedermann, Heiden wie Christen, vertraut ist, beleuchtete Augustinus diejenigen Komponenten des sexuellen Aktes, die eine tiefreichende Trennung von Wille und Trieb verrieten. Erektion und Orgasmus fesselten seine Aufmerksamkeit, weil der Wille auf beides insofern keinen Einfluß zu haben schien, als einerseits der impotente Mann (oder die frigide Frau) eine solche Empfindung nicht willentlich herbeizuführen vermochte und weil andererseits diese Empfindung, einmal herbeigeführt, nicht mehr vom Willen zu steuern war. Darin erkannte Augustinus bei allen Menschen – ob Mann oder Frau, verheiratet oder enthaltsam – anschauliche und offenbar untrügliche Zeichen des göttlichen Zorns über den Stolz Adams und Evas, die sich vom Schöpfungsplan Gottes losgesagt hatten. Eine stets rege, anonym-proteische »Begierde des Fleisches«, die im Geschlechtsverkehr Verheirateter unverstellt hervortrat und auch von den Enthaltsamen ständige moralische Wachsamkeit erheischte, war das Indiz einer verhängnis-

Venus und Adonis; silberne Platte aus dem 6. Jh. n. Chr., Durchmesser: 29 cm. In dieser Venus mit dem kleinen Busen und den prallen Hüften spiegelt sich ein Geschmack am Realismus, den der klassiche Kanon den minderen Künsten vorbehalten hatte. Der nackte Mann ist wohlproportioniert. Die Säule soll wohl die Symmetrie auflockern. Die Zeichnung ist ungenau, aber von beachtlicher Frische: Wir haben keine Idealgestalten vor uns, sondern zwei beeindruckende Menschenbilder. Byzantinische Arbeit. (Paris, Bibliothèque Nationale, Cabinet des Médailles)

vollen Zerrüttung des einst harmonischen Verhältnisses zwischen Mensch und Gott, Leib und Seele, Mann und Frau, welches Adam und Eva noch erfahren hatten. Sie hatten im Paradies nicht als geschlechtslose Zölibatäre gelebt, sondern so wie ein verheiratetes Menschenpaar und damit den Keim zu einer menschlichen Gesellschaft gelegt wie nur je eine christliche Familie in Hippo. Die Konfrontation des Ideals des Ehestandes mit der Realität des Ehelebens der Laien war ebenso treffend und wirksam, wie sie ungerecht gegen den Alltag war.

Solche oder ähnliche Auffassungen sind dem westlichen Christentum in Fleisch und Blut übergegangen, so daß man einen Schritt zurücktreten muß, um sie in ihrer einstigen Fremdartigkeit einschätzen und die besonderen Umstände ermessen zu können, die Augustinus und seine Nachfolger bewogen, das vom Osten ererbte mönchische Paradigma einschneidend zu modifizieren.

Für den christlichen Laien ging es um nichts Geringeres als eine neue Sinngebung der Sexualität. Und aus der neuen Deutung folgte, daß diejenigen Verhaltenscodes überholt waren, die in einem physiologischen Modell des Menschen gründeten. Diese Codes und dieser Physiologismus hatten im antoninischen Zeitalter zusammengewirkt, um die Energien der sexuellen Leidenschaft in den Dienst eines bestimmten Gesellschaftsentwurfs zu stellen. Die Ärzte und Moralisten jener Zeit hatten versucht, die Sexualität in die »gute Ordnung der Stadt« einzubinden. Sie hatten es für selbstverständlich gehalten, daß eine heftige Entladung der »Zeugungshitze« bei Mann und Frau, im ganzen Körper mobilisiert und von der deutlichen Empfindung körperlicher Lust begleitet, die Vorbedingung jeder Empfängnis war. Empfängnis und Leidenschaft waren nicht voneinander zu trennen. Worauf es allein ankam, war, dafür Sorge zu tragen, daß die Leidenschaft dem öffentlichen Handeln des Mannes nicht schadete. Für ausgemacht galt auch, daß ein Geschlechtsverkehr unter Wahrung der Anstandsnormen, die dem Kodex des öffentlichen Verhaltens gehorchten, »bessere Früchte« trüge als ein Geschlechtsverkehr, der diese Normen außer Kraft setzte – sei es durch orales Vorspiel, schamlose Stellungen oder Annäherung an eine menstruierende Frau. Das heißt, daß der Geschlechtsakt als intimster Ausdruck jener »Moral der sozialen Distanz« verstanden wurde, welche die für die Oberschicht typischen Regeln des Anstands beherzigte.

Augustinus demontierte dieses Modell; seine Auffassungen implizierten nichts Geringeres als ein neues Körperbild. Sexuelle Leidenschaft wurde nicht länger primär als diffuse und seelenlose körperliche »Hitze« vorgestellt, die im Geschlechtsverkehr zum Ausbruch kam. Statt dessen konzentrierte sich die Aufmerksamkeit auf die eigentümlichen Zonen und Zeichen sexueller Empfindung, d. h. beim Mann auf die Erektion und die Beschaffenheit der Ejakulation. Dies waren Schwächen, die allen Männern gemeinsam waren. Daher verstummten allmählich die brutalen Affekte der Frauenfeindlichkeit – wenn schon nicht im frühmittelalterlichen Alltag des Westens, so doch im Denken Augustins. Die Ansicht, Frauen besäßen mehr sexuelle Energie als Männer oder sie raubten dem Manne durch die Verlockung zur Sinnlichkeit die Vernunft, verlor an Glaubwürdigkeit. Augustinus zufolge waren Männer gegen ihre sexuelle Begehrlichkeit ebenso machtlos wie Frauen; beide trugen in ihrem renitenten Körper dasselbe tödliche Symptom von Adams und Evas Sündenfall. Die Tatsache, daß der gemeinsam erlebte Orgasmus bei beiden Partnern das bewußte Denken betäubte, wog fortan schwerer als die altrömische Furcht vor »Verweichlichung« und vor Beschädigung des öffentlichen Ansehens durch die leidenschaftliche sexuelle Abhängigkeit von einer (oder einem) sozial Nachrangigen.

Syrische Platte; 6. Jh. Einer der beiden Heiligen namens Simeon sitzt auf seiner Säule, um die sich eine Schlange windet. Die Leiter ist ein Symbol für den schwierigen Aufstieg der Seele zu Gott. Bilder dieser beiden Säulenheiligen gehörten zu den ersten, die Gegenstände kultischer Verehrung wurden. (Paris, Louvre)

Die erstaunlich zählebige Überzeugung, daß beim Beischlaf die Beachtung von Anstandsnormen der Oberschicht der Zeugung wohlgeratener Kinder – gesunder, fügsamer Kinder vorzugsweise männlichen Geschlechts – förderlich sei, wurde abgelöst von der Vorstellung, daß der Geschlechtsakt ein Augenblick der unvermeidlichen Abspaltung der Person von ihren rationalen und damit sozialen Strebungen sei. Die »Begierde des Fleisches«, wie sie im Geschlechtsakt durchbrach, verwies auf eine Tiefenschicht des Menschen, die sich der sozialen Bestimmung widersetzte und nur von außen, durch Zwang, zu beeinflussen war. Zu den normalen, äußerlich-sozialen Reglementierungen des Beischlafs trat für den Laien nun das Bewußtsein eines Bruchs im Wesen des Geschlechtsaktes selbst hinzu. Letzten Endes war es Gott, der das Kind erzeugte und bildete; der Vorgang, durch den die Ehepartner seinem schöpferischen Akt den Stoff lieferten, hatte nichts mit der subtilen und gründlichen Disziplinierung der Sexualpartner durch die Gesellschaft zu tun.

Ob solche unerhörten Gedanken die sexuellen Beziehungen der spätrömischen Paare im Westen beeindruckten, ist eine ganz andere Frage. Ich vermute: nein. Die Vitalität der antiken Lebensweise, ungeachtet der Führungsrolle des christlichen Klerus, war ungebrochen. Die christlichen Paare glaubten nach wie vor das, was ihnen ihr Arzt sagte: Nur ein inbrünstiger und lustvoller Liebesakt konnte ihnen jene Kinder schenken, die in den Augen des zölibatären Klerus den Geschlechtsakt erst rechtfertigten. Die Christen mieden sorgfältig den ehelichen Verkehr an den von der Kirche festgelegten Tagen, namentlich sonntags, in der Fastenzeit und am Vorabend der großen Feste. Sie fürchteten sich vor den genetischen Auswirkungen eines Verstoßes gegen den neuen Kodex des öffentlichen Anstands. Augustinus betont zwar, daß der eheliche Geschlechtsverkehr eine Sünde sei, freilich eine läßliche, und argumentiert mit weit größerer moralischer Toleranz, als sie bei spätantiken Autoren zu beobachten ist (die für gewöhnlich alle sexuellen Akte verurteilen, die nicht ausdrücklich der Absicht entspringen, Kinder »für die Stadt« zu zeugen); aber er beklagt immerhin den Makel des Unschicklichen an der Sinnlichkeit der Gattenliebe. In der ganz anderen Gesellschaft des Frühmittelalters war der Klerus überzeugt, daß es möglich sei, eheliche Liebe bewußt zu steuern und dem Unschicklichen zu wehren, indem man den subjektiven Genuß am Geschlechtsverkehr begrenzte und zum Beispiel Praktiken erregender Zärtlichkeit und Liebkosung mied. Die augustinische Lehre hatte jedenfalls einen Spalt in die Tür des christlichen Hauses getrieben (was kein Byzantiner sich je hätte träumen lassen). Und durch diesen Spalt blies fortan manch kalter Wind; er kam von den Lehrern des kanonischen Rechts und ihren Lesern, den Patres und Beichtvätern des späten Mittelalters.

Klerus, Laien und die katholische Kirche

Augustinus näherte sich den demütigen christlichen Hausbewohnern mit der Strenge eines Asketen und dessen Wissen von der menschlichen Schwachheit. Er verband »Welt« und »Wüste« in der katholischen Kirche. Darin fand er Nachfolger während des stillen Aufstiegs der Kirche in Westeuropa. Die katholischen Bischöfe in den Städten Galliens, Italiens und Spaniens und nicht die »Männer der Wüste« saßen zu Gericht über das mönchische Paradigma, das dank seiner feinsinnigen und unwiderruflichen Abwandlung durch Augustinus nun auch die Sexualität in der Welt in sich beschloß. In dieser Gestalt hält die Wüste Einzug in die Stadt, und zwar von oben her. Wüste und Welt wirken nicht mehr parallel nebeneinander, wie es in Byzanz der Fall blieb. Vielmehr entsteht eine neue Hierarchie, in der ein sexuell enthaltsamer Klerus – der häufig durch die Schule städtischer Mönchsgemeinschaften gegangen war – die Laien leitete, vornehmlich durch Disziplinierung der ewigen, allen Menschen gemeinsamen Anomalie sündhafter Sexualität.

Grabstein, 5. Jh. Die Taufe wurde meist erst vorgenommen, wenn der Täufling erwachsen geworden war. Über ihm wurde Wasser ausgegossen – hier von einer Taube, die den Hl. Geist darstellen soll. Wie üblich wird der Täufling kleiner dargestellt als die anderen Personen. (Aquileia, Christliches Museum Monastero)

Abgesehen von dieser einen, klaren Hierarchie dominiert eine Sozialordnung, die sich vor dem Blick des alten Bischofs von Hippo ausgleicht: Männer und Frauen, die Vornehmen und die einfachen Leute, die »Männer der Wüste« ebenso wie die verheirateten »Männer in der Welt« teilten miteinander die universelle und ursprüngliche Befindlichkeit, einen Sexualcharakter, der von Adam und Eva ererbt war. Keine

Entsagung konnte hiervon befreien; kein noch so sorgsam verinnerlichter Kodex vermochte mehr, als das Übel einzudämmen. Der Mensch als Geschlechtswesen war der kleinste gemeinsame Nenner in der großen Demokratie der Sünder geworden, die sich in der katholischen Kirche versammelten. Um das Jahr 1200 erklärte ein Autor von Beichtspiegeln: »Unter allen Kämpfen der Christen sind die Schlachten um die Keuschheit besonders groß; hier kommt es häufig zum Gefecht und selten zum Sieg. Ja, es ist ein gewaltiger Krieg um die Selbstbeherrschung. Denn wie schon Ovid sagt [. . .] und andernorts [. . .] ebenso Juvenal [. . .] ebenso Claudianus.«[13]

An den späteren Schriften der lateinischen Kirche ist bemerkenswert, wie in ihnen die lebendige Liebesdichtung des klassischen Rom und die trüben Warnungen der christlichen Autoren der spätantiken Zeit zusammenfließen. Sie erwecken den Eindruck, daß es die Sexualität ist – und nicht, wie für die vom Bild des wiedergewonnenen Paradieses in der Wüste gequälten Byzantiner, der Stolz und die Gewalttätigkeit der Welt –, die dem Westeuropäer zur höchsten Sorge, zum Schrekken und zugleich zur Lust gereicht.

Anmerkungen

1 Musonius Rufus, Fragment 14, in: Cora E. Lutz, *Yale Classical Studies* 10 (1947), S. 93. Die im folgenden Absatz zitierte Stelle stammt aus Fragment 12 (ebd., S. 87).
2 II. Baruch 85, 3; die Zeilen im nächsten Absatz aus II. Baruch 85, 4.
3 Zitiert bei E. Urbach, *The Sages: Their Concepts and Beliefs*, Jerusalem: Magnus 1979, S. 358.
4 Galen, zitiert von einem arabischen Autor; siehe R. Walzer, *Galen on Jews and Christians*, Oxford: Oxford University Press 1949, S. 15.
5 Friedrich Nietzsche, *Die fröhliche Wissenschaft*. Abschnitt 358.
6 *Sprüche des Sextus* Nr. 236.
7 J. Doresse und E. Lanne, *Un témoin archaïque de la liturgie copte de S. Gasile*, Löwen: Bibliothèque de Muséon 1960, S. 28.
8 Johannes Chrysostomos, Homilie 11 zu II. Thessalonicher und Homilie 1 zu Titus.
9 E. Diehl, *Inscriptiones latinae christianae veteres*, Nr. 2157, Berlin: Weidmann 1925, I, S. 423; der folgende Absatz schließt mit *Inscriptiones* Nr. 967, S. 179.
10 *Historia Monachorum* 10.
11 Johannes Chrysostomos, *Über die Jungfräulichkeit* 73.1.
12 Johannes Cassianus, *Collationes* 12.8.
13 Zitiert bei M. Müller, *Die Lehre des heiligen Augustinus von der Paradiesehe*, Regensburg: Pustet 1954, S. 152, Anm. 79: »Inter cuncta christianorum certamina maiora sunt castitatis prelia, ubi frequens pugna et rara victoria. Est vere magnum bellum continentie. Nam ut ait Ovidius [. . .] Item alibi [. . .] Item Juvenalis [. . .] Item Claudianus.«

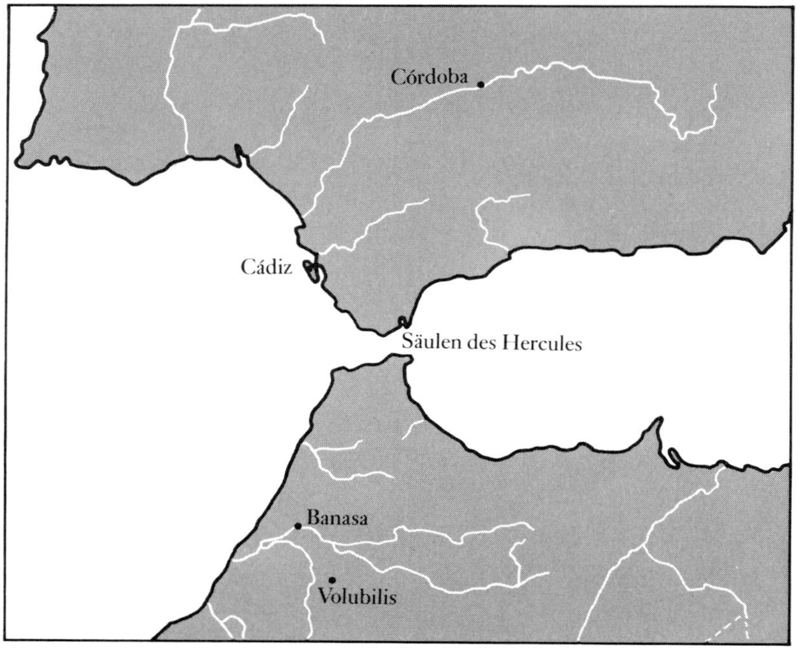

Córdoba
Cádiz
Säulen des Hercules
Banasa
Volubilis

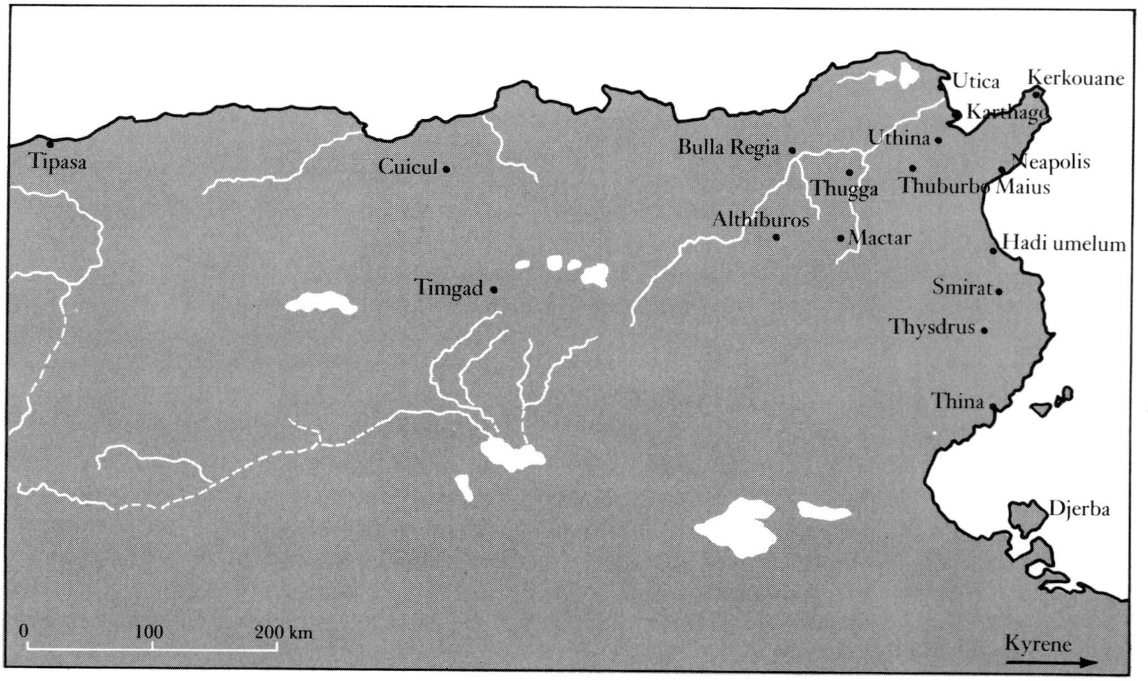

Tipasa
Cuicul
Timgad
Bulla Regia
Thugga
Althiburos
Mactar
Utica
Kerkouane
Karthago
Uthina
Neapolis
Thuburbo Maius
Hadi umelum
Smirat
Thysdrus
Thina
Djerba
0
100
200 km
Kyrene

Yvon Thébert

III. Privates Leben und Hausarchitektur in Nordafrika

Fresko in einer römischen *domus*. (Rom, Nationalmuseum)

Vorwort von Paul Veyne

Es gab kein fließendes Wasser im Haus, außer bei einigen wenigen Privilegierten. Die öffentlichen Brunnen und Thermen wurden durch Aquädukte mit Wasser versorgt.

Weder Bürgern noch Fremden, wiederum mit Ausnahme weniger Privilegierter, war es erlaubt, eine Stadt zu Pferd oder in einem Wagen zu durchqueren; das hätte die Würde des Gemeinwesens angetastet. Die Spurrinnen in den Straßen Pompejis stammen von Karren mit Baumaterialien oder Handelsgütern und von den Festwagen der religiösen Umzüge.

Es gab wenig Glas. Die Fenster sicherte man mit – häufig verstellbaren – Läden oder mit Gittern aus Stein oder Terrakotta. Die Hausbewohner froren und schlossen sich entweder im Finstern ein oder hielten sich im kleinen, hellen Lichtkreis unzähliger Öllampen auf.

Kamine und Schornsteine kannte man in Rom nicht. Zu den kargen Freudenspendern des winterlichen Landlebens, wenn ringsum die Felder tiefverschneit ruhten, gehörte der warme Herd mit dem prasselnden Feuer, dessen Rauch durch ein Loch im Dach abzog. In manchen Regionen des Römischen Reiches gab es Landhäuser mit gut funktionierender Heizung (Galen hat eine solche aus Pergamon beschrieben); doch in den Städten Italiens behielten die Menschen auf der Straße ebenso wie in der Wohnung die Mäntel an und legten sich in ihrer Kleidung schlafen. (In der Liebesdichtung vernehmen wir Klagen über die grausame Geliebte, die selbst im Bett den Mantel nicht ausziehen will.) In den Stadtwohnungen brannten Kohlebecken; sie vermochten zwar nicht den Raum aufzuheizen, aber sie strahlten wohlige Wärme ab, an der man die steif gewordenen Glieder auftauen konnte.

Die Latrinen waren öffentlich – eine bösartige und vulgäre Anekdote siedelt die Helden des Dichters Lucian in den öffentlichen Latrinen des Kaiserpalastes an. Diejenigen für Männer waren größer und geräumiger als die für Frauen (so im Äskulaptempel in Pergamon und in der prachtvollen Villa, die man jüngst in Oplontis, dem heutigen Torre Annunziata in der Nähe von Neapel, entdeckt hat).

Das Mobiliar in den römischen Häusern war spärlich. Selten einmal finden wir dort die Standardmöblierung: den hölzernen Urväterhausrat aus Truhe, Schrank, Kommode. Es gab Ruhebetten und Speiselager, kleine, runde Tische mit dreibeinigem Fuß, ein paar Sessel und Wandschränke – das war alles. Manche Möbel waren aus Holz (ein paar kümmerliche Reste davon gibt es in Herculaneum und in England), andere aus Stein, Marmor oder Bronze gefertigt. Und es gab Leuchter. Die Möbel des römischen Hauses erinnern eher an unsere Gartenmöbel als an regelrechtes Wohnungsmobiliar.

Die Privatarchitektur der Begüterten – die *domus*: mehr vornehmes Herrenhaus als schlichtes Wohnhaus – zählt zu den schönsten Schöpfungen der griechischen und römischen Kunst. Die Wohnung war vor allem ein großer leerer Raum; das merkte man im Innern des Gebäudes, manchmal schon auf seiner Schwelle. Man bewegte sich, wenn man das Haus betreten hatte, nicht zwischen geschlossenen Zimmern, sondern durch eine Reihe offener Räumlichkeiten – auf einen überdachten Hof folgten ein offener Hof mit Portikus und ein Garten mit Wasserspielen. Es gab mehr leeren Raum als gefüllten Raum. Charakteristisch für den offenen Raum sind perspektivische Aus- und Durchblicke. Das Samnitische Haus in Herculaneum gibt auf den ersten Blick seine innere Struktur preis; wir atmen auf in seiner leeren Fülle. Rund um diese Leere gruppieren sich kleine, enge Zimmer. In diese Zellen zog man sich zurück, um zu schlafen oder zu lesen; das häusliche Leben indes spielte sich in den zentralen Räumen ab, auf die sich der Speisesaal in seiner ganzen Länge öffnete wie eine an einer Seite aufgeklappte Schachtel.

Ob im Hause eines Reichen oder eines weniger Begüterten, Fußböden, Wände und Decken waren überzogen mit bunten Mosaiken, Stuckarbeiten und Malereien dekorativen und mythologischen Inhalts. Eine phantastische Trompe-l'œil-Architektur inszenierte imaginäre Weiten. Uns gemahnen diese Gemächer mit ihren schreienden Farben mehr an ein Puppentheater als an ein fürstliches Domizil. Hier war die Phantasie Trumpf, nicht das Schaugepränge. Manches verrät bare Geschmacklosigkeit (Brunnen mit Mosaiken, inkrustiert mit Muscheln), anderes, bei aller Gewagtheit, opulente Harmonie. In Anbetracht des Wertesystems der römischen Gesellschaft mit ihrem Klientelgefüge und dem gravitätischen Bürgerstolz wirkt diese private Schwelgerei in Einbildungskraft und Farbe geradezu befremdend. Es wäre jedoch unsinnig, dahinter eine allegorische Bedeutung zu vermuten; die Menschen genossen den Phantasieexzeß, ohne viel darüber nachzudenken. Die Dekoration war wichtiger als das Mobiliar; zu ihr rechneten auch die Skulpturen mit halber Lebensgröße, von denen unsere Museen überquellen.

Ein weiterer Luxus war ungenutzter Raum. Man verstand es, weite, offene Gemächer mit kleinen, privaten Zimmern zu verbinden, ohne ein Netz von Korridoren ausspannen zu müssen. Der zentrale Raum selbst erlaubte seitliche Kammern. In Paestum wohnte ein eher bescheidener Bürger, der allenfalls zwei bis drei Sklaven besaß, in einem »kleinen« Haus von hundert Quadratmetern, mit einer Küche und drei kleinen Zimmern. Doch diese Zimmer sind an die Seiten eines weitläufigen Patio angekoppelt, der den Großteil des Anwesens ausmacht. Der Besucher, der in diesem Haus an die Tür geklopft hatte (nach römischer Sitte mit dem Fuß), geriet unvermittelt in diesen riesigen offenen Raum, der ihn sogleich darüber aufklärte, daß hier kein Plebejer wohnte. In der Spätantike, im 3. oder 4. Jahrhundert n. Chr., entstand im südwestlichen Gallien die prächtige (und heute leider viel zuwenig besuchte) Villa von Montmaurin, unweit von Saint-Gaudens: Um eine Reihe leerer Räume lagert sich ein anmutiges Labyrinth von Kammern und Treppen, in dem der Geist umherschweift, ohne sich jemals zu verirren. In den Tiefen des Bauwerks stößt man schließlich auf das Allerheiligste, in dem der Herr des Hauses thronte.

Ob im türkischen Ephesos oder im ägyptischen Karanis, den modernen Besucher frappiert überall und immer wieder die Allgegenwart von Kunst und Bildern. Und ein letzter Schock: Die Reliefs und Statuen waren stets bemalt; oberstes Ideal antiker Bildhauerei scheinen bunte Gipsplastiken, wie sie unsere Dorfkirchen bevölkern, gewesen zu sein. Die Farbe der Städte der Antike war nicht das Weiß. In Pompeji gab es einen Tempel, dessen Säulen gelb und weiß angemalt waren, die Kapitelle rot, blau und gelb. Der Parthenon war mit Farbe bestrichen, um den Marmorglanz zu verdecken, und der römische Aquädukt strahlte einst in Rot.

Theoretische Vorüberlegungen

Was können wir aus dem Studium der Architektur des Hauses lernen? Bei der Beantwortung dieser Frage werde ich mich auf eine bestimmte Gruppe von Gebäuden im römischen Afrika beschränken: auf die Stadthäuser der Herrschenden. Angesichts unseres gegenwärtigen Kenntnisstandes – und um Gemeinplätze zu vermeiden – ist diese Beschränkung unerläßlich. Das römische Afrika ist ein ergiebiges Forschungsfeld, da es zu den wichtigsten Provinzen des Reiches gehörte. Durch die Konzentration auf ein bestimmtes geographisches Gebiet hoffe ich einerseits, allgemeine Kategorien zu gewinnen, die für das ganze Reich gelten, andererseits regionale Besonderheiten zu erschließen, die zwar weniger wichtig sein mögen, aber zum Verständnis des Alltagslebens nützlich sind.

Doch habe ich nicht vor, die Privatsphäre bis in ihre Winkel hinein zu erhellen, indem ich die Örtlichkeiten untersuche, auf die sie sich gegründet hat. Architekturstudien sind ein Forschungsprogramm, noch keine Theorie des privaten Lebens. Ohne eine solche Theorie kommen wir jedoch nicht aus, wenn wir die Sprache der Ruinen verstehen wollen. Die Architektur des Hauses war nichts Statisches; sie entwickelte sich mit der Zeit. In der klassischen griechischen Stadt waren Architektur und Dekoration von Privatgebäuden durchaus bescheiden. Das Majestätische und Luxuriöse schickte sich nur für den öffentlichen Bereich, d. h. für die Stadt als Verschmelzung des Individuellen mit dem Gemeinschaftlichen, des Privaten mit dem Öffentlichen. In diesem Rahmen verdankte der Einzelne alles, auch seinen Status als römischer Untertan mit dem Anspruch auf Privatheit, der Zugehörigkeit zur politischen Gemeinschaft. In hellenistischer Zeit signalisiert dann die Krise der klassischen Stadt einen Wandel, der auf eine bemerkenswerte Ausweitung der privaten Sphäre auf Kosten der öffentlichen schließen läßt. Beispielsweise wurden die Häuser nun zunehmend luxuriöser, und man begann, in ihnen private Kunstsammlungen aufzubauen – eine Tendenz, die mit der Transformation des Kunstwerks in eine Ware einherging.

Was haben wir von diesen Veränderungen zu halten? Sollen wir evolutionistisch argumentieren und an ihnen die Entstehungsbedingungen des privaten Lebens ermitteln? Dann hätten wir es mit einem Schlüsselmoment in einem langen, an Rückschlägen und Fortschritten reichen historischen Prozeß zu tun: der allmählichen Herausbildung einer privaten Sphäre aus der öffentlichen. In Wirklichkeit ist das Problem wohl kein quantitatives, sondern ein qualitatives. Es geht nicht darum, die relative Bedeutung des Öffentlichen gegenüber dem Privaten zu messen, sondern zu beschreiben, wie beide Sphären aufeinander bezogen waren und sich gegenseitig definierten. Es ist nicht wahr, daß das Private gegen die Widerstände des Öffentlichen allererst um seine Daseinsberechtigung hätte ringen müssen; wohl aber ist die Natur des Privaten in jeder Gesellschaft eine jeweils eigentümliche und besondere. Die Privatsphäre ist ein Produkt der gesellschaftlichen Beziehungen und bestimmt die jeweils betrachtete soziale Formation mit. Daraus folgt, daß es illusorisch wäre, eine kontinuierliche Geschichte des Privaten, jenseits aller Brüche in den anderen Bereichen des sozialen Lebens, rekonstruieren zu wollen. Es ist daher außerordentlich riskant, am Maßstab unserer heutigen Vorstellung von »Privatleben« die Genese solcher Privatheit zu rekonstruieren, indem wir der gesamten Historie dieses Raster unterlegen. Wir würden dann vermutlich feststellen, daß Privatheit etwas relativ Neues ist; in Wirklichkeit jedoch hätten wir uns nur eine Bestätigung unserer modernen bürgerlichen Vorstellungen von Privatheit verschafft.

Der Zusammenhang zwischen Öffentlichem und Privatem ist aber auch nicht schlicht psychologisch zu denken, in dem Sinne, daß jedes Individuum eine Identität besäße, die in seinen sämtlichen Strategien der Selbstbestimmung gegen das Außen erkennbar bliebe. Wählten wir diese Betrachtungsweise, so ersetzten wir die Gegensatzpaare Individuum/Gesellschaft und innen/außen durch das Gegensatzpaar öffentlich/privat – die soziale Dimension in *beiden* Teilen dieses Paares würde unterschlagen zugunsten einer Dichotomie zwischen Individuum und Gesellschaft, die den Historiker nicht interessiert. Unser Konzept indes überschneidet sich mit dem mancher Soziologen, die auf den Interferenzen von Privatem und Öffentlichem beharren, denen sie sich über die Analyse von »Praktiken« nähern.[1]

Diese Erwägungen haben entscheidende Konsequenzen für die folgende Untersuchung. Sie implizieren, daß der häusliche Raum sich nicht nach Maßgabe einer Logik der privaten, autonomen Bedürfnisse organisiert, sondern selbst gesellschaftlich hergestellt wird. Es ist bemerkenswert, daß dieser Sachverhalt in der einzigen aus dem Altertum überlieferten Reflexion über Architektur vorkommt, nämlich in dem Text von Vitruv. Dort wird bestätigt, daß es eine Wechselbeziehung zwischen der Anlage der Wohnung und dem sozialen Status ihres Besitzers gibt. Noch bedeutsamer ist, daß Vitruv das Phänomen des Hauses nicht im Zusammenhang mit der Befriedigung individueller Bedürfnisse sieht, sondern es vielmehr mit der Entstehung der Gesellschaft verknüpft – nachdem die Menschen das Feuer zu bändigen gelernt hatten und sich an einem Ort um den Herd versammelten, erfanden sie gemeinsam die Sprache sowie die Kunst, schützende Unterkünfte zu bauen.

Aus diesen Erwägungen folgt ferner, daß der häusliche Raum stets in sich kohärent sein muß. Das römische Haus war Schauplatz von (scheinbar) sehr heterogenen Tätigkeiten, von denen manche für uns ausgesprochen öffentlichen Charakter haben; erinnert sei an die Zeremonie, die mit dem fast täglichen Besuch der zahlreichen Klienten des Hausherrn verbunden war. Vitruv selbst benutzt im übrigen den Ausdruck »öffentliche Räume« für diejenigen Teile der Wohnung, die Außenstehenden zugänglich sind, und es empfiehlt sich, bei der Erörterung der Bestandteile des Hauses von diesem Raster (öffentlicher/privater Raum) auszugehen, um die Verschiedenartigkeit der Lokalitäten sinnvoll zu bezeichnen. Zu allen Zeiten sind die einzelnen Wohnbereiche des Hauses für die Öffentlichkeit unterschiedlich stark »sichtbar«, doch verschärft sich im römischen Haus dieser graduelle Unterschied fast zur Heterogenität. Dennoch wäre es falsch, im römischen Haus zwei miteinander unverbundene Bereiche anzunehmen – einen wesentlich privaten und einen wesentlich öffentlichen. Daß es im Haus Raum für das »Außen« gab, war weder inkonsequent noch irrational. Vielmehr vermittelt uns die Architektur die Erkenntnis, daß die herrschende Klasse ihre eigene Privatheit ziemlich umfassend definierte. Dieser umfassende Anspruch erklärt, warum die Privatwohnung zur Stätte bestimmter, unverkennbar sozialer Handlungen wurde, worin sich weder eine Verlegenheitslösung noch die private Usurpation von Macht zum Nachteil der öffentlichen Sphäre bezeugt.

Formen des privaten Lebens

Genauso wie die Häuser der römischen Notabeln überall im Reich umschlossen auch die der afrikanischen Notabeln mehrere Formen des privaten Lebens. Sie waren, was Häuser üblicherweise sind: Rückzugszone des Individuums und Heim der »Familie« im engen, modernen Sinne des Wortes. Die Familie bestand aus dem Hausherrn, seiner Frau (die mit der Eheschließung »convenit in manum«, d. h. unter die hausherrliche Gewalt des Gatten geriet) und den Kindern. Diese Grundstruktur der Familie war jedoch ungemein erweiterungsfähig, und obwohl die Autorität des »pater familias« im Wandel der Zeiten beträchtlich geschwächt wurde, behielt er theoretisch die Verantwortung für die vielen Mitglieder der Hausgemeinschaft – neben der Ehefrau des Hausherrn und möglicherweise noch anderen Verwandten gab es Bedienstete und Sklaven, die zur »familia« gezählt wurden und bei denen man sorgfältig unterschied zwischen den »vernaculi«, d. h. den im Hause Geborenen, und den anderen. Die Terminologie verrät, wie sich die Familie soziale Beziehungen einverleibt, die zu anderen Zeiten als außerfamiliär gegolten hätten. Dasselbe Phänomen zeigt sich in der Bindung des Patrons an seine Klienten, die genau der Vater-Kind-Beziehung nachgebildet war, und in der religiösen Mentalität. So wurden heidnische Priester mit Vätern verglichen und ihre Schüler mit Kindern (Apuleius, *Metamorphosen* XI 21). Die Sekte der Christen, ebenfalls nach dem Vorbild der Familie organisiert, griff hier also lediglich eine bewährte Tradition auf. In alledem bekundet sich das Gewicht, das der Privatheit seit den letzten Jahrhunderten der Republik in der römischen Gesellschaft zukommt. Das politische Leben spielte sich ebensowohl in der Wohnung Caesars oder Pompeius' wie im Senat ab. Die für die Privatwohnung typische Vielfalt von Aktivitäten verweist zurück auf das Selbstverständnis der Gesellschaft; sie ist nicht aus sich selbst heraus erklärlich. In ihr spiegelt sich in besonders spektakulärer Weise die neuartige Grenzlinie zwischen Öffentlichem und Privatem, die für die römische Welt charakteristisch war. (Die Senatoren waren ja zugleich die »patres«.) Diese Grenze wird am Ende der Republik im Zuge der allgemeinen Entwicklung der Mittelmeerwelt festgehalten und bleibt in unterschiedlicher Notierung bis zum Ende des Reiches in Geltung.

Ich werde mich auf dem Umweg über die Hausarchitektur dem privaten Leben der afrikanischen Eliten und der Reichseliten insgesamt zu nähern versuchen. Dazu werde ich mich nicht nur auf die Stadtwohnungen der Reichen, sondern auch auf afrikanische Autoren stützen; diese Informationsquelle ist zwar weniger ergiebig als die in Italien selbst geschriebene Literatur, aber unter diesem Gesichtspunkt noch kaum erschlossen. Wir dürfen mit guten Gründen annehmen, daß afrikanische Literatur und afrikanische Ruinen ein zusammengehöriges Ensemble bilden. Das macht es erforderlich, mit den archäologischen Überresten, den letzten Spuren der »domus« zu beginnen, d. h. mit den verstreuten und unvollständigen materiellen Quellen, bei denen das Singuläre und das Typische einzig durch Klassifizierung und Vergleich unterscheidbar sind. Ich betrachte zunächst die konkreten archäologischen Daten, bevor ich mich den literarischen Zeugnissen und dem Vergleich mit anderen Provinzen und Zeiten zuwende. Davon verspreche ich mir direktere Auskünfte als von den Texten, die das private Leben nicht nur schildern, sondern auch interpretieren. Ich werde mich dabei auf die Arbeit von Forschern berufen, die in unmittelbarem Kontakt mit dem »Feld« zu einer Revision unseres früheren, allzu literarisch-idealisierten Bildes von der antiken Gesellschaft beigetragen haben. Allerdings ist die heilsame »Entmythologisierung« der Vergangenheit nicht ohne Risiko. Sie läuft mitunter auf eine hyperkritische Haltung hinaus, die dazu führt, daß vor lauter Vorsicht überhaupt kein Urteil mehr über die Qualität und Bedeutung des Lebensrahmens dieser Eliten gewagt wird. Das Studium des häuslichen Raumes wird also auch Gelegenheit geben, dessen Ausdrucksformen zu entziffern, was einschließt, genauer als bisher die Rolle zu erfassen, die der Auftraggeber bei dessen Gestaltung spielte. Die stummen Überreste der antiken Wohnungen können sich dabei als höchst beredt erweisen.

Kerkouane, Haus mit Säulen.

Die Hausarchitektur der herrschenden Klasse

Eine internationale Architektur

Der Charakter der antiken Mittelmeerwelt beeinflußt unmittelbar den Charakter der von ihren Eliten bevorzugten Architektur. Es sei nur daran erinnert, daß hier jahrhundertelang eine Kulturgemeinschaft lebte, deren Grundlage die massive Zirkulation von Menschen, Ideen und Gütern war. Das dynamische Herz dieser Gemeinschaft war lange die griechische Welt gewesen, und mit dem Umbruch in hellenistischer Zeit verstärkte sich sogar noch ihre innere Geschlossenheit. Trotz fortwährender Konflikte bot sie nicht das Bild einer in feindliche Blöcke gespaltenen Wirklichkeit dar, sondern eines Ganzen, das sich aus vielen Elementen zusammensetzte, die mit ihm auf jeweils eigene, aber bestimmende Weise verbunden waren. Diese fundamentale Einheitlichkeit zeigt sich am deutlichsten bei den sozialen Eliten, deren politische Ambitionen an den Zusammenhalt geknüpft waren und deren Kultur sich auf eine gemeinsame, entscheidend von Griechenland geprägte Zivilisation berief.

Die Architektur der herrschenden Klassen Afrikas veranschaulicht dies eindrucksvoll. Eine wesentliche Neuerung in der Geschichte des mediterranen Wohnhauses war die Einführung des Peristyls, d. h. des von einer Säulenhalle eingefaßten zentralen Innenhofes, dem sich an den Seiten die verschiedenen Teile des Hauses angliederten. Diese griechische Erfindung wurde bald von den Puniern übernommen; ein Beispiel hierfür ist das Kolonnadenhaus in Kerkouane am Kap Bon, einer Stadt, die um die Mitte des 3. Jahrhunderts v. Chr. zerstört und verlassen wurde. Die afrikanischen Eliten griffen ein Bauschema auf, das ihrem Prestigebedürfnis vorzüglich entsprach, da es in das Zentrum des Hauses ein architektonisches Element einfügte, das bis dahin öffentlichen Baudenkmälern vorbehalten war.

Hingegen ist das traditionelle italische Haus mit Atrium, d. h. einer über das vorgelagerte Vestibulum unmittelbar zugänglichen Eingangshalle mit offenem Mittelteil, in Afrika unbekannt. Das kann inzwischen, nach langen Debatten, als weitgehend geklärt gelten, wobei ein quantitatives Kriterium den Ausschlag gegeben hat, nämlich das Verhältnis von offenen zu überdachten Flächen. Es scheint evident, daß die überwiegende Mehrzahl der Kolonnadenhöfe in afrikanischen Häusern, mit dem großen, nicht überdachten Innenraum, auf die Konzeption des Peristyls verweist. Man kann es noch deutlicher sagen: Der relative Anteil offener und überdachter Flächen variiert nicht je nach architektonischem Charakter des Gebäudes, sondern je nach verfügbarer Fläche. Die Übersicht, die R. Etienne für das wohlhabende Nordostviertel von Volubilis[2] vorgelegt hat, läßt erkennen, daß die Peristyle mit dem geringsten Anteil an freier Fläche zu den Häusern mit der kleinsten Gesamtfläche gehören und umgekehrt. Es verbirgt sich hinter dieser Verhältnisrechnung ein wesentlicher Sachverhalt, der den interpretatorischen Rückgriff auf das »Atrium« auch bei Baulichkeiten überflüssig macht, deren Innenhof von nur bescheidener Größe ist.

Tatsächlich wären solche architektonischen Kriterien auch völlig ungeeignet, ein Atrium zu identifizieren, da dieser Begriff eine ganz ortsspezifische Funktion umschreibt. Schon die Lage der Säulenhöfe in den afrikanischen Wohnhäusern und die Art ihrer Verbindung mit den anderen Sälen beweist, daß sie nicht dieselbe Funktion wie das Atrium gehabt haben können. Man darf daraus schließen, daß das Atrium in Afrika unbekannt war, von wenigen Ausnahmefällen abgesehen, die jedoch kaum historische Beweiskraft haben, da es sich bei ihnen um ein Atrium handelte, das sich von seinen italischen Ursprüngen weit entfernt hat. Übrigens taucht auch in den afrikanischen Texten das Wort »Atrium« nur ein einziges Mal auf, und zwar bei der Beschreibung eines exzentrischen Bauwerks (Apuleius, *Metamorphosen* II 4).

Diese Folgerungen münden in zwei Fragen. Die eine betrifft die Art und Weise, wie die afrikanischen Notabeln die zahlreichen Besucher bei sich unterbringen konnten, die sie empfangen mußten, wenn man unterstellt, daß sie in ihrem Haus kein Atrium hatten, das in Italien diese Aufgabe erfüllte; auf diese wichtige Frage werden wir zurückkommen. Die zweite Frage betrifft das Verhältnis zwischen Mittelmeerwelt und afrikanischer Hausarchitektur. Daß diese nicht bloß ein Ableger der italischen Architektur war, beweist das Fehlen des Atriums. Sie gestaltet ihr Verhältnis zur herrschenden Kultur mit eigenen Entwürfen. Durch die Integration Afrikas in die römische Welt wurden bereits bestehende kulturelle Zusammenhänge verstärkt, nicht aber erst gestiftet.

Eine theoretische Architektur

Die Hausarchitektur Afrikas war, wie diejenige anderer römischer Provinzen, das Ergebnis einer theoretischen Reflexion und unterschied sich damit von einer volkstümlichen Architektur ohne Architekten, in deren Rahmen ein und dasselbe soziale Bedürfnis zu ganz verschiedenen baulichen Lösungen führen konnte. Die volkstümliche Architektur kennt in der Regel nicht einmal ein Bauprogramm. Der Auftraggeber äußert vage seine Wünsche, wobei er auf Beispiele aus der Umgebung verweist. So bilden sich regionale Bauformen heraus, die, unter Wahrung der lokalen Gegebenheiten (Klima, verfügbare Baumaterialien), erhebliche Improvisationen zulassen.

Die Hausarchitektur der römischen Zeit machte sich von diesen Vorgaben frei und öffnete sich sozialen, ästhetischen und individuellen Erwägungen, welche die Herausbildung eines veritablen Bauprogramms

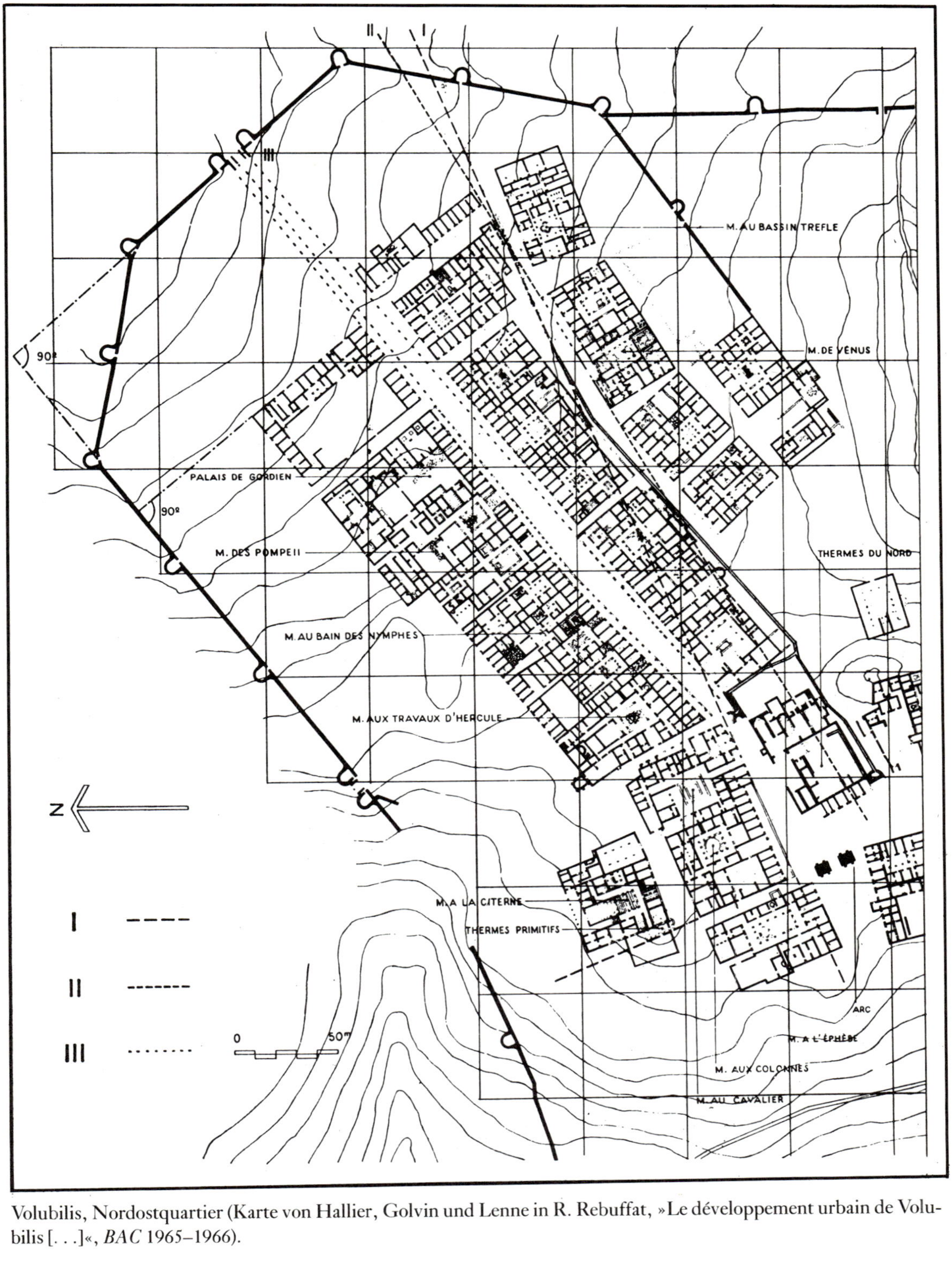

Volubilis, Nordostquartier (Karte von Hallier, Golvin und Lenne in R. Rebuffat, »Le développement urbain de Volubilis [. . .]«, *BAC* 1965–1966).

erlaubten; denn die Eingriffe des Auftraggebers und des Architekten stützten sich jetzt auf eine ausgefeilte Theorie. Es gab eine lange Tradition des Nachdenkens über die Stadt und ihre Elemente; sie hatte reale, konkrete Folgen. Große Bauvorhaben veränderten nicht nur immer wieder die Stadtlandschaften, es wurden auch ständig neue Städte gegründet. Die Theorie der Stadt prägte unmittelbar den Hausbau, indem sie Lage, Abmessung und Ausrichtung der einzelnen Häuser vorgab. Das bedeutet nicht, daß die Hausarchitektur gegenüber den Stadtplanungen sekundär gewesen wäre. Die Stadtplanungen waren keine abstrakten Entwürfe; sie begnügten sich nicht damit, die topographischen Bedingungen zu erfassen und die Erfordernisse des öffentlichen Lebens zu katalogisieren. Von Hippokrates über Aristoteles bis zu Vitruv gilt die korrekte Ausrichtung der Gebäude als entscheidend für die hygienische Anlage einer Stadt und die Gesundheit ihrer Bewohner. Das Wechselspiel von Öffentlichem und Privatem ist also von Anfang an mitgedacht – die Idee reguliert die Formen, wobei auffällt, daß in den Erwägungen der Stadtplaner individuelle Bedürfnisse mehr und mehr Beachtung fanden: Aristoteles interessiert sich noch hauptsächlich für kommunale Bauten; Vitruv bezieht in seine Überlegungen alles ein, was eine Stadt ausmacht, und verweilt ausführlich bei den besonderen Problemen der Hausarchitektur. Zur Theorie der Stadt traten nun Theorien über jedes einzelne Bauwerk hinzu. Vitruv erörtert die verschiedenen Gebäudetypen nach ihrem allgemeinen Wert. Seine Beschreibung der von ihm erbauten Basilika in Fano ist nicht die Ouvertüre einer Analyse der Basilika, sondern der Schlußakkord seiner Abhandlung über diese Art von Bauwerken. Erst kam die Theorie, dann ihre praktische Verwirklichung. Auftraggeber und Architekten bewegten sich im Wertgefüge einer langen Tradition. Beim Bau einer neuen Wohnung oder beim Umbau einer alten konnten sie sich deshalb an verläßlichen Kriterien orientieren. Es gab allgemeine Richtlinien für die Organisation und Ausrichtung des Gebäudes, eine Typologie der verschiedenen Säle einschließlich der wünschenswerten Proportionen, ästhetische Grundsätze für Einzelheiten der Dekoration ebenso wie für den Bau einer Kolonnade. Dieser kulturelle Kontext – Ausdruck der sozialen Homogenität und politischen Kooperation der mediterranen Eliten – erklärt die bemerkenswerte Einheitlichkeit der Hausarchitektur. Die herrschenden Klassen entwickelten ein »Gehäuse«, das ihnen ein Leben »à la romaine« ermöglichte. Dieses »Gehäuse« spiegelte ihre Mitwirkung am Aufbau des Imperiums und war das sicherste Mittel, um in den Augen ihrer lokalen Untergebenen ihr Prestige zu behaupten.

Die überragende Rolle der Theorie verlieh der Privatarchitektur erstaunliche ideologische Züge. In der Spätzeit der Republik zog der Luxus der Mächtigen die Kritik der Senatsmehrheit auf sich, die ihre politischen Ängste hinter moralischen Argumenten verbarg. Man denke nur an den Sturm der Entrüstung, den in diesem konservativen Milieu die ersten Marmorsäulen am Hause eines Crassus oder Scaurus hervorriefen. Weitläufigkeit und Prachtentfaltung der Privatwohnungen nahmen in dem Maße zu, wie die Politik personalisiert wurde und neben der traditionellen institutionalisierten Macht charis-

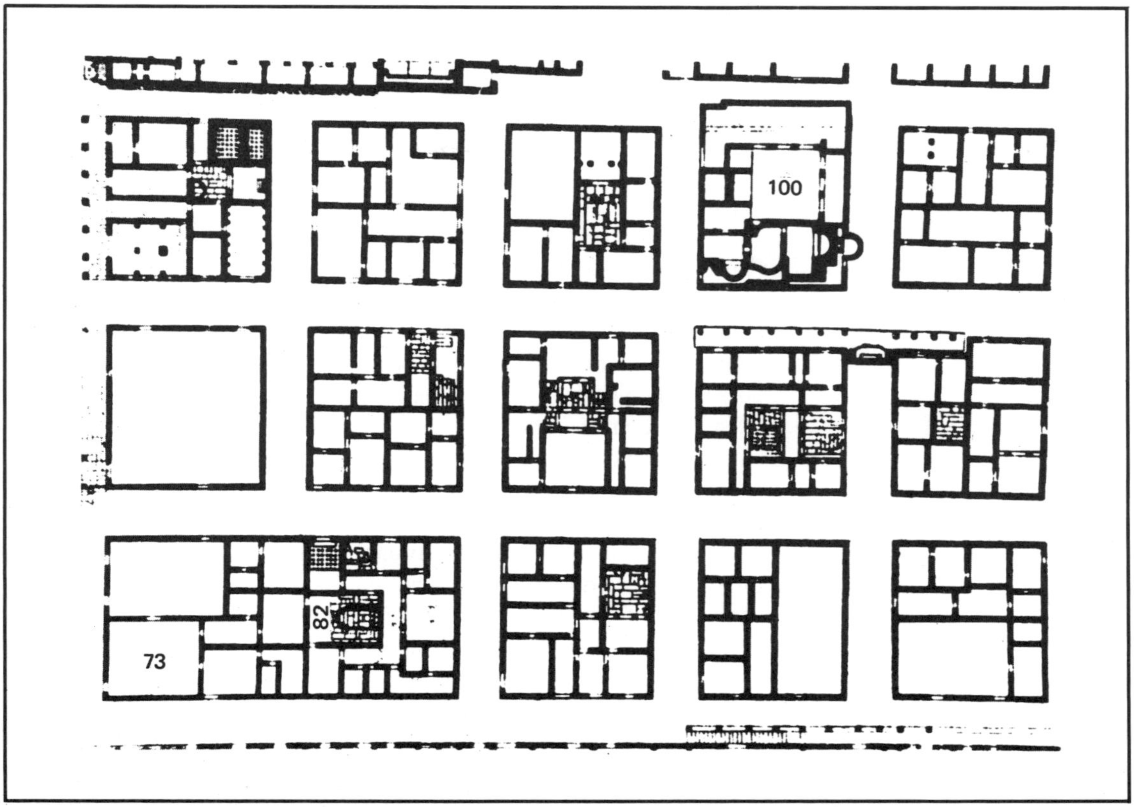

Teilansicht des Grundrisses der Kolonie Timgad. (E. Boeswillwald, A. Ballu, R. Cagnat, *Timgad, une cité africaine sous l'Empire romain*, Paris 1905, S. 337, Abb. 166). Der ursprüngliche Plan umfaßte 132 quadratische Insulae mit einer Seitenlänge von rund 20 Metern. Trennmauern zwischen den einzelnen Grundstücken sind noch häufig zu erkennen. Die Insulae 73 und 82 wurden unter Zweckentfremdung einer öffentlichen Straße miteinander verbunden. Insula 100 wurde zur Straße hin erweitert.

matische Führer auftraten, die mit der »auctoritas« des Senats wetteiferten. Dieser beträchtliche Zuwachs an privatem Luxus verwandelte den häuslichen Rahmen radikal und auf Jahrhunderte hinaus. Und diese Verwandlung erfaßte die sozialen Eliten insgesamt – noch der geringste Honoratior des Reiches mußte ein Haus besitzen, das von seinem gesellschaftlichen Rang kündete und ihm die Abwicklung seiner Geschäfte erlaubte.

Die Probleme der Hausarchitektur müssen also im Lichte der Theorie der Stadt und ihrer Bestandteile neu formuliert werden. Dazu gehören einige wichtige Feststellungen. Die erste Feststellung betrifft die Urbanität dieser Architektur. In Afrika hat es ebensowenig wie in anderen Provinzen jemals eine Stadtflucht der Eliten gegeben. Zwar bauten sie sich pompöse »villae« auf ihren Landgütern, aber sie verließen niemals (oder erst am Ende der Antike im weitesten Sinne) die Stadt, in der sich ihr politisches Glück (und damit ihr Glück überhaupt) entschied und in der sie stets ihren Hauptwohnsitz behielten. Wer also den Landsitzen der afrikanischen Eliten die Aufmerksamkeit verweigert, hat zwar einen Teil der traditionellen Fachliteratur gegen sich, respektiert aber das, was man die »raumpolitische Strategie« dieser Eliten mitsamt ihren Prioritäten nennen könnte. Das entspricht im übrigen der Quellenlage; denn bisher sind nur wenige afrikanische »villae« ausgegraben worden.

Die zweite Feststellung lautet: Man kann den Charakter eines privaten Raums nicht beurteilen, ohne sein urbanes Umfeld zu berücksichtigen. Das gilt schon in einfachen Belangen – Vitruv selbst hebt die Notwendigkeit hervor, gelegentlich von ehrwürdigen architektonischen Grundsätzen abzurücken und z. B. die Proportionen eines Zimmers um einer besseren Beleuchtung willen zu verändern. Und das gilt erst recht im allgemeinen: Das Funktionieren des Hauses hing weitgehend von den Kollektiveinrichtungen ab. Die Wasserversorgung durch Druckleitungen oder die Kanalisation beeinflußte das tägliche Leben erheblich. Solche Installationen gab es jedoch nicht überall, und wo es sie gab, stammten sie selten aus der Zeit der Stadtgründung. Kurz, die öffentlichen Arbeiten bestimmten unmittelbar den Charakter des privaten Komforts. Die Qualität eines Stadthauses war eng verbunden mit den vielfältigen kommunalen Einrichtungen, insbesondere Thermen und Latrinen, welche die Stadt ihren Einwohnern zur Verfügung stellte. Insofern standen das Öffentliche und das Private nicht in einem Gegensatz, sondern ergänzten einander.

Die dritte Feststellung betrifft die Einfügung der Wohnungen in den städtischen Kontext. Zwar scheint die Gesamtanlage der Stadt von der Masse der öffentlichen Gebäude bestimmt zu sein, während die privaten Bauten nur den frei gebliebenen Raum ausfüllen. Doch dieses Verhältnis ist kein eisernes Gesetz. In Timgad und Cuicul wurde der innere Stadtbezirk – vermutlich unter den Severern – abgerissen und durch neue Wohnviertel ersetzt. Im Falle des Nordostviertels von Volubilis spricht vieles dafür, daß die Wohnhäuser nicht innerhalb der existierenden Stadtmauern gebaut wurden, sondern daß vielmehr die Stadtmauern das Ergebnis einer Immobilienspekulation waren, um den Bezirk aufzuwerten und dort Luxuswohnungen zu errichten.[3] Hier läßt sich beobachten, wie ein enormes, auch militärisch bedeutsames Prestigeobjekt seiner ursprünglich öffentlichen Bestimmung entfremdet und in den Dienst privater Interessen gestellt wurde. Dieses Beispiel illustriert, welche frappierenden Wandlungen zwischen der Epoche der klassischen Stadt und derjenigen der Kaiserzeit eingetreten waren; der private Bereich hatte sich so sehr ausgeweitet, daß er sich schließlich die einstmals kollektiven Kompetenzen einverleibte.

Was die Einfügung der Wohnhäuser in den urbanen Gesamtzusammenhang betrifft, so wissen wir weniger darüber. Es ist bislang nicht gelungen, eine Hausfassade in ihrer ganzen Höhe zu rekonstruieren. So kennen wir Anzahl, Abmessungen und Plazierung der Fenster ebensowenig wie die Art ihrer Verriegelung. Auch fehlt es an Informationen über den praktischen Gebrauch der Fenster. Hielt man sie offen oder geschlossen? Trat man, wenn man hinaussehen wollte, ans Fenster oder auf den Balkon? Wurde die Hausfassade an Festtagen geschmückt? Lauter offene Fragen.

Immerhin gibt es einen Aspekt im Verhältnis öffentlicher zu privaten Räumen, über den der archäologische Befund Auskunft geben kann – die Nahtstelle war nicht die Hausfassade, sondern der Portikus. Diese architektonische Lösung ist jedoch zweideutig – die Übergangsräume können öffentliche sein, sie können aber auch strikt der Privatsphäre zugeordnet sein. Der dem Haupteingang vorgelagerte kurze Portikus am Haus des Sertius in Timgad war Teil der Wohnung, die er schmückte, die Straßenkolonnaden hingegen, die im Rahmen einer ehrgeizigen städtebaulichen Planung errichtet wurden, verdoppelten die Straßenbreite und erfüllten im wesentlichen eine öffentliche Funktion; das ergibt sich aus ihrer einheitlichen architektonischen Struktur sowie aus der Tatsache, daß sie vor allem den Fußgängerverkehr erleichtern sollten – die Interessen des Gemeinwesens rangierten vor den Sonderinteressen der privaten Hausbesitzer.

Im einzelnen verraten die architektonischen Elemente der die Straßen säumenden Säulenhallen die Ambivalenz dieser Räume. Ihre Homogenität ist nie eine restlose, selbst nicht an einer Hauptverkehrsader wie dem »decumanus maximus« in Volubilis, wo man z. B. vor dem Haus der Taten des Hercules eine Veränderung des Säulenabstands feststellen kann. In einer unverkennbar am Haus orientierten Anordnung ruhen große Arkaden auf neun Pfeilern. Rechts von den Mauern, die ursprünglich das Haus begrenzten, gibt es noch größere Pfeiler, die so gedreht sind, daß sie Bögen tragen, die senkrecht zur Achse der Straße stehen. Ästhetisch gesehen ist dieser Raum mit dem Haus verbunden, dessen Grenzen er schneidet; funktional gesehen ist dieser Schnitt jedoch sekundär, weder zerstört er die Geschlossenheit des Ganzen, noch hinderte er den Bau eines weiteren Portikus als Ergänzung der Straßenkolonnade. Diese Ambiguität des öffentlichen Raumes war bedeutsam – das Haus des Venusgefolges in einer Parallelstraße hat ihn annektiert und so dem öffentlichen Verkehr teilweise entzogen (erster Eingang Vestibulum V 1 und Raum 19, der als Ankleideraum für das Bad diente). Etwas Ähnliches scheint man im Haus der Europa in Cuicul versucht zu haben. Die wahrscheinlich während eines Umbaus erfolgte Erweiterung eines Raums auf den großen gepflasterten »cardo« hinaus unterbrach den Portikus entlang der Hauptdurchgangsstraße; die übrige Kolonnade ließ man anscheinend unangetastet. Doch die Unterbrechung des Portikus hatte den Effekt, ihn mittels Integration in die Fassade des Hauses praktisch zu dessen Annex zu machen.

Eine einheitliche Architektur

Wie haben wir dies alles zu verstehen? Die Hausarchitektur hat gewiß Eigengesetzlichkeiten insofern, als sie bestimmte Bedürfnisse befriedigen muß. Der entscheidende Schlüssel zu ihrem Verständnis ist jedoch der direkte Zusammenhang zwischen öffentlichen Gebäuden und privaten Wohnungen. Dieser Zusammenhang hatte eine lange Geschichte (republikanische Villen in Italien besaßen in vieler Hinsicht eine auffällige Ähnlichkeit mit offiziellen Gebäuden, bis hin zur Terminologie der Zeitgenossen für ihre Beschreibung) und blieb auch in der Kaiserzeit lebendig. Ein gutes Beispiel hierfür sind die Mosaiken. Ein und dasselbe geometrische Motiv taucht an allen möglichen Bauwerken auf. Bestimmte komplizierte Muster erlauben Rückschlüsse auf das Eindringen der offiziellen Kunst in die Hausdekoration. So hat G. Picard für

Timgad: Eine von Kolonnaden und breiten Bürgersteigen gesäumte Straße in einem der neuen Quartiere am westlichen Stadtrand. Es handelt sich um die Straße nach Lambaesis, die, unter Abweichung vom rechteckigen Grundriß der ursprünglichen Siedlung, nach Norden abbiegt. Der aus der severischen Epoche stammende Bogen schmückt den Eingang zur Kolonie des Trajan. Aufgrund des raschen Wachstums der Stadt befindet er sich mittlerweile im Zentrum des Ortes. Er überwölbt die Meilensteine, die den Beginn der Fernstraßen markierten.

das Haus des Asinius Rufinus in Acholla nachgewiesen, wie die zeitgenössische Kaisermystik (Commodus sah sich als den römischen Hercules) die Wahl der Themen bestimmte.[4] Das Mosaik im »triclinium« zeigt die Arbeiten des Hercules, der als Typus aus der Regierungszeit des Commodus dargestellt ist (wie wir ihn von Abbildungen auf Münzen kennen). Zweifellos hatte der Kaiser seiner Lieblingsgottheit auch eine Statue geweiht, die wiederum den Mosaizisten von Acholla bei seiner Themenwahl inspirierte.

Das Zusammenspiel von Öffentlichem und Privatem bildete sich nicht nur in der Dekoration, sondern auch in der Architektur ab, die in beiden Sphären dieselbe Entwicklung nahm. In Privathäusern und anderen Bauwerken der späten Kaiserzeit findet sich die nämliche Tendenz zu mehrfachen Apsen und säulengestützten Bögen anstelle des herkömmlichen Architravs. Architektur und Dekoration waren so innig verschwistert, daß es gelegentlich höchst schwierig ist, bestimmte Überreste ohne Inschriften zu identifizieren. Manche öffentlichen Gebäude – z. B. Residenzen, Häuser für die offiziellen Gäste der Stadt und Gebäude für die »collegia« als Zentren der Geselligkeit – mußten ja Funktionen genügen, die denen eines Privathauses verwandt waren. Der beste Beweis dafür sind die hitzigen Diskussionen der Fachleute über die Zuordnung gewisser Bauten zum öffentlichen oder zum privaten Bereich. Bisweilen haben diese Kontroversen zu einer verläßlichen Klärung geführt, so wie beim Haus der Asclepia in Althiburos. Dieses anspruchsvolle Bauwerk schien anfänglich für eine kommunale Nutzung gut geeignet; ein dort gefundenes späteres Mosaik, eine Art Korb mit der Inschrift »Asclepia«, ließ vermuten, daß das Gebäude irgendwann einmal seine öffentliche Funktion verloren und vielleicht einen Asklepios-(Äskulap-)Kult beherbergt hatte. Diese Hypothese zerfiel, als man für den Gegenstand mit der Inschrift die richtige Deutung fand – es handelt sich um einen Kranz für den Sieger in den von Asclepius gestifteten Wettkämpfen.[5] Das Haus war also immer in privater Hand gewesen, und einer der Besitzer hatte offenbar Wert darauf gelegt, seinen Sieg in einem der Sportwettbewerbe zu verewigen, die in der Mittelmeer-Welt so zahlreich waren.

Es lohnt sich, einen Augenblick bei einem Gebäude zu verweilen, das die einheitliche architektonische Gestik der Kaiserzeit in bemerkenswerter Weise bestätigt. Die Privatbasilika des Hauses der Jagd in Bulla Regia läßt erkennen, wie die an anderen Bautypen begegnenden Probleme und Problemlösungen auf die Hausarchitektur zurückwirkten.[6] Das Bauwerk, das aus der ersten Hälfte des 4. Jahrhunderts stammt, wurde nach einem Grundriß errichtet, der eine Apsis, ein Querschiff (mit einer durch gegossene Säulen betonten Vierung) und ein langgestrecktes Längsschiff miteinander verband; das Längsschiff wurde von Nebengelassen flankiert, die in einer profanen oder religiösen Basilika den Seitenschiffen entsprochen hätten. Diese in einer Reihe angelegten Räume führten den Verkehr auf ähnliche Weise um das Haus herum wie in dreischiffigen Gebäuden. Das Ganze ist in sich stimmig und trotz zahlreicher späterer Umbauten leicht rekonstruierbar.

Verschiedene Teile des Bauwerks erinnern an identische Problemlösungen in den frühesten christlichen Kirchen. Das wirft eine der schwierigsten Fragen der antiken Architekturgeschichte auf, nämlich die Frage nach dem Ursprung der frühchristlichen Basilika. In ihr verband sich ein in Schiffe gegliederter rechteckiger Saal (das höhere Mittelschiff empfing sein Licht aus Fenstern, die höher als die seitlichen Anbauten lagen) mit einer Apsis und mehreren sekundären Komponenten, in der Regel einem Querschiff.[7] Zu diesem Thema gibt es eine reiche Literatur, die jedoch meist einer falschen Problemstellung folgt. Manche Forscher haben sich von dem Wunsch irreführen lassen, die Originalität der christlichen Architektur nachzuweisen; dahinter stand die Absicht, die Autonomie der Religion gegenüber der allgemeinen Entwicklung der Gesellschaft zu erhärten. Andere haben diesen Ansatz mit Recht verworfen, dafür aber um jeden Preis Vorläufer und Einflüsse entdecken wollen. Die Wahrheit liegt anderswo.

Es ist unbestreitbar, daß die christlichen Baudenkmäler trotz ihrer angeblichen Originalität vielfach auf architektonische Lösungen früherer Jahrhunderte zurückgreifen. Die Verwendung der Apsis zu Zwekken der Glorifizierung gehört seit Beginn der Kaiserzeit zu den häufigsten Themen profaner und religiöser Baukunst. Das gleiche gilt für die Schaffung eines großen Versammlungsraums durch abgestufte Schiffe. Dieses architektonische Repertoire wurde ständig weiterentwickelt, und besonders die späte Kaiserzeit war eine Periode bedeutsamer Veränderungen. Aber die treibende Kraft hinter diesen Veränderungen war nicht das Christentum, sondern die generelle Evolution der Architektur, die auf neue gesellschaftliche Tendenzen antwortete. Kultische Bauten wurden in der späten Kaiserzeit nach denselben Grundsätzen errichtet wie andere Gebäude. Der Begriff »christliche Architektur« paßt nur auf Bauten, die für den christlichen Gottesdienst gedacht waren und deswegen in bestimmter Weise ausgestattet wurden; er bezeichnet nicht eine eigenständige architektonische Konzeption mit neuartigen Formen oder Grundrissen.

Die Privatbasilika in Bulla Regia veranschaulicht das einprägsam. Teilweise hat sie einen kreuzförmigen Grundriß, der in der christlichen Architektur symbolische Bedeutung erlangt. Obschon Vitruv an einer Stelle von »chalcidica« spricht, d. h. von Annexen in der Transversale als Gegengewicht zu bestimmten architektonischen Elementen, gibt es keine archäologischen Anhaltspunkte für ein Querschiff in einer früheren heidnischen Basilika. Die ersten bekannten Beispiele für eine Basilika mit Querschiff sind die religiösen Bauten Konstantins in Rom und Konstantinopel. Im Zeichen der Frage nach dem architektonischen Ursprung der christlichen Basilika könnte also die Basilika mit Querschiff – dank ihrer grandiosen Umsetzung der Kreuzessymbolik – als spezifisch christliche Variante der Basilika verstanden werden.

Indes war diese ganze Diskussion von Anfang an verfehlt. Gregor von Nazianz war (um das Jahr 380) der erste, der anläßlich einer Beschreibung der konstantinischen Apostelkirche in Konstantinopel auf deren Ähnlichkeit mit dem Kreuz hinwies. Zur selben Zeit breitete sich die Kreuzesverehrung mehr und mehr aus, und so machte dieser Vergleich sofort Schule, wie z. B. im Westen die Bauten des Bischofs Ambrosius von Mailand zeigen. Dagegen blieb Eusebius diese Parallele verborgen, als er fünfzig Jahre früher dieselbe Kirche beschrieb . . . Schon diese Chronologie widerlegt jeden Versuch, den kreuzförmigen Grund-

Thugga: Haus mit Peristyl am Fuße des Kapitols (Haus mit den zwei Brunnen).

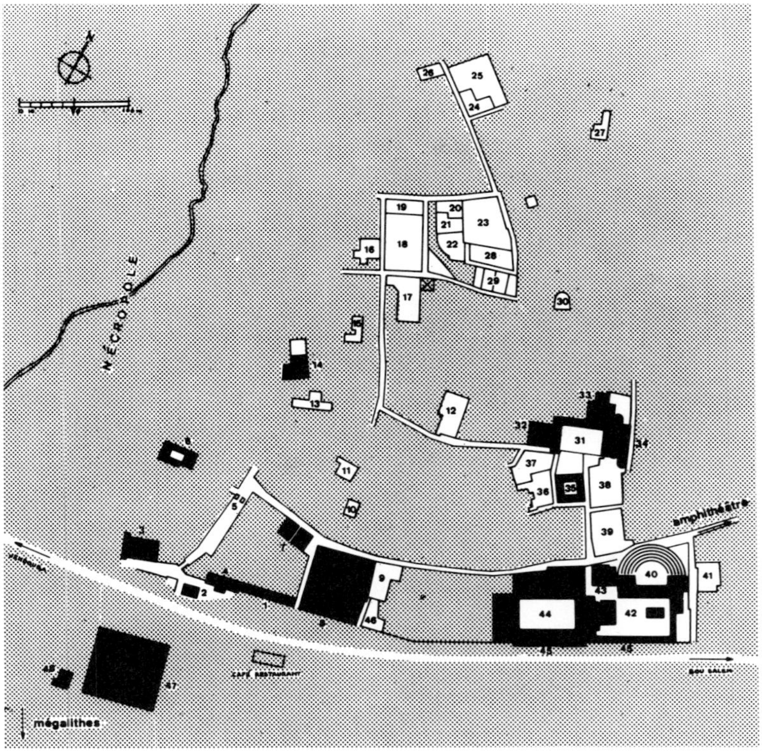

Bulla Regia (Grundriß von H. Broise in A. Beschaouch, R. Hanoune und Y. Thébert, *Les Ruines de Bulla Regia*, Rom 1977, Abb. 3). 12: Haus Nr. 3; 18–19: Insula der Jagd (die regelmäßige Form steht im Gegensatz zu den anderen Grundstücken); 23: Haus des Fischers (dessen westlicher Flügel auf Kosten einer Straße entstand). Peristyle gab es in den Häusern 10, 11 (?), 12, 13, 17, 18, 19, 21, 22, 23, 25, 28, 36 und 37, Privatbäder in den Häusern 9, 18, 23, 25, 28 und 37 (?).

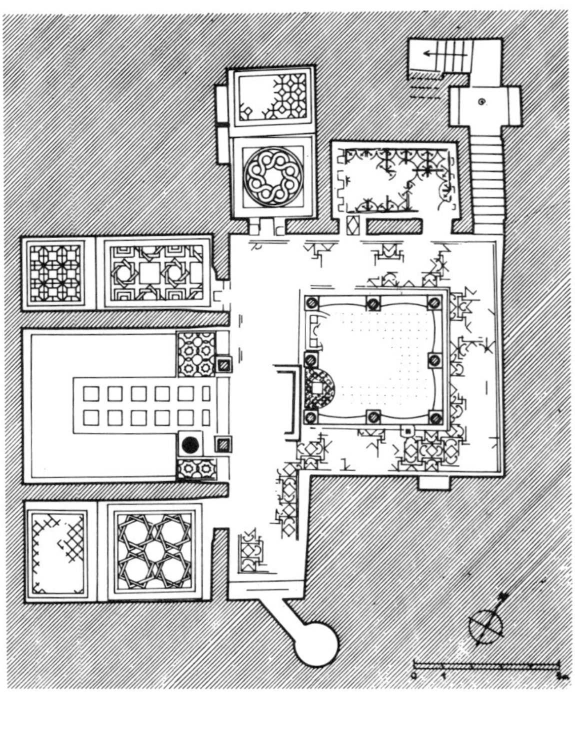

Bulla Regia, die Insula der Jagd und das südliche Kellergeschoß (Pläne von A. Olivier in *Ruines de Bulla Regia*).

riß religiös zu deuten. In Wirklichkeit verhielt es sich genau umgekehrt. Ein architektonisches Thema, das ursprünglich keine christliche Bedeutung gehabt hatte, wurde mit christlicher Symbolik besetzt.

Dies wird durch die Datierung der Privatbasilika in Bulla Regia eindrucksvoll bestätigt. Unter den konstantinischen Bauwerken und anderen Beispielen für eine kreuzförmige christliche Basilika aus dem 5. oder 6. Jahrhundert gibt es keines, das in seiner Bauweise an den Bulla-Regia-Typus gemahnte. Aufschlußreich ist nun, daß diese Lücke teilweise ausgerechnet durch ein Gebäude geschlossen wird, das zur Hausarchitektur zu rechnen ist. Es ist also durchaus sinnvoll, das Erscheinen des Querschiffs in der frühchristlichen Architektur einerseits und in höfischen Baudenkmälern sowie in sonstiger Architektur andererseits zu vergleichen. Der Vergleich ergibt, daß das Querschiff das Problem der zirkulierenden andächtigen Menge bei feierlichen Anlässen löste – ob es sich nun um die Prozession der Gläubigen um eine Reliquie handelte, den Umgang der Geistlichen um den Altar oder das Umschreiten eines Herrschers durch die Würdenträger. In Bulla Regia war das Problem dasselbe – die Parade des »dominus« vor seinen Untertanen; daher die identische bauliche Lösung, bis in die Proportionen hinein.

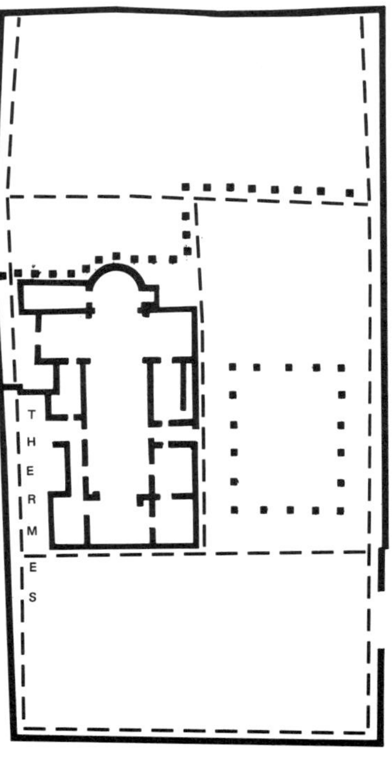

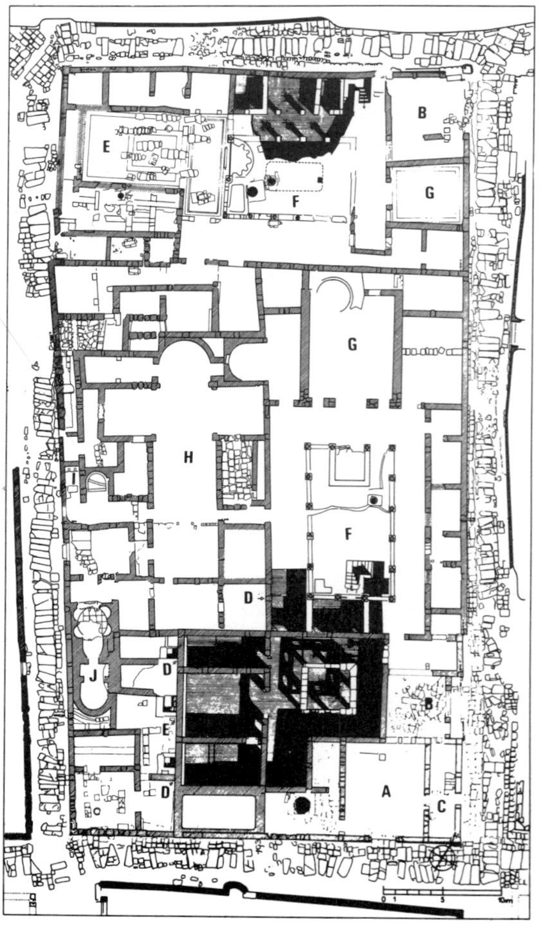

Bulla Regia (rechte Abb.). A: Hof für Fuhrwerke; B: Vestibulum; C: Treppe zu den oberen Stockwerken; D: Schlafgemach; E: Triclinium, F: Peristyl; G: Empfangsexedra; H: Privatbasilika; I: Latrinen; J: Bäder. (Linke Abb.) Die Zeichnung ist das hypothetische Schema der ursprünglichen Lage der Basilika und des großen Peristyls. Die gestrichelte Linie zeigt den Umriß des Grundstückes in hellenistischer Zeit; die gepunktete Linie zeigt die Grenze zwischem dem Haus der Jagd im Süden und dem Haus der Neuen Jagd.

Sie ist so schön, daß man sogleich an ein Meisterwerk denkt: Wird hier eine Pompejanerin mit modischen Löckchen als kultivierte Frau dargestellt, oder handelt es sich um das imaginäre Porträt der idealen Dichterin? Die Römer liebten Bilder mit einer schreibenden Frau. Aufgrund einer Konvention der Perspektive steht das linke Auge höher als das rechte – das Gesicht erscheint in leichter Profilansicht. (Neapel, Archäologisches Museum)

Pompeji, Haus der Vettii, vor 79, vielleicht vor 62 v. Chr. Ein Salon; auf dem Wandgemälde links der Knabe Hercules als Schlangentöter; rechts Bacchantinnen, die König Pientheus zerreißen, den Feind des Bacchus. Die Malereien befinden sich auf vortretenden Wänden unter einer Kassettendecke und werden von zierlichen Säulen eingerahmt. In der Ecke des Raumes scheint sich der Blick auf eine phantastische Architektur zu öffnen.

Kulissen; Mosaik aus Pompeji. Das Theater war etwas Religiöses, ebenso die Feste; deshalb die Girlanden und die frommen Bänder. Zwei Schauspieler mit einem Lendenschurz aus Tierfell stellen Satyrn dar; einer trägt eine Ziegenmaske. Bei dem Stück handelt es sich um eine »satyrische« Farce – ein klassisches Genre. Ein anderer Schauspieler probiert weibliche Masken aus. Frauen traten nur in modernen Komödien (»Mimus«) auf, und zwar als Tänzerinnen und ohne Maske. (Neapel, Archäologisches Museum)

Gelände der Villa des Hadrian in Tivoli (um 125 n. Chr.); Phantasiearchitektur in ländlicher Umgebung. Die Statuen waren Nachbildungen altgriechischer Meisterwerke. Der See liegt zwischen zwei Hügeln, von denen der eine weitere Kolonnaden, Kuppeln und einen Park mit großem Baumbestand trägt.

Teilansicht eines Bodenmosaiks, 4. Jh. Ein Mann verteilt Brot aus einem gefüllten Korb. (Aquileia, Dom)

Theoteknos, Nonnosa und Hilaritas, 5. Jh. (Katakomben des hl. Januarius, Neapel)

Bulla Regia: Haus der Neuen Jagd; Blattwerk umrankt eine Jagdszene im Triclinium.

Rückseite: Utica, Haus der Kaskade.

Bulla Regia, Mosaik aus dem Triclinium im Haus der Neuen Jagd.

Thysdrus, Haus der Monate. Mosaik der Musen: von links nach rechts und von unten nach oben Euterpe und Klio, Terpsichore und Kalliope, Urania und Erato. (El Jem, Museum)

Runde Fibeln aus vergoldetem Silber, mit Filigran- und Almandinmuster verziert.
(Straßburg, Musée Archéologique)

Der hl. Severinus behandelt den Frankenkönig Chlodwig, Fresko, 12. Jh.
(Château-Landon, Krypta der Abtei Saint-Séverin)

Chronik des Skylitzes. Die vornehme Danielis reist in der Sänfte vom Peloponnes nach Konstantinopel zu ihrem einstigen Protégé, nun Kaiser Basileios I. – Ihre Diener überreichen dem Kaiser Geschenke. – Im Alter besucht Danielis zum zweiten Male Konstantinopel und überbringt dem jungen Leon VI. Geschenke. (Madrid, Nationalbibliothek)

Oktateuch (Acht Bücher des Alten Testaments). Links: Rebekka und Isaak (vgl. 1. Mose 25, 21 ff.). Rechts: Rebekka gebärt hockend. Esau liegt bereits auf dem Boden, während die Hebamme bei Jakob Geburtshilfe leistet. (Rom, Vatikanische Bibliotheken, Gr. 747)

Psalter; Konstantinopel, spätes 11. Jh. Miriam, die Schwester Moses', führt Frauen beim Tanz an. In der Mitte Musikantengruppe. (Rom, Vatikanische Bibliotheken, Gr. 752)

Opus sectile aus einem Palast in Divanyolu, 9./10. Jh. (Istanbul, Museum)

Bulla Regia: Die Insula der Jagd von Südosten.

Die überstehenden Teile des Querschiffs bildeten zwei Quadrate, ein Konzept, das auch in der christlichen Architektur bezeugt ist und im Kaiserpalast von Ravenna möglicherweise ebenfalls Anwendung fand.[8]

Besonders auffällig an diesen Bauwerken sind die geometrische Gliederung des Raums durch Längsschiffe und die Einführung einer Transversalachse. Diese Gliederung läßt die verschiedenen Bauvolumina zu einem Mittelpunkt hinstreben. Bei dieser Raumaufteilung dominiert eine bestimmte, privilegierte Stelle im Bauwerk über andere Zonen, die den Teilnehmern oder Zuschauern vorbehalten sind; demgegenüber erheischt z. B. ein Beratungssaal einen zentrierten Grundriß und räumliche Einheitlichkeit. Der kreuzförmige Grundriß spiegelt die Unterwerfung unter einen Kaiser, Bischof oder Adligen wider. Zuschauer werden in die Längsschiffe verbannt, wo sie gehalten sind, starr nach vorne zu schauen und die Vorgänge in der Apsis zu verfolgen. Das Querschiff verstärkt diese Fokussierung und erleichtert die hierarchische Plazierung der Würdenträger. Vergleichbare Bedürfnisse führten zu parallelen baulichen Lösungen; sie konnten auf ein umfassendes Repertoire an Techniken zurückgreifen und modifizierten diese nach Maßgabe von Erfordernissen, die zwar nicht neu, aber vordringlich geworden waren. Das Gebäude in Bulla Regia beweist, daß selbst eine so charakteristische architektonische Lösung wie die Basilika mit Querschiff keine Besonderheit religiöser Bauten war. Es ist ein bemerkenswerter Beleg für die Einheitlichkeit der architektonischen Produktion.

Eine dynamische Architektur

Betrachten wir die Hausarchitektur im römischen Afrika in ihrer Gesamtheit, so sehen wir mehrere Jahrhunderte mit tiefgreifenden Veränderungen vor uns, die auch das private Leben berührten. Veränderungen von Grundriß, Volumen und Dekoration wirkten sich auf das Hausinnere aus und machten mitunter umfangreiche Renovierungsarbeiten nötig, ja, bisweilen sogar den Umbau der äußeren Gestalt des Gebäudes. Die Beschäftigung mit den großen »domus«, die sich die Eliten errichteten, mag uns also das Verständnis des prekären Begriffs »Quartier« erleichtern.

Die Struktur einer Wohnung hing davon ab, ob sie in einem dichtbesiedelten Quartier oder in einem aufstrebenden Randviertel lag. Klar ausgeprägt war dieser Unterschied in Städten, die sich aus einer Kolonie entwickelt hatten – hier hob das Straßennetz in der Stadtmitte »insulae« (Inseln oder Blöcke) heraus, auf denen gebaut werden konnte. Diese Insulae taugten jedoch nicht für den Bau großer Häuser, weshalb diese in den Randbezirken der Stadt entstanden, wo es weniger bauliche Hemmnisse gab.

Ein gutes Beispiel ist Timgad. In dieser Kolonie, einer Gründung Trajans aus dem Jahre 100 n. Chr., wurde das ursprüngliche Stadtgebiet in Parzellen mit jeweils rund 400 Quadratmetern aufgeteilt. Nur das Forum und einige wenige öffentliche Bauten überschritten diese Größe und erstreckten sich über mehrere Insulae. Die Privathäuser, die ungefähr drei Viertel des so aufgeteilten Grund und Bodens einnahmen, mußten sich dem vorgegebenen Straßennetz anpassen. Gelegentlich wurden einzelne Insulae in kleinere Grundstücke unterteilt und mehreren Eigentümern zugeschlagen. Dieser Stadtentwicklungsplan spiegelte eine relativ homogene Zusammensetzung der Gesellschaft und war dem Bau großer »domus« abträglich; nur wenigen Hausbesitzern gelang es, ihren sozialen Ehrgeiz durch ein bescheidenes Peristyl zu bekunden.

Manche großen Häuser waren zehnmal so groß wie die Insulae in der Stadtmitte. Solche Pracht konnte sich natürlich nur am Stadtrand entfalten, und so griffen diese Quartiere bald über die ursprüngliche Stadtgrenze hinaus. Es entstanden Häuser direkt an der Stelle der einstigen Stadtmauer, die von Grundstücksspekulanten niedergerissen worden war. J. Lassus hat dieser Zweckentfremdung von öffentlichem Raum (d. h. der Stadtbefestigung) im Interesse einiger vermögender Privatleute eine eigene Untersuchung gewidmet.[9] Im westlichen Bezirk der Stadteinfriedung, der später, mit dem Ausgreifen der Stadt nach Westen, Teil des Zentrums wurde, stellte man für wohlhabende Einwohner einen 22 Meter breiten Geländestreifen bereit. Dabei kam den glücklichen Nutznießern zugute, daß die Rücksichten auf das ursprüngliche Straßennetz aufgegeben wurden. Die Straßen wurden nicht in das neuerschlossene Gebiet hinein fortgesetzt, sondern brachen davor ab. So beförderte das Wachstum der Stadt die gesellschaftliche Differenzierung der Quartiere. Die Häuser der Vornehmen entstanden nicht in der

Bulla Regia: das Haus der Jagd. Blick von Süden. Im Vordergrund das Nebenperistyl und Kellergeschoß; im Hintergrund das Hauptperistyl.

Altstadt mit ihrer auf sozialer Homogenität gegründeten Straßenanlage. Vielmehr eigneten sich die Reichen das neue, durch Niederlegung der Stadtmauer gewonnene Bauland an und sorgten dafür, daß hier die ursprünglichen, für die Stadtmitte geltenden kommunalen Beschränkungen unwirksam blieben.

Nicht überall läßt sich die Entstehung einer afrikanischen Stadt so genau verfolgen, doch war Timgad kein Einzelfall. Der Stadtkern von Banasa in Marokko besteht aus einem rechtwinkligen Straßenmuster, das vermutlich aus der augusteischen Periode stammt, in der die Kolonie gegründet wurde. Die weitere Entwicklung der Stadt erinnert an Timgad: Die meisten großen Häuser entstanden vor der Stadt, außerhalb des ursprünglichen Schachbretts.

Nicht grundsätzlich anders entwickelten sich Städte, die nicht von Anfang an nach diesem Rechteckschema geplant worden waren. Allerdings war hier die urbane Struktur minder festgelegt, und so wurden im Laufe der Zeit auch in der Nähe des Stadtzentrums luxuriöse Häuser errichtet, so in Thugga und in Bulla Regia – hier entstanden in der Nachbarschaft des Forums Häuser auf so großen Grundstücken, daß die Räume rund um ein Peristyl angeordnet werden konnten. Gleichwohl können sich diese zentral gelegenen »domus« nicht mit den prächtigen afrikanischen Häusern messen.

Warum die Häuser der Reichen dort standen, wo sie standen, läßt sich also ohne Beachtung der jeweiligen Stadtgeschichte nicht sagen. In den dynamischen Städten bildeten sich vornehme Quartiere am Rande des Zentrums, unabhängig davon, wie dieses strukturiert war. In dieser Hinsicht hatte Volubilis große Ähnlichkeit mit Timgad, obwohl es keinen streng rechtwinkligen Grundriß hatte. Das Wohngebiet der Altstadt zeichnete sich jahrhundertelang durch seine bescheidenen Dimensionen aus; Peristyle waren selten. Auch hier entstanden die großen Häuser am Stadtrand, zumal an der Nordostecke, deren Erschließung jedem Grundbesitzer ein Anwesen von mindestens 1200 Quadratmetern bescherte. Der Gang der Dinge war genau derselbe wie in Timgad: Die Erweiterung der bebauten Fläche ging mit einer sozialen Differenzierung der Bevölkerung einher. Anstatt das dicht besiedelte Stadtzentrum zu renovieren, erweiterten die Bürger lieber ein Vorortgebiet zu einem vornehmen Quartier.

In kleineren, weniger dynamischen Städten war die Lage anders. Hier war die lokale Elite genötigt, Baugelände in der Altstadt aufzutreiben. So kam es, daß die Reichen Grundstücke kauften und Häuser bauten, wo es gerade ging. Sie mußten sich damit abfinden, daß der Bauplatz mitunter ungünstig geschnitten und für ihre weitausgreifenden Projekte zu klein war.

In diesem Zusammenhang erscheint mir eine Einzelheit der Hausarchitektur bemerkenswert, über die viel Schweiß und Tinte vergossen worden ist, nämlich die Kellergeschosse, die sich in einigen Luxushäusern in Bulla Regia finden. An sich ist an dieser Bauweise nichts Ungewöhnliches; sie ist ein Merkmal der römischen Architektur. Zwar waren Kellergeschosse in flachem Gelände wie dem von Bulla Regia eher selten, doch gibt es anderswo Parallelen. Tatsache bleibt aber, daß Bulla

Bulla Regia: das Haus der Jagd. Das Peristyl des Kellergeschosses von Osten.

Regia die einzige uns bekannte römische Stadt ist, in der man systematisch Gebrauch von der Idee machte, den verfügbaren Raum zu erweitern, indem man in die Tiefe ging.[10] Die klimatischen Vorteile dieser Bauweise liegen auf der Hand, sind freilich keine hinreichende Erklärung. Es gibt viele andere Orte mit ebenso heißen Sommern bzw. kalten Wintern, in denen eine vergleichbare Architektur nicht vorkommt. Die These, daß es in Bulla Regia eine lokale Architektenschule gegeben habe, ist zwar interessant, verschiebt aber nur das Problem. Warum diese Schule an diesem Ort? Die einzig mögliche Erklärung scheint der Platzbedarf der lokalen Eliten angesichts einer stagnierenden Stadt zu sein. Derlei kostspielige Arbeiten hätten die Reichen nicht in Angriff genommen, wenn sie irgend zu vermeiden gewesen wären. Ausgrabungen an der Peripherie dieser alten punisch-numidischen Stadt beweisen, daß ihr Wachstum an den ehrwürdigen Stadtmauern aufhörte. Ein städtisches Außenquartier von nennenswerter Größe entstand nicht, und die herrschende Klasse, die sich nicht in neuen Stadtbezirken ausbreiten konnte, war gezwungen, eine unterirdische Bauweise zu wählen.

Der Vorgang verdeutlicht bestimmte Gesetzmäßigkeiten bei der Entwicklung afrikanischer Städte. In expandierenden Städten bauten sich die Eliten aus Platzgründen ihre Wohnungen an der Peripherie. In minder dynamischen Städten war der Gegensatz zwischen den einzelnen Quartieren weniger stark ausgeprägt, und Luxushäuser mußten wohl oder übel in einem bescheidenen Rahmen errichtet werden. Freilich darf man die Enge und Starrheit der alten Stadtzentren auch nicht überschätzen; trotz ihrer zähen Lebenskraft wurden sie im Laufe der Jahrhunderte immer wieder erneuert. Der einfachste und häufigste Vorgang war die Zusammenlegung mehrerer kleinerer Grundstücke zu einem größeren. In Bulla Regia sind an der Insula mit dem Haus der Jagd Spuren einer früheren Teilung in vier gleich große rechteckige Grundstücke erkennbar. Zwei davon lagen an der östlichen bzw. westlichen Außenseite der Insula; die beiden anderen, in Nord-Süd-Anordnung, lagen in der Mitte. Ein solches Verfahren fügt sich in eine Stadtplanung, deren Ziele ein Blick auf den Stadtplan sogleich hervortreten läßt. Im Gegensatz zu früher entdeckten Insulae von unregelmäßigem Umriß und in planloser Straßenlage befand sich die Insula mit dem Haus der Jagd in einem streng rechtwinkligen Straßengefüge. Ausgrabungen haben ergeben, daß dieser Stadtplan in hellenistischer Zeit unter einem numidischen Herrscher entworfen wurde und bis in das westliche Quartier der Stadt ausgriff, obwohl wir heute nicht sagen können, wie weit.

In hellenistischer Zeit wurde also dieses Quartier (denn zu diesem Zeitpunkt war es kein jungfräulicher Boden mehr) umgebaut. Die dabei befolgten Grundsätze waren griechisch inspiriert, wobei die Strenge ihrer Anwendung an die Schematik späterer römischer Kolonien erinnert, obschon der historische Zusammenhang natürlich ein anderer war. Die ursprünglichen Grundstücke, rund 500 Quadratmeter groß, erlaubten bestenfalls ein kleines Peristyl, und die Überreste des Hauses, das einst auf dem südlichen Grundstück stand, beweisen, daß zumindest *ein* solches Peristyl wirklich gebaut worden ist. Drei Jahrhunderte lang gab der hellenistische Stadtentwicklungsplan den zum Bauen verfügbaren Platz vor. Erst in der severischen Zeit, wahrscheinlich zu Beginn des 3. Jahrhunderts, wurden das südliche und das mittlere östliche Grundstück zusammengelegt. Nun konnte der Grundriß des Gebäudes geändert werden. Auf der Nordseite entstand ein großes Peristyl, während auf der Südseite ein kleineres ins Freie führte. Dieser Expansionswunsch blieb über Jahrhunderte hinweg bestehen und verrät reale Bedürfnisse. Um die Mitte des 4. Jahrhunderts konnte der damalige Hausbesitzer das zweite mittlere Grundstück hinzuerwerben; nur ein kleiner Teil davon wurde an den Besitzer des nördlichen Grundstücks abgetreten. Damit war Platz für den Bau eines privaten Bades und einer Basilika gewonnen. In anderthalb Jahrhunderten war das Gebäude auf das Dreifache gewachsen und sein Grundriß völlig umstrukturiert worden. In einem von jeher dichtbesiedelten Quartier unweit des Stadtzentrums war auf einer Fläche von 1500 Quadratmetern eine veritable »domus« entstanden.

Ein derartiges Vorgehen war häufig und eines der wirksamsten Mittel städtischer Umgestaltung. Im alten Zentrum von Volubilis, wo die Grundstücksgröße im Durchschnitt 500 Quadratmeter betrug, war das einzige große Haus das Haus des Orpheus mit über 2000 Quadratmetern Grund, die aus der Zusammenlegung von vier oder fünf Einzelgrundstücken entstanden waren. Auf dieselbe Weise wurde im Herzen Cuiculs für eine Reihe imposanter Bauten Platz geschaffen: Das Haus der

Europa, auf fast 1400 Quadratmetern Grund, weist noch Spuren der ursprünglichen Einzelgrundstücke auf, auf denen es errichtet wurde.

Es gab noch eine andere Möglichkeit: Hausbesitzer, die ihr Anwesen vergrößern wollten, bauten ungeniert in die Straße hinein, was oft eine Behinderung des Durchgangsverkehrs nach sich zog. Seit der Ausgrabung der Insula mit dem Haus der Jagd können wir die Ausbreitung dieses Gebäudes genau verfolgen. Da das Haus der Jagd in seinem endgültigen Zustand die Regelmäßigkeit des ursprünglichen Grundstücks bewahrt hat, hat man zunächst angenommen, daß die Erweiterung ein einmaliger Vorgang war oder daß jedenfalls stets eine ganze Wand auf einmal umgesetzt wurde. In Wirklichkeit verhielt es sich anders, die Baugeschichte dieser Insula besteht aus einer ganzen Serie von Umbauten. Anscheinend nutzten die Hausbesitzer die Ausbesserung des Straßenpflasters (im Anschluß an eine Anhebung des Straßenniveaus zur Installation eines Abwassersystems), um einen Teil der Hausfassade zu erneuern. Die Nischen, die zuvor die Fassaden belebt hatten, wurden allmählich vom Hauskörper absorbiert, bis schließlich der ursprüngliche Grundriß, aber in größerem Maßstab, wiederhergestellt war. Die Erweiterung des Gebäudes zur Straße hin erfolgte nicht planlos, und die ganze Operation scheint mit Billigung der örtlichen Behörden geschehen zu sein. Hierfür spricht der gescheiterte Versuch des Besitzers des Hauses der Jagd, sich auf Kosten der westlich am Grundstück vorbeiführenden Straße ein Becken für sein Privatbad zu bauen. Das war ziemlich spät, frühestens um die Mitte des 4. Jahrhunderts. Das Becken wurde jedoch sorgfältig wieder aufgefüllt, vermutlich nachdem die Verwaltung protestiert hatte. Mindestens bis zum 4. Jahrhundert scheinen die Behörden stark genug gewesen zu sein, derlei eigenmächtige »Korrekturen« des Katasters zu verhindern. Das gilt vor allem für einheitlich organisierte bauliche Großprojekte. So wurden in Utica die Fassaden mehrerer Insulae ohne Beeinträchtigung der Fluchtlinie zur Straße hin vorverlegt.

Dennoch ist nicht zu bezweifeln, daß den versteinerten Quartieren der Stadtmitte mit solchen Mitteln nicht immer beizukommen war. Untersuchungen der Insula, auf der das Haus der Jagd steht, ergaben, daß fünfhundert Jahre nach Einführung des ursprünglichen hellenistischen Straßenrasters das Grundstück dieses Hauses um lediglich 200 Quadratmeter oder zehn Prozent seiner ursprünglichen Fläche gewachsen war. Da war es schon rentabler, gleich die ganze Straße mit Beschlag zu belegen. Damit okkupierte man nicht nur mehr öffentlichen Raum; man konnte nun auch Grundstücke zusammenlegen, die zuvor durch eine Verkehrsader voneinander getrennt waren, und schlug den Stadtplanern ein Schnippchen. In Bulla Regia verwandelte die Erweiterung des Hauses des Fischers eine kleine Straße in eine Sackgasse; die Fußgänger landeten vor einer Mauer, hinter der das erweiterte Gebäude stand. Im mittleren Teil der Kolonialstadt Timgad war eine solche Verbindung von Grundstücken durch Zweckentfremdung der zwischen ihnen liegenden Straße die einzige Möglichkeit, die Grundfläche einer Insula nennenswert zu vergrößern.

Alle diese Vorfälle berühren das Verhältnis zwischen öffentlichem und privatem Raum im Innern der Stadt – ein Verhältnis, dessen juristischer Aspekt nicht übersehen werden darf. Das römische Recht hatte von Anfang an mit den juristischen Details zu tun, die das Nebeneinander von öffentlichem und privatem Raum implizierte; vor allem mußten die jeweiligen Rechte benachbarter Grundstückseigentümer miteinander in Einklang gebracht werden. Der Eingriff des Staates wurde in der Kaiserzeit deutlich spürbar; das beweist ein Senatsbeschluß von 45 oder 46 n. Chr., der sich mit der Grundstücksspekulation in Rom befaßt. Allmählich bildete sich die Vorstellung eines »öffentlichen Interesses« im Gegensatz zu den Interessen der privaten Grundstückseigner heraus. Als diese Entwicklung in der späten Kaiserzeit zu ihrem Abschluß gekommen war, lag eine Rechtsprechung vor, die das komplexe neue Verhältnis zwischen Rechten des Einzelnen und staatlicher Prärogative spiegelte.[11] Durch bestimmte Maßnahmen setzte der Staat seine Rechte als vorrangig. Ende des 4. Jahrhunderts gab es ein förmliches Verfahren zur Zwangsenteignung von privatem Grundbesitz, der für öffentliche Zwecke benötigt wurde.

Die Situation war gleichwohl kompliziert. Zahlreiche Vorfälle beweisen die Ohnmacht der Behörden, wenn öffentliche Bauten von Privatpersonen zweckentfremdet und durch Errichtung von Bretterzäunen oder improvisierten Mauern verschandelt wurden. Schon Ulpian, ein Jurist aus der severischen Zeit, mußte sich diesem Problem stellen: Er vertrat die Ansicht, daß es Sache des Provinzstatthalters sei, darüber zu befinden, ob jemand, der sich an öffentlichem Eigentum vergriffen hatte, mit einer Geldstrafe zu belegen oder zu verbannen sei; die Entscheidung müsse im Einklang mit den Interessen der Stadt stehen. Ein Text aus dem Jahre 409 belegt anschaulich, daß die Zentralregierung sogar in der Hauptstadt auf ihrem ureigenen Gebiet Rückzugsgefechte schlug: »Jedes Gelände im Palast Unserer Stadt [Konstantinopel], auf welchem unbefugte Privatbauten errichtet worden sind, ist durch Abriß besagter Gebäude unverzüglich in seinen ursprünglichen Zustand zu versetzen. Der genannte Palast darf nicht durch private Mauern in seiner Entfaltung behindert werden; die Regierung hat ein Anrecht auf offenes Gelände, das von allem anderen Eigentum isoliert ist« (*Codex Theodosianus* XV 1, 47). Die Behörden suchten einerseits Übergriffe auf öffentlichen Grund abzuwehren, andererseits steuerlichen Nutzen aus diesem Mißbrauch zu ziehen. (*Codex Theodosianus* XV 1, 4, 3.) Die allgemeine Tendenz ist klar, wenngleich sie nicht geradlinig ist: Privateigentum wurde vom Staat nach Möglichkeit nicht behelligt. Die Texte der Gesetze, über deren Wirksamkeit und Anwendung wir wenig wissen, erlauben keine Rückschlüsse auf die Haltung der lokalen Behörden, auf die an bestimmten Stellen der kaiserlichen Gesetze angespielt wird (z. B. *Codex Theodosianus* XV 1, 33, 37 und 41). Die Ausgestaltung des Verhältnisses zwischen Privateigentum und öffentlicher Sphäre blieb jeweils der Stadt überlassen und hing von Vereinbarungen und Machtstrukturen ab, die von Ort zu Ort und zu verschiedenen Zeiten erheblich variierten. Streitigkeiten werden selten dokumentiert. Eine Inschrift in Pompeji aus der Zeit des Vespasian erwähnt einen Tribun, der die Wiederherstellung öffentlicher Ländereien verlangte, die von Privatleuten usurpiert worden waren (*CIL* X, 1018 = Dessau 5942). Meist wissen wir von solchen Vorkommnissen nur durch archäologische Zeugnisse. Die Geschichte der Insula der Jagd in Bulla Regia mit den erfolgreichen, wenn auch geringfügigen Übergriffen auf öffentlichen Grundbesitz und den diversen von den Behörden vereitelten Versuchen, diese Grenzen zu überschreiten, läßt erkennen, wie komplex die Entscheidungen bisweilen waren.

Das Innere des Hauses

Die Innenausstattung der »domus« wirft eine entscheidende Frage auf: Lebten die Reichen – so wie z. B. die französische Aristokratie – in einem festen architektonischen Rahmen, der sich nur langsam veränderte? Gewiß gab es Kontinuität. Viele Mauern überstanden unangetastet die Jahrhunderte, und die markanten Konturen eines Hauses blieben sich über lange Zeit gleich. Das gilt insbesondere für Häuser, die in einem Zuge und auf großen Grundstücken errichtet wurden. Verbesserungen, wie etwa Mosaikdekorationen, blieben jahrelang unverändert. In älteren Häusern sind die Mosaikfußböden oft von ganz unterschiedlichem Alter. Selbst wertvolle Möbelstücke scheint man von Generation zu Generation weitergegeben zu haben; entweder wurden sie vererbt oder im aufblühenden Kunsthandel erworben. Das hat eine Untersuchung marokkanischer Bronzemöbel gezeigt.[12] Die Archäologen stellen fest, daß Bruchstücke von teilweise sehr alten Luxusgegenständen aus zeitlich späten Schichten von Ausgrabungsstätten stammen – aus der Zeit, in der die Städte verlassen wurden. In einem Zimmer des Hauses des Venusgefolges in Volubilis hat man verschiedene Bruchstücke vermutlich ein und desselben Bettes gefunden, darunter zwei aufschlußreiche Bronzeornamente. Das eine, ein prachtvoller Maultierkopf, stammt aus dem 1. Jahrhundert; das andere, der Kopf eines Silens, ist von mittelmäßiger Qualität und stammt aus späterer Zeit. Hier haben wir ein konkretes Beispiel dafür, wie ein wertvoller Gegenstand, nämlich das Bett, über lange Zeit hin benutzt wurde. Offenbar ist es von einem örtlichen Bronzeschmied restauriert worden, dessen Kunstfertigkeit derjenigen seiner Vorgänger nicht gewachsen war.

Diese Kontinuität sollte allerdings nicht über einen wichtigen Tatbestand hinwegtäuschen. Das Hausinnere wurde häufig verändert, was indes nur durch sorgfältige Ausgrabungen zu rekonstruieren ist. Wer würde sogleich vermuten, daß am großen Peristyl im Haus der Jagd in Bulla Regia, mit der großen Exedra im mittleren Teil der nördlichen Kolonnade, umfassende Veränderungen vorgenommen wurden? Ursprünglich gab es keinen Raum, der nach Osten ging. Der Hof (anfangs von 6 × 5 Säulen umgeben anstatt wie jetzt von 6 × 4) und der Portikus nahmen die ganze Breite des neu annektierten Grundstücks ein. Der für die kleinen Zimmer des Ostflügels benötigte Raum kam erst später hinzu, durch eine Verkleinerung des Peristylhofs und eine Vorverlegung der Fassade nach Osten, in die Straße hinein.

Tatsächlich gibt es kein Haus, in dem nicht kleinere Veränderungen

Bulla Regia, Haus der Jagd: Das Peristyl im Keller von Nordosten.

vorgenommen wurden, sei es an der Form eines Zimmers, sei es an der Straßenfront. Mitunter fiel die Renovierung so gründlich aus, daß sie den Charakter des Hauses vollständig verwandelte. So geschah es mit dem Haus der Neuen Jagd in Bulla Regia. In der zweiten Hälfte des 4. Jahrhunderts ließ sein Besitzer einen Keller ausheben, der zwar relativ klein war, aber dennoch den Abriß fast des gesamten Nordflügels erforderlich machte. Gleichzeitig wurden zahlreiche Mosaikfußböden im Erdgeschoß ersetzt. Verändert wurde nicht nur die bauliche Struktur des Hauses, sondern auch die Dekoration.

Angesichts der Häufigkeit und des Ausmaßes solcher Hausrenovierungen mag man sich fragen, wie diese Arbeiten geplant und ausgeführt wurden. Eine Antwort darauf liefert die Untersuchung der erhaltenen Ruinen.

Der Keller des Hauses der Jagd in Bulla Regia entstand in severischer Zeit nach einem ziemlich einfachen Plan. Er besteht in der Hauptsache aus einem kleinen, quadratischen Peristyl, dessen zentraler Hof von acht Säulen gesäumt wird. Nur an zwei Seiten gab es noch weitere Räume: im Norden den Treppenaufgang und im Westen den Hauptflügel. Die Anlage des Hauptflügels war von klassischer Schlichtheit. Ein großer Saal mit drei Öffnungen (ein Triclinium oder Speisesaal) wird von zwei Schlafzimmern flankiert, deren Türen asymmetrisch zu den Achsen der Schlafzimmer liegen und die Dreigliedrigkeit des Speisesaals hervorheben. Der Plan ist also konsequent und basiert auf Grundsätzen der Hierarchie und der Symmetrie. Der Bau selbst zeigt jedoch befremdliche Unregelmäßigkeiten; auffallend ist vor allem die Art, wie das Peristyl mit dem westlichen Flügel verbunden ist. Diese beiden Hauptelemente stehen nämlich versetzt gegeneinander, so daß das Grundprinzip der Symmetrie, das im Hauptflügel herrscht, beim Übergang zum Säulenhof verletzt wird. Es entsteht ein Bruch, der die Gesamtwirkung stark beeinträchtigt.

Wie ist das zu erklären? Heißt das, daß der Besitzer oder seine Handwerker sich nicht genug um die konkreten Bauarbeiten gekümmert haben? Oder haben sie vielleicht den klassischen Bauplan mißverstanden, weil sie afrikanische Provinzler waren? Es ist reizvoll, diese Frage im Lichte neuerer Studien über die antike Lebensweise zu erörtern.

Die Autoren derartiger Studien versuchen, genauer zu bestimmen, was unter »kunsthandwerklicher Produktion« zu verstehen ist. Dieser Versuch ist insofern berechtigt, als er einem allzu ästhetisierenden Bild von der Antike entgegenwirkt, doch kann man ihn auch übertreiben. Zwar dient es der Entmystifizierung des Mosaizistenhandwerks, wenn man ein Wand- oder Bodenmosaik mit einem modernen Teppich bzw. einer Tapete vergleicht, aber man übersieht dabei leicht die grundlegenden Unterschiede und die Anpassungsfähigkeit der Handwerker. Die repetitive Tendenz der antiken Architektur und Dekoration besagt an sich noch nichts; sie hat vielleicht mehr mit den konstanten Bedürfnissen der herrschenden Klassen zu tun als mit der mechanischen Natur der Arbeit.

Die erwähnten Autoren unterschätzen zudem die Rolle des Kunden bei der Ausführung des bestellten Werks. Dem Kunden sei es vor allem auf die Gesamtstruktur von Plan und Dekoration angekommen. Der Grundstückseigentümer habe, sei es aus ungenügendem Interesse, sei es aus Inkompetenz oder aus Mangel an Gelegenheit, keinen entscheidenden Einfluß auf das von ihm finanzierte Werk gehabt.

In ihrer Gesamtheit machen diese Argumente, sofern sie zutreffen, die Vorstellung eines »Bauprogramms« zunichte, die voraussetzt, daß der Hausbesitzer weiß, was er will, und die Arbeiten sorgfältig überwacht und daß die Handwerker flexibel sind und tun, was man ihnen aufträgt. Demnach bestünde auch kein Anlaß, die Unregelmäßigkeiten im Keller des Hauses der Jagd näher zu analysieren; es genügte festzustellen, daß sie existieren und wie sie die Lebensqualität beeinflußten.

Eine Ausgrabung am Haus der Jagd hat jedoch den wahren Grund für die strukturellen Unregelmäßigkeiten ans Licht gebracht. Der Keller entstand nämlich an der Stelle einer bereits vorhandenen unterirdischen Kammer, die gänzlich umgestaltet wurde. Das jetzige Peristyl steht dort, wo früher die Räume lagen, die nach Westen gingen, entlang dem westlichen Portikus. Nord- und Westflügel sind zum größten Teil Neubauten. Dies erklärt die Unregelmäßigkeit, nämlich die Achsenverschiebung zwischen Triclinium und Peristyl. Die Logik der Umbauarbeiten wird damit klar. Der Eigentümer zog in Betracht, was bereits vorhanden war, und rechnete sich aus, was die gewünschten Umbauten kosten würden. Nach Abwägung seiner Wünsche und der Kosten entschied er sich für einen Kompromiß, der das beste Kosten-Nutzen-Verhältnis versprach.

Eine sorgfältige Prüfung der Architektur und des Dekors ergibt, daß der Hausbesitzer die Unregelmäßigkeiten tunlichst zu kaschieren suchte, die sich aus der Einbeziehung der vorhandenen Mauern ergaben. Um die beiden Hauptachsen so weit wie möglich in eine Linie zu bringen, wurde das nördliche Schlafzimmer kleiner gemacht als das südliche, so daß man das Triclinium nach Norden rücken konnte. Aus demselben Grund ist der nördliche Portikus breiter als der südliche, um die Kolonnade ihrer Idealposition näherzubringen. Vor dem mittleren Joch des Tricliniums wurde außerdem das geometrische Mosaik an dem Portikus durch eine malerische Szene unterbrochen, die heute zerstört ist. Der nördliche Rand dieser Malerei war leicht abgeschrägt, um den Pfeiler des Tricliniums möglichst harmonisch mit der Säule des Peristyls zu verbinden. Und obwohl gewisse Unregelmäßigkeiten bestehen blieben, die aus der Einbeziehung der alten Mauern resultierten (so die Verkürzung des Südendes des westlichen Portikus), erschienen andere Mängel als inakzeptabel und wurden unter beträchtlichem baulichen Aufwand beseitigt. Beispielsweise wurde die südliche Wand des Peristyls neu errichtet, um ihm die quadratische Form zu geben. Durch Ausgrabungen ist die ursprüngliche Wand des alten Kellers zum Vorschein gekommen, die ihrer schiefen Ausrichtung wegen unbrauchbar war.

In diesem Fall spricht also nichts für Inkompetenz, Gleichgültigkeit oder Provinzialismus. Der Hausbesitzer wollte offenkundig ein Vorhaben verwirklichen, das bewußt widersprüchliche Elemente in sich vereinigte, und suchte dafür den optimalen Kompromiß. Typisch für die schließlich gefundene Lösung ist die Art, wie der Übergang des Westflügels zum Peristyl gestaltet wurde. Da es nicht möglich war, die beiden Achsen in eine Linie zu bringen, manipulierten die Baumeister die Räume dergestalt, daß die Volumina auf einer gemeinsamen Diagonale liegen, die sich von der Nordostecke des Peristyls durch zwei der Ecksäulen zur Südostecke des Tricliniums erstreckt. Damit war zwar das Prinzip strenger Symmetrie aufgegeben, aber der Entwurf war dennoch kraftvoll und erzeugte eindrucksvolle optische Effekte.

Dieses Beispiel macht deutlich, daß man Urteile über die Qualität oder Bedeutung von Hausarchitektur niemals auf den äußeren Anschein stützen darf. Viele Ungereimtheiten erklären sich aus konstruktionsbedingten Schwierigkeiten oder aus dem Zwang zu einem optimalen Kosten-Nutzen-Verhältnis. Bevor man »Unvollkommenheiten« moniert, sollte man sich vergewissern, ob sie nicht der Logik des zugrunde liegenden Plans entspringen.

In ähnlicher Weise könnte man den Keller des anderthalb Jahrhunderte später entstandenen Hauses neben dem Haus der Neuen Jagd analysieren. Und J.-P. Darmon hat in seinem Buch *Nymfarum Domus* auf das Zusammenwirken von Architekt und Mosaizist beim Bau des Hauses der Nymphen in Neapel hingewiesen. Der Architekt achtete darauf, die Achse der Kolonnade nicht ganz genau zu zentrieren, während der Mosaizist das Bodenmosaik unauffällig verzog, um die Illusion

Thugga: Eingangshalle des Trifolium-Hauses.

eines rechteckigen Peristyls hervorzurufen, während es in Wirklichkeit trapezförmig war.[13] Die Häuser der Herrschenden wurden nicht mechanisch entworfen und litten auch nicht an Gleichförmigkeit, mangelnder Planung oder Inflexibilität der baulichen Realisierung. Die Häuser wurden geplant – manche gründlicher, andere weniger gründlich –, und die Hausbesitzer spielten eine bedeutsame Rolle bei der Entwicklung des Bauplans, der ihre Bedürfnisse und ihre finanziellen Möglichkeiten widerspiegelte.

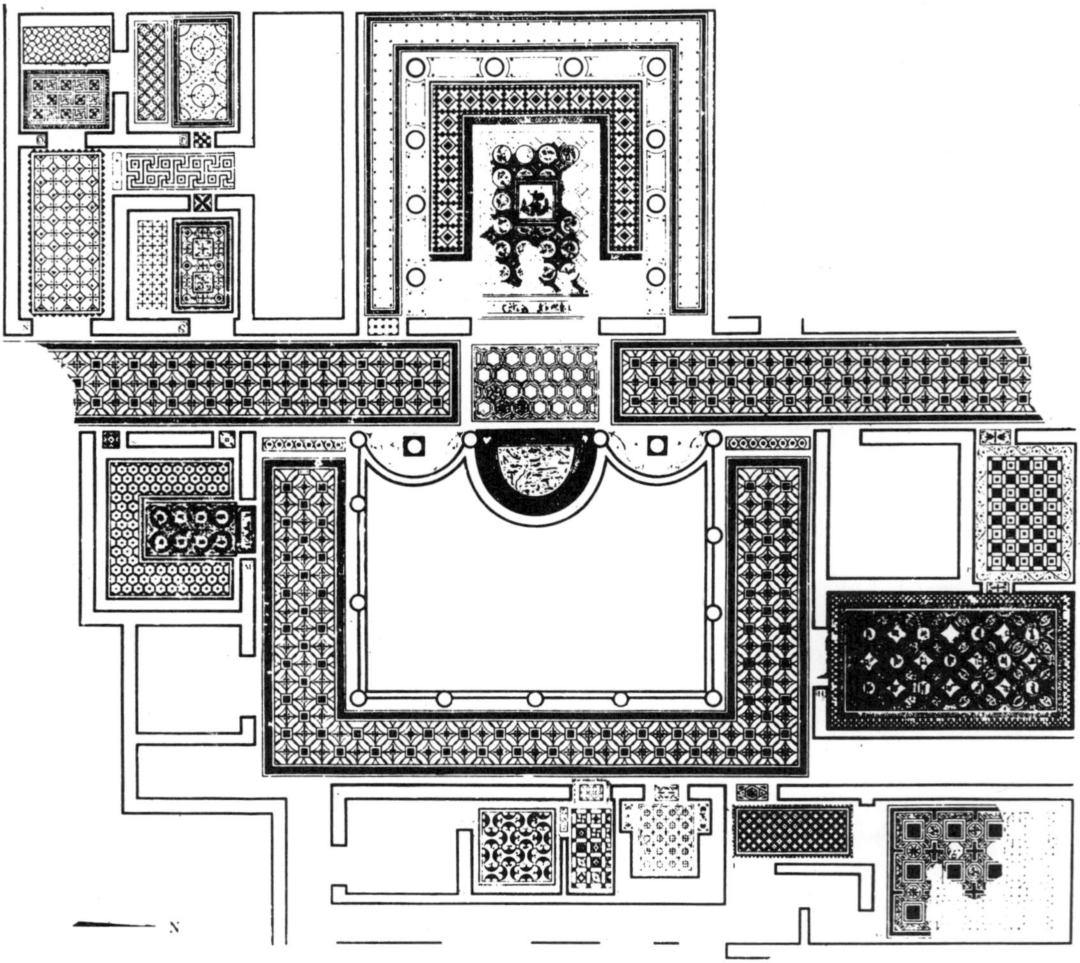

Acholla, Haus des Neptun (S. Gozlan, *Karthago*, 16, 1971–1972, Abb. 2). Peristyl mit »oecus« im Westen, Triclinium im Süden und Schlafzimmern in der südwestlichen Ecke, die durch Vorzimmer oder Korridore miteinander verbunden sind.

»Öffentliche« und »private« Räume: die Elemente der »domus«

Sämtliche Innenräume der »domus« gehörten zur Privatsphäre. Der einzelne Hausbewohner konnte jedoch auf ganz unterschiedliche Weise sein Leben gestalten – er konnte sich von der Außenwelt zurückziehen, er konnte aber auch Umgang mit vielen Besuchern haben, die nicht zum engeren Freundeskreis des Hausherrn zählten. Manche Teile des Wohnraums waren gegen die Außenwelt abgeschirmt, andere nicht. Es ist daher praktisch, wenn auch nicht genau zutreffend, bei der Unterscheidung der einzelnen Teile der »domus« die Begriffe »öffentlich« und »privat« zu verwenden.

Verhältnis von Innen und Außen

Logisch und topographisch stellt sich zunächst die Frage, wie der Übergang vom Haus zur Straße verlief. Häufig besaßen große Häuser mehrere Eingänge, doch gab es stets einen Haupteingang, der symbolisch und konkret den Schritt vom Draußen zum Drinnen markierte. Das war die Stelle, an der Trimalchio die Warnung anbrachte: »Jeder Sklave, der ohne ausdrücklichen Befehl seines Herrn das Haus verläßt, erhält hundert Hiebe!« Die literarischen Quellen messen dem Haupteingang viele Bedeutungen bei. Ein Kläger, der sich vor Gericht über das Verhalten einer Familie beschwerte, brachte vor, unter den Fenstern des Hauses werde lautstark gesungen, und außerdem stehe oft die Tür offen; diese Mißachtung der Wohnung war für ihn der Beweis, daß diese Behausung nichts anderes war als ein windiges Loch (Apuleius, *Apologia* LXXV). Bei den vielen Diebstählen, von denen die *Metamorphosen* berichten, entscheidet der Haupteingang über Erfolg oder Mißlingen. War diese Hürde einmal genommen, hielt nichts mehr die Einbrecher davon ab, das ganze Haus zu plündern; man konnte nur noch die Nachbarn zu Hilfe rufen. Das Eingangstor schützte das Eigentum, so wie es auch die Sittlichkeit schützte.

Deshalb gaben die Baumeister sich mit diesem strategischen Punkt denn auch besondere Mühe. Die Bedeutung des Haupteingangs unterstrich für gewöhnlich ein Torbogen, bestehend aus einem Dach auf zwei Säulen. Hierdurch entstand ein nicht eindeutig definierter Raum, der in die Straße hineinragte und jedenfalls nicht mehr zum Innern des Hauses rechnete. Die eigentliche Scheidelinie bezeichnete die Tür oder das Tor, und oft gestaltete sich der Übergang von der Straße ins Haus

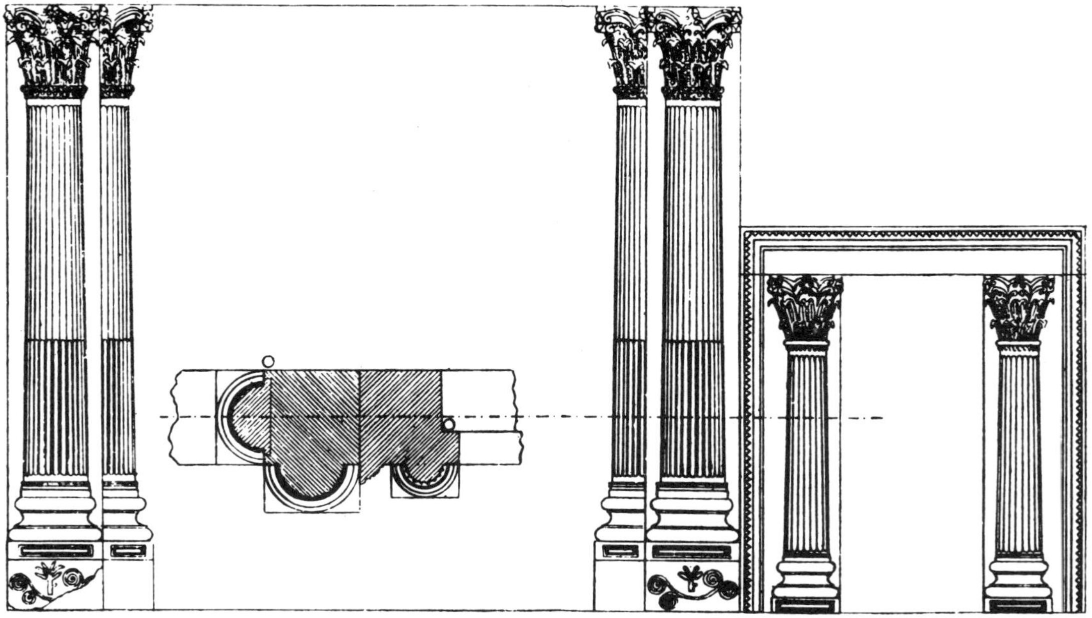

Volubilis, Eingang zum Haus der Taten des Hercules (Étienne, *Quartier nord-est*, Tafel XXXIII).

recht komplex. Im allgemeinen gab es nicht nur ein Tor, sondern zwei oder drei, und zwar in klarer Hierarchie. Ein großer Mittelbogen wurde durch ein Doppeltor verschlossen, das von ein oder zwei kleineren Türen flankiert war. Man darf allerdings nicht glauben, daß das große Tor für Wagen und Fuhrwerke bestimmt gewesen wäre und die kleineren Türen für Fußgänger. Die Abnutzungsspuren an der Schwelle und die Anlage der Räume sprechen eindeutig dagegen, daß jemals ein Wagen das Haupttor passiert hat. Die Benutzung dieses Eingangs war zu verschiedenen Zeiten sehr unterschiedlich. In der Regel wurde nur eine der kleineren Türen benutzt, wobei die Kleinheit des Eingangs die Trennung zwischen Außenwelt und dem eigentlichen Haus unterstrich. Zu bestimmten Zeiten wiederum wurde der Haupteingang weit geöffnet – wahrscheinlich dann, wenn der Hausbesitzer einen wichtigen Empfang gab, doch vielleicht auch am Morgen, um anzuzeigen, daß der Hausherr bereit war, die Huldigung seiner Klienten entgegenzunehmen.

Der Eingang hatte mehrere Funktionen zu erfüllen. Er war Ausdruck der Ambitionen des Besitzers und daher Gegenstand besonderer architektonischer Sorgfalt. Viele Mitbürger, die das Haus eines Reichen niemals von innen zu Gesicht bekamen, konnten seinen Wohlstand an der Pracht des Haupteingangs ablesen. In einer wohlhabenden Gegend wie dem Nordostquartier von Volubilis waren pompöse Eingänge die Regel. Am Haus der Taten des Hercules wird der zweite Eingang von zwei kleinen, eingesetzten Säulen eingerahmt. Die Gesamtkomposition ist von Zierleisten eingefaßt. Der Haupteingang wird auf beiden Seiten von Doppelsäulen flankiert. Dem Passanten wird signalisiert, daß dies ein wohlhabendes Haus ist, und die Tageszeit sowie die Stellung der Türflügel geben ihm, wenn er das Haus betreten will, zu verstehen, wie er sich zu präsentieren hat.

Nach dem Passieren des Haupteingangs befindet sich der Besucher im Vestibulum. Dieser Übergangsraum zählt zwar schon zum eigentlichen Haus, doch wird der Besucher hier noch genau beobachtet. Vom Haus sieht er noch nicht viel, und das Vestibulum wird mit Argusaugen vom »ianitor« bewacht, der in den Texten häufig vorkommt; viele Ruinen weisen einen kleinen Raum unmittelbar vor dem Vestibulum auf, von wo aus der wachhabende Sklave das Kommen und Gehen der Besucher beobachtete. Das Vestibulum war aber noch in anderer Hinsicht ein Übergangsraum: Es hatte den Besucher auf den verschwenderischen Luxus vorzubereiten, der ihn erwartete. Wenn Apuleius den Palast der Psyche beschreibt (zwar handelt es sich um einen utopischen Palast, aber er ist trotzdem für unsere Zwecke tauglich), so sagt er, daß der eintretende Besucher in ihm sogleich »Gottes Lustwohnung« erkennt (*Metamorphosen* V 1). Die Pracht eines Hauses mußte von dem Augenblick an sichtbar sein, da man über seine Schwelle trat. Vitruv rechnet das Vestibulum unter diejenigen Räume, die bei Personen von Stand groß und prächtig sein müssen, und was von den Häusern der Reichen erhalten geblieben ist, entspricht dieser Forderung – in den meisten vornehmen Häusern gehört das Vestibulum in der Tat zu den größten Räumen. Häufig (beispielsweise im Nordostquartier von Volubilis) öffnet es sich zum Peristyl mit einem weiten Dreifachbogen, der den dreifachen Eingang widerspiegelt. Mitunter wird der vornehme Charakter des Vestibulums durch eine kleine Kolonnade erhöht, beispielsweise im Hause des Castorius in Cuicul oder dem des Sertius in Timgad. Zu den erstaunlichsten Eingängen zählt der am Haus der Asclepia in Althiburos. Hinter einer fast 20 Meter langen Galerie zwischen zwei vorspringenden Eckzimmern des Gebäudes liegen drei Vestibula, je eines für jeden der drei Eingänge. Das Hauptvestibulum mündet in den zentralen Saal, der auf der Symmetrieachse des Hauses liegt. Mit seinen fast 70 Quadratmetern ist er der größte überdachte Raum im Gebäude. Die Sorgfalt, die an die Dekoration gewendet wurde, entspricht diesen Dimensionen. Die Wände sind mit Marmorpaneelen verziert, und den Boden schmückt ein großes Mosaik mit einer Meeresszenerie, dessen Qualität der Bedeutung dieses Saales angemessen ist. Die beiden seitlichen Vestibula sind in Wirklichkeit Anhängsel des Hauptvestibulums. Jedes enthält ein an diesem orientiertes, offenes Wasserbecken und ist kaum mehr als ein Durchgang zu Seitenräumen des Gebäudes. Diese symmetrische Anlage erstreckt sich über die gesamte Breite des Hauses.

Althiburos, Haus der Asclepia, ursprünglicher Plan (M. Ennaifer, *La Cité d'Althiburos* [Tunis 1976], Plan V). Hinter der Frontgalerie befinden sich drei Türen; die größte führt ins Vestibulum, die beiden anderen auf je einen Portikus, der ein Becken umgibt. Der Hof des Peristyls ist ein Garten. Die Triclinia befinden sich links und rechts. Am nördlichen Ende befindet sich eine Exedra mit dem Mosaik eines Siegeskranzes.

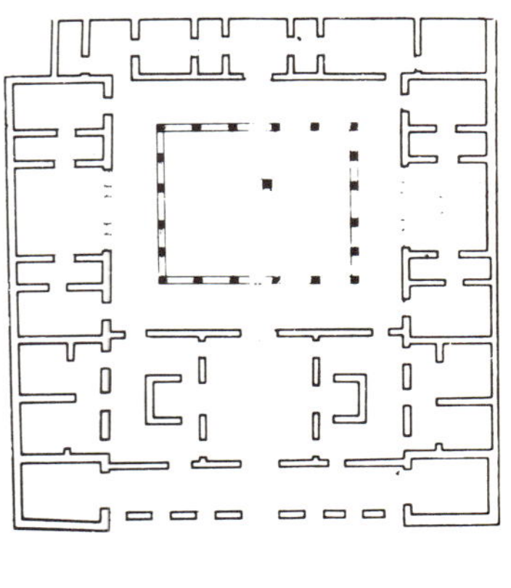

Bei der Erörterung des Verhältnisses von Innen und Außen reicht es nicht, darauf hinzuweisen, wie sorgfältig die Zone des Übergangs vom einen zum anderen gestaltet wurde. Denn innerhalb der »domus« selbst gab es Enklaven. Darunter sind nicht die Örtlichkeiten zu verstehen, an denen der Hausbesitzer seinen Geschäften nachging und die für Fuhrwerke erreichbar waren; die Eigenart dieser Plätze macht aus ihnen keinen Fremdkörper im Haus. Anders ist es mit den Läden, die sich oft an der Vorderfront der Häuser befinden. Sie dienten entweder dem Hausbesitzer zum Verkauf der von ihm erzeugten Waren – das ist in jenen Fällen klar, in denen die Läden direkt mit der »domus« verbunden wa-

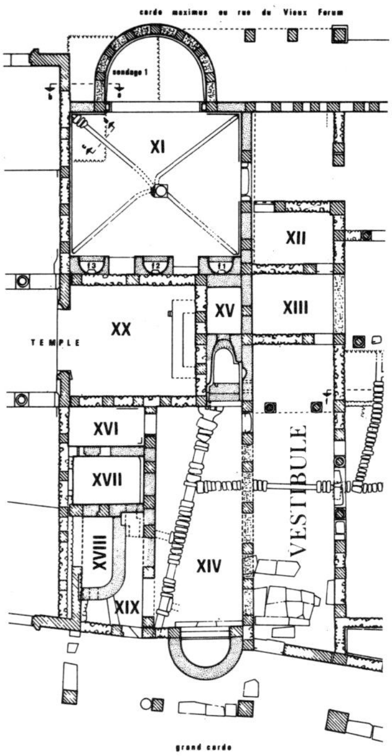

Cuicul, Haus des Esels (Blanchard-Lemée, *Quartier central*, Abb. 4). XII–XIII: Annexe des Vestibulums; XIV bis XIX: Bäder; sie entstanden, als das Gebäude nach Norden erweitert wurde. Dies geschah auf Kosten eines Tempels, dessen *cella* (XX) nun zwischen den Bädern und Raum XI liegt. Hier gibt es ein Nymphaeum, das auf der einen Seite an das Podium des Heiligtums, auf der anderen Seite an die auf die Straße vorspringende Apsis grenzt. Ein typischer Fall, wie öffentlicher Raum für private Bauten okkupiert wurde.

ren –, oder sie wurden an Fremde vermietet. Diese Läden sind komplexe Räume – während sie architektonisch zum Haus gehören (besonders wenn sie symmetrisch auf beide Seiten des Eingangsvestibulums verteilt sind), sind sie funktionell unabhängig. Außerdem verbindet sich in ihnen häufig der öffentliche Aspekt (als Geschäftsraum) mit dem privaten – hier wohnt der Ladenbesitzer mit seiner Familie, wenn der Laden geschlossen ist.

Es gab noch eine andere Art von Enklave in der »domus«: Wohnungen, die an Personen vermietet waren, die nicht zum Haushalt des Besitzers gehörten. Diese Gepflogenheit wird in römischen Quellen oft erwähnt und ist für Afrika gut bezeugt. So wurde dem Apuleius vorgeworfen, nächtliche Opfer in einer »domus« darzubringen, in der einer seiner Freunde eine Wohnung gemietet hatte (*Apol.* LVII). Im Gelände ist es allerdings schwierig, an den Überresten von Gebäuden zu erkennen, welche Teile davon vermietet waren. Texte und Inschriften lassen darauf schließen, daß Mietwohnungen für gewöhnlich in den oberen Stockwerken lagen; Treppen, die von der Straße aus leicht zugänglich sind, lassen vermuten, daß es in diesem Gebäude einige Mietwohnungen gab. Wenn die oberen Stockwerke zerstört sind, ist die Klärung dieser Frage natürlich meist unmöglich. Welchem Zweck diente z. B. die Treppe, die an der Südwestecke des Hauses der Jagd in Bulla Regia nach oben führte? Führte sie zu Terrassen? Zu bestimmten Zimmern der »domus«? Oder zu separaten Wohnungen? Da sie in unmittelbarer Nähe sowohl des Vestibulums als auch der Wageneinfahrt lag, hätte sie von Mietern ohne Störung des Hausbesitzers benutzt werden können; aber diese Überlegung ist keineswegs ein Beweis. Dagegen können wir mit ziemlicher Sicherheit sagen, daß es sich bei den Räumen in der Nordostecke des Hauses der Goldmünzen in Volubilis in der Tat um eine Mietwohnung handelte. Das riesige Gebäude nahm eine ganze Insula ein, und es ist kaum anzunehmen, daß die kleine Wohnung nicht dazugehört haben sollte. Sie war in sich abgeschlossen. Man betrat sie von der Straße nördlich des Hauses über den Gang 36, der zu den Räumen 1 und 16 führte; er hatte ein Fenster zu dieser Straße hinaus. Raum 15 scheint eine Treppe besessen zu haben, die unmittelbar zur Straße östlich des Hauses führte; es waren also zwei Räume im Erdgeschoß und drei im Obergeschoß zu vermieten. Ebenfalls in Volubilis gibt es in dem Haus westlich vom Palast des Statthalters neben dem Vestibulum eine Treppe, die durch eine von drei Türen auf die Straße geht; aller Wahrscheinlichkeit nach erreichte man über sie Mietwohnungen über den Läden und dem Eingangsvestibulum, welche die Vorderfront des Gebäudes bildeten. So lagen oft Räume von ganz unterschiedlicher Bestimmung dicht beieinander. Das Haus hatte mit der Straße nur durch das Vestibulum Kontakt, das sozusagen seine Fühler in die Außenwelt streckte, während es ringsum von zu vermietenden Zimmern gesäumt war. Man darf annehmen, daß der Korridor zu den Zimmern im oberen Geschoß, die über dem südlichen Portikus gelegen haben müssen, sein Licht durch hohe, schmale Fenster erhielt, so daß die Privatheit des Peristyls, das sich darunter erstreckte, gewahrt blieb.

Das Peristyl

Das Peristyl war das Herzstück jedes luxuriösen Anwesens. Der zentrale Innenhof unter offenem Himmel versorgte die um ihn gruppierten Räume mit Licht und Luft; doch was das Peristyl zum idealen Schauplatz kühner architektonischer Ideen machte, das war die Kolonnade, die den Hof umgab. Wenn es an Platz gebrach, mußte sich der Hausbesitzer mit einem unvollständigen Peristyl begnügen und einen Portikus weglassen. Im allgemeinen jedoch suchten die Hausbesitzer dem Peristyl möglichst viel Platz einzuräumen und ihn weder zu beschneiden noch in seinen Proportionen übermäßig zu verkürzen. In den sehr aufwendig ausgestatteten Häusern besaß das Peristyl gewaltige Dimensionen: mehr als 350 Quadratmeter im Haus der Asclepia in Althiburos oder im Haus des Pfauen in Thysdrus, über 500 Quadratmeter im Haus des Fischers in Bulla Regia und etwa 600 Quadratmeter im Haus der Laberii in Uthina.

Die Analyse des Peristyls ist daher von hohem Interesse; allerdings ist sie schwieriger, als es auf den ersten Blick scheint. Es ist heute unumstritten, daß das Peristyl der zentrale geometrische Ort des öffentlichen Teils des Hauses war, ein großzügig gestalteter Raum, der zum Empfang von Besuchern diente. Das bestätigt der Grundriß der Häuser: Das Peristyl ist oft nicht nur bequem vom Eingangsvestibulum aus zugänglich, meist befinden sich rundherum auch die Empfangssäle. Mit seinen Kolonnaden scheint dieser Platz also eine wesentliche Ergänzung der Räume zu bilden, in denen die Gäste empfangen wurden.

Müssen wir also einen Gegensatz annehmen zwischen dem afrikanischen Haus, dessen Peristyl zum Empfang der Gäste dient, und dem Haus pompejanischen Zuschnitts, bei dem diesen Zweck das an der Vorderfront gelegene Atrium erfüllt, während das Peristyl am anderen Ende des Hauses liegt und augenscheinlich dazu gedacht ist, dessen private Teile zu verschönern? Das wäre eine krasse Vereinfachung. Man muß zwei Kategorien von Besuchern unterscheiden: Da gab es einerseits die einfachen Klienten, die dem Patron ihre Aufwartung machten und ihre Sporteln entgegennahmen, und es gab andererseits die Gäste, die der Hausherr als Privatmann empfing. Das Atrium des pompejanischen Hauses eignete sich nun zwar für die Abfertigung von Klienten, keineswegs aber zum Empfang erlauchter Gäste; in diesem Fall mußte man auf die Speisesäle oder Salons ausweichen können, die meist auf das Peristyl hinausgingen. Es ist also wohl übertrieben, wenn man Atrium und Peristyl des pompejanischen Hauses einander in dem Sinne gegenüberstellt, daß jenes dem »öffentlichen« und dieses dem »privaten« Bereich zugehört hätte.

Wie verhält es sich damit beim luxuriösen afrikanischen Haus? Hier fehlte ein Atrium. Trug das zur Aufwertung der öffentlichen Funktion des Peristyls bei? Wenn dem so gewesen wäre, hätten hier auch Klienten empfangen werden müssen; dafür gibt es aber weder in den Texten Anhaltspunkte noch in der Anordnung der Räumlichkeiten. In Wirklichkeit wurde im afrikanischen Haus die Funktion des Atriums von anderen Räumen übernommen, zunächst von der Privatbasilika, von der noch die Rede sein wird, und sodann vom Eingangsvestibulum. Wir haben bereits betont, daß das Vestibulum ein sehr großer Raum war. Es ist anzunehmen – obwohl es hierfür noch keine schlüssigen Beweise gibt –, daß zumindest einige Funktionen des Atriums auf das Vestibulum übergingen. Schon der Blick auf die Grundrisse lehrt, daß viele Vestibula als Schauplatz von Begrüßungszeremonien getaugt hätten. Im Haus des Esels in Cuicul mündete das lange Vestibulum in eine Art Exedra, die von zwei Säulen flankiert wird; dahinter lagen zwei Räume, die man sich als Vorratskammern für die an die Klienten auszuteilenden Sporteln vorstellen könnte. Besonders auffällig wird die Bedeutung der Vestibula in Gebäuden, die aus der Zusammenlegung mehrerer Grundstücke entstanden. Anstatt in diesem Fall Platz zu sparen, indem man nur einen einzigen Eingang beibehielt, bewahrte man alle Zugänge; manche von ihnen sind weit größer, als es der Funktion eines Vorzimmers zukäme. Wie könnte man sonst im Haus der Europa in Cuicul das riesige südliche Vestibulum erklären, das weitab von den zentralen Teilen des Hauses liegt und nicht direkt mit dem Peristyl verbunden ist? Die Ausmaße der dreifachen Tür und die schönen Zierleisten rund um den Türsturz beweisen, daß es sich um einen wichtigen Raum gehandelt haben muß. Das Gebäude ist zwar noch ungenügend erforscht, aber das Studium des Grundrisses legt die Vermutung nahe, daß es sich hierbei nicht um den ursprünglichen Eingang handelt, der nach der Zusammenlegung zweier benachbarter Häuser beibehalten wurde, sondern daß dieses Vestibulum erst *nach* dem hierdurch erzielten Raumgewinn entstand. Alles deutet darauf hin, daß das Vestibulum als veritabler Empfangssaal für die Klienten fungierte; es hat das notwendige Nebengelaß, und die Stufen gegenüber der Tür mögen als Podium für den feierlichen Auftritt des Patrons gedient haben. Es wäre nützlich, mehr über den Raum zu wissen, der unmittelbar nördlich an dieses Vestibulum anschließt und durch zwei Eingänge mit der Straße verbunden war. (Der Portikus vor dem größeren Tor schließt die Möglichkeit aus, daß es sich dabei um eine Wageneinfahrt gehandelt haben könnte.) Daß sein Boden gekachelt war, beweist noch nicht, daß er nicht überdacht war. Der Raum geht in ein inneres Zimmer über, von dem er nur durch einige steinerne Gefäße getrennt ist. Diese Behältnisse, die mit einem Deckel versehen waren, hätten gut in einen Raum gepaßt, der zur Verteilung von Sporteln bestimmt war. Falls diese Hypothese zutrifft, hätte der ganze südwestliche Teil des Gebäudes, zu dem auch Läden gehörten, »öffentlichen« Zwecken gedient.

So fehlte es im afrikanischen Haus nicht an Räumen, die in unmittelbarer Nähe der Straße lagen und sich, wie das Atrium, zum Empfang von Besuchern eigneten, ohne daß die Privatsphäre des übrigen Hauses beeinträchtigt worden wäre. Der Gegensatz zum traditionellen italischen Haus scheint also nicht so kraß gewesen zu sein, wie man behauptet hat: Einerseits war das Peristyl im pompejanischen Haus nicht ausschließlich den Hausbewohnern vorbehalten; andererseits mußte das afrikanische Peristyl nicht zum Empfang sämtlicher Besucher dienen, obwohl es kein Atrium gab. Diesen Eindruck bestätigt ein Blick auf die

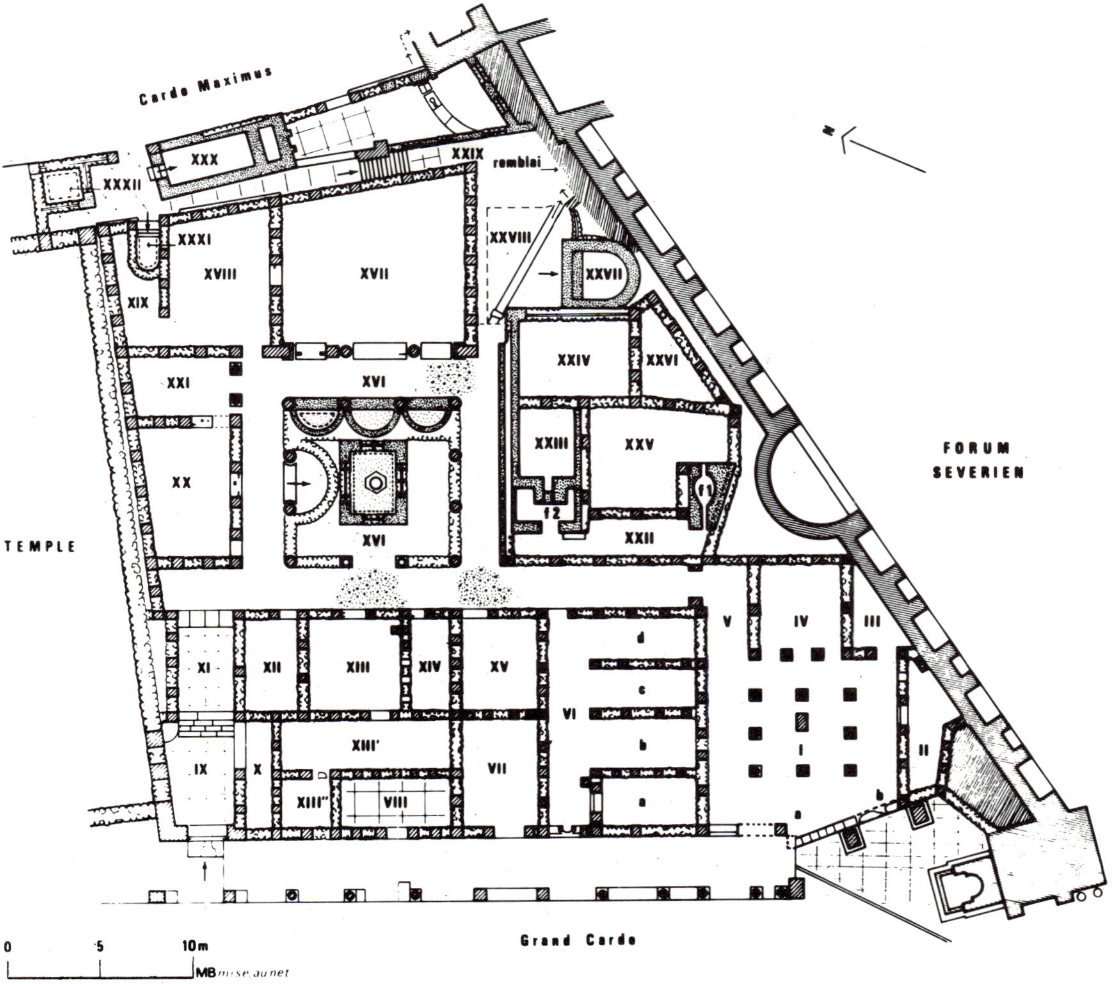

Cuicul, Haus des Castorius (Blanchard-Lemée, *Quartier central*, Abb. 62). Mit seinen 1500 Quadratmetern war dieses nach einem »Bajonettplan« errichtete Haus das größte im zentralen Quartier Cuiculs. I: Vestibulum (möglicherweise das Peristyl eines älteren Gebäudes); IX: Vestibulum (neben der Pförtnerloge [?], X); XVI: Peristyl; XVII: Triclinium mit dreibogiger Öffnung und Türen; XXII–XXVIII: Bäder mit Latrinen; XXX–XXXII: später entstandene Bäder.

Räume, die an den Hof grenzen. Die Empfangssäle liegen neben Zimmern, die ganz andere Funktionen hatten, was beweist, daß das Peristyl nicht nur als öffentlicher Raum benutzt wurde.

Von besonderem Interesse sind die Schlafzimmer. Erstens gehören sie zu den intimsten Bereichen der Wohnung, zweitens sind sie unschwer als solche erkennbar, und zwar an einer leicht erhöhten Estrade, auf der das Bett stand. Eine Variante hiervon war die Verwendung von zwei verschiedenen Mustern für das Bodenmosaik, wobei das schlichtere Motiv den Ort des Bettes anzeigt. Das Nebeneinander von Schlafzimmern und Empfangsräumen ist also leicht erkennbar und hochbedeutsam. Diese Anordnung war häufig: Die »Sollertiana domus« in Hadrumetum hat zwei Schlafzimmer, die einen ganzen Flügel des Peristyls in Anspruch nehmen. Im Haus des Neptun in Acholla liegt an der Nordostecke des Peristyls eine Reihe von Räumen, die von zwei Speisesälen eingefaßt werden; drei dieser Räume waren wahrscheinlich Schlafzimmer, wie die zweiteilige Motivik der Bodenmosaike anzeigt. Schließlich bietet auch das Haus der Jagd in Bulla Regia ein spektakulä-

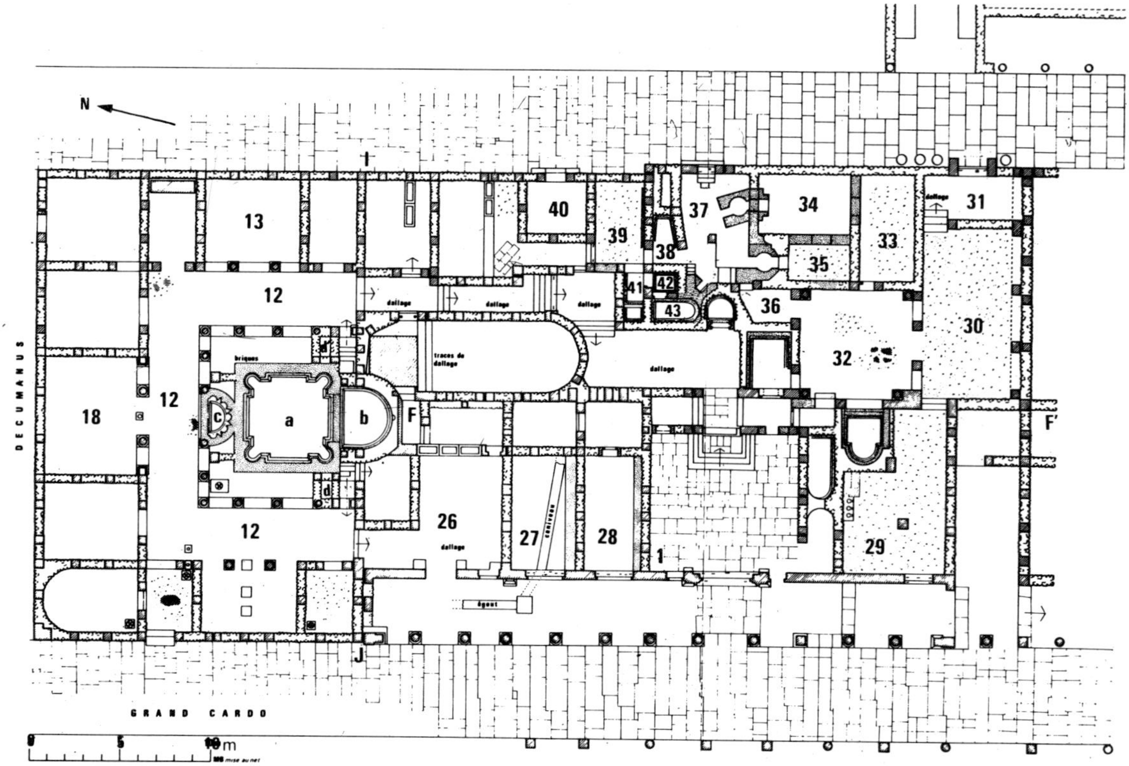

Cuicul, Haus der Europa (Blanchard-Lemée, *Quartier central* Abb. 49). Dieses Haus mit 1366 Quadratmetern entstand aus der Zusammenlegung mehrerer Grundstücke (man beachte die Trennmauern I-J und F-F'). 1: Vestibulum mit dreiteiliger Tür; 12: Peristyl mit Hof und Teichen (a, b, c) und Blumenkästen (d und d'); 13: Triclinium; 18: Triclinium oder Exedra; 26: Vestibulum; 27–28: Läden; 29–43: Bäder mit Latrinen in 29.

res Beispiel für das Nebeneinander von öffentlichem und privatem Raum. Das Gebäude enthält zwei Triclinia, das eine zu ebener Erde, das andere im Untergeschoß; beide Räume gehen auf das zweite Peristyl hinaus und sind von Schlafzimmern umrahmt.

Das Nebeneinander von verschiedenartigen Räumen rund um das Peristyl verrät dessen vielfältige Zweckbestimmung. Das Peristyl war der Schauplatz sehr heterogener Tätigkeiten. Wir kommen darauf zurück, wenn wir nicht nur die einzelnen Komponenten des Hauses betrachten, sondern auch die Art ihres Ineinandergreifens.

Die Ambiguität des Peristyls kommt in seiner Bauweise zum Ausdruck, die mitunter den zweckhaften Aspekt betonte. Manche Höfe bestanden lediglich aus festgestampfter Erde, und häufig gab es in ihnen Brunnen und Löcher für Zisternen. Das Haus der Neuen Jagd in Bulla Regia ist ein gutes Beispiel. Für gewöhnlich war der mit Kolonnaden gesäumte Hof jedoch dekoriert – häufig mit pflanzlichen Motiven, um die Domestizierung der Natur anzudeuten. Manchmal war der ganze Hof mit Mosaiken ausgelegt; das unterstrich die Architektur und drängte das pflanzliche Element zurück. Dennoch blieben Wasser und Vegetation beständige Motive der Dekoration, so daß mitunter das gesamte Peristyl einem Garten mit Brunnen und Teichen glich.

Tatsächlich gab es so gut wie kein Peristyl von einiger Bedeutung, das nicht seine Wasserspiele gehabt hätte. Eine der häufigsten und einfachsten Vorrichtungen war ein neben einem Portikus aufgestellter, halbkreisförmiger Brunnen mit einigen Öffnungen im Rand. In der Regel waren die Becken nicht mit einem Springbrunnen verbunden und nur einige Handbreit tief. Wahrscheinlich gab es Vorrichtungen zur Befestigung eines Gitters, so daß Wasser und Vegetation miteinander verschmelzen konnten.

Dieselbe Idee wurde gelegentlich in großem Maßstab verwirklicht. In zahllosen Häusern war das Peristyl von Becken und Teichen geprägt. Im Haus der Europa in Cuicul gab es drei kunstvoll angelegte Becken und zwei Blumenständer. Im Haus des Castorius ist der Portikus von vier halbkreisförmigen Becken umrahmt, während die Mitte des Hofes von einem rechteckigen Teich besetzt ist. Es gab aber eine noch radikalere Lösung: den Verzicht auf den Hof, an dessen Stelle ein großes Bekken angelegt wurde. Begnügen wir uns mit einem einzigen Beispiel, dem Haus des Fischers in Bulla Regia.[14] In diesem riesigen, rund 530 Quadratmeter großen Peristyl nimmt der eigentliche Hof rund 270 Quadratmeter ein. Diese Fläche ist (bis auf einige Belichtungs- und Entlüftungsschlitze für die unter dem Peristyl gelegenen Räume) mit Wasserbecken bedeckt, die durch kleine Mauern voneinander getrennt sind, doch kann das Wasser durch Öffnungen dazwischen zirkulieren. Auf den Mäuerchen finden sich die Spuren von Vorrichtungen zur Befestigung von Holzpfählen oder kleinen steinernen Säulen, von denen einige noch vorhanden sind. Man kann sich vorstellen, daß hier Gitter für Hängepflanzen angebracht waren.

Wenn es darum ging, das Herzstück der Wohnung mit Wasser und Pflanzen zu schmücken, hatte der Hausbesitzer viele Möglichkeiten. Er konnte sich für ein einziges Becken und einige wenige Topfpflanzen entscheiden oder den ganzen Hof zu einem Garten mit Fontänen oder gar zu einem Wasserkunstwerk umgestalten, das man bestaunen, aber nicht mehr betreten konnte. Selbst das Dekor betonte mitunter den »natürlichen« Eindruck des Peristyls. Im Haus des Fischers gibt es Überreste von Malereien, die Vögel und Pflanzen darstellen; ein kleines vielpaßförmiges Becken, das als Überlauf fungierte, war mit einem Fischmosaik verziert. In der Villa des Vogelhauses in Karthago stellt das Mosaik am Portikus Tiere inmitten von Blumen und Früchten dar. Häufige Umbauten zeugen von einem sich wandelnden Geschmack; es gibt jedoch zu wenige Untersuchungen, um den Schluß zu rechtfertigen, daß die Hausbesitzer der domestizierten Natur zunehmend mehr Platz gewährten. Jedenfalls gab es kein vornehmes afrikanisches Haus, dessen Peristyl nicht auf diese Weise verschönert wurde.

Doch reicht diese Feststellung nicht für unsere Absicht aus, die Funktionen dieses Ortes zu ergründen. Die Reize des Peristyls haben ohne Zweifel das private Leben der Hausbewohner beflügelt; aber ebenso unzweifelhaft waren sie für die Blicke von Besuchern bestimmt. Dafür spricht die Anordnung der dekorativen Elemente des Hofes. In der Regel waren die Becken in der Achse der Empfangshalle angelegt. Diese Verbindung ist mitunter sehr eng: Im Haus des Castorius in Cuicul entsprechen den drei Öffnungen des Hauptempfangssaales drei Becken im Hof. Bisweilen ist der Zusammenhang zwischen der Bauweise des Peristyls und der der angrenzenden Säle noch unvermittelter. Im Haus des Kleeblattbeckens in Volubilis wurde der Rhythmus der

Hadrumetum, Haus der Masken (L. Foucher, *La maison des masques à Sousse* [Tunis 1965]). Zum Peristyl öffnet sich von Westen ein geräumiges Triclinium, das durch eine Galerie von einem Garten getrennt ist. Südlich vom Peristyl eine Empfangsexedra mit Apsis.

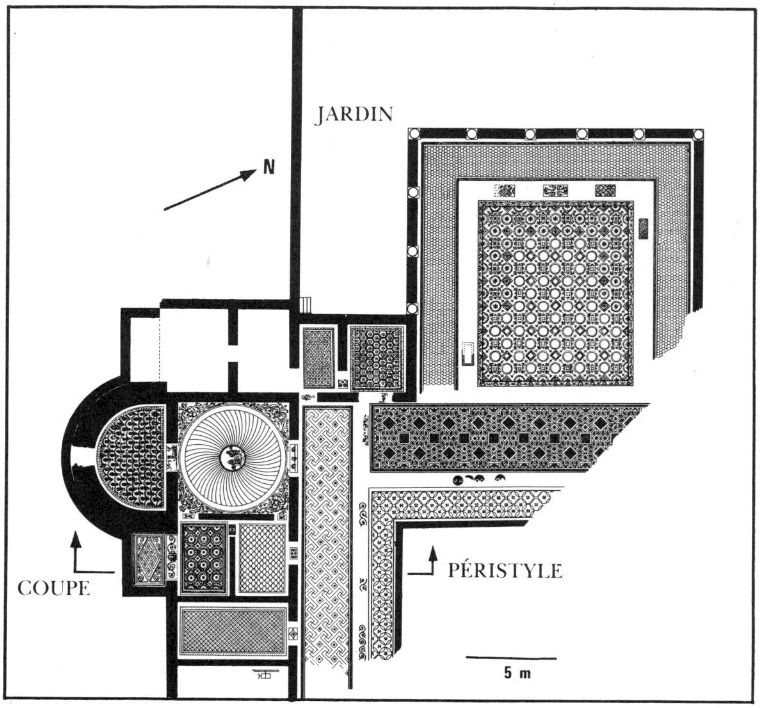

Kolonnaden dergestalt verändert, daß die Säulen in Korrespondenz zu den drei Öffnungen des großen Saales standen. Dieser Extremfall, in dem das gesamte Peristyl den zeremoniellen Erfordernissen des Empfangs untergeordnet wurde, bestätigt freilich nur eine offenkundige Tatsache: Dieser Platz sollte dem Besucher den hohen sozialen Rang des Hausbesitzers vor Augen führen.

So verkörperte sich im Peristyl aufs vollkommenste die Komplexität der Privatsphäre. Gestützt auf eine Kombination aus architektonischen Effekten und domestizierter Natur, war es ein Raum, in dem sich eine Vielzahl von Ereignissen abspielte, vom einsamen Müßiggang bis zum großen Empfang, wie er sich für den hohen Herrn des Hauses ziemte – ganz zu schweigen vom Tagewerk der Sklaven, für die das Peristyl Durchgangsraum, Arbeitsstätte und Wasserspeicher war. Eine letzte Feststellung, um die Verwirrung noch zu steigern: Wo immer in afrikanischen Häusern private Kultstätten gefunden wurden, lagen sie auf dem oder am Peristyl. Im Haus der vier Säulen im marokkanischen Banasa stand der Altar unmittelbar neben dem Peristyl. In Libyen auf der Insula des Jason Magnus von Cyrene sowie im Haus der Ptolemäus (mit dem D-förmigen Peristyl) befand sich ein kleines Kultgebäude auf dem Hof. Ähnliches gilt für Volubilis, wo im Haus der wilden Tiere und im Haus des Flavius Germanus ein dem Genius des Hauses geweihter Altar unter einem Portikus stand. Die Existenz einer Kultstätte bedeutete jedoch keineswegs eine »Privatisierung« des Peristyls auf Kosten seiner »öffentlichen« Funktion: Im Haus des Asinius Rufus in Acholla gab es einen Cippus, den die »cultores domus« gestiftet hatten, d. h. die Klienten, die am häuslichen Kult der Asinii – der Besitzer des

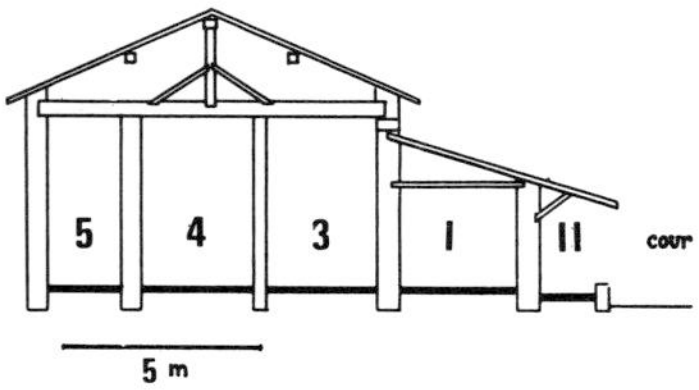

Aufriß des Südflügels des Hauses der Masken: (3–5) Räume östlich der Exedra; (1) der südliche Portikus.

Hauses – teilnahmen. Es ist offensichtlich, daß zu den privaten Kulten nicht nur die Familie im engeren Sinne zugelassen war, sondern auch ein Kreis von »Abhängigen«, die zu dem komplexen Beziehungsgeflecht zählten, das der Herr des Hauses um seine Person entfaltete. So gesehen waren die Altäre keineswegs fehl am Platze auf dem Peristyl, dessen viele Funktionen die vielen Rollen der Religion widerspiegelten.

Empfangssäle

Bestimmte Räume des Hauses zeichneten sich durch Größe, Bauweise und Dekor vor den anderen aus. Die Empfangssäle sind meist leicht zu erkennen; aus den Texten wissen wir, daß sie eine wichtige Rolle im Hause spielten, da der Hausherr oft genötigt war, Gäste üppig zu bewirten. Die Geselligkeit kam besonders bei festlichen Gelagen zu ihrem Recht, und so gibt es kein vornehmes Haus ohne einen oder mehrere Speisesäle (Triclinia). Auch diese Räume sind leicht zu erkennen, und zwar am Bodenmosaik: Den mittleren Teil des Fußbodens zierte meist ein kunstvolles Motiv, während die Stellen, wo die Speiselager standen, mit einem einfacheren Mosaik bedeckt waren. Die Bedeutung des Raumes wird zudem deutlich an seinen Ausmaßen und dem dreibogigen Eingang; oft war es der größte und luxuriöseste Saal des Hauses. Um sich davon zu überzeugen, bedarf es nur eines Blicks auf die Grundrisse der Häuser. So hat das Haus des Venusgefolges in Volubilis ein Triclinium (siehe Raum 11) mit dreibogigem Eingang, das 7,80 mal 9,80 Meter mißt – mehr als der Hof des Peristyls – und mit einem komplizierten Mosaik verziert ist, dessen zentrales Motiv die Seefahrt der Venus darstellt. Im Haus der Neuen Jagd in Bulla Regia ist der Speisesaal ebenfalls der größte und luxuriöseste Saal; das zentrale Bild zeigt eine Jagdszene, auf der sich reiches Blattwerk um die Vorderpfoten der Tiere rankt.

Mitunter wird der Luxus noch überhöht durch eine besonders aufwendige Architektur. Vitruv beschreibt riesige Speisesäle mit innerer Kolonnade, und die Ruinen lassen erahnen, daß dieses architektonische Dessin, dem der römische Autor den Namen »oecus« gab, in Afrika gelegentlich vorkam. Im Haus der Masken in Hadrumetum umfaßt das Triclinium eine Grundfläche von nahezu 250 Quadratmetern; es ist durch Pfeiler von einer 2,40 Meter breiten Galerie geschieden, die durch eine Kolonnade in einen Garten führt. Im Haus des Neptun in Acholla ist der Speisesaal mehr als 100 Quadratmeter groß; die Speiselager sind durch eine Kolonnade von einer umlaufenden Galerie getrennt.

Der Luxus dieser Räume bezeugt, daß sie im Haus eine Schlüsselrolle innehatten. Die Zeremonie des Festessens erlaubte dem Gastgeber vor allem, seinen Wohlstand zu demonstrieren; sie gab ihm zugleich Gelegenheit, seine Lebensphilosophie zu entwickeln und über Veränderungen seiner gesellschaftlichen und familiären Verhältnisse zu sprechen. Hier ist nicht der Ort, alle die Informationen aus Texten aufzugreifen, die weithin bekannt sind und sich ohnedies vor allem auf Italien und die Osthälfte des Reiches beziehen. Wenn wir unsere Aufmerksamkeit auf die eigentlich afrikanischen Quellen konzentrieren, werden wir unschwer feststellen, daß in diesen Provinzen, wie in Rom, das Triclinium der vom Hausherrn bevorzugte Ort war; hier dokumentierte er, wer und was er war.

Zentrales Thema dieser Selbstpropaganda ist vornehmlich der Luxus. Ohne Umschweife wurde die Allianz von Reichtum und Macht vorgeführt, und einem anderen Zweck dienten auch die Festgelage nicht. Verfolgen wir das Treiben des Helden in den *Metamorphosen* des Apuleius: »Ich fand große Gesellschaft und, als in einem der ersten Häuser von Hypata, lauter schöne Welt. Das Mahl war herrlich. Die Tischbetten glänzten von Elfenbein und waren mit goldnen Decken überhangen. Die Pokale groß, von mancherlei schönen Formen, doch von gleicher Kostbarkeit. Hier prangte künstlich geschliffenes Glas, dort heller Kristall. Anderwärts schimmerte blankes Silber oder glühte das feine Gold. Auch Bernstein, zu den schönsten Gefäßen ausgehöhlt, lud den Mund zu trinken ein. Kurz, alles, was nur Reichtum und die seltenste Kunst vermag, war allhier anzutreffen. Bedienende die Menge; alles aufs stattlichste gekleidet. Gerichte im Überfluß. Zur Aufwartung die artigsten Mädchen und schön frisierte und wohlgeputzte Knaben, die in Gemmengläsern fleißig alten Wein herumreichten« (*Metamorphosen* II 19). Tatsächlich war dies eine Selbstverständlichkeit, die den Luxus der Architektur, des Dekors und der Möbel mit der sozialen Bedeutung der servierten Gerichte verschränkte. Die Güte des Weines (wofür, nicht anders als heute, Herkunft und Alter bürgten) war für ein Festmahl unabdingbar, aber auch die Speisen waren bedeutsam. Ein Gastgeber wie Trimalchio inszenierte das Auftragen der Speisen wie ein Spektakel. In Afrika zeugten vor allem Fischgerichte von Luxus. In der Tat war Fisch eine kostspielige Speise – im Preisedikt des Diocletian heißt es, daß Fisch dreimal so teuer wie Fleisch war, und für eine frühere Zeit haben wir die Bemerkung des Apuleius über die »Schlemmer, deren Vermögen der Fischer verzehrt« (*Apol.* 32). In Küstenstädten gab es kaum Versorgungsprobleme, doch daß frischer Fisch auch im Landesinnern verzehrt wurde, ist bemerkenswert. Apuleius verteidigte sich mit dem Hinweis auf die Fischknappheit gegen den Vorwurf der Zauberei: »Ich war im Landesinnern, in den Bergen von Getulia, wo man Fisch finden kann – jawohl, und zwar wegen der deukalischen Flut« (wir würden sagen »Sintflut«; *Apol.* 41). So ist es denn kein Zufall, daß Abbildungen von Fischen und anderen Meerestieren die Speisesäle und die Korridore zu ihnen schmückten. Im Haus der Venus in Mactar besteht die Dekoration des Tricliniums aus einem förmlichen Katalog von eßbaren Meerestieren, der ursprünglich über zweihundert Sorten umfaßte und damit »die bedeutsamste antike Arbeit zur Meeresfauna«[15] darstellt. Neben ihrer dekorativen und ihrer Schutz-Funktion (Fische sollten den bösen Geistern wehren) hatten solche Darstellungen auf den Bodenmosaiken zweifellos auch den Zweck, den Tafelluxus des Hauses in Erinnerung zu rufen. Derlei »Propaganda« war allerdings nicht so aufdringlich, wie es auf den ersten Blick scheinen mag. Apuleius erzählt uns in seiner *Apologie*, daß er die Fische regelrecht studierte, womit er sich in der Gesellschaft der erlauchtesten griechischen Philosophen befand. Er sezierte Fische, beschrieb sie und ergänzte das Werk seiner Vorgänger, indem er für griechische Ausdrücke lateinische Bezeichnungen einführte. Eine schöne Illustration für dieses wissenschaftliche Interesse an Klassifizierung und Inventarisierung ist das erwähnte Mosaik in Mactar – die Tiere sind mit einer solchen Exaktheit dargestellt, daß sie fast ausnahmslos von der Forschung zuverlässig bestimmt und mit ihrem modernen wissenschaftlichen Namen belegt werden konnten. Vorlage für die Mosaizisten bildeten möglicherweise erläuternde Tafeln zu den Ausführungen des Plinius über die Fische. Waren also die kulinarischen Darstellungen in afrikanischen Speisesälen ein (materialistischer) Mißbrauch wissenschaftlicher Kataloge zum Ruhme des Küchenchefs? Nein; das hieße, die Gleichberechtigung dieser verschiedenen Gesichtspunkte in der geistigen Tradition zu verkennen. Apuleius selbst erinnert daran, daß Ennius, ein hellenistischer Dichter aus Süditalien, ein Gedicht zum Lobe der Meerestiere schrieb – wohl nach dem Vorbild früherer griechischer Dichter –, worin er bei jedem Fisch erklärte, »woher er stammte und in welcher Zubereitung er am besten schmeckte – gebraten oder mit Sauce« (*Apol.* 39).

Dieser Hinweis lenkt unsere Aufmerksamkeit auf die Becken im Hof des Peristyls. Sie waren häufig mit maritimen Motiven geschmückt, wodurch auf künstliche Weise die Gaben des Meeres ins Haus geholt wurden. Mitunter begnügte sich der Hausbesitzer jedoch nicht mit der bloßen Illusion. In manchen afrikanischen Häusern zog man in den Bekken lebende Fische. Im Haus des Castorius in Cuicul waren in das gemauerte mittlere Becken kleine Amphoren eingelassen, die wohl der Aufbewahrung von Fischen dienten und die sich auch im Hause des Bacchus – ebenfalls in Cuicul – finden. Komplizierter ist die Anlage des Wasserspeichers im Haus des Sertius in Timgad. Am Ende des Hauses, gegenüber dem Haupteingang am »cardo maximus«, öffnet sich ein Raum auf ein zweites Peristyl, und zwar durch ein Vorzimmer mit zwei Säulen; vielleicht war es ein Triclinium. Den Hof des Peristyls schmückt ein Fischbecken, das aus zwei übereinanderliegenden Bassins besteht, die durch zwei Öffnungen miteinander verbunden sind, so daß das Wasser umlaufen kann. In der gemauerten Wand des unteren Bassins waren horizontal Gefäße eingelassen, in denen die Fische ungestört laichen konnten. Diese und ähnliche Fischbecken in anderen Häusern waren nicht nur zur Zierde da, sondern dienten der Fischzucht, die wirtschaftlich eine beträchtliche Rolle spielte. In den Städten im Landesinnern hatte der Hausherr so die Möglichkeit, seinen Gästen stets frischen und teuren Fisch zu servieren. Zwar waren solche Becken wohl nicht zu vergleichen mit jenen riesigen Fischzuchten mancher vornehmen Römer, die Cicero spöttisch »piscinarii« (»Fischteichler«) oder »Tritone der Fischbecken« genannt hat. Aber die Idee war dieselbe.

Der Speisesaal diente dem Hausherrn nicht nur zur Demonstration seines Reichtums, sondern auch dem familiären Leben. Denn an den Festgelagen nahmen häufig Frauen und sogar Kinder teil (vgl. Augustinus, *Bekenntnisse* IX 17). Das war in Afrika und in der übrigen römischen Welt seit langem üblich. Der Wandel der familiären Werte bekundete sich nicht zuletzt in den Tischsitten – selbst noch im Jenseits, wie ein

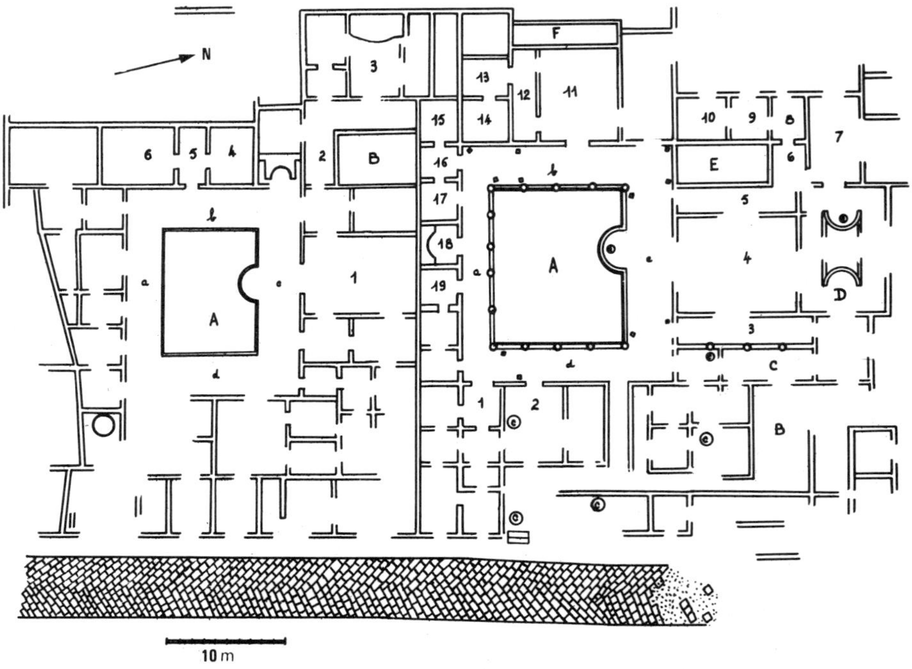

Thysdrus: Haus des Pfauen (im Norden) und sog. *Sollertiana domus* (im Süden) (L. Foucher, *Découvertes archéologiques à Thysdrus en 1961*, Tunis o.J., Plan I). Haus des Pfauen (rund 1700 Quadratmeter, Bajonettplan). A: Peristyl mit Hof (12,35x10,20 m) im Garten; 4: Empfangsexedra (10 x 8 m) mit Gesindetüren; 7 und 11: Triclinia; 3 und 5: Korridore; C: kleiner Hof; D: kleiner Hof mit Brunnen; E: kleiner Hof im Garten; 9: Schlafzimmer; 18: Kapelle? *Sollertiana domus:* A: Peristyl; 1: Triclinium, B: Nebenhof; 3: Empfangsexedra; 4 und 6: Schlafzimmer, verbunden mit dem Vorzimmer 5.

Grabmosaik beweist: Man sieht ein Paar, das in der anderen Welt die strenge Etikette des festlichen Essens beachtet. Den uralten Brauch, daß die Männer zu Tische lagen, die Frauen dagegen saßen, befolgten nur noch eingefleischte Konservative. Wenn Apuleius schildert, wie er den Wucherer Milo kennenlernt, der in der ganzen Stadt als Geizhals und Rüpel verschrien ist, dann zeigt er ihn uns auf einem Sofa liegend, zu seinen Füßen die Frau und vor sich den leeren Tisch. Die Stellung der beiden Ehegatten zueinander beseitigt jeden Zweifel (*Metamorphosen* I 26).

Die Mahlzeit diente dem Zusammenhalt der »familia« oder Hausgemeinschaft. Die Sklaven durften essen, was übrigblieb (*Metamorphosen* X 14), und an Festtagen wie ihre Herren liegend speisen. So markierte die gemeinsame Mahlzeit mit ihrem Wechselspiel von Verboten und Ausnahmen die soziale Distanz zwischen heterogenen Gruppen und zugleich deren Verbundenheit. Es ist daher kein Zufall, daß gemeinsame Mahlzeiten zu wichtigen Daten in christlichen Gemeinden wurden: Gelegenheiten zur Nächstenliebe. In Afrika gewann zumal der Leichenschmaus am Grabe und zu Ehren eines Verstorbenen eine immense Bedeutung, so daß die kirchlichen Stellen dagegen einschreiten mußten.

Das Triclinium war also einer der zentralen Räume des Hauses: Empfangssaal par excellence und zugleich Schauplatz der großen Augenblicke des Familienlebens. Hier empfing der fromme Hausherr die Wanderpriester der syrischen Göttin zu einem Opfermahl (*Metamorphosen* IX 1). Hier zeigte der Wunderesel seine Künste und aß dieselben Gerichte wie die Menschen; das erste, was der für ihn verantwortliche Sklave ihm beigebracht hatte, war, bei Tisch auf dem »Ellbogen« zu liegen (*Metamorphosen* X 16–17). Hier traten die privaten Beziehungen sichtbar zutage: die Bande der Ehe, der Familie, der Hausgemeinschaft und der Freundschaft. Doch nicht nur diese Beziehungen offenbarten sich an den Speisepraktiken; der Hausherr nutzte die Gemeinsamkeit auch dazu, seine Lebensauffassung zu entwickeln. Das Triclinium ist im Grunde ein kodifizierter Raum. Der Ort, an dem man saß, bezeichnete den Rang, den man einnahm; denn die Speiselager und der Platz auf jedem Lager waren streng hierarchisch geordnet. Der vornehmste Platz, nämlich rechts auf dem zentralen Speiselager, gebührte dem Hausherrn. Die Rolle des »magister convivii«, der den Vorsitz beim Festgelage führte, hatte der Hausherr (*Apol.* 98). Die Gäste wurden von einem bestimmten Sklaven, dem »nomenclator«, an ihren Platz geführt, während die Gerichte von den »servi triclinarii« aufgetragen wurden, die jeweils ihre besondere Aufgabe hatten. Die afrikanischen Künstler versäumten niemals, auf ihren Mosaiken von Bankettszenen auch diese Sklaven abzubilden.

Das Gastmahl war ein sichtbares Bekenntnis zu ehrwürdigen Grundsätzen. Wie es bei dem Afrikaner Tertullian heißt: »Unsere Mahlzeit gibt uns ihren Daseinsgrund durch ihren Namen zu verstehen, der das griechische Wort für ›Liebe‹ ist [*agape*] [. . .] Da sie einer frommen Pflicht entspringt, kann sie nicht schamlos oder gemein sein. Wir setzen uns nicht zu Tisch [= wir legen uns nicht zum Essen nieder], ohne zuvor ein Gebet zu Gott im Munde gehabt zu haben. Wir essen nur so viel, wie der Hunger gebietet; wir trinken nur so viel, wie die Nüchternheit zuläßt [. . .] Wir sprechen miteinander wie Menschen, die wissen, daß der Herr uns hört [. . .] Die Mahlzeit endet, wie sie begann: mit einem Gebet. Dann geht jeder seines Weges [. . .] nicht als einer, der gegessen,

Timgad, Haus des Sertius. Haupteingang (ursprünglich dreigeteilt?), zum *cardo maximus* hinausgehend; gefliestes Vestibulum mit zentraler Kolonnade; Bäder in der oberen rechten Ecke; von rechts nach links: Hauptperistyl mit angrenzendem großen Raum (Triclinium?); Nebenperistyl mit Wasserbecken und zweitem Triclinium (?); davor ein Vorzimmer. Wie das folgende Haus entstand auch dieses mit seinen 2500 Quadratmetern an der Stelle alter Mauern (gepunktete Doppellinie; der Bogen in der Nähe des zweiten Tricliniums war die Südwestecke der Stadtmauer).

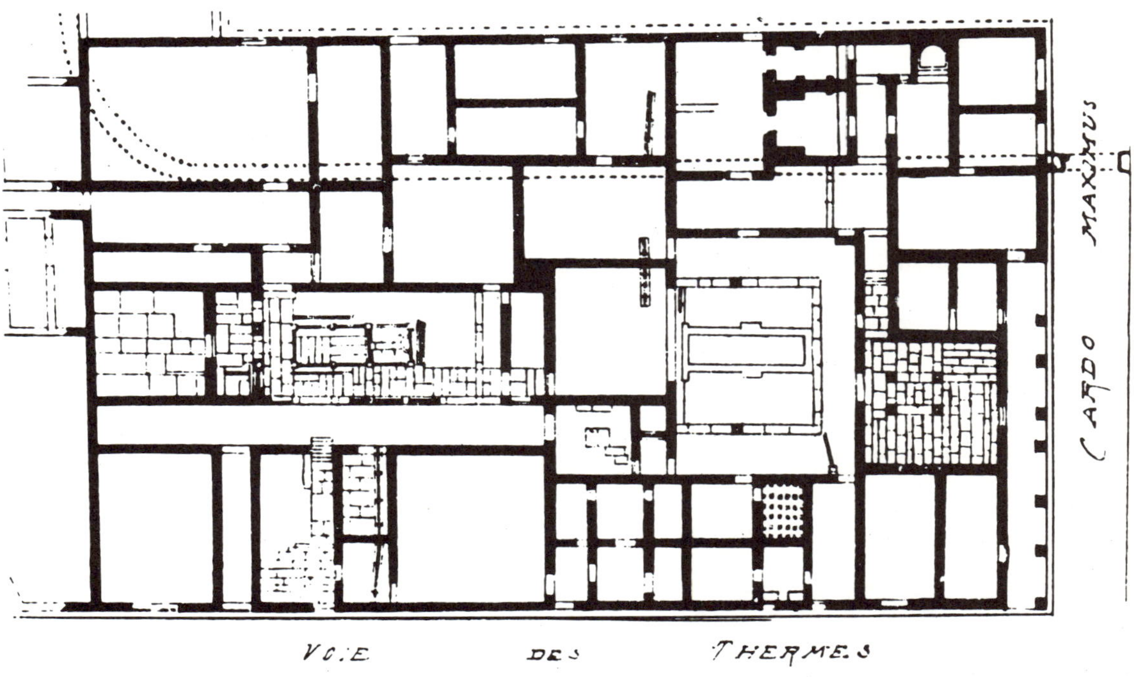

sondern der gelernt hat« (*Apologie* XXXIX 16–19). Dasselbe Interesse am Propagandawert der geordneten Mahlzeit bewies zwei Jahrhunderte später Augustinus: Sein Freund Possidius berichtet, daß in den Tisch eingravierte Sinnsprüche das Gesprächsniveau bestimmen sollten und daß zwar silbernes Besteck, aber irdenes Geschirr verwendet wurde – nicht aus Armut, sondern aus Prinzip.

Diese christlichen Gepflogenheiten gehen bruchlos aus der Tischkultur früherer Jahrhunderte hervor. Schon die heidnische Ideologie kannte nicht nur die Einheit von sozialem Rang und verschwenderischen, ja exzessiven Gelagen, sondern auch den Wert der Mäßigung. Wenn Erasmus später von einer Tafel spricht, »die reicher war an gebildeten Gesprächen als an Gaumenfreuden«, dann wiederholt er bloß eine Lieblingsredensart der Römer – zumindest jener Römer, die sich in Dingen des Geistes für kompetent hielten. Wenn Plinius d. J. die Festmähler des Kaisers Trajan rühmt, dann hebt er die anregenden Gespräche hervor, die dort geführt wurden, und betont, daß Musik und Komödien die einzige Abwechslung bildeten – im Gegensatz zu den Tänzerinnen und Kurtisanen, die bei afrikanischen Gelagen beliebt waren und die ein Mosaik in Karthago darstellt, wie sie zwischen den Tischen der Festgäste ihre Reize zeigen. Wenn Apuleius einen seiner Ankläger in Mißkredit bringen will, nennt er ihn »Vielfraß und schamloser Freßsack [. . .] ein Mensch, der sich nicht scheut, am hellichten Tage zu schlemmen« (*Apol.* 57). Einem anderen seiner Ankläger wirft Apuleius vor, er habe ein Erbe von drei Millionen Sesterzen »verfressen«; das meiste davon sei »in seinem Bauch gelandet, bei allen möglichen Völle-

Timgad, Haus des Hermaphroditen. Links, unter dem Portikus entlang dem *cardo maximus*, der dieses Haus von dem des Sertius trennt, befinden sich Läden; es folgen von links nach rechts – d. h. nach Osten – das Eingangsvestibulum, das in einen weiten Saal führt; daran anschließend ein großer Raum (11 x 7,60 m) mit Dreifachbögen an seinen beiden Enden; zweifellos handelt es sich um ein Triclinium. Die breite Nordwand des Hauses liegt auf der alten Stadtmauer.

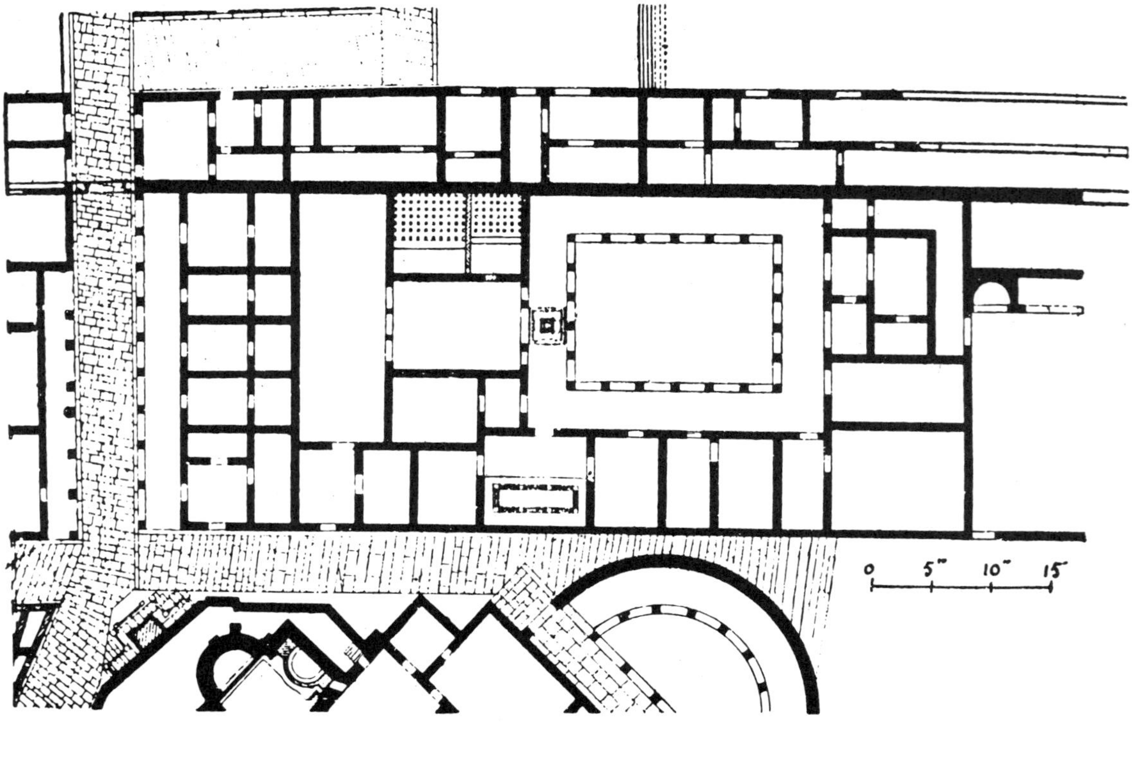

reien verjubelt«; alles, was von dem stolzen Vermögen übriggeblieben sei, sei »ein erbärmlicher Intrigant und Nimmersatt« (*Apol.* 75). Wenn ein Mann wie Apuleius sich solcher Argumente bediente, darf man annehmen, daß sie ihren Zweck nicht verfehlten.

Der Speisesaal mit seiner Ordnung spielte also eine entscheidende Rolle in der häuslichen Geselligkeit; in ihm traten die wichtigen Signaturen des privaten Lebens hervor, das Verhältnis der Ehegatten ebenso wie die Beziehungen der Hausbewohner zu fremden Gästen. Dieser Ort war aufgeladen mit Bedeutung, weil er ein Theater war. Er besaß seine Konventionen, ja eine ganze Skala von Konventionen, die es dem Hausherrn und seinen Gästen erlaubten, ihre Lebensweise auszudrükken und sich in ein Verhältnis zur Gesellschaft und deren Moden zu setzen. Das verlieh der beiläufigsten Geste, dem geringsten Gericht eine symbolische Konnotation. Man braucht nur einmal zu lesen, wie Juvenal oder Martial – zwei Meister der Analyse und der Kritik – in ihrer schriftlichen Einladung zum Gastmahl eine erlesene Speisenfolge von kunstvoller Bescheidenheit ankündigen und zugleich hochgeistige und tief sittliche Gespräche in Aussicht stellen, um zu erkennen, daß zwischen ihnen und Trimalchio in Wirklichkeit kein Unterschied besteht – in beiden Fällen bot die Mahlzeit Gelegenheit zur Schaustellung einer Ethik, deren Rohstoff die Lebensgeschichte des Hausherrn war. Der Speisesaal war um so verräterischer, als er auch ein gefährlicher Ort war. Die Laune des Gelages verlockte zu Frivolitäten, was allgemein bekannt war. So war der Speisesaal eine Stätte der Freimütigkeiten, aber auch der Verbote. Über den Köpfen der Gastfreunde hing das Damoklesschwert der Angst. Martial versprach seinen Gästen, sie würden am nächsten Morgen nichts von dem bereuen, was sie gesagt und gehört hätten (X 48); ein pompejanischer Bürger ließ an die Wände seines Tricliniums Losungen malen, die zu Zucht und gewählten Worten mahnten, bei Strafe des Hinauswurfs; Augustinus schenkte einem Gast, der fluchte, keinen Wein mehr nach.

Die Freuden der Tafel bildeten um so eher den Mittelpunkt zwischenmenschlicher Beziehungen, als zwischen raffiniertester Orgie und absoluter Askese kein grundsätzlicher Unterschied bestand – beides sind nur die äußersten Ausdrücke dessen, was die Kunst des Tafelns verhieß. Die Verfechter beider Extreme operierten denn auch auf demselben Aktionsfeld, um zu scheinbar ganz unterschiedlichen Resultaten zu kommen. Betrachten wir einmal, wie Augustinus in seinen *Bekenntnissen* den Menschen im Kampf mit sich selbst darstellt. Dort, wo er von den Sinnen handelt, beschäftigen ihn vorwiegend die Gefahren des Geschmackssinns. »Den täglichen Schwund von Leibesstoff ersetzen wir durch Essen und Trinken. [. . .] Doch dermalen sind mir die Notdürfte lustlich, und wider dieses Lustliche kämpfe ich an, um nicht bestrickt zu werden, und einen täglichen Kampf führe ich dawider, indem ich ›in Fasten‹ immer wieder ›meinen Leib in Dienstbarkeit bringe‹ [. . .] Das hast Du mich gelehrt, Nahrung so zu gebrauchen, wie man Heilmittel einnimmt. Aber indem ich von der Beschwer des Bedürfnisses übergehe zum Behagen der Stillung, ist es dieser Übergang, in dem die Schlinge der Begier auf mich lauert. Denn der Übergang selbst ist Lust,

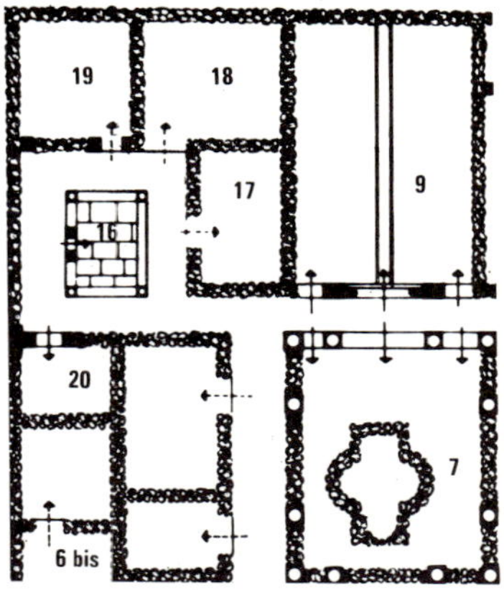

Volubilis, Haus des Kleeblatt-Bekkens (Étienne, *Quartier nordest*, Teilansicht von Plan XV); Axialplan.
7: Peristyl mit gefliestem Hof;
9: Triclinium? (11 x 7,40 m);
16: Nebenperistyl (7,70 x 7 m) mit angrenzenden Räumen 17–20.

und es gibt doch keinen andern als ihn, den zu gehen die Not erzwingt [...] Solchen Versuchungen ausgesetzt, führe ich einen täglichen Kampf wider das Gelüst nach Essen und Trinken; denn hier geht es nicht, durch Willensentschluß auf einmal abzubrechen und nicht mehr darauf zurückzukommen, wie ich es beim geschlechtlichen Umgang vermochte. Also gilt es, dem Gaumen maßvoll die Zügel bald zu lokkern, bald zu straffen. Und wo wäre, Herr, der Mensch, der nicht um ein kleines über die Grenzen des Notwendigen sich fortreißen ließe?« (*Bekenntnisse* X 43–47). Der Akt des Essens ist für den Weisen, er sei Heide oder Christ, um so mehr eine Prüfung, als er notwendig und zugleich verdammenswert ist. Erinnern wir uns, daß die einzige Sünde, die derselbe Augustinus an seiner Mutter glaubte tadeln zu müssen, ihre ausgeprägte und hinfort unterdrückte Neigung zum Wein war (*Bekenntnisse* IX 18). Es war und blieb eine soziale Tatsache, daß es eine Kunst des Essens gab oder, besser gesagt, verschiedene Formen des Essens, von denen keine unschuldig war. Man wurde sich nicht erst im nachhinein der wahren Motive seines Handelns bewußt; vielmehr waren die

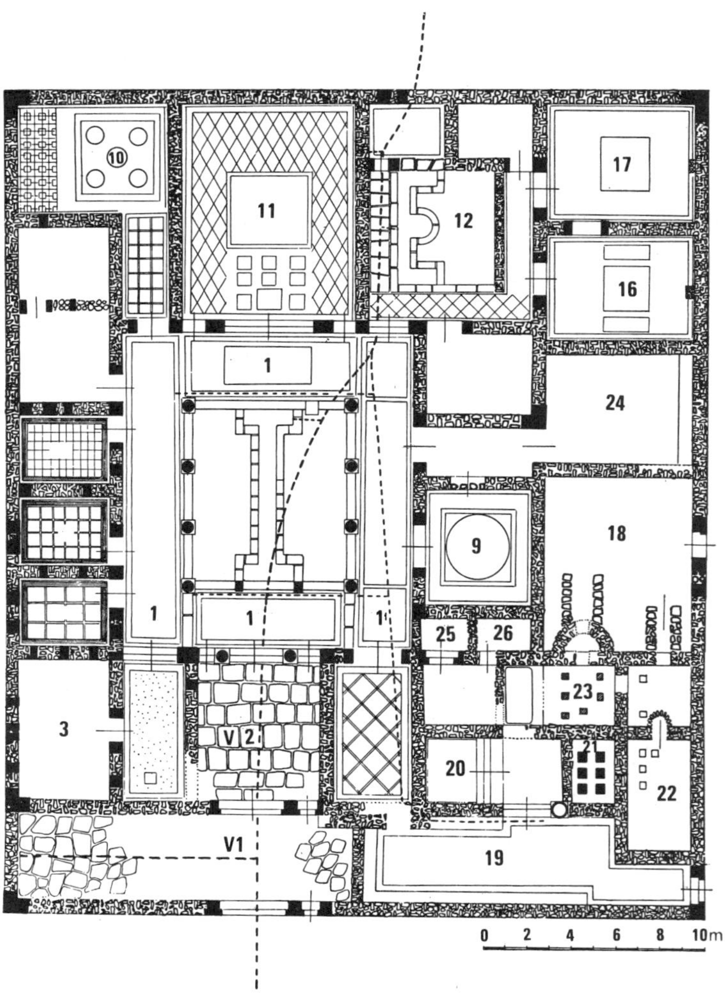

Volubilis, Haus des Venusgefolges (Étienne, *Quartier nord-est*, Tafel XVII); Axialplan. V 1 und V 2: doppeltes Eingangs-Vestibulum (15 x 3,80 m und 6 x 5,40 m); Vestibulum V 1 ist, ebenso wie Raum 19, auf Kosten eines ehemaligen öffentlichen Portikus entlang der Fassade entstanden. 1: Peristyl (14 x 13 m); 9: Empfangsexedra; 10: Schlafzimmer, mit dem Peristyl durch Vorzimmer-Korridor verbunden; 12: Nebenhof mit Wasserbecken; 18–26: Bäder, zum selben Zeitpunkt entstanden wie der Umbau des Portikus.

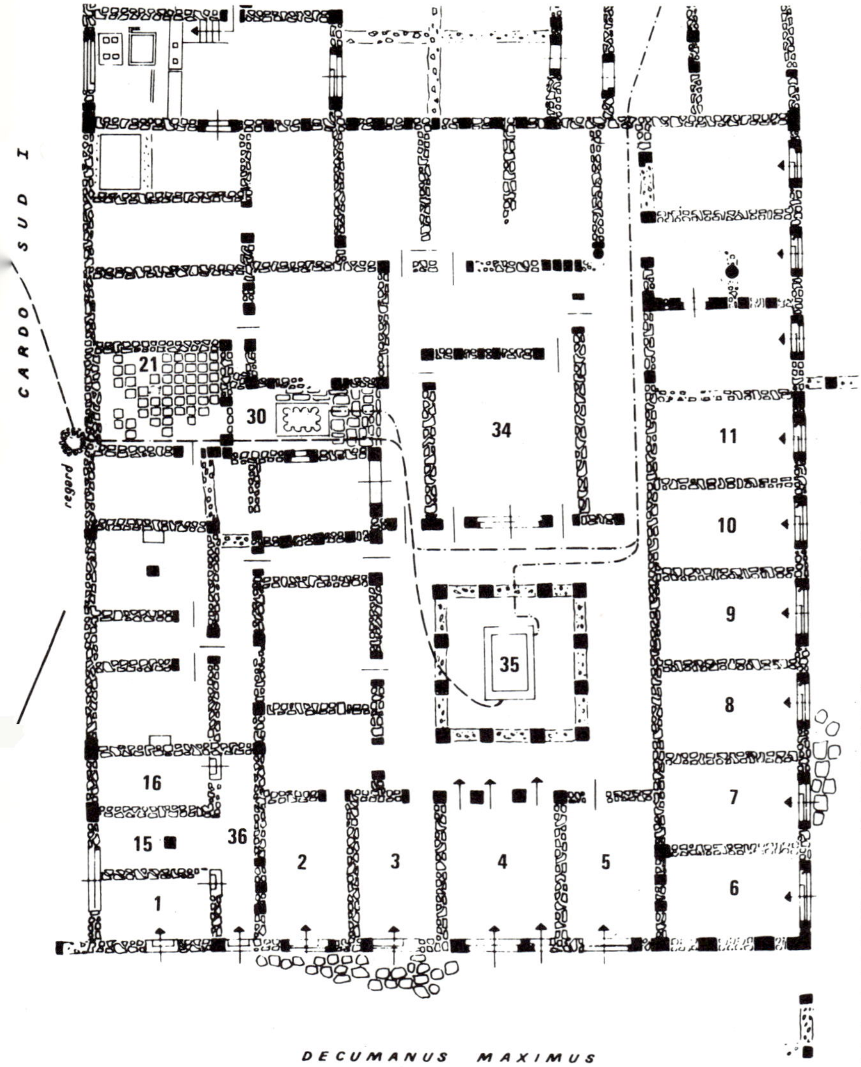

Volubilis, Haus der Goldmünzen (Étienne, *Quartier nord-est* Tafel X). Dieses Haus gehört mit seinen 1700 Quadratmetern zu den größten in Volubilis. Annähernder Axialplan. 1, 15, 16 und 36: separate Wohnungen; 4: Vestibulum (6 x 5 m); 2, 3 und 5: Läden mit Zugang zum Haus; 6–11: separate Läden; 35: quadratisches Peristyl (12,5 x 12,5 m); 34: Triclinium? (7,40 x 6,50 m), mit zwei kleinen Gesindetüren; 30: Nebenhof mit Wasserbecken, besonders mit Zugang zu Raum 21 (5,60 x 4,30 m) mit Fußboden aus Marmorfliesen. Im Süden (auf dem Plan nicht sichtbar) befanden sich weiträumige Wirtschaftsgebäude mit einer Ölpresse und einer Bäckerei.

sittlichen Gefahren des Tafelns von Anfang an klar und wurden gemieden oder in Kauf genommen. Man überließ sich in der Turbulenz des Banketts den unbewußten Frivolitäten in Wort und Tat. Der Exzeß war um so größer, als es Menschen gab, die sich nicht beherrschen konnten, ja, welche die »Zügellosigkeit« beim Bankett zum Lebensstil erhoben.

Hatte nun der Speisesaal eine gewichtige Funktion beim Empfang auswärtiger Gäste, so war er doch nicht der einzige Raum, der diesem Zweck diente. Es gab noch einen anderen Ort, an dem der Hausherr bevorzugt Empfänge veranstaltete, nämlich die Empfangs-Exedren, die in der Regel kleiner als der Speisesaal, jedoch größer als die anderen Zimmer waren und sich durch einen breiten Zugangskorridor sowie sorgfältige Dekoration auszeichneten. In manchen Fällen sind diese Gemächer leicht zu identifizieren. Im Haus der Neuen Jagd in Bulla Regia waren sie dem Speisesaal vorgelagert und gingen ursprünglich auf einen

Portikus des Peristyls mit den drei Öffnungen hinaus. Eine ähnliche bauliche Konstruktion gab es im Haus der Jagd, wo die Exedra mehr Platz einnahm als die Triclinia. Im Haus des Pfauen in Thysdrus war es ebenfalls das geräumigste Zimmer. Das unterstreicht die Bedeutung, welche die Hausbesitzer der Exedra zuschrieben. In derselben Stadt ist im Haus der Masken die Exedra durch eine Apsis aufgewertet. In der Tat gab es in Afrika kaum ein vornehmes Haus ohne einen solchen Empfangssaal.

Da das Triclinium meist den ausgiebigen Abendmahlzeiten vorbehalten war, benötigte der Hausherr einen anderen Raum, in dem er seinen sozialen Verpflichtungen nachkommen konnte. Die Exedra in afrikanischen Häusern übernahm viele der Funktionen, die im traditionellen italienischen Haus dem »tablinum« zukamen. In erster Linie war sie das Arbeitszimmer des Hausherrn. Im Haus des Fonteius in Banasa trägt das Bodenmosaik in seinem Zimmer seinen Namen: S. FONTE(ius). Wollte der Hausherr dem Getriebe des Tages entrinnen, so zog er sich in dieses Zimmer zurück. Hier verhandelte er geschäftliche Angelegenheiten und empfing Freunde; hier fanden Diskussionen und Lesungen statt. Nicht zufällig spielt die Dekoration der Exedra häufig auf geistige oder kulturelle Betätigung an – in Häusern in Althiburos und Thysdrus gibt es Mosaiken, die Musen darstellen, und in der Exedra des Hauses der Masken in Hadrumetum hat man Theatermasken und das Porträt eines Tragödiendichters gefunden. Die Kultur genoß im gesellschaftlichen Leben der Eliten ein hohes Prestige. Inbegriff der Kultur war der »vir bonus dicendi peritus« (der wortgewandte Herr), wie Apuleius sagt (*Apol.* 94). Die Kunst des Gesprächs und die Gewandtheit beim Briefeschreiben zeugten von den Talenten und sittlichen Vorzügen eines Menschen.

Für den Empfang der Klienten reichte die Exedra wohl nicht aus, da sie oft in der Mitte des Hauses lag und alles in allem eher klein war. Wie wir aus zahlreichen Zeugnissen wissen, waren in Italien Klientelbeziehungen von großer Bedeutung; sie strukturierten die Gesellschaft, indem sie jedermann von einem mächtigeren Nachbarn abhängig machten, mit dem er Dienstleistungen tauschte. Alle Indizien deuten darauf hin, daß in Afrika die Klientelbeziehungen genauso wichtig waren wie in Rom. Apuleius heiratete auf dem Lande, um der Verpflichtung des Patrons zu entgehen, an seinem Hochzeitstag »sportulae«, d. h. Lebensmittel oder Bargeld, verteilen zu müssen (*Apol.* 87). Augustinus berichtet von Alypius, der in Karthago sein Schüler war, dieser habe regelmäßig einem Senator seine Aufwartung gemacht.

Die morgendlichen Zeremonien – konkreter Ausdruck der Abhängigkeit des Klienten vom Patron – wurden häufig in der bildenden Kunst dargestellt. Zu den bedeutendsten Beispielen gehört zweifellos das Mosaik des Gutsherrn Iulius in einem Haus in Karthago. Paul Veyne hat eine neue Interpretation dieses Mosaiks vorgelegt[16], weshalb ich mich hier auf einige zusätzliche Bemerkungen beschränken werde, die in unserem Zusammenhang von Belang sind. Im Mittelpunkt der Komposition steht die Villa; sie wird von Szenen eingerahmt, die den Aufbruch zur Jagd darstellen, und enthält auch symbolische Elemente.

Nach traditioneller Auffassung verkörpern die Szenen in den Ecken die vier Jahreszeiten: Winter (Schlagen der Ölbäume und Entenjagd), Sommer (Getreideernte), Frühling (Blumen) und Herbst (Traubenernte und Wasservögel). Hingegen ist nach Veyne das obere Feld des Mosaiks eine in sich geschlossene Szene – die drei stehenden Figuren bringen der Frau in der Mitte Opfergaben dar. Wie läßt sich aber diese räumliche Einheit mit der zeitlichen Differenzierung in Einklang bringen? Mit Hilfe einer symbolischen Interpretation: Alle Jahreszeiten spenden Früchte. Eine ähnliche Symbolik herrscht im unteren Feld, welches das vornehme Paar inmitten üppiger Vegetation zeigt. Der Mann sitzt, die

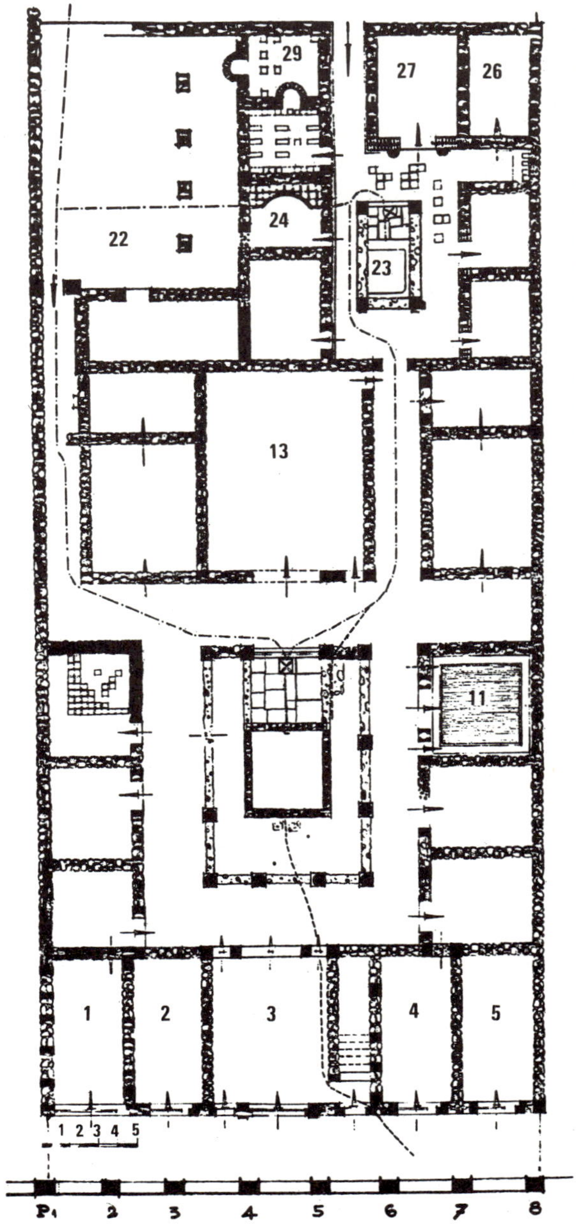

Volubilis, Haus westlich vom Palast des Statthalters (Étienne, *Quartier nord-est*. Tafel VIII); annähernd Axialplan. 1, 2, 4, und 5: Läden (1 und 4 hatten früher einen Zugang ins Haus); 3: Vestibulum (7,35 x 6 m) mit dreiteiliger Öffnung zur Straße und zum Peristyl (die Treppe führte vermutlich zu Mietwohnungen in den Obergeschossen); 11: Empfangsexedra; 13: sehr wahrscheinlich das Triclinium, ungewöhnlich groß (11,60 x 8 m), mit Gesindetür in der hinteren Ecke; 22: Hof für Fuhrwerke; 23: Nebenperistyl mit Verbindung zum Speisesaal 27, dessen Eingang von zwei vorgelagerten Säulen eingerahmt wird; 24: Latrinen ?; 26 und 29: Bäder (?)

Füße auf einen Schemel gestützt, während die Frau mit aufgestütztem Ellbogen neben einem Stuhl mit hoher Lehne (»cathedra«) steht; beides deutet darauf hin, daß die Szene im Hausinnern spielt. Was wir hier vor uns haben, ist die allegorische Darstellung der Zeremonien, in deren Rahmen die Klienten ihrem Patron die Aufwartung machten. Symbolisiert wird nicht lediglich die Klientelbeziehung, sondern ökonomische Abhängigkeit: die »coloni« des Hausherrn, d. h. die Bauern, die ein Stück Land erhalten haben und dafür einen Teil des Ernteertrages abliefern müssen. Hier bringen sie, nach Veynes Ansicht, die ersten Früchte des Ackers, des Waldes und des Wassers. (Eine Bestätigung dieser religiösen Dimension ist darin zu sehen, daß der Mosaizist deutlich zeigt, daß das Schlagen der Ölbäume erst begonnen hat, das Getreide noch auf dem Feld steht und die Trauben noch am Weinstock hängen.)

Eine Untersuchung der »xenia« – der Darstellungen von Früchten, Gemüsen und Tieren, die auf italischen Malereien ebenso wie auf afrikanischen Mosaiken ein beliebtes Thema waren – bekräftigt Veynes Analyse. Vitruv zufolge symbolisieren solche »Stilleben« die Geschenke, die der Hausherr seinen Gästen macht. Ich habe keine Veranlassung, an dieser Interpretation zu zweifeln, doch scheinen diese Motive in Afrika (und wohl nicht nur dort) mehrdeutig gewesen zu sein. Die Bildersymbolik stellt häufig einen Bezug zum Gott Dionysos her – die Erzeugnisse der Natur fungieren als Chiffren der Fruchtbarkeit. Diese religiöse Ideologie ist in einem genau umrissenen sozialen Kontext verankert – die »xenia« sind auch und vielleicht hauptsächlich die ersten Früchte des Bodens, die der »colonus« dem Verpächter überreicht. Veynes Interpretation wird durch ein Mosaik auf einem Schlafzimmerboden im Haus des Pfauen in Thysdrus bekräftigt, wo vier zentrale Fliesen Körbe mit landwirtschaftlichen Produkten darstellen, die den traditionellen »xenia« vergleichbar sind. Diese Stilleben symbolisieren freilich auch die Jahreszeiten – jeder Korb ist mit einem für die Jahreszeit typischen Produkt gefüllt. Die Botschaft ist dieselbe wie im Mosaik des Iulius, nur daß hier an die Stelle eines allegorischen Realismus die Abstraktion trat.

Solche Zeremonien, die während des ganzen Jahres stattfanden, unterstrichen die Macht des Grundbesitzers, der allein befugt war, den Göttern die Frucht der gemeinschaftlichen Mühe darzubringen. Und sie dienten dazu, die Rechte des Grundherrn zu beschwören. Das Kolonat bescherte den Bauern ein gewisses Maß an Autonomie; die Religion erinnerte an Rechte, welche die gesellschaftliche Organisation der Arbeit bereits tendenziell obsolet machte. Die Religion übertrug dem »dominus« eine führende Rolle und entzog damit seine Macht der Sphäre menschlichen Unfriedens. Auf dem Mosaik des Iulius ist er zweimal dargestellt, einmal beim Empfang von Gästen und dann beim Aufbruch zur Jagd. Auch seine Frau taucht zweimal auf, und zwar in einer zentralen Konstellation, nämlich bei der Entgegennahme von Opfergaben. Der Bauer zeigt dem Herrn eine Schriftrolle – entweder eine Eingabe oder eine Abrechnung. Die Frau des Hausherrn wird nicht ins zweite Glied verbannt. Ist ihre Gegenwart vor allem symbolisch gemeint und soll anzeigen, daß auch sie Grundbesitzerin ist? Oder ist es die realistische Wiedergabe ihrer Funktionen und soll andeuten, daß sie in der Tat bei diesen Zeremonien, welche die Machtstellung des Grundherrn befestigen sollten, zugegen war? Eine Antwort auf diese Fragen könnte das Wesen der Ehe in der späten Kaiserzeit erhellen, ist aber leider nicht in Sicht. Auf jeden Fall beweist dieses Mosaik, daß die Frau an der Verwaltung des Gutes beteiligt war. In diesem Zusammenhang ist es vielleicht von Interesse, Apuleius' Beschreibung seiner künftigen Gemahlin zu erwähnen: »eine verständige Frau, welche die Abrechnungen der Bauern, Ochsentreiber und Lakaien überprüfte« (*Apol.* 87).

Großgrundbesitzer brauchten in ihren Häusern nicht nur Platz für den täglichen Höflichkeitsbesuch ihrer Klienten, sondern auch für mindere Routineangelegenheiten. Dem dienten, wie wir gesehen haben, die Exedra und das Vestibulum. Wie R. Rebuffat bemerkt hat, findet man in Tingitane nicht selten Häuser mit einem großen Raum, der – unweit des Vestibulums – durch eine kleine Tür mit dem Peristyl verbunden ist (siehe z. B. das Haus des Venusgefolges). Rebuffat vermutet, daß hier die »sportulae« gelagert waren, was meine Hypothese bestätigen würde, daß das Vestibulum zum Empfang von Klienten gedacht war.

Manche Häuser enthielten einen Raum, der eigens für zeremonielle Zwecke im Zusammenhang mit dem Patron-Klient-Verhältnis bestimmt war; Vitruv nennt ihn Privatbasilika. Eines der bemerkenswertesten Beispiele dafür haben wir bereits kennengelernt: die Privatbasilika im Haus der Jagd in Bulla Regia. Mit ihrer Apsis und dem Querschiff eignete sie sich trefflich für öffentliche Auftritte des »dominus«. In diesem Fall kann die Bedeutung der Basilika keinem ernsthaften Zweifel unterliegen – mit ihrem separaten Eingang beansprucht sie den größeren Teil des neuen Grundstücks. Doch nicht immer sind Privatbasiliken so leicht zu erkennen. Man darf annehmen, daß es sich bei dem langgestreckten Saal unweit des Nebeneingangs in Haus Nr. 3 in Bulla Regia um eine Privatbasilika handelt. Für diese Hypothese spricht nicht zuletzt die Existenz einer Apsis mit ihren sakralen Konnotationen, die den Auftritt des Hausherrn aufwerteten. Man ist versucht, eine ähnliche Vermutung in bezug auf den großen rechteckigen Raum im Haus des Hermaphroditen in Timgad zu wagen. Nahe dem Haupteingang gelegen, ist er mit dem Peristyl indirekt durch das geräumige Triclinium verbunden, das sich zu beiden Seiten mit drei Bögen öffnet. Möglicherweise handelt es sich um einen subtilen baulichen Kunstgriff zur Verbindung des Peristyls mit zwei verschiedenen Empfangsräumen von unterschiedlicher Intimität. Ich verzichte darauf, andere Architekturbeispiele anzuführen, deren Deutung umstritten ist, und erwähne nur noch ein Mosaik aus Karthago, welches die Existenz von Privatbasiliken in großen Häusern beweist – es stellt eine Villa am Meer dar, und ein bestimmter Gebäudeteil trägt die Aufschrift »bassilica«.

Andere Teile der Wohnung

Abgesehen vom Triclinium sind wenige Räume so leicht zu erkennen wie die Schlafzimmer. Sie zählten zu den privaten Bereichen des Hauses, und man könnte von dem vornehmen afrikanischen Haus dasselbe sagen, was A. Corbin vom bürgerlichen Heim des 19. Jahrhunderts gesagt hat: Sein Schlafzimmer sei »ein Tempel des Privatlebens, ein Ort der Intimität im Herzen des häuslichen Bereichs«.[17] Die sexuellen Konnotationen des Schlafzimmers waren damals genauso offenkundig wie zu anderen Zeiten. Hier ereigneten sich die schockierenden Verstöße gegen die herrschende Moral – Ehebruch, Inzest und widernatürlicher Geschlechtsverkehr (Apuleius, *Metamorphosen*, IX 20 bis X 3, 20–22); Fremde ins Schlafzimmer einzulassen, galt als Inbegriff der Laszivität (Apuleius, *Apol.* 75). Eine Formulierung des hl. Augustinus bezeugt den gründlich intimen Charakter des »cubiculum«. Bei der Beschreibung intensiver Gefühle verwendet er in den *Bekenntnissen* verschiedentlich Metaphern aus der Sphäre der Hausarchitektur, deren geheimster und persönlichster Raum das Schlafzimmer ist: »Und jetzt, in diesem gewaltigen Kampf meines innern Hauses, den ich in unsrer geheimsten Kammer, in meinem Herzen [cum anima mea in cubicolo nostro, corde meo] so heftig wider meine Seele heraufbeschworen hatte« (VIII 19). Oder sein Gebet zu Gott: »Du rede in meinem Herzen Wahrheit [...] Ich möchte die da draußen ihrem Treiben überlassen, daß sie in den Staub blasen und sich Sand in ihre Augen wirbeln, ich möchte in meine Kammer gehen und Dir Liebeslieder singen, auf meiner Pilgerfahrt ›seufzend in unsagbaren Seufzern‹« (XII 23).

Reichtum und Komplexität der Hausarchitektur kamen also auch im Schlafgemach zum Ausdruck; denn nicht nur der Liebende »schlüpft voll der süßesten Hoffnung« (Apuleius, *Metamorphosen*, VIII 11) hierher. Man empfing üblicherweise Reisende, Verwandte und Leute, die auf Empfehlung eines Freundes kamen, und so benötigte jedes vornehme Haus Gästezimmer. Zwar sind sie in den Ruinen schwer als solche zu erkennen, doch geht aus den Quellentexten hervor, daß es sie gab (vgl. beispielsweise Apuleius, *Metamorphosen*, I 23).

Damit komme ich zu den Privatbädern. In allen Städten des römischen Afrika gab es öffentliche Thermen. Sie spielten eine wichtige Rolle im städtischen Alltag, da die Menschen hier nicht nur badeten, sondern auch körperlichen und geistigen Betätigungen nachgingen. Die öffentlichen Thermen waren ein Kristallisationsort des gesellschaftlichen Austauschs, nicht zuletzt dank ihrer Größe, die einer bedeutenden Zahl von Besuchern die Benutzung der verschiedenen Einrichtungen erlaubte. Die Art der Nutzung wandelte sich jedoch im Laufe der Zeit, und als Ergänzung zu den riesigen Anlagen entstanden in einzelnen Stadtvierteln kleinere Thermen, die vermutlich bequemer und leichter zugänglich waren. Es mögen sich auch die Badesitten geändert haben, wenn wir dem gallorömischen Autor Sidonius Apollinaris glauben dürfen, dessen auf Gallien gemünzte Bemerkungen wohl auch für Afrika gelten. Er berichtet, daß Freunde, die zum Baden gehen wollten,

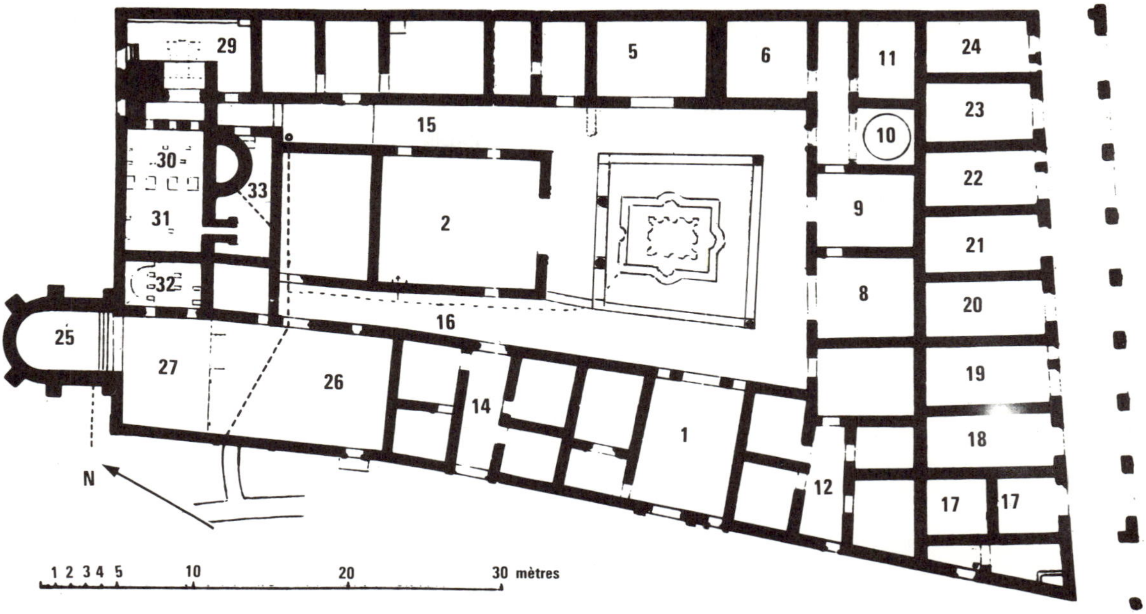

Volubilis, Haus der Taten des Hercules (Étienne, *Quartier nord-est*, Tafel IV). 1: Vestibulum (8 x 6 m) mit zweiteiliger Öffnung zur Straße und dreiteiliger Öffnung zum Peristyl (am nördlichen Ende möglicherweise eine Pförtnerloge); 2: großer Raum (10,45 x 8,40 m), Empfangssaal, Triclinium oder Exedra, mit vier schmalen Gesindetüren; 5: Triclinium (7,20 x 5 m) mit dem Mosaik, das die Taten des Hercules darstellt; 6 und 8–11: Wohnungen mit Vorzimmer und Korridor (kreisrundes Becken im Raum 10); 12 und 14: Nebeneingänge; 17–24: separate Läden; 26–33: nach einem Umbau entstandene Bäder.

sich zunächst in einer Privatwohnung trafen und dann eine der kleineren Anstalten aufsuchten, die dem Schamempfinden des Einzelnen gemäßer waren (*Carmen* XXIII, Zeilen 495–499). In dieser Einstellung spiegelt sich wohl die aristokratische Abneigung gegen die Masse, jedoch auch eine neuartige, schamhafte Haltung gegenüber dem menschlichen Körper.

Dies erklärt die starke Zunahme von privaten Bädern in vornehmen afrikanischen Häusern. Der Ausdruck »Zunahme« ist durchaus angebracht; zwar gab es schon früher private Bäder, aber allgemein verbreitet waren sie erst gegen Ende der Kaiserzeit. Sie wurden an das Haus angebaut, oder ein kleines Bad wurde vergrößert. Schließlich war ein privates Bad die Regel. In Bulla Regia verfügten von den acht vollständig ausgegrabenen Häusern mit Peristyl vier über ein kleines Bad. Die Bäder im Haus der Jagd entstanden im 4. Jahrhundert, zur selben Zeit wie die Privatbasilika.

Das private Bad machte die Wohlhabenden relativ unabhängig vom kommunalen Leben, das früher zumindest teilweise die Grundlage ihres Komforts gewesen war. Mit dieser Entwicklung ging eine zunehmende Formalisierung der sozialen Hierarchie einher. Konnte man erwarten, daß jemand, der morgens in seiner privaten Apsis thronte und die Huldigung seiner Untergebenen entgegennahm, am Nachmittag mit denselben Untergebenen ins öffentliche Schwimmbad ging – noch dazu im Adamskostüm, das seinem sozialen Ansehen nicht eben förderlich war? Das Privatbad ermöglichte die Aufrechterhaltung der notwendigen sozialen Distanz.

Aus demselben Grund waren manche afrikanischen Häuser mit Latrinen ausgestattet. Im Haus der Jagd in Bulla Regia entstanden sie nach den ersten Privatbädern. Sie ersetzten das ursprüngliche »frigidarium«, das weiter nach Süden rückte. Vergleichbare Latrinen mit zwei Gruben hat man in anderen Häusern gefunden; sie konnten, ebenso wie die öffentlichen Latrinen, von mehreren Personen gleichzeitig benutzt werden. Allerdings war die Gruppe der berechtigten Benutzer nunmehr sehr klein. Die Latrinen waren etwas Neues; früher mußte man zum Nachttopf greifen, wenn der Gang nach draußen sich verbot. In der Einführung der Latrine artikuliert sich eine bewußte Schamhaftigkeit, eine neue Einstellung zu den Funktionen, Geräuschen und Gerüchen des Körpers. Die Latrinen im Haus der Jagd besaßen eine Wasserspülung, die an die Kanalisation der am Haus vorbeiführenden Straße angeschlossen war. In diesen architektonischen Entwicklungen bemerken wir andeutungsweise einen Umbruch in den Praktiken der herrschenden Klassen, der mit der »Deodorisierung des Bürgertums« (Corbin) im 19. Jahrhundert zu vergleichen ist. Die neue Einstellung zum Körper hatte unmittelbare Rückwirkungen auf die Art, wie Machtpositionen zur Geltung gebracht wurden – künftig gab es eine größere Distanz zwischen Herrschern und Beherrschten und eine verschärfte Hierarchisierung der sozialen Verhältnisse. Das strenge Reglement der Zeremonien in der Privatbasilika einerseits und die Zunahme der Privatbäder und -latrinen andererseits hatten eine gemeinsame Ursache. In dem Maße, wie öffentliche Akte privat wurden, gewann der häusliche Raum an Bedeutung für das öffentliche Leben; und innerhalb des Hauses wurde jedem einzelnen Raum mehr und mehr eine besondere Funktion zugewiesen.

Abschließend möchte ich etwas über jene Teile des Hauses anmerken, über die wir nur wenig wissen. Von vielen Räumen in erhalten gebliebenen afrikanischen Häusern wissen wir nicht, welchem Zweck sie dienten. Die Räume der Bediensteten, zumal die Küche, sind schwer zu identifizieren, was darauf schließen läßt, daß die hier verrichteten Arbeiten relativ simpel waren und im wesentlichen von dem zahlreichen Personal ausgeführt wurden. Die Quellen sind in diesem Punkt ziemlich beredt. Apuleius berichtet, eine der wichtigsten Aufgaben des Hausherrn habe darin bestanden, der »familia« Befehle zu erteilen (*Apol.* 98). Wenn die Dame des Hauses ausging, war sie »von sehr vielen Bedienten umgeben« (*Metamorphosen* II 2). Eine Schar von Domestiken ist unentbehrlich, wenn das Haus Ehre einlegen soll; ein großes Haus braucht viel Gesinde (*Met.* IV 9 und IV 29: »numerosa familia«; IV 24: »tanta familia«). Die einzelnen Bediensteten haben meist genau umschriebene Aufgaben. Wir haben schon davon gesprochen, daß sie im Speisesaal die Gerichte auftrugen und servierten. Apuleius berichtet noch von anderen, einem Eseltreiber, einem Koch, einem Arzt und einem Kammerdiener (»cubicularius«), die allesamt von einem ins Haus eingedrungenen tollen Hund »lästerlich zugerichtet« wurden (*Met.* IX 2). Eine vornehme Dame beschäftigte mehrere »cubicularii« (X 28), ihr Gatte mehrere Köche (X 13). Rechnen wir noch den Hofmeister hinzu (X 5), so bekommen wir eine Vorstellung von der Zahl des Personals in der Hausgemeinschaft. Doch wissen wir so gut wie nichts darüber, wo diese Menschen im Haus lebten; die privilegiertesten wohnten wohl in den oberen Stockwerken, die heute zerstört sind. Zwei Brüder – Sklaven, die als Köche arbeiteten – bewohnten ein winziges Zimmer (»cellula«), das jedoch groß genug war, um noch einen Esel zu beherbergen (Apuleius, *Met.* X 13–16). Im allgemeinen bewahrten die Sklaven ihre Habseligkeiten in einem Sack auf und schliefen auf einem improvisierten Lager. Als Lucius, der Held der *Metamorphosen*, einen Freund besucht und in seinem Zimmer allein sein muß, wird »das Bedientenbett aus der Stube genommen und ganz weit von der Tür weg in einen Winkel gesetzt« (*Met.* II 15).

Architektonisch wirkte das um das Peristyl zentrierte Haus also geschlossen und einheitlich. Doch war es Schauplatz höchst komplexer, mannigfaltiger Praktiken, die mit unterschiedlichen Formen und Momenten des privaten Lebens zusammenhingen. Am einen Ende der Skala gab es die Räume, in die sich das Individuum zurückziehen konnte, am anderen die Lokalitäten, in denen der Hausherr die von ihm Abhängigen empfing. Wir dürfen uns nun nicht damit begnügen, die einzelnen Elemente des Hauses katalogisiert zu haben. Wir müssen uns vielmehr fragen, wie das Zusammenspiel so verschiedenartiger Praktiken unter einem Dach aussah.

Thugga, Haus des Trifolium: Peristyl.

Funktionsweise der »domus«

Die Funktionsweise eines Gebäudes ist nur dann zu verstehen, wenn man das Verhältnis seiner Teile zueinander kennt. Man unterscheidet drei Arten von Grundrissen, und zwar je nach der Lage des Vestibulums im Verhältnis zum Peristyl und zum Triclinium. Liegen alle drei Gebäudeteile auf einer Linie, so spricht man von »Axialplan«. Liegen die drei Achsen parallel zueinander, ohne einander zu schneiden, haben wir es mit einem »Bajonettplan« zu tun. Bildet das Vestibulum einen rechten Winkel zur Hauptachse des Gebäudes, entsteht der »Rechtecksplan«.

Gesamtanordnung

Diese Typologie hat allerdings wenig mit der Funktionsweise des Hauses zu schaffen und ist nicht so leicht anzuwenden, wie es scheinen könnte. Mitunter ist es schwierig, zwischen Axialplan und Bajonettplan zu unterscheiden. In dem Haus westlich vom Palast des Statthalters hat man beide Pläne erkennen wollen. Andere Gebäude sind noch schwerer zu klassifizieren. Das Haus der Jagd in Bulla Regia hat einen Axial-(oder Bajonett-)Plan, wenn man auf das Vestibulum, das Nebenperistyl und das Triclinium blickt – aber einen Rechtecksplan, wenn man Vestibulum, Hauptperistyl und Exedra betrachtet. Diese Typologie sagt indes nichts darüber aus, wie die verschiedenen Elemente des Hauses zusammenwirkten. Jedenfalls war der Axialplan – im weitesten Sinne – in der afrikanischen Hausarchitektur sehr gebräuchlich. Für den Empfang einer großen Gästeschar scheint sich die Anordnung der wichtigsten öffentlichen Räume des Hauses in einer Reihe besonders gut geeignet zu haben.

Die Anordnung der für den Empfang von Gästen bestimmten Bereiche war ein wichtiger Aspekt beim Bau eines Hauses. Die öffentlichen Räume legten die Gestalt des Hauses fest und bestimmten die Lage der privaten Räume. Die sozialen Ansprüche des Hausherrn waren maßgebend für den Gesamtentwurf, während bauliche Realisierung und Dekoration den Grundriß des Hauses unterstrichen. Die Baumeister verfügten über ein Repertoire von Techniken, bei denen eine Sequenz von architektonischen Elementen in bestimmten zentralen Punkten gipfelte. Säulen und Pfeiler (Portikus und dreiteilige Öffnungen), Becken und Mosaiken, alles betonte die Hauptachsen des Hauses. (Treppen waren in afrikanischen Häusern von untergeordneter Bedeutung.) Im Haus des Neptun in Acholla wird die Beziehung zwischen den Öffnungen des »oecus« und der Kolonnade des Peristyls durch die Apsen hervorgehoben, die von der niederen Mauer des Hofes gesäumt werden. Die Hauptachse, die des Speisesaals, wird betont durch die Unterbrechung des Mosaiks am Portikus mit einem neuen Motiv sowie durch das mittlere Becken, das größer, tiefer und reicher verziert ist als die anderen Becken. Man könnte viele weitere Beispiele dieser Art anführen. Die Baumeister waren bestrebt, die Achse eines Hauptraumes zu markieren und dabei die weite Kolonnade des Peristyls mit einzubeziehen. In Häusern mit Axialplan konnte eine solche Sequenz großartige Proportionen annehmen – die Hauptachse wurde zum Rückgrat des gesamten Bauwerks. So ist es im Haus des Venusgefolges in Volubilis, wo der Besucher zunächst zwei zweiteilige Eingänge durchschreiten mußte, bevor er zu den dreiteiligen Baugliedern kam: Zwei Säulen auf Würfeln umrahmten drei Öffnungen, die auf das Peristyl gingen; dessen Kolonnade, in einer Linie mit den Wänden des riesigen Tricliniums, hatte drei Interkolumna auf der kurzen Seite, welche die drei Eingänge zum Speisesaal andeuteten. Die Anlage wurde zusätzlich akzentuiert durch ein langes Axialbecken und den Mosaikboden mit Abbildungen von Tieren im Geschirr, der zur mittleren Öffnung des Tricliniums führte. Die Dekoration, die üppiger wurde, je weiter man ins Innere des Hauses vordrang (dekoratives Mittelstück des Speisesaals ist eine Darstellung der Seefahrt der Venus), unterstrich das in der Architektur waltende Motiv der Steigerung, erkennbar am Übergang von einem Zweier- zu einem Dreierrhythmus, an der Größe des dem Tricli-

Thysdrus, Haus des Pfauen: Mosaik aus Schlafzimmer 9. Den Standort des Bettes deutet ein geometrisches Muster an, das einfacher ist als das hier abgebildete, teppichartige Muster des übrigen Raumes.

nium vorgelagerten Portikus im Vergleich zu den drei anderen Portiken und an der Lage des größten Raumes am Ende des Baues. Das ganze Haus ist um die zentrale Achse herum gruppiert, die den frei bleibenden Raum und damit den Ort der übrigen Räume bestimmte.

Die Lenkung des »Verkehrs« im Haus war vermutlich die entscheidende planerische Überlegung. Dabei spielte das Peristyl eine maßgebliche Rolle. Das Hauptperistyl wurde häufig um zusätzliche Flächen ergänzt, die demselben Zweck dienten, mitunter waren es regelrechte Peristyle in Kleinformat, mitunter einfache Höfe ohne Kolonnaden, gelegentlich mit einem Brunnen oder einem Garten geschmückt. Die Zimmer des Hauses waren rund um diese zentralen Haupt- und Nebenhöfe angeordnet; häufig führten Korridore zu entfernter liegenden Räumen. Die Zimmer lagen selten in einer Reihe hintereinander; jedes war von den anderen unabhängig und führte auf die allgemein zugänglichen Flächen, auf denen sich der Verkehr des Hauses abspielte.

Einige Beispiele mögen diese generellen Grundsätze verdeutlichen. Im ursprünglichen Haus der Asclepia in Althiburos waren alle Räume vom Eingang her oder durch das Peristyl zugänglich. Im Haus des Pfauen in Thysdrus ist die riesige Empfangshalle von zwei Galerien flankiert, die in Wohnräumen an den Höfen münden. Ähnlich ist es in der benachbarten »Sollertiana domus«. Hier schützte ein Vorzimmer die Privatheit von Räumen, die direkt an einem stark frequentierten Platz wie dem Peristyl lagen (Raum 5 dient als Vorzimmer für Raum 4 und Schlafzimmer 6). Diese Anordnung findet sich ebenfalls im Haus der Taten des Hercules in Volubilis, wo die Räume (6, 10, 11) durch ein Vorzimmer in Gestalt eines Korridors vom Peristyl getrennt sind. In diesem riesigen Haus wird der Verkehr durch zwei Korridore (12 und 14) gelenkt, die das Peristyl mit der Straße verbinden, sowie durch zwei lange Galerien (15 und 16), die das Triclinium flankieren und deren eine zu den Schlafzimmern führt, während die andere zu den Privatbädern geht. Viele Häuser in Volubilis weisen Nebenperistyle auf, die als zentrale Höfe für private, oft über Korridore erreichbare Teile des Hauses fungierten. Das Haus westlich des Statthalterpalastes hat einen Hof mit Kolonnaden und Becken, der acht Zimmer verbindet. Im Haus mit dem Kleeblatt-Becken hat man die beiden Peristyle miteinander verbunden, indem der südliche Portikus des einen zum nördlichen des andern erweitert worden ist; zugrunde liegt ein schachbrettartiger Grundriß, der die Südostecke des Gebäudes vom übrigen Haus unabhängig machte. Im Haus des Venusgefolges führt ein Nebenhof mit kunstvoll geformtem Becken zu fünf Räumen, von denen zwei mit herrlichen Bodenmosaiken verziert waren; auf kleinen Ziegelsäulen standen Bronzebüsten von Cato und einem gekrönten Fürsten. Das Haus der Goldmünzen aber, mit 1700 Quadratmetern eines der größten in Volubilis, hatte Korridore, die rund um das Triclinium führten, sowie einen kleinen Hof mit Becken und Brunnen, um den einige Räume angeordnet waren.

Der systematische Rückgriff auf Peristyle, Höfe und Korridore bewirkte, daß alle Räume voneinander geschieden waren. Beweist dies die oft geäußerte Vermutung, daß große Häuser einen öffentlichen Bereich

Utica, Haus der Kaskaden: Peristyl mit Brunnen in einem Wasserbekken und Garten.

(die Empfangsräume um das Hauptperistyl) und einen privaten Bereich (Wohnräume um einen sekundären Innenhof) besaßen? In dieser Form ist die Vermutung nicht stichhaltig. Ich habe bereits darauf hingewiesen, daß es sehr verschiedenartige Räume rund um das Hauptperistyl gab; die Räume um den Nebenhof waren ebenfalls höchst unterschiedlich. Ein gutes Beispiel ist das Haus der Jagd in Bulla Regia. Vor dem Hauptperistyl liegt ein einziger Empfangssaal, während zwei große Speisesäle sich auf die zwei Ebenen des kleineren Peristyls hin öffnen. Auffallend an diesem Haus ist die Art, wie sowohl private Räume als auch Empfangsräume um diese beiden zentralen Zonen gruppiert sind. In den oben erörterten Häusern von Volubilis lassen Größe und Dekor bestimmter Räume rund um die Nebenhöfe darauf schließen, daß sie nichtprivaten Funktionen vorbehalten waren. Das Haus des Pfauen und die »Sollertiana domus« in Thysdrus (Säle 7 und 3) zeigen ein ähnliches Dessin – ein Triclinium und eine Exedra liegen an Nebenhöfen. Korridore und Peristyle dienten nicht dazu, den »öffentlichen« Teil des Hauses vom »privaten« zu trennen, sondern sollten die Plazierung von Räumen unterschiedlicher Bestimmung nebeneinander ermöglichen, indem sie alle diese Räume separat zugänglich machten. Diese subtile Nutzung des verfügbaren Platzes prägte die Funktionsweise der »domus«.

Unterteilung des Innenraums

Wie die einzelnen Teile des Hauses genutzt wurden, hing von der Tageszeit ab. Die Klienten statteten ihren Besuch am Morgen ab; Gäste zum Bankett empfing der Hausherr am Abend. In der Zwischenzeit mochte ein zentraler Bereich wie das Peristyl der Erledigung häuslicher

Arbeiten oder der Muße dienen. Zwar sind von dieser gegliederten Nutzung keine Spuren erhalten, doch lassen sich in den Ruinen Anzeichen anderer Arrangements beobachten.

In römischen Häusern gab es, wie in modernen, viele Türen. Es war fast immer möglich, einen Raum abzuschließen. An manchen gut erhaltenen Fundorten kann man noch heute sehen, wo die Türen am Mauerwerk und an Simsen befestigt oder in einen hölzernen Türrahmen eingehängt waren, von dem nur noch die Befestigungsspuren übrig sind. Es gibt kaum einen Eingang ohne solche Verriegelung. Selbst die weiten Öffnungen der großen Empfangssäle konnte man verschließen. Das Triclinium wurde für das abendliche Gelage geöffnet, während es ansonsten abgesperrt und damit vom restlichen Haus isoliert war. Es gibt auch Türen zwischen einzelnen Treppenfluchten; man findet sogar Spuren von Toren, die den Verkehr zwischen den Portiken und dem Hof des Peristyls regelten. Diese systematische Aufteilung erhöhte die Effizienz des Hauses beträchtlich; sie erlaubte unabhängigen Zutritt zu sämtlichen Räumen.

Vorhänge gebrauchte man anstelle von Türen und um große Räume zu unterteilen. Überreste von Vorhängen sind naturgemäß noch schwerer zu finden als solche von Türen. Draperien und Vorhänge bestimmten, auf welche Weise ein Raum wie das Peristyl genutzt wurde. Vorhänge verdeckten den Raum zwischen Kolonnaden und schlossen Portiken ab. Diese wirksame Form der Licht- und Wärmeregulierung gestattete auch, das Peristyl für verschiedene Zwecke zu nutzen, ohne seine hauptsächlich von der Kolonnade gestiftete architektonische Geschlossenheit anzutasten. Man kann sich leicht vorstellen, wie die Gäste im Triclinium durch die offenen Türen auf das Peristyl hinausblickten und die Aussicht genossen, während ein Flügel des Hofes durch Vorhänge verdeckt war, so daß die nicht am Fest beteiligten Personen nicht gestört wurden.

Die Verwendung von Stoffvorhängen wandelte sich im Laufe der gesellschaftlichen Entwicklung. Je mehr die sozialen Beziehungen hierarchisiert wurden, desto mehr dienten Vorhänge zur Selbstinszenierung des Hausherrn. Je höher der Rang eines Menschen ist, desto mehr Vorhänge hat er in seinem Haus, sagt Augustinus (*Sermo* LI 5). Der Bischof von Hippo erwähnt die erhöhte Apsis und den mit kostbaren Stoffen drapierten Thron, auf dem der Bischof saß; der Pomp, den er entfaltete, glich dem des Patrons, der seine Klienten empfängt. Apuleius beschreibt ein Ritual des Isiskults, in dessen Verlauf von der Statue der Göttin weiße Vorhänge weggezogen wurden (*Metamorphosen* XI 20). Natürlich beruhen die religiösen Zeremonien der Heiden und Christen sowie die Huldigungszeremonien einer aristokratischen Gesellschaft auf ein und demselben Muster, dessen höchster Ausdruck das komplexe Ritual war, das sich allmählich um den Souverän in der späten Kaiserzeit entspann und in dem der politische und der religiöse Aspekt sich verknüpften. Dieser Sachverhalt ist entscheidend für das Verständnis der Privatarchitektur. Draperien waren weder Ersatz für Mauern und Türen noch eine Alternative dazu, sondern Schlüsselelemente des architektonischen Entwurfs. Vorhänge sollten nicht, wie heute, aufgezogen werden; sie versperrten einen Weg, verlegten einen Zugang. Der Vorhang war die Maske vor allem, was übermächtig war: Kaiser, Gottheit, Adel. Die sakrale Bedeutung des Vorhangs beeinflußte nachhaltig seinen Gebrauch; es kostete mehr Mut, einen Vorhang zu lüften, als eine Tür zu öffnen.

In der späten Kaiserzeit wurden die sehr großen Räume des traditionellen Hauses für gewöhnlich geteilt. Das Peristyl wurde nicht grundsätzlich aufgegeben, aber es wurde in einer Weise gegliedert, die seine Funktion veränderte. Dabei gab es zwei verschiedene, jedoch einander ergänzende Methoden: a) die Trennung des Hofes von den Portiken, b) den Eingriff in die Geschlossenheit der Galerien. Die Veränderungen sind am Dekor abzulesen. Im Haus des Neptun in Acholla zeigen die Fußböden auf allen vier Seiten dasselbe geometrische Motiv, doch war die Komposition dergestalt unterbrochen, daß die Galerie vor dem »oecus« gegen die übrigen drei Galerien abgegrenzt war. Darin spiegelten sich lediglich andere architektonische Entscheidungen: Die Galerie, die über das Peristyl hinausragte, war von diesem auf dieselbe Weise getrennt. Ähnlich verhielt es sich mit der Dekoration im Haus des Venusgefolges in Volubilis. Die Mosaikfußböden der Portiken lösten die Geschlossenheit des Hofes auf und betonten die axiale Komposition.

Noch auffälliger waren die Veränderungen in der Architektur des Peristyls. Zu einem schon späten, aber nicht mehr genau bestimmbaren Zeitpunkt errichtete man eine niedrige Mauer zwischen den Säulen der Kolonnade, die allerdings hoch genug war, um den unteren Teil der Säulen zu verdecken. Gewöhnlich ersetzte diese Mauer eine weniger dauerhafte Form der Teilung – oft nur senkrecht in den Boden gesteckte Ziegel – und unterstrich die bereits bestehende Gliederung in Hof und Galerien. Eine andere Methode bestand darin, die Portiken mit Nischen, Apsen, ja mit kleinen Zimmern auszugestalten und so einen ursprünglich schlichten Raum aufzuwerten. In der »Sollertiana domus« in Thysdrus weist der nördliche Korridor am einen Ende eine kleine Apsis auf; im Haus des Dionysos und Odysseus in Thugga hat man eine Seite des Peristyls ausgehöhlt und mit Nischen versehen. Das Haus der Masken in Hadrumetum belegt noch ein anderes Verfahren – der nicht überdeckte Teil des Peristyls ist von einer flachen Mauer umgeben und unter die Portiken verlegt, von denen er durch eine schmale Galerie in mittlerer Höhe geschieden ist. So sind beide Teile des Peristyls gegeneinander abgesetzt.

Den Höhepunkt dieser Entwicklung repräsentieren Räume, welche die Portiken, an die sie grenzen, sich einverleiben. In dieser Hinsicht ist das Haus der Neuen Jagd in Bulla Regia besonders instruktiv, weil wir den Zeitpunkt der verschiedenen Veränderungen ziemlich genau kennen. In der zweiten Hälfte des 4. Jahrhunderts ließ der Hausherr die Mosaikfußböden im Triclinium und im daran anschließenden Portikus auswechseln. Daß beide Böden verändert wurden, ist kein Zufall. Als später – nicht vor dem Ende des 4. Jahrhunderts – das Mosaik in der Exedra erneuert wurde, ersetzte man auch die Böden der südlichen und östlichen Galerie. Beendet wurden die Renovierungen wahrscheinlich

Thugga, Haus »omnia tibi felicia«. Peristyl: Innenhof mit Mosaik, umgeben von Blumenkästen.

im 5. Jahrhundert: Das Mosaik des östlichen Korridors wurde auf Kosten des südlichen Bodens erweitert; den auf diese Weise gewonnenen Raum hat man mit einer Mauer umgeben, die an zwei Stellen von Türen durchbrochen war. Gleichzeitig wurde eine entsprechende Abgrenzung am anderen Ende des Peristyls errichtet – dessen südliche und westliche Galerie sind durch eine Mauer getrennt, die eine Öffnung mit Türpfosten und noch heute sichtbaren Angeln aufweist. Was nach all diesen Umbauten übrigblieb, war nicht mehr ein einheitlicher, zentraler Raum (ein von Portiken eingefaßter Hof, auf den verschiedene Zimmer hinausgehen), sondern eine Reihe von abgeteilten Räumen, deren wichtigste sich die Portiken einverleibten und sie zu Vestibula umfunktionierten.

Eine Prüfung des Verhältnisses des westlichen Portikus zum Hof bestätigt dies. Beide sind durch eine hohe Mauer voneinander getrennt, auf der große Steine liegen; vielleicht erhob sich darüber noch eine andere, leichtere Abtrennung. Die Öffnungen zum Hof hielt man für so belanglos, daß man hier einen ästhetisch wertlosen Wasserbehälter anbrachte, der den Raum zwischen zwei Säulen stört. Selbst das Becken im zweiten Säulenzwischenraum stellt keine erkennbare Beziehung zum Hof her: Löcher im Beckenrand lassen darauf schließen, daß hier einst ein Gitter befestigt war. Dieser Apsis-Brunnen war bloß ein Annex des Portikus, der sich das Licht des Hofes zunutze machte, ohne eine Verbindung zum offenen Raum dahinter zu schaffen.

Stellte das Haus mit Peristyl einen Fortschritt gegenüber dem Haus

Bulla Regia, Haus der Amphitrite: Mosaik im Triclinium (Teilansicht).

mit einfachem Hof dar, so endete die Entwicklung der vornehmen Wohnung nicht nur in Afrika, sondern auch in anderen Provinzen in gewisser Weise wieder bei der ursprünglichen Konzeption. Der Gewinn war jedoch nicht zu übersehen: Die Kolonnaden blieben erhalten, obwohl es nun, der zahlreichen Mauern wegen, nicht mehr leicht war, ihren Rhythmus zu erkennen. Bezeichnenderweise bekamen die Haupträume Annexe, die deren Stellenwert hervorkehrten.

Was hat diese Tendenz zur Gliederung des Hausinnern zu bedeuten? Sie könnte mit dem Umstand zusammenhängen, daß benachbarte Räume sehr unterschiedlichen Zwecken dienten. Diese Antwort ist jedoch unbefriedigend. Gewiß spielte der verfügbare Raum eine Rolle. Das Peristyl war ein aufwendiges Stück Architektur; es benötigte viel Platz und lohnte sich nur in großen Häusern. Vielleicht fanden die Bewohner des Hauses der Neuen Jagd, daß sie ziemlich beengt wohnten, so daß es ihnen nicht schwerfiel, auf den Luxus eines klassischen Peristyls zu verzichten. Aber auch dieses Argument ist nicht ganz überzeugend, wenn man bedenkt, daß die Ummauerung der Portiken nur die öffentlichen Empfangssäle vergrößerte, nicht aber die privaten Zimmer. Vielmehr scheint es so zu sein, daß der häusliche Raum eine drastische Veränderung erfuhr, und ich fürchte, daß in vielen Fällen bei Ausgrabungen antike Mauern beseitigt worden sind, die man irrtümlicherweise für spätere Zutat hielt. In gewisser Hinsicht waren sie »spätere Zutat«, freilich eine, die in die Entwicklungsgeschichte des häuslichen Raumes gehörte und kein Zeichen von Dekadenz war. Es bleibt die Frage, was diese Entwicklung bedeutete. Die Parzellierung des großen zentralen Innenraums vieler Häuser sieht man zweckmäßigerweise im Lichte dessen, was ich oben über die Vermehrung der privaten Bäder und Latrinen gesagt habe. Die Häuser machten sich von kommunalen Einrichtungen unabhängig, während gleichzeitig das Hausinnere sich immer mehr gliederte und spezialisierte. Beide Entwicklungen hingen wahrscheinlich mit dem neuen Persönlichkeitsbild zusammen, das sich in der späten Kaiserzeit durchsetzte. Hierarchisierung der sozialen Beziehungen, Vergöttlichung der Macht und persönliche Schamhaftigkeit sind unterschiedliche Ausdrücke ein und desselben Prozesses, den man vielleicht am besten charakterisiert als Rückzug der Rationalität und des nackten Körpers zugunsten des Geheimnisvollen. Das war der Kontext, in dem das Peristyl, einst ein geschlossener Platz mit einer Vielzahl von Funktionen, aufgeteilt und zu einer Abfolge von aneinandergrenzenden Zimmern umgeformt wurde.

Die Botschaft der Architektur

Der Plan der einzelnen Räume und die Gesamtorganisation des Gebäudes bezeichneten Einfluß und Stellung des Hausbesitzers und boten ihm den standesgemäßen Rahmen für seine gesellschaftliche Rolle. Erst wieder in der Renaissance finden wir in westeuropäischen Städten eine so große Anzahl privater Häuser, die offensichtlich dazu bestimmt waren, ihren Eigentümern die luxuriöse Folie für die Erfüllung ihrer Pflichten als hochmögende Herren bereitzustellen.

Die Bedeutsamkeit dieser Folie unterstreicht der Dekor. Wie die Wände und Decken verziert waren, wissen wir nur in den seltensten

Dionysos und Ariadne. (Mosaik aus Thuburbo Maius; Tunis, Musée du Bardo)

Grabmosaik aus Thina.
(Stax, Museum)

Fällen; so müssen wir unsere Aufmerksamkeit vornehmlich auf die Mosaikfußböden richten. Es waren unbewegliche Dekorationen, die in der Regel an Ort und Stelle angefertigt wurden und daher vom übrigen architektonischen Rahmen nicht zu trennen waren. Vitruv betont, daß der Dekor eines Raumes zu dessen Zweckbestimmung passen muß; er hätte hinzufügen können, daß der Luxus des Raumes im Einklang mit dessen Bedeutung steht.

Dies bringt uns zu einem theoretischen Problem: Konnte der Hausbesitzer wesentlichen Einfluß auf die Dekoration des Hauses nehmen? Wurde zuvor ein entsprechendes »Programm« formuliert? Beide Fragen hängen miteinander zusammen, und die heutige Forschung ist geneigt, beide mit Nein zu beantworten. Der Hausbesitzer, so wird uns versichert, habe mit der Auswahl der dekorativen Motive wenig zu tun gehabt; die Mosaizisten hatten eine Art Musterkatalog, aus dem der Auftraggeber auswählen mußte. Diese Muster hatten nur geringe symbolische Bedeutung, und es ist falsch, Themen »hochzuspielen«, die vage auf ein kulturelles Erbe verwiesen, das allen gemeinsam war und niemanden verpflichtete.

Diese Argumente sind ein willkommenes Korrektiv jener zahllosen Spekulationen, die sich an einige der aufschlußreichen Mosaiken geknüpft haben und die, bei allem Scharfsinn, weit über das Ziel hinausschießen. Aber das Korrektiv geht ebenfalls zu weit. Es schreibt dem antiken Kunsthandwerker einen Status zu, den er nie besessen hat. Ausschlaggebend war der Auftraggeber – er sagte, welche Themen ihn interessierten, und bestimmte möglicherweise sogar die Art ihrer Behandlung. Wir brauchen nur daran zu erinnern, wie sehr die stilistische und motivische Entwicklung der Mosaiken den gesellschaftlichen Entwicklungen entsprach, vor allem den neuen Bedürfnissen der herrschenden Klasse in der späten Kaiserzeit. Die Überlegung, daß eine

Bulla Regia, Haus der Neuen Jagd, von Osten. Im Vordergrund die Empfangsexedra; im Hintergrund das Peristyl und dahinter das Triclinium.

Mosaik des Iulius aus Karthago. (Tunis, Musée du Bardo)

Darstellung eine bestimmte Bedeutung hat und nicht ohne Grund gewählt worden ist, kann nicht damit abgetan werden, daß sie »auf der Hand liegt«.

Vor Dekorationen mit Szenen aus der heidnischen Mythologie stellt sich diese Frage erst recht. Es ist neuerdings Mode geworden zu betonen, daß derartige Szenen keinerlei Rückschlüsse auf die religiösen Neigungen des Hausbesitzers erlaubten. Mythologische Sujets, so wird behauptet, seien die sterilen Überreste einer »Kultur« im banalsten Verstande des Wortes. Aber dieses Argument richtet sich gegen etwas, das erst einige Jahrhunderte später eintrat, als das mittlerweile dominante Christentum versprengte Elemente einer zerfallenen, wiewohl immer noch prestigeträchtigen antiken Kultur für sich entdeckte. In der späten Kaiserzeit hingegen war die politische, kulturelle und religiöse Situation eine gänzlich andere. Während man heidnischen Mosaiken ihre religiöse Bedeutung abzusprechen sucht, käme es niemandem in den Sinn, dasselbe Argument bei christlichen Motiven zu gebrauchen; es wäre aber nur dann sinnvoll, heidnische Themen ganz anders zu bewerten als christliche, wenn in der späten Kaiserzeit das Christentum die einzige Religion gewesen wäre. Ferner wird häufig behauptet, das Nebeneinander von christlichen und heidnischen Motiven beweise die Sinnentleerung der letzteren. Wie ist dann aber zu erklären, daß bestimmte heidnische Mosaiken bewußt zerstört worden sind? In einem jüngst ausgegrabenen Gebäude in Mactar in Mitteltunesien ist sowohl ein Mosaik mit maritimen Motiven an einem Fischteich als auch ein Venusmosaik an einem Brunnen mit einer Zementschicht überzogen worden; alles deutet darauf hin, daß dieser Akt der Zerstörung das Werk von Christen war.[18] Angesichts der besonderen Umstände, unter denen das Christentum sich ausbreitete, ist es nicht erstaunlich, christliche Motive neben heidnischen zu finden. Das Christentum löste keinen radikalen Wandel in der Gesellschaft aus, seine zunehmende Beliebtheit war nur eines von vielen Symptomen eines umfassenden Entwicklungsprozesses. Dieser Prozeß hat auch das Christentum zur Entfaltung gebracht, nicht umgekehrt. Außer bei einer kleinen Minderheit, für welche die Bekehrung zum Christentum in der Tat eine spirituelle Revolution und eine dramatische Umwälzung ihrer Lebenspraktiken bedeutete, sind die alten Glaubenswerte von den neuen nicht so sehr verdrängt als vielmehr um sie bereichert worden. Vor diesem Hintergrund muß man die Gewohnheit sehen, Mosaiken mit unvereinbaren Motiven nebeneinanderzusetzen, und es ist kein Zufall, daß Privatwohnungen der ideale Ort sind, das Nebeneinander unterschiedlicher Einstellungen zu beobachten. Im eigenen Haus konnte man individuelle Überzeugungen ungenierter zur Schau stellen als anderswo. Augustinus wendet sich entschieden gegen die Auffassung, in seiner Wohnung sei der Mensch sein eigener Herr (*Sermo* 224, 3). Alle Menschen, gleichgültig welchen Glaubens, waren zu jener Zeit der Ansicht, daß die Welt ein Spielball böswilliger Dämonen sei. Die Stadtväter hatten die Pflicht, die Gemeinschaft als ganze zu verteidigen; dem Einzelnen aber oblag es, das eigene Haus zu schützen. Und so stellten denn viele Leute neben die Penaten und andere heidnische Gottheiten auch die Symbole einer Religion, die von sich behauptete, Schutz bieten zu können, und die diesen Anspruch mit Wundern begründete. Viel befremdender wäre es, wenn das Oberhaupt der Familie bewußt auf eine solche Garantie des Wohlergehens verzichtet hätte. Die Menschen änderten nicht ihr Weltverständnis, weil sie Christen geworden waren; sie wurden Christen, weil ihr Weltverständnis sich geändert hatte. Die Übergangsphase währte zwangsläufig ziemlich lang.

Auffallend ist die Seltenheit eindeutig christlicher Motive in den späten Mosaiken reicher afrikanischer Häuser. Man muß sich fragen, ob die herrschende Klasse Afrikas das Christentum nicht erst sehr spät, nach dem 4. Jahrhundert, angenommen hat. Es scheint, als sei es den afrikanischen Notabeln – fernab der römischen Zentralgewalt mit ihren politischen und religiösen Diktaten – gelungen, noch relativ lange ihre im Grunde klassische Kultur und ihre im wesentlichen traditionelle Religion zu bewahren. War das Privathaus einst der bevorzugte Ort gewesen, an dem man sich zu seinen religiösen und kulturellen Vorstellungen bekennen durfte, so wurde es nun allmählich der einzige Ort, an dem man dies vermochte.

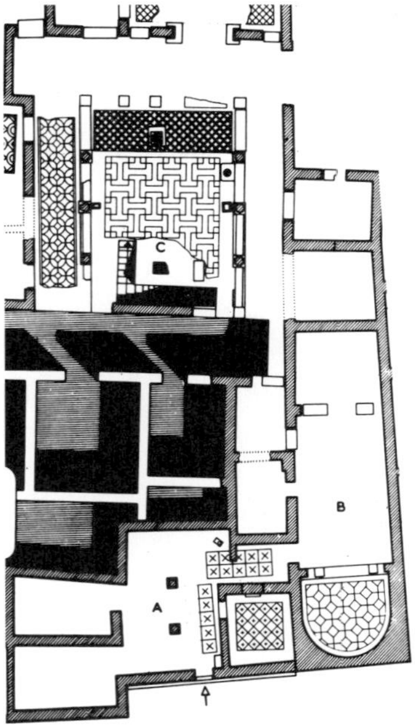

Bulla Regia, Haus Nr. 3 (Teil des Grundrisses von H. Broise, *Ruines de Bulla Regia*, Abb. 28). Ein weiteres Beispiel für ein teilweise ausgegrabenes Haus mit Untergeschoß.
A: Nebeneingang; B: Privatbasilika; C: Peristyl.

Bulla Regia, Haus der Jagd: Privatlatrinen (von Süden).

Es ist riskant, an die Mosaiken mehr Fragen zu richten, als sie beantworten können; aber es ist töricht, sie überhaupt nicht zu befragen. Gelegentlich gibt es Belege dafür, daß ein Mosaik eine vom Auftraggeber ausdrücklich gewünschte Botschaft zu vermitteln hatte. Ein Haus in Smirat in Tunesien zeigt ein Mosaik, das an den öffentlichen Wohltäter Magerius erinnern sollte: Er hatte die Spiele im Amphitheater gestiftet.[19] Bildlegenden zählen die Namen der an dem Spektakel beteiligten Gladiatoren und Leoparden auf. Dionysos, Diana und Magerius selbst führen den Vorsitz, und eine zentrale Figur in dem Mosaik trägt die Geldpreise für die Sieger herbei. Um den Kopf dieser Figur rankt sich eine Inschrift, die beweist, daß das Mosaik an ein bestimmtes Ereignis erinnern soll und nicht etwa einen symbolischen Kampf darstellt – der Text berichtet, wie Magerius unter dem Beifall der Menge die Teilnehmer auf eine Weise belohnte, die allen, die seinen Akt der Hochherzigkeit miterlebten, unvergeßlich blieb: »Das heißt reich sein! Das heißt

Thugga: Haus des Dionysos und Odysseus, westlicher Portikus.

Mosaik aus Karthago: Portikus mit Draperien.

Bulla Regia, Haus der Neuen Jagd, östlicher Portikus (von Süden).

mächtig sein!« Der große Tag wurde zum Ruhme des Hausherrn im Mosaik verewigt.

Einen Zusammenhang zwischen der Mosaikdekoration und Anlässen in der Familiengeschichte kann man auch im Haus des Castorius in Cuicul erkennen, wo sich auf einigen Bodenmosaiken Inschriften finden. Zwei davon sind noch heute zu entziffern. Die eine befindet sich im östlichen Portikus und ist von einem Lorbeerkranz umwunden; wahrscheinlich preist sie den Hausbesitzer, einen gewissen Castorius, der einige Böden im Haus erneuern ließ. Wir wissen nicht, wann Castorius oder seine Vorfahren dieses Haus mit Peristyl – eines der schönsten in der Region – erworben haben, doch die Qualität der Mosaiken, für die er sich feiern ließ, verrät ein geringeres Maß an Wohlstand und Kultur, als man unter diesen Umständen erwarten würde. Deutet dies auf den Niedergang einer Familie, eines ganzen Viertels oder gar einer sozialen Klasse? Die andere Inschrift, obwohl schadhaft, bestätigt einen solchen Eindruck und bietet ein frappierendes Beispiel für die soziale Ruhmbegier jener Schicht, die man heute »bürgerliche Mitte« nennen würde. Die Inschrift lautet: »Dieses Haus [›haec domus‹] ist das Heim dieser illustren jungen Männer [. . .] hervorragende [. . .], sind sie Beisitzer an den Gerichten des glücklichen *Libya* [. . .] glücklich die also gesegneten Eltern.«[20] Dieses Amt war belanglos, obschon die Inschrift glauben machen will, daß die Söhne aus gutem Hause zur engeren Umgebung des Provinzstatthalters zählten. Solche Ruhmbegier bei relativ geringer Leistung erinnert an eine Stelle in den *Bekenntnissen* des Augustinus (II 5), wo er von den Anstrengungen seines Vaters berichtet, ihm die Fortsetzung seiner Studien zu ermöglichen: »Man rief mich zurück aus der Nachbarstadt Madaura, wo ich bereits das Studium der Literatur und der Redekunst begonnen hatte, und traf Anstalt für mich, die Mittel zu einem längeren Auswärtsstudium in Karthago aufzubringen. So entsprach es dem Ehrgeiz, weniger dem Vermögen meines Vaters, der im kleinen Thagaste in recht bescheidenen bürgerlichen Verhältnissen lebte. [...] Alle rühmten sie damals einen Menschen, meinen Vater, daß er über seine Kräfte hinaus für seinen Sohn alle Mittel aufwenden wollte, die ein Studium in der Fremde, gar noch ein langes, erforderte – viele weit vermöglichere Bürger brachten für die Ausbildung ihrer Kinder kein solches Opfer.«

Es gab diskretere, wiewohl nicht weniger wirksame Mittel, das Prestige des Hauses zu erhöhen. Auf das Bedürfnis nach aristokratischer Propaganda reagierend, erfanden die Mosaizisten der späten Kaiserzeit neue Themen, namentlich solche, bei denen Jagdszenen im Mittelpunkt der Komposition standen. Die verschiedenen Variationen dieses Themas zeigen den »dominus« und seine Freunde hoch zu Roß auf der Jagd, unterstützt von zahlreichen Bediensteten, welche die Hunde führen, Fallen legen, das Wild treiben und die abgezogenen Häute beiseite schaffen.

So wurden die Häuser mit Bildern aristokratischen Zeitvertreibs geschmückt. Die ökonomischen Folgen dieser Vergnügungen waren nicht unerheblich; die Anlässe selbst waren für die Männer eine wichtige Quelle der Geselligkeit. (Anders als in anderen Gesellschaften waren in Rom die Frauen von der Jagd ausgeschlossen.) Daß der Hausbesitzer in die Dekoration der Wohnung Eingang fand, bezeugen die Legenden zu diesen Jagdszenen, in denen häufig der Name seiner Hunde und Pferde

Bulla Regia, Haus der Neuen Jagd, westlicher Portikus (von Süden).

Mactar, Haus der Venus. Mosaik vom Wasserbecken; Darstellung der Venus (jetzt im Museum Mactar).

genannt wird. Daß dies bloße Konvention gewesen sein soll, kann man sich kaum vorstellen.

Gleichwohl waren diese Darstellungen nicht rein realistisch; sie hatten auch eine symbolische Dimension, waren ein soziales Manifest – die soziale Überlegenheit des »dominus« und seiner Jagdgefährten verriet sich an ihrer Ausrüstung (sie sind die einzigen, die reiten), an der Art ihrer waidmännischen Betätigung (sie machen Jagd auf das Wild, während die Diener nur beim Fallenstellen helfen) und an ihrer Kleidung. Trotz der Anstrengung der Jagd tragen die Herren jenen auffälligen Putz, der zu den primären äußeren Merkmalen der Macht im späten Kaiserreich gehörte. Körperliche Tätigkeit durfte keinen Einfluß auf die Art der Kleidung haben, die nach Augustinus den Rang eines jeden Menschen offenbart (*De doctrina christiana* II 25). Selbst wenn er vom Pferd fiel, blieb der »dominus« ein »dominus« und war sofort als solcher zu erkennen.

Die mythische Dimension, welche die Jagd in diesen Mosaiken gewinnt, verstärkte die soziale Botschaft noch. Die Anspielung war bisweilen ganz unverblümt. In einem Mosaik aus der Stadt Uthina, nahe dem heutigen Tunis, hat der Künstler ein Grundstück dargestellt, auf dem sowohl der Acker bestellt als auch gejagt wird. Einer der Jäger, der, mit einem Speer bewaffnet, einem Eber entgegentritt, ist nackt – wie ein mythischer Held. So wird er mit Meleagros verglichen, dem Überwinder jenes wilden Ebers, der die Felder seiner Heimatstadt verwüstete.

Außer in der Grabkunst waren derlei Metaphern nicht beliebt – ver-

Bulla Regia: Haus der Neuen Jagd, Mosaik im Triclinium (Teilansichten). »[Der Fürst muß] stets der Jagd obliegen und so seinen Körper an Beschwerden gewöhnen, dabei auch das Gelände erforschen, wie die Berge ansteigen, die Täler auslaufen, die Ebenen sich erstrecken, auf die Beschaffenheit der Flüsse und Sümpfe achten und hierauf sein Hauptaugenmerk richten.« (Machiavelli, *Der Fürst* XIV [Übers. Ernst Merian-Genast])

mutlich, weil sie den »dominus« jener äußeren Insignien beraubten, die zum Inbegriff seiner Macht geworden waren. Die Jagdszenen konnten jedoch dazu beitragen, den Hausbesitzer zu verherrlichen, indem sie eine Parallele zwischen ihm und dem Kaiser zogen. Durch seine Geschicklichkeit bei der Jagd demonstrierte seit jeher der »imperator« seine »virtus«, diejenige Eigenschaft, die das Wohlergehen der Stadt garantierte – ein Geschenk der Götter. Die ungebändigte Wildheit eines Tieres mit Zähigkeit, Klugheit und Findigkeit zu überwinden, wurde zum Symbol herrscherlicher Kraft. Das mag künstlerische Rhetorik gewesen sein, doch diese Ideologie fand durchaus ihre Konkretisierung: Commodus zögerte nicht, in die Arena zu steigen und mit Pfeilen auf losgelassene Löwen zu schießen.

Indem der Adel seine Häuser mit Bildnissen der Jagd und ihrer Gefahren ausstattete (Bilder von Jagdunfällen waren nicht selten), machte er sich diese imperiale Ideologie zunutze. Die Löwenjagd war ein Monopol des Kaisers; so mußte sich der Adel darauf verlegen, Wildschweine zu jagen oder Hasen und Schakale zur Strecke zu bringen. Doch gelegentlich wurden auch die Adligen bei Kämpfen dargestellt, die eines Kaisers würdig waren, so auf dem Mosaik des Tricliniums im Haus der Neuen Jagd in Bulla Regia: Wir erblicken dort nicht nur Wildschweine, sondern auch wilde Tiere, etwa einen Panther und zwei Löwen.

Die Untersuchung des Dekors in aristokratischen Häusern Afrikas führt uns auf eine allgemeinere Frage zur politischen Organisation: Wie wurde Macht in den verschiedenen gesellschaftlichen Bereichen organisiert? Der Kaiser, Modell aller Formen von Macht und Machtgebrauch, hinterließ auch bei den Nachrangigen Eindruck. Doch beschränkten sich die Untergebenen auf ehrerbietige Imitation oder waren sie potentielle Rivalen? Offenkundig trachtete der Eigentümer des (relativ bescheidenen) Hauses der Neuen Jagd nicht nach dem Thron. Die Löwen in seinem Triclinium waren keine usurpierten kaiserlichen Symbole; eher zeugten sie von einer Gunst, die der Kaiser afrikanischen Adligen häufig gewährte: die Erlaubnis zur Jagd auf das kaiserliche Tier (*Cod. Theod.* XV 11, 1). Vielleicht war der Besitzer des Hauses der Dionysos-Prozession in Thysdrus dieses Privilegs nicht teilhaftig geworden und mußte deshalb sein Triclinium mit einem Mosaik schmücken, das wilde Tiere beim Kampf gegen andere Tiere zeigt, anstatt sein eigenes Talent zum Löwenjäger verewigen zu können.

Die Frage, ob solche Darstellungen zulässig waren oder nicht, greift zu kurz. Einerseits war die kaiserliche Macht, deren mystische Dimension im Laufe der Jahrhunderte stetig zunahm, das einzig mögliche Vorbild für andere Formen von Macht. Andererseits wurde die kaiserliche Macht gerade dadurch, daß sie immer mystischer und irrationaler wurde, zunehmend fragiler und empfindlicher gegen Konkurrenz. War letzten Endes nicht Sieg die einzige Legitimation von Macht? Die Szenen mit der Löwenjagd, die so viele Privatwohnungen schmückten, drücken diese ambivalente Einstellung zu dem eminent öffentlichen Problem der Macht aus. Man darf nicht vergessen, daß die afrikanische Aristokratie bei verschiedenen Gelegenheiten dem regierenden Kaiser die erwünschte Unterstützung verweigerte, ja sogar einen Gegenkandidaten für den Thron vorschlug.[21] Die Honoratioren bauten sich Häuser, in denen sie nicht nur »à la romaine«, sondern wie veritable kleine Kaiser leben konnten. In der überwiegenden Mehrzahl der Fälle erstrebten sie nichts anderes als ehrerbietige Nachahmung des Modells par excellence. Trotzdem gab es allenthalben Ambiguität; auf lange Sicht war es zweifellos von Bedeutung, daß die Aristokratie in ihrer lokalen Machtstellung ein Spiegelbild der Zentralgewalt sah – bis hin zu den Einzelheiten der Ornamentik und des Zeremoniells.

Thysdrus, Haus der Dionysosprozession; Mosaik im Triclinium. (El Jem, Museum)

Resümee

Die Privatwohnung war eine wichtige Stätte des sozialen Geschehens, und das Wort »domus«, welches »Haus«, vor allem ein luxuriöses Haus bedeutet, umschrieb mit seinen Konnotationen auch das Familienleben. Es gab keinen Unterschied zwischen den Menschen und ihrer Behausung: »domus« bezog sich nicht nur auf das Gebäude, sondern auch auf die Personen, die darin lebten. Beweise hierfür finden sich in Inschriften und Texten, in denen »domus« bald das eine, bald das andere meint, meist jedoch beides zugleich: das Haus und die Gemeinschaft seiner Bewohner. Der architektonische Rahmen war kein leeres Behältnis; der Genius des Hauses, in einem eigenen Kult verehrt, war der Beschützer der »domus« und aller, die darin wohnten. Die Idee der »domus« hat somit eine religiöse, eine soziale und eine ökonomische Komponente. Sie ist auf Dauer gestellt durch ihre materielle Basis und die dazugehörige Ideologie. Die großen Familien Afrikas verehrten, ebenso wie jene Italiens, ihre Vorfahren und die Vergangenheit. Das Andenken vergangener Ereignisse wurde in Bildern verewigt (Apuleius, *Metamorphosen* VI 29); bestimmte Mosaiken dienten demselben Zweck. In Thysdrus hat man eine Werkstatt ausgegraben, die sich auf die Anfertigung von Totenmasken spezialisiert hatte. Der Brauch, Galerien mit den Porträts der Vorfahren auszustatten, war in Afrika offenbar nicht unbekannt. So reichen die Wurzeln der »domus« tief in die Vergangenheit; gleichzeitig verschwistert sich ihre Bedeutung mit dem Begriff »Heimat«.

Freilich dürfen wir die Bindung der Familie an das Haus nicht überschätzen. In den oberen Rängen der Elite führten Beruf und Geschäftsangelegenheiten einen Menschen oft bis in die fernsten Winkel des Reiches; das Haus war längst zu einer Ware geworden, die man je nach den beruflichen und familiären Bedürfnissen und finanziellen Möglichkeiten kaufte, umbaute und wieder abstieß. Wohlhabende Notabeln besaßen in der Regel nicht nur ein einziges, an Erinnerungen reiches Haus, sondern mehrere Wohnsitze.

Wir haben wenig verläßliche Informationen, wie sich die Einstellung der Hausbesitzer zu ihrem Haus langfristig gewandelt haben mag. Nur in seltenen Fällen kennen wir die Namen mehrerer aufeinanderfolgender Hausherren, und in keinem Fall können wir rekonstruieren, auf welche Weise der Besitz von Generation zu Generation überliefert wurde. Das ist jedoch nur *ein* Element eines gewichtigeren Mangels, nämlich unserer Unkenntnis, wie die soziale Elite sich reproduzierte.

Wieviel neues Blut durfte der Elite pro Generation zugeführt werden, und welche Rolle spielte der ererbte Reichtum? Gelegentlich erlauben Grabinschriften die Rekonstruktion einer Familiengenealogie und der durch sie gestifteten Verwandtschaftsbeziehungen, besonders wenn diese in einer matrimonialen Heiratspolitik gründen; doch ist schwer zu entscheiden, ob es sich dabei um typische Fälle oder um Ausnahmen handelt. Auf jeden Fall ist es schwierig, Schlußfolgerungen aus der nach wie vor fragmentarischen Forschungslage mit dem archäologischen Befund zu erhärten.

Vorläufig können wir über den Zusammenhang zwischen den Ruinen luxuriöser Häuser und den wenigen Familien, deren Geschichte uns vertraut ist, nur theoretisch argumentieren. Das ist zwar nicht genug, erlaubt aber zumindest einige allgemeine Bemerkungen über die Umwelt der herrschenden Schicht in Afrika. Die baulichen Programme waren sehr ehrgeizig. Während die Größe der Häuser beträchtlich variiert, verrät die Ähnlichkeit ihrer architektonischen und dekorativen Kennzeichen, daß der Ehrgeiz, der sich in ihnen auszudrücken wünschte, derselbe war. Die Angehörigen der Elite gestalteten ihre Privatwohnung nach einem einheitlichen Muster, mochte ihre reale Macht noch so unterschiedlich sein.

Auch die Aufteilung des Raums in der Wohnung selbst folgt einem festen Muster. Angesichts der Vielfalt von Aktivitäten, welche die Römer als »privat« betrachteten, kam es darauf an, eine Reihe von Zimmern für unterschiedliche Zwecke zu haben und die Verbindung dieser Räume untereinander sorgfältig zu planen. Eine Schlüsselrolle fiel dabei dem Peristyl zu – nicht nur als einem architektonischen Kernstück des Hauses, sondern auch als einer Drehscheibe der häuslichen Tätigkeiten. Die Vielfalt seiner Funktionen spiegelt die Mannigfaltigkeit der privaten Betätigungen. Ergänzt um Korridore und Vorzimmer, trug das Peristyl entscheidend zur Lösung eines scheinbar unlösbaren Problems bei, nämlich einen homogenen Raum für heterogene Handlungen zu schaffen. Diese gegensätzlichen Anforderungen hätten im schlimmsten Falle zu unkonturierten Mischungen führen können, im günstigsten Falle zum bloßen Nebeneinander »öffentlicher« und »privater« Wohnbereiche. Zum Glück ist es den Baumeistern und ihren Auftraggebern gelungen, diese Gegensätzlichkeiten zu versöhnen und einen in sich stimmigen Raum herzustellen – ein treues Spiegelbild der afrikanischen Elite.

Anmerkungen

1 Vgl. vor allem die Untersuchungen E. Goffmans in *Gender Advertisements* und *Relations in Public* [deutsch: *Geschlecht und Werbung*, Frankfurt/M. 1981; *Das Individuum im öffentlichen Austausch*, Frankfurt/M. 1982].
2 R. Etienne, *Le Quartier nord-est de Volubilis*, Paris 1960, S. 121 f.
3 R. Rebuffat, »Enceintes urbaines et insécurité en Maurétanie Tingitane«, in: *Mélanges de l'École française de Rome-Antiquité* 86 (1974), S. 510–512.
4 G. Picard, »Deux sénateurs romains inconnus«, in: *Karthago* 4 (1953), S. 123–125.
5 N. Duval, »Couronnes agonistiques sur des mosaïques africaines...«, in: *Bulletin archéologique du comité des travaux historiques*, n. s., 12–14 (1976–1978), B, S. 195–216.
6 Die im Text mehrfach angesprochenen Ausgrabungen der »insula« der Jagd in Bulla Regia wurden in jüngster Zeit von R. Hanoune, A. Olivier und Y. Thébert durchgeführt.
7 Den Stand der Diskussion faßt der kenntnisreiche und klare Beitrag von N. Duval zusammen: »Les origines de la basilique chrétienne«, in: *Information d'histoire de l'art* 7 (1962), S. 1–19.
8 G. de Angelis d'Ossat, »L'aula regia del distrutto palazzo imperiale di Ravenna«, in: *Corso di cultura* ... 23 (1976), S. 345–356.
9 J. Lassus, »Une opération immobilière à Timgad«, in: *Mélanges Piganiol*, Paris 1966, S. 1221–1231.
10 Y. Thébert, »Les maisons à étage souterrain de Bulla Regia«, in: *Cahiers de Tunisie* 20 (1972), S. 17–44.
11 Y. Janvier, *La Législation du Bas-Empire romain sur les édifices publics*, Aix-en-Provence 1969.
12 Ch. Boube-Picot, »Les bronzes antiques du Maroc«, II, »Le mobilier«, in: *Études et Travaux d'archéologie marocaine* 5, Rabat 1975.
13 J.-P. Darmon, *Nymfarum domus*, Leiden 1980.
14 Y. Thébert, »L'utilisation de l'eau dans la maison de la pêche à Bulla Regia«, in: *Cahiers de Tunisie* 19 (1971), S. 11–17.
15 G. Picard, »La maison de Vénus«, in: *Récherches archéologiques franco-tunisiennes à Mactar* I, Rom 1977, S. 23.
16 P. Veyne, »Les cadeaux des colons à leur propriétaire ...«, in: *Revue archéologique* 1981, S. 245–252.
17 A. Corbin, *Le Miasme et la Jonquille. L'Odorat et l'Imaginaire social* ..., Paris 1982, S. 269.
18 G. Picard, a.a.O., S. 18, 20.
19 A. Beschaouch, »La mosaïque de chasse découverte à Smirat en Tunisie«, in: *Comptes rendus de l'Académie des inscriptions et belles-lettres* 1966, S. 134–157.
20 M. Blanchard-Lemée, *Maisons à mosaïques du quartier central de Djémila (Cuicul)*, o. J., S. 166 ff.
21 Die seit Jahrzehnten andauernde Diskussion um die prachtvolle Villa in Piazza Armerina auf Sizilien ist ein typisches Beispiel für die Ratlosigkeit in bezug auf die Gesellschaft der späten Kaiserzeit. Die Großartigkeit der Architektur und die Verwendung von Porphyr (der, wie die Löwenjagd, eigentlich ein Privileg des Kaisers war) haben in der Forschung zu verwickelten Diskussionen über die Identität des Besitzers geführt. War es ein großer Herr oder jemand aus der Umgebung des Kaisers? Die Tatsache, daß ein solches Bauwerk überhaupt entstehen konnte, zeugt von den Ambitionen der Elite.

Manuskript, 9. Jh. Kaiser Karl der Große und sein Sohn Pippin, König von Italien. Beide sitzen gemeinsam einem Gericht vor; sie haben ein Szepter der Gerechtigkeit in der Hand und tragen ein Schwert an der Seite. Unten sitzt ein Kleriker vor einem aufgeschlagenen Gesetzbuch, ein Schreibgerät aus Rohr in der einen Hand, ein Messer in der anderen, und schickt sich an, das Urteil aufzuschreiben. (Modena, Kapitularbibliothek)

Michel Rouche

IV. Abendländisches Frühmittelalter

'orderseite einer in Toulouse geschlagenen merowingischen Goldmünze im Wert des dritten Teils eines Solidus; frühes . Jh. Nachbildung eines römischen Geldstücks, das Romulus und Remus, von einer Wölfin gesäugt, zeigt und das ortleben des römischen Einflusses vor allem in Aquitanien beweist. Die Münze wurde von einem Magnus geschlagen. 'aris, Bibliothèque Nationale, Cabinet des Médailles)

Vorwort von Paul Veyne

Drei Jahrhunderte sind vergangen. Chlodwig wurde 498 getauft und empfing 508 die Insignien eines Konsuls von Rom (d. h. von Byzanz, der Hauptstadt des Römischen Reiches ohne die von Barbaren besetzten westlichen Provinzen). Im Westen war der Morgen der Neuzeit angebrochen; die griechisch-römische Welt hatte aufgehört zu bestehen. Machiavelli schrieb: »Männer, die man Caesar oder Pompeius genannt hatte, hießen nun Johannes oder Petrus oder Matthäus.« Im byzantinischen Osten blieb das römische System intakt, bis der Hellenismus endgültig den Sieg davontrug.

Der Westen verfiel in Barbarei – nicht so sehr durch die Schläge der Germanen, dieser Bewunderer römischer Größe, sondern als Reaktion auf ihren Aufstieg zur politischen Macht. Die alte Aristokratie der Notabeln, zugleich Stadtväter und Amtsadlige des alten Reiches, hatte der Verlust ihrer Macht gedemütigt, und sie fanden das Leben nicht länger lebenswert. Sie ließen den Mut sinken und verloren das, was die römische Gesellschaft »zivilisiert« hatte: den unbewußten Wunsch nach Selbststilisierung. Einzig die Kirche bewahrte, im eigenen Interesse, Impulse aus diesem Wunsch.

Barbarei oder Kultur? Auch sogenannte »barbarische« Gesellschaften haben ihre Kultur, und die sogenannten »zivilisierten« geben sich eine Kultur – unter Anstrengungen. Puritaner, Ästheten, hochmilitarisierte Gesellschaften und kapitalistischer Unternehmergeist – dies alles heißt »zivilisiert«. Der dramatische Effekt der großen Barbareneinfälle war nicht der Zusammenbruch des römischen Staatsapparats, er betraf nicht die wirtschaftliche oder die demographische Entwicklung, sondern einen Lebensstil, der beispielsweise unterschied zwischen Menschen, die lesen konnten, und solchen, die diesen Ehrgeiz nicht entwikkelt hatten, oder zwischen denen, die gelernt hatten, schwer zu arbeiten, und jenen, die es nicht gelernt hatten. Dieser unbewußte Wille zur Selbstüberwindung wurde weder in der Schule noch in anderen Institutionen befördert, die selbst eher Folgen dieser Entwicklung sind; er bildete sich durch das, was man, mehr schlecht als recht, »Erziehung« nennt – d. h. durch das unbewußte Vorbild einer sozialen Gruppe, in der sich dieser Wille zur Selbststilisierung reproduziert. Doch beim ersten Anzeichen, daß die ältere Generation selbst nicht beherzigt, was sie predigt, hört die jüngere Generation auf, den Weisungen zu vertrauen. Hinter den Parolen der Alten muß Autorität stehen, wenn sie geglaubt werden sollen.

Mit den großen Barbareneinfällen im 5. Jahrhundert ging im Abendland diese Autorität zugrunde, eine Tradition der Selbststilisierung brach ab, und es begann das, was man gelegentlich das »finstere Mittelalter« nennt. So wird ein anthropologisches Moment sichtbar: der Wille zur Kultur, die Arbeit des Menschen an sich selbst, die nur in bestimmten Gesellschaften vorkommt und, wie jede Tradition, nicht gelehrt oder mit Gewalt eingeführt werden kann. Diese kulturelle Anstrengung hat nichts mit dem zu tun, was Sittenrichter die Notwendigkeit von Arbeit und Repression nennen. Man muß die Kultur gegen ihre Freunde verteidigen: Kein Voluntarismus kann die Realitäten der Macht ersetzen oder eine Demütigung ausgleichen. Die Arbeit an sich selbst hat, wo sie gelingen soll, nichts Zwanghaftes, sondern eher etwas Ambitioniertes, Spielerisches, Luxuriöses, ja Snobistisches. Und manche Menschen – was sie auch sagen mögen – verabscheuen an der Kultur gerade diese gegen die Natur gerichtete Anstrengung, nicht nur ihre Klassengebundenheit.

Historischer Aufriß

Im Jahre 584 wurde König Chilperich ein Sohn geboren, den er »auf dem Hofe zu Vitry erziehen ließ, damit nicht dem Kinde ein Leid angetan würde, wenn man es öffentlich sähe, und es so stürbe« (*Fränkische Geschichte* [= *F. G.*] VI 41). Mit diesen dürren Worten läßt Bischof Gregor von Tours erkennen, in welcher Atmosphäre sich das private Leben im frühen Mittelalter abspielte. Für den König war etwas Wichtiges geschehen: Er hatte einen Sohn bekommen. (Nur ein männlicher Nachkomme war von Interesse.) Über die Mutter des Kindes erfahren wir nichts; nicht einmal ihr Name wird genannt; vielleicht war sie eine Konkubine des Königs. Kaum war das Kind zur Welt gekommen, als der König es aus der Stadt (in diesem Fall Cambrai) fort- und aufs Land bringen ließ, wo es bei einer Amme aufwuchs. Die Jahre der Kindheit mußte man gut verborgen verbringen, damit kein Unheil geschah. Die Welt war gefährlich. Das Kind war kaum geboren, da dachte der Vater schon an seinen Tod. Von den fünf Kindern Chilperichs hat denn auch wirklich nur dieses eine überlebt, der künftige Chlotar II. Aber wir sehen schon den Rahmen, der das private Leben im frühen Mittelalter umgab: Liebe und Gewalt, Angst und Tod, bei aller Neigung zu bukolischem Glück.

Das Private war im Mittelalter von viel größerer Bedeutung als im römischen Altertum. Der beste Beweis dafür ist der Niedergang der Stadt zugunsten des Landes. Die Lebensfreude, die einst auf den Straßen und in den großen Gebäuden der Stadt geherrscht hatte, zog sich nun in Häuser und Hütten zurück. Das Römische Reich hatte im öffentlichen Leben das Ideal des Lebens schlechthin gesehen – beschirmt durch Gesetze, Truppen und Aedilen. Doch im Zeitalter der germanischen Könige brach der Kult der Urbanität zusammen, und das private Leben trat an seine Stelle. Für die Neuankömmlinge – die Germanen – zählte praktisch alles zur Privatsphäre.

Es wird nicht überraschen, daß ich weit mehr über Nordgallien, das Gebiet nördlich der Loire, zu sagen haben werde als über Südgallien. Dieses hat bis zum 9. Jahrhundert seinen eher römischen Geist bewahrt und wenig Dokumentarisches über das private Leben überliefert. Nur wenige aquitanische oder provençalische Autoren haben zeitgenössische Heiraten oder Begräbnisse beschrieben oder erzählt, was die Menschen aßen und tranken oder was sie im Bett trieben. Sie konnten nur in ohnmächtigem Schrecken zusehen, wie die öffentlichen Institutionen des römischen Galliens verfielen und im Land beängstigende neue Sit-

Gekreuzigter Schächer, aus dem Hypogäum [unterirdisches Grabgewölbe] des Mellebaude, eines Abtes und Mystikers aus dem 8. Jh. Es handelt sich um das letzte bekannte private Mausoleum. Die Darstellung ist charakteristisch für die Art, wie man den Toten dem Schutz des gekreuzigten Christus anheimgab. (Poitiers)

ten um sich griffen. Die besten Köpfe versuchten später, die heidnischen Eindringlinge aus dem Norden und Osten zum Christentum zu bekehren.

Die Eindringlinge hingegen berichten uns – durch ihre Gesetze und ihre Konflikte mit der Kirche – ausführlich, was ihnen ihr persönlicher Besitz bedeutete, ihre Speisen, ihr Körper, ihre Frauen und ihre Familien. Wir erfahren von ihren Ängsten und Rachegelüsten, ihrer Angriffswut und ihren Hoffnungen, ihren Vorstellungen vom Heiligen und vom Geheimnis des Individuums. Das Ungleichgewicht dieses Bildes entspricht einer historischen Realität: dem von Norden nach Süden vordringenden Siegeszug des Privaten.

Leben der hl. Radegunde, 10./11. Jh. Radegunde sitzt mit ihrem Gatten, König Chlotar, zu Tisch. Die Tafel des Königs unterscheidet sich kaum von der des einfachen Mannes; Brot, ein Fisch in einer Schüssel und ein Messer verraten, daß man, auch wenn man noch so vornehm gekleidet war, mit den Fingern aß. (Poitiers, Bibliothèque Municipale)

Das Private
dringt in Staat und Gesellschaft ein

Die neuen Herrschaften, die im 5. Jahrhundert in Gallien entstanden – westgotische, burgundische, fränkische –, bemühten sich, die politischen Institutionen und sozialen Strukturen des Römischen Reiches nachzuahmen, jedoch mit wenig Erfolg. Privatleute und private Räume behaupteten den vordersten Rang, vom königlichen Hof hinunter bis zum kleinsten Beamten, in Stadt und Land, in religiösen wie in beruflichen Gruppen. Selbst der Reichtum wurde eine persönliche Angelegenheit, und der Einzelne versuchte, alles zu privatisieren, sein Haus nicht anders als seinen Tisch.

In der Spätzeit des Reiches hatte man den Staat glorifiziert und das Recht fortentwickelt, um den Frieden zu sichern und den Krieg zu verhindern. Für die Galloromanen waren die germanischen Stämme mit ihren neuen Königtümern nichts anderes als Barbaren und Sklaven, deren einzige Pflicht es gewesen wäre, sich Byzanz, dem neuen Rom, zu unterwerfen. Gregor von Tours, ein trefflicher Beobachter des Königtums und der neuen Gesellschaft, behält in seiner *Fränkischen Geschichte* die Bezeichnung »res publica« ausdrücklich dem Oströmischen Reich vor. Die »res publica«, die »öffentliche Sache«, war eine Vorstellung, die Abstraktionsvermögen voraussetzte und Barbaren daher unverständlich bleiben mußte. So etwas wie einen »Barbarenstaat« gab es nicht; Barbarentum (das war ein subjektiver Begriff, der sich nicht unbedingt auf alle Germanen bezog und möglicherweise auch die Kelten Britanniens sowie abgesunkene Galloromanen meinte) war eine Eigenschaft von Soldaten, die bei der geringsten Kränkung aufbrausten und nur Gefühle der Gewalttätigkeit kannten. Sie waren von bäuerlicher Einfalt, aßen und tranken hemmungslos, bis ihnen übel wurde, und zogen plündernd und brandschatzend durchs Land. – Auch bei wohlwollender Prüfung der »staatlichen« Strukturen Frankens muß man einräumen, daß ein solches Urteil nicht der Berechtigung entbehrt.

Öffentliches und Privates bei den Germanen

In den germanischen Stämmen hatte die Macht einen sowohl magischen und göttlichen als auch einen kriegerischen Ursprung; sie wurde gemeinsam ausgeübt vom König, der die Befehlsgewalt innehatte, und seinem Gefolge freier Krieger. Dieses instabile Amalgam, bestehend aus einem »Heerkönig«, der zum Siegen verurteilt war, wenn er seine

Herrschaft behaupten wollte, und Kriegern, die nur so lange Gefolgschaftstreue hielten, wie ihr Anführer der Stärkste blieb, bildete einen neuartigen »Staat« (wie man wohl sagen muß): eine Art Wehrgemeinschaft ohne festen Wohnsitz oder gesichertes Überleben. Was die Gruppe zusammenhielt, war nicht, wie in Rom, die Idee der öffentlichen Sicherheit und des Gemeinwohls; es waren private Interessen, die sich zu einer provisorischen, durch Siege automatisch verlängerten Partnerschaft zusammenfanden. So erklärt sich, daß die Franken zögerten, einen Anführer zu wählen. Zuerst entschieden sie sich für Childerich. Dann jagten sie diesen davon und wählten den römischen Heermeister Aegidius. Nach dessen Ermordung holten sie sich aus »Thüringen« Childerich zurück. Childerich aber war bekanntlich der Vater von Chlodwig und liegt auf einem galloromanischen Friedhof in Tournai inmitten von Zivilisten und Soldaten begraben – ein privater Krieger wie viele andere, dessen Grabstelle durch Üppigkeit besticht. Seither lag der fränkische Staat in den Grundzügen fest, obschon es Chlodwig gelang, seine Rivalen aus dem Felde zu schlagen und alle Verwandten zu beseitigen, die Anspruch auf seine Nachfolge erhoben.

Der König war Herr der Kriegsbeute sowie aller Ländereien, die seine Truppen eroberten. Starb er, so wurde seine Habe gerecht unter den Erben aufgeteilt, wie Privatbesitz: Das Königtum war eine Form des Erbgutes. Diese Reduktion des Staates auf bloßen Grundbesitz führte zu blutigen Bürgerkriegen und zur Aufteilung des merowingischen Galliens in eine Reihe selbständiger Gebiete: Burgund, Aquitanien, Provence, Bretagne usw. Die Karolinger, eine andere vornehme Familie, die gewaltsam an die Macht kam, teilten das Königreich ebenfalls wie ihren Privatbesitz auf: 741 zwischen Pippin und seinem Bruder Karlmann, 768 zwischen Karl dem Großen und Karlmann. Karl der Große selber hatte 806 vorgehabt, das Reich auf seine drei Söhne zu verteilen; nur durch den Umstand, daß die beiden jüngeren Brüder Ludwigs des Frommen starben, blieb das Karolingische Reich von 814 bis 840 ungeteilt. Der germanische Brauch behauptete jedoch seine Geltung: Gegen das Drängen der Geistlichkeit, den Staat wieder in Gemeinbesitz zu überführen und zu einer »res publica christiana« zu machen, setzten sich Adlige bei Hofe durch – unterstützt von Kaiserin Judith, die etwas für ihren Lieblingssohn Karl den Kahlen tun wollte – und erreichten, daß zwischen 817 und 840 immerhin vier Teilungspläne erwogen wurden.

Merowingischer Siegelring aus Gold, 7. Jh. Der Ring trägt den Namen seines Besitzers und diente zum Siegeln von Briefen und persönlichen Noten, Besitzurkunden und sonstigen öffentlichen und privaten Dokumenten. (Paris, Bibliothèque Nationale, Cabinet des Médailles)

Der Vertrag von Verdun (843), der die europäische Landkarte noch heute als barockes Schnörkelwerk erscheinen läßt, war die logische Folge des Prinzips, das Königreich als Erbgut zu betrachten. Lotharingien selbst fiel 855 dieser Praxis zum Opfer, als Lothar I. bei seinem Tod das Reich an seine drei Söhne verteilte und damit die europäische Mittelachse zerbrach; ihre Teilstücke sind heute die Niederlande, Belgien, Lothringen, die Schweiz und Italien, aber auch Teile Frankreichs. Man kann nicht umhin festzustellen, daß diese konkrete, sinnliche Vorstellung vom Staat als dem Privateigentum des Potentaten von allen geteilt wurde, die im frühen Mittelalter Macht ausübten. Mehr noch, selbst die Kapetinger hätten dieses Konzept vermutlich beibehalten, wenn sie nicht schließlich erkannt hätten, daß ihren Interessen besser mit der Rückkehr zur Idee vom Staat als Gemeinbesitz gedient war, wie es die im römischen Recht versierten Geistlichen verlangten.

Die Merowinger und die Karolinger als Vorgänger der Kapetinger konnten das für uns Selbstverständliche nicht begreifen, weil das germanische Recht unbewußt Öffentliches und Privates miteinander verquickte. Wie entstanden denn die Gesetze der Germanen? Westgoten, Burgunder und Franken, für die sich das geschriebene Wort auf einige fromme Runen beschränkte, vertrauten im Laufe ihrer Wanderungen die Rechtsregeln dem Gedächtnis von Fachleuten an, die bei den Franken »Rachinburgen« hießen. Diese Männer wußten jeden Rechtsartikel auswendig und memorierten ohne Umschweife die neuesten Rechtsentscheidungen. Sie waren wandelnde Bibliotheken und die Inkarnation eines unberechenbaren, furchtbaren Rechts: »Wenn einer einen freien Mann ohne Hände und Füße, den seine Feinde zerstümmelt auf dem Weg zurückließen – gerichtlich ›Verstümmelter auf dem Wasen (= Gras)‹ –, tötet, werde er zu 100 Schillingen Schulden verurteilt.« Da das Recht im wesentlichen mündlich war, war ein Urteilsspruch etwas sehr Persönliches, denn niemand außer den Fachleuten kannte das Recht.

Hinzu kam, daß die Herkunft eines Menschen darüber entschied, unter welches Recht er fiel: das der salischen Franken, das der ripuarischen Franken (aus dem Rheingebiet), das der Burgunder oder das der Westgoten (besser bekannt als *Codex Euricianus*). Die persönliche Natur des Rechts verschärfte die Zersplitterung der Gesellschaft und untergrub jeden Anspruch der Justiz auf Allgemeingültigkeit. Das römische Recht hatte den Vorteil, daß es auf alle Bürger des Reiches anwendbar war. Daher wurden die einzelnen germanischen Stammesrechte in rascher Folge kodifiziert: ca. 469/475 entstand der *Codex Euricianus*, 502 eine Fassung des burgundischen Rechts, ca. 508/511 eine erste Version der *Lex Salica*. Das hinderte nicht, daß die Gesetze und ihre Anwendung auch künftig auswendig gelernt wurden, mindestens bis zum 10. Jahrhundert, möglicherweise sogar länger. Es wurde ein Rechtsbegriff perpetuiert, der sich von dem des römischen Rechts radikal unterschied. Von 105 Artikeln im burgundischen Recht betrafen nur sechs das »öffentliche Recht«. In der *Lex Salica* befaßten sich nur acht von 78 Artikeln mit der Sphäre des Öffentlichen. Andere Artikel vermengen auf eigenartige Weise die Rechte des Königs und des Fiskus mit den Rechten von Privatpersonen. Dagegen umfaßt der 438 verkündete *Codex Theodosianus* sechzehn Bücher mit einigen Dutzend Rechtsbestimmungen; aber nur die Hälfte von Buch VIII und das ganze Buch IX betreffen ausschließlich das Privatrecht. Im germanischen Recht ist das Verhältnis genau umgekehrt. In Gallien wurde die römische Tradition durch eine Kurzfassung, das *Breviarium Alaricianum* von 506, fortgeführt; es galt für alle Galloromanen südlich der Loire sowie für den christlichen Klerus. (Buch XVI betrifft die katholische Kirche, doch handelt es sich noch um öffentliches, nicht um kanonisches Recht.) Die Ausweitung des Privatrechts auf Kosten des öffentlichen Rechts war also eine Neuerung der Germanen. Fränkische Richter befaßten sich ebenso eingehend mit dem

Grab Childerichs I., 5. Jh. Schwertgriff und Scheide. Von dem in Tournai gefundenen Langschwert von Chlodwigs Vater blieben nur erhalten der obere Korb, der Griff und der untere Korb in vergoldetem Cloisonné. Abgebildet ist die Scheide eines »scramasax«, eines an der einen Seite geschärften Dolches; Ortband und Hals sind ebenfalls aus vergoldetem Cloisonné. (Paris, Bibliothèque Nationale, Cabinet des Médailles)

Entwurf eines Triumphbogens von Einhard, dem Biographen Karls des Großen; auf dem Original basierender Druck aus dem 17. Jh. Auch hier wurde die Erinnerung an Rom verklärt und zugleich christianisiert. Einhard weihte diesen Bogen nicht dem Kaiser, sondern Gott, der auf den Drachen tretende Reiter symbolisiert den Sieg der Kirche über das Böse.
(Paris, Bibliothèque Nationale)

Diebstahl eines Hundes, wie römische Richter sich der fiskalischen Verantwortung der Kurialen widmeten.

Im fränkischen Recht merowingischer und karolingischer Zeit standen demnach Privatangelegenheiten an oberster Stelle. Die Richter bis hin zu den königlichen Gerichten hatten alle Hände voll zu tun mit Grenzstreitigkeiten, Testamentsanfechtungen, Klagen von Käufern gegen den Verkäufer und Erbauseinandersetzungen. Zu den wenigen öffentlichen Edikten aus merowingischer Zeit, die erhalten sind, gehören denn auch einige Urteile, so etwa das von König Dagobert (623–638) über die Aufteilung des Vermächtnisses von Chrodolenus und Chaimedes auf ihre Erben Ursinus und Beppolenus, oder das von König Chlotar III. (657–673), in dem die Erbschaftsangelegenheiten eines gewissen Ermelius geregelt werden.

Natürlich ging es in diesen Fällen meist um mächtige Adelsfamilien. Aber die Tatsache, daß Fragen des Familienbesitzes überhaupt solches Gewicht gewinnen konnten, beweist die Verallgemeinerung von privaten Interessen. Noch aufschlußreicher sind die vielen Fälle von Diebstahl beweglicher Habe. Denn die Germanen hatten, mit Ausnahme der Westgoten, kaum Erfahrung mit Grundbesitz, und so bedeutete Besitz bei ihnen eifersüchtiges Wachen über kostbare und lebenswichtige Güter: Schmuck, Werkzeuge, Lebensmittel, Haustiere. Unter diesen Umständen konnte der Diebstahl eines Honigtopfes, den sich im 6. Jahrhundert ein Sklave in Angoulême zuschulden kommen ließ, dramatische Folgen haben. Der Mann hätte auf der Stelle gehängt werden müssen, doch ein Klausner namens Cybard griff ein und rettete ihm das Leben. Bischof Theodulf von Orléans, ein Mann von römischer Bildung, führte bittere Klage, als er 798 in der Gegend von Narbonne als

»missus dominicus« unterwegs war und sah, daß Diebstahl mit dem Tode bestraft wurde, während auf Mord nur eine Geldstrafe stand. Solche Prioritäten waren in einer Kriegergesellschaft unvermeidlich, die persönliche Besitztümer über Leib und Leben stellte. Für Völker am Rande des Überlebens war Haben wichtiger als Sein. Der hl. Ambrosius sprach in diesem Zusammenhang von »Geiz«, Gregor von Tours von »Raffgier«. Aber für die ruhelosen, siegreichen Germanen war der Tod ein guter Anlaß, die Unverbrüchlichkeit ihres Privateigentums zu markieren.

Für die germanischen Krieger wäre es sinnvoller gewesen, die Goldstücke, die durch ein kompliziertes römisches Steuersystem in die Kasse des Königs wanderten, mitsamt der übrigen Kriegsbeute zu einem persönlichen Schatz zu vereinen. Jeder Krieger hatte ein Anrecht auf einen Teil dieser Beute, wie es die berühmte Episode auf dem Krug von Soissons zeigt. Hinzu kommt, daß jeder Krieger vom König als Gegengabe für seine Dienste Geschenke erwartete. Die Merowinger und nach ihnen die Karolinger machten verschwenderische Geschenke: Goldmünzen, goldenes Geschmeide und Email cloisonné, geschliffene Gläser, Schwerter, deren Griff mit Edelsteinen aus den königlichen Schatztruhen oder vom Beutewagen geschmückt war – nach dem Sieg über die

Diplom Karls des Großen über den Besitz am Forst Kinsheim; Pergament, 14. September 774. Der Text ist in einer sorgfältigen merowingischen Kursivschrift geschrieben. Man beachte das Siegel und das Monogramm »Karolus« unten rechts. (Paris, Archives Nationales)

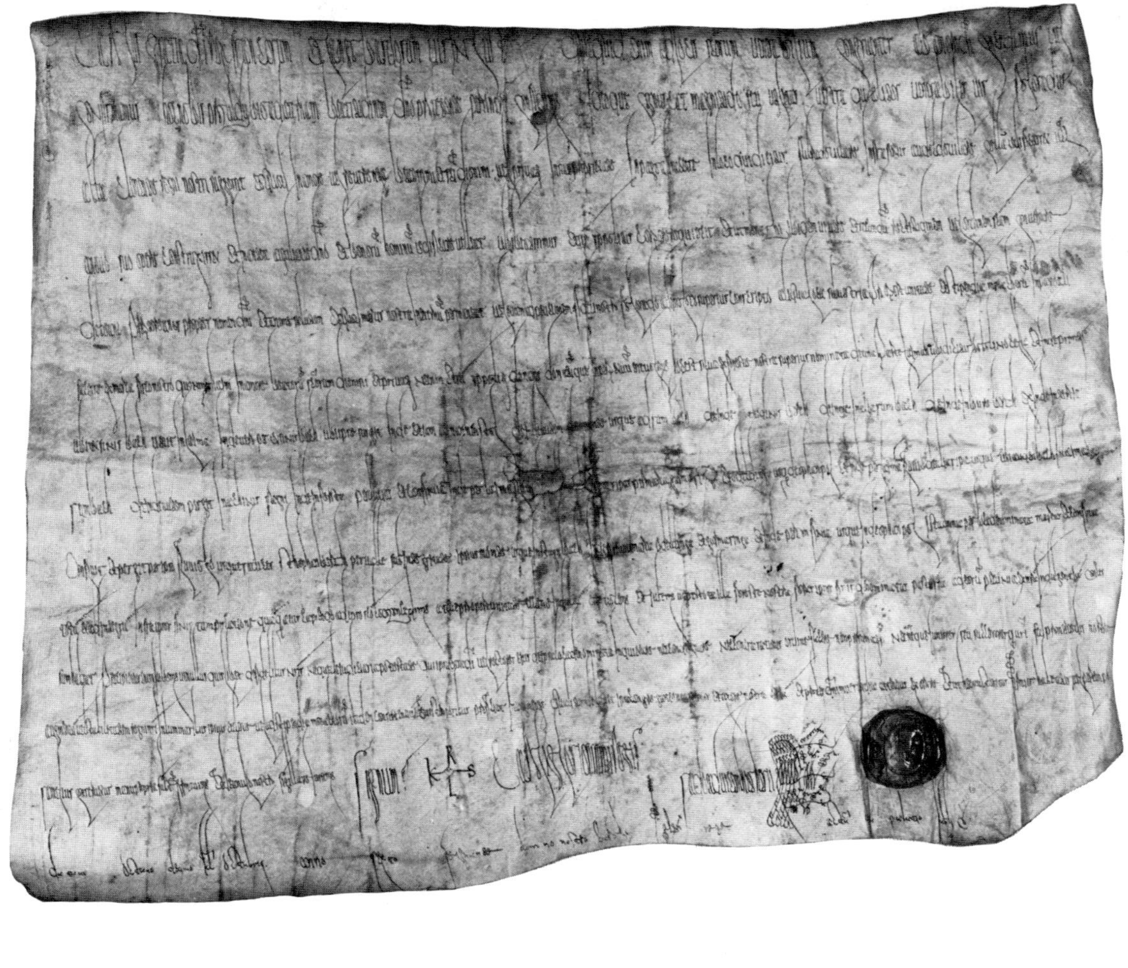

Schatz von Gourdon (Saône-et-Loire), vergraben um 525. Diese Patene und der Kelch mit den Vogelschnabelhenkeln dienten zur Konsekrierung von Brot und Wein und gehören zu den besterhaltenen Goldschmiedearbeiten dieser Zeit. (Paris, Bibliothèque Nationale, Cabinet des Médailles)

Awaren im Jahre 796 bedurfte es fünfzehn mit je einem Ochsenpaar bespannter Wagen, um die erbeuteten Schätze abzutransportieren!

Dieser Austausch von Gaben und Gegengaben zwischen dem König und seinen vornehmen Kriegern verstärkte durch seine demonstrative und obligatorische Generosität die Bande zwischen der herrscherlichen Macht und ihren Gefolgstruppen. Von hier bis zum Verständnis für ein staatliches Steuersystem war ein weiter Weg. Die merowingischen Könige erkannten an, daß der »Blutzoll«, den die Franken in ihren Diensten entrichteten, sie der Zahlung jener Steuer enthob, die den besiegten Galloromanen abgepreßt wurde. Trotzdem versuchten sie, mit Hilfe ihrer Beamten im Süden von ihren übrigen Untertanen die Kopf- und Grundsteuer einzutreiben.

In diesem langen Kampf um die Besteuerung unterlag das Königtum in karolingischer Zeit, und die Privatisierung direkter öffentlicher Steuern war so erfolgreich, daß die Gelehrten sich noch heute nicht darüber einig sind, ob eine von den Bauern auf den großen karolingischen Domänen gezahlte Abgabe ursprünglich öffentlich war oder nicht. Schließlich bekam das Wort »Franke« die Bedeutung »frei«, d. h. von der Besteuerung befreit. Jeder, der Steuern zahlte, trug das Stigma der Knechtschaft, und die geschuldete Summe schrumpfte zu einer Dienstleistung zusammen. Schließlich verschwand die Besteuerung ganz – ein Umstand, der für Frankreich bis zum Ende des Hundertjährigen Krieges kennzeichnend blieb. Der König mußte von seinem Eigentum leben wie jeder bäuerliche Grundbesitzer. Das private Leben hatte den Staat erschöpft, indem es seinen finanziellen Rückhalt auszehrte.

Länger und erfolgreich hielt sich das Heer. Aber selbst hier führten die germanischen Herrscher schon früh eine wesentliche Neuerung ein: die persönlichen Leibwächter. Bei den Skandinaviern »hirdh« geheißen und bei den Merowingern »truste«, bestand diese Leibgarde aus jungen Kriegern, die untereinander gleichberechtigt waren und ihrem König Treue bis in den Tod gelobten. Bei den Kelten waren es oft Milchbrüder, die ihren Ziehvater zu beschützen schworen. Sie lebten in Speisegemeinschaft mit ihrem Gebieter oder, wie es in der *Lex Salica* heißt, sie brachen das Brot mit dem König und waren daher seine Gefährten (»cum panis«, daher »companio«) und wie durch Blutsbande mit ihm verbunden. Blut, das im Kampf vergossen wurde, festigte diese Bande und einte die Beschützer des Königs, veritable »Gorillas«. So waren die »antrustiones«, die Mitglieder der »trustis«, ein kostbarer Besitz. Wer einen von ihnen tötete, mußte 600 Goldstücke zahlen, die höchste auf einen Mord stehende Geldstrafe. Seit dem 5. Jahrhundert galt dieser Satz im ganzen Römischen Reich, was mit den ständigen Mordanschlägen auf bedeutende Persönlichkeiten zusammenhing. Die Römer und Westgoten nannten diese Krieger »buccellarii«, »Biskuitesser«, weil sie das feinste Brot im Heer bekamen. Die Treue zu ihrem Herrn war so groß, daß sie sogar seinen Tod überdauerte. Nachdem Kaiser Valentinianus III. im Jahre 454 persönlich den Heerführer Aëtius ermordet hatte, weil er ihm zu ehrgeizig war, wurde der Kaiser seinerseits von Occila, einem »buccellarius« des Aëtius, und dessen Schwager Trasila durchbohrt. In diesem Fall führten zwei nichtnatürliche Formen der

Verwandtschaft – Speisegemeinschaft und Adoption – zu einem Verhalten, das sich von dem eines Blutsverwandten nicht unterschied. Der Krieg wurde zu einer Privatangelegenheit, nachdem Blutsbande die staatliche Macht usurpiert hatten.

Was Fustel de Coulanges den »durch Meuchelmord gezügelten Absolutismus« genannt hat: Mord als einzige Grenze königlicher Allgewalt, führte zu einer völligen Grenzverwischung zwischen Öffentlichem und Privatem in der »Zentralregierung« der barbarischen Königreiche. Der berühmte »Hausmeier«, der die merowingische Dynastie in die Knie zwang und der karolingischen den Weg ebnete, war ursprünglich nichts anderes als der Aufseher der vom römischen Fiskus ererbten königlichen Domänen. Die Römer hatten unterschieden zwischen Staatsgut, Reichsgut und kaiserlichem Privatgut; die Merowinger brachten alle drei Kategorien durcheinander. Der Hausmeier wurde zum größten Grundbesitzer im Reich; deshalb schafften die Karolinger dieses Amt ab. Doch bei dem Versuch, den Staat zu restituieren, verfielen sie in alte Fehler. War der Seneschall – althochdeutsch »siniskalk«, »ältester Diener« des Königs – wirklich ein hoher Beamter? Nach dem zu urteilen, was er tat, war er es nicht; er hatte an der Tafel des Königs aufzuwarten. Auch den Mundschenk des Königs könnte man für einen besseren Kellner halten, wenn man die besondere »politische« Bedeutung des »Ehrenweines« nicht kennt, d. h. des Glases zu Ehren der Gäste und Tafelgenossen. Was die ruhmreichen Titel »Constabel« und »Marschall« betrifft, so bezeichneten diese Wörter ursprünglich den Stallgrafen (»comes stabuli«) und den Hufschmied (»marah-skalk«), die beide dem König auf Reisen unentbehrlich waren. Auch der Kämmerer war ein Dienstmann; er wechselte die Bettvorhänge und das Bettzeug des Königs und hütete die Truhen mit den Besitzurkunden, Goldsäcken und Edelsteinen.

Diese geistige Verquickung des Öffentlichen mit dem Privaten sowie das Unvermögen, über streng private, konkrete Realitäten hinauszudenken, erklärt, warum es keinem merowingischen Beamten möglich war, den Gedanken des Gemeinwohls zu fassen, mit Ausnahme einiger Geistlicher, die mit römischer Kultur in Berührung gekommen waren. Vornehme Herren schickten ihre Söhne an den Hof in Neustrien oder Austrien, wo sie auf ihre späteren verantwortungsvollen Aufgaben in den Städten und auf dem Lande vorbereitet wurden. Man nannte sie »nutriti«, »Verköstigte«, denn der König nahm sie wie ein Adoptivvater auf, gab ihnen Kost und Logis (sorgte wohl auch dafür, daß sie sich wuschen) und lebte mit ihnen unter einem Dach. Dieses Näheverhältnis hatte auch eine gefühlsmäßige Note; bestimmte Gesten des Königs entsprachen Zeichen des kindlichen Gehorsams bei den »nutriti«. Da man am Tisch des Königs (und nicht nur dort) mit den Fingern aß, war es ein begehrtes Amt, die Serviette des Königs zu halten, wenn dieser sich die Finger wusch. Der »mapparius« (Serviettenhalter) war also ein bedeutenderer Mann, als seine bescheidene Aufgabe vermuten läßt. Der Herrscher konnte den Knaben zwischen dem siebenten und vierzehnten Lebensjahr beobachten, wo nichts verborgen bleibt, und seine Zuneigung und Treue erproben, bevor er ihn zum Grafen oder Herzog

Merowingische Goldmünzen, 7. Jh. Oben: König Dagobert I., König von Austrien und später, von 629 bis 638, König im Gesamtreich. Die Münze wurde wie ein Medaillon gefaßt, was beweist, daß man Münzen gerne als Schmuckstück trug. Unten: ⅓ Solidus, geprägt in Chalon. Der König wird nicht im Profil, sondern von vorn gezeigt, was in Byzanz und bei den spanischen Westgoten üblich war. (Paris, Bibliothèque Nationale, Cabinet des Médailles)

ernannte. Kuriose Kaderschule, in welcher Herz mehr zählte als Kompetenz! Diese »schola«, d. h. die Gemeinschaft der jungen Funktionärsanwärter, gab es bis in karolingische Zeit. Aber »das Herz hat seine Gründe, von welchen die Vernunft nichts weiß«, und so vermengten auch diese alten Gefährten des Königs oder Kaisers öffentliche Pflichten und privaten Vorteil. Die Revolte der karolingischen Beamten seit 840, welche die Rechte des Königs an sich rissen, führte zu jener Expansion lokaler Gewalt, die man Feudalismus nennt. Ein Chronist schreibt im Jahre 888: »In jenen Tagen wollte sich jeder aus dem hohlen Bauch zum König machen.« Treffender kann man den Triumph des Privaten über das Öffentliche nicht bezeichnen. Man sollte indes nicht vergessen, daß das Motiv nicht allein Ehrgeiz war, sondern auch und vor allem ein beherrschendes Gefühl der Liebe oder des Hasses gegen den König-Vater. Für Regino von Prüm ist die königliche Gewalt buchstäblich ein Ausfluß der väterlichen Eingeweide, des Sitzes der Zärtlichkeit. Niemand kann sein eigener Vater sein. Aber bedeutet das nicht gleichzeitig die absolute Affirmation des Ichs?

Das Phänomen der allgemeinen Privatisierung ist auch auf anderen Gebieten zu beobachten. Ein gutes Beispiel ist das Münzwesen, das königliche Monopol schlechthin. Schon um 560 bis 580 scheuten sich die ersten privaten Münzpräger nicht, den eigenen Namen statt den des Königs auf ihre Goldstücke zu setzen. 790 beanspruchte Karl der Große alle diesbezüglichen Rechte für den Thron und verbot das private Schlagen von Münzen. Doch mit Boso, dem ersten nichtkarolingischen König, fing das Raubwesen wieder an, und einige Jahre vor 918 ließ Herzog Wilhelm von Aquitanien, ein früherer karolingischer Beamter, in Brioude einen Silber-Denier schlagen. Damit leistete er der Ausdehnung der feudalen Münzprägung Vorschub. Ein anderes, ursprünglich römisches Privileg des Königs waren der Betrieb von Straßen und der Bau von Festungen. Die merowingischen Könige, namentlich Königin Brunichild [Brunhilde], unterhielten die römischen Straßen; in ländlichen Gegenden Frankreichs trifft man noch heute auf manchen dieser alten Wege (»chaussée Brunehaut«). Auch Karl der Große hielt es so. Doch der Schock der Skandinaviereinfälle war so groß, daß niemand mehr beschädigte Brücken reparierte und überflutete Straßen instandsetzte. Im 10. Jahrhundert entstanden an verschiedenen Orten durch Privatinitiative neue Straßen. Und während Karl der Große starke Zita-

Phaleren aus vergoldetem Silber, 7. Jh. Diese Zaumzeugverzierungen fand man im Grab eines Reiters, im elsässischen Ittenheim. Die eine zeigt einen gejagten Eber in einem Sumpf, die andere einen Soldaten in der Uniform eines römischen Offiziers, mit bebuschtem Helm, Schild und Lanze.
(Straßburg, Musée de Rohan)

Utrechter Psalter (816–835). Offizieller Einzug in eine befestigte Stadt. Ein Hauptmann an der Spitze seiner Leibwache wird am Stadttor empfangen, während die Bewohner sich zu seiner Begrüßung bereit machen. Am Flußufer sind Boote festgemacht. Am Himmel die Hand Gottes, welche die Szene segnet. (Utrecht, Bibliothek der Kgl. Universität)

dellen aus Holz und Erde errichtete, um seine Eroberungen zu konsolidieren, beklagte sich Karl der Kahle 864 darüber, daß manche Privatleute eigenmächtig »haies et fertés« bauten, d. h. Befestigungen aus Bäumen und Dornenhecken bzw. Häuser mit Palisadenzaun. Seit 950 hatten sich im ganzen Reich feudale Kleinzentren gebildet. Der Feudalismus war, mit den Worten Georges Dubys, »die Aufsplitterung der Herrschaft in eine Unzahl selbständiger Einheiten. In jeder dieser Einheiten gab es einen Herrn, der aus eigener Machtvollkommenheit Befehls- und Strafgewalt übte. Er schaltete mit dieser Gewalt wie mit einem Teil seines Erbgutes«.

Die Vervielfältigung der Kleingruppen

Gehen wir nun vom Staat zur Gesellschaft über und verfolgen wir dort den Prozeß der Entstehung des Privaten. Unter den römischen Gesetzen im *Breviarium Alaricianum* findet sich auch eine Bestimmung, die (vergeblich) zu verhindern suchte, daß Grundbesitzer ihr Haus direkt an der Stadtmauer bauten und damit die Kosten für eine vierte Wand sparten, jedoch die Bewegungsfreiheit der Garnison einschränkten. Auf vergleichbare Weise konstatieren wir allenthalben die Schaffung privater Räume und horizontaler privater Bindungen, welche die hierarchischen Institutionen umgingen oder zum Entstehen neuer Institutionen führten. Der Begriff »schola«, der sich einst auf die kaiserliche Leibwache bezog, meinte nun nacheinander einen Troß von bediensteten Kriegern, eine Berufsgruppe, eine Gruppe von Geistlichen im Ge-

Merowingische Goldmünzen, 6. und 7. Jh. Zu sehen sind drei merowingische Könige im Kaisergewand. Links: Theudebert I. (534–548) trägt die Krone des byzantinischen Kaisers. Mitte: Childebert I. (511–558) wird im Profil gezeigt; er trägt Toga, Diadem und Halskette. Rechts: Dagobert I. (629–638) trägt ein goldenes Band um den Kopf, ein römisches Kaiserinsignium. Die Münzen wurden in einer königlichen Werkstatt geschlagen. (Paris, Bibliothèque Nationale, Cabinet des Médailles)

folge des Bischofs, die Mönche eines Klosters und schließlich (wie noch heute) einen Chor; erst im 9. Jahrhundert bekam er die Bedeutung »Schule«. Die »antrustiones« hatten ein Pendant in der Zivilgesellschaft, nämlich die Vasallen. Die Etymologie dieses Wortes ist aufschlußreich. Es kommt vom keltischen »gwas« (verwandt mit dem französischen »gars«, junger Mann, und »garce«, Weibsbild); hier bezeichnete es einen jungen Sklaven, wie die in der *Lex Salica* vorkommende latinisierte Form »vassus« beweist. Der »vassus« rangierte neben den anderen Sklaven der Hausgemeinschaft: dem Schmied, dem Goldschmied, dem Schweinehirten. Ein Großgrundbesitzer konnte mehrere, ja bis zu einem Dutzend »vassi« haben. Diese jüngeren Männer (»juniores«) unterwarfen sich in einer eigentümlichen Zeremonie, der »recommendatio«, der Autorität eines älteren Mannes (»senior«, daher französisch »seigneur«): Sie legten die gefalteten Hände in die Hände des Herrn, der sie mit den seinen umfing. Der »vassus« trat damit in ein neues Verhältnis des Schutzes und der gegenseitigen Dienstleistung ein. Durch Handauflegen übertrug der Kriegsherr ein magnetisches Fluidum, das »heil«, auf den Vasallen. Der Vasall wurde gleichsam tabu und stand fortan unter einer charismatischen Macht heidnischen Ursprungs, dem »mundiburdium« oder »muntbor« des Herrn, der »wahren Kraft«, die von ihm Besitz ergriff und ihn behütete. Dieser Zeremonie wohnte nicht nur die Vorstellung von väterlichem Schutz und Sohnespflicht inne. Sie bezog ihre Kraft aus dem heidnischen Glauben, daß die Welt gleichsam das ambivalente Abbild eines erwachsenen Menschen sei und ihn mächtig, fruchtbar, aber auch zerstörerisch mache. So war die Welt der Minderjährigen, Frauen, Diener und Sklaven der Besitz des Vaters oder des Häuptlings. Dieser gab den Vasallen durch sein »muntbor« ihre innere Struktur und Beseelung. Im Feuer dieser emotionalen und religiösen Beziehungen vergingen soziale Unterschiede, und der »Freund« wurde »frei«. So ist es nicht verwunderlich, daß in karolingischer Zeit aus den Vasallen freie Männer geworden sind und daß diese Gruppen von »verköstigten« Krieger-Dienstleuten, die mit dem König bei Tische saßen, maßgeblich zum politischen Aufstieg der Karolinger beigetragen haben. Die Bande von Mann zu Mann waren scheinbar so fest, daß der König es für klug hielt, seinen Staat auf sie zu gründen. Er führte in die politische Gesellschaft seiner Zeit die Vasallität ein, wobei er sich angewöhnte, jedem Vasallen die Erträge

Karl der Große, 9. Jh. Dieses Porträt leitete eine von Ansegisel initiierte Sammlung von Kapitularien ein. Der Kaiser hält das Gerechtigkeitsszepter und ist als oberster Richter und Gesetzgeber dargestellt. (Paris, Bibliothèque Nationale, Latin 9654)

eines bestimmten Gebietes zu überlassen und die Anzahl von königlichen, fürstlichen, gräflichen usw. Vasallen zu erhöhen; so entstand eine Pyramide, an deren Spitze der König selbst hätte stehen sollen. In Wirklichkeit geschah das Gegenteil: Zur Zeit der Bruderkriege unter den Söhnen Ludwigs des Frommen gehorchten die Vasallen demjenigen Herrn, der ihnen am nächsten war, und nicht dem fernen Oberherrn, dem Kaiser; denn sie fürchteten die Rache des nahen Herrn weit mehr als die des sagenumwobenen Souveräns. Wie Robert Folz mit Recht bemerkt: »Karl der Große [und seine Nachfolger] sind von ihren Männern verraten worden.«

Jedem einzelnen Vasallen stellte sich ein besonderes persönliches Problem: das der Lüge und des Meineids. In einer Gesellschaft, die von der Jugend beherrscht war, gaben junge Männer, die im Genuß des Augenblicks aufgingen, auf die Treue zum gegebenen Wort nur wenig. Über Dauer und Zeit zu bestimmen ist der Wahn des schwächlichen Greises. Falsches Zeugnis und Meineid waren dermaßen verbreitet, daß die *Lex Salica*, deren Artikel sonst nur drei bis vier Zeilen lang sind, diesen Fragen drei ganze Absätze widmet; der Artikel über die Nichteinhaltung eines geschworenen Eides zählt 38 Zeilen. Die Sache muß ein großes Problem gewesen sein, und Theodulf ist nach einer Gerichtsverhandlung entsetzt über die endlose Litanei von falschen Eiden, welche Kläger und Beklagte gleichermaßen schwören, von den verschiedenen Eideshelfern und Zeugen ganz zu schweigen. Und was soll man zum »Lügenfeld« sagen, rund fünfzig Kilometer von Colmar entfernt, wo in einer einzigen tragischen Nacht alle Vasallen Ludwigs des Frommen sich heimlich aus dem Lager stahlen und zu den Söhnen des allein

Merowingische Glasarbeiten, spätes 5. und 6. Jh.; eine Flasche, zwei Trinkgläser ohne Fuß, eine Karaffe und eine Schüssel. (Saint-Germain-en-Laye, Musée des Antiquités Nationales)

zurückgebliebenen Kaisers überliefen? Niemals ist die Brüchigkeit der Bande von Mann zu Mann so klar geworden wie in dieser Nacht der verratenen Freundschaft, besonders als Ludwig die wenigen verbliebenen Getreuen aufforderte, ihn ebenfalls zu verlassen, »damit sie nicht um seinetwillen Schaden litten an Leib und Leben«. So war die Lüge des einzelnen Mannes etwas ungemein Subversives. Die Kirche empfand das so deutlich, daß fast alle Bußbücher des Frühmittelalters den Meineid als erste der schweren Sünden aufzählen. Im *Bußbuch* des hl. Columban, dem verbreitetsten und meistkopierten Werk dieser Art, wird derjenige, der aus Eigennutz einen Meineid schwört, für den Rest seines Lebens ins Kloster gesperrt. Wer aus Furcht einen falschen Eid leistet, muß sieben Jahre lang Buße tun, davon die ersten drei Jahre bei Wasser und Brot, unbewaffnet und in der Fremde – für die damalige Zeit eine schreckliche Strafe; außerdem muß er Almosen geben und seine Sklaven freilassen. Kurzum, wenn Vasallität ursprünglich eine Pflanzschule von Freunden war, eine Kameradschaft von jungen Männern im Dienste eines Alten, so war sie auch eine Schlangengrube.

Es gab andere Gruppen, in denen der Zusammenhalt viel stärker war als bei den Vasallen. So waren nicht alle altrömischen Bruderschaften verschwunden. Es ist anzunehmen, daß etwa die der Steinschneider oder Glasmacher dadurch überdauerten, daß sie sorgfältig ihre Berufsgeheimnisse und ihr technisches Wissen hüteten. Gregor von Tours erwähnt den Fall eines Baumeisters, der plötzlich alles vergessen hatte, was seine Kunst und ihre Techniken betraf. Da erschien ihm im Traum die Jungfrau Maria und gab ihm sein Wissen zurück. Diese Geschichte verrät viel von der Bedeutung, die das auswendig gelernte Wissen und die mündliche Überlieferung der Kultur selbst für Südländer mit römischer Zivilisation besaßen.

Besser bekannt sind jene marginalen Gemeinschaften, die von den Geistlichen als »Verschwörungen« verurteilt, von anderen als »Gilden« bezeichnet wurden. Männer aller Art – Bauern, Handwerker, vor allem jedoch Kaufleute – schworen einander von gleich zu gleich gegenseitige Hilfe, komme, was da wolle. Diese Eide wurden am 26. Dezember geleistet, dem Festtag des heidnischen Gottes Jul; an diesem Tag konnte man mit den Geistern Verstorbener und mit Dämonen verkehren, die auf die Erde zurückgekehrt waren. Die künftigen Zunftgenossen feierten enorme Gelage, bei denen sie praßten, bis ihnen übel wurde, und so lange tranken, bis ihre benebelten Sinne in Kontakt mit übernatürlichen Kräften traten. Daraufhin schwor jeder einen feierlichen Eid, den Soundso zu töten, für den Soundso in einer geschäftlichen Sache zu bürgen usw. Viele Geistliche verurteilten diese Schwurgenossenschaften nicht nur deshalb, weil sie darin eine Gefahr für die öffentliche Ordnung sahen, sondern auch, weil sie in ihren Augen teuflisch und unsittlich waren. 858 versuchte Hinkmar vergebens, die Gilden zu christianisieren. In Wirklichkeit erwiesen sich diese Selbstverteidigungsorganisationen als sehr nützliches Werkzeug im Kampf gegen die Wikinger, die z. B. 859 die Gegend zwischen Seine und Loire heimsuchten. Kaufmannsgilden waren oft dringend notwendig, um der Piratengefahr auf hoher See zu begegnen oder in einem fremden Hafen die Preise festzusetzen. Die Gilden (so benannt nach altnord. »gjald« bzw. gotisch »gild«, d. h. dem Beitrag, der in die gemeinsame Kasse gezahlt wurde) sind vermutlich sehr tüchtig gewesen. Sie verstanden es, ihr eigenes Wirtschaftsrecht durchzusetzen, was die hartnäckige Opposition der Kirche noch im 11. Jahrhundert erklärt. Noch immer vermengten diese eigentümlichen Genossenschaften den legitimen Selbstschutz mit dem Recht des Stärkeren, die Brüderlichkeit der Speisegemeinschaft mit einem nivellierenden Egalitarismus.

Noch hermetischer als die Gilden kapselten sich die jüdischen Gemeinden ab. Hervorgegangen aus der römischen Diaspora des 1. und 2. Jahrhunderts, ließen sie sich in merowingischer Zeit in den Städten des römischen Galliens nieder und festigten in karolingischer Zeit ihre Stellung in Septimanien (d. h. dem unteren Languedoc), im Rheinland und in der Champagne. Für sie drehte sich das Leben um die Thora, die gemeinsam mit der Bibel ihr eigentliches Vaterland wurde. Die aus jüdischen Haushalten bestehenden Gemeinden hatten eine Selbstverwaltung mit einem Ältestenrat, der über sich keine höhere geistliche Autorität anerkannte. Die Rabbiner waren bloße Lehrer, und jeder Gläubige hatte seinen genauen Ort in der sozialen Hierarchie. Die Gemeinschaft übertrug einem ihrer Mitglieder den Verkehr mit den »gojim«, den »Heiden«, d. h. also den Christen, in Fragen des gemeinsamen Zusammenlebens, der zu zahlenden Steuern usw. Die Folge davon war, daß Galloromanen und Franken keinerlei Kenntnis vom Innenleben der unter ihnen weilenden jüdischen Familien hatten. Die hermetische Abgeschlossenheit der jüdischen Gemeinden, verbunden mit der geistigen Überlegenheit der Juden, die eine Fülle abstrakter Kommentare zur Heiligen Schrift in sich aufnahmen, ließ die Christen staunend vor diesen autonomen, anonymen, aber einheitlichen Gruppen verharren, diesen schweifenden Händlern, die an einem bestimmten Ort wohnten, aber ihre Wurzeln überall zu haben schienen – in Spanien, in Ägypten, in Italien und wo nicht sonst.

Viel toleranter waren die Christen gegenüber den klösterlichen Gemeinschaften, in denen sie Oasen des Friedens und Brücken zur Ewigkeit erblickten. Dort war das christliche Geheimnis nichts Fremdes mehr, sondern stiftete einen idealen Mikrokosmos, eine Gegengesellschaft, die freilich, verglichen mit der Welt des »homo homini lupus« draußen, lächerlich klein und anfällig war. Gewiß, die ersten Mönchsregeln, in Gallien schon seit dem 5. Jahrhundert befolgt, waren noch vom fröhlichen Anarchismus ungebildeter ägyptischer Bauern geprägt, die sich, als fromme Athleten in Gott, im Fasten und Ertöten des Fleisches gefielen. Als die Regel des hl. Columban, eines irischen Mönchs, mit der des hl. Benedikt von Nursia (gest. um 547) verschmolz, wurde dieser abgeschlossene, von einem Torhüter bewachte Ort überall in Gallien zu einer Oase, die für den physischen und geistigen Charakter des Landes typisch war. Wie der hl. Benedikt sagt: »Das Kloster sollte so angelegt sein, daß es alles enthält, was nötig ist, also Wasser, Mühle, Garten und die verschiedenen Berufe, damit die Mönche nicht nach allen Seiten ausschwärmen müssen; denn solches ist nicht gut für ihre Seele.«

Evangeliar des Ebbo, 9. Jh. An einer Kirchenfassade ein Bauer bei der Aussaat. (Epernay, Bibliothèque Municipale)

Anders als die jüdischen Gemeinden brachen die Mönche die Beziehungen zur Umwelt nicht gänzlich ab, um sich im Gewebe der Gesellschaft einzukapseln. Gäste, Pilger und Novizen wurden im Kloster empfangen. Dessen Mauern blieben für die Gottsucher tunlichst verschlossen, während sie für die Laienbrüder teilweise durchlässig waren. Der Rat der Brüder Mönche war dem Pater Abt, der ihn bei vielen Gelegenheiten einholen mußte, stets willkommen. Die Mönchsgemeinschaft war horizontal und zugleich vertikal gegliedert; ihr privater Raum war der Schnittpunkt zweier Welten, der irdischen und der göttlichen. Ludwig der Fromme beauftragte seinen Ratgeber, Benedikt von Aniane, die benediktinische Regel nach dem Beschluß des Konzils von Aachen 816 im ganzen Reich einzuführen. Daraufhin vermehrten sich die Klöster wie soziale Mikroorganismen – lebendige, brüderliche Utopien. Abt Adalhard von Corbie meint 822, kein Kloster solle mehr als vierhundert Personen, einschließlich der bediensteten Laien, beherbergen, andernfalls drohten die menschlichen Beziehungen anonym und routinehaft zu werden. Nach Benedikt muß der Abt (von aramäisch »abba«, »Papa«) ein fürsorglicher Vater sein, der seine geistlichen Söhne getreulich auf den Weg zur Gotteserkenntnis geleitet, indem er sie die Tugenden der Schweigsamkeit und der Demut lehrt. Paradoxerweise wurden die Klöster, diese Schulen der Spiritualität, zugleich zu landwirtschaftlichen Musterbetrieben und Künstlerwerkstätten. Für Benedikt stand die Wichtigkeit einer stabilen, nach seiner Regel lebenden Gemeinschaft außer Frage, und so mißbilligte er das Treiben der Gyrovagen, irischer und ägyptischer Wandermönche, die ohne Ordenszucht von Kloster zu Kloster schweiften; er bestimmte, daß ein Eremit erst dann in der Einsamkeit leben dürfe, wenn er zuvor viele Jahre lang einer klösterlichen Gemeinschaft angehört hatte.

Marmorfußboden, 11. Jh. Diese antiken Marmorfliesen, auf dem Rükken von Lasteseln aus Italien herbeigeschafft, zeugen von der Pracht frühmittelalterlicher Kirchen. (Saint-Benoît-sur-Loire, Loiret)

Die Schwäche des Einsamen

Hierin ging freilich die Zeit über Benedikt hinweg; denn zu den bemerkenswerten Erscheinungen in den germanisch-lateinischen Ländern gehörte das Einsiedlerwesen, das nun in mehreren Wellen über sie hereinbrach. Daß eine solche Bewegung in einer so gewalttätigen Welt überhaupt entstehen konnte, ist erstaunlich; wir werden noch sehen, daß in dieser Welt die brüderliche Gemeinschaft zum Schutze des Einzelnen unentbehrlich war. Dennoch gab es Menschen, die nicht zögerten, sich in den unermeßlichen Wäldern Galliens zu verlieren, welche wohl mehr als zwei Drittel des Landes bedeckten, und zu »Wilden«, d. h. zu Waldmenschen zu werden (»silvaticus«, wild, von »silva«, der Wald). Die Suche nach der Einsamkeit hatte nichts mit dem wütenden Menschenhaß des überlegenen Geistes gemein, der die moralische Verderbnis seiner Zeitgenossen verachtete. Und sie war gefährlich; denn der Eremit wurde in einen Topf geworfen mit dem Geächteten, den sein Stamm verstoßen hatte und den jeder wie einen tollen Hund totschlagen konnte. Viele Anachoreten sind denn auch eines gewaltsamen Todes gestorben.

Weltentsagung war, wie Jean Heuclin gezeigt hat, in Wirklichkeit Distanzierung, die Suche nach einer persönlichen Beziehung zu Gott; Gott wiederum sandte den in Liebe zu ihm entbrannten Getreuen aus, die Welt zu erobern. Die Wüste rund um den Eremiten bevölkerte sich allmählich; Klöster und bald auch Städte gediehen. Allein im nördlichen Gallien gab es zwischen dem 5. und 11. Jahrhundert mehr als 350 Eremiten, die eine spirituelle und materielle Erneuerung ihrer sozialen, ökologischen und vor allem menschlichen Umgebung bewirkten. Es gab drei große Wellen des Eremitentums: die erste im 5. Jahrhundert, die zweite im 6. und 7. Jahrhundert, ausgelöst von hochgebildeten irischen und aquitanischen Mönchen. Danach trat eine Krise ein, und die Bewegung kam zum Stillstand, zumal die karolingische Gesetzgebung eine geordnete Gesellschaft aufbauen wollte und Benedikts Ablehnung der Wandermönche teilte. Diese Normalisierung erstreckte sich auch auf Inklusen, die sich in einer Zelle einschlossen oder, wie Hiltrude von Liessies, in einem kleinen Bethaus lebten, das nur durch ein schmales Fenster mit der Kirche verbunden war. Die Regel des Grimlaicus aus der ersten Hälfte des 9. Jahrhunderts räumte mit dieser Übung auf und erlaubte sie nur noch bestimmten Personen, um Geisteskranke und Gestörte fernzuhalten.

Die dritte Welle des Eremitentums erschien denn auch erst nach 850. Inzwischen war es zu einer bedeutsamen Umschichtung gekommen. Waren die Bettelmönche des 7. Jahrhunderts vor allem Leute aus dem Volk und Frauen gewesen, so waren am Ende der karolingischen Zeit die meisten Eremiten Männer und aus dem Adel. Die Einsamkeit des Propheten, eine marginale und letztlich subversive Existenzform, wurde prekär, da die Strukturen der Kirche immer weitere Bereiche des Lebens erfaßten. Wer sich jetzt noch behaupten wollte, der mußte eine starke Persönlichkeit sein. Trotzdem erfreuten sich diese außerordent-

Betende Gestalt; 11. Jh. Ein einsamer Mensch wendet sich mit der antiken Anrufungsgeste an Gott. (Krypta von Cruas, Ardèche)

lichen Männer, die für das Gegenteil dessen standen, was die Gesellschaft war, weiterhin großer Beliebtheit beim Volk. Sie predigten, erschlossen das Land, bauten an; sie waren anspruchslos und lebten von Kräutern, Wurzeln, trockenem Brot und fauligem Wasser. Sie beteten unablässig und stumm, sie heilten Leib und Seele und trieben Dämonen, die alten heidnischen Götter, aus. Sie hausten in primitiven Hütten und besaßen nichts. Ganz auf sich allein gestellt, verkörperte der Eremit eine Antigesellschaft; im Gegenmodell zur rastlosen Suche nach Besitz hatte er die Vergnüglichkeit des Daseins entdeckt.

Freilich brauchte man ungewöhnlichen Mut und eine starke Persönlichkeit, wenn man die Härten einer solchen spirituellen Laufbahn mit all ihren Gefahren der Einsamkeit und Entsagung bestehen wollte. Schwächere Naturen zogen es vor, eine der kirchlichen Zufluchtsstätten für die »Armen« aufzusuchen, d. h. für jene Menschen, die keinen hochmögenden Beschützer hatten, der sie vor den Folgen eines Verbrechens oder einer falschen Beschuldigung zu bewahren vermochte. Wer verarmt war, fand Schutz in der Kirche, Kathedrale oder ländlichen Pfarrkirche, indem er seinen Namen auf eine Liste, die Matrikel, setzte. Daraufhin gewährten die Kirchenoberen ihm und einem Dutzend (symbolische Zahl!) weiterer Leidensgefährten Kost und Logis. Der flüchtige Sklave, der verhärtete Mörder, die verlassene Frau, sie alle fanden Unterschlupf im Asylraum der Kirche, einer dreiteiligen Galerie mit Säulen an der Westfassade, dem »parvis«. Dieser Bereich war heilig und daher unantastbar, weil er dem Schutzheiligen der Kirche gehörte. Er schützte ganze Familien, erbarmungswürdige Verelendete, hoffnungslose Trunkenbolde – ein wahres Pandämonium schwankender Gestalten. Manch einer, der lange Zeit hier zubringen mußte, ergab sich der Trunksucht und der Hurerei, während draußen vor dem Kirchenportal seine Feinde lauerten, wütend, daß die Beute ihnen entwischt war, und stets bereit, ihr Opfer auf der Stelle zu erschlagen, wenn es sich unvorsichtigerweise blicken ließ. Gregor von Tours berichtet (*F. G.* VII 29), wie Herzog Claudius einem Mann namens Eberulf innerhalb und außerhalb der Kirche des hl. Martin in Tours auflauerte. Aus dem Hinterhalt wurde eine Massenschlägerei, in welche die Diener der beiden Männer, Vasallen und der Abt der Kirche, die Kirchenarmen und Leute aus dem Volk verwickelt waren – zuletzt war der ganze Boden der Zelle mit Blut befleckt. Trotz solcher Entgleisungen, oder vielleicht wegen ihnen, blieb das Asylrecht eine Konstante des Frühmittelalters – für die Schwachen ein Hoffnungsschimmer, für die Zyniker ein Ruhepunkt.

Dieselbe Vorstellung eines gefriedeten Raumes, wo der Unbewaffnete vor bewaffneten Strolchen sicher war, scheint mir dem Privileg der Immunität innezuwohnen. Auf Ersuchen eines Bischofs oder Abtes konnte der König Land, das in Kirchen- oder Klosterbesitz war, von jeglicher Visite, Inspektion oder Besteuerung freistellen, zu der ein königlicher Beamter ansonsten befugt gewesen wäre. Waren die Kirchenlande so vor örtlichen Machtgelüsten sicher, konnten Bischof und Abt, die das Schwert nicht ziehen durften, den Ertrag ihres Landes zum Bauen oder für die Armenhilfe verwenden.

Die Vorstellung vom geschützten Privateigentum ist in der merowingischen wie in der karolingischen Kultur entscheidend gefördert worden durch Idee und Wirklichkeit der Einhegungen. Als die Sachsen das Boulonnais besiedelten, errichteten sie Hüttendörfer, die sie mit einer Dornenhecke, dem »zûn« (»Zaun«), umgaben. Das Wort ist noch in modernen Ortsnamen wie Landrethun und Bainctbun enthalten. (Im Englischen ist »zûn« zu »town«, »die Stadt«, geworden.) Die Hecke

Utrechter Psalter (816–835). Eine befestigte Stadt: Gott gleicht, dem Psalmisten zufolge, einer befestigten Stadt. Im Innern der Stadtmauer obliegen die Menschen dem friedlichen Gebet, während draußen der Feind die Leichen der Überwundenen in den Boden trampelt. (Utrecht, Bibliothek der Kgl. Universität)

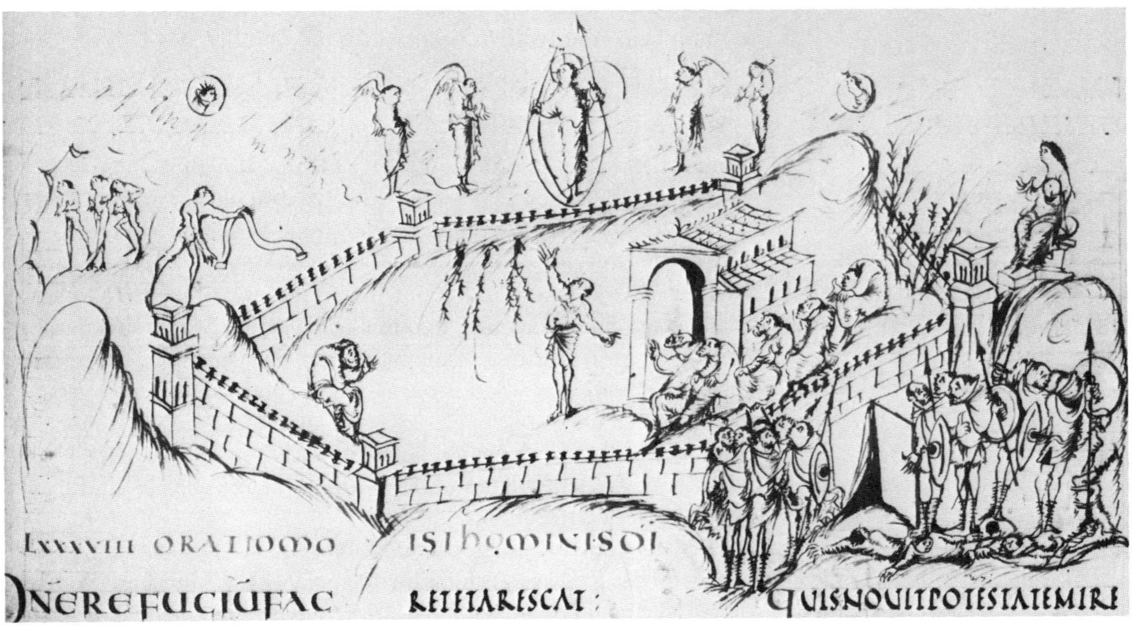

Das Beschneiden des Weinstocks; Sacramentarium »de Gelonne«, Flavigny, 755–787. Ein Weinberg machte viel Arbeit, vor allem im Frühling. Nach dem Zurückschneiden der Stöcke mußte die Erde rund um den Stamm mit der Hacke gelockert werden. (Paris, Bibliothèque Nationale, Latin 12048)

war eine Grenzmarkierung, die den Ort zu einer Insel des privaten Lebens machte. Burgundisches und salisches Recht erwähnen häufig Baumreihen, Grenzmarken und Hecken als Schutz eines Feldes. Vor allem die Weingärten bedurften besonderer Bewachung, und jedes fremde Haustier, das Weinreben oder Trauben abfraß oder niedertrampelte, wurde sofort getötet. Mit großer legalistischer Spitzfindigkeit bestraften die fränkischen »Rachinburgen« jeden, der Heuballen stahl, einen Apfel- oder Birnbaum fällte, Viehfutter entwendete oder gar eine Einhegung beschädigte. Hierauf standen Bußen zwischen 3 und 35 Solidi. Wer mehrere Heckenreihen fällte oder zum eigenen Bedarf mit einem Karren abtransportierte oder versteckte, mußte eine Geldstrafe zwischen 15 und 62,5 Solidi zahlen. Das waren enorme Summen, wenn man bedenkt, daß ein Sklave oder ein Pferd nur 12 Solidi wert waren. Den Franken muß der Schutz ihres Privateigentums am Herzen gelegen haben, wenn ihnen die Einhegungen so wichtig waren. Die Gesetze der Bretonen verraten eine ähnliche Tendenz und sagen uns viel über die keltischen und germanischen Ursprünge der »bocages«, jener eingehegten Felder, die noch heute das Landschaftsbild Westfrankreichs prägen.

Der kostbarste aller eingehegten Räume war natürlich der Garten. Die Franken hatten sogar Gärten, in denen sie ausschließlich weiße Rüben, Kichererbsen, Saubohnen oder Linsen zogen. Bischof Fortunatus von Poitiers hat den Garten eines Freundes so besungen: »Hier läßt der Lenz mit seinen Purpurwangen die grünen Gräser sprießen, und der balsamische Duft von Rosen des Paradieses erfüllt die Luft. Dort bietet junges Weinlaub Schutz vor der Hitze des Sommers und beschirmt die Reben, die schwer von Trauben sind. Das ganze Gehege bedecken tausend bunte Blumen. Manche Früchte sind weiß, andere sind rot. Hier ist der Sommer süßer als anderswo, und ein verschwiegener Wind wiegt sacht die Äpfel in den Zweigen. Childebert hat sie mit Liebe gepflanzt.« Der Garten war ein stiller, intimer Ort, an dem man ungestört arbeiten konnte, eine Welt für sich, in der man die Freuden des Lebens genoß und vom selbstgezogenen Obst und Gemüse kostete, das bekanntlich am besten schmeckt. Der Gärtner gräbt sorgfältig die Erde um und hegt behutsam seine jungen, anfälligen Pflänzchen, und so knüpft er ein intimes Band zwischen sich und der Erde und ihren Früchten. Es gab Gärten von Mönchen und Gärten von Bauern; das Kloster St. Gallen besaß ebenso seinen Garten wie jeder große karolingische Hof. Jeder Garten aber machte Arbeit; man mußte säen und setzen, hacken und Unkraut jäten, Mauern und Zäune reparieren. Daneben lag häufig der Obstgarten, in dem nicht selten nur eine einzige Sorte Obst gezogen wurde. In Mönchsgärten empfahl es sich, ein Beet mit Heilkräutern anzulegen: Stabwurz war gut gegen Gicht; Fenchel half gegen Verstopfung, Husten und Augenleiden; Kerbel konnte Blutungen stillen; Absinth schlug das Fieber nieder. Kurzum, nicht nur Gaumenfreuden kamen aus diesen liebevoll besorgten Gärten, sondern auch Heilmittel zur Stärkung der Lebensgeister.

Gärten waren gut geeignet, um durchreisende Besucher zu erquikken; denn das Reisen war mühsam und gefährlich. Abt Lupus von Ferrières riet einem Freund, einige kräftige Gesellen mitzunehmen, für den

»Die Monatsarbeiten«; 809–818. Im Frühling wird gesät, im Juni das Erdreich gepflügt, dann wird das Heu geschnitten, die Ernte eingebracht, das Wintergetreide ausgesät und der Weinberg bearbeitet; dazwischen ist das unbebaute Land zu warten; es wird mit dem Falken gejagt und das Schwein zum Schlachten geführt. (Wien, Österreichische Nationalbibliothek)

Fall, daß er unterwegs von Räubern angegriffen würde. Doch alle Strapazen waren schnell vergessen, wenn der erschöpfte Reisende endlich das Hospiz von Mönchen oder einen vornehmen Haushalt betrat. Gastfreundschaft war Pflicht. Das burgundische Recht bestimmte: »Wer einen Gast, der zu ihm kommt, von seinem Dach und seinem Herde weist, zahlt 3 Schillinge als Strafgeld.« Im Winter mußten auch die Pferde mit Heu oder Gerste versorgt werden. Jeder Freie, der zu den Waffen gerufen worden war und sich zum Ort der allgemeinen Mobilmachung begab, hatte Anspruch auf Wasser und Gras für sein Pferd; so bestimmte es das aquitanische Kapitular von 768. Karl der Große forderte im Jahre 789 den Bau von Hospizen »für Reisende, Plätze für die Armen in den Klöstern und Mönchsgemeinschaften; denn am Tag des Gerichts wird der Herr sprechen: ›Ich bin fremd gewesen, und du hast mich aufgenommen‹« – eine Anspielung auf das Evangelium, aber auch auf die Regel des Benedikt. Die Gastfreundschaft war ein heiliges Gebot mit religiösem Gehalt (heidnischem wie christlichem). Der Grundriß des Klosters St. Gallen zeigt rechts vom Eingang ein Haus für Pilger

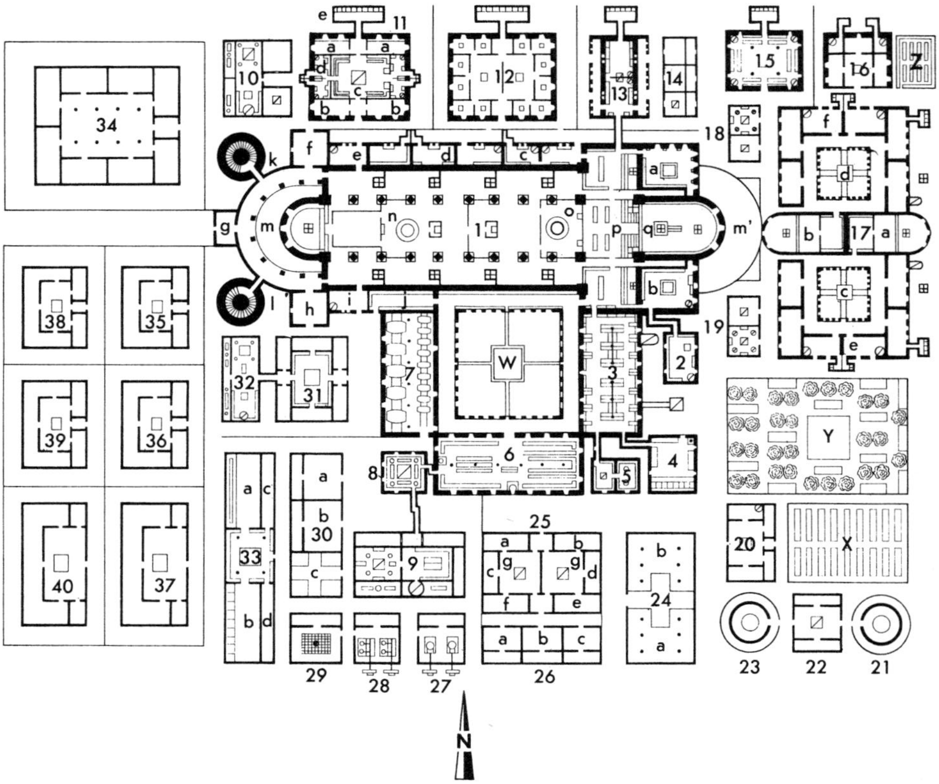

Grundriß des Klosters St. Gallen, gezeichnet von Heito für den Abt von St. Gallen. Wie archäologische Grabungen ergeben haben, lag beim Bau des Klosters in der Tat dieser Plan zugrunde. Gebäude 11 war ein Gästehaus für vornehme Besucher, Gebäude 31 ein Haus für Arme und für Pilger; beide Häuser mit angrenzendem Gesindebau. (Ausstellungskatalog »Karl der Große«, Aachen 1965, S. 400 f.)

und Bedürftige, einen viereckigen Raum mit Bänken, zwei Dormitorien und Nebengebäude mit Backtrögen, einem Backofen und einer Brauerei; links vom Eingang befindet sich ein Gästehaus mit zwei heizbaren Räumen, mit Schlafzimmern für die Diener und den Ställen für die Pferde.

Dies alles war eine große finanzielle Belastung sowohl der Hospize im strengen Sinne, der »xenodochia«, als auch der »hospicia Scottorum«, der Heime für pilgernde Mönche, vor allem aus Irland, die über Gallien nach Rom und ins Gelobte Land zogen. Vorauszuplanen war schwer. In Corbie rechneten die Mönche mit zwölf Bedürftigen pro Nacht. Für jeden von ihnen wurden anderthalb Laib Brot als Abendessen und für unterwegs veranschlagt; dazu kamen 27 Laibe Brot für unvorhergesehene Gäste. Doch in Saint-Germain-des-Prés hatte man im Jahre 829 pro Tag 140 Gäste! Alle Bischöfe und Äbte unterhielten in Wahrheit zwei Hospize, eines für die Armen und eines für die Reichen: für adelige Bischöfe und sonstige Würdenträger, die in amtlichen Geschäften unterwegs waren. Indessen konnten die Reisenden sich nicht darauf verlassen, unterwegs Unterkunft zu finden. Der hl. Bonifaz berichtet, daß um das Jahr 730 angelsächsische Frauen, die nach Rom pilgerten, sich auf ihrer langen Reise in jeder Stadt, durch die sie kamen, der Prostitution ergeben mußten, bis sie ans Ziel gelangten. Aufgrund der Almosenverweigerung, die zu einer ungewöhnlichen Form der Ertötung des Fleisches zwang, war die Kirche genötigt, Pilgerfahrten von Frauen zu verbieten. Die *Lex Salica* verhängte eine hohe Geldstrafe, 300 Solidi, über denjenigen, der einen Speisegenossen des Königs, d. h. seinen Intimus, tötete. Wurde ein Tischgenosse getötet, mußte jeder, der mit ihm am Tische gesessen hatte, die Buße für Mord erlegen. Das war ein bedeutsames Gesetz, da der »Fremde« praktisch stets der »Feind« war. Für die Zukunft war es folgenreich, daß der hl. Benedikt in seiner Regel vorschrieb: »Der Abt und alle Mönche sollen den Gästen die Füße waschen.« Hierin lag der Keim eines außerordentlichen Mentalitätswandels.

Modell eines unterkellerten Hauses, Douai, 6./7. Jh. Holzbau mit strohgedecktem Dach. Der Fußboden der Hütte lag erhöht über einem Vorrats- und Webkeller. Das Dach ist weit nach unten gezogen, um die Wände des Hauses vor Regen zu schützen. (Douai, Musée des Sciences Naturelles et d'Archéologie)

Die Wärme des Hauses

Die Erörterung der Gastfreundschaft hat uns bis an die Schwelle des Hauses geführt. Das Haus ist das Allerheiligste des privaten Lebens. Die prächtigen galloromanischen »villae« mit Böden aus Marmor und den schwarz-weißen Mosaiken gab es südlich der Loire noch immer. Schilderungen, die uns Sidonius Apollinaris im 5. Jahrhundert und Fortunatus Ende des 6. Jahrhunderts hinterlassen haben, bezeugen die Fortdauer römischer Lebenskunst in Aydat in der Auvergne, in Bourg, Besson, Beaurech und Pregnac im Bordelais. Der städtische Komfort aus der Zeit des jüngeren Plinius war auch auf dem Lande zu finden. Doch enthüllen Ausgrabungen wie die in Séviac in der Gascogne, daß die Villen zu unterschiedlichen Zeiten aufgegeben oder umgebaut worden sind. Es entstanden Neubauten aus rustikalerem Stein, und die Grundrisse von Herren- und Herrscherhäusern auf den karolingischen Gütern sind sehr viel schlichter als die der galloromanischen Villen. Das bekannteste Haus dieser Art ist Annapes, von dem es zu Beginn des 9. Jahrhunderts heißt: »Ein sehr gut gebautes Haus aus Stein, mit drei Teilen: der ganze obere Teil des Hauses, von hölzernen Galerien umringt, hatte elf kleine, heizbare Zimmer; darunter war ein Keller; und zwei Portiken. Im Hof standen siebzehn weitere heizbare Häuser aus Holz mit ebenso vielen Zimmern und anderem Nebengelaß in gutem Zustand, ein Stall, eine Küche, eine Bäckerei, zwei Kornkammern und

Merowingische Keramik aus Oise, 6./7. Jh. Diese schwarzen Krüge wurden mit einem Rädchen verziert und dienten zum Zubereiten und Servieren von Speisen und Getränken. (Saint-Germain-en-Laye, Musée des Antiquités Nationales)

drei Scheunen. Der Hof, fest umwehrt von einer Hecke mit einem steinernen Tor darin, hatte darüber eine Galerie aus Holz zum Lagern von Vorräten. Ein kleiner Innenhof, ebenfalls von einer Hecke umgeben, war reizvoll angelegt und mit verschiedenartigen Bäumen bepflanzt.«

Der Leser wird bemerkt haben, wie wichtig bei diesem Gebäude die Einhegungen sowie der Gebrauch von Holzkonstruktionen in Verbindung mit Steinbauten waren. Die meisten Häuser werden aus Holz gewesen sein, die Mauern aus Lehm, das Dach aus Stroh. Fortunatus, der als Italiener Steinbauten gewohnt war, bewunderte einen »Palast aus Brettern«, die so lückenlos miteinander verbunden waren, »daß man keine Fugen sieht«. Dieses Meisterwerk der Zimmermannskunst muß eine Luxuswohnung gewesen sein. Ausgrabungen vermitteln ein gutes Bild von den Hütten, in denen die Bauern lebten – elende, mit Blättern bedeckte Behausungen, wie Gregor von Tours bemerkt. Wie Ausgrabungen in Brebières und Proville im Département Nord ergeben haben, waren diese Hütten zwei bis sechs Meter lang und zwei Meter breit. Die zutage geförderten Aushöhlungen waren mit Brettern abgedeckte Keller. Aus ihnen ragten zwei, vier, sechs oder acht Stützbalken empor, auf denen das bis auf die Erde reichende Strohdach ruhte. Die kleinsten Hütten beanspruchten fünf Quadratmeter Grund für einen 2,5 Quadratmeter großen Keller. In diesen Bauten hat man keinerlei Spuren einer Feuerstelle gefunden; so werden es Behelfswohnungen, Webhäuser oder vielleicht Geräteschuppen gewesen sein. In der Nähe befanden sich Abfallgruben und flaschenförmige Getreidesilos. Außerhalb der Hütten hat man nur wenige Spuren von Feuerstellen entdeckt. In Douai hat der Archäologe Pierre Demolon zwei Bauernhäuser aus Holz ausgegraben, ein merowingisches und ein später darauf erbautes karolingisches von sechs Metern Länge und vier Metern Breite. Das letztere hatte als Eckpfeiler vier massive Eichenstämme, die in eine mit Mörtel gefüllte Vertiefung in den Boden eingelassen waren; dieses Haus war also sehr stabil gebaut. Die Analyse von Holz- und Exkrementresten hat ergeben, daß Wege mit Hecken aus Haselnußsträuchern die Gebäude miteinander verbanden und den Zugang zum Grundstück verwehrten. Im Hauptgebäude waren Mensch und Tier offenbar gemeinsam untergebracht. Hier wird die Intimität dieser Männer und Frauen fühlbar, die auf engem Raum zusammenlebten, Getreide und Wein in Silos und Kellern versteckten, die animalische Wärme der Tiere teilten und durch Dung und Schlamm wateten. Ähnliche Bauernhäuser, jedoch aus Stein, gab es auch im Süden, so z. B. im 5. Jahrhundert in Larina (Bourgogne), doch waren die Dächer nicht mit Stroh, sondern mit Steinplatten bedeckt.

Die in den Kellern und Lagerhäusern verwahrten Güter müssen Diebe angelockt haben; denn die *Lex Salica* verordnete eine Geldbuße von 15 Solidi für den Diebstahl aus einer unverschlossenen »screona« (Webkeller) und von 45 Solidi für den Einbruch in eine verschlossene. Die Hütten selbst waren ärmlich ausgestattet: ein paar runde Töpfe aus roter, grauer oder schwarzer Keramik, einige Kessel, die am Henkel über dem Feuer hingen, aus Knochen gefertigte Pfrieme und etliche Messer. Verzierte Keramikplatten haben sich nur im Süden gefunden, wo in frühchristlicher Zeit geprägte Keramik hergestellt wurde. In karolingischer Zeit gab es auch die sog. Pingsdorf- oder Badorf-Keramik mit einer Art Becher. Wohl besaßen die reichsten Familien gläserne Kelche und Teller aus Silber oder Bronze, doch war die Einrichtung des Hauses insgesamt wenig abwechslungsreich. Die einzige wichtige Neuerung betraf das Tischgerät: Man aß nicht mehr aus kleinen Schüsseln oder anderen Gefäßen, die man in der Hand halten konnte, sondern von Tellern. Der Becher und das stumpfkeglige Gefäß wurden üblich, wie in der frühchristlichen Keramik seit dem 5. Jahrhundert. Das beweist, daß die gallische Sitte, sitzend an einem Tisch zu essen, den römischen Brauch verdrängt hatte, beim Essen auf einen Ellbogen gestützt zu liegen. Die Germanen aßen schon lange so. Das Sitzen erlaubte den Gebrauch von Messer und Löffel; vor allem gestattete es das Essen mit beiden Händen, d. h. oft mit den Fingern. Dies wiederum erforderte häufiges Waschen der Hände – eine heidnische Gewohnheit, die zugleich hygienisch war.

Die Mahlzeiten, von denen das Abendessen wichtiger war als das Mittagessen, waren wahre religiöse Rituale. Es war undenkbar, einem Menschen ein Haar zu krümmen, mit dem man gegessen hatte. Festliche Gelage schweißten die Gemeinschaft zusammen und verbanden sie mit den Göttern, der Quelle der Erneuerung und des Lebens. Die Gefräßigkeit der Gallier war schon zu Lebzeiten des Aquitaniers Sulpicius Severus im 4. Jahrhundert berühmt. Unter dem Einfluß der Germanen konnte sie nur noch schlimmer werden. Die Franken erfanden die Suppe: eine Fleischbrühe, die zu Beginn der Mahlzeit mit Brot gegessen wurde. Chilperich hoffte, Gregor von Tours zu besänftigen, der ihn den Nero und Herodes seiner Zeit genannt hatte, und setzte dem Bischof eine raffiniertere Suppe vor, mit Geflügel und Kichererbsen (*F. G.* V 18). Gregor hütete sich aber, davon zu essen; denn damit hätte er Chilperichs Politik gebilligt. Die Galloromanen aßen statt der Suppe ein Püree aus gedörrtem Fleisch, das »pulmentum«. Danach kamen Fleischgerichte, mit Soße oder gegrillt – Rindfleisch, Hammelfleisch, Schweinefleisch, Wild. Serviert wurde das Gericht mit Kohl, weißen Rüben und Kohlrüben, abgeschmeckt mit Knoblauch, Zwiebeln und zahlreichen Gewürzen wie Pfeffer, Kümmel, Nelken, Zimt, Narde, Piment und Muskat; das sollte die Verdauung fördern. Mitunter wurden die Gerichte auch mit »garum« serviert, einer Fischtunke aus den in Salz eingelegten Innereien von Makrele und Stör; dazu gab es Austern. Das Ganze erinnert an das vietnamesische »nuoc-mam«. Fortunatus beschreibt Mahlzeiten, die eines Pantagruel würdig gewesen wären; wenn er sich vom Tisch erhob, war sein Bauch »geschwollen wie ein Ballon«. In Gregor von Tours steigt noch immer Erbitterung auf, wenn er von den beiden Bischöfen Salonius und Sagittarius berichtet, die »meistens die Nächte schmausend und zechend« zubrachten, »erst bei der Morgenröte« vom Mahle aufstanden und den ganzen Tag schliefen, bis sie sich »wiederum zum Abendbrot setzten bis zu der Tageszeit, die wir oben angegeben haben« (*F. G.* V 20). Unter diesen Umständen war das Fasten, wie leicht ersichtlich, keine hygienische Maßnahme, sondern ein kritisch gemeintes religiöses Gegenmodell zur Vergottung des Bau-

Der Schlüssel, Symbol der weiblichen »Schlüsselgewalt«, diente zum Verschließen von Truhen und Kellern. (Metz, Museum)

Aesculap entdeckt die Petunie; Feder und Tinte auf Pergament, um 850. Dieses Sammelwerk wurde viel benutzt, wie die Glossen am Rand der Blätter beweisen. (Paris, Bibliothèque Nationale, Latin 6862)

ches. Der reiche Bretone Winnoch ernährte sich nur von ungekochten Feldkräutern. Ein Mönch aus Bordeaux »aß nicht einmal Brot und trank nur alle drei Tage einen Aufguß von Kräutern«. Nach einem Gelage in Tournai »blieb man noch nach der Sitte der Franken, als der Tisch bereits abgetragen war, auf den Bänken sitzen, wie man vorher gesetzt worden war. Sie tranken viel Wein und wurden so berauscht, daß auch ihre Diener endlich im Rausche in den Ecken und Winkeln des Hauses, wo gerade ein jeder hinsank, einschliefen« (*F. G.* X 27). Für Geister, die gewohnt waren, die Trunkenheit als Gottesgabe und als Ekstase zu begrüßen, war Nüchternheit keine Tugend. Außerdem dürfen wir nicht vergessen, daß Wein damals das einzige allgemein zugängliche Stärkungsmittel war.

Es wäre naiv anzunehmen, daß Völlerei und Trunksucht ein Privileg der Reichen war. Auch Sklaven hatten ihren Anteil daran, wie wir gerade gesehen haben. Es handelte sich um ein Laster der merowingischen und karolingischen Gesellschaft insgesamt. Columban hatte seinen Mönchen geraten, »Wurzeln [Rüben u. dgl.], getrocknetes Gemüse und Brei mit etwas Zwieback zu essen, damit der Bauch nicht zu sehr anschwillt und der Geist nicht erstickt«. Er wäre sehr erstaunt gewesen, wenn er gesehen hätte, wieviel die Mönche vertilgen konnten. In den euphorischen Jahren der karolingischen Prosperität wurden die für die Mönche vorgesehenen Rationen erheblich größer. Jeder Mönch verzehrte im Durchschnitt pro Tag 1,7 Kilogramm Brot (die Nonne 1,4 Kilogramm), 1,5 Liter Wein oder Bier, 70 bis 100 Gramm Käse sowie rund 230 Gramm Püree von Linsen oder Kichererbsen (die Nonne 133 Gramm). Für Laien, ob Hausgesinde des Klosters oder Fremde, gab es nur 1,5 Kilogramm Brot, dafür aber 1,5 Liter Wein oder Bier, mehr als 100 Gramm Fleisch und mehr als 200 Gramm Püree von getrocknetem Gemüse sowie 100 Gramm Käse.

Diese Rationen enthielten umgerechnet etwa 6000 Kalorien – das Doppelte von dem, was heute für einen Menschen mit durchschnittlicher körperlicher Betätigung für notwendig gilt, und immer noch ein Drittel mehr, als aus heutiger Sicht bei Schwerarbeit angebracht ist. Dem mittelalterlichen Speiseplan lag die Überzeugung zugrunde, daß nur schwere, fette Speisen nahrhaft sind – Brot, Milch und Käse, vor allem Brot. Alles, was zusammen mit dem Brot gereicht wurde, war zweitrangig: »Kräuter«, Wurzeln, Obst, ja sogar Fleisch und Püree. Waren nicht genug Teller vorhanden, verzehrte man diese Appetithappen auf einer Scheibe Brot. Es gibt ein Wort, in dem diese Hochachtung vor dem Brot zum Ausdruck kommt: »companaricum«, »das, was mit dem Brot geht«, woraus später das altfranzösische »companage« wurde. Die andere unentbehrliche Zutat bei den Mahlzeiten, insbesondere zur besseren Verdauung, war der Wein – vermutlich ein sehr leichter Wein. War nur Bier vorhanden, wurde die Ration verdoppelt. Bei der Eintönigkeit des Speiseplans bedurfte es der Würzen und des »garum«, um den Appetit anzuregen und die schlafenden Geschmacksknospen zu wecken.

Ich wiederhole: Der eben beschriebene Speiseplan war der normale, und er galt auch für den schwer arbeitenden Bauern. An Festtagen

Sammlung medizinischer Abhandlungen; Feder und Tinte auf Pergament, um 850. Dieses antike Werk beschreibt Heilpflanzen, schildert ihre Eigenschaften und gibt an, in welchem Verhältnis sie miteinander gemischt werden müssen, um bestimmte Wirkungen zu erzielen. (Paris, Bibliothèque Nationale, Latin 6862)

schlug man bewußt über die Stränge. Die Feiertagsrationen für Mönche, Kanoniker und Laien waren um ein Drittel größer als die normalen Rationen, und der christliche Kalender wies mindestens sechzig Festtage auf. Ferner feierte man den Geburtstag bestimmter, besonders verehrter Heiliger, und in großen Klöstern gab es Festessen zu Ehren der karolingischen Herrscherfamilie. An Festtagen verzehrten die Mönche dieselbe Quantität Brot wie an normalen Tagen, aber die Wein- und Trockengemüseration war doppelt so groß wie sonst, und außerdem aß jeder Mönch zusätzlich noch sechs Eier und zwei Hühner. An bestimmten Feiertagen bekamen die Kanoniker von Le Mans ein Kilogramm Fleisch sowie einen »Gesundheitstrank«, nämlich einen halben Liter Wein mit Fenchel-, Minze- oder Salbeiaroma. In der Fastenzeit gab es statt Fleisch und Geflügel Scholle, Schellfisch, Aal und Seeaal. Insgesamt beliefen sich die Tagesrationen dann auf 9000 Kalorien.

Wie und warum verzehrte man solche Riesenportionen? Nun, die Speisen enthielten zwar ein Übermaß an Kohlenhydraten und Proteinen, aber zuwenig Vitamine; außerdem waren sie schwer verdaulich, weshalb sie mit einer Mittagsruhe sowie mit möglichst geräuschvollem Rülpsen und Furzen einhergingen, was als Zeichen der Zufriedenheit und des Dankes an den Gastgeber galt. Der Gast war erst glücklich, wenn der Bauch sich spannte. Die Mahlzeiten hatten nichts mit kulinarischer Raffinesse zu tun, sondern waren ein »großes Fressen«, um das Hungergefühl zu bekämpfen, das sich infolge der unausgewogenen Kost immer wieder einstellte. Diese Ernährung machte die Leute dick und schmerbäuchig; sie fühlten sich dauernd unbefriedigt. Karl der Große faßte eine Abneigung gegen seine Ärzte, weil sie ihm mit Rücksicht auf sein sanguinisches Temperament den Genuß von Gebratenem verboten. Die Qual des Hungers führte zum Martyrium des Übergewichts.

Hinter dieser pantagruelischen Gefräßigkeit stand ein heidnischer Gedanke, den das Christentum aufgenommen hatte. Der germanische Brauch des Festessens zu Ehren der Herrscherdynastie wurzelte in heidnischen Opfermählern, die, wie wir sahen, noch in den Schwurgenossenschaften und Gilden nachwirkten. Kräftiges Essen sollte dem Manne sexuelle Potenz verleihen. So schenkten diese märchenhaften Mahlzeiten, die natürlich von Gebeten begleitet wurden, den Karolingern körperliche und geistige Gesundheit, festigten ihre Herrschaft und schützten die Dynastie. Man betete auch für die Königin oder Kaiserin und wünschte ihr Mutterfreuden. Nach einer merkwürdigen, aber frommen Alchimie des Bauches war der pralle Wanst des Mönchs ein Gegenstück zum gerundeten Leib der schwangeren Königin. Die Karolinger unterschieden nicht zwischen Leib und Seele, Glaube und Verstand, Herz und Vernunft. Daß zwei Fünftel bis ein Viertel der liturgischen Zeit diesen Festessen gewidmet wurden, war Absicht. Die liturgische Frömmigkeit jener Zeit wollte mit dem Festschmaus konkret erlebbar machen, daß leibliches Wohlbefinden und spirituelle Freude eins sind. Gebete und Festschmaus sichern das Wohl des Reiches und des Kaisers, das Wohlergehen seiner Gattin und seines Nachwuchses, den Sieg des Heeres und eine reichliche Ernte. Indem die Frömmigkeit den Weg über die Eingeweide der Gläubigen nahm, wurde sie zu einer Inkarnation, zu einer »Fleischwerdung« des Glaubens – des Glaubens an Gott und an jene, denen er die Macht gegeben hat.

Dieser veritable Kult des maßlosen Essens, der typisch war für Männer und Frauen, die nur auf starke Reize reagierten, verschwand im Laufe des 10. Jahrhunderts, zumindest, was die täglichen Mahlzeiten betraf; Festessen von zwei bis drei Tagen Dauer gab es nach wie vor. Von den Konzilien des 11. Jahrhunderts wurde den Mönchen und Klerikern das karolingische Speiseideal streng verboten, doch blieb es für verheiratete Frauen und Männer die Regel. Die hartnäckige Gier kurierten weder die Ärzte mit den Speiseregeln des Anthimus in *De observatione ciborum* und den Diätkalendern noch die Geistlichen und kirchlichen Gesetzgeber mit ihrer Verurteilung der Weinseligkeit, vielmehr erscheint sie unter anderem Vorzeichen wieder – in der Habsucht.

Die Gier nach Gold

Das Gefühl der Macht, welches der Besitz von Gold und Silber verlieh, beflügelte jene, die diese beiden Metalle zu horten verstanden. Gregor von Tours beklagt dieses Übel und wird nicht müde, die Verse des Vergil zu wiederholen: »Wozu treibst du der Erdgeborenen Herz nicht, / Schmählicher Hunger nach Gold!« (*Aeneis* B. III, V, 56 f.) Abgesehen von fürstlichen Vermögen, war auch der Besitz mancher Laien beeindruckend. Der merowingische Heermeister Mummolus hinterließ bei seinem Tode 250 Talente Silber und über 30 Talente Gold in Form von Münzen, Vasen und silbernen Tellern, von denen einer 170 Pfund

Merowingische Metallarbeiten. Oben: Gürtelschließe aus damasziertem Eisen, Silber und Messing, 650–700; von einem burgundischen Friedhof in der Bourgogne. (Musée de Belfort) – Mitte: Schließe von einem Schwertgehänge aus Eisen, mit Silber und Messing plattiert; frühes 8. Jh. (Auxerre, Musée des Beaux Arts) – Unten: Gegossene Bronzeschnallen zur Befestigung der Kleidung; 6. Jh. (Saint-Germain-en-Laye, Musée des Antiquités Nationales)

wog. Das entsprach einem Gesamtvermögen von 6,25 Tonnen Silber und 750 Kilogramm Gold. Allein das silberne Gefäß wog fast 56 Kilogramm! Ein fränkischer Grundbesitzer, der den Sohn eines Senators aus dem Süden als Geisel bekommen und zum Sklaven gemacht hatte, verlangte für dessen Freilassung 3,27 Tonnen Gold, was dem Preis von 30 Sklaven entsprach. Ein gebildeter Sklave mit Namen Andarchius, der die Geschäfte seines Herrn führte, konnte eine vornehme Dame, deren Tochter er heiraten wollte, davon überzeugen, daß er 16000 Gold-Solidi (68 Kilogramm Gold) besaß. Von Habgier blieb niemand verschont. Gregor von Tours erzählt von einem Bauern, der die Vision eines Heiligen hatte, welcher ihn bat, sein Bethaus zu säubern. Der Bauer kümmerte sich nicht darum, und so kehrte der Heilige wieder und schlug ihn mit dem Stock; vergebens. Beim dritten Besuch ließ der Heilige eine Goldmünze deutlich sichtbar neben dem Bett des Bauern zurück. Wunder über Wunder: Diesmal verstand der Bauer, was von ihm erwartet wurde ...

Das Ende der Merowingerzeit war eine Periode des Hortens, man häufte enorme private und kirchliche Schätze auf. 621 hinterließ der aus Aquitanien gebürtige Bischof Desiderius von Auxerre seiner Kirche liturgische Gegenstände aus Gold mit einem Gesamtgewicht von 140 Kilogramm. Die Gier nach Geschmeide war so mächtig, daß Fredegunde, in ständigem Streit mit ihrer Tochter Rigunthe lebend, folgende Falle für sie aufbaute: »sie trat in ihre Schatzkammer und öffnete eine Truhe, die war mit Halsketten und wertvollen Schmuckstücken angefüllt, und als sie daraus lange Zeit ihrer Tochter, die daneben stand, verschiedene Stücke herausgegeben hatte, sagte sie zu ihr: ›Nun bin ich müde, greife daher selbst mit der Hand hinein und nimm heraus, was du findest.‹ Und da jene den Arm hineinstreckte und die Sachen aus der Truhe langte, ergriff die Mutter den Deckel der Truhe und warf ihn ihr auf das Genick.« Sie drückte ihn mit Gewalt nieder, so daß »das untere Brett jener gegen die Kehle drückte, daß die Augen ihr aus dem Kopfe springen wollten« (*F. G.* IX 34). Rigunthe wurde mit knapper Not von ihren Mägden vor dem drohenden Tode gerettet. Für ihre Hochzeit mit dem Westgotenkönig Rekkared I. bekam sie fünfzig Lastkarren mit Gold, Silber und sonstigen Schmucksachen. Daß auch karolingische Laien bedeutende, wenngleich nicht ganz so eindrucksvolle Schätze ansammelten, bezeugen ihre Testamente. 865 besaß Evrard, der Gründer von Cysoing, neun Schwerter mit goldverzierten Heften und Spitzen, sechs goldene, mit Edelsteinen und Elfenbein inkrustierte Wehrgehänge, Gefäße aus Horn und aus Marmor, die mit Gold und Silber überzogen waren, usw. Hier haben wir eine weitere kulturtypische Tradition der karolingischen Gesellschaft vor uns: Opulenz als Lebensqualität und Statusmerkmal.

Die Arbeiten der merowingischen und karolingischen Goldschmiede dürften unübertroffen sein. Doch waren ästhetische Überlegungen nicht ausschlaggebend für jene Schmelzer, Graveure und Goldschmiede, von deren Kunst nur einige wenige Wunderwerke die Jahrhunderte überdauert haben, etwa die mit Silber eingelegten Gürtelschnallen, die man in Pariser Friedhöfen gefunden hat, oder der Kelch

Silberne Schale; Fundort: Rhônetal bei Avignon, 4. Jh. Die Schale mit einem Durchmesser von 70 Zentimetern beschreibt die Heimkehr der Briseis zu Achilles, der mit gesenktem Kopf den Worten des Odysseus lauscht. Derartige Kostbarkeiten fanden sich in den privaten Schatzkammern des merowingischen Adels. (Paris, Bibliothèque Nationale, Cabinet des Médailles)

des Tassilo. Am Anfang standen Schutzamulette, die bald auch als Schmuckstück getragen wurden. Gürtelschnallen, filigranartig verzierte Wehrgehänge, Glaswaren mit Email cloisonné, Granate in ungeschliffenen Edelsteinen, runde und gebogene Fibeln, Verschlußbügel, Ohrringe und Haarnadeln nahmen zwischen dem 5. und 8. Jahrhundert immer größere Dimensionen an. Siegelringe, häufig aus Gold, demonstrierten persönliche Macht; Radegunde, die Gemahlin Chlotars I., trug den ihren am rechten Daumen. Mit einem solchen Ring drückte man ein Zeichen auf das Wachssiegel, welches auf amtlichen Urkunden unten rechts angebracht war, und dokumentierte damit den eigenen Wohlstand und Rang. Andere Ringe waren mit einem antiken Intaglio geschmückt, und die merowingische Glyptik stand der des 4. Jahrhunderts in nichts nach. Ausgrabungen auf Friedhöfen haben ergeben, daß nach und nach das Tragen von Edelsteinen Frauen vorbehalten war, während nur Waffen, als Privileg des Mannes, noch die schönen Beispiele der Goldschmiedekunst bewahrten. Deutet diese Differenzierung der Grabbeigaben darauf hin, daß Gewalt Sache der Männer war, Reichtum Sache der Frauen?

Bibel Karls des Kahlen; nach 840. In einer Initiale hat der Illuminator die Familie des Moses an dessen Wiege dargestellt; unten wird das Kind auf dem Nil ausgesetzt, wo es von der Tochter des Pharao entdeckt wird. (Paris, Bibliothèque Nationale, Latin 1)

Leib und Seele

Als Urbicus zum Bischof von Clermont-Ferrand ernannt wurde, trennte er sich, wie es der Brauch war, von seiner Frau. Da entbrannte das Weib in Lust nach dem Manne, und »von Begierde entflammt, [. . .] eilte sie im Dunkel zum Kirchenhaus [der bischöflichen Wohnung]. Aber sie fand alles verschlossen; da begann sie an die Türe des Hauses zu klopfen und zu rufen: ›Wie lange schläfst du, Bischof? Willst du denn nicht endlich die geschlossene Türe mir öffnen! Warum verachtest du dein Weib! Was verhärtest du dein Ohr und hörst nicht die Gebote des Paulus, der da spricht: ›Kommt wiederum zusammen, auf daß euch der Satan nicht versuche.‹« [1. Kor., 7, 5] Nachdem sie eine Zeitlang so gerufen hatte, erwachte der Bischof endlich. »Da erlag die Keuschheit des Priesters, und er ließ sie in sein Schlafgemach führen, schlief bei ihr und hieß sie dann heimgehen« (*F. G.* I 44). Wenig später und gleichsam als Kontrapunkt zu dieser Geschichte erzählt Gregor von Tours »von der Keuschheit der beiden Liebenden« (*F. G.* I 47). Das waren zwei Eheleute, die ihr Leben lang Enthaltsamkeit übten, obwohl sie das Lager miteinander teilten. Als sie gestorben waren, legte man ihre Leichname in zwei schwere Sarkophage und stellte sie an zwei gegenüberliegenden Seiten der Kirche auf. Doch am nächsten Morgen fand man »die Gräber beisammen, die doch weit voneinander entfernt gewesen waren«. Die Bewohner des Ortes nannten die Gräber »die beiden Liebenden«. Zölibat und Ehe, quälende Libido und liebevolle Enthaltsamkeit – diese Gegensatzpaare definierten das Spannungsfeld zwischen Seele und Leib im christlichen Leben. Um diese scheinbaren Widersprüche aufzuklären, müssen wir uns die Einstellung zum Leib sowie die demographischen Verhältnisse in jener Zeit vor Augen führen.

Der Leib

Die Kleider waren meist aus genähtem Stoff; sie waren ziemlich weit und wurden mit Gürteln und Fibeln gehalten. Zwischen Galloromanen und Franken gab es in dieser Hinsicht kaum Unterschiede. Man trug ein knielanges Leinenhemd und eine Tunika mit langen oder kurzen Ärmeln (diese Tracht, die »biaude«, findet man noch heute in der Auvergne), Hosen mit Socken oder Wickelgamaschen und, je nach sozialem Rang, entweder lederne Halbstiefel oder Holzschuhe. Über der Tunika trug die Frau ein bis zum Boden reichendes Gewand, das vorne offen war oder von einer kleinen Kette so gehalten wurde, daß die Beine Bewegungsfreiheit hatten. Wenn es kalt war, trug man eine Jacke aus Tierfell oder feinem Pelz oder einen Überwurf aus einem quadratischen Stück Wolle, das man über die Schultern warf und auf der rechten Seite mit einer Spange befestigte. Soziale Unterschiede ersah man nur an der Kostbarkeit des Materials sowie an den Waffen bzw. am Schmuck. Nackt waren die Menschen nur beim Schwimmen, beim Baden und beim Schlafen.

Die römischen Bäder wurden eine Zeitlang beibehalten, sogar in den Klöstern, doch waren sie mehr und mehr für Kranke bestimmt. Zum Schwimmen gab es Flüsse und die Bäder in den heißen Thermen, so in Aachen, wo Karl der Große gern mit bis zu hundert Gästen schwamm. Die karolingischen Fürsten pflegten samstags zu baden und ihre Kleidung zu wechseln. Jedes Geschlecht hatte seine besonderen Toilettenrituale und trug am Gürtel Utensilien wie Kämme und Pinzetten.

Die Franken trugen das Haar ziemlich lang, wie ihre Könige. Die Römer schnitten es in Höhe des Nackens ab. Die Franken enthaarten Nacken und Stirn und zupften sich das Barthaar aus. Sklaven und Angehörige des Klerus trugen eine Tonsur. Priester und Mönche hatten, wie die Iren, nur einen schmalen Haarkranz, der von Ohr zu Ohr lief. Die Symbolik ist klar: Langes Haar stand für Stärke, Potenz und Freiheit. Die Tonsur war das Zeichen für den Sklavenstatus; bei den Geistlichen bedeutete sie Unterwerfung unter Christus. Die Frauen ließen das Haar lang wachsen, und nach den langen Haarnadeln zu urteilen, die man gefunden hat, müssen sie es zu kunstvollen Frisuren geformt haben. Einem freigeborenen Kind eine Tonsur zu scheren war ein Delikt, auf das nach salischem Recht 45 Gold-Solidi Strafe standen, die sich nach burgundischem Recht auf 42 Solidi ermäßigten, falls das Opfer ein Mädchen war. Das burgundische Recht bestimmte ferner, daß das Delikt ungeahndet bleiben solle, wenn es sich außerhalb der Wohnung des Mädchens und während eines Kampfes ereignet hatte, in den das Kind verwickelt war.

Zu den Gegenständen, die man am Gürtel trug, gehörte auch der Ring aus weichem Eisen, mit dem man an einem Stein Funken schlagen konnte. Aus Jandun (Ardennen).

Ebenso streng verfuhr die *Lex Salica* bei dem, was die Heiden als Übergriffe gegen den menschlichen Körper betrachteten. Ein Freigeborener, der die Hand einer Frau berührte, mußte 15 Solidi Strafe zahlen; 30 Solidi, wenn er ihren Arm unterhalb des Ellenbogens, 35, wenn er ihn oberhalb des Ellenbogens berührte; 45 Solidi, wenn er an den Busen geriet. Warum war der Körper der Frau tabu? Aus einigen Bußbüchern geht hervor, daß sich bei gewissen heidnischen Zeremonien ein junges Mädchen oder eine junge Frau nackt auszog, um von den Göttern Fruchtbarkeit für die Felder, Regen usw. zu erflehen. Wer eine Frau berührte, griff also in Lebensprozesse ein. Es gab nur einen Ort, an dem Mann und Frau gemeinsam nackt sein durften: im Bett, wo sie für Nachwuchs sorgten. Nacktheit war etwas Heiliges.

Eine ganz andere Bedeutung hatte die Nacktheit im Christentum. Bis zum Beginn des 8. Jahrhunderts wurden Männer und Frauen nackt getauft, und zwar in der Osternacht in einem achteckigen Becken. Jeder Dom besaß ein solches Taufbecken. Nackt wie Adam und Eva bei der Schöpfung waren die Täuflinge, wenn sie aus dem Wasser stiegen, der

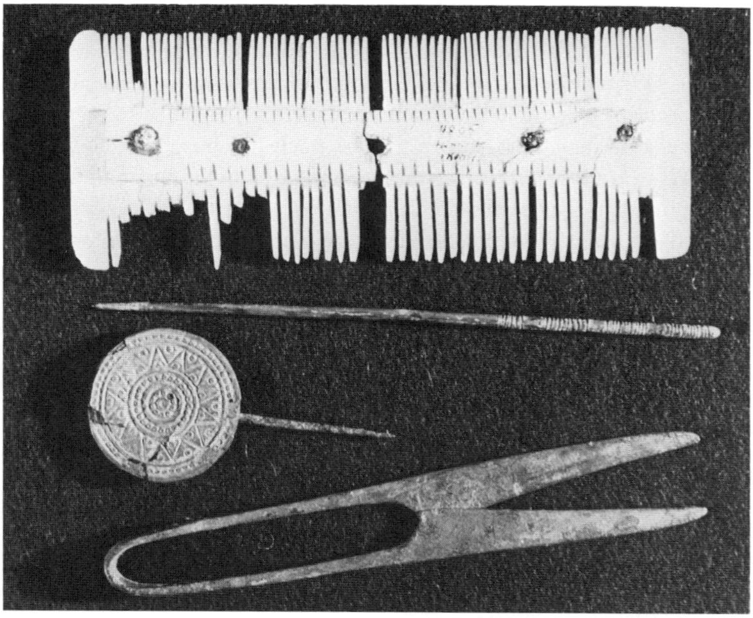

Weibliche Toilettenartikel: Kamm aus einem Knochen, Haarnadeln, Schere. (Straßburg, Musée Archéologique)

Welt der Sünde abgestorben, aber in Ewigkeit auferstanden. Ihre Nacktheit zeigte an, daß sie Gottes Geschöpfe waren, ohne Sünde und im Zustand der Gnade vor dem Sündenfall. Der nackte Christ stand für ein geschaffenes, der nackte Heide für ein schaffendes Wesen. Daß in karolingischer Zeit die Praxis des Taufens durch Untertauchen verschwand, verlieh der Nacktheit eine sexuelle Konnotation, die sie zuvor für Christen nicht gehabt hatte, und verknüpfte sie mit der heidnischen Symbolik des Bettes. Schon im 6. Jahrhundert hatte die Kirche es für notwendig gehalten, gegen Kreuzigungsdarstellungen einzuschreiten, die Christus nackt zeigten, wie einen x-beliebigen gekreuzigten Sklaven. Ein Priester in Narbonne hatte eines Tages eine Vision, in der ihm der nackte Christus erschien und bat, bekleidet zu werden. Um diese Zeit begann man in Byzanz, den gekreuzigten Christus mit einer langen Tunika, dem »colobium«, darzustellen. Offenbar waren die Menschen inzwischen empfindlich geworden gegen einen Anblick, der als anstößig, schlimmer noch: als bedrohlich galt. Bestand doch die Gefahr, daß Frauen in Christus einen Fruchtbarkeitsgott verehrten wie beispielsweise Priapus oder den Wikingergott Freyr, die auf Skulpturen stets mit erigiertem Phallus abgebildet wurden, was keinen Zweifel an ihrer Funktion ließ. So wurde schließlich ein Körper verehrt, der bekleidet, gewaschen, gekämmt und gepflegt war. Um Götzendienst zu vermeiden, mußte man den Körper Christi einhüllen. In Kenntnis dieser Zusammenhänge riet Benedikt den Mönchen, angezogen zu schlafen. »Jeder soll sein eigenes Bett haben«, heißt es in der Regel, und »wenn möglich sollen alle im selben Raum schlafen [...], so daß [...] sie beim Ertönen des Signals unverzüglich erwachen und wetteifern, der erste beim Werk Gottes zu sein.« Die Nacht des Mönches war der Liebe zu Gott im Gebet geweiht.

Byzantinische Christusreliquie; Bronze, 6. Jh. Dieses Kruzifix aus Ägypten oder Palästina hat die Inschrift: »Jesus Christus, dir den Sieg!« Christus trägt ein langes Gewand, das »colobium«, um den Körper zu verhüllen. Zur Rechten und Linken des Gekreuzigten die beiden Schächer, über ihm Sonne und Mond. (Gefunden in Montcaret, Dordogne.)

Teil eines Elfenbein-Diptychons, frühes 5. Jh.: Christi Taufe im Jordan. Eine Verherrlichung des menschlichen Leibes, der von Gott geschaffen ist, aber durch den Hl. Geist – die über ihm schwebende Taube – wächst. Vielleicht aus Amiens. (Berlin, Staatliche Museen, Stiftung Preußischer Kulturbesitz)

Die heidnische Anbetung des Körpers rief wie üblich ihr Gegenteil hervor: Haß auf den Körper und Furcht vor ihm. Das salische Recht kannte drakonische Strafen für Vergewaltigung und Entmannung. (Über Vergewaltigung wird gleich noch mehr zu sagen sein; merkwürdigerweise stellen weder das römische noch das burgundische Recht diese Tat unter Strafe.) Entmannungen müssen im 8. Jahrhundert noch ziemlich häufig gewesen sein; Karl der Große sah sich genötigt, die Strafe dafür von 100 auf 200 Solidi heraufzusetzen und den neuen Straftatbestand der »Entmannung eines ›antrustio‹« zu schaffen, die mit einer Geldstrafe von nicht weniger als 600 Solidi geahndet wurde. Im kollektiven Unbewußten der Franken muß die Entmannung gleichbedeutend mit dem Tod gewesen sein; immerhin bekam der Arzt, der das Opfer versorgte, noch eine Gebühr von neun Solidi. Sklaven, die gestohlen hatten, konnten entmannt werden, wurden jedoch in der Regel nur ausgepeitscht. In Zweifelsfällen wurden sie gefoltert.

Das römische Recht sah für alle verurteilten Verbrecher die Folter vor. Gregor von Tours erzählt Geschichten, die den ungewöhnlichen Sadismus der Folterknechte und der zuschauenden Menge offenbaren. Vernarbte Wunden wurden wieder aufgerissen; Folteropfer wurden ärztlich behandelt, damit die Tortur fortgesetzt werden konnte. Gregor vermochte den Subdiakon Rikulf zwar vor der Todesstrafe zu bewahren, nicht aber vor der Folter: »Denn nichts, kein Stück Eisen hätte die Schläge aushalten können, die dieser unglücklichste aller Menschen empfing. Von der dritten Stunde des Tages hing er, die Hände auf den Rücken gebunden, an einem Baume; um die neunte Stunde nahm man ihn ab, spannte ihn auf den Bock und schlug ihn mit Stöcken, Ruten und doppelten Riemen, nicht einer oder zwei, sondern so viele nur an den Leib des Armen herankommen konnten, so viele prügelten auf ihn los« (*F. G.* V 49). Diese Praktiken dauerten während der karolingischen Zeit an. Das Gottesurteil, ein heidnischer Brauch, wurde jetzt häufiger angewendet als zuvor. Die verbreitetste Form des Gottesurteils bestand darin, den Angeklagten barfuß über neun weißglühende Pflugscharen schreiten zu lassen. Die Vorsehung, so glaubte man, werde den Unschuldigen vor jeglicher Verletzung schützen, und die Fußsohlen des Angeklagten brauchten nur in den nächsten Tagen ein wenig rosiger zu sein als die Haut einer Pflaume, um ihn der Tat zu überführen. Gott wohnte in einem reinen Leib, wollte jedoch nichts zu schaffen haben mit einem Körper, der von Mord befleckt war. Diese heidnische Vorstellung wurde zwar von einigen Bischöfen bekämpft, hielt sich aber im Christentum bis zum 12. Jahrhundert, was vor allem das Verdienst des Erzbischofs Hinkmar von Reims war.

Krankheit und Gesundheit

Der Körper des Menschen war Schauplatz des Ringens zwischen Gut und Böse, Krankheit und Wunder. Ein Wunder war die Manifestation der Allmacht Gottes, häufig erwirkt durch das Gebet zu einem Heiligen. Die Quelle physischer Qual war nicht immer nur der Mensch: Im

6. und 7. Jahrhundert wurde Gallien von Pestepidemien heimgesucht. Das Auftreten von Beulen in den Achselhöhlen kündigte den baldigen Tod an. In den großen gallischen Sanktuarien versorgte man weniger die geheiligten Pestopfer als vielmehr Patienten, deren Krankheit allmählich ausbrach.

In karolingischer wie in merowingischer Zeit kursierten Berichte von Wunderheilungen in Hunderten von Abschriften, die aus der Feder von Ärzte-Mönchen stammten. Diese Männer verstanden sich darauf, eine Diagnose nach der Weise des Hippokrates zu stellen. Mit Hilfe dieser Zeugnisse können wir den Gesundheitszustand der Bevölkerung ermessen und eine Landkarte des menschlichen Leidens anlegen. In wichtigen gallischen Pilgerstationen wurden 41 Prozent der Heilerfolge bei Lähmungen, Entkräftung und Krämpfen erzielt; 19 Prozent bei Blindheit; 17 Prozent bei diversen Krankheiten und 8,5 Prozent bei Taubheit, Stummheit und Taubstummheit. Die meisten Lähmungen dürften auf das Konto der oben erwähnten falschen Ernährung gehen, vor allem des Vitaminmangels, der Trachom, Glaukom und bei Kindern Rachitis verursachen kann. Ein großer Teil der bedauernswerten Patienten in den Sanktuarien waren denn tatsächlich Kinder. Da die Aquädukte vernachlässigt wurden, trank man häufig abgestandenes Wasser, und die Anzahl der Sümpfe stieg beträchtlich, weil Kulturland verwahrlost liegenblieb. Die Folge war eine erhebliche Zunahme von Kinderlähmung, Malaria und paratyphoiden Fiebern. Viele Kinder kamen aufgrund von peri- oder postnatalen Unfällen mit Behinderungen zur Welt; die Vielzahl solcher Kinder läßt darauf schließen, daß die Sterblichkeit bei Säuglingen und Müttern im Kindbett hoch gewesen sein muß. Frauen und Ehepaare kamen zu den Heilern, um ein Ende ihrer Unfruchtbarkeit oder den gesunden Abschluß einer Schwangerschaft zu erbitten; das deutet darauf hin, daß Fortpflanzung und Nachwuchs geradezu zur Obsession wurden.

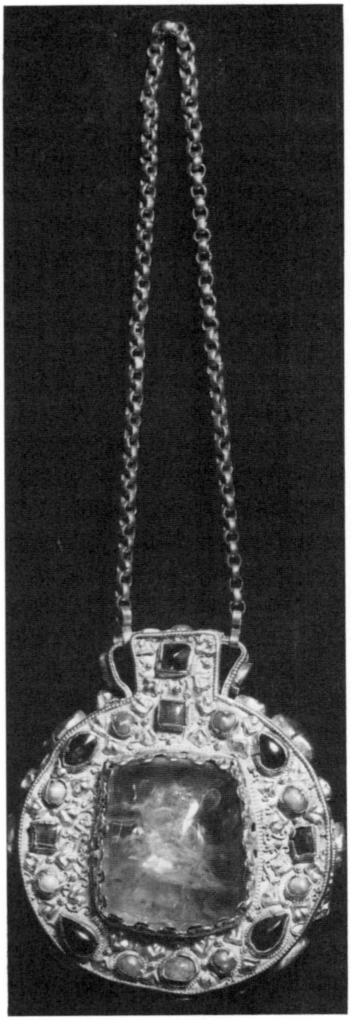

Talisman Karls des Großen. Dieser von Gold und Edelsteinen eingefaßte Kristall, halb heidnisches Amulett, halb fromme Relique, sollte vor Krankheit schützen. (Reims, Kathedralmuseum)

Damit kommen wir zu den psychosomatischen und seelischen Erkrankungen. Manche Lähmungen waren die Folge von Neurosen, ebenso viele sensorische Störungen. Doch gab es auch Fälle von Hysterie und Persönlichkeitsspaltung sowie manische Erkrankungen, die mit Logorrhöe einhergingen und häufig alkoholisch bedingt waren. Die Ärzte-Mönche hatten oft einen scharfen Blick bei der Beschreibung manischer und depressiver Erscheinungen im Zusammenhang mit Epilepsie – für religiöse Geister Indikatoren von Besessenheit. Obschon die Autoren unserer Berichte fest an diese Möglichkeit glaubten, betrachteten sie die Besessenen doch als krank – körperlich und seelisch vom Satan infiziert. Sie betonten, daß die Austreibung des Teufels unfehlbar einhergehe mit der Reinigung des Patienten von krankhaften, blutigen oder eitrigen Säften und pestilenzialischen Ausdünstungen; die Körper der Kranken wurden von Qualen geschüttelt. Der Zeitgeist schwankte ständig zwischen Verdammung und Vergötzung des Fleisches.

Was wir aus der Befassung mit dem Körper erfahren haben – über die Bedeutung von Kleidung und Frisur, über das Tabu der Nacktheit, die morbide Faszination, die von Kastration und Folter ausging, und über

Halbflaches Relief, 11. Jh. Der zwischen den Bäumen und dem Jäger gefangene Hirsch symbolisiert die Einsamkeit des Christen zwischen der Grausamkeit der Natur und der Grausamkeit des Menschen. (Priorei Notre-Dame-de-Salagon, Mane, Alpes-de-Haute-Provence)

organische und seelische Erkrankungen –, läßt erkennen, daß die Menschen des Frühmittelalters Werte wie Kraft, Fortpflanzung und körperliche sowie geistige Gesundheit überschätzten, vermutlich, weil diese Werte in einer instabilen, bedrohlichen und unverständlichen Welt unentbehrlich waren.

Das Ideal: Kraft, Fortpflanzung, Gesundheit

Demographische Untersuchungen über die Bevölkerung eines französischen Dorfes zwischen dem 5. und 8. Jahrhundert bestätigen diese Befunde. Die Arbeiten des Anthropologen Luc Buchet über den Friedhof von Frénouville in der Normandie haben die demographischen Verhältnisse jener Zeit sehr erhellt; seine Resultate wurden durch Untersuchungen geringeren Umfangs im Norden Frankreichs bestätigt. Generell gesagt, war die Säuglingssterblichkeit außerordentlich hoch: Sie lag bei 45 Prozent. Die Lebenserwartung bei der Geburt betrug kaum dreißig Jahre. Die durchschnittliche Lebenserwartung lag bei rund 45 Jahren, jedoch nur bei 30 bis 40 Jahren für Frauen, von denen viele schon zwischen 18 und 29 Jahren im Kindbett oder am Puerperalfieber starben. Um das Überleben der Gesellschaft zu gewährleisten, bedurfte es daher einer großen Zahl von Frauen und Kindern. Alte Leute waren selten; bei Menschen aber, die einmal ihr 40. Lebensjahr erreicht hatten, verdoppelte sich die Überlebenschance. Jean Heuclin hat errechnet, daß weibliche Eremiten im Durchschnitt mit 67 starben, männliche mit 76. Gewiß hatten die Klausner eine ausgewogenere Kost als die meisten anderen Menschen, doch gab es im 8. Jahrhundert auch viele Bischöfe, die ebenfalls ein ansehnliches Alter erreichten.

Wahrscheinlich haben wir es mit der bekannten Langlebigkeit religiöser Zölibatäre zu tun, deren Dasein in ruhigeren Bahnen verläuft als das der Laien. Untersuchungen an Skeletten haben ergeben, daß Endogamie und Blutsverwandtschaft sehr verbreitet gewesen sein müssen; die Folge waren degenerative Erkrankungen, die den Tod beschleunigten. Die durchschnittliche Größe der Menschen war gering: bei Männern 1,67 Meter, bei Frauen 1,55 Meter, was zweifellos an der unzulänglichen Ernährung lag. Die bäuerlichen Populationen hatten sich seit der Jungsteinzeit praktisch nicht verändert. Überreste fremder Besetzer, die bis zu 1,80 Meter groß waren, haben sich bisher nur vereinzelt gefunden. Trotz all dieser Schwierigkeiten scheint sich aber die Bevölkerung mancher merowingischen Dörfer in dem genannten Zeitraum verdoppelt, ja verfünffacht zu haben. Die Jungen starben wie die Fliegen, und dennoch wurden sie mehr. Das Dorf war etwas Abgeschlossenes, und dennoch wuchs es.

Die merowingische Gesellschaft, mit ihrem paradoxen Sieg des Lebens über den Tod, ähnelte den heutigen Gesellschaften in der Dritten Welt, nur daß die Säuglingssterblichkeit – ohne Impfstoffe und Antibiotika – damals höher war als heute. Die Analyse karolingischer Polyptycha [mehrteilige Schreibtafeln] bestätigt diese Beobachtung. Kürzlich hat Mme. Zerner-Chardavoine die Verzeichnisse der Höfe von Saint-Victore de Marseille für die Jahre 813/814 untersucht. Demnach schnellte die Geburtenrate in unregelmäßigen Abständen empor, bei hoher Säuglingssterblichkeit und hoher Fruchtbarkeitsrate. Die Folge davon war, daß 22 Prozent der Bevölkerung Kinder unter zwölf und 38 Prozent ledige junge Leute waren. Die durchschnittliche Anzahl der Kinder pro Familie betrug 2,9. Sorgfältig registriert wurden die geistig Zurückgebliebenen, darunter sind kleine Mädchen häufiger als Knaben. Die Familien waren noch nicht vom Typus der christlichen oder Kern-Familie: Vater, Mutter und Kinder. Eine Gesellschaft, in der mehr als 60 Prozent der Bevölkerung nicht älter als 25 Jahre war, mußte zwangsläufig jugendlich und tatkräftig sein, mochte der Tod auch noch so oft zuschlagen. Weiter oben habe ich den Schluß gezogen, daß die frühmittelalterliche Gesellschaft die Werte der körperlichen Stärke, der Fortpflanzung sowie der körperlichen und geistigen Gesundheit am höchsten schätzte; hier haben wir nun einen positiven Beweis dafür.

Die Franken ermutigten zur Fortpflanzung. Wer eine freigeborene Frau im gebärfähigen Alter tötete, mußte 600 Solidi zahlen, ebensoviel wie für die Tötung eines »antrustio«. Die Strafe für eine nach der Menopause getötete Frau belief sich dagegen nur auf 200 Solidi. Wer eine schwangere Frau erschlug, der mußte 700 Solidi zahlen; der Betrag ermäßigte sich auf 100, wenn die Frau mit dem Leben davonkam, aber das Kind verlor. König Gunthchramn führte Ende des 6. Jahrhunderts eine weitere Strafbestimmung ein, wahrscheinlich deshalb, weil derartige Verbrechen sich häuften: Er setzte eine Geldstrafe von 600 Solidi für die Tötung einer schwangeren Frau fest; dazu kamen weitere 600 Solidi, falls der tote Fötus ein Knabe war. Noch deutlicher hätte man es nicht kundtun können. Da ein Knabe unter zwölf 600 Solidi »wert« war, ein Mädchen unter zwölf jedoch nur 200 Solidi, entstand eine Hierarchie der Werte: am untersten Ende der Leiter standen das Mädchen und die alte Frau, die keine Kinder bekommen konnten; in der Mitte der Knabe; ganz oben die schwangere Frau. Da das Heiratsalter nahe am Volljährigkeitsalter lag (Fortunatus berichtet von einer Jungfrau, die mit dreizehn heiratete und bald darauf im Kindbett starb) und König Gunthchramn mit einer Geldstrafe von 62,5 Solidi jede Frau bestrafte, die einer anderen Frau Zaubertränke aus Kräutern und anderen Pflanzen zur Einleitung einer Fehlgeburt verabreichte und dadurch bei ihr eine dauernde Unfruchtbarkeit verursachte, kann man sagen, daß die Frau nur als Mutter respektiert wurde. Heidnische Religion und die Notwendigkeit des Überlebens hatten ein und dasselbe Ziel: das Kind.

Das Kind: Prinz oder Sklave

»Eine Frau aus Berry gebar aber einen Sohn, der war verkrüppelt, blind und stumm – ein Ungeheuer eher denn ein menschliches Wesen. Und sie bekannte unter Tränen, daß sie ihn in der Nacht vor dem Tage des Herrn empfangen habe und daß sie nicht wage, ihn zu töten, wie es denn Mütter in solchem Falle zu tun pflegen. Und sie gab das Kind einigen Bettlern, die es auf ihren Wagen packten und überall zur Schau stellten.« In diesem Falle machte die Mißgeburt den Zorn der Götter augenfällig sichtbar. Dieser Zorn war besonders groß, weil die Frau gegen das christliche Verbot des Beischlafs am Sonntag verstoßen hatte. Die Heiden hatten das Aussetzen von Neugeborenen lange Zeit praktiziert, doch endete mittlerweile die Aussetzung des von der Geburt noch blutigen Säuglings vor einer Kirchentüre nicht mehr zwangsläufig mit dessen Tod. Der Priester verkündete die Entdeckung vor der Gemeinde, und wenn niemand das Kind haben wollte, gab er es dem Finder, der nun sein Eigentümer wurde, es aufzog und zu seinem Sklaven machte.

Im allgemeinen kümmerte man sich aufmerksam um die Kinder; in reichen Familien hatten sie eine Nähramme, die einfachen Frauen stillten die Kinder bis zum Alter von drei Jahren selbst. Es gibt zahlreiche Belege dafür, daß die Eltern trotz der schrecklichen Säuglingssterblichkeit sehr an ihren Kindern hingen. Das rührendste Zeugnis stammt von Gregor von Tours: Er bekennt, wie nachhaltig ihn der Tod von jungen Waisenkindern erschütterte, die er bei sich aufgenommen und gefüttert hatte, die jedoch einer Epidemie zum Opfer fielen. In Kriegszeiten nahm die Beschützerhaltung gegenüber Kindern eine paradoxe Form an. Ein Kind war ein kostbares Gut, ebenso kostbar wie eine Frau, und damit Teil der Kriegsbeute. Immer wenn eine Stadt eingenommen wurde, erschlugen die Sieger »alles, was gegen eine Wand pinkeln konnte«. Das heißt, sie führten alle Frauen und Säuglinge sowie Kna-

Marmortafel, spätes 5. Jh. Abraham schickt sich an, seinen Sohn Isaak zu opfern; links der Widder. Dieses verbreitete Motiv war Ausdruck der Hoffnung auf die Auferstehung und Beweis dafür, daß die Kinder keine Opfer mehr sind. (Krypta der Kirche Saint-Maximin, Var)

ben unter drei Jahren in die Sklaverei; ältere Knaben wurden ebenso umgebracht wie ihre Väter. Dieser Brauch hatte zur Folge, daß man das Kind als »Sklaven« bezeichnete (lateinisch »puer«).

Kleinkindern begegnete man zärtlicher als älteren Knaben und Mädchen, die oft einer harten Zucht unterworfen wurden. Dieses unterschiedliche Verhalten ist auch an den Mönchsregeln abzulesen, die wieder einmal der üblichen Praxis außerhalb des Klosters widersprechen. Die Mönche nahmen gerne ein Kind auf, das ihnen von den Eltern anvertraut worden war, damit es bei ihnen sein Glück mache; man übergab das Liebste, das man hatte, Gott. Die Regel des hl. Benedikt besagt: »Wenn das Kind sehr jung ist, sollen die Eltern ihm die erwähnte Bittschrift in die Hand geben und diese samt der Opfergabe in das Altartuch wickeln und also darbringen.« So fanden in jedem Kloster zahlreiche Oblaten [im Kloster erzogene Kinder] Zuflucht, welche die Mönchsgemeinschaft zu einem Kinderhort machten, besonders bei den Kelten, wo die – ursprünglich heidnische – Adoptivelternschaft zu einem christlichen Wert wurde. Hatten sie die Volljährigkeit erreicht, stand es den Oblaten frei, die ewigen Gelübde abzulegen oder nicht. In der Zwischenzeit empfingen sie eine Erziehung, die in jeder Hinsicht der pädagogischen Norm der Zeit zuwiderlief. Statt die Knaben zur Aggressivität und die Mädchen zur Unterwürfigkeit anzuhalten, verzichteten die Mönche auf die Rute und suchten in den Kindern die Tugenden der Kindheit zu bewahren, die den Zeitgenossen als Schwächen galten. Beda Venerabilis und nach ihm viele andere waren voller Bewunderung für den Knaben: »Er verharrt nicht im Zorn, er trägt nichts nach, er findet kein Gefallen an Weiberschönheit, er sagt geradeheraus, was er denkt.« Nicht zuletzt war er ein gelehriger Schüler. Kurzum, die Mönche suchten sein Herz nicht zu verhärten, sondern es aufzutun. Freilich verloren sie den pädagogischen Faden, sobald die Pubertät herannahte. Konfrontiert mit dem Übergang vom Kindes- zum Erwachsenenalter, setzten sie wieder auf altmodische Strenge. Der Status des Kindes und sein Ort in der Familie schwankten enorm. Auf merowingischen Friedhöfen ist das Kind ein Leichnam, der so gut wie keine Spuren neben dem Grab der Eltern hinterläßt; in der karolingischen Zeit ist es eine herzige kleine Puppe, wovon z. B. der erste überlieferte Gebrauch der Wiege zeugt. In der Hausgemeinschaft ein Sklave, im Kloster ein Prinz, war das Kind im Grunde ein Doppelwesen, fern und nah zugleich.

Dasselbe kann man von den Alten sagen, von denen es sehr wenige gab. Meist waren sie zu nichts nütze, ausgenommen die »seniores«, alte Männer, Oberherren, die Häupter von Sippen, Stämmen, Parentelen oder großen Adelsfamilien. Daß Brunichild über achtzig Jahre alt wurde, galt als Werk des Teufels, dem man durch die Todesstrafe abhelfen mußte; daß aber Karl der Große 67 wurde, erachtete man als Beweis dafür, daß er unter dem Schutz Gottes stand. Ein alter Mann verhielt sich nur dann akzeptabel, wenn er ständig wie ein reifer Mann agierte und Selbstbeherrschung bewies. Andernfalls wurde von ihm erwartet, daß er einer Abtei ein Geschenk machte, um dort seinen Lebensabend verbringen zu können. Vertraglich wurden dann die Anzahl der Brote und die Menge Weines festgelegt, die er jeden Tag zu bekommen hatte. In karolingischer Zeit standen auf den Wohlfahrtsmatrikeln oft die Namen von alten Frauen und von Großvätern (»nonnones«). In den Stammesrechten standen keine Bestimmungen, die sich eigens auf die Alten bezogen, doch mag das einfach bedeuten, daß es nur sehr wenige »Alte« im gängigen Sinne des Wortes gab. Kinder waren in der Überzahl, und die Jugend gab, wie wir sehen werden, den Ton für die ganze Gesellschaft an. Die Schwachen oder »pauperes«, d. h. die »Armen«, wie man sie nannte – Frauen und Kinder –, übertrafen zahlenmäßig jede andere Gruppe und mögen nicht weniger als drei Viertel der Bevölkerung ausgemacht haben. Dieses Übergewicht von Frauen und Kindern im Vergleich zu erwachsenen Männern führte zwangsläufig zu extensiven Familienstrukturen, wobei Witwen und junge Waisen, Neffen und Nichten mit männlichen und weiblichen Sklaven in der Hausgemeinschaft zusammenlebten, an deren Spitze das männliche Familienoberhaupt stand, das von einem »stirps«, einer alten und bekannten Sippe oder Dynastie, abstammte. Dieses Großgebilde, von einigen Autoren als »erweiterte Familie«, von anderen als »patriarchalische Familie« bezeichnet, hieß bei den frühmittelalterlichen Autoren schlicht »familia«; dieses Wort bezeichnete eine komplexe, verzweigte Gemeinschaft, deren Hauptfunktion eine beschützende war.

Die Parentel

Die *Lex Salica* bestimmt, daß kein Mensch das Recht auf Schutz hat, der nicht einer Familie angehört: »Wenn sich einer von den Verwandten (parentibus) scheiden (tollere) will, muß er zum Thing vor den Thingrichter gehen und muß ebendort vier Erlenstöcke über seinem Haupt brechen (quatuor fustis alninus) und muß jene nach vier Seiten werfen und muß dort künden, daß er sich vom Schwören und von der Erbschaft und von jeder Beziehung zu ihnen scheide, oder wenn jemand von seinen Verwandten entweder stirbt oder getötet wird, daß an ihn keine Erbschaft noch Buße (= conposicio) falle.« Die fränkische Familie, eine veritable moralische Person, war der Schutzverband par excellence; dafür verlangte sie von ihren Mitgliedern Gehorsam. Wer seine Familie verlassen wollte und das Verbrechen des Individualismus beging, der zerbrach über seinem Kopf Erlenzweige, um die andernfalls unvermeidliche Katastrophe abzuwenden; denn die Erle bringt Unglück, sie wächst an trügerischen Gewässern und verbrennt schnell, aber ohne wärmende Flamme. Dieser heidnische Brauch sollte einem plötzlichen oder gewaltsamen Tode wehren. Aber daß es solche Furcht gab, verrät die Schrecken der Wirklichkeit. In der römischen Gesellschaft erlaubte der umfassendere rechtliche Schutz des Einzelnen die Existenz kleinerer »Familien«, die nur aus Großeltern, Eltern, Kindern und Sklaven bestanden. In der fränkischen Gesellschaft hingegen oder, besser gesagt, in der von keltischen und germanischen Traditionen geprägten Gesellschaft nördlich der Loire mußte die Familie sehr groß sein, wenn sie überleben wollte und der Familienbesitz von Generation zu Genera-

Kapitell aus der Kirche Saint-Benoît-sur-Loire, 11. Jh. Zwei Mönche graben den Klostergarten um – Symbol der arbeitenden »Mönchsfamilie«.

tion weitergegeben werden sollte. Großfamilien waren der Preis für das Fehlen jeglicher Vorstellung von Gemeinwohl; Adoption und Vasallität brachten die Familie auf die zur Selbstbehauptung notwendige Mitgliederzahl.

Der Vorteil einer großen Familie war beträchtlich. Stets standen bewaffnete Gefährten bereit, um, falls nötig, helfend eingreifen zu können. Ein armer Mann, der eine hohe Buße zu zahlen hatte, konnte sich an Verwandte und Nachbarn wenden: Solidarität in Geldangelegenheiten war obligatorisch. Strenge Erbschaftsgesetze regelten die Weitergabe von Grund und Boden. Zu jeder Lineage gehörte ein Stück Land, auf dem sie »saß«. Dieses Land, das »Salland«, konnte nicht an eine Frau vererbt werden; andernfalls hätte ihre eigene Sippe aufgehört zu bestehen, weil sie in der des Gatten aufgegangen wäre. Diese Bestimmung des salischen Rechts wurde 1316, als es um die Nachfolge der Hauptlinie der Kapetinger ging, von den Juristen der Krone fälschlicherweise so ausgelegt, als ob sie eine weibliche Thronfolge ausschlösse. In Wirklichkeit war es Frauen durchaus erlaubt, Grundbesitz zu erben, nur eben mit Ausnahme des Sallandes, ohne welches das fränkische System des privaten Schutzes zusammengebrochen wäre. –

Mitunter lebten einige Dutzend Leute in geräumigen Holzhäusern, wo Onkel und Tanten, Vettern und Nichten, Kinder, Sklaven und Mägde des Nachts nackt um das gemeinsame Feuer lagen und schliefen. Die Anzahl solcher Wohnungen ging in karolingischer Zeit zurück, da die Kirche die christliche Kernfamilie propagierte; doch die königlichen Beamten registrierten auf ihren Polyptycha genau die Anzahl der Bewohner pro Feuerstelle, und ihre Angaben schwanken zwischen ein oder zwei Personen und acht, zehn oder gar zwölf, was den Eindruck erzeugt, es seien im Durchschnitt vier gewesen – ein irriger Eindruck; denn auch ein Sklave wurde als »familiaris«, d. h. Familienangehöriger, registriert. So war die Familie in diesem erweiterten Sinne die gesellschaftliche Grundeinheit. Mönche gebrauchten dasselbe Wort »familia« für ihre Klostergemeinschaft; zu ihr zählten sowohl Mönche als auch Laien, von denen einige im Kloster wohnten, andere nicht.

Zu ihrem Überleben bedurfte die Familie der Frauen. Der Mann als Oberhaupt der Lineage und Hüter der Reinheit des Blutes hatte die »munt« über die Kinder, delegierte jedoch diese Schutzfunktion an seinen Schwiegersohn, und zwar nach der Vermählung seiner Tochter, genauer gesagt: nach der Verlobung. Diese war nicht so sehr ein Überbleibsel der alten Sitte des Brautkaufs durch den künftigen Gatten als vielmehr eine Absicherung gegen Gewalttaten und eine Bestätigung der Unberührtheit der Braut. Während der Verlobungsfeier erhielten die Eltern der Braut eine gewisse Summe Geldes zum Zeichen dafür, daß der Bräutigam nun die väterliche Gewalt über die Braut erworben hatte. Bei den Franken betrug diese Summe ein Solidus plus ein Denarius bei der ersten Vermählung und drei Solidi plus ein Denarius bei einer Wiedervermählung. Die Verlobungsfeier war öffentlich, die symbolische Gabe obligatorisch und unwiderruflich. Wer eine andere Frau heiratete als die ihm angelobte Braut, mußte 62,5 Solidi Buße zahlen. Auch bei den Burgundern war das »wittimon« Pflicht, d. h. das

Kapitell aus Saint-Benoît-sur-Loire; 11. Jh. Außenseite der Kirchenvorhalle. Eine eklektische Arbeit, die jedoch im Einklang mit den antiken Normen steht. Zwischen zwei Voluten ein äußerst seltenes Motiv: ein Hanswurst.

Tauschgeschenk des Bräutigams für die »munt« über die Braut, und der Bruch des so gegebenen Versprechens kostete Schadensersatz in vierfacher Höhe. Der *Codex Theodosianus* und das römische Recht allgemein maßen dem bei der Verlobung gezahlten Brautgeld ähnliche Bedeutung bei. Die Zahlung von Brautgeld war gleichbedeutend mit der Heirat, selbst wenn bis zur eigentlichen Vermählung noch ein bis zwei Jahre verstrichen; die Heiratsentscheidung wurde nämlich allein von den Eltern getroffen, ohne Rücksprache mit der Braut oder mit dem Bräutigam. Ein Blick in die Heiligenbiographien, etwa der hl. Genoveva oder der hl. Maxellendis, verrät, welch einen Skandal es hervorrief, wenn ein Mädchen sich weigerte zu heiraten. Offiziell untersagten die merowingischen Konzilien und das Edikt Chlotars II. von 614, eine Frau wider ihren Willen zu heiraten. In der Praxis indes erwartete man von den jungen Frauen und jungen Männern, daß sie sich dem Wunsch der Eltern fügten; hiervon gab es nur wenige Ausnahmen, z. B. bei energischen christlichen Frauen. »Als Leubard in das entsprechende Alter kam, nötigten seine Eltern ihn nach dem Brauch der Welt [eine Wendung, die darauf hindeutet, daß es keine christliche Gepflogenheit war], das Brautgeld für ein Mädchen zu zahlen; später zwangen sie ihn, sie zur Frau zu nehmen. Der Vater überredete seinen damals noch jungen Sohn ohne Mühe, gegen den eigenen Willen zu handeln.« Eine Tochter, die ihren Eltern in dieser Hinsicht nicht gehorchte, wurde als Ehebrecherin angesehen, welche die Grenzen von Sitte und Anstand übertreten hatte. Der ungehorsame Sohn mußte den Eltern den doppelten »Brautpreis« – d. h. die Summe für die »munt« – erstatten, konnte aber eine andere Frau heiraten. Ein Burgunder, ob aus großer oder aus kleiner Familie, der ein Mädchen ohne Einwilligung von dessen Vater heiratete, mußte »seinem Schwiegervater die dreifache ›munt‹ zahlen, weil er ihn nicht um Erlaubnis gefragt hat, seinem Vater 150 Solidi und eine Buße von 36 Solidi an den königlichen Schatz«. Doch konnte die Ehe in diesem Falle nicht mehr rückgängig gemacht werden, weil die körperliche Vereinigung auf Betreiben des Mannes erfolgt war und kein Grund bestand, an der Unberührtheit der Frau zu zweifeln.

Das bisher Gesagte gilt nur für die Verlobung. Die Verlobungsfeier war bedeutsamer als die Heirat und zeichnete sich durch ein großes Gelage aus, bei dem fleißig gezecht und gesungen wurde; auch machte man bewußt obszöne Späße, um die Fruchtbarkeit des Brautpaares anzuregen. Dann erhielt die Braut Geschenke. Dafür wurde nach römischem Recht eine schriftliche Urkunde ausgestellt, bei den Germanen wurde sie von drei Zeugen bestätigt. Die Geschenke umfaßten Haustiere, Kleidung, Schmuck, Edelsteine, Geld, eine Schatulle, ein Bett mit Überzug, Haushaltsgerät usw. – im wesentlichen bewegliche Habe. Nach altem gallischem Brauch schenkte der Bräutigam der Braut ein Paar Pantoffeln als Symbol des häuslichen Friedens. Bei den Römern war es Sitte, daß der Bräutigam ihr einen goldenen Ring überreichte – der Kreis ohne Anfang und Ende symbolisierte die Ewigkeit und stand für das Versprechen, das der Bräutigam gegeben hatte. Die Römer trugen den Ring entweder am rechten Mittelfinger oder am linken Ringfinger, von wo nach Ansicht altägyptischer Ärzte ein Nerv direkt zum Herzen führte. Zuletzt küßten die Verlobten einander auf den Mund, zum Zeichen der Vereinigung ihrer Körper. Mit einem Wort, die Vermählung war bereits vor der eigentlichen Hochzeitsfeier erfolgt. So war es auch bei den Galloromanen, welche die römischen Heiratssitten nachahmten; bei ihnen wurde das Paar zuletzt nach Hause geleitet, denn: »Nach dem Brauch werden die Neuvermählten gemeinsam in *ein* Bett gelegt.«

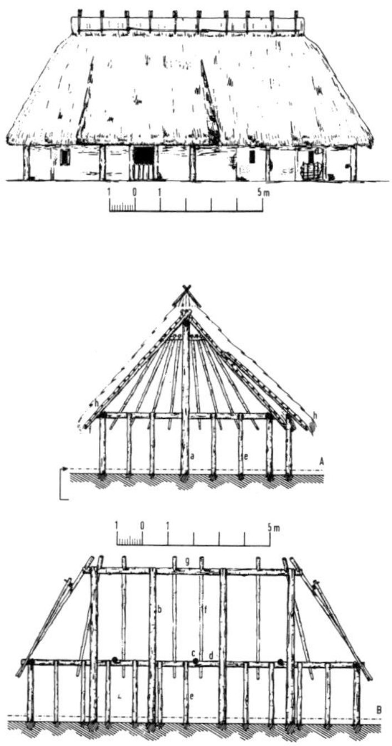

Rekonstruktion eines ca. 12 Meter langen, strohgedeckten Holzhauses, nach archäologischen Erkenntnissen. (Bonn, Landesmuseum)

Bei den Franken, und überhaupt bei den Germanen, war der Vollzug des Geschlechtsaktes das wesentliche Merkmal der Ehe, und die Beiwohnung konstituierte bereits die Ehe. Aber auch das Geschenk, das der Bräutigam am Morgen nach der Hochzeitsnacht seiner Braut überreichte – die »Morgengabe« –, war wichtig. Sie war bei Burgundern und Franken gebräuchlich. Die Morgengabe symbolisierte die Dankbarkeit des Gatten dafür, daß er seine Gemahlin unberührt vorgefunden hatte, und zeigte an, daß er die Kinder, die sie gebar, in der Tat als die seinen anerkennen würde. Die Morgengabe bezeugte die Blutsreinheit der Braut. Sie entfiel daher bei einer zweiten und dritten Ehe, die zwar recht verbreitet waren, aber nicht sonderlich geschätzt wurden. Eine verwitwete Frau behielt ein Drittel der Morgengabe und gab den Rest an die Familie ihres verstorbenen Gatten zurück. So war eine Frau nur geschützt, wenn sie Jungfrau war; denn letzten Endes waren Nach-

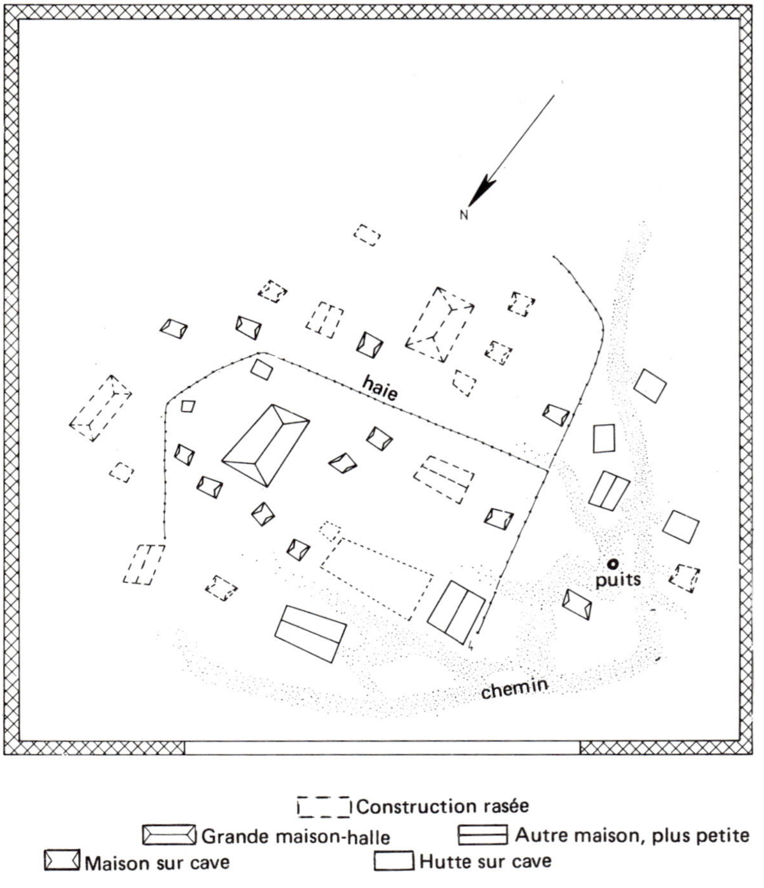

Plan des Dorfes Gladbach; 7./8. Jh. Rund um das große Haus standen Hütten, Heuschober und Getreidespeicher. Jedes große Haus war von einer Hecke umgeben. (Bonn, Landesmuseum)

wuchs und Erbe wichtiger als die Ehe selbst. Die Reinheit der Frau war aus religiösen ebenso wie aus gesellschaftlichen Gründen von Bedeutung. Tief im kollektiven Unbewußten wurzelte die Vorstellung, daß sexuelle Reinheit und Reinlichkeit identisch seien und daß man alles tun mußte, um die Frau vor Befleckung zu bewahren. Dabei stand das Gleichgewicht der gesamten Gesellschaft auf dem Spiel. Hierin lebte die altrömisch-heidnische Idee der Schändung fort – eines unauslöschlichen Makels, der eine Ehe unmöglich machte.

Die Liebe: Trieb oder Gefühl

In diesen unruhigen, blutigen Zeiten verkörperte die Jungfrau die Zukunft der Lineage. Man traf Vorkehrungen, um den Bruch des Verlöbnisses zu ahnden, aber auch solche Delikte, welche die Ehe verhinderten. Vor Vergewaltigung, Entführung, Inzest und Ehebruch galt es die Frau zu bewahren. Viele Artikel des römischen und des germanischen Rechts befassen sich mit diesen Verbrechen. Bei Franken und Burgundern war der weibliche Körper tabu. Zwar wurde die Vergewaltigung einer Sklavin bestraft, aber das Unglück war bereits geschehen; denn

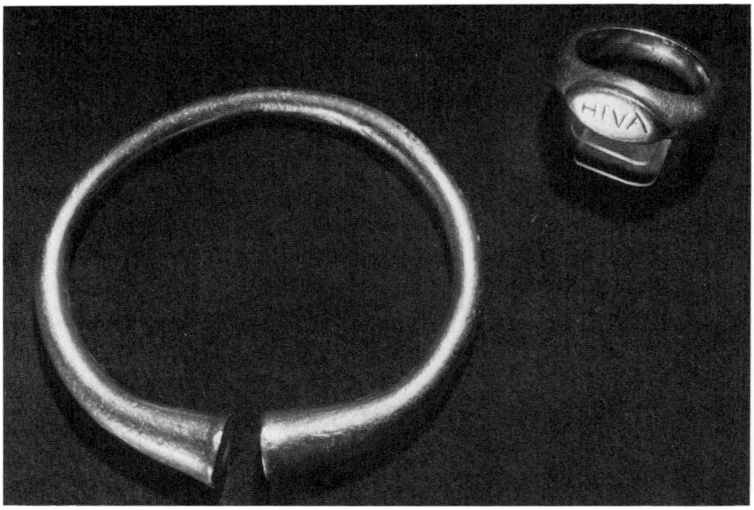

Merowingischer Schmuck, 5. Jh. Ein goldenes Armband aus königlichem Besitz und ein ebenfalls goldener Siegelring mit dem Namen seines Besitzers. (Metz, Museum)

Vergewaltigungsopfer galten als »verdorben«. Bei den Galloromanen stand auf die Vergewaltigung einer frei geborenen Frau die Todesstrafe, auf die einer Sklavin eine Geldbuße, deren Höhe vom Wert der Sklavin abhing. Eine verdorbene Frau hatte fortan keinen Wert mehr. Sie verlor sogar das Recht auf den Besitz von eigenem Hab und Gut, wie der westgotische *Codex Euricianus* im Falle einer Witwe bestimmte, »die für schuldig befunden wird, sich durch Ehebruch oder unrechtmäßiges Beilager selber entehrt zu haben«. Höchstwahrscheinlich blieb solchen Frauen kein anderer Ausweg als die Prostitution, die zwar streng verboten, aber weitverbreitet war. Im 6. Jahrhundert belegten die Franken die Vergewaltigung einer frei geborenen Frau mit einer Buße von nur 62,6 Solidi; Karl der Große erhöhte diese Summe auf 200 Solidi, was vielleicht darauf schließen läßt, daß dieses Delikt häufiger geworden war.

Die Entführung einer Frau, die oft mit einer Vergewaltigung endete, wurde oft genauso wie diese behandelt, auch wenn beide Delikte unterschiedliche Motive hatten. Bei den Galloromanen wurde eine Frau häufig deshalb entführt, weil sie eine reiche Erbin war, während sie bei den Germanen entführt wurde, weil man die Heiratsgenehmigung der widerstrebenden Eltern erzwingen wollte. War das Mädchen – vielleicht sogar mit ihrer Einwilligung – einmal entführt und entjungfert worden, so war die Ehe vollendete Tatsache. Den Eltern blieb keine andere Wahl, als vom Entführer den Preis für die »munt« plus 62,5 Solidi zu akzeptieren. Den Beweis, daß das Mädchen willig gewesen war, trat man besser nicht an; denn das hätte es zur Sklavin gemacht. Fanden die Eltern sich hingegen mit dem »fait accompli« ab, so blieb die Ehre des Mädchens unverletzt und die Reinheit seines Blutes gewahrt. Die große Bedeutung der Jungfräulichkeit geht aus den einzelnen Bestimmungen des burgundischen Rechtes hervor. Wenn das Mädchen »unverdorben« in das väterliche Haus zurückkehrte, mußte der Entführer das Sechsfache der »munt« und eine Buße von 12 Solidi zahlen. Vermochte er diese Summe nicht aufzubringen, wurde er, gleichgültig, ob er das Mädchen behalten hatte oder nicht, den Eltern übergeben, die ihn entmannen konnten. Die verlorene oder entehrte Tochter überließ man dann ihrem Eunuchen und der Kinderlosigkeit. Dieses Gesetz der Vergeltung beweist, daß Vergewaltigung und Entführung oft das einzige Mittel für einen Mann waren, eine Frau und damit Zugang zur Macht zu gewinnen. Der Kult des unbeschädigten Hymen diente buchstäblich dem Aufbau der Gesellschaft.

Nach vollzogener Ehe noch gravierender waren Blutschande und Ehebruch. Die *Lex Salica*, stark von der heidnischen Religion beeinflußt, stimmt hier mit den Texten der merowingischen Konzilien überein, die sogenannte »blutschänderische« Ehen streng verboten, auch wenn es sich nicht um Verbindungen zwischen Elternteil und Kind oder Bruder und Schwester handelte. Schon der hl. Paulus (1. Kor. 5, 1) hatte es »Hurerei« genannt, wenn ein Sohn »seines Vaters Weib« besaß. In der Tat galten alle Verbindungen zwischen Bluts- oder angeheirateten Verwandten als Blutschande. Das burgundische Recht untersagte die Beziehung mit »einer weiblichen Verwandten oder der Schwester der eigenen Frau«, das fränkische Recht die Beziehung mit »der Tochter einer Schwester oder eines Bruders oder der Frau eines Bruders oder Onkels«. Solche »verbrecherischen« Ehen trugen das »Schandmal«, und die schuldigen Parteien wurden getrennt. In einem Edikt vom Ende des 6. Jahrhunderts verschärfte König Childebert II. diese Bestimmung noch. Er ordnete an, daß jeder, der eine Frau entführt hatte, zu töten sei, und verfügte, daß ein Mann, welcher der Blutschande für schuldig befunden und von der Kirche exkommuniziert worden war, geächtet und wie ein Landesfremder behandelt werden solle, was darauf hinauslief, daß er früher oder später wahrscheinlich umkam.

Es ist anzunehmen, daß beide Delikte damals an Häufigkeit zunahmen. Das ist auch nicht verwunderlich, wissen wir doch aus der Paläopathologie merowingischer Friedhöfe, wie verbreitet die Endogamie zur damaligen Zeit war, wie groß die erweiterte Familie und wie allgemein verbreitet die Überzeugung, daß angeheiratete Verwandtschaft gleichbedeutend mit Blutsverwandtschaft sei. Die zur »Blutschande« abgestempelte Endogamie festigte kontinuierlich die Solidarität der Parentel. Unter diesen Umständen überrascht es nicht, in einem Bußbuch die folgende Stelle zu finden: »Wenn in Abwesenheit deines Weibes und ohne daß du oder sie es merkte, die Schwester deines Weibes zu dir ins Bett stieg und du dich mit ihr vereinigtest, im Glauben, es sei dein Weib.« Dergleichen muß, bei der finsteren Nacht über dem allgemeinen Schlafplatz, häufig vorgekommen sein. Alle diese »blutschänderischen« Praktiken, bei denen ein Witwer die Schwester seiner ersten Frau oder die Frau eines verstorbenen Onkels oder eine leibliche Kusine ehelichte, waren noch in merowingischer Zeit verbreitet, da die Könige sich weigerten, Verbindungen zwischen Verwandten vierten Grades zu verbieten. Erst nach dem Konzil von Mainz 813 wurden solche »unreinen« Ehen allmählich seltener.

Das reine und das unreine Weib

Während die »Blutschande« zwischen Verwandten als normal galt, traf dies für den Ehebruch keineswegs zu. Man fand den »Gestank des Ehebruchs« – so das burgundische Recht – dermaßen widerlich, daß man die Ehebrecherin sofort aus dem Haus entfernte; später warf man sie erdrosselt in einen Sumpf. Bei den Galloromanen gab es ein Gesetz des Kaisers Majorianus, das den Ehemann, der seine Frau und ihren Liebhaber auf frischer Tat ertappte, dazu ermächtigte, beide auf der Stelle »mit einem einzigen Streich« zu töten. Noch strenger waren die Franken. Nicht nur der betroffene Gatte selbst, auch seine ganze Familie sowie die Familie der ehebrecherischen Frau empfanden den Ehebruch als Makel auf ihrem Schild, und die schuldige Frau mußte sterben. Gregor von Tours berichtet von mehreren Fällen, in denen nahe Verwandte, d. h. Angehörige der Parentel, den Vater der untreu gewordenen Frau aufsuchten und ihn aufforderten, »die Tochter unter Eid zu entlasten; sonst muß sie sterben«. Oft kam es zu Gewalttätigkeiten zwischen den Familien, ja zu Mord und Totschlag. »Die Frau, die einige Tage später vor dem Richter erscheinen sollte, wurde erdrosselt.« Andere Frauen wurden bei lebendigem Leibe verbrannt oder der Wasserprobe unterworfen, um ihre Schuld oder ihre Unschuld zu ermitteln: Man band der Frau einen schweren Stein um den Hals und warf sie ins nächstgelegene Gewässer; wenn sie auf der Wasseroberfläche trieb, was wenig wahrscheinlich war, war ihre Unschuld erwiesen.

Die Burgunder dehnten den Begriff »Ehebrecherin« sogar auf das junge Mädchen und die Witwe aus, die aus eigenem Antrieb mit einem

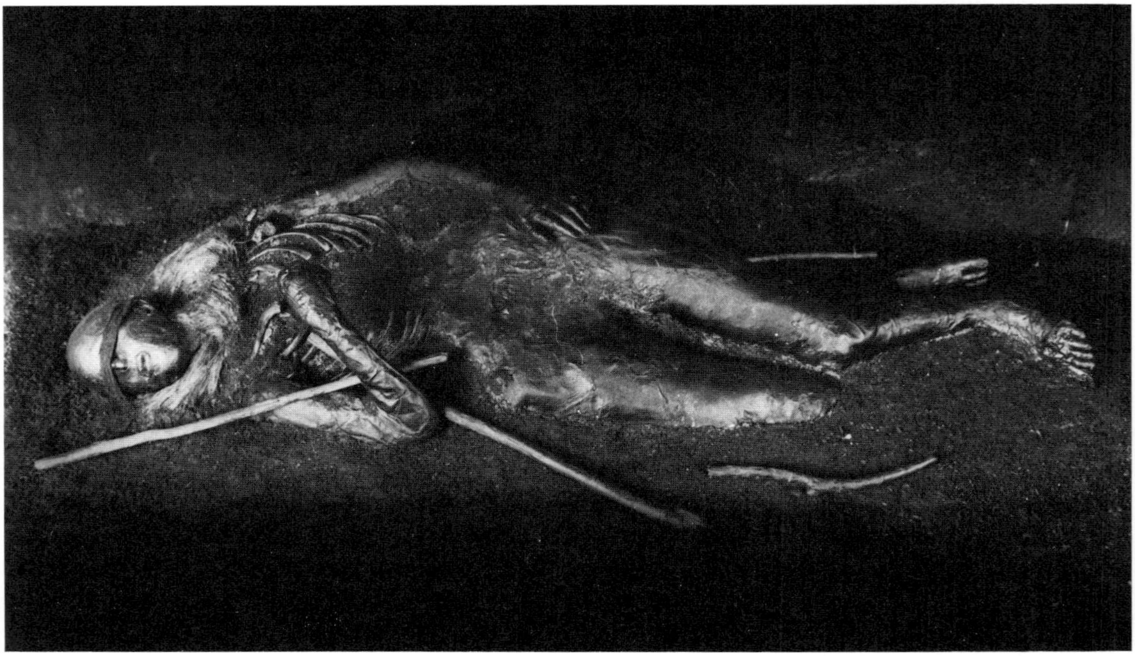

Das Mädchen von Windeby; 1. Jh. Die vierzehnjährige junge Frau wurde, vermutlich wegen Ehebruchs, mit verbundenen Augen erdrosselt und dann ins Moor geworfen. (Schleswig, Schleswig-Holsteinisches Landesmuseum für Vor- und Frühgeschichte)

Mann schliefen. Die Franken bezeichneten mit dem Begriff »Ehebruch« auch das Verbrechen eines Mannes, der mit der Sklavin eines anderen schlief. Wurde die Verbindung bekannt, so verfiel der schuldige Mann selbst der Sklaverei. Die gleiche Strafe ereilte die frei geborene Frau für das analoge Verbrechen. So tritt zum dunklen Flecken des Ehebruchs noch der Makel der Sklaverei hinzu. Die moralische Konnotation ist in beiden Fällen dieselbe, sexuell wie gesellschaftlich. Das erinnert an einen Priester in Reims, der im Traum zwei Tauben sah, die sich auf seiner Hand niederließen, eine schwarze und eine weiße. Am nächsten Morgen trafen zwei Flüchtlinge in Reims ein. Der eine war ein Sklave, der dem anderen, seinem Herrn und Sohn eines Senators, zur Flucht verholfen hatte. Der Priester identifizierte sogleich die schwarze Taube mit dem – wenn auch noch so treuen – Sklaven und die weiße mit seinem vornehmen Herrn: eine verbreitete religiöse Denkweise manichäischer Prägung. Nachhaltiger als Vergewaltigung oder Entführung (die als Tat des Mannes immer noch zu einer Eheschließung führen konnten) bewirkte der Ehebruch eine Verunreinigung der Frau und ihres Nachwuchses und damit der künftigen Geschlechter. Jede Paarung, die sich über soziale Unterschiede hinwegsetzte, war verpönt, weil sozial schädlich. Ebenso untergrub eine Frau, welche die Ehe brach, aus freien Stücken den Anspruch ihrer Kinder auf Legitimität und zerstörte das Charisma ihres Blutes. Der Mann, der eine Frau vergewaltigte oder entführte, wurde streng bestraft, nicht jedoch der Ehebrecher. Denn jener usurpierte die Macht des Sippenoberhauptes, während dieser der eigenen Parentel keinen Schaden zufügte und alle Kinder aus dieser unrechtmäßigen Verbindung dem Gatten der Frau gehörten. Und schließlich wurde der Mann selbst durch das ehebrecherische Beilager nicht befleckt, die Frau hingegen beging ein echtes Verbrechen, indem sie die Zukunft auslöschte. Das persönliche Leben der Frau war, anders als das des Mannes, letzten Endes öffentlich, und zwar wegen der Folgen, die es haben konnte.

Dieser Unterschied zwischen Männern und Frauen – der Mann Herr über die »munt«, die Frau umgeben von Tabus – wird noch deutlicher bei der Scheidung. Wir wissen nicht, ob es bei den Franken die Scheidung gab. Jedenfalls bestraften sie den Bruch des Verlöbnisses, das gleichbedeutend mit der Heirat war; die Buße, die hierauf stand, betrug 62,5 Solidi. Das burgundische und das römische Recht erlaubten aus Trotz gegen die Kirche die Scheidung, doch unter Bedingungen, die fast immer ungünstig für die Frau waren. Ein Mann konnte seine Frau verstoßen, wenn sie »eines dieser drei Verbrechen beging: Ehebruch, Hexerei [d. h. die Verabreichung von Zaubertränken, um eine Fehlgeburt oder Impotenz zu bewirken] oder Grabschändung«. Das römische Recht sprach statt dessen von »Ehebruch, Giftmord und Kuppelei«. Wagte aber eine Frau, ihren Mann zu verlassen, so wurde sie erdrosselt und ins Moor geworfen; denn nur ein Ehebruch konnte sie zu solchem Tun veranlaßt haben.

Bei den Galloromanen erfolgte die Scheidung im beiderseitigen Einvernehmen. Eine Frau konnte sich von einem Mann lossagen, wenn er

Hostienbüchse aus Elfenbein, 2. Hälfte des 5. Jh.; Fundort Trier. Das antike Motiv – Dionysos überwindet die Inder – wird in der rohen Manier einer Militärkultur gegeben. Die Götter sind größer als die Menschen. Rechts: ein Satyr köpft einen Gefangenen. (Wien, Kunsthistorisches Museum)

einen Mord begangen oder ein Grab geschändet hatte. Hier rühren wir an einen Unterschied zwischen den beiden Zivilisationen, der häufig betont wird: Die Römer nahmen eine Gleichheit der Geschlechter an; die Germanen stellten den Mann über die Frau. Hierzu wäre einiges anzumerken; immerhin sei festgehalten, daß in keiner der beiden Zivilisationen der Ehebruch des Mannes bestraft wurde, so daß der Abstand zwischen ihnen nicht so groß ist, wie es auf den ersten Blick scheinen mag. Die Trennung verheirateter Paare, mit der Möglichkeit einer Neuvermählung, finden wir in merowingischer Zeit häufig; römische Rechtsformeln von Notaren beweisen, daß sie im südlichen Gallien, in Tours, Angers und sogar in Paris gang und gäbe war, zumindest bis 732, als das Formularbuch des Markulf kompiliert wurde. Ein Dokument aus Angers aus dem späten 6. Jahrhundert ist aufschlußreich: »Frau Soundso gibt zu Protokoll, daß ihr Gatte, Herr Soundso, weit davon entfernt, ihr die geschuldete Liebe und Zuneigung zu erweisen, sich anmaßend und unerträglich verhalten hat. Es ist allgemein bekannt, daß die beiden, durch das Werk des Teufels und trotz göttlichen Verbots, nicht mehr zusammenleben können. Sie sind daher unter sich und in Gegenwart des Ältestenrates übereingekommen, einander von ihren Versprechen zu entbinden, was hiermit geschehen ist. Wann immer der Gatte zu freien wünscht, soll er das Recht und die Freiheit dazu haben. Ebenso soll die genannte Frau, wann immer sie zu freien wünscht, das Recht und die Freiheit dazu haben. Und wer von beiden ab heute versucht, dieses Schreiben oder seine Bestimmungen anzufechten, soll als Entschädigung und auf Anordnung eines Richters die Summe von soundso vielen Solidi an den früheren Gatten zahlen und nicht den geforderten Schadensersatz bekommen. Dieses Schreiben soll für die kommenden Jahre gültig bleiben.« Die Kirche muß die mit beiderseitiger Einwilligung erfolgte Scheidung toleriert haben, insbesondere wenn, wie hier, die Initiative von der Frau ausging; die Barbaren hingegen fanden solche Scheidungen unsittlich und skandalös. Andere Zeugnisse noch aus dem 8. Jahrhundert belegen, daß in gewissen heiklen Fällen zur Trennung geraten wurde. Grund für die eheliche Zwietracht mochten der Mißbrauch der Frau gewesen sein, ihre Absicht, ins Kloster zu gehen, die Impotenz des Mannes, heidnische Einflüsse, Ehebruch, Unfruchtbarkeit, Lepra usw.

Sobald es der Kirche jedoch gelungen war, die Ehescheidung ganz zu verbieten – ein Sieg, den sie schließlich unter Kaiser Ludwig dem Frommen (814–840) errang –, traf sie auf ein weiteres Problem: Franken, die Karl der Große in Militärkolonien in Südfrankreich angesiedelt hatte, hatten sich dort verehelicht. Nach Austrien zurückgekehrt, nahmen sie eine neue Frau. Viele fanden nichts dabei, entweder beide Frauen zu behalten oder eine von ihnen fortzuschicken – je nachdem, was mehr in ihrem Interesse lag. Vor allem beim Hochadel galten Monogamie und die Unauflöslichkeit der Ehe als unerträgliche Fesseln; denn beim Adel gewann die Heirat zunehmend soziale und politische Bedeutung; die Endogamie, welche die Solidarität der Parentel stärkte, war noch immer von Vorteil; und außerdem erleichterte der Ausbruch des Bruderkriegs 830 den Bruch eines gegebenen Eheversprechens, indem man seine Frau verstieß, wobei sie ihr persönliches Eigentum und die Morgengabe behielt. In seinem Epos über die Belagerung von Paris durch die Wikinger 855 meint Abbo von Fleury, einer der Gründe für den Erfolg der Eindringlinge sei die unmäßige Liebe der Adligen zu Frauen und ihre Neigung zum Heiraten im Verwandtschaftskreis gewesen. Der Zusammenhang zwischen Ursache und Wirkung mag nicht gleich erkennbar sein, doch derlei Ehen gab es tatsächlich. Erzbischof Hinkmar von Reims (845–882) beschrieb ohne Zeichen des Abscheus, wie gewisse große Herren sich ihrer lästigen Ehefrau entledigten: Sie schickten sie in die Küche, damit sie dort nach dem Rechten sähe; in der Küche wartete bereits der Sklave, der ansonsten Schweine schlachtete, und schnitt der Hausherrin die Kehle durch. Nach dieser »Scheidung auf karolingisch« zahlte der Gatte die fällige Buße für Totschlag an die Familie der Frau und galt im übrigen als Witwer, dem es nach den Gesetzen der Kirche freistand, wieder zu heiraten.

Die entscheidenden Hindernisse, die der Unauflöslichkeit der Ehe im Wege standen, blieben der bei den Germanen weitverbreitete Brauch der Polygamie sowie die galloromanische Sitte, sich Sklavinnen als Beischläferinnen zu halten. Die Gesetze verboten und ahndeten mit Geldstrafen das Vergewaltigen, Entführen und Beschlafen der Sklavin eines anderen, selbst wenn sie willig gewesen war; denn diese Vorfälle verletzten die Eigentumsrechte des Sklavenbesitzers und kränkten seine Ehre. Doch gab es kein Gesetz, das es dem Herrn verboten hätte, mit der eigenen Sklavin zu schlafen. Diese Verbindung führte nicht zur Ehe, sondern zum Konkubinat. Nach römischem Recht mußte das Kind einer Konkubine vom Vater ausdrücklich freigelassen werden, da es andernfalls Sklave blieb; auf jeden Fall stand das Kind aus einer solchen Verbindung auf der untersten Sprosse der sozialen Stufenleiter. Einzig die Ehe gewährleistete, daß die Kinder frei geboren wurden. Galloromanische und germanische Sklavenbesitzer aller sozialen Ränge pflegten ihren Sklavinnen Kinder zu machen. – Die Polygamie hingegen wurde von Neuankömmlingen in Frankreich praktiziert: von den Franken und später von den Wikingern, welche die Ehe »more danico« in der Normandie noch im 11. Jahrhundert kannten. Viele Faktoren kamen zusammen, die bei den Germanen zur Endogamie führten: Es lag in niemandes Interesse, das Mädchen zum Verlassen der einen Parentel und zum Anschluß an eine andere zu zwingen, denn das persönliche Eigentum nahm es ohnehin immer mit. Die Eltern wählten für ihren Sohn eine offiziell sanktionierte Braut aus einem nahe verwandten Zweig der Familie. Es war jedoch rechtens, wenn ein Mann eine Ehefrau zweiter Klasse – eine frei geborene Frau – nahm, um so eine bereits vorhandene sexuelle Bindung zu legitimieren. Diese Form der Ehe hieß »Friedelehe«. Schließlich war es jederzeit möglich, daß der Mann sich eine oder mehrere Sklavinnen als Beischläferinnen hielt. Es gab nur eine Ehe, aber mehrere Gattinnen. Offiziell herrschte Monogamie; in der Praxis bestand Polygamie. Die offizielle Ehefrau

Retabel-Tafel von Goenels-Elderen; Elfenbein, 8. Jh. Dargestellt sind die Krönung und die Heimsuchung Mariens. (Brüssel, Musée Royal)

genoß die meisten Rechte; die Beischläferin zweiter Klasse, das »Friedel«, hatte weniger Rechte; die Beischläferin dritter Klasse, die Sklavin, die wenigsten. Nur die Kinder der offiziellen Ehefrau waren erbberechtigt. Wurde ein Friedel verstoßen, so mußte es ohne die Mitgift das Haus verlassen; die Kinder galten als frei geboren, aber unehelich, und hatten keinen Anspruch auf den Grundbesitz, es sei denn, die offizielle Ehefrau war unfruchtbar – in den Augen der Zeitgenossen ein wichtiger Gesichtspunkt. Sklavinnen hatten keine andere Macht als die, welche ihnen die Leidenschaft ihres Herrn und Meisters einräumte. Wenngleich dieses komplizierte System der Polygamie für die Zukunft sorgte, so hatte es doch einen gravierenden Nachteil – es verwickelte die Frauen in wütende Rivalitätskämpfe um die Gunst des Mannes und damit um die Macht.

Königsfamilien und Adel hatten unter diesen Haremskämpfen besonders zu leiden. Mitunter hatten sie wegen der Erblichkeit der Krone verheerende politische Folgen; zu anderen Zeiten waren sie bloß schlimm. Seit Chlodwig hatten praktisch alle merowingischen Könige mehrere Frauen. Als Chlotar I. (511–560/561) von seiner Frau gebeten wurde, einen guten Mann für ihre Schwester Radegunde zu suchen, fiel ihm niemand besserer ein als er selbst, und so machte er sie zu seiner Beischläferin. Hier kam zur Polygamie erschwerend die Blutschande hinzu (im oben erörterten Sinn). König Theudebert I. (534–548) hatte sich eine römische Matrone aus Béziers namens Deuteria zur frei geborenen Beischläferin erwählt. Deuterias Tochter aus einer früheren Ehe wuchs zu einer Schönheit heran. »Da aber Deuteria sah, daß ihre Tochter schon ganz erwachsen sei, und fürchtete, der König möchte sie begehren und zu sich nehmen, setzte sie sie in die Sänfte, vor die wilde Stiere gespannt waren. So wurde das Mädchen von einer Brücke herabgeschleudert und gab in den Wellen [der Maas] ihren Geist auf. Dies geschah zu Verdun« (*F. G.* III 26). Jedermann kennt den berühmten Streit zwischen Brunichild und Fredegunde, aber niemand scheint zu wissen, daß der von 573 bis 613 dauernde Kampf zwischen dem Königtum und dem Adel und der Könige untereinander, den der Streit der beiden entfesselte, mit der Ermordung von Chilperichs offizieller Frau Galeswinthe zusammenhing, der Schwester Brunichilds. Chilperich war von der Leidenschaft für seine Sklavin Fredegunde so entflammt, daß er nicht davor zurückschreckte, seine Frau erdrosseln zu lassen, um Fredegunde an ihre Stelle setzen zu können. Man bedenke auch, daß die karolingische Dynastie von dem unehelich geborenen Karl Martell begründet wurde, dem Sohn einer Beischläferin, der zunächst einmal verhindern mußte, daß seine verwitwete Schwiegermutter mit Hilfe ihrer Enkel regierte. Pippin der Bucklige, Sohn einer Beischläferin Karls des Großen, versuchte 792, einen Vatermord und Königsmord anzuzetteln – den letzten Königsmord in Frankreich bis zur Ermordung Heinrichs III. im Jahre 1589. Und vergessen wir nicht Karl den Großen selbst, einen Frauenhelden, der nacheinander vier offizielle Ehegattinnen und mindestens sechs Beischläferinnen hatte. Die Konkubinen brachten oft noch Schwestern, Kusinen und Nichten in den Harem des Herrn mit. Wenn der Herr starb, stiegen sie zu dessen Nachfolger ins Bett. Für die

Kirche war das doppelte und dreifache Blutschande, doch lange Zeit war sie dagegen machtlos. Um die endogame Polygamie abzuschaffen, übernahm die Kirche alle die wirkungslos gebliebenen Bestimmungen der merowingischen Konzilien über Monogamie und die Unauflöslichkeit der Ehe, die auf dem Konzil von Mainz 813 noch erweitert wurden. Künftig war die Ehe unter Blutsverwandten verboten, und zwar bis zum Vetter bzw. zur Kusine zweiten Grades. Diese Regelung löste zahllose Proteste aus. Der energischste kam von Lothar II., dem König von Lotharingien, der die Scheidung von seiner Frau Theutberga betrieb, da sie kinderlos geblieben war, und statt ihrer sein Friedel Waldrada heiraten wollte, die ihm einen Sohn geboren hatte. Er geriet mit Hinkmar, dem unbeugsamen Bischof von Reims, und mit Papst Nikolaus I. aneinander. Theutberga, der als guter Ehefrau die Thronfolge ihres Mannes am Herzen lag, schwor einen Meineid, sie sei von ihrem Bruder, dem Abt von Saint-Maurice d'Agaune, vergewaltigt und widernatürlich mißbraucht worden; sie hoffte, aufgrund solcher nach heidnischen Begriffen blutschänderischer und unreiner Sexualbeziehungen ihre Ehe annullieren lassen zu können. Doch sie hoffte vergebens. Lotharingien wurde, in Ermangelung eines legitimen Thronerben, unter den Brüdern des Königs aufgeteilt. Es war das erste Mal, daß eine die Privatsphäre betreffende Bestimmung – das Verbot der Ehescheidung – den Sieg über die Staatsräson davontrug.

Monogamie und die Unauflöslichkeit der Ehe hatten sich erst im 10. Jahrhundert allgemein durchgesetzt, beim gemeinen Volk früher als beim Adel, bei den Galloromanen eher als bei den Franken. Das Verhalten der Bewohner des Südens scheint sich zwischen merowingischer und karolingischer Zeit radikal gewandelt zu haben. So erzählt Gregor von Tours im 6. Jahrhundert eine Anekdote, die auf einem damals aktuellen Vorfall beruhen muß: »Dieser Mann [Graf Eulalius] also hatte zum Weibe die Tetradia [. . .] Da er aber zugleich im Hause mit seinen Mägden Umgang hatte, fing er an sein Eheweib zu vernachlässigen, und wenn er von einer Dirne kam, mißhandelte er sie sogar oftmals schwer. [. . .] Da sie sich nun in solchem Elend sah und alle Ehre, welche sie im Hause ihres Mannes gehabt hatte, eingebüßt hatte, richtete, als ihr Mann zum König gezogen war, ein gewisser Virus, ein Neffe ihres Mannes, sein Auge auf sie. [. . .] Virus schickte daher Tetradia, weil er die Feindschaft seines Onkels fürchtete, zum Herzog Desiderius, um sie in der Folge zu heiraten. Sie nahm das ganze Vermögen ihres Mannes an Gold und Silber, wie an Kleidern, und alles, was sich nur fortschaffen ließ, mit sich. [. . .] Und als seine [Eulalius'] Wut sich gelegt und er sich ein wenig beruhigt hatte, überfiel er seinen Neffen Virus und erschlug ihn. [. . .] Als aber Desiderius hörte, daß Virus erschlagen sei, nahm er selbst Tetradia zur Ehe. [. . .] Eulalius jedoch entführte eine Jungfrau aus dem Kloster von Lyon und nahm sie zu sich. Seine Buhldirnen verwirrten ihm aber aus Eifersucht, wie es heißt, durch Zaubertränke die Sinne.« Diese Geschichte enthält sämtliche ehelichen Komplikationen, die man sich nur denken kann: Ehebruch mit dem Neffen, Diebstahl des Eigentums des Mannes, Ermordung des Liebhabers, Entführung einer Nonne, Wahnsinn durch die Hexenkünste der Konkubinen. Doch scheinen solche Vorfälle im 9. und 10. Jahrhundert im südlichen Gallien nicht mehr vorgekommen zu sein, jedenfalls werden sie in den Quellen nicht mehr erwähnt. Zwar gab es weiterhin – wie in jeder ländlichen Gesellschaft – den außerehelichen Geschlechtsverkehr mit Mägden; aber Scheidung und Polygamie hörten auf.

Leidenschaft ohne Maß: die Liebe

Wir sind nun gerüstet, dem Gefühl der Liebe im frühen Mittelalter nachzuspüren. Keine einzige Quelle, weder eine weltliche noch eine kirchliche, benutzt das Wort »amor« in einem positiven Sinne. Stets ist die Liebe eine sinnliche, vernunftlose, zerstörerische Leidenschaft. Sie kommt zwischen Eltern und Kindern ebenso vor wie zwischen Liebenden. Soweit ich weiß, fällt das Wort »Liebe« niemals im Zusammenhang mit einer offiziellen Vermählung. Im Hinblick auf die eheliche Liebe spricht Papst Innozenz I. (402–417) in einem Brief an Bischof Victricius von Rouen von der »charitas conjugalis« – das Wort ist schwer zu übersetzen, bezeichnet aber offenbar sowohl den Gnadenstand der Ehe als auch eine Mischung aus Zärtlichkeit und Freundschaft. Andere gebrauchten das Wort »dilectio«, das Vorliebe, Bevorzugung, Achtung meint. Im 11. Jahrhundert verwendet Jonas von Orléans häufig das Wort »caritas«, wenn er die Gattenliebe meint, eine Liebe, in der sich »honesta copulatio« (ehrbarer, maßvoller Geschlechtsverkehr) und eheliche Treue verbinden mit einfühlsamer, uneigennütziger Hingabe an den anderen. Es handelte sich dabei nicht um einen frommen Wunsch aus der erbaulichen Literatur oder der christlichen Utopie, sondern um die Abwehr der gängigen Gleichsetzung von Liebe und heftigem sinnlichem Begehren. Der neue Liebesbegriff wurde von einigen gebildeten Laien kultiviert. Das *Handbuch* der Dodana, der Gemahlin des Herzogs Bernhard, das sie für ihren Sohn Wilhelm schrieb, ist ein schönes Beispiel für den Gegensatz zwischen den respektvoll-zärtlichen Gefühlen einer Frau für ihren Mann und ihren glühenden Empfindungen für den Sohn: »Das Herz deiner Mutter erglüht für dich, mein Erstgeborener!« Gattenliebe und Mutterliebe sind hier offensichtlich zwei Seiten derselben Münze. Bei Einhard, einem Zeitgenossen der Dodana, der im Jahre 836, kurz nach Vollendung seiner Biographie Karls des Großen, seine Frau verlor, sieht man, wie Stéphane Lebecq gezeigt hat, noch besser, wie sehr dieser Verlust die Tiefe einer Liebe verrät, die seine ganze Person, Leib und Seele erfüllt hatte. In einem Brief an seinen Freund, den Abt Lupus von Ferrières, offenbart Einhard seine zärtlichen Empfindungen für eine Frau, die ihm Gattin, Schwester und Gefährtin zugleich war. Obwohl er an die Auferstehung glaubt, haben ihn Kummer, Gram und Sorge an den Rand eines Nervenzusammenbruchs gebracht. Liest man Einhards hellsichtige Psychoanalyse seines Schmerzes über den Verlust der geliebten Frau, so kann man kaum bestreiten, daß die Christen in der Tat die Gattenliebe gekannt haben, die etwas ganz anderes ist als die von Gregor von Tours gerühmte platonische Beziehung der Eheleute: Sie ist nicht mehr das Traumgebilde eines Mönchs, der das Fleisch verachtet, oder eines Paares wie Melanie und Pinian im 5. Jahrhundert, die sich, nach Erfüllung ihrer Pflicht zur Zeugung von Nachwuchs, heiteren Sinnes voneinander trennten, um jeder für sich im klösterlichen Gebet die mystische Vereinigung mit Gott zu suchen. Vielmehr ist Gattenliebe nun die Liebe zwischen einem Mann und einer Frau, die miteinander die Leiden und Freuden einer sowohl körperlichen wie spirituellen Bindung teilen. Doch täusche man sich nicht: Solche Paare waren selten.

Wir verstehen jetzt besser, warum man das Wort »Liebe« im Frühmittelalter nicht im Zusammenhang mit der Ehe benutzte. Der Einfluß von Ovids *Ars amatoria* war unerheblich, da das Werk damals kaum bekannt war. Vielmehr war man davon überzeugt, daß Liebe das Ergebnis eines unwiderstehlichen sinnlichen Triebes war, eines Begehrens, das von den Göttern kam (wie die Heiden sagten), das des Teufels war (wie gewisse Christen glaubten), das aber immer eine subversive, destruktive Leidenschaft war. Diese Überzeugung war in den germanischen Schulen ebenso fest verankert wie in den Köpfen der Menschen. Eine Handschrift aus dem 11. Jahrhundert, die Jean-Pierre Devroey in einer belgischen Abtei entdeckt hat, beschreibt die theologischen Tugenden sowie ihre Übertreibungen und ihr Gegenteil: »Liebe, Wunsch nach grenzenloser Vereinnahmung. *Caritas*, zärtliche Einheit. Haß, Verachtung der Eitelkeiten dieser Welt.« Liebe als Gegenteil der »caritas« ist negativ. Die Germanen gebrauchten ein anderes [lateinisches] Wort für diesen unvernünftigen, besitzenwollenden Trieb: »libido«. Dieser Trieb rührte stets von der Frau her. Gregor von Tours verwendet dieses Wort im Zusammenhang mit jener armen Frau, die von Urbicus verlassen wurde, nachdem er Bischof geworden war, aber auch im Zusammenhang mit Tetradia. 517 erließ der Burgunderkönig Sigismund eigens ein Edikt, betreffend die Witwe Aunegilde, die sich zum zweiten Mal mit einem gewissen Fredegisel verlobt hatte, nachdem ihre und seine Eltern eingewilligt hatten. Aber »von heißem Verlangen (*libido*) entflammt, brach sie ihr vor Gericht gegebenes Versprechen und eilte zu Baltamod, ihre Gelübde zurücklassend, doch nicht ihre Schande«. Man hätte sie dafür getötet, wenn der König sie nicht zu Ostern begnadigt hätte. Und eine Witwe, die sich, »vom Begehren (*libido*) überwältigt, frei und ungezwungen mit einem Mann vereinigt, so daß es ruchbar wird«, geht aller ihrer Rechte verlustig und kann den fraglichen Mann nicht mehr heiraten. Ein solches Begehren galt als gemein und der Ehe unwürdig – ein ernsthafter Makel. Die Liebe ist destruktiv.

Zu dieser tiefverwurzelten Überzeugung kam ein anderer (Aber-)Glauben hinzu, den wir aus der Geschichte vom Grafen Eulalius kennen: daß nämlich die Konkubinen Zaubersprüche, Tränke, Amulette und sonstiges Hexenwerk bereiteten, um die Leidenschaft zu erregen und sich die Gunst ihres Liebhabers zu erhalten. Die Frauen, so vermutete man, waren in der Gewalt des Kosmos, der nächtlichen und hölli-

Ostgotenkönig Theoderich der Große (471–526); Bronzemedaillon, um 493. Der König trägt die Uniform eines römischen Heerführers, doch zum Zeichen der Freiheit des Germanen hat er langes, sorgfältig onduliertes Haar. (London, British Museum)

schen Mächte, da ihr Menstruationszyklus, wie die Phasen des Monds, 28 Tage währte. Man stelle sich die Angst und das Entsetzen zahlloser Menschen beim Eintritt einer Mondfinsternis vor! Man glaubte, daß nun die Welt stillstehen und keine Frau mehr ein Kind gebären werde. Und so galt es, die auf dem Mond liegenden Schatten zu vertreiben, und zwar durch »geräuschvolle Zeremonien«, die »vince luna« hießen: »siege, Mond«. Auf der Reformsynode von Les Estinnes 744 wurde dieses Treiben verboten. Zwar lieferte Isidor von Sevilla in seiner kurzen Abhandlung *De natura rerum* den Geistlichen eine naturwissenschaftliche Erklärung der Mondfinsternisse, doch die Kirche hatte gleichwohl Mühe, die Menschen davon zu überzeugen, daß eine Frau ein menschliches und nicht ein kosmisches Wesen war. Auf der genannten Synode wurde festgestellt, daß manche Menschen meinten, »die Frauen ergeben sich dem Mond, um das Herz der Männer zu fesseln, wie die Heiden«. Für viele Männer blieb das Weib ein Mysterium, bald Wohltäterin, bald Hexe, Quelle des Glücks ebenso wie des Unglücks, erschreckend rein und vernichtend unrein. Um die Ängste zu lindern und die Götter zu besänftigen, gab man Neuvermählten eine Schale Met zu trinken, d. h. Alkohol aus vergorenem Honig. Beruhigungsmittel und Liebestrank in einem, sollte diese ebenso starke wie süße Droge dem Paar Mut machen, die Mysterien des Fleisches zu ergründen. Hier liegt der Ursprung des »Honigmonds«, dieser Zeit des Miteinander-Verschmelzens und In-der-Welt-Aufgehens, die alle frischgebackenen Ehepaare kennen. Der Honigmond vertrieb die bösen Geister der Liebe und erlaubte dem Paar, noch viele neue Monde zu erleben und so die Ordnung der Dinge zu bewahren. –

Auf dieser langen und noch heidnischen Reise vom Körper zur Seele haben wir entdeckt, daß der nackte Leib heilig und das Ehebett der Tempel der Fortpflanzung und Gattenliebe war. Doch bei aller Wertschätzung wurde der Körper auch gehaßt. Ständig drohten Vergewaltigung, Entmannung und Folter, ferner zahlreiche körperliche und seelische Erkrankungen. Bewundert oder geschändet, gequält von Mikroben und Ängsten, besessen vom Kampf ums Überleben, war der Körper in der Regel jung; in der mittelalterlichen Gesellschaft war wenig Platz für die Alten, und Frauen im gebärfähigen Alter genossen jeden Schutz. Kinder waren ein kostbares, freilich zerbrechliches Gut. Zweck der Parentel, mit dem Familienchef an der Spitze, war der Schutz der Schwachen: unverheiratete Männer, verheiratete Frauen, Kinder, Sklaven usw. Ehen wurden von den Eltern gestiftet; die Kinder hatten dabei nichts zu sagen. Die Braut mußte unberührt sein, damit ihre Kinder als legitim und reinblütig anerkannt werden konnten. So geschah alles mögliche, um Entführung, Blutschande, Ehebruch und – in geringerem Ausmaß – Scheidungen zu verhindern. Einehe und Vielehe tendierten jedoch in entgegengesetzte Richtungen, und so kam es zu Befleckung, Verderbnis, Schamlosigkeit und Unrat aller Art, der entweder mit Feuer und Eisen getilgt oder in Wasser und Schlamm erstickt werden mußte. Unreinheit befiel vor allem Frauen, wenngleich die meisten Sexualdelikte von Männern begangen wurden. Das Weib galt als Urheberin der Liebe, dieses zerstörerischen Sinnentaumels; man mußte sie dem Kosmos oder doch den Mächten des Bösen entreißen und für die Würde der Ehe und der Mutterschaft gewinnen, die Grundlage der Gesellschaft waren. Die Heiligkeit des Körpers und die Entdämonisierung der Sinne erklären den Status der Frau im besonderen und den der Familie im allgemeinen.

Sich kämmender fränkischer Krieger; Stele vom Friedhof Niederdollendorf, 7. Jh. In der anderen Hand hält er sein Schwert (in der Scheide), hinter ihm erkennt man ein zweiköpfiges Ungeheuer, neben ihm einen Tonkrug. (Bonn, Rheinisches Landesmuseum)

Gewalt und Tod

»In diesen Zeiten geschahen viele Verbrechen«, schreibt Gregor von Tours im Jahre 585, und 675 setzt der Biograph des hl. Leodegar hinzu: »Jedermann setzt als Recht seinen eigenen Willen.« Besser hätte man nicht ausdrücken können, daß Gewalttätigkeit zur Privatangelegenheit geworden war – so wie Kindergebären das Symbol des Weiblichen war, so der Mord das Symbol des Männlichen. Welcher Mechanismus führte von der Aggressivität, einer unentbehrlichen Eigenschaft, zur destruktiven Gewalttätigkeit und zum Tod, vom unschuldigen Spiel zur Jagd, zur Schlägerei, zur Stille des Grabes, zur Bilderwelt des Jenseits?

Erziehung zur Aggressivität

Die intellektuelle Ausbildung des Knaben war, sofern sie nicht in der Hand eines Hauslehrers lag, keine Privatsache mehr, sondern oblag dem Kloster oder der Kirche. Aufgabe der Familie blieb dagegen die körperliche Ertüchtigung des Jugendlichen durch Sport und Jagd. Dieser Teil der Erziehung begann im allgemeinen nach den »barbatoria«, jener Feier, mit der der erste Bartwuchs des Knaben begangen wurde. Das sprießende Barthaar des Jugendlichen bewies, daß eine entscheidende Eigenschaft des Mannes, seine Aggressivität, nunmehr reif zur Formung war. Daß die Franken über die Römer gesiegt hatten, verdankten sie allein der dauernden Übung ihrer militärischen Tugenden. Das Wort »Franke« kommt denn auch vom althochdeutschen »frekkr«, das »kühn, stark, mutig« bedeutet.

Mit vierzehn Jahren oder noch früher begannen die Knaben mit Schwimmen, Dauerlauf, Rennen und Reiten; es waren Sportarten, die sie rasch erlernten und ständig übten, weil diese Fertigkeiten unentbehrlich waren. Da der Steigbügel erst im 9. Jahrhundert gebräuchlich wurde, mußte der Junge, die Hände auf den Hals des Pferdes gestützt, breitbeinig aufspringen wie heutzutage ein Rodeoreiter. Zum Absitzen mußte der Reiter ein Bein über die Kruppe des Pferdes schwingen und dann mit geschlossenen Beinen zu Boden springen. Rasch entwickelte sich eine starke Bindung zwischen dem Jungen und seinem Pferd: Als im Jahre 793 ein muslimisches Heer Conques überfiel, entschied sich ein junger aquitanischer Edelmann namens Datus, sein Pferd lieber zu behalten, als es gegen seine in Gefangenschaft geratene Mutter auszutauschen. Die gegnerischen Soldaten rissen der Frau die Brüste ab und

Codex Legum Langobardorum, 11. Jh. König Pippin von Italien und Kaiser Lothar I. Beide Herrscher sind zu Pferd; sie tragen ihr Prunkgewand und haben das Szepter der Gerechtigkeit in der Hand. Hinter Lothar ein berittener Krieger mit Lanze und Jagdhorn. (Cava dei Tirreni, Italien, Archiv der Abtei)

köpften sie – vor den Augen des Sohnes, den das Grauen zu spät belehrte.

Eine ähnliche Bindung fühlte der Mann an das Schwert, das ihm sein Vater oder sein Oberherr nach dem Ritterschlag gegeben hatte. Diese Zeremonie scheint sehr alt gewesen zu sein. Die französische Bezeichnung »adoubement« kommt vom fränkischen »duban«, das »schlagen« bedeutet. Wenn die militärische Schulung beendet war, wozu die Unterweisung im Gebrauch von Schwert, Bogen und Streitaxt oder »francisc« gehörte (einer Waffe, die, gut geworfen, den Schutzschild des Gegners zerschmetterte und ihn der tödlichen direkten Attacke aussetzte), mußte der junge Mann vor seinem leiblichen Vater oder seinem Ziehvater niederknien und empfing von ihm einen Schwertschlag auf die Schulter, der seine Standfestigkeit prüfen sollte. Der Ritterschlag war ein »rite de passage«, der Beweis dafür, daß der junge Mann sich im Kampf zu behaupten und daß er zum Schutz seiner Sippe auch zu töten vermochte. Jetzt konnten die wirklichen Kämpfe beginnen. – Spiele waren anscheinend von untergeordneter Bedeutung; eine Ausnahme bildeten Würfelspiele – noch zur Zeit des Sidonius Apollinaris (Ende des 5. Jahrhunderts) bei galloromanischen Aristokraten beliebt – und Schach, das alle keltischen und germanischen Edelleute als eine Vorschule der Kriegstaktik schätzten.

Die wichtigste Schulung war die Jagd. Der Junge lernte, Wild zu erlegen und kleinere Tiere einzufangen. Er faßte Zuneigung zu den Haustieren, die dem Jäger nützlich waren, und entwickelte Feindseligkeit und Aggression gegen die wilden, ungezähmten Tiere. Die geheimnisvolle, menschenleere Wildnis hieß schon im 7. Jahrhundert »forestis«, woraus unser »Forst« (französisch »forêt«, englisch »forest«) entstanden ist. Ursprünglich bezeichnete das Wort die unberührte Natur fern den Bezirken des Menschen. In den Augen der Franken konnte sich der Mensch die Natur nur mit Gewalt unterwerfen, und zwar im Augenblick ihrer größten Verwundbarkeit: im Herbst, wenn die Pflanzen abzusterben begannen und die Jungtiere nicht mehr die Mutter brauchten. Dann begannen Mensch und Tier darin zu wetteifern, wer das Recht des Stärkeren besaß: Natur oder Kultur, Instinkt oder Intelligenz.

Die Jagd sollte nicht nur die Küche mit Wild versorgen, sondern auch den jungen Mann in der Kunst des Krieges und des Tötens unterweisen. Häufig war das Opfer der Mensch. Im Jahre 675 jagte der Merowingerkönig Childerich II. im Forst von Bondy, östlich von Paris, doch bald war er nicht mehr Jäger, sondern Gejagter; aufrührerische Edelleute unter Bodilon schnitten ihm die Kehle durch wie einem erlegten Hirsch, und mit der schwangeren Königin Bilichildis taten sie dasselbe. Der Sohn Karls des Kahlen, Karl das Kind, starb 864 nach einem Jagdunfall (sein Beiname zeugt von der Verfrühtheit solchen Unterrichts); sein Enkel Karlmann II. wurde 884 von einem wilden Eber angefallen und tödlich verletzt. Und den König Ludwig II., der erst zwei Jahre zuvor die Wikinger besiegt hatte, ereilte der Tod, als er zarterem Wild nachsetzte, nämlich einem Mädchen, das in seine Hütte floh. Der König sprengte hinterdrein, vergessend, daß er zu Pferde saß, wollte zur Türe hineingaloppieren und zerschmetterte sich den Schädel am Türsturz. Die Freuden der Jagd hatten auch ihre Schattenseiten.

Der Krieg zwischen Mensch und Tier bescherte nicht nur die Vergnügung des Tötens, sondern vertiefte auch die Beziehung zu den Jagdhunden und Beizvögeln, deren Instinkte der Mensch für seine Zwecke ausbilden mußte. Die Galloromanen kannten zwei Arten von Jagdhunden, die wahrscheinlich die Aufgaben der heutigen Schweißhunde bzw. Apportierhunde wahrnahmen. Die Burgunder benutzten Hatzhunde und Meutehunde. Wer einen Jagdhund stahl, mußte ihm in aller Öffentlichkeit das Hinterteil küssen oder, falls er sich dieser Schmach nicht aussetzen wollte, fünf Solidi an den Hundehalter und eine Buße von zwei Solidi zahlen. Die Franken setzten eine viel höhere Buße fest: 15 Solidi. Ein zahmer Hirsch, von seinem Eigentümer gebrandmarkt, war 45 Solidi »wert«, wenn er gestohlen wurde. Ein alter keltischer Brauch war die Brunftjagd (»chasse au brame«); dabei wurde ein brunftiger Rothirsch in eine hufeisenförmige Falle aus Bäumen und Netzen gestellt; sobald der Hirsch zu röhren begann und andere Hirsche und Rottiere anlockte, wurde die Falle geschlossen. Ebenso kostbar waren bereitete Greifvögel, da das Abrichten sehr schwierig war. Für das Stehlen eines Falken vom Pfahl, also eines bereiteten Vogels, mußte man bei den Franken 15 Solidi Buße zahlen, für das Stehlen eines Falken aus seiner Kammer 45 Solidi – ebensoviel wie für einen zahmen Hirsch und dreimal so viel wie für einen Sklaven. Um solche Diebstähle zu unterbinden, verfielen die Burgunder auf eine noch bessere Lösung: Der gestohlene Falke durfte fünf Unzen [ca. 150 Gramm] rohen Fleisches von der Brust des Diebes fressen. Von hier bis zum ausgehackten Auge war nur ein Schnabelschlag.

Die Leidenschaft für die Jagd, für Jagdhunde und Beizvögel war im merowingischen und karolingischen Gallien allgemein verbreitet. Ludwig der Fromme regelte gesetzlich, daß ein Mann, der das Wergeld

Bogenschütze: Evangeliar des Ebbo, 9. Jh. Der Bogen wurde im allgemeinen von Soldaten und Jägern benutzt. Hier sehen wir ihn in der Hand eines einfachen Bauern. (Epernay, Bibliothèque Municipale)

(Buße für Mord) nicht in bar, sondern in Naturalien zu entrichten wünschte, auf keinen Fall sein Schwert und seinen Sperber hingeben durfte; denn diese unentbehrlichen Begleiter hatten für einen Mann einen solch hohen emotionalen Wert, daß er ihren tatsächlichen Wert unweigerlich überschätzte. Zwei Jagdwaffen, die anscheinend als weniger wertvoll galten, obwohl sie genauso wichtig waren, waren der Bogen und der Speer. Pfeil und Bogen gebrauchte man zum Jagen von Vögeln. Sidonius Apollinaris beschreibt, wie der Westgotenkönig Theoderich II. (453–466) hoch zu Roß auf Vogeljagd geht; er schießt mit Überlegung, wobei er einen Bogen benutzt, den ihm ein Knappe zugerüstet hat. Einen Speer benutzt 456 Avitus, Senator aus der Auvergne und nachmaliger römischer Kaiser, zur Schwarzwildjagd; allerdings muß er dazu vom Pferd steigen und dieses gefährlichste Wild mit einem gezielten Stoß erlegen. Bogen und Speer müssen billiger und leichter zu beschaffen gewesen sein als Schwert oder Sperber, und der Mann entwikkelte zu jenen keine ähnlich starke Beziehung wie zu diesen; unvergeßlich aber blieben ihm die gelungenen Hiebe, die er in seiner Jugend mit dem fränkischen Schwert ausgeteilt hatte, diesem Wunderwerk an Geschmeidigkeit und Schärfe, oder die langen Jahre, in denen er einen treuen Hund oder einen nie versagenden Falken erzogen hatte.

Eine komplexe Beziehung, geprägt von Furcht und Imitation, entstand zwischen dem Jäger und seinem Beutetier. Damals gab es noch viele Wölfe, und in sehr kalten Wintern brachen sie, halb verhungert, in befestigte Städte ein; in Bordeaux rissen sie im Jahre 585 zahlreiche Hunde. Zu Beginn des 9. Jahrhunderts befahl Karl der Große im *Capitulare de villis* seinen Jägern, den Burggraben zu überqueren und Wölfe zu fangen, im Mai vor allem die jungen. Bischof Frotharius pries in einem Sendschreiben an Karl den Großen die kaiserlichen Forste: »Ich habe in deinen Wäldern mehr als hundert Wölfe erlegt.« Um Wölfe zu fangen, stellte man in der »Wüste«, d. h. in unbebautem Gebiet, Fallen auf: Dazu legte man einen Köder aus, auf den ein gespannter Bogen gerichtet war. Es genügte schon, an den Köder zu rühren, um den Pfeil auszulösen und den neugierigen Wolf zu töten – oder einen Menschen. Um derartige Unfälle zu verhindern, bestimmte das burgundische Recht, daß eine Falle mit drei Zeichen zu markieren sei, einem am Bo-

Schnalle und Teil eines Zaumzeugs; Bronze und mit Silber eingelegtes Eisen; spätes 6. oder frühes 7. Jh. bzw. 1. Hälfte des 7. Jh. (Metz, Museum)

den und zweien in der Höhe. Wölfe versetzten die Bevölkerung in Angst und Schrecken und galten als ebenso gefährlich wie Schwarzwild. Ein angegriffener Keiler wurde aggressiv und konnte einen Menschen mit seinen Hauern töten. Die Schwarzwildjagd war dermaßen schwierig, daß eine Buße von 15 Solidi auf das Entwenden oder Töten eines Wildschweins stand, das andere Jäger aufgestöbert hatten. Sauen wurden nicht bejagt, da die Sau im Gegensatz zum Keiler, der sofort angreift, davonläuft. Die Franken konnten kaum umhin, eine Parallele zu ziehen zwischen dem aggressiven Keiler und dem Mann einerseits und der flüchtenden, ihre Frischlinge beschützenden Sau und der Frau andererseits. So diktierte das Tierreich den Menschen die Geschlechtsrollen: Aggression und Mildherzigkeit, Überlegenheit und Unterlegenheit.

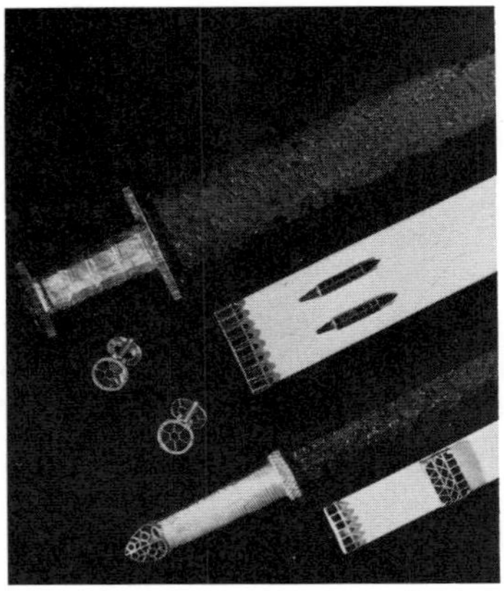

Germanische Waffen aus einem Fürstengrab in Pouan (Aube), spätes 5. Jh. Scheide für »scramasax«, »scramasax«, zwei Gürtelschnallen, Schwertscheide, Schwert. Diese verschwenderisch mit Gold-Cloisonné verzierten Waffen gehörten wahrscheinlich einem Heerführer. (Troyes, Musée des Beaux-Arts)

Doch die Tiere wurden nicht nur gefürchtet; sie wurden auch imitiert. In der zweiten Hälfte des 5. Jahrhunderts wurde es bei galloromanischen Aristokraten und auch im Volk immer weniger üblich, einen Menschen mit drei Namen zu benennen; jetzt wurde es Mode, nur *einen* Namen zu tragen. Die Franken taten es ihnen nach und wählten Namen, die aus zwei Teilen zusammengesetzt waren. Oft wählten sie den Namen eines wilden Tieres, um dem Kind dessen Eigenschaften zu übertragen: Bernhard – stark wie ein Bär; Bertchramn [heute Bertram] – berühmt wie ein Rabe; Wolfgang – Angreifer wie ein Wolf.

Der Name macht den Mann, und so bequemten sich die Galloromanen nach und nach dieser Denkweise an. Herzog Lupus (Wolf) hatte einen Bruder namens Magnulfus (großer Wolf) und zwei Söhne Johannes und Romulfus (römischer Wolf, eine feine, germanisch-romanische Anspielung auf die Ursprünge Roms). Beeindruckt von der Art der Namensgebung im Norden, übernahmen die Menschen im Süden, auch Geistliche, allmählich germanische Namen mit Anklängen an Krieg oder Tiere. Im 6. Jahrhundert trugen südlich einer Linie Nantes–Besançon nur 17 Prozent der Bischöfe germanische Namen, im 7. Jahrhundert waren es bereits 67 Prozent. Dieser Wandel deutet darauf hin, daß die merowingische Gesellschaft insgesamt aggressiver geworden und die Jagd verbreiteter war als früher. Doch waren nicht alle germanisch klingenden Namen Tabuwörter für Tiere aus anthropomorphen Kulten, und außer in Gebieten, in denen einst Franken gesiedelt hatten, dürfte wohl niemand den Sinn dieser Namen verstanden haben.

Wenn wir freilich die Verdammungsurteile merowingischer und karolingischer Konzilien gegen Angehörige der Geistlichkeit lesen, die stets in Waffen einhergingen und mit Hunden und Falken dem Waidwerk frönten, dann wird deutlich, daß die Kunst des Tötens zur verzehrenden Leidenschaft selbst bei jenen Männern geworden war, die zu friedlichen Seelenhirten berufen waren. Zur Zeit der Unabhängigkeit im 8. Jahrhundert waren die Bischöfe von Aquitanien berühmt für ihre Geschicklichkeit im Umgang mit der Lanze. Zwar hatten sich die Dinge bis zum 9. Jahrhundert wieder geändert, doch klagte Jonas von Orléans noch immer über Männer, welche das Waidwerk und die Hunde so sehr liebten, daß sie darüber sich selbst und die Armen vernachlässigten: »Um Tiere zu töten, die er nicht gefüttert hat, bringt der Mächtige den

Kampfszene mit Tieren in einem Amphitheater; Teil eines Konsulardiptychons, 400–450. Solche Spiele waren in römischen Städten bis weit in die merowingische Zeit hinein beliebt. (Bourges, Museum)

Armen um seine Habe.« Solche Kritik blieb wirkungslos; denn die Jagd war zugleich Anreiz und Abfuhr der aggressiven Triebe. Während der Belagerung von Paris durch die Wikinger 885 führten manche Verteidiger auf Schritt und Tritt ihren Falken mit sich, so wie heute ein Soldat vielleicht sein Taschentuch. Und der eifrigste Kämpfer von allen, mit Helm und Rüstung bekleidet, das Schwert in der Hand, war Gozlin, der Bischof der Stadt, der einen Heiden nach dem anderen niederstreckte.

Tötete ein vierbeiniges Haustier einen Menschen, so mußte nach Artikel 36 der *Lex Salica* der Besitzer des Tieres die Hälfte des Wergeldes als Entschädigung zahlen und das schuldige Tier dem Kläger überantworten. Hieraus entwickelte sich später der Brauch, Tiere vor Gericht zu stellen; er beweist den tiefverwurzelten Glauben an die zerstörerische Macht der Tiere, an die dunkle Gewalt einer Natur, die der Mensch sich zu unterwerfen trachtete. Der Zweck der Übung war nicht nur, die Schuld des Tieres zu erweisen, damit der Verdacht nicht auf einen Menschen fiel; eine solche rationale Überlegung wäre damals nicht zu erwarten gewesen. Vielmehr spürte man eine heimliche Komplizenschaft zwischen Mensch und Tier, einen gemeinsamen Todestrieb.

Dieselben Gefühle standen hinter der germanischen Sitte, einen Pelz zu tragen. Der Abscheu der Römer vor den Barbaren rührte nicht nur von Gepflogenheiten her wie dem Einfetten der Haare mit ranziger Butter oder dem Genuß von Zwiebeln und Knoblauch, was bei den Bur-

Sarkophage 6./7. Jh. Diese Sarkophage aus Kalkstein aus dem Poitou sind mit vielarmigen Kreuzen verziert und typisch für die galloromanischen Friedhöfe südlich der Loire. (Poitiers, Baptisterium von Saint-Jean)

gundern gang und gäbe war, sondern auch von der in römischer Sicht indiskutabel primitiven Sitte, sich »in Tierfelle zu kleiden«. Nunmehr verbreitete sich mit den germanischen Namen auch das Tragen von Pelzjacken in allen Teilen der Bevölkerung. Karl der Große trug eine, ebenso wie jeder x-beliebige Bauer im Winter, allerdings – worauf Robert Delort aufmerksam gemacht hat – mit dem wichtigen Unterschied, daß man sie mit dem Fell nach innen trug. Die Menschen wollten zwar die Eigenschaften der Tiere annehmen, aber nicht durch einen überall behaarten Körper ihnen gleichen, um nicht von ihnen besessen zu werden. Damit wäre man auf die Stufe des Tieres abgesunken, hätte seine wesentlichen Eigenschaften und seine Art des Tötens übernommen.

Hatte die Jagd einen Bezug zum Tod, so hatte das Angeln auf eigentümliche Weise einen Bezug zum Leben. Nicht daß die Menschen nicht gerne Fisch gegessen hätten, aber das Angeln setzte keinerlei Energien frei. Das salische Recht sagt zwar, daß der Diebstahl von Fisch ein ebenso schweres Delikt ist wie der Diebstahl von Jagdhunden oder erjagtem Wild, doch Einzelheiten erwähnt es nicht. Das Angeln war eine zu friedliche Beschäftigung, als daß es zum Diebstahl verlockt hätte. Die kaiserlichen Wildhüter hatten zwar den Auftrag, auf Flüsse und Fischteiche ebenso zu achten wie auf Netze und Kaninchenbauten, wir wissen jedoch nicht, zu welchen Konflikten es durch Fischdiebstahl oder Flußumleitungen gekommen wäre. Wer Fisch sagte, sagte letzten Endes Mönch. Die Regel des hl. Benedikt bestimmt: »Das Fleisch von Vierfüßlern darf keiner essen, es sei denn, er ist leidend und sehr geschwächt.« In der Fastenzeit und an Freitagen taten es die Laien den Mönchen nach und aßen nur Fisch. Der Verzehr von Meeresfischen nahm stetig zu, bis er irgendwann im 10. Jahrhundert den von Süßwasserfischen übertraf. In der sozialen und diätetischen Symbolik indes wurde der Fisch weiterhin mit den Mönchen in Beziehung gebracht, die ihn eingeführt hatten. Fisch war die Speise des Friedens, der waffenlosen Männer und, dank seiner Herkunft aus dem Wasser, eine aus der Welt des Weiblichen stammende Quelle des Lebens. In extremen Fällen wurde das Angeln als eine Art Anti-Jagd verachtet – ein schändliches, erniedrigendes Tun, unwürdig eines vornehmen Mannes.

Todesstrafe für Brandstifter und Diebe

Diebstahl und Brandstiftung waren private Akte von großer Reichweite auf der Skala der Gewalt. Die Väter des salischen Rechtes befaßten sich vor allem mit dem Diebstahl – von 70 Artikeln behandeln 22, d. h. nahezu ein Drittel, in der einen oder anderen Weise den Diebstahl. Das burgundische Recht räumt diesem Thema dagegen nur 13 von 105 Artikeln ein. Das läßt darauf schließen, daß die Burgunder und die Goten den Grundbesitz länger kannten als die Franken, für welche die bewegliche Habe der Inbegriff des Wohlstandes und des Prestiges war.

Die Aufzählung der einschlägigen Delikte im salischen Recht grenzt ans Manische. Nach dem Diebstahl von Schweinen werden genannt der Diebstahl von Kühen, Schafen und Ziegen, Jagdhunden, Beizvögeln, Hähnen, Hennen, zahmen Pfauen, Gänsen, Turteltauben und sonstigen Vögeln, die man mit Netzen fängt. Danach kommt der Diebstahl von Bienenhäusern und Bienenschwärmen (Honig war damals das einzige Süßungsmittel) und endlich der von Sklaven aller Art: Schweinehirten, Aufsehern im Weinberg, Stallknechten, Schmieden, Zimmerleuten, Goldschmieden usw. Die Gesetzgeber begannen also beim häufigsten Verstoß und schlossen mit dem seltensten. Auch deuteten sie den Wert der jeweiligen Sache an. Mitunter sind diese Schätzungen erstaunlich: 45 Solidi für einen entwendeten Topf Honig, aber nur 35 für einen Sklaven oder eine Stute (62,5 Solidi, wenn es sich bei dem Sklaven um einen fähigen Handwerker handelte). Der Mensch hatte keinen Wert an sich, sondern lediglich einen Gebrauchswert. Ein Zugpferd oder ein Hengst, beides sehr begehrte Tiere, waren 45 Solidi wert – mehr als ein gewöhnlicher Sklave. Gestohlen wurde, was nicht niet- und nagelfest war: Kuh- und Schafsglocken, Mehl aus der Mühle, Nähgarn, Fässer mit Wein, Heu usw. So entsteht das Bild einer kleinlichen, besitzgierigen Gesellschaft; nichts blieb unbeachtet, jeder Verlust wurde zu einer persönlichen Beleidigung, und der auf frischer Tat ertappte Dieb mußte mit der Todesstrafe rechnen. War es aber ein Sklave, so wurde er mit 120 bis 150 Rutenhieben, Folter oder Entmannung bestraft, weil die Sklavenbesitzer nicht ihr Kapital einbüßen wollten.

Man könnte es sich leichtmachen und, wie der christliche Klerus damals, diese drakonischen Gesetze als unmoralisch verwerfen. In Wirklichkeit dienten sie der Regelung der Beziehungen der Franken untereinander – auf der Grundlage des fränkischen Begriffs von Wohlstand und des Neides als der Wurzel des Diebstahls – angesichts einer wachsenden sozialen Differenzierung zwischen einst gleichberechtigten Kriegern und Sippen. Diese Gesetze wollten unterscheiden zwischen Kriegsbeute, d. h. dem legalen Diebstahl auf Kosten des Feindes, und

Brunftjagd; galloromanisches Mosaik aus Lillebonne, 250–300. Das mittlere Feld zeigt Apollon, der Daphne nachstellt; die vier Seitenfelder stellen die Rotwildjagd dar: ein weibliches Tier wird gebunden und hinter Büschen versteckt; die Brunftschreie locken das männliche Tier an. Diese Jagdtechnik war in merowingischer Zeit noch gebräuchlich. (Rouen, Musée départemental)

schlichtem Diebstahl der Franken untereinander, der in internen Streitigkeiten münden mußte. Hin- und hergerissen zwischen Kriegsabenteuer und Landarbeit, machten diese Soldaten-Bauern keinen Unterschied zwischen Aggressionen nach innen und nach außen, zwischen Diebstahl und Plünderung, sie zögerten nicht, Leib und Leben für ein Nichts aufs Spiel zu setzen. Das lehrt ein Blick auf das burgundische Recht, wo die oben aufgezählten Verbrechen, die für die Franken so gravierend waren, nebensächlich sind und mit einer Buße von drei Solidi abgetan werden. Schwerwiegend sind allein der Diebstahl eines Pfluges und der eines Ochsenpaares im Joch. Für ein solches Verbrechen konnte der Täter zu Sklaverei verurteilt werden. Grundbesitz nahm also bei den Burgundern einen viel höheren Rang ein. (Und erst recht bei den Galloromanen, in deren Rechtstexten verschobene Grenzmarkierungen, betrügerische Verkäufe, verbrannte Besitzurkunden, verwüstete Felder usw. umfassend beachtet werden. Doch führen uns diese eher notariellen Belange zu weit von der Privatsphäre weg.)

Schlimmer war, daß das ganze ländliche Gallien zwischen dem 5. und dem 10. Jahrhundert heimgesucht wurde von Briganten, Räubern, »latrones«, auf gallisch auch »bagaudes« (»die sich zusammenrotten«). Wenn diese den königlichen Truppen in die Hände fielen, wurden sie zu Sklaverei, Haft oder zum Tode verdammt. Diese »Frevler«, die weder Folter noch Strafe schreckte, lösten Angst und Schrecken in der Bevölkerung aus, und so verbarrikadierten sich die Menschen häufig in ihren Häusern, um in Sicherheit zu sein. –

War Diebstahl ein Anschlag auf den Einzelnen, so war Brandstiftung ein Anschlag auf die Gemeinschaft und den Sippenverband und wirkte noch traumatisierender. Was war einfacher, als eine strohbedeckte Hütte in Brand zu stecken, ein Geflecht zum Sieben des Salzes, einen Getreidespeicher, einen Heuschober, einen Schweine- oder Kuhstall anzuzünden? Das salische Recht sah schwere Bußen für jeden vor, der ein solches Verbrechen bei Nacht beging, wenn die Menschen schliefen. Er mußte Schadensersatz für jeden Getöteten wie für jeden Geretteten leisten. Doch hatte der Brandstifter keine Körperstrafe zu gewärtigen; im Gegenteil. Das römische Recht sah in diesem Falle für Edelleute die Verbannung und für Freigeborene Zwangsarbeit in den Bergwerken vor. Hatte der Täter mit seiner Tat schwere Schäden angerichtet, so wurde er zum Tode verurteilt. In beiden Fällen ging es um ein böswillig gelegtes Feuer; das römische Recht unterschied sorgfältig zwischen bewußter, krimineller Brandstiftung und dem zufällig, etwa bei der Brandrodung, außer Kontrolle geratenen Feuer.

Dieser Unterschied zwischen Franken und Römern hat nichts mit dem Entwicklungsstand der jeweiligen Zivilisation zu tun, sondern gründet in Tiefenschichten des kollektiven Unbewußten. Das Feuer wurde als Mittel der Läuterung aufgefaßt. Wer an seinem eigenen Herd, dem wohltätigen Feuer par excellence, durch Brand gefährdet oder geschädigt wurde, betrachtete sich als verflucht und unrein, mochte der Feuerschaden zufällig oder mit Absicht verursacht worden sein. Eine Stadt, die einer Feuersbrunst zum Opfer fiel – beispielsweise Tours bei verschiedenen Gelegenheiten, Bourges 584, Orléans 580 und Paris 585 –, wurde in den Augen von Galloromanen und Christen für ihre Sünden bestraft oder von bösen Geistern vernichtet. Hier galt es, Abwehr und Schutz zu schaffen. So schützte man Häuser durch ein Kruzifix oder ein griechisches Kreuz; man stellte ein Bild des hl. Martin auf oder versammelte Reliquien auf einem Hausaltar. »Einmal, als die Stadt Bordeaux einem schlimmen Brand zum Opfer fiel, blieb das Haus des Syrers Euphron, obgleich von Flammen umringt, ganz und gar verschont«; denn auf einer Mauer lag ein Knochen vom Finger des hl. Sergius. Gerüchte wollten wissen, daß Paris von dem Tage an von Feuersbrünsten heimgesucht wurde, da irgend jemand bei der Reinigung der

Deckel eines Evangeliars; Elfenbein, 840–870. Dargestellt sind die Brüder von Emmaus, die vor den Toren Jerusalems Christus begegnen. (Paris, Bibliothèque Nationale)

Kloake an einer Brücke »eine eherne Schlange und Ratte gefunden und sie fortgenommen« hatte, durch welche die Stadt »von alters her gleichsam geweiht gewesen«. Diese Geschichte (*F. G.* VIII 33) beweist, daß sogar das Feuer des Himmels dämonischen, ja chthonisch-unterirdischen Ursprungs und mit den dunklen Kräften des Kosmos im Bunde sein konnte. Das einzige Gegenmittel waren Unheil abwehrende Symbole, Darstellungen von Tieren, die selbst aus der Tiefe stammten wie Ratte und Schlange, welche einen Teil des Jahres unter der Erde verbringen.

Die Franken teilten diese Anschauungen, kamen jedoch zu anderen Schlüssen, was die Person des Brandstifters betraf. Sie waren der Ansicht, daß eine tödliche Brandstiftung als Mord zu werten sei, der – wie wir sehen werden – kein verwerflicher Akt war, und daß das Feuer infolgedessen eine Form männlicher Aggressivität, gleichsam ein von Menschen erfundenes Mordinstrument sei. Erinnern wir uns daran, daß die auf merowingischen Friedhöfen Bestatteten einen ovalen Ring aus Eisen am Gürtel trugen, der zum Feuermachen diente. Um Feuer zu entzünden, hielt man diesen Ring mit vier Fingern einer Hand fest und schlug ihn mehrmals scharf gegen einen Flintstein. Man hat Leichen gefunden, die einen solchen Flintstein mit der Faust umklammern. Neben dieser Methode des Feuermachens durch Funkenschlag gibt es die ältere des »nodfyr« (»Notfeuer«). Dabei ließ man einen Stock aus hartem, trockenem Holz mit Hilfe einer Schnur sehr schnell auf einem Stück weichen, trockenen Holzes rotieren; die Spitze des Stockes wurde schließlich heiß und rot, und eine Flamme züngelte auf. Diese Methode der Feuergewinnung galt als magisch, das so gewonnene Feuer als Geschenk der Götter. Auf der Synode von Les Estinnes 744 wurde diese Technik verboten, allerdings ohne Erfolg. Menschen, die mit einem solchen frommen Feuer Brandstiftung begingen, weckten heiliges Entsetzen. Man ging ihnen besser aus dem Weg und mied ihre Berührung.

Die Kirche aber fand einen Weg, mit diesen unberührbaren Brandstiftern fertig zu werden, ohne daß sie es verbal zum Ausdruck brachte. Die Bußbücher enthielten eine Buße für Masturbation. Für Kinder war diese Buße gering; beim erwachsenen Mann betrug sie ein Jahr und bei der Frau drei Jahre. Nun sind, wie C. G. Jung dargelegt hat, fast alle Brandstifter Masturbanten. Die von ihm zitierten Fälle belegen einen engen Zusammenhang zwischen Brandstiftung und Masturbation – beides sind Methoden, eine ebenso zerstörerische wie schöpferische »Hitze« zu entfachen. Der Brandstifter beging beide Akte gleichzeitig; das Feuer spritzte buchstäblich aus seinem Körper. Die Bußbücher erläuterten, daß das Verbot der Masturbation notwendig sei, um ein Übermaß jenes Begehrens (»libido«) zu strafen, das in Frauen größer ist als in Männern; das bestätigt auch Jung. Eine explizite Verbindung mit der Brandstiftung wurde nicht hergestellt. Trotzdem ist es möglich, daß die Masturbation als gefährliche Gewohnheit galt. So offenbart sich der sexuelle Ursprung aggressiven Verhaltens: im Diebstahl als der »männlichen« und in der Brandstiftung als der eher »weiblichen« Tat.

Mord, Folter, Rache

Die Verbindung von Sexualität und Tod lenkt unseren Blick auf die Witwe. (Witwer werden in der frühmittelalterlichen Gesellschaft überhaupt nicht erwähnt, vermutlich, weil es sie nicht gab – aufgrund der öffentlichen und privaten Gewalt war die männliche Sterblichkeitsrate extrem hoch.) Die germanischen Volksrechte taten alles Erdenkliche, um die Witwe mit ihrer bedrohlichen »libido« an der Wiedervermählung zu hindern. Da die Witwen wirtschaftlich unabhängig sein mußten, behielten sie Mitgift und Morgengabe. Das burgundische Recht verfügte, daß die Kinder der Witwe bei ihrer Eheschließung höchstens zwei Drittel des väterlichen Besitzes erben durften, damit ihre Mutter nicht in Armut fiel. So wurde manche Witwe zu einer einflußreichen, ja beherrschenden Gestalt, zumal nach dem Tode ihres Mannes die Aufsicht über die Familie auf sie überging. Andererseits geriet eine Frau bei der Wiedervermählung wieder unter die »munt« ihres Gatten. Bei den Franken mußte der zweite Ehemann sogar drei Gold-Solidi, das sog. »reipus«, »Reifegold«, an die Verwandtschaft der Frau zahlen. Dies beweist, daß Frauen, oder jedenfalls Witwen, zwar zu Macht und Geltung aufsteigen konnten, aber niemals wirklich frei waren, weil sie Männer brauchten, die in ihrem Namen Gewalt übten. Die reife Sexualität und das gesicherte Vermögen einer Witwe machten sie anziehend, einflußreich und verletzlich zugleich. –

Gewalt war im frühen Mittelalter weiter verbreitet als heute; Schläge und Verletzungen führten häufig zum Tode. Der müde Gleichmut in den Schriften Gregors von Tours ebenso wie die Entsetzensschreie in der Dichtung und den Predigten des Bischofs Theodulf von Orléans oder des Erzbischofs Hinkmar von Reims lassen erkennen, daß Gewalt etwas Alltägliches war. Daß Laien einander niedermetzelten, mag niemanden verwundern; aber was soll man von Klerikern halten, die sich gegen ihren Bischof empörten? Oder von den Nonnen des Klosters Sainte-Croix in Poitiers, die ihre Äbtissin und den Bischof beschimpften, ein Konzil störten und sprengten, »ein Heer von Mördern, Zauberern und Ehebrechern« anheuerten und mit ihm gegen den eigenen

Bibel Karls des Kahlen. Der hl. Paulus wird in Damaskus von Ananias geheilt. (Paris, Bibliothèque Nationale)

Konvent marschierten? Pierre Riché berichtet einen Fall aus dem 9. Jahrhundert, bei dem es um den Bischof von Le Mans ging: Der geistliche Herr war verdrossen über seine Priester und ließ sie kurzerhand entmannen; Karl der Große persönlich mußte eingreifen und den Rasenden von seinem Bischofssitz entfernen.

Freilich waren nicht alle derartigen Akte das Resultat einer geistigen Verirrung. Aggression war die Regel, wie die Ermordung des Erzbischofs Fulco von Reims, die vom flandrischen Hof angestiftet worden war, beweist. Die weisen Väter des salischen Rechts zählten eine ganze Litanei von Stößen und Blessuren auf, die endlich im Mord gipfelte. Auf Mord stand als Strafe das sogenannte Wergeld (»Manngeld«), die Entschädigung für das Töten eines Menschen – nur Gold konnte der Flut von Blut wehren. Die im salischen Recht berücksichtigten Fälle reichten vom Mord durch einen vergifteten Pfeil bis zum Schlag, bei dem nur ein paar Tropfen Blut flossen. Drei Fausthiebe kosteten neun Gold-Solidi, eine abgehauene Hand bzw. ein Fuß, ein ausgerissenes Auge, ein aufgeschlitztes Ohr oder eine aufgeschnittene Nase 100 Solidi. Wenn die Hand oder der Daumen aber wieder anwuchs, wurde die Buße ermäßigt. Die Rechnung war kompliziert, weil ein Zeigefinger, den man zum Schießen mit Pfeil und Bogen benötigte, 35 Solidi wert war, ein kleiner Finger aber nur 15. Es gab sogar Leute, die ihrem Feind die Zunge herausrissen, »damit er nicht mehr sprechen kann«; die Strafe belief sich auf 100 Solidi.

Der Grund für diese Grausamkeit ist leicht zu erraten: es geschah aus Rache. Warum sonst hätte man mit Hilfe einiger Freunde, die das um sich schlagende Opfer festhielten, einen solchen »chirurgischen Eingriff« vornehmen sollen, wenn nicht zu dem Zweck, jenen Körperteil des Feindes zu vernichten, der dem Aggressor Unrecht getan hatte? Es war leichter, einen Menschen zu töten; man konnte es allein tun, und die

Buße war nicht höher, falls es sich nicht um einen »antrustio« oder einen Gast des Königs handelte. Die Bewertung der Morde war nach dem sozialen Status der Opfer gestaffelt. Die an die Familie des Opfers zu zahlende Buße für einen erschlagenen Franken war genauso hoch wie für einen Römer; einzig der Ort des Opfers in der sozialen Hierarchie machte den Unterschied aus – ob Königsmann oder nur freier Mann. Zum dritten Male begegnen wir nun dem eigenartigen fränkischen Brauch, Diebe zu hängen, Mörder jedoch mit einer Geldstrafe davonkommen zu lassen. Das ist um so erstaunlicher, als nach römischem wie nach burgundischem Recht auf Mord die Todesstrafe stand. Tötung aus berechtigter Notwehr ahndeten die Burgunder mit einer Geldstrafe, nämlich der Hälfte des Schadensersatzes, den die Familie des Opfers bekam, und zwar je nach dessen Status: Edler, Freier oder von niederem Rang.

Über die Vorstellung von der Rache sei noch einiges gesagt, »jene Rache an einem Sippengenossen, die wir Fehde nennen«, wie Regino von Prüm sich ausdrückt. Sobald ein Mord geschehen war, erachtete es die Familie des Opfers als ihre heilige Pflicht, die Tat am Täter oder an seiner Familie zu rächen. War die Rache gelungen, oblag der Familie des neuen Opfers dieselbe Verpflichtung, und so weiter ad infinitum. Die Schule der Gewalt mündete in einer endlosen Serie von Privatfehden, die mitunter über Jahrhunderte fortdauerten. Wir hören davon schon im 6. Jahrhundert bei Gregor von Tours und noch im 11. Jahrhundert bei Radulfus Glaber. Die eigene Familie nicht zu rächen galt als schändlich. Als Sichar sich gegen Chramnesind in frechen Reden rühmte, dessen Verwandte erschlagen zu haben, dachte Chramnesind bei sich: »Wenn ich den Tod meiner Verwandten nicht räche, so bin ich nicht wert, ferner ein Mann zu heißen; ein schwaches Weib muß man mich nennen.« Und als die Lichter gelöscht waren, spaltete er Sichar mit seinem Schwert den Kopf (*F. G.* IX 19). Nach der Ermordung seines Bruders Chilperich ruft König Gunthchramn aus: »Ich müßte wahrlich nicht für einen Mann gelten, wenn ich meines Bruders Tod nicht noch in diesem Jahre rächte« (*F. G.* VIII 5). Auch hier wiederum die Gleichsetzung von Mord und Männlichkeit.

Der Akt des Tötens erregte keinen Abscheu; er wurde zur Gewohnheit. »Wenn einer einen freien Mann ohne Hände und Füße, den seine Feinde zerstümmelt auf dem Weg zurückließen [...], tötet, werde er zu 100 Solidi Schulden verurteilt.« Und: »Wer einem Mann, den seine Feinde gepfählt haben, ohne deren Wissen den Kopf abschlägt, [...] der soll 15 Solidi zahlen.« So unbegreiflich uns solche Handlungen erscheinen mögen, es ging um schwerwiegende Belange. In beiden Fällen hatte man das Opfer an einem heiligen Ort bestraft – einem Kreuzweg, am Pfahl einer Einhegung –, zum Zeichen, daß an ihm eine fromme Pflicht erfüllt, ein Unrecht gerächt worden war. Wer von außen in diese Fehden eingriff, konnte einen neuerlichen Austausch von Racheakten auslösen, eine dritte Sippe in die Fehde verwickeln. Königin Brunichild verfiel auf eine Radikalkur: Sie machte die Angehörigen zweier verfeindeter Sippen betrunken und ließ sie dann allesamt von ihren Leuten mit dem Beil erschlagen.

Die Enthauptung des Täufers Johannes und Tanz der Salome; Evangeliar (aus Chartres?), 800–850. (Paris, Bibliothèque Nationale, Latin 9386)

Goldmünzen; Le Mans, 7. Jh. Vorder- und Rückseite zeigen das Kreuz als Schutz- und Siegessymbol. Mit solchen Münzen zahlte man die Bußen für Diebstahl und andere Delikte. (Paris, Bibliothèque Nationale, Cabinet des Médailles)

Indes hat Sylvie Desmet darauf hingewiesen, daß es eine bequeme Ausbruchsstelle aus dieser Kette der Gewalt gab: Man mußte nur das Wergeld zahlen. Da jede Wunde und jeder Mensch sozusagen ihren »Listenpreis« hatten, konnte eine Familie die Privatfehde beenden, indem sie die Zahlung des Wergelds durch die andere Familie akzeptierte. In einer Gesellschaft, in der ein Menschenleben für nichts galt und es nur auf den erlittenen Schaden ankam, mußte dies eine verlockende Lösung sein. Die Summen, um die es ging, waren enorm und konnten den oder die Empfänger auf der Stelle reich machen. Aber noch kräftiger als die Geldgier war häufig der Haß oder die Furcht, in den Augen der Nachbarn als Feigling oder »schwaches Weib« dazustehen. Wenn der Mann nicht mehr handelte wie ein Mann, drohte die Gesellschaft aus den Fugen zu geraten. Oft kam auch die Wergeldregelung nicht zustande, und das Morden aus Rache ging weiter.

Die Rache war Pflicht. Oben habe ich von den Festgelagen gesprochen, bei denen die Gäste schworen, einen bestimmten Menschen zu töten oder ihren Genossen unter allen Umständen beizustehen. Die Männer, die Ende des 8. Jahrhunderts einen Zusatz zur *Lex Salica* entwarfen, waren sich dieser Pflicht zur Rache wohl bewußt. Sie fühlten sich bemüßigt festzustellen: »Als dieses Recht niedergeschrieben wurde, waren die Franken [noch] keine Christen. Daher versprachen sie sich Eide in die rechte Hand und auf den Arm.« Später übernahmen sie die christliche Form des Schwörens, doch starb die alte Weise des mit Todessymbolen besiegelten Eides nicht von heute auf morgen aus. Noch immer zückten die Männer aus geringstem Anlaß das Schwert. Die Burgunder bestraften jeden, der das tat, mit einer Geldbuße, insgesamt jedoch scheinen sie weniger gewalttätig gewesen zu sein als die Franken, denn in ihren Gesetzen ging es hauptsächlich um ausgeschlagene Zähne. Hand und Waffe waren eins, und es gab nichts, was den Trieb zum Blutvergießen gehemmt hätte. Man unterschied nicht zwischen Reflex und Willen, auch nicht zwischen Wort und Tat, zumal nicht bei den Franken, denen es andere Völker freilich gleichtaten. Warum? Beim Studium der Beleidigung werden wir es erfahren. Beleidigung erhebt Gewaltgebrauch zur Pflicht.

Man mag es lächerlich oder erbärmlich finden, daß der Gesetzgeber auch noch diverse Beleidigungen gegeneinander abwägen mußte – Tatsache bleibt, daß es in jedem Fall um die Ehre ging: die Ehre des Beleidigers ebenso wie die Ehre des Beleidigten. Wer auf eine Beleidigung nicht reagierte, gab zu verstehen, daß die beleidigende Äußerung zutraf. Für den Schwachen war die vulgäre Beleidigung des mächtigen Feindes das einzige Mittel, ihn zu attackieren. Die Menschen waren von der Macht des Wortes überzeugt. Die Römer sahen eine Bestrafung nur für öffentliche Beleidigungen vor. Die Germanen hingegen glaubten, daß jede Beleidigung vernichtend sei, weil sie die privaten Tugenden antastete, auf welche die Heiden großen Wert legten. Die kränkendste aller Beleidigungen war: »[feile] Dirne«; darauf standen 45 Solidi Buße – ein neuerlicher Beleg für die Fixierung der Germanen auf die weibliche Reinheit. Weniger schwerwiegend waren diverse Beleidigungen von Männern. 15 Solidi kostete der Vorwurf »Knabenschänder«. Minder kostspielig – drei Solidi – war der Ausdruck »concactus« (»bekackt«, daher altfranzösisch »conchie« = »mit Kot besudelt«). Die juristische Gleichwertigkeit beider Beleidigungen beweist, daß in der martialisch-ländlichen Welt der Franken der männliche Homosexuelle nicht mehr der ehrbare antike Haudegen war, sondern bloß noch der verächtliche, miese »Arschlecker«. Die Sexualität hatte rein zu sein, auch im Privaten.

An einem Menschen wurde Aufrichtigkeit geschätzt, und so galt es als beleidigend, ihn einen Fuchs, einen Verräter, einen Verleumder zu nennen. Auch physischer Mut war gefragt, und deshalb galt es als beleidigend, von einem Menschen zu behaupten, er habe mitten im Kampf »den Schild sinken lassen« oder er sei ein »Angsthase« oder »Hasenfuß«. (Hier sehen wir wieder die Identifizierung mit Tieren und ihren Mängeln.) Eine Gesamtansicht der Beleidigungen offenbart eine individualistische, prälogische Mentalität, allerdings auch die kollektive Fixierung auf bestimmte entehrende Akte. Niemand wird bestreiten wollen, daß Worte verletzen können, aber im Frühmittelalter war der psychosomatische Schaden, den eine Beleidigung anrichtete, greifbar. Man durfte keine Beleidigung durchgehen lassen, und so wurde Gewalt zum Gebot.

Angst vor den Toten

Von der allerschlimmsten Beleidigung habe ich noch gar nicht gesprochen; sie spielt auf die Mächte der Finsternis an und konfrontiert uns mit dem Problem des Lebens nach dem Tode. »Wer einen anderen ›Hexenknecht‹ schilt oder ihm vorwirft, den bronzenen Kessel der Unholde zu gebrauchen, [. . .] hat eine Buße von 62,5 Solidi verwirkt.« »Wenn eine Unholdin einen Menschen frißt, [. . .] so hat sie eine Buße von 200 Solidi verwirkt.« Besonders gefürchtet waren Hexen, die zu ihren Zaubertränken der Eingeweide von Menschen bedurften. Sie standen, wie die Priesterin auf dem Weinkrug des Fürstengrabes von Vix, mit den teuflischen Mächten im Bunde und lasen die Zukunft aus dem Menschenblut, das die Innenwand ihres Kessels benetzte. Hexen nannte man auch Blutsauger und Menschenfresser. Das Weib, Schöpferin des Lebens, war zugleich Todesbringerin; deutlich erkennt man hieran die ambivalente Einstellung der Kelten, ja der Heiden generell, zum Tode. Wohl birgt der Tod keine Schrecken; doch wer mit seinen Mysterien vertraut ist, verbreitet Furcht. Der Tod ist, wie die Sexualität, die Domäne des »sacer«. Da man nicht wußte, was die Toten den Lebenden antun konnten, weckte der Tod Furcht und Zittern. Doch um leben zu können, mußte man töten; das beweisen die Menschenopfer, die bei den Franken noch im 6. Jahrhundert vorkommen. Vor allem mußte man töten, weil Krieg für das Leben des Stammes unausweichlich war.

So hielten die Menschen Distanz zum Tod, wahrten ängstlichen, ehrfürchtigen Abstand. Die Lebenden wiesen den Toten ihren separaten Raum an, den Friedhof, der bereits in merowingischer Zeit weitab vom Dorf mit seinen Häusern liegt. Das ähnelte dem römischen

Gürtelschnalle (eines römischen Centurio?) aus gravierter Bronze, gefunden auf dem Friedhof von Landifoy (Aisne), um 400. Die Gravur zeigt zwei Frauen, die eine als Kriegerin gekleidet, die andere mit einem Toupet; ferner zwei ruhende Löwen. (Laon, Musée Municipal)

Krater von Vix und Kessel von Guldestrup, 5. Jh. Der Krater zeigt eine Chimäre, deren Blick versteinert; die herausgestreckte Zunge, eine Anspielung auf die blutigen Opfer, die sie verlangt, symbolisiert den Tod. Auf dem keltischen Kessel sieht man eine Priesterin beim Menschenopfer. Bei den Franken waren diese Bräuche entweder noch im Schwange oder in lebendiger Erinnerung. (Châtillon-sur-Seine, Musée Archéologique; Kopenhagen, Nationalmuseum)

Brauch, die Toten an den Straßen vor der Stadtmauer beizusetzen. Doch legten die Germanen ihre eigenen, unverwechselbaren Begräbnisplätze in freier Landschaft an, möglichst am Südhang eines Hügels, bei einem Brunnen, oder im Bett eines ausgetrockneten Flusses, oder in den Ruinen einer galloromanischen Villa. Diese Mode breitete sich rasch von Norden nach Süden aus. Auf fränkischem Gebiet wurde der Leichnam häufig nackt beigesetzt, bisweilen umgeben von einem Ring aus senkrechten Steinen. Südlich der Loire bevorzugte man Sarkophage aus Stein oder Marmor; doch verwendete man häufig auch Holzsärge mit eisernen Beschlägen. Kindergräber wurden manchmal um das Grab der Eltern gruppiert. Ursprünglich gab es nur die Feuerbestattung, die noch im 5. und 6. Jahrhundert auf manchen sächsischen und fränkischen Friedhöfen im Norden üblich war. Sie sollte verhindern, daß die Toten wiederkehrten, um die Lebenden zu plagen. Oft bepflanzte man das Grab mit dornigen Sträuchern, um die Toten in ihrer Welt festzuhalten. Bei den Franken stellte man auf dem Grab zum selben Zweck einen Pfahl oder eine Stele in Form einer kleinen Brücke auf.

Schon vor der Christianisierung ging man mehr und mehr zur Erdbestattung über, was dem Glauben an eine eigene Welt der Toten Nahrung gab. Auf dem in die Landschaft eingebetteten Friedhof wiederholte sich die Endogamie des Dorfes. Stets wurden die Toten vor der Beisetzung in ein Grabgewand gekleidet. In den Gräbern der Ärmsten hat man nur ein paar Gürtelschnallen gefunden; seit dem 7. Jahrhundert wird das Grabgewand auch durch hakenförmige Schließen gehalten. Manche Menschen, vornehmlich Schmiede, wurden mit ihrem Werkzeug begraben. In Hérouvillette hat man in einem Grab das vollständige Handwerkszeug eines Schmiedes entdeckt. Der »fèvre«, wie der Schmied im Mittelalter auf französisch hieß, verstand sich auf die geheimnisvolle Kunst, das Feuer zu bändigen und Metall zu biegen. Er war etwas Besonderes im Dorf – halb Zauberer, halb Quacksalber. Eine heilige Aura umgab ihn; darum hatte er auf dem Friedhof einen Platz für sich. Andere Männer wurden in kleinen Gruppen beerdigt, zusammen mit ihren Waffen (Schwertern, Messern [»scramasax«], Lanzen und Schilden) und ihrem Hausgerät (Kamm, Pinzette, Feuerstein). Frauen übergab man der Erde mitsamt ihrem Schmuck, den Halsbändern, Armreifen, Ohrringen, runden und gebogenen Nadeln, Haarnadeln, Geldbörsen mit Gold und silberbeschlagenen Riemen ihrer Wickelgamaschen. Die Gräber von Fürsten wie Hordain im Norden oder Aregund in Saint-Denis waren verschwenderisch ausgestattet. Eine Verwandte von Herzog Gunthchramn Boso war, wie Gregor von Tours erzählt, »samt großem Geschmeide und vielem Golde« bestattet worden (*F. G.* VIII 21). Von vertrauten Gegenständen begleitet, ging der Verstorbene aus einem privaten Leben in einen privaten Tod, blieb jedoch durch eine unsichtbare Grenze von den Lebenden geschieden.

Die unterschiedlichen Begräbnisstätten der merowingischen Zeit verraten, daß das Verhältnis der Lebenden zu den Toten von Nähe und Ferne zugleich geprägt war. Oberste Pflicht war, dafür zu sorgen, daß der Leichnam ordentlich beerdigt wurde und im Leben nach dem Tode bestehen konnte. Ein halbes Dutzend Gräber nördlich der Seine zeigen, daß auch Pferde geopfert und zusammen mit dem Verstorbenen begraben wurden. Dieser Brauch bezog sich auf Wotans Roß Sleipnir, das ein Sonnensymbol und ein Diener des Kriegsgottes war; einmal im Jahr brachte es die Toten für einen Tag – den 26. Dezember, das Julfest – auf die Erde zurück. Seltener wurde ein Hirsch als Symbol der Königswürde mit dem Toten beigesetzt. Um den Toten im Jenseits festzuhalten, wurden dem Grab Talismane und Reliquienkästchen beigegeben: Bernsteinketten, Glaskugeln als Anhänger, die Hauer von Wildschweinen, die Zähne von Bären. Seltenen Steinen schrieb man die Macht zu, böse Geister abzuwehren. Die Zähne wilder Tiere bewahrten die Kräfte eines Mannes. Kleine Beutel mit Haaren und abgeschnittenen Fingernägeln sollten Vitalität verleihen, weil Haare und Fingernägel auch nach dem Tode noch wachsen.

Der Einfluß des Christentums führte dazu, daß dem Toten mitunter auch Reliquien beigegeben wurden. Früher hatte man der Leiche eine Münze unter die Zunge gelegt, als Obolus für den Fährmann Charon, der den Toten über den Styx übersetzte. Nun wurde die Münze durch eine Hostie ersetzt, obwohl die Kirche diesen Brauch verbot. Zu Füßen des Toten stellte man Keramik- und Glasgefäße auf, damit es auf der

Grab des Schmiedes von Hérouvillette (Calvados), 6. Jh. Dieses Grab befand sich in der Mitte des Friedhofes von Hérouvillette und enthielt die Waffen eines Mannes, der nicht nur Schmied, sondern auch Soldat war. Ferner barg es Werkzeug wie Hammer und Zange und einige Münzen, die dem Menschen bei seiner Jenseitsreise nützlich sein mochten. (Caen, CRAM)

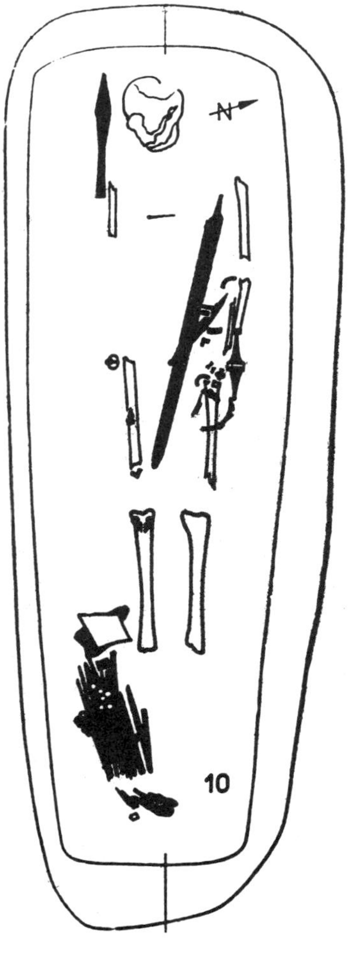

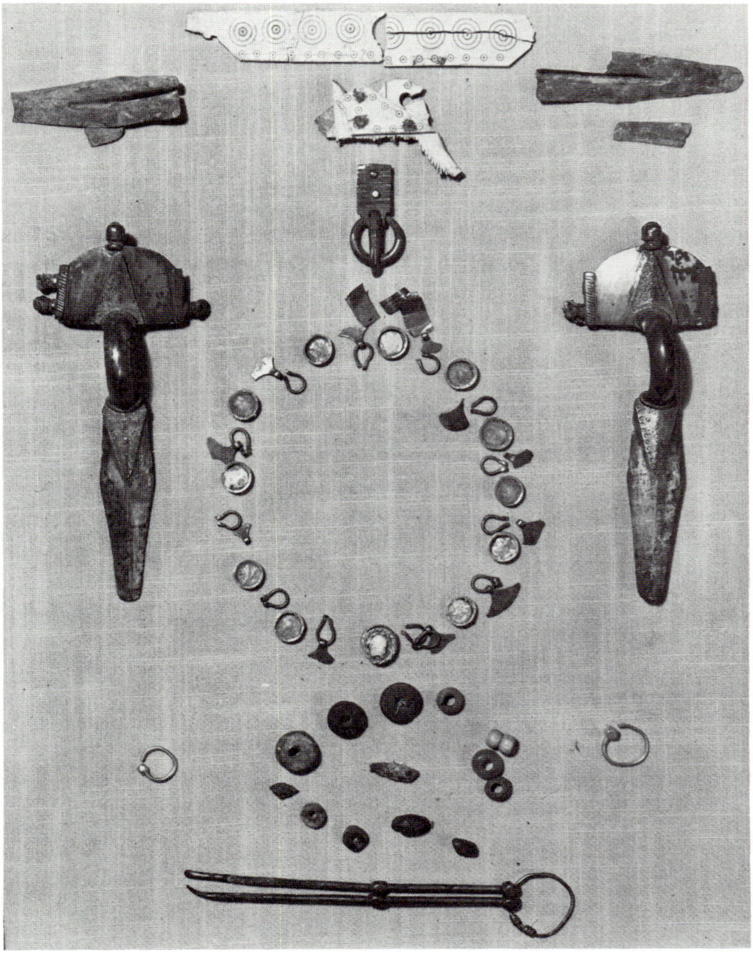

Geschmeide eines jungen Mädchens, aus einem Friedhof bei Strigny, 6./7. Jh. Zwei gebogene Silberfibeln, eine Halskette, ein Armband, goldene Ohrringe, ein Paar Senknadeln, Teile eines Kammes sowie eine Schnalle – mit solchen Kostbarkeiten traten junge Mädchen aus gutem Hause die Reise ins Jenseits an. (Chalon-sur-Saône, Musée Danon)

langen Reise in die Ewigkeit nicht an irdischer Nahrung fehle. Sogar Speisereste sind von Archäologen gelegentlich in diesen Behältern gefunden worden; sie enthielten Fleisch, Brei und Nüsse. Zu den Grabbeigaben gehörten auch Männlichkeitssymbole wie etwa Haselnußzweige und Feuersteine (wir haben gesehen, warum) sowie Weiblichkeitssymbole, beispielsweise Muscheln, in deren weißer Öffnung man die Vulva wiedererkannte. Mit einem Wort: Der Leichnam aß, stritt und liebte ganz wie ein lebendiger Mensch.

Materiell bot das Leben der Toten also eine genaue Parallele zum Leben der Lebendigen. Alles Erdenkliche wurde getan, um die Toten froh zu stimmen – in ihrer eigenen Welt. Manchen Leichen, die für besonders gefährlich galten, wurde grausam ihr böser Geist ausgetrieben. Totgeborenen Kindern wurde ein Pfahl ins Herz geschlagen, denn man meinte, daß unschuldige Wesen nicht unter der Erde bleiben könnten, es zog sie empor, auf die Erde, wo sie den Lebenden nachstellten, weil sie nicht hatten leben dürfen. Andere, vielleicht Zauberer oder Verbrecher, wurden in ihrem Sarg festgenagelt, verstümmelt, enthauptet oder mit einem Kreis Kohle aus reinigendem Holz umgeben.

Die Todesfurcht der Lebenden gebot, für die Bedürfnisse der Toten zu sorgen. Aus Heiligenbiographien und Archäologie wissen wir, daß der tote Körper mit Myrrhe und Aloe gesalbt wurde. Unter dem Kopf der Königin Bilichildis, deren Leichnam man in Saint-Germain-des-Prés fand, lag ein Kissen aus aromatischen Kräutern. Offenbar war dergleichen nur in reichen Familien üblich. Andere sorgten für ihre Toten auf prosaischere Weise, vor allem um sich selbst zu trösten, aber auch, um das Leben über den Tod auf eine Weise triumphieren zu lassen, die dem Leichnam nicht den Schein des Lebendigen verlieh. Der tote Körper wurde auf eine Bahre gelegt und in einer Prozession vom Dorf zum Friedhof gebracht, auf dem Gesicht ein Tuch, zum Schutz vor dem bösen Blick. Die Leiche wurde in Kniehöhe getragen, um nicht die Aufmerksamkeit der Unterwelt zu erregen. Die Verwandten fanden sich in regelmäßigen Abständen zu einem Festessen am Grabe ein, die Archäologen haben Abfälle von solchen Mählern zutage gefördert. Die Kirche protestierte gegen diese Unsitte auf ihren Konzilien, z. B. in Tours 567: »Manche aber, in alten Irrtümern verharrend, bringen am Feste des hl. Petrus [22. Februar] Speisen an die Gräber [...] und essen Gemüse, das den bösen Geistern dargebracht wird.« Diese Erinnerungsmahle festigten die Familienbande und sollten die Toten besänftigen. Spuren dieser Praxis finden sich noch im 11. Jahrhundert. Es gab auch Nachtwachen, nächtlichen Tanz und Gesang, um die Geister zu verscheuchen. Mit solchen Gesten der Distanzierung und Zähmung brachten die Menschen Frieden auf die Fried-Höfe und bannten die eigenen Ängste.

Eine letzte Vorsichtsmaßregel war zu treffen: Man mußte die Lebenden daran hindern, die Toten in ihrer Ruhe zu stören und die Gräber zu öffnen, was oft genug vorkam. Wie viele Archäologen haben nicht schon enttäuscht vor aufgebrochenen Gräbern gestanden; wie viele zertrümmerte und beschädigte Sarkophage stehen nicht in unseren Museen, aus denen eine räuberische Hand die kostbaren Grabbeigaben entwendet hat! Die Grabschändung ereignete sich häufig bald nach der Beisetzung des Verstorbenen. Gregor von Tours berichtet von etlichen solcher Fälle. Der bekannteste betrifft eine Verwandte des Gunthchramn, die in der Kirche von Metz beigesetzt worden war. Bald nach der Trauerfeier »kamen die Diener des Boso Gunthchramn zu der Kirche, in welcher das Weib begraben lag, drangen ein, schlossen die Pforten hinter sich, deckten das Grab auf und raubten dem Leichnam alles

Rekonstruktion des Friedhofs von Hordain, 6./7. Jh. Zwischen den Erdgräbern steht ein Haus aus Stein, das für einen wichtigen Häuptling bestimmt ist. (Douai, Musée des Sciences Naturelles et d'Archéologie)

Galloromanischer Friedhof in La Gayole (Var), 5./6. Jh. Im Gegensatz zu dem auf S. 478 abgebildeten Friedhof finden wir hier reihenförmig angeordnete Steinsarkophage, also keine hierarchische, sondern eine egalitäre Einstellung zum Tode.

Geschmeide, dessen sie habhaft werden konnten« (*F. G.* VIII 21). Für die Zeitgenossen hatte ein derartiges Verbrechen gleich zwei katastrophale Folgen: Der Einzelne, dessen Grab da geschändet worden war, verlor seine Würde, und er kam des Nachts wieder, um die Lebenden zu ängstigen. Diese Ängste beförderten die Legendenbildung; so erklärt sich die »Wilde Jagd« der Diana mit ihren Hunden (so der galloromanische Glaube) oder die Wilde Jagd der Hilda (bei den Germanen).

Um solchen Nachtmahren zu wehren, mußte man den Frevlern das Handwerk legen, die in ihrer Gier nicht einmal den Tod respektierten. Manche scheuten sich nicht, die Leiche eines Erschlagenen zu plündern, noch bevor man ihn unter die Erde gebracht hatte. Andere warteten bis nach der Beisetzung. »Wer ein Grab erbricht und ausraubt, soll geächtet bleiben, bis er der Sippe des Toten den Schaden ersetzt hat. Vorher soll niemand ihm Brot geben noch ihn gastfreundlich aufnehmen. Er soll der Sippe oder der Frau oder einem Freund [...] 15 Solidi zahlen. Der Anstifter einer solchen Tat hat eine Buße von 200 Solidi verwirkt.« Wie man sieht, ging der kleinere Betrag an die Parentel, der größere an den Vertreter des Königs. Grabschändung betraf also nicht nur den Verstorbenen, sondern seine ganze Sippe. Die Solidarität währte über das Grab hinaus, und es ist nicht schwer zu verstehen, warum die Verwandten über eine Grabschändung entsetzt waren; nicht umsonst spricht man von »Grab-*Schändung*« und nicht etwa von »Grab-Raub« oder dergleichen. Bei Römern und Burgundern war dieses Verbrechen ein Scheidungsgrund, gleichgültig, ob von Mann oder Frau begangen. Die sexuellen Konnotationen des Begriffs »Schändung«, noch dazu mit dem Beiklang der Nekrophilie, deuten jedenfalls an, daß der Täter sich verunreinigt hatte. Schwere Grabschändung war nicht minder schlimm als ein Ehebruch mit dem Toten. Sexualität und Tod, beide von Tabus umhüllt, durften nicht miteinander in Berührung kommen, damit die Welt nicht aus den Angeln sprang.

Der letzte »Wohnort« eines Menschen hatte streng privat zu bleiben. Die Berührung der Leichen miteinander konnte die Ordnung der Dinge zerrütten und die Lebenden peinigen: »Wer einen Toten im Sarg oder Grab auf einen anderen Toten legt, [...] hat eine Buße von 45 Solidi verwirkt.« König Gunthchramn bezog in diese Bestimmung auch solche Täter ein, die diesen Frevel in einer gewöhnlichen Grabbasilika oder in einer Basilika mit Heiligenreliquien begingen. Die Durchsetzung dieser Regelung muß heftige Kämpfe gekostet haben; denn Ausgrabungen haben erwiesen, daß Doppelt- und Dreifachbegräbnisse ziemlich häufig waren. Es war schwierig, die Intimität des Grabes zu wahren. Alle diese Tabus waren restriktiver als die Ehevorschriften, weil sie Belange betrafen, die öffentlich und privat zugleich waren: Begräbnis und Tod, sozialer Status und Grab. Wenn es um die Sexualität ging, war es leichter, strenge Regeln zu erlassen, welche die Frauen daran hinderten, auf Abwege zu geraten. Aber wie soll man einen Toten im Auge behalten? Zweifel waren um so weniger auszuräumen, als sie sich auf etwas Unsichtbares richteten.

Die Kirche legte sich ins Mittel; sie suchte den Tod öffentlich zu machen, um die Ängste vor dem Unbekannten zu zerstreuen und das Sterben und Gestorbensein als Etappen einer Reise in ein anderes Leben, als Grund zur Hoffnung auszugeben. Der Wendepunkt scheint in der zweiten Hälfte des 7. Jahrhunderts erreicht worden zu sein. Die letzten privaten Totengrüfte und Mausoleen stammen aus der Zeit um 750; mittlerweile lag der Friedhof nicht mehr vor den Toren des Dorfes, sondern neben der Pfarrkirche; er war in der Tat zum »Kirch-Hof« geworden. Das älteste und mit Sicherheit zu datierende Beispiel – aus der Zeit zwischen 650 und 700 – ist ein Friedhof in Saint-Martin-de-Mondeville in der Normandie, den Claude Lorren entdeckt hat. Er ist nach dem Vorbild unterirdischer Grabbasiliken aus dem 6. Jahrhundert gestaltet. Die Beisetzung unweit des Hauptaltars, bei den Gebeinen der Heiligen, war ein mächtiges Erlösungsversprechen, dem die heidnischen Begräbnisrituale nichts Vergleichbares entgegenzusetzen hatten. Zur selben Zeit begann man, die Grabstätten von privilegierten Personen, beispielsweise Fürsten und Feldherren, von den Gräbern gewöhnlicher Sterblicher zu unterscheiden und sie unter dem Fußboden der Kirche oder in einer Privatkapelle anzulegen.

So wurde der Tod zu einem öffentlichen Phänomen. Die Gläubigen standen auf den Leibern ihrer Lieben, wenn sie beteten. Die Welt der Lebenden war mit der Welt der Toten verbunden; die symbolische Grenze zwischen beiden bildete der Kirchenboden, der selber Anteil hatte am selben sakralen Raum. Die Angst vor dem privaten Tod wich dem Frieden des öffentlichen Todes – wenngleich noch immer die

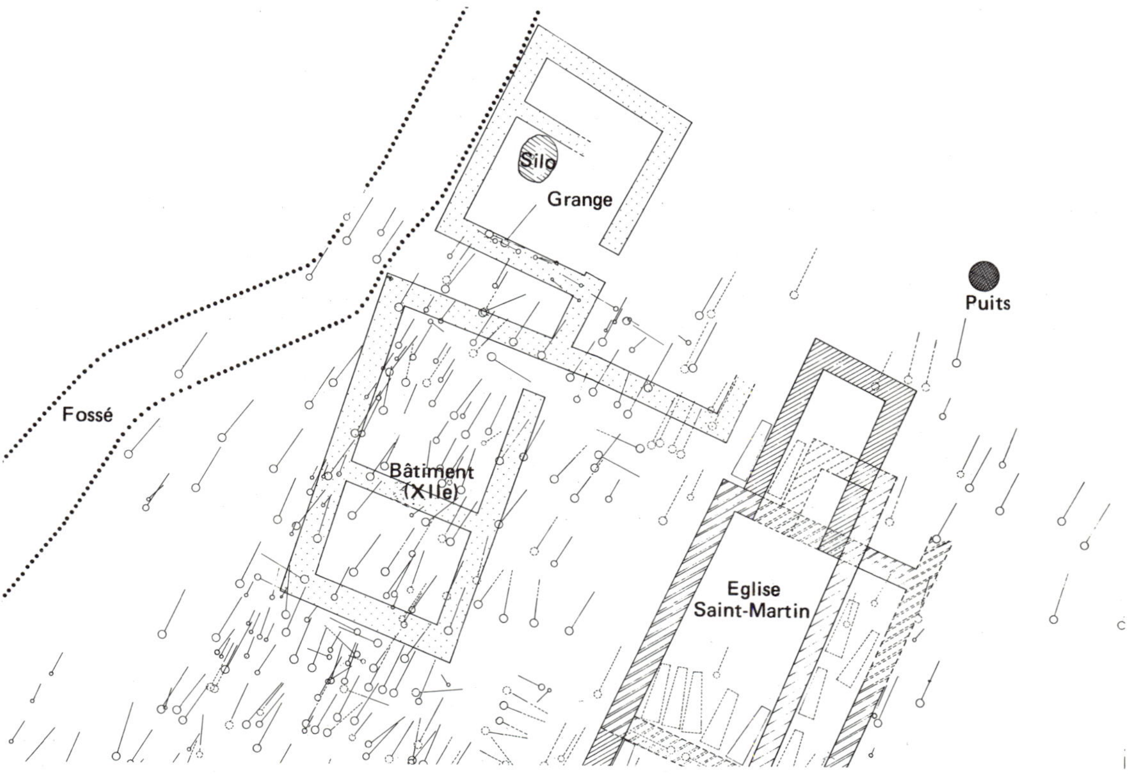

Plan des Friedhofs Mondeville (Calvados), das älteste bekannte Beispiel für einen Friedhof neben der Pfarrkirche (Martins-Kirche, zweite Hälfte des 7. Jahrhunderts). (Caen, CRAM, mit freundlicher Genehmigung von Claude Lorren)

Frauen heulten und klagten, ihre Wangen zerkratzten und sich die Haare rauften, um den Verstorbenen gnädig zu stimmen. Eine neue Seite in der Geschichte des Todes war aufgeschlagen. Aufgrund des Miteinanders von Lebenden und Toten in der Dorfkirche, das bis zum 18. Jahrhundert währte, sind die Archäologen bei jeder Ausgrabung eines größeren karolingischen Friedhofs enttäuscht. In den merowingischen Nekropolen waren die Toten einzeln beigesetzt worden; hier nun lagen Tausende von Skeletten im Schatten des Pfarrgartens ungeordnet übereinander. Der Tod war in das menschliche Dasein hereingeholt worden.

Die Bilderwelt des Jenseits

Der Kampf gegen die Schrecken des Todes inspirierte die prophetische und eschatologische Phantasie. Das Jenseits wurde als Denkkategorie immer wichtiger, und die Kirche versuchte, die religiöse Einbildungskraft von den sublunaren Schrecken weg- und auf die Sorge um das ewige Leben hinzulenken. So wie der Priester den Toten aus ungeweihter Erde heimholt in geweihte Erde, so versucht er, Unruhe und die Furcht vor dem Erlöschen der Welt aus der Gegenwart in die mehr oder weniger ferne Zukunft zu verlegen. Der Mensch mochte nun seine Energien daran wenden, sich auf das ewige Leben vorzubereiten, und

Der auferstandene Christus im Triumph; Grabmal des Bischofs Agilbert, Jouarre, spätes 7. oder frühes 8. Jh. Eine der schönsten merowingischen Skulpturen.

mußte sich nicht mehr um die Besänftigung eines bedrohlichen Kosmos kümmern. Die eschatologische Vision, Leistung eines privaten Autors, die in Buch und Predigt öffentlich wurde, hatte bedeutsame private Folgen durch den Schock, den sie der Psyche des Einzelnen versetzte. Sie veränderte auf alle Zeit die menschliche Phantasie. Schon im 6. Jahrhundert hatten einige von Gott erfüllte Kirchenführer vergeblich die Heraufkunft einer neuen Welt zu verkünden gesucht. Gegen Ende des 7. oder zu Beginn des 8. Jahrhunderts jedoch reagierte eine Reihe von Visionären auf die Angst der Menschen vor der Krise des Merowingischen Reiches und dem vom Mittelmeer vordringenden Islam. Zivilisationskrisen bringen stets Mystiker hervor, die imstande sind, die geheimen Hoffnungen und Ängste vieler Menschen zu ventilieren. Diese Krise war keine Ausnahme, sie erzeugte gleichermaßen pessimistische und optimistische Visionen. Hierfür nur zwei Beispiele.

Der Mönch Barontus war ein zum Christentum bekehrter fränkischer Edelmann, der die Erscheinung einer Jenseitsreise gehabt hatte, wobei die Geister ihm vorgeworfen hatten, er habe »drei Frauen besessen, was nicht erlaubt ist, und weiteren Ehebruch begangen«. Mit anderen Worten hatte dieser frühere Beamte Polygamie getrieben und Konkubinen gehabt, und diese Sünden belasteten nun sein Gewissen. In der klösterlichen Einsamkeit von Méobecq (Berry) unternahm er irgendwann vor 678/679 eine imaginäre Reise durch Himmel und Hölle, auf der er einen Vorgeschmack vom Leben nach dem Tode bekam. Die Hölle, so stellte er fest, liegt nicht unter der Erde, wie die Heiden meinen, sondern draußen im Raum, außerhalb unserer Welt. Daher ist es unmöglich, daß die Toten zur Erde zurückkehren und die Lebenden heimsuchen. Die Verdammten können aus der Hölle nicht entrinnen: »Tausende von Menschen, traurig wimmernd, gebunden und gewürgt von bösen Geistern, die sie umschweben wie Bienen den Stock [...], schreien ohne Ende, von ihren Qualen überwältigt.« Die Teufel sind schwarz. Zuerst zerfleischen sie die Opfer mit ihren Nägeln und Klauen, dann verschlingen sie sie. Der Ort der Angst ist, wie man sieht, nicht mehr die Gegenwart. Mit seinem schreckenerregenden Bild vom Schicksal des Sünders wollte Barontus seinen Lesern einen heilsamen Schock versetzen und sie zu jener inneren Umkehr bewegen, die er selbst vollzogen hatte. Zuletzt durchschreitet er, begleitet vom Erzengel Raphael, drei Tore und gelangt an ein viertes, die Pforte des Himmels, die von Petrus bewacht wird. Doch Petrus verwehrt ihm den Eintritt: Die Zeit ist noch nicht reif. Barontus' Reise durch das Jenseits endet kurz vor der unaussprechlichen Erfüllung, die erst verdient sein muß. So provoziert die Hölle Ängste, deren Funktion es ist, die Gegenwart zu verwandeln und so die Tore aufzusprengen, die den Weg in die geheimnisvolle Zukunft versperren. Da die Phantasie vom Jenseits in Anspruch genommen ist, herrscht im Diesseits der Realismus; der Christ stellte sich der irdischen Geschichte in einer Weise, wie es der Heide niemals vermocht hätte. Für den Heiden war der Kosmos ohne Anfang und Ende und wurde von ewig wiederkehrenden Mächten beherrscht. Barontus, der christliche Visionär, beschwor die Furcht vor der Verdammnis – nicht heute, aber morgen. Er durchbrach den endlosen

Soissons, Krypta der Kirche Saint-Médard, 7./9. Jh. Die privilegierten Skulpturen merowingischer Herrscher mischen sich an einem heiligen Ort unter die Beherrscher dieser Welt: weltliche Macht im schirmenden Schatten des Heiligen.

Lettner zwischen Chor und Kirchenschiff, d. h. zwischen Klerus und Gemeinde; 8. Jh. Zwei Vögel picken an den Ranken des Weinstocks – Symbol der Ewigkeit. (Metz, Kirche Saint-Pierre-de-la-Citadelle)

Kreislauf von Frühling, Sommer, Herbst und Winter, von Werden, Gedeihen, Ernten (oder Erbeuten) und Vergehen und fegte so den heidnischen Mythos von der ewigen Wiederkehr des Gleichen hinweg, an dessen Stelle er eine neue Vision setzte: die von der unumkehrbaren, linearen Zeit.

Diese pessimistische Vision war das Werk eines reifen Mannes und wandte sich an die großen Kinder, die ewigen Jünglinge der merowingischen Gesellschaft; die einzige Sprache, die diese gewalttätigen Menschen verstanden, war die Sprache der körperlichen Züchtigung. Die optimistische Vision verdanken wir einer Frau; sie wandte sich an ein anderes Publikum und bot einer anderen Phantasie Nahrung. Nachdem Adelgunde, eine junge Adlige, mehrere Heiratsanträge abgelehnt hatte, fanden ihre Eltern sich schließlich mit der Entscheidung ihrer Tochter ab, und Adelgunde gründete ein Kloster in Maubeuge, wo sie 684 starb. Hier hatte sie zwölf Visionen, die sie ihren Nonnen zur geistlichen Erbauung berichtete. Wo Barontus an die heidnischen Ängste vor dem Kosmos anknüpft, da geht Adelgunde vom heidnischen Sexualdilemma aus: Abtötung oder Fortpflanzung. Sie suchte den Widerspruch zu überwinden, indem sie eine Parallele zog zwischen den menschlichen Geschlechtsbeziehungen und der Liebe der Kreatur zu Gott. In einem sehr persönlichen Stil, der an das Hohelied in der Bibel gemahnt, beschreibt sie ganz konkret ihre Suche nach Gott. In der sechsten Vision schildert sie die berauschende Begegnung mit dem Geliebten – einen Augenblick unendlicher Seligkeit, auf den der plötzliche Verlust folgt. Danach kommt eine tiefdunkle Nachtszene, die an Teresa von Avila erinnert. Adelgunde schreibt von der Unmöglichkeit der Liebe, ihrem unausbleiblichen Scheitern an der Fremdheit des Anderen. Statt der Lichtkugeln, die das Kloster erleuchtet hatten, herrschen Durst, Fahlheit, Anfechtung, verzehrendes Feuer, glühende Hitze und die Versuchung, die Suche nach Gott aufzugeben. Doch plötzlich wird der himmlische Bräutigam wiedergefunden, und es kommt zur endgültigen Vereinigung mit ihm, die nach so vielen Leiden uneingeschränkt akzeptiert wird. Der ursprüngliche Trieb ist verwandelt worden; nun wird ein ganz anderer Geliebter empfangen als der, den die Nonne sich zunächst erträumt hatte. Wie man sieht, wird hier die Erde auf den Himmel projiziert, und die zukunftsfrohe Nonne hat die Liebesleidenschaft – diesen Tod der irdischen Ehe – in den Mittelpunkt ihrer Vision von der himmlischen Ehe gerückt. Was auf Erden destruktiv war, wird im Himmel konstruktiv – vorausgesetzt, man stirbt zuerst der Welt und den eigenen Trieben ab. Die Bilderwelt der himmlischen Ehe ist also das genaue Gegenteil zur Bilderwelt der irdischen Ehe. Barontus begnügte sich damit, Angst vor der Verdammnis zu erzeugen, um Wohlverhalten und damit die Rettung der Seele zu erwirken. Adelgunde verwandelte Liebesleidenschaft in Liebe zur Freiheit – die Antwort auf eine andere, rettende Liebe. Das war etwas, dessen nur eine kleine Minderheit fähig war, vielleicht nur einige wenige Individuen. Aber die Tatsache, daß eine derartige Erweiterung der Phantasie überhaupt gelang, beweist, daß die christliche Kultur fest Fuß gefaßt hatte. Das private Leben hatte eine neue Dimension: die Beziehung des Ich zum Jen-

Die Auferstehung der Toten; Grabmal des Bischofs Agilbert, Jouarre, spätes 7. oder frühes 8. Jh. Diese Vision der Hoffnung stammt aus einem Frauenkloster.

seits – zu meiner Erlösung, meiner Verdammnis, meiner Selbstverwirklichung.

In der karolingischen Zeit nimmt die visionäre Literatur geradezu überhand. Warnende Träume, Beschreibungen von Höllenqualen oder vom ruhmreichen Eintritt ins Paradies waren auch außerhalb des Klosters gang und gäbe. Die meisten (um nicht zu sagen: alle) dieser Werke folgen der pessimistischen Linie des Barontus. Ihr einziges Thema ist die Bestrafung der Großen dieser Welt. Mindestens drei dieser Arbeiten entstanden nach dem Tode Karls des Großen; alle rechnen mit seiner Verdammnis, wenn die Gläubigen nicht für die Vergebung von Karls fleischlichen Sünden bitten, begangen vor allem mit seinen vielen Beischläferinnen (das Konkubinat galt ja, wie wir dargelegt haben, als Form der Blutschande). Das karolingische Jenseits ist ebenso realistisch wie das früherer Zeiten: Wilde Tiere nagen an den Verdammten, die für ihre Sünden büßen müssen; Drachen speien Feuer; Pech, Schwefel, Blei und Wachs werden geschmolzen. Die Visionäre hielten ein vielfältiges Arsenal an Läuterungsmethoden bereit, und die Art ihrer Auswahl verrät ihre eigentümlichen Obsessionen. Wie in früheren Zeiten verdankten sich diese Obsessionen vornehmlich einem angefochtenen Gewissen, zumal nach der Welle von Kriegen und der Niederlage gegen die Wikinger (834/835). Die Menschen fürchteten, daß ihre Not nicht der Mißachtung der irdischen Gesetze entsprang, sondern dem indirekten Einfluß der jenseitigen Welt. Himmel und Erde standen in Beziehung zueinander. So erschienen Sexualität und Tod in einem neuen Licht: Würden sie dem künftigen Glück des Menschen im Wege stehen?

sender Mönch; Elfenbein, 9. Jh. (Montpellier, Musée Fabre)

Das Heilige und das Geheime

Die Not der Gewalt und die Furcht vor Sexualität und Tod erzeugten diffuse Schuldgefühle. Mit dem Sieg des Christentums über das Heidentum wurde die Beziehung des Einzelnen zu Gott zum höchsten Gut. Intimität und Innerlichkeit veränderten ihre Bedeutung. Für die Kirche war Geschriebenes heilig, und der Geistliche und der Schreiber wurden zu Mittlern zwischen Mensch und Gott, welche die innersten Geheimnisse des Einzelnen kannten und vielleicht sogar enthüllten; sie spielten eine entscheidende Rolle bei der Durchsetzung neuer Verhaltensweisen. Alles wurde in Frage gestellt, und die Antworten waren nicht immer eindeutig.

Im Jahre 391 wurde das Christentum Staatsreligion in Gallien und im ganzen Okzident und löste in dieser Funktion das Heidentum ab. Von Wunder wirkenden Heiligen denunziert und von den Konzilien verurteilt, geschah die Religionsausübung der Heiden zunehmend privater und immer heimlicher. Das Heidentum zog sich in nächtliche Kulte, in Weissagung, Magie und Folklore zurück, oder es borgte sich ein christliches Gewand. Für das Heidentum bedeutete das »Heilige« ein Amalgam kosmischer Kräfte, die sich Menschen und Dinge unterwarfen, Kräfte, die jedermann zu guten oder bösen Zwecken sich dienstbar machen konnte, indem er die richtigen Rituale vollzog; das Grundprinzip beim Verkehr mit den Göttern war der Tausch von Leistung und Gegenleistung. Die offiziellen Kulte verschwanden zumal nach der Synode von Les Estinnes 744, die wahrscheinlich für die Schließung der letzten heidnischen Tempel oder »fana« verantwortlich gewesen ist; fortan wurde der heidnische Glaube, der sich allmählich auf das flache Land zurückzog, durch die Bußbücher christianisiert. Spätere Bußbücher waren zweckentsprechend abgefaßt, wenn man sie mit denen des 8. Jahrhunderts vergleicht, zeigten indes zunächst wenig Verständnis für eine Mentalität der Angst und Furcht.

Fortleben des Heidentums

Bischöfe und Klerus klagten bis zum 10. Jahrhundert unablässig über das Fortleben heidnischer Gebräuche, vor allem in kürzlich eroberten Gebieten wie dem nördlichen Gallien, Friesland und Sachsen. Viele private Observanzen blieben über mehr als fünf Jahrhunderte unverändert, ebenso viele heidnische Feste wie etwa der Neujahrstag, der ja bis

Lanze mit Widerhaken, zweite Hälfte des 5. Jh.; aus einem Sarkophag vom Kapuzinerfriedhof in Bourges. Die Lanze mit zwei seitlichen Haken in Gestalt von Tierköpfen trägt die Inschrift »patricius regis«, »königlicher Patrizier«. Es muß sich also um die Waffe eines hohen Beamten des westgotischen Königs handeln. (Bourges, Musée du Berry)

heute überlebt hat. Traditionelle Arten der Weissagung, römische wie germanische, halfen den Menschen, ihre Zukunftsangst zu überwinden. Eine schreiende Krähe zur Linken verhieß eine glückliche Reise. Gerstenkörner, die auf glühender Kohle emporschnellten, bedeuteten Gefahr. Das Wiehern der Pferde, das Brüllen der Rinder, die Exkremente der Tiere waren gute oder schlechte Zeichen und erlaubten Voraussagen für den kommenden Tag. Wahrsager beschworen mitunter die Toten; sie saßen an einem geweihten Ort, etwa einem Kreuzweg, auf einer Stierhaut, die sie mit der blutigen Seite nach oben ausgelegt hatten, um die Geister der Erde heraufzuzwingen; zu nächtlicher Stunde hielten sie geheimnisvolle Zwiesprache mit den Geistern und konnten danach den Ausgang einer Schlacht oder die Ursache eines Unglücks bezeichnen.

Derartige Künste, von Galliern und Kelten lange geübt, werden von Burchard von Worms noch 1008/1012 erwähnt. Burchard erzählt auch, daß man Frauen als Medium benutzte. Von der keltischen »filida« hieß es, sie habe den Ausgang der Schlacht geweissagt. Bei den Germanen hüteten die Frauen die heiligen Runen, welche die Wikinger im 9. und 10. Jahrhundert benutzten. Das Wort »Rune« bedeutet »Geheimnis«, aber auch »Freund«. Das Geheimnis der Runen war nur einer der vielen Besitztümer des weiblichen Geschlechts. Jeder Buchstabe barg ein Göttergeheimnis. Die Rune *y* bedeutete Reichtum und Gunst; *n* Elend und Unglück; *t* Sieg; *j* eine gute Ernte und ein ertragreiches Jahr. Die Buchstaben waren in kleine Stäbe geritzt, welche die Frau wie ein Los zog. Noch nach der Christianisierung glaubte man, aus den Runen die Zukunft lesen zu können, ja dieser Brauch war so gut christianisiert, daß er zuzeiten sogar von der Kirche geduldet wurde, nur hießen die Runen jetzt »sortes sanctorum«, »Los der Heiligen«.

Von 46 bekannten Bußbüchern erwähnen 26 ohne erkennbare Mißbilligung den Brauch, die Heilige Schrift von einem Kind oder Priester aufs Geratewohl aufschlagen und die erste Zeile lesen zu lassen, auf die sein Blick fiel – diese Worte galten als wahre Prophezeiung. Gregor von Tours erwähnt diese Übung des öfteren. Der Lebensweg des Kronprätendenten Gundowald, der 585 in Saint-Bernard-de-Comminges ein tragisches Ende nahm, wurde auf andere Weise prophezeit – durch die Deutung einer Naturkatastrophe. Der neue König war auf den »pavois«, den auf den Schultern getragenen Schild der Soldaten, gehoben worden und wäre beim dritten Umzug um ein Haar herabgefallen, wenn man ihn nicht aufgefangen hätte (*F. G.* VII 10). Später gab es ein Erdbeben, und eine Feuersäule hing in der Luft, über der ein großer Stern stand. In den Augen Gregors (*F. G.* VII 11) kündeten diese Vorboten das gewaltsame Ende Gundowalds an.

Ob christlich oder heidnisch, diese Formen der Zukunftsschau beruhten auf der Furcht, daß Gott oder die Götter ein bestimmtes Schicksal beschlossen haben könnten, an dem der freie Wille zuschanden wurde. Wenn dem so war, dann konnte der Mensch nur versuchen, die heiligen Mächte, die seine Zukunft in der Hand hatten, günstig zu stimmen. In dieser auf mündlichen Traditionen beruhenden Zivilisation waren Bücher und überhaupt alles Geschriebene geheimnisvoll und

Handschrift von Aratos; 9. Jh. Die Mondgöttin Diana fährt in einem von zwei Ochsen gezogenen Wagen; in den Händen hält sie eine überlebensgroße Rohrfeder. Dieses astronomisch-astrologische Werk vermischt wissenschaftliche Erkenntnisse mit Sternenglauben. (Boulogne-sur-Mer, Bibliothèque Municipale)

heilig. Das war etwas beispiellos Neues. Das letzte Beispiel dieser Art ist das *Domesday Book* – das »Buch des Jüngsten Gerichts« –, das Wilhelm der Eroberer 1086 anlegen ließ. In Wirklichkeit hatte dieses Buch natürlich nichts mit dem Tag des Gerichts zu tun; es war ein Katalog des königlichen und herrschaftlichen Grundbesitzes im Lande, und zwar ein so gründlicher, daß ein Blick auf die betreffende Seite genügte, um im Zweifelsfall ein definitives Urteil zu erlauben. Den Analphabeten erschien daher die Schrift als etwas Magisches und Prophetisches.

Das Konzil von Paris (829) bekräftigte die frühere Ablehnung solchen Aberglaubens, der sogar im Klerus um sich gegriffen hatte. Pierre Riché hat karolingische Handschriften mit magischen Quadraten entdeckt, von denen man glaubte, daß sie Krankheiten heilen könnten, »wenn man die Buchstaben des Namens des Kranken mit den Zahlen des Tages verbindet, an dem er krank wurde«. Beschwörungen in Küchenlatein dienten zur Heilung von Blutungen, Wassersucht, Augenleiden usw. Mit geheimem Zauber konnte man jemandem nützen oder schaden.

Magie war streng untersagt, aber sie war der ideale Ausdruck für die ambivalenten Vorstellungen der Heiden vom Heiligen. Sie diente insbesondere dazu, die Beziehungen zu anderen Menschen zu beeinflussen. Ich habe schon den Abwehrzauber und die Amulette erwähnt, die man den Toten zu ihrem Schutz beigab. Auch die Lebenden hatten solche magischen Gegenstände; das berühmteste Beispiel ist der Talisman aus Glas, den Karl der Große um den Hals trug. Gürtelschnallen wurden mit Zeichen verziert, die angeblich das Böse fernhielten. Büschel von Kräutern, am Arm oder am Fuß getragen, sollten Glück bringen. Eide schwor man bei seinem Haar oder seinem Bart, um sich im Falle eines Meineids jener lebendigen Macht zu überantworten, die das Haar sprießen ließ. Hrabanus Maurus erzählt, daß man mitunter die Schädel Verstorbener zu Asche verbrannte, um daraus einen Heiltrank zu gewinnen. Eine Zaubermedizin suchte den Ausfluß des Göttlichen im Kosmos einzufangen. Was tat man nicht alles, um ein krankes Kind zu retten! Die Mutter legte es an einem Kreuzweg in einen aus Erde aufgeworfenen Tunnel, der an beiden Enden von Dornen verschlossen war. Die Berührung des Kindes mit der Mutter Erde sollte die Rückkehr zur mütterlichen Brust symbolisieren. Die Unterwelt fing das Übel ein, und wenn das Kind aufhörte zu weinen, war es geheilt. Kinder mit Keuchhusten setzte man in einen hohlen Baumstamm. Für jede Krankheit mußte man eine Möglichkeit finden, mit den Kräften des Okkulten in Verbindung zu treten, einen Tausch zu erwirken, einen Kräftestrom anzubahnen oder zu verschieben.

Über das Sammeln von Kräutern und Heilpflanzen möchte ich nichts weiter sagen; man ging diesem Geschäft unter gemurmelten Beschwörungen am Ersten jeden Monats nach, doch wurde der Brauch durch das Hersagen des Vaterunsers und des Credos bald christianisiert. Interessanter sind die Zaubertränke, in die geläufige Vorstellungen über Sexualität und Tod buchstäblich »einflossen«; sie enthüllen, in welchem Ausmaß das private Leben von finsteren Kämpfen und ständigen Obsessionen heimgesucht wurde. Alle Menschen glaubten an Schadenzauber, wie die Volksrechte zeigen, und meistens gehörte zum Zauber auch ein Trank, der Gutes oder Böses bewirken konnte. Die Bußbücher bestätigen das. So wird in 26 von ihnen festgestellt, daß ein Gebräu aus Belladonna und Geißblatt Tod oder Fehlgeburt herbeiführen könne. Es gibt 48 Hinweise auf Liebestränke, und 26 dieser Tränke werden von Frauen zubereitet. Um einen Mann impotent zu machen, scheint es nicht genügt zu haben, die Gewänder des Mannes und seiner Frau miteinander zu vernähen. Eine Frau, die Impotenz herbeiführen wollte, entkleidete sich, bestrich den nackten Leib mit Honig und wälzte sich in einem Haufen Getreide; anschließend wurden die Körner sorgfältig vom Körper entfernt, in eine Handmühle getan und zermahlen, wobei man die Mühle im Uhrzeigersinn drehte und nicht, wie üblich, entgegen dem Uhrzeiger. Aus dem so gewonnenen Mehl buk die Frau schließlich ein Brot und setzte es dem Manne vor, den sie »kastrieren« wollte. Der Umstand, daß das Mehl »falsch herum« gemahlen worden war, hatte die stimulierende Wirkung der Nacktheit und des Honigs aufgehoben, und der Mann wurde unfähig. Wenn die Frau aber das Mehl auf die übliche Weise mahlte und den Teig »zwischen den Hüften« (d. h. auf ihren Geschlechtsteilen) knetete, trat der gegenteilige Effekt ein: Mit Brot aus solchem Teig konnte die Frau das Begehren ihres Gatten oder eines anderen Mannes wecken, den sie verführen wollte. Bei einer anderen Methode führte die Frau einen lebenden Fisch in die Vagina ein, bis er starb. Der auf solche Weise mit Zeugungs- und Liebeskräften getränkte Fisch wurde gekocht und gewürzt und dem Ehegatten serviert. Das wirkte nicht nur als Aphrodisiakum, sondern ver-

Asymmetrische Bronzefibel; 7. Jh. Diese spätmerowingische Arbeit zeigt einen Mann, der den bösen Geistern zwei Kreuze entgegenhält. (Metz, Musées)

Baptisterium der Kirche Saint-Jean in Poitiers; 6. Jh. Eines der wenigen Baudenkmäler aus merowingischer Zeit, das trotz der Abschaffung der Taufe durch Untertauchen erhalten blieb.

hütete auch, daß er sich eine Geliebte nahm. Kein Wunder, daß für die Menschen im Frühmittelalter die Frau nicht nur das Geheimnis der Liebe, sondern auch den Schlüssel zum Leben besaß. Der keltische Mythos von jenem Liebestrank, der Tristan und Isolde wider ihren Willen aneinanderband – ein Mythos, der schon lange mündlich tradiert worden war, bevor man ihn im 12. Jahrhundert aufschrieb –, er muß sein Gegenstück in der Wirklichkeit gehabt haben. Wer an den Wahnsinn der Liebe glaubte, war ihm bereits verfallen.

Ich übergehe hier andere Liebestränke, die aus Zutaten wie Menstruationsblut, Sperma und Urin bereitet wurden. Das Prinzip war stets dasselbe: die Kräfte einzufangen, die dem lebendigen Körper in unterschiedlicher Form innewohnten. Alle jene Wahrsager, Hexer und Frauen, die des Nachts den heiligen Wald aufsuchten (»nimidas«, »nemeton«) und rituelle Tänze vollführten, um Fruchtbarkeit und Wohlergehen zu sichern, die Toten im Grab zu beschwichtigen und Geister abzuwehren, kannten das große Geheimnis, das Heilige zu bändigen und sich heimlich seiner gefährlichen Macht zu nähern.

Die Geburt des Gewissens

Wie kam der Übergang vom heidnischen »sacrum« zum christlichen Sakrament zustande? Wie konnten vertraute, ja intime Glaubensüberzeugungen christianisiert werden? Wie konnte man Gott im eigenen Herzen finden, wenn das Göttliche bisher als etwas »dort draußen« erfahren worden war? Nun, die Errichtung neuer sakraler Räume in Gestalt von Basiliken und Sanktuarien sowie liturgische Prozessionen und Feiern trugen dazu bei, den christlichen Glauben öffentlich zu machen. Wir haben bereits gesehen, wie der Totenkult öffentlich wurde. Um den christlichen Glauben zu privatisieren, standen zwei Wege offen: Bösen Zauber konnte man dem Satan zuschreiben, wohltätigen Zauber konnte man durch Christianisierung umformen. Ich habe schon erwähnt, auf welche Weise die christliche Vorstellungskraft den Teufel in ihre Jenseitsvision eingliederte. Doch auch in das Leben hienieden wurde der Teufel »integriert«. Die Götzenanbetung wurde als Teufelszeug verdammt: das Götzenbild selbst war ein böser Geist. Ebenso verurteilte die Kirche auch Zaubertränke, Beschwörungen, »sortes sanctorum« und Zauber aller Art als dämonisch. Den Beschlüssen der Konzilien von Agde (506) und Orléans (511) zufolge waren Wahrsager und Wahrsagerinnen »von bösen Geistern besessen«. Dämonen – definiert als körperlose, wiewohl wirkliche Wesen, versinnbildlicht von Löwen und Schlangen – waren nützlich als Personifizierung jener dunklen kosmischen Mächte, vor denen die Heiden sich fürchteten. Den Feind beim Namen zu nennen verschob das Kräfteverhältnis. Böse Geister konnten nach Belieben ihre Gestalt wechseln; wir haben gesehen, wie man sie in den Sanktuarien den Besessenen austrieb. Gregor von Tours berichtet, daß der Teufel den Bischofssitz besudelte, wo er zum Spott als Weib verkleidet saß. Der Teufel hatte es vornehmlich auf die Schwachen abgesehen; die Frauen, diese gebrechlichen Geschöpfe, mußten ihn stets fürchten. Der Teufel konnte auch vom Innern der Person Besitz ergreifen und dort böse Gedanken, tückische Taten und neidische Gefühle erzeugen. »Furcht vor dem Teufel« wurde zum neuen Namen für die Angst des Menschen vor dem Bösen in der Welt. Zum Glück waren die Heiligen zur Stelle, um Schutz gegen das Treiben Satans zu gewähren. Die ungezähmte Natur in ihrer bedrohlichen, unermeßlichen Größe ließ Raum genug für das Kräftemessen mit dem Teufel, das eher einem Ringkampf glich als – wie es bei den heidnischen Göttern der Fall war – einem legalistischen Verfahren mit gelegentlichen Anflügen von List.

Beispiele für die innere Realität dieser neuen Wahrnehmung des Teufels fehlen jedoch, da die Autobiographie als neue, mit den Selbstbekenntnissen des Augustinus eingeführte Gattung im 7. Jahrhundert aufgegeben wurde. Sie kehrt erst im 12. Jahrhundert, mit Radulfus Glaber und namentlich Guibert von Nogent, wieder zurück. Erforschen wir die Hagiographie auf Informationen über die Verinnerlichung des religiösen Gefühls, so stoßen wir auf dieselben Hindernisse und auf allenfalls indirekte Zeugnisse, und zwar vor allem im Zusammenhang

Krypta der Kirche Saint-Germain in Auxerre, Grab des hl. Germanus.

mit Fällen von Besessenheit. Dagegen gibt es zahlreiche Belege für die Christianisierung heidnischen Verhaltens. Von den Wunderberichten befaßt sich ein relativ hoher Prozentsatz (bis zu 26 Prozent) mit Unfällen und Krankheiten, zumal Lähmungen, die Männer und Frauen, oft von hohem Rang, heimsuchen, wenn sie den Anweisungen eines Heiligen nicht gehorchen, Skepsis zeigen oder ihre Sünden verhehlen. Diese »wunderbaren« Bestrafungen lassen vermuten, daß der Bestrafte selbst ein latentes Schuldgefühl empfand; das gilt insbesondere für die Patienten der karolingischen Sanktuarien im nördlichen Frankreich. In merowingischer Zeit sind solche Phänomene seltener, und wenn ein Sünder bestraft wird, dann heilt der Heilige die Wunden, anstatt sie zu verursachen; anders gesagt, die Rolle des Heiligen ist eine äußere. Hierin liegt ein entscheidender Unterschied zwischen diesen beiden großen Augenblicken der Christianisierung, gleichsam als seien die Menschen vom äußerlichen Bewußtsein ihrer Missetaten zum inneren Bewußtsein ihrer Verantwortung gelangt.

Wir lernen dieses wichtige Phänomen, die Herausbildung des Gewissens, besser verstehen, wenn wir den Wandel der Sakramente betrachten. Die Taufe beschränkte sich in karolingischer Zeit auf Kinder (außer in Missionsgebieten). Anstelle des Untertauchens im Wasser praktizierte man das Besprengen. Das Wasser stand jetzt für die Erneuerung, nicht mehr für den Ursprung des Lebens; es symbolisierte

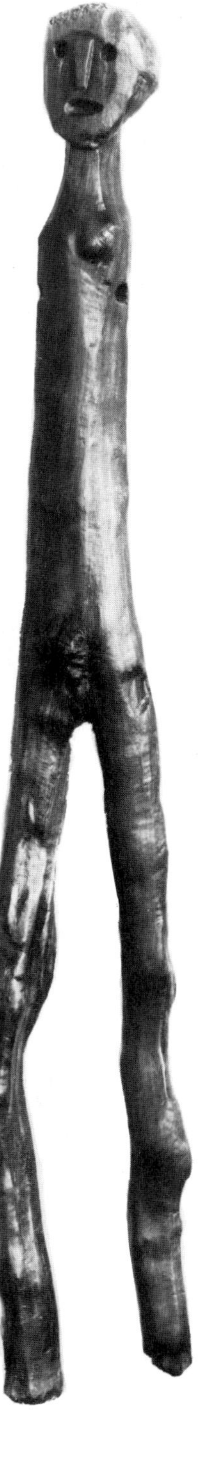

den Übergang vom Tod zur Auferstehung. Die Taufe wurde als ein Sakrament wahrgenommen, das die Sünden abwusch und für den Einzelnen, den es in die Kirche, die Gesellschaft, die Christenheit einführte, das Versprechen der Erlösung bereithielt. In gewissem Sinne glaubte man an das automatische, ja magische Wirken der Taufe; dies war der Grund für die Zwangstaufe der Sachsen, die Karl der Große gegen den Rat Alkuins vornehmen ließ.

Die Taufe stiftete eine spirituelle Verwandtschaft zwischen dem Kind und den Taufpaten, die ein kanonisches Ehehindernis zwischen Taufpate und Patenkind war. Paaren, die hiergegen verstießen, wurde eine sieben- bis fünfzehnjährige Buße sowie die Auflösung des Verhältnisses auferlegt. Nach Überzeugung des karolingischen Klerus waren solche Ehen eine Version der Blutschande. Die Taufpaten gehörten praktisch zur Verwandtschaftsgruppe des Kindes. Das Entscheidende an der Taufe war eben die »Wiedergeburt« des Täuflings. Doch die Sterblichkeitsrate damals war hoch, und es muß viele verwaiste Kinder gegeben haben, die sich plötzlich in der Obhut ihrer Taufpaten sahen. Die beiden Taufpaten mochten sich gedrängt gefühlt haben, zu leiblichen Eltern des Kindes zu werden, d. h. zu heiraten; denn die Adoption eines Kindes knüpfte ein starkes emotionales Band. Da die Kindstaufe immer beliebter wurde, wird wohl auch die Ehe zwischen Taufpaten entsprechend verbreitet gewesen sein. Die Taufe stiftete in derselben Weise Solidarität wie ein Verhältnis, das auf der Ehe, der Vasallität usw. gründete. Die Konzilien wandten sich energisch gegen die bei den Heiden üblichen endogamen Ehen, und zwar mit Rücksicht auf den augustinischen Grundsatz, daß die Ehe ein »seminarium caritatis« sein solle, d. h. eine Frucht der Liebe und nicht der Verwandtschaft. Da Eltern-, Kindes- und spirituelle Liebe in einer Familie bereits gegenwärtig sind, ist es zwecklos und gefährlich, diese verstärken zu wollen, jedoch unerläßlich und schöpferisch, die Liebe aus der Familie ausstrahlen zu lassen und anderswo »anzusäen«. Die Auffassung, daß mit der Taufe die Adoption des Kindes durch die Gemeinschaft verbunden war, wirkte also der endogamen Großfamilie sowie der Anziehungskraft entgegen, welche die Taufzeremonie ebenso wie vergleichbare heidnische Kulte besaß.

Eine weitere aufschlußreiche Veränderung betrifft die Eucharistie. In merowingischer Zeit wurde das geweihte Brot bei der Messe dem Kommunikanten in die Hand gegeben. Die Diözesansynode von Auxerre (zwischen 561 und 605) bestimmte jedoch, daß eine Frau ihre Hand zu bedecken habe, bevor sie den Leib des Herrn empfing, so als ob ihr Körper infolge der Menstruation mit einer Unreinheit behaftet sei. Die karolingische Kirche ging in dieser Hinsicht nicht so weit wie die byzantinische; doch als die römische Liturgiereform eingeführt wurde, nutzte Alkuin die Gelegenheit und setzte durch, daß zur Vermeidung eines Sakrilegs die Kommunion (aus ungesäuertem Brot) dem Kommunikanten direkt auf die Zunge zu legen sei.

Der Gebrauch von ungesäuertem Brot war Anlaß zu ständigem Streit mit Byzanz. Er drückte fraglos den noch heidnischen Glauben aus, daß die Heiligkeit der Eucharistie auf ihrer Unverderblichkeit und Unberührbarkeit beruhe. Die Vorstellung, daß das Brot der Eucharistie eine natürliche Speise sei, trat in den Hintergrund und wurde durch eine übernatürliche Idee ersetzt, so daß die Beziehung zu Gott ihre menschlichen Züge einbüßte. Das Christentum erwartete von jedem Gläubigen einen bedeutenden Sprung – er sollte nicht mehr an einen fernen, schrecklichen Gott glauben, sondern an den Einen guten und unmittelbar gegenwärtigen Gott. Mit der Aufnahme einer sehr großen Zahl von Germanen in die Kirche wurde ein Kompromiß nötig, und so mag man die Furcht vor einem transzendenten Gott als die pädagogisch harmloseste Form der Gottesfurcht angesehen haben.

Während die Eucharistie einiges von der Vertrautheit verlor, die sie noch in der Spätantike ausgezeichnet hatte, entwickelte sich das Sakrament der Buße in die entgegengesetzte Richtung. Bis zur Zeit des Caesarius von Arles (502–542) hatte man die Absolution großzügig allen Sündern gewährt, die von ihren Sünden losgesprochen werden wollten. Der Sünder, der Errettung suchte, schloß sich einer bestimmten Gruppe an, dem Orden der Büßer. Diese Zusammenkunft war ein öffentliches Ereignis, und jeder Mensch empfing nur ein einziges Mal in seinem Leben die Absolution. Für die germanischen Krieger war eine derartige »öffentliche Schmach« unvorstellbar. Die Menschen fürchteten auch, verdammt zu werden, wenn sie eine Sünde zum zweiten Male begingen, für welche sie die Absolution schon empfangen hatten. Keltische Mönche waren es, die im 6. Jahrhundert eine neue Form der Versöhnung mit Gott vorschlugen: die private Reue mit Ohrenbeichte, ein geheimes Sündenbekenntnis, verbunden mit einem Katalog von Strafen, ähnlich den Strafkatalogen in den germanischen Volksrechten. Dieser Vorschlag fand sogleich Anklang und erfreute sich lange Zeit ungebrochener Beliebtheit; das letzte Bußbuch, dasjenige des Alanus ab Insulis, stammt aus dem Jahr 1180. Hatte die Kirche den Tod öffentlich gemacht, um den Menschen die Furcht vor den Toten zu nehmen, so machte sie die Buße privat, um die Furcht vor dem Tod zu lindern.

Auf den ersten Blick wirkt es unwahrscheinlich, daß die Bußliteratur die Mentalität der Menschen verändert haben soll, zumal bei der großen Ähnlichkeit der germanischen Volksrechte mit den christlichen Bußbüchern, insbesondere jener aus der Zeit vor dem 9. Jahrhundert. Für jede Sünde nannte das Bußbuch die angemessene Strafe, nämlich soundso viele Jahre bei Wasser und Brot. Wenn jemand nicht fasten konnte oder wollte, durfte er die Buße in Solidi entrichten, und zwar ebenso viele Solidi pro Jahr, wie seine Buße dauern sollte. Dergleichen war der Ausbildung des Gewissens kaum förderlich: Die Absicht des Sünders blieb unberücksichtigt, Rückfälle waren nicht ausgeschlossen, und die Umwandlung der Strafe in eine Geldbuße befestigte den Eindruck, daß die Erlösung käuflich sei. Es blieb mit einem Wort bei der alten heidnischen Vertragssitte des »do ut des«. Daß Gott seine Gnade frei gewährte, blieb außer Betracht. Das Konzil von Paris (829) verurteilte denn auch sämtliche Bußbücher und verfügte ihre Verbrennung. Doch wiederum erwies sich, daß die hohe karolingische Geistlichkeit keinen Kontakt zu den Gläubigen hatte; denn in der Praxis war es so, daß von den zwei oder drei Büchern, die ein Landpfarrer im 9. Jahrhundert oder später

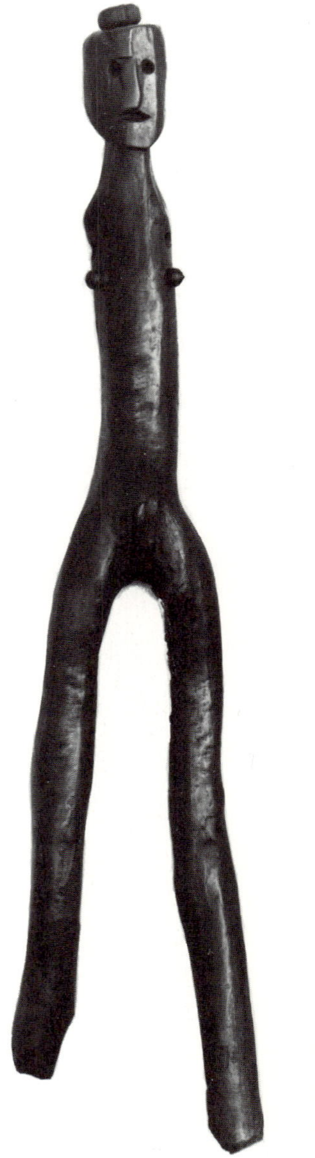

Zwei heidnische Götzenfiguren; Holz, 5. Jh., aus dem Braakmoor. Die kunstlos geschnitzten Äste bezeugen den heidnischen Glauben an Fruchtbarkeitsgötter. (Schleswig, Schleswig-Holsteinisches Landesmuseum für Vor- und Frühgeschichte)

Leben der hl. Radegunde, 11. Jh. Radegunde sitzt neben ihrem Gatten, König Chlotar I. Abgestoßen von seiner Vielweiberei, trennte sich Radegunde von ihm und ging in ein Frauenkloster in Poitiers, das sie dem Hl. Kreuz weihte. (Poitiers, Bibliothèque Municipale)

besaß, mindestens eines ein Bußbuch war. Die in solchen Büchern versammelten Maßregeln kamen ganz offensichtlich einem tiefempfundenen Bedürfnis der Gläubigen entgegen und entlasteten sie von Ängsten.

Trotz aller Zugeständnisse der Bußbücher an das heidnische Religionsverständnis beförderten sie allmählich die Umwertung der in den germanischen Volksrechten artikulierten Werte. In den Volksrechten war Diebstahl ein schlimmeres Verbrechen als Mord, und Vergewaltigung oder Entführung wogen schwerer als Vielehe und Konkubinat; für die Bußbücher aber standen drei schwere Sünden an der Spitze: »Hurerei« (ein Ausdruck, der sich auf sexuelle Verfehlungen aller Art bezog), Gewalttaten und Meineid. Der Meineid war das einzige Vergehen, das Laien wie Kleriker gleichermaßen beschäftigte. Den Versuchungen des Fleisches zu erliegen, einen Menschen umzubringen, falsch zu schwören – das waren die Sünden, die am häufigsten begangen wurden und die in den Augen aller die verwerflichsten waren. Neu war auch, daß die Strafe für jede Sünde keine Rücksicht auf den sozialen Status des Sünders nahm (obschon zutrifft, daß nur die Reichen sich die Umwandlung der Buße in eine Geldstrafe leisten konnten). Es spielte keine Rolle, ob der Sünder ein Sklave, ein freier Mann, ein Vornehmer, ein »antrustio« des Königs oder was immer war. Es herrschte in der Tat Gleichheit vor Gott, und die willkürliche Verfügungsgewalt des Herrn über seine Sklaven wurde von der Kirche verurteilt. Dennoch variierte die Buße für eine bestimmte Sünde je nachdem, ob der Sünder Kleriker oder Laie war. Zwischen Psalmist und Bischof gab es Abstufungen der Buße; auf jeden Fall war sie für Geistliche härter als für Laien. Bei diesen wiederum galten keinerlei Unterschiede des Geschlechts, des Berufs oder der Volkszugehörigkeit. Die Bußen sollten dazu beitragen, die Gleichheit der Laien und die »Heiligkeit« des Klerus herzustellen. Die Bußbücher indes leisteten der Meinung Vorschub, daß Priester und Mönche absolut untadelig zu sein hätten, wodurch diese Gruppe erneut gegen die übrigen Sterblichen abgegrenzt wurde.

Unter diesen Umständen wird es nicht verwundern, daß ein Laie, der einen Mord begangen hatte, drei bis fünf Jahre lang Buße tun mußte, während ein Bischof im selben Fall aus Amt und Würden gejagt wurde und zwölf Jahre lang bei Wasser und Brot zu fasten hatte. Mit ihren Strafen für Gewalttaten dokumentierten die Bußbücher die besondere Bedeutung der persönlichen Verantwortung, den Primat des Seins vor dem Haben. Im Vergleich zu Mord wurde Diebstahl nicht mehr streng geahndet; eine Ausnahme bildeten Kirchenfrevel und Grabschändung, weil sie als Anschlag auf sakrale Werte aufgefaßt wurden. Der *Codex Euricianus* hatte bestimmt, daß ein Sklave nicht für ein Verbrechen bestraft werden dürfe, das er im Auftrag seines Herrn verübt hatte. Die Bußbücher gingen noch weiter; sie stellten fest, daß der Sklavenbesitzer die Verantwortung für ein solches Verbrechen trug und zu Schadensersatz verpflichtet war. Dergleichen wäre im 5. Jahrhundert ebenso unmöglich gewesen wie die Vorstellung, daß ein Herr, der seinen Sklaven totschlug, vier oder fünf Jahre lang Buße tun müsse – ebenso lange, als wenn er einen Freien erschlagen hätte.

Das wirklich Neue war jedoch etwas anderes: Bestimmte Bußen zielten darauf, die Gewalt innerhalb der Sippe abzubauen. Ein Herr, der seine Sklavin mißbrauchte, mußte (in gewissen Fällen) Entschädigung leisten, indem er die Frau freiließ. Viele Sklavenbesitzer werden diesen »Affront« gegen ihr Herrenrecht mit Zähneknirschen zur Kenntnis genommen haben. Noch schwerer zu akzeptieren war die Bestrafung der »vêde«, der Blutrache. Zunächst zeigte die Kirche sich tolerant gegen dieses Verbrechen, doch seit dem 9. Jahrhundert ahndete sie vorsätzlichen Mord erheblich strenger als andere Arten von Mord. Die Richter berücksichtigten die subjektive Absicht des Missetäters, was freilich nicht ausdrücklich gesagt wurde. Nach dem Jahre 800 wurden die Bußen für den Fehdemord an einem Bischof, Ehegatten oder Laien erhöht, weil man solche – an sich nicht neuen – Bluttaten in dieser Zeit der karolingischen Renaissance zunehmend als unerträglich empfand und abschaffen wollte. Das wird deutlich am Fall der Ermordung einer Frau durch ihren Mann. Vor dem 9. Jahrhundert kommt dieses Verbrechen in den Bußbüchern nicht vor, was natürlich nicht heißen soll, daß die Merowinger niemals ihre Frauen ermordeten – man denke nur an Chilperich, der Galeswinthe umbringen ließ. Doch war in jenen Tagen der Polygamie die Praxis zumal des Adels, die Ehefrau zu beseitigen, nicht so verbreitet wie später. Mit dem Vordringen der Monogamie und der Unauflöslichkeit der Ehe griff nun die »Scheidung auf karolingisch« immer mehr um sich, und es mußte etwas geschehen, um die steigende Flut von Morden einzudämmen. Die Ermordung der Gattin wurde zum schlimmsten Mord überhaupt. Drei Bußbücher verurteilten die Ermordung eines Oberherrn, eines Vaters oder »der eigenen Frau, die Teil von einem selbst ist«. Die Frau, die ihren Gatten vergiftete, fiel in dieselbe Gruppe. Männer und Frauen wurden in diesem Falle gleich behandelt, obschon die verheiratete Frau besonderen Schutz genoß. Die Buße für Ehebruch, die vor der karolingischen Reform drei Jahre betragen hatte, wurde auf sieben Jahre erhöht. War die Ermordung des Gatten bzw. der Gattin im 9. Jahrhundert mit vierzehn Jahren Buße belegt worden, so zog sie im 11. Jahrhundert lebenslange Buße nach sich. Eine so harte Strafe führte, wie die Chroniken melden, zu einem merklichen Rückgang dieses Delikts. Der Adlige, der seine unfruchtbare, zänkische oder auch nur »überflüssige« Frau loswerden wollte, die seinen politischen Ambitionen im Wege stand, mußte eine nach kanonischem Recht verbotene Verwandtschaft der Ehegatten vortäuschen, um auf eine Annullierung der Ehe und die Möglichkeit der Wiederverheiratung zu spekulieren.

Mit Vergewaltigung und Entführung verfuhren die Bußbücher weit weniger rigide. Die Buße für diese Missetaten betrug um die drei Jahre und wurde später nur in Fällen erhöht, an denen ein Geistlicher beteiligt war. Warum? Aus denselben Überlegungen, die der strengen Strafe für die Ermordung der Gattin zugrunde lagen – die Kirche wollte der Frau in der Ehe zur Gleichberechtigung mit dem Mann und zur Freiheit verhelfen. Die Kirchenbehörden begannen, Entführung und sexuellen Mißbrauch, die von jungen Leuten verübt wurden, detaillierter zu untersuchen, um festzustellen, ob beide Parteien willig gewesen waren, denn »das beiderseitige Einverständnis macht die Ehe«. Im nördlichen Gallien entstand der eigentümliche Brauch des »stefgang«. Wenn eine Familie Klage erhob, ihre Tochter sei entführt und entehrt worden, mußte sich das Mädchen zwischen zwei Stöcke stellen; hinter dem einen Stock stand die eigene Familie, hinter dem anderen die Familie des Entführers. Entschied es sich für die eigene Familie, war die Entschädigung für Entführung und Schändung zu zahlen; entschied es sich für die Familie des Entführers, wurde offiziell Hochzeit gefeiert. Um also die privat gegebene beiderseitige Einwilligung zu bekräftigen, mußte diese öffentlich gemacht werden. Die Frau eroberte so eine autonome Privatsphäre – ein erster Schritt auf dem Weg zu einer gewissen Gleichberechtigung.

Die Bußbücher bewirkten in der Tat einen Wandel des privaten Lebens, was das Verhalten gegen die Außenwelt betraf. Heikler ist dagegen die Frage, ob die Ohrenbeichte auch das eheliche Verhalten änderte; denn hier lag der Konflikt zwischen christlichem Ideal und heidnischen Überzeugungen offen zutage. Welche Handlungen, die nicht schon das Heidentum verurteilt hätte, beichtete man dem Priester? Man bekannte dem Beichtiger viele wirkliche Sünden – Taten, die das Heidentum straflos gelassen hatte. Nach Schwere geordnet, stand an oberster Stelle wohl die Sodomie, häufig dem Analverkehr gleichgesetzt, gefolgt von oralem Verkehr, Blutschande im weiteren Sinne, Scheidung und überhaupt jeder Form von ehelicher Trennung, zumal nach dem 9. Jahrhundert und besonders aufgrund der Unfruchtbarkeit der Frau.

Dieses Verbot nun war den neuen Christen ganz unverständlich, ebenso die Verurteilung weiblicher Homosexualität, die für die Heiden

Ein Soldat setzt den Fuß auf den geschlagenen Feind. Elfenbein, 9./10. Jh. (Florenz, Bargello-Museum)

Abt im liturgischen Gewand und mit Krummstab; Sakramentar »de Gelonne«, Flavigny, 755–787. (Paris, Bibliothèque Nationale, Latin 12048)

nichts Gravierendes war. Die beiden Grundeinstellungen standen im Widerspruch zueinander; denn die unfruchtbare Frau war von den Göttern geschlagen, während die Lesbierin, im Gegensatz zum Päderasten, rein blieb. Mindere Sünden zogen mildere Strafen nach sich – in der Regel wenige Wochen Buße anstatt der drei bis sieben Jahre, die auf schwerere Sünden standen –; hierzu gehörten die Masturbation sowie Liebespositionen, bei denen die Gatten einander nicht das Gesicht zuwandten. Ferner empfahl man den Ehepaaren sexuelle Enthaltsamkeit an drei Tagen vor Sonntagen, Ostern, Weihnachten und anderen Festtagen. (Aus Bußbüchern wie jenem des Finnian hat man errechnet, daß für den legitimen Geschlechtsverkehr der Ehegatten nur zweihundert Tage des Jahres zur Verfügung standen.)

Mittlerweile können wir uns ein klares Bild von dem machen, was die Beichtiger verurteilten und was sie nachdrücklich empfahlen. Im Einklang mit der Bibel widersetzten sie sich jeder Verbindung, die nicht ein Spiegelbild der Vereinigung Christi mit Seiner Braut, der Kirche, war, d. h. monogam und unauflöslich. Sie suchten in der Gesellschaft und in der Mentalität der Menschen eine natürliche Ordnung zu befestigen, die zugleich göttlich und menschlich war. Daraus folgte, daß man die Frauen vor den Männern beschützen, daß die Blutrache aufhören und das sexuelle Begehren in nützliche Bahnen gelenkt werden mußte. Die Lust am Geschlechtsverkehr wurde nur dann verdammt, wenn sie zum Selbstzweck wurde. Die Männer jener Zeit scheinen nicht sonderlich lustfixiert gewesen zu sein. So wird die Fellatio nicht deswegen verurteilt, weil der Mann nach Lust trachtet, sondern weil die Frau sie an ihrem Gatten vornimmt, »so daß er dich um deiner teuflischen Künste willen liebt«. Viele erotische Praktiken müssen als heidnisch, magisch oder dämonisch gegolten haben; aus diesem Grund fehlt in diesen rein disziplinierenden Texten sowohl der pejorative Begriff »amor« (maßlose Leidenschaft) als auch sein Gegenteil »caritas« (züchtige Gattenliebe). Nur ein einziges Mal gebraucht Halitgar von Cambrai in seinem Bußbuch das Wort »amor«: »Wenn einer durch Zauber den *amor* eines anderen erlangen will.« An dieser Stelle ist eindeutig die maßlose Leidenschaft gemeint. Häufig begegnen jedoch die Begriffe »libido«, »desiderium«, »concupiscentia« und »delectatio« (Geschlechtslust, Wunsch, Begierde, Wonne). Im Gegensatz zu den germanischen Volksrechten werden jedoch beide Geschlechter gleich behandelt. Während die Heiden annahmen, daß allein die Frau das leidenschaftliche Begehren erzeugte, zogen die Christen Mann und Frau gleichermaßen zur Rechenschaft. Das erklärt den Aufeinanderprall von heidnischen und christlichen Einstellungen und den im 9. Jahrhundert aufbrechenden ernsthaften Konflikt zwischen Kirche und Adel in der Frage der Ehe.

Der Wandel der Mentalität kam nicht über Nacht. Gewalttätigkeit perpetuierte die männliche Dominanz über die Frau, ebenso ein sprachgeschichtliches Phänomen, über das wenig bekannt ist: der Übergang vom Vulgärlatein zum Altfranzösischen. Zwar proklamierten die karolingischen Konzilien, wie jenes von Compiègne (757), »ein einziges Recht für Männer und Frauen«, aber die Menschen verstanden diesen Gedanken nur schwer. Ein Beleg dafür sind die bekannten Worte eines

Bibel Karls des Kahlen, nach 840; der hl. Hieronymus übersetzt die Bibel. (Paris, Bibliothèque Nationale, Latin 1)

Bischofs auf der Synode von Mâcon (581 oder 585): »Er stand auf und sagte, daß man eine Frau nicht Mensch (*homo*) nennen könne, doch beruhigte er sich, als die Bischöfe ihm erklärten, daß das Alte Testament sagt: ›Als Mann und Weib erschuf er sie‹, und Er nannte ihn Adam, was Erden-Mensch (*homo*) bedeutet; und die Frau nannte er Eva [die Lebendige]. Mit anderen Worten sagte er, daß beide Menschen seien.« Diese Textstelle ist für die Legende verantwortlich, es habe ein Konzil gegeben, das der Frau die Seele abgesprochen habe. In Wirklichkeit enthüllt die Stelle einen sprachlichen Wandel, an dem das moderne Französisch noch immer laboriert. Als der Bischof seinen Einwand formulierte, dachte er an »Homo« im Sinne von »Mann«, nicht von »Mensch«. Die Frage war logisch, aber das Latein, das er sprach, war bereits Französisch, und in diesem Französisch gibt es (anders als etwa im Deutschen) keinen eigenen Ausdruck für »Mann«. Die doppelte Bedeutung von »homme« (»Mann« und »Mensch«) begünstigte die Überzeugung, daß ein Geschlecht dem anderen überlegen sei, während der Bibeltext völlige Gleichheit impliziert. Hier ist die Kluft zwischen heidnischer und christlicher Mentalität mit Händen zu greifen.

Obwohl die Unerbittlichkeit der Kirche in Fragen der Sexualität und Ehe die Heiden und Christen spaltete, gab es doch auch Berührungspunkte. Die Bußbücher enthüllen, wie die Merowinger und Karolinger danach trachteten, ihr privates Leben fruchtbar und rein zu gestalten. Sodomie und Ehebruch hatten die Heiden als schwere Sünde betrachtet. Aber die Buße für den Ehebruch der Frau war bis zum 9. Jahrhundert härter als für den des Mannes; dann wurden beide gleich. Das Christentum verwarf also die heidnische Vorstellung, daß der Ehebruch die Frau beflecke, nicht den Mann. Heiden und Christen waren einer Meinung in der Ablehnung von Abtreibung, Empfängnisverhütung (einschließlich des Gebrauchs von Pessaren und Zaubertränken), Verstümmelung, vor allem der Entmannung, im Verbot der Nacktheit (wofür niemals Gründe angegeben wurden) sowie des Geschlechtsverkehrs während der Menstruation und nach der Entbindung (aus Gründen der Unreinheit). Die Bußbücher übernahmen zwei wichtige religiöse Einsichten der Heiden: daß der Zweck der Ehe die Fortpflanzung sei und daß dieser Zweck nur erreicht werden könne, wenn Mann und Frau völlig rein sind. (Hier kommt die Frauenfeindlichkeit des Heidentums wieder zum Vorschein: Abtreibung, Kindsmord und Empfängnisverhütung gelten als Missetaten, für die allein die Frau haftet, und die Wiedervermählung von Witwen galt noch immer als nicht ratsam.) Die Frau ist unrein durch ihr Blut und alles, was aus ihr fließt. Man kann nur verwundert den Widerspruch zwischen diesen Geboten und den Worten des Evangelisten (Matthäus 15, 18) konstatieren: »Was durch den Mund herausgeht, das kommt aus dem Herzen, und das verunreinigt den Menschen.« Wieder einmal begegnen wir der Verwechslung von Reinheit und Reinlichkeit. Heidnische Ideen beeinflußten offenkundig christliches Verhalten. Aber wie hätte man eine solche Verwechslung in einer ländlichen Zivilisation vermeiden können, wo Männer und Frauen zwischen Schlamm und Dung hausten? Das tägliche Leben war unsauber, und so war auch das private Leben verunreinigt, und unter diesen Bedingungen blühte der Moralismus.

Gebet und Innerlichkeit

Solcherart waren die Geheimnisse, die man dem Beichtvater ins Ohr flüsterte, in einer Atmosphäre unsicherer Heiligkeit, bald in Eintracht, bald in Zwietracht mit dem Beichtvater. Die Beichte war etwas Positives gegenüber den heidnischen Verboten und christlichen Verdammungsurteilen: Sie schuf den Menschen ein Gewissen – den Laien, vor allem aber den Mönchen und Priestern, deren Sünden viel strenger bestraft wurden als die der Laien. Es gab eine umfangreiche Literatur, die das moralische Urteil des Laien schärfen sollte. Die Fürstenspiegel suchten ein christliches politisches Urteil auf der Basis von Gerechtigkeit und Gehorsam zu begründen. Jonas von Orléans entfaltete in *De institutione laicali* ein Ideal der christlichen Ehe, das auf Selbstzucht und Keuschheit gründete. Dodana sucht in dem Handbuch für ihren Sohn den künftigen Krieger über Treue, Nächstenliebe und Beten zu belehren. Halitgar von Cambrai schrieb ein Bußbuch, das die Eigenschaften aufzählte, die der Christ – ob tätig oder beschaulich lebend – in sich zu entwickeln trachten sollte: Glaube, Hoffnung und »caritas« (diese noch als Liebe definiert: »[...] und hätte der Liebe nicht«), Klugheit, Gerechtigkeit, Stärke und Mäßigkeit. Der eigentliche Erzieher war das Gebet.

Utrechter Psalter (816–835). Die Soldaten haben ihre Lanzen in den Boden gesteckt und beten; die Bürger der belagerten Stadt beten zum Herrn, er möge ihnen seine Engel schicken, damit sie die Stadttore schließen – das Geheimnis des Gottvertrauens. (Utrecht, Bibliothek der Kgl. Universität)

Der Initiator dieser »Erziehung des Herzens« in Gallien war Johannes Cassianus, der 417 in Marseille ein Männer- und Frauenkloster gründete. Seine *De institutis coenobiorum*, vor allem aber die *Collationes* wurden bei den Mahlzeiten vorgelesen (daher die moderne Bedeutung des französischen Wortes »collation«, »leichte Mahlzeit«). Diese Schriften beförderten die Entwicklung einer Methode der Gotteserkenntnis durch Bibelstudium oder »heilige Lesung« (»lectio divina«).

Basierend auf den Psalmen und den inneren Erfahrungen der ersten Mönche, war die heilige Lesung ein Nachdenken und Grübeln »mit Mund [d. h. laut] und Herz«; fromm wurde sie genannt, weil sie das Wort Gottes in Gegenwart Gottes darbrachte. (»Wo zwei oder drei ver-

Der hl. Lukas; Elfenbein, 9./10. Jh. Der Evangelist ist in der klassischen Pose des Schreibers, auf einem Kissen sitzend, dargestellt. (Lyon, Musée des Beaux-Arts)

sammelt sind in meinem Namen, da bin ich mitten unter ihnen«, hat Jesus gesagt.) Die Gotteserkenntnis kam mit dem Hören auf Sein Wort, so wie im Laufe eines langen Gesprächs jeder Gesprächsteilnehmer durch das, was er sagt, zu erkennen gibt, wer er ist. Lesen und über das Gelesene nachdenken pflanzten das Wort Gottes in die Seele des Betenden ein. Dann konnte mitten in der täglichen Arbeit aus dem Herzen die Meditation hervorgehen – das Bündnis von Gespräch und Empfindung. Cassianus schlug auch eine Strategie gegen das Laster und eine Therapie vor: Jeder Mönch soll dem Älteren, der als sein geistlicher Führer fungiert, seine bösen Gedanken beichten. Solche tiefenpsychologische Einsicht war etwas absolut Neues. Das Gewissen war nicht mehr nur ein von außen suggeriertes vages Schuldgefühl, es wurde zum Instrument der Beobachtung und der Analyse des inneren, spirituellen Konflikts.

Benedikt von Nursia, dessen Regel 816 von allen Klöstern im Karolingischen Reich eingeführt wurde, schrieb Cassianus' Neuerungen zu einer persönlichen Beziehung zu Gott fort: »Wir müssen also Seele und Leib bereiten, um Kriegsdienste zu leisten im Gehorsam gegen die Gebote. [. . .] Es ist unsere Absicht, eine Schule für den Dienst des Herrn einzurichten.« Sobald der junge Mönch mit dem Auswendiglernen aller 150 Psalmen lesen und schreiben gelernt hatte, erlaubte ihm das Nachdenken, sich auf das Meditieren einzulassen. Die Regel verlangte vom Mönch, daß er jede Woche sämtliche Psalmen rezitierte oder sang. Zweiundfünfzigmal im Jahr sang also die Mönchsgemeinschaft alle 150 Psalmen. Benedikts Regel gibt in einem nur scheinbar langweiligen Kapitel sogar die Reihenfolge an, in der die Psalmen anzustimmen sind. In Wirklichkeit kam es Benedikt darauf an, den Weg des Mönchs bei der Gestaltung seiner persönlichen Beziehung zu Gott zu strukturieren: vom Lobpreis Seiner Größe über das Leiden des verlassenen Sünders bis zum Dank für die Gaben des Herrn. Die poetische Sprache der Psalmen macht in Gestalten und Symbolen die Existenz einer anderen Dimension, nämlich der Ewigkeit, erlebbar, während sie den Mönch aus der sündigen Welt buchstäblich herausreißt. Die spirituelle Kultur wird somit zur zweiten Natur, und die Weltentsagung erwächst allmählich aus einem gründlichen Wandel der Mentalität, der aus dem Vertrauen in das ganz Andere resultiert. Während das Leben der Franken und auch der Galloromanen von Gewalt geprägt war, kehrten sich die Mönche in den Klöstern von der Welt ab und suchten anderswo Kraft und Beistand.

Doch die Eroberung der inneren Dimension bedeutete nicht die Preisgabe der Welt, sondern ihre Transformation. Der Bruch mit der Welt und das Ringen um die Einhaltung der Gelübde (Armut, Keuschheit, Gehorsam) ließen den Mönch mit gefestigter Persönlichkeit in die natürliche Welt zurückkehren. Das ganze benediktinische Ideal liegt in der Formel beschlossen »Bete und arbeite« (»ora et labora«). Dieses Ideal unterscheidet sich deutlich vom römischen Ideal des gepflegten Müßigganges, des »otium«. Obgleich (oder gerade weil) Benedikt ursprünglich ein vornehmer Römer war, lehnte er das »otium« ab und rühmte dessen Verneinung, das »negotium«, die Arbeit als Last und Pflicht. Warum? Weil »Müßiggang [›otiositas‹] der Seele Feind« ist. »Deshalb sollen sich die Brüder zu bestimmten Zeiten mit Handarbeit und wieder zu bestimmten Stunden mit heiliger Lesung beschäftigen.« Das war eine Revolution. Schwere körperliche Arbeit wurde zum Vorbild; geistige Arbeit, ob allein oder in Gemeinschaft verrichtet, hatte keinen Sonderstatus mehr. Kein Wunder, daß die Klöster, während sie die innerliche Bildung der Mönche förderten (und solange sie dabei nicht das Gleichgewicht verloren), zugleich eine neue Welt bauten.

Die Neuerungen waren bedeutsam, weil sie als Antrieb des Handelns die innere Überzeugung an die oberste Stelle setzten, nicht mehr das bloß instinktive, subjektive Reagieren angesichts einer Gefahr. Diese Veränderung setzte eine enorme geistige Tätigkeit voraus, wozu auch das Vorlesen bei den Mahlzeiten und nach der Komplet, ja mitunter sogar bei der Küchenarbeit gehörte. Auch Gäste des Klosters wohn-

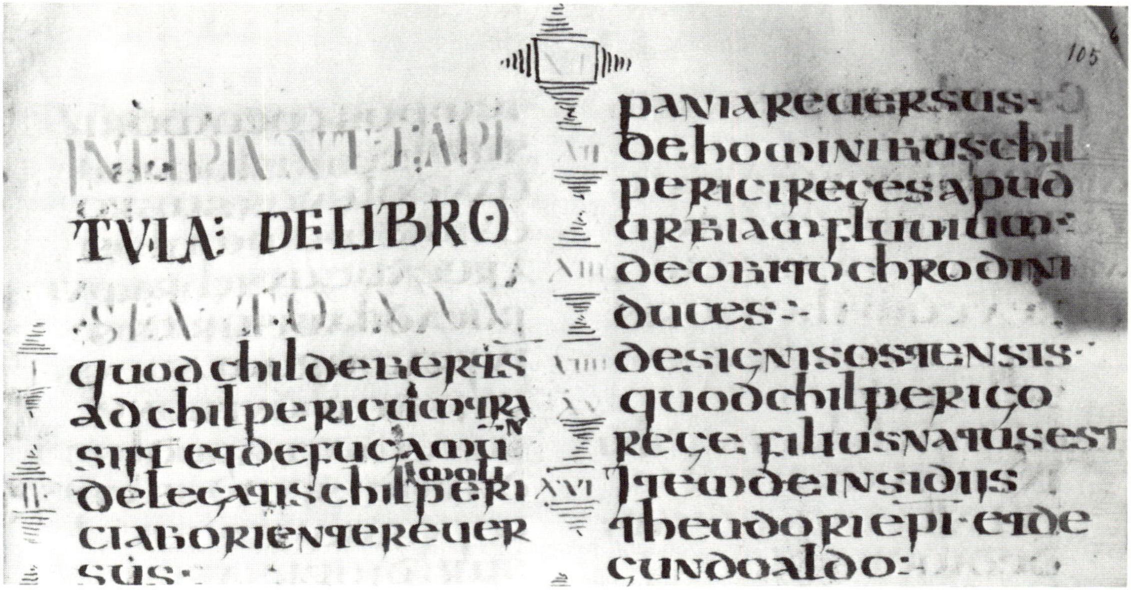

Handschrift des Gregor von Tours, 7. Jh. Seine *Geschichte der Franken* entstand zwischen 567 und 593. Abgebildet ist das Inhaltsverzeichnis zum VI. Buch. (Cambrai, Bibliothèque Municipale)

ten den Lesungen bei. Sorgfältig setzte Benedikt die Zeit der persönlichen Lektüre fest: in der Zeit zwischen Ostern und dem 1. November zwei Stunden am Morgen, im Winter drei Stunden. Wer während der Mittagsruhe lesen wollte, durfte es tun, »wenn er die anderen nicht stört«. Gelesen wurde nämlich fast immer laut, weil die Texte damals keine Interpunktion und keinen Zwischenraum zwischen den Wörtern kannten. Stummes Lesen war eine Leistung in einer Gesellschaft, in der man so gut wie niemals allein war und daher, wie die Heiden sagten, »einen Haß gegen die Menschheit« faßte. Benedikt zögerte jedoch nicht, das stille Lesen zu befürworten, ja, es sogar zur Pflicht zu machen. In der Fastenzeit waren auch die Sonntage für die private Lektüre bestimmt. Zu Beginn der Fastenzeit erhielten alle Brüder »ein Buch aus der Bibliothek, und alle lasen der Reihe nach alle Bücher«. Insgesamt standen pro Woche mehr als zwanzig Stunden für private Lektüre zur Verfügung. Die Disziplin beim Lesen war so schlecht, daß zwei ältere Mönche während der Lektürestunden Aufsicht halten und Schwätzer, Träumer und sonstige Nichtstuer ermahnen mußten, damit sie nicht dem »otium« oder der »acedia« (dem inneren Überdruß) verfielen. Wer auch nachts lesen wollte, bekam ein Licht gestellt. Das Hauptziel war, jeden Mönch ins Oratorium zu nötigen. Wenn er allein und unbeobachtet beten wollte, sollte er ins Bethaus gehen und stumme Gebete verrichten, nicht laut, aber »unter Tränen und Qualen des Herzens«. Das stumme Gebet war also die Frucht harter Askese und geistiger Anstrengungen, die den Zeitgenossen ungeheuer schwierig vorkamen. Und alles das ohne Worte, weder gesprochene noch unausgesprochene, was eine weitere unerträgliche Qual war.

Die Entdeckung des Schweigens

Das einsame Lesen sollte zum Schweigen zwingen, ohne das die Sammlung der Gedanken unmöglich ist. Die Regel sagt: »Der neunte Grad der Demut ist, daß der Mönch seiner Zunge verbietet zu sprechen und schweigend wartet, bis das Wort an ihn gerichtet wird. [...] Allezeit müssen sich die Mönche des Schweigens befleißigen, ganz besonders aber während der Stunden der Nacht. [...] Nach der Komplet ist es keinem mehr erlaubt, zu reden.« Ziel des Schweigens war es nach den Worten des Augustinus, den inneren Menschen zu bilden. Auch das war ein neuer Wert, den Benedikt, manchmal mit Zorn und Strenge, predigte, weil er in seinen Augen unerläßlich war, um mit aller »geistlichen Begierde« (»concupiscentia spiritualis«) nach dem ewigen Leben trachten zu können. Das Wort »Begierde« ist hier bewußt gewählt, um zu verdeutlichen, daß die Beziehung des Menschen zu Gott eine Art von Liebe ist – nicht selbstsüchtig und fleischlich, sondern umfassend und transzendent. In der Abgeschlossenheit des Klosters und des Bethauses legten Benedikt und seine Anhänger den Keim einer vielfältigen Subjektivität, die mit ihrer Analyse von Gefühlen, Empfindungen und spirituellen Fortschritten zur Vorstufe jener reichen menschlichen Persönlichkeit wurde, die nicht mehr Sklave, sondern Herr der Schöpfung ist. Das Beispiel der großen Mönche – Bonifatius, Benedikt von Aniane, Odo von Cluny – lehrt, daß ein neuer Menschentypus entstanden war, der äußerlich isoliert und schwach zu sein schien, in Wahrheit jedoch stark war, weil er die Zucht des Schweigens ertragen hatte.

Eine andere isolierte Gestalt verrät einen ähnlichen Wandel des inneren Lebens: Es ist der Schreiber. Die Schreiber waren Mönche, die im Gegensatz zu ihren glücklicheren Brüdern stundenlang die Wärme des Ofens entbehren mußten und in Randbemerkungen auf ihren Handschriften klagten, daß ihnen kalt, die Essenszeit noch weit oder die Tinte im Tintenfaß gefroren sei. Von allen Akteuren der Weltgeschichte ist der Schreiber das unbekannteste Wesen. Die Aufgabe des Schreibers wurde leichter, als man in der Spätantike vom zusammengerollten Papyrus abkam und den »codex« (aus Pergament) einführte, dessen Seiten wir noch heute umblättern. Diese Erfindung hatte beachtliche psychologische Auswirkungen. So benötigte man keinen Sklaven als Vorleser mehr, wenn man sich Notizen machen wollte; man hielt jetzt mit der einen Hand das Buch und schrieb mit der anderen. Die Angewohnheit, gleichzeitig zu lesen und zu schreiben, begünstigte den Übergang zum stummen Lesen und scheint in der karolingischen Zeit recht verbreitet gewesen zu sein. Sie ermöglichte das innere Zwiegespräch des Lesers mit dem Text. Der »codex« bot aber nicht nur die Möglichkeit, über den Text zu meditieren; er erleichterte auch das Abschreiben von Texten und den Vergleich verschiedener Textvarianten.

Gleichwohl war die Tätigkeit des Schreibers anstrengend. Selbst wenn mehrere Schreiber im selben Raum arbeiteten, durften sie nicht miteinander sprechen, weil das ihre Konzentration beeinträchtigt hätte. Der abzuschreibende Text – Buch oder Schriftrolle – wurde auf einen

Utrechter Psalter (816–835). Gott straft die Stadt, deren Bewohner am Altar stehen und beten, während der Feind die Stadttore stürmt. (Utrecht, Bibliothek der Kgl. Universität)

Ständer gelegt. Der Schreiber schrieb mit einem gespaltenen Rohr, in der karolingischen Zeit zunehmend öfter mit einer Feder, und zwar entweder auf den Knien, auf einem Brett oder an einem Tisch. Bevor er mit dem Abschreiben beginnen konnte, mußte er mit einem Griffel waagerechte und senkrechte Striche ziehen, um die Ränder und Linien zu markieren. Neben dem Abschreiber gab es andere, ebenso einsame Arbeiter: Korrektoren, Initialenmaler, Illuminatoren, Buchbinder. Die »karolingische Minuskel« wurde Ende des 8. Jahrhunderts in Corbie erfunden und erfreute sich später wachsender Beliebtheit. Diese gut lesbaren Buchstaben (unsere »lateinische« Schrift) mußten kalligraphisch gemalt werden; man konnte sie nicht flüssig schreiben wie die ältere merowingische Kursivschrift. Diese Veränderung bedeutete an sich einen Fortschritt, für den Schreiber aber auch zusätzliche Mühe. Das Schreiben war Schwerarbeit, wie ein Mönch bekennt: »Es umnebelt den Blick, macht einen Buckel, drückt gegen den Bauch und läßt den Rücken schmerzen. Es greift den ganzen Körper an. Darum, o Leser, blättere die Seiten behutsam um und berühre die Buchstaben nicht mit dem Finger!« Das Abschreiben war, wie das Beten und Fasten, ein wahrhaft asketisches Geschäft – ein Gegengift gegen die Leidenschaft und eine Zügelung der schweifenden Phantasie, weil es Konzentration erforderte und die Finger anstrengte. Um die Bibel abzuschreiben, benötigte ein einzelner Schreiber ein ganzes Jahr. Wir verdanken diesen karolingischen Schreibern über achttausend Handschriften, also auch die meisten der uns bekannten Werke der Antike.

Was ging in den Köpfen der Schreiber vor, wenn sie heidnische Texte kopierten, die sie für falsch, belanglos oder unanständig hielten? Jedenfalls ließen sie keine Stellen aus und erteilten keine Zensuren. Sie waren ihrem Text treu. Nur wenige haben ihre Eindrücke formuliert. Hrotsvitha von Gandersheim, die Komödien in der Art des Terenz abzuschreiben hatte, gesteht, daß sie bei gewissen Ausdrücken des Autors auch außerhalb des obszönen Kontexts errötet sei. Andere Abschreiber hüllten sich in Schweigen. Wie Dom Leclerq unterstreicht: »Es bleibt etwas Geheimnisvolles, das wir respektieren sollten.« Sicher ist, daß man alle Texte ehrte und respektierte und keine Mühe der Verzierung scheute. Bücher waren denn auch sehr teuer. Man benötigte das Pergament von einer ganzen Herde von Schafen, um einen Cicero oder Seneca abschreiben zu können – jedes Tier lieferte vier Folioseiten. Einband und Buchdeckel waren häufig mit Gold und Edelsteinen verziert, so daß das Buch einer Reliquie ähnelte. Der Sinn für schöne Bücher machte aus dem geschriebenen Werk etwas Heiliges, das wert war, das Dasein mittelalterlicher Gelehrter zu begleiten. Bei Mönchen ist dies um so begreiflicher, als ihnen sonstige Genüsse vulgärer oder kultivierter Art verschlossen waren und daher nur die Freude an schönen Gedichten blieb. Abt Lupus von Ferrières, der sich daran ergötzte, einem Freunde saftige Birnen zu schicken, liebte zeit seines Lebens die klangvollen Verse Vergils, während in der Generation zuvor Paulus Diaconus sich damit vergnügte, Gedichte »freundlich-satirischen Inhalts« zu verfassen. Die Einsamkeit des Schreibers und überhaupt jedes Schreibenden war der Suche nach dem schönen Ausdruck förderlich, und eine gelungene Wendung bereitete ein nahezu unvergängliches Vergnügen.

Konnte man die Freuden eines intensiven geistigen Lebens anderen mitteilen? Da gab es natürlich die altbewährte Einrichtung des literarischen Briefwechsels; seine Meister waren Plinius d. J. und vor allem Sidonius Apollinaris, der 479 als Bischof von Clermont-Ferrand starb, nachdem er Kultur und Glauben gegen die Westgoten verteidigt hatte. Nur noch Lupus von Ferrières bewies im 9. Jahrhundert eine vergleichbare Beredsamkeit, doch er war eine Ausnahme, und sein literarisches Apostolat blieb ohne Nachfolge; allenfalls wäre Einhard zu nennen, der, obschon Laie, ebenso gebildet war wie der gelehrte Bischof. Der Briefwechsel diente in den meisten Fällen der Regelung geschäftlicher Interessen, so etwa die gegenseitigen Verunglimpfungen zwischen Bischof Importunus von Paris und Bischof Frodebert von Luxueil (gest. 693) oder die zahllosen Briefe des Erzbischofs Hinkmar von Reims, der sich unermüdlich um die Wiederbeschaffung gestohlenen Kirchengutes bemühte. Andere, beispielsweise Alkuin, baten in ihren Briefen, man möge für sie beten, auf daß sie Vergebung der Sünden und Seelenfrieden erlangten. Die zunehmende Bedeutung des Gebets führte zur Bildung von Priester- und Laiengemeinschaften, die sich verpflichteten, für jeden erkrankten Bruder zu beten, seinem Begräbnis beizuwohnen und nach seinem Tode Messen für ihn zu lesen. Kirchen und Klöster ließen Pergamentrollen zirkulieren, auf denen die Namen der Toten eingetragen wurden, so daß man für ihre Seele beten konnte. Pierre Riché berichtet von einem solchen Gebetsverbund im Jahre 842, bestehend aus Saint-Germain-des-Prés, Saint-Denis und Saint-Rémi-de-Reims. War ein Mönch gestorben, so rezitierten die anderen Mönche einen Monat lang den Psalter. Am ersten, siebenten und dreizehnten

Tag nach seinem Tode lasen die Priester für ihn die Messe. Es war dies die Vorform der Totengebete, die im 10. Jahrhundert die Spezialität der Mönche von Cluny waren. Doch drohten diese Gebete zur mechanischen Rezitation zu verkommen und hatten nur noch wenig gemeinsam mit dem glühenden, inbrünstigen Gebet der großen Mönche von einst.

Mönche und Priester galten als privilegierte Mittler zwischen den Menschen und Gott. Durch ihre persönliche Beziehung zum Göttlichen konnten sie für das Leben im Diesseits wie im Jenseits nützlich sein. Diese Männer, die sich in Klöstern, Kirchen und Asylen einen heiligen Raum schufen, die Reliquien der Heiligen und die frommen Bücher bewachten und sexuelle Enthaltsamkeit übten, grenzten sich gegen den Rest der Bevölkerung ab. Mehr oder weniger bewußt nährten sie die Verwechslung von »sacer« und »sanctus«, des Tabuisierten mit dem Geheiligten. Und als sich der Klerus gegen Ende der karolingischen Epoche bewußt wieder auf eine Pädagogik der Furcht und des Zitterns besann, weil anders der zügellosen Gewalt der Zeit nicht zu steuern war, verstärkte sich der Eindruck, daß die Kirche sich im Besitz des Heiligen befand.

Abschrift des *Breviarium Alaricianum*, 700–750; der Alamannenkönig Lothar überreicht einem Bischof, einem Herzog und einem Grafen das alamannische Volksrecht. (Paris, Bibliothèque Nationale, Latin 4404)

Um gerettet zu werden, mußte der Einzelne von der Kirche Besitz ergreifen – eine vereinfachte Vorstellung, die für das Aufkommen der sogenannten »Eigenkirche« verantwortlich war. Seit Beginn der Mission in Gallien griffen die germanischen Adligen den Missionaren unter die Arme und stifteten Land und andere zum Bau von Kirchen notwendige Mittel. Sie waren aber der Überzeugung, hierdurch das Besitzrecht an der neuen Kirche, samt allen Gebäuden und den in ihr tätigen Menschen, zu behalten. Nichts war für einen Vornehmen leichter, als irgendeinen seiner bäuerlichen Sklaven auszuwählen, ihn freizulassen, weil die Kirche es so verlangte, und seine Ausbildung zum Priester zu finanzieren. So kam der Sklavenbesitzer zu seinem eigenen Priester, der die Aufgabe hatte, durch Gebete und Messe für dessen Erlösung zu sorgen. Dieselbe mehr oder weniger bewußte Berechnung stellten Fürsten an, wenn sie ein Kloster oder ein Bistum gründeten. Das System der Eigenkirchen machte aus den Priestern Bedienstete, besonders im Norden, in Franken. Jonas von Orléans meinte bitter: »Es gibt so manchen Priester, der so arm und jeder menschlichen Würde beraubt und von einigen Laien so verachtet ist, daß er nicht nur als Verwalter und Buchhalter fungiert [nur die Priester konnten lesen und schreiben!], sondern sogar als Hausdiener, der nicht einmal am Tisch seines Herrn essen darf.« Mächtige Laien hatten den Klerus mit eisernem Griff umklammert, so daß die Situation im 10. Jahrhundert unerträglich geworden war. Das Resultat war die Gregorianische Reform, die wahrhaftig zu einer Befreiung des Klerus führte. Nur wenige fromme Laien, wie Gerald von Aurillac, hatten Ende des 9. Jahrhunderts die Gefahr erkannt. Aber Gerald war auch einer der wenigen Adligen seiner Zeit, der nicht der Welt den Rücken kehrte und dennoch ein frommes Leben führte. Schon beim Aufstehen, noch während er sich ankleidete, rezitierte er Psalmen, und bei Tisch ließ er sich aus der Bibel vorlesen und erläuterte selber seinen Gästen die Textstellen.

Bibel Karls des Kahlen, nach 840. Moses überbringt dem König und seinen Beamten die Gesetzestafeln – das karolingische Bild vom einzigen Gesetz, das zählte: dem göttlichen. (Paris, Bibliothèque Nationale, Latin 1)

Wo immer das inwendige Leben des Menschen höchste Bedeutung hatte, waren die Beziehungen zwischen Laien und Geistlichen von Heiligung geprägt. Wo aber das innere Leben keine Rolle spielte, galt der Klerus als Priesterkaste und die Kirche als Privatbesitz. Die unvollständige Christianisierung der Privatsphäre hatte zur Folge, daß heidnische Vorstellungen vom Heiligen wiederauflebten. So finden wir denn am Ausgang des Frühmittelalters, um das Jahr 1000, mächtige Herren, die darauf erpicht sind, dem Klerus seine »Geheimnisse« und »Zauberformeln« abzugewinnen – in der Hoffnung, die Ängste einer mittlerweile völlig privat gewordenen Machtausübung lindern zu können.

Die Christianisierung, die freilich in merowingischer Zeit weniger gründlicher war als in karolingischer, hat also den heidnischen Glauben nicht auszulöschen vermocht. Prälogisches Wissen, weibliche Intuition, Zaubersprüche und -tränke, alles drehte sich um dieselben Obsessionen: Liebe, Tod und das Leben im Jenseits. Die Kirche versuchte, die Angst vor dem Wirken des Bösen zu bannen, indem sie es einem konkreten Träger, dem Teufel, zuschrieb; so hoffte sie das Gewissen des Einzelnen zu befreien. Doch der langsame Übergang von einem dem Menschen äußerlichen Gewissen zu einem inneren – und persönlichen – Gewissen blieb unvollendet. Sakramente wie die Taufe und die Eucharistie entbehrten nicht der Spurenelemente magischen Denkens. Die Buße und die Ehe waren wahrscheinlich die effektivsten Mittel einer Christianisierung der Privatsphäre. Ein Blick in die Bußbücher des 6. bis 11. Jahrhunderts beweist, daß es bei der Bildung eines moralischen Gewissens unleugbar Fortschritte gab. Kompromißlos war die Kirche in bezug auf Mord, Polygamie und Ehescheidung; sie betonte die Gleichheit aller Laien vor der Sünde und bis zu einem gewissen Grade auch die Gleichheit von Frau und Mann. In allen diesen Belangen standen die Bußbücher in krassem Gegensatz zu den germanischen Volksrechten und trugen zu tiefgreifenden Veränderungen des persönlichen und sozialen Verhaltens bei. Was die Ehe betraf, so stieß die

Forderung nach deren Unauflöslichkeit und nach einer natürlichen Ordnung der sexuellen Beziehungen auf heftigen Widerspruch, wovon z. B. der Streit zwischen Chlotar und Theudebert zeugt.

Die Bischöfe waren sich freilich bewußt, daß die Bußbücher erhebliche Kompromißbereitschaft gegenüber heidnischen Überzeugungen bekundeten; das geht schon daraus hervor, daß auf den Synoden ein Verbot der Bußbücher angestrebt wurde. Nur allzuoft war das Eingeständnis einer Sünde noch gleichbedeutend mit dem Eingeständnis eines Verbrechens oder eines körperlichen Defekts statt mit dem Eingeständnis mangelnder Gottesliebe. Die automatische Buße ließ das religiöse Verhältnis zu Gott als eine Art Vertragsverhältnis erscheinen. Die Aufnahme heidnischer Gründe für die Ablehnung gewisser Gebräuche führte zu Widersprüchen mit dem Evangelium. Und da auch die Intention des Täters nicht berücksichtigt wurde (außer in Fällen der Blutrache), entstand kein Bewußtsein für die Motive der sündhaften Tat. Es war zwar ein Fortschritt, daß jetzt das Resultat beurteilt wurde und nicht der angerichtete Schaden; aber es bedurfte weiterer Fortschritte, die erst mit dem Werk des Abaelard eintraten.

Das individuelle Gewissen entwickelte sich nur langsam aus den widersprüchlichen Bemühungen der Kirche. Deren Schwanken zwischen Unerbittlichkeit und Kompromißbereitschaft erklärt, warum im Laufe von zehn Jahrhunderten Liebe und Tod aus der Sphäre des heidnischen Heiligen in die des christlichen Geheimnisses übergingen, ohne daß die alte, ursprüngliche Mentalität erloschen wäre. Jeder Prozeß der Akkulturation bedingt eine solche Mischung aus Rigorosität und Laxheit. Jacques Maritain bezeichnet die Art und Weise, wie die Kirche nichtchristliche Werte akzeptierte, ja, sich einverleibte, als »Kniefall vor der Welt«. Indem die frühmittelalterliche Kirche das heidnische Heilige übernahm, spielte sie mit dem Feuer, doch sie entriß diesem Feuer die Menschen, damit sie sie selbst werden sollten.

Die innere Zurüstung durch Gebet, Einsamkeit und Schweigen war die einzige Methode, die subjektive Beziehung zu Gott zu »entsakralisieren«. Hier wurde keinerlei Ambiguität geduldet. Eine Askese des Leibes und der Seele fand statt, durch körperliche und geistige Arbeit, Fasten und Beten. Benedikt von Nursia leitete mit der »heiligen Lesung« und dem Lesen überhaupt eine geistige Revolution ein. So wie der Schreiber bei seiner einsamen Tätigkeit über dem Pergament, so tat auch der Beter sich selbst Zwang an, um Geist und Seele für die Bedürfnisse anderer zu öffnen. Das Prestige des betenden Mönches, verbunden mit der Sakralisierung des Klerus (durch die in den Bußbüchern bestimmten strengen Strafen für seine Verfehlungen) und der Bücher, bewirkte eine Umkehrung der Situation, denn die großmächtigen Laien richteten sich nun ein in den Vorhöfen des Jenseits, den Klöstern und Kirchen. Der betende Mönch und der Priester wurden zum Zaubermittel, sich des Paradieses zu versichern. Der innere Fortschritt, eine nicht übertragbare private Entdeckung, wandelte sich zum vulgären Rezept.

Kaiser Ludwig der Fromme; Darstellung am Anfang seiner eigenen Kapitularien. Er trägt das Szepter der Gerechtigkeit und diktiert einem Schreiber sein Gesetz. (Cava dei Tirreni, Italien)

Resümee

Vom Staat als Privatbesitz bis zur Eigenkirche haben wir den Kreis ausgeschritten – in Politik und Religion war das Frühmittelalter geprägt von kraftvollen Einzelnen; es war eine Zeit der Ablehnung der Abstraktion und der weiten Horizonte, die Zeit der kleinen Gruppen und wärmenden emotionalen Gemeinschaften. Oberster Wert war der Instinkt; Gefräßigkeit und Raublust bestimmten den inneren Haushalt einer Welt, die nach Leben und Lust gierte. Körper und Seele lagen miteinander im Streit. Die Natur machte sich daran, die Kultur zu verschlingen. Tiere faszinierten den Menschen. Der Körper wurde verehrt, verstümmelt, gefoltert. Gewaltanwendung war das alleinige Mittel, um zu überleben. Der Tod saß jedem im Nacken.

Das ist kein romantisches Bild, kein Panorama à la Victor Hugo von den Anfängen Frankreichs, gemalt in den Farben des Blutes, des Goldes und des königlichen Purpurs. Das Frühmittelalter ist wohl die Geburtsstätte unseres kollektiven Unbewußten, eine Epoche, die unsere spontanen Leidenschaften ein für allemal vergessen machte; die, da es an allen öffentlichen Strukturen mangelte, die Natur unserer Triebe offenlegte und so den Weg zur Entstehung des »neuen Menschen« bahnte. Es war die Zeit des Kampfes zweier Religionen – der heidnischen und der christlichen – um Familie, Sexualität und Tod.

Die Obsession der Völker, die in Gallien einfielen, eine Obsession, die sie den Galloromanen mitteilten, war der Überlebenswille. Hervorgegangen aus der harten Erfahrung auf kargen Ländereien und in den düsteren Wäldern Europas, zwang diese Obsession die Menschen, ihren Begriff vom Mann auf die Fertigkeit des Tötens zu reduzieren und den der Frau auf das Gebären. Die Sexualität war ein gesellschaftsbildendes Werkzeug, das man in Übereinstimmung mit den Lehren der Natur gebrauchen mußte. Die Lehre der Natur aber war, daß nur die Tüchtigsten zu überleben vermögen und daß Frauen und Mütter rein sein müssen. Die Liebe, dieser zerstörerische Wahnsinn, sollte gebannt werden. Die wohltätigen Kräfte des geheimnisvollen Kosmos mußten gebunden, die bösen abgewehrt werden. Der Tod, welcher der unsichtbaren Unterwelt zugehörte, war ebenso bedrohlich wie die Sexualität. Der Gewalt entrann man nicht. In diesem Klima nun entstanden endogame Familienverbände, die ihre Toten draußen vor dem Dorf beerdigten.

Der Religion der Furcht begegnete die Religion der Hoffnung, die dem heidnischen Erbe mit Sympathie und doch feindselig gegenüberstand. Die neue Religion übernahm die heidnischen Vorstellungen vom Kind und von der Reinheit der Ehe, suchte jedoch die Parentel durch die monogame Ehe zu überwinden. In einem Kompromiß mit dem Heidentum christianisierte die gallische Kirche heidnische Praktiken. Sie erzielte in der öffentlichen wie in der privaten Sphäre einen wichtigen Fortschritt. Um den Menschen die Angst vor dem Tod zu nehmen, holte sie die Toten auf den Friedhof nahe der Kirche, wo die Lebenden sie besuchen konnten. Um die Angst vor der Strafe zu vertreiben, verpflanzte sie die Beichte vom Marktplatz in den Beichtstuhl. Nicht zuletzt bot die Kirche Männern, die einzig die grobe Konvention ehelicher Kameraderie kannten, den alternativen Daseinsentwurf des einsamen Klausners und des betenden Mönchs an. So ambivalent der Einfluß der Kirche auf das private Leben gewesen sein mag, dieser allmähliche Prozeß der Akkulturation, unterbrochen von vielen Fehlschlägen, namentlich aber vom Zerfall des Karolingischen Reiches, trug dazu bei, den Einzelnen von seiner Umwelt unabhängig zu machen. Von der Angst vor der Welt über die Verachtung der Welt schritt der Mensch schließlich zur Eroberung der Welt.

Konstantinopel; das Goldene Horn zu Beginn unseres Jahrhunderts.

Evelyne Patlagean

V. Byzanz im 10. und 11. Jahrhundert

Quadriga; Seidenstoff, 8. Jh. (Paris, Musée de Cluny)

Historische Einleitung

Der Name »Byzanz« beschwört ein Jahrtausend Geschichte; er bezeichnet eine Hauptstadt – Konstantinopel –, ein unermeßliches Reich und eine in Jahrhunderten gewachsene Gesellschaft. Ich befasse mich hier mit dem Zeitraum zwischen 900 und 1060, der Byzanz im 10. Jahrhundert auf dem Höhepunkt seiner Macht und im 11. Jahrhundert auf dem Weg zur Modernität zeigt. Wie jede blühende Gesellschaft fand auch die byzantinische ihren Ausdruck in einer Fülle von Texten, von denen viele über die in diesem Band erörterten mentalen und kulturellen Kategorien Aufschluß geben: die Gestalt des privaten Raumes und der privaten Zeit und das darin Getane und Gesagte. Zunächst jedoch möchte ich den Ort der Handlung beschreiben und die Personen vorstellen, um es dem Leser zu erleichtern, den miteinander verschränkten Fragestellungen und Schwankungen der Quellenlage zu folgen.

Byzantinische Geographie und Geschichte vom 9. bis 11. Jahrhundert

Zu Beginn des Zeitraums ist das Reich von Byzanz im Osten von den armenischen Ausläufern des Kaukasus und dem oberen Euphrat begrenzt, im Südosten vom Taurusgebirge. Auf dem Balkan erstreckt es sich am linken Ufer der Donau; von deren Unterlauf trennte Byzanz das Königreich Bulgarien, das 681 entstand und 864 von byzantinischen Missionaren zum Christentum bekehrt wurde. War das 9. Jahrhundert gekennzeichnet vom politischen Aufstieg Venedigs und dem ständigen Kampf mit den Arabern um Sizilien, Kreta und die Inseln der Ägäis, so erlebte das 10. Jahrhundert eine siegreiche »Reconquista«. Byzanz gewann Kreta zurück; es schuf sich eine neue Provinz in Süditalien mit den Zentren Bari und Tarent; es drang erneut in Mesopotamien ein und eroberte Edessa. Gegen den Turkstamm der Petschenegen am Unterlauf der Donau verbündete sich Byzanz mit der Kiewer Rus, die schon früher Handelsbeziehungen mit Byzanz unterhalten hatte und 988 für die Ostkirche gewonnen worden war. 1014 wurden die Bulgaren vernichtend geschlagen. Im 11. Jahrhundert wandelte sich das Bild allmählich; italienische Kaufleute und abendländische Söldner kamen ins Land, und das Turkvolk der Seldschuken gelangte an die Macht.

Doch diese Sachverhalte sind für unseren Zusammenhang von minderem Interesse. Festzuhalten bleibt, daß das Byzantinische Reich von einer sozialen und kulturellen Vielfalt war, über welche die Quellen sehr unterschiedliche Auskünfte geben. So wissen wir mancherlei über das Leben in Konstantinopel; es war nicht nur die größte Stadt des Reiches und der ganzen Christenheit, sondern auch die »Herrscherstadt«, die Metropole, die in ihrer Mitte eine Stadt in der Stadt barg: den kaiserlichen Palast. Die Quellen werfen auch einiges Licht auf das östliche Grenzgebiet vom Taurus bis nach Armenien sowie, weiter nördlich, auf Thessalonike, »die große Stadt«, übrigens die einzige, die sich, bei aller Verschiedenheit, in ihrer Urbanität mit Konstantinopel messen konnte. Im Hintergrund erblicken wir flüchtig die Halbinsel mit dem Berg Athos, wo sich erstmals im 9. Jahrhundert Mönche ansiedelten, um im 10. Jahrhundert ihre Klostergemeinschaft aufzubauen. Weiter im Westen lag Süditalien, das heutige Apulien und Kalabrien, mit den Küstenstädten Bari und Tarent und seinen bewaldeten Höhenzügen – Zuflucht christlicher Mönche, die dem Vordringen der Araber wichen und den Blick nach Rom richteten. Man kann sich nur schwer vorstellen, daß so überaus verschiedene Menschengruppen in so disparater Umgebung ein und derselben Zivilisation angehörten.

Dennoch gab es eine byzantinische Zivilisation, hervorgegangen aus einer politischen Geschichte, deren einigende Klammer nicht lediglich der Kaiserpalast in Konstantinopel, sondern das gesamte Byzantinische Reich war. 867 wurde Kaiser Michael III. von seinem Günstling und Mitkaiser Basileios ermordet, über dessen Herkunft, wohl aus der armenischen Provinz, wenig bekannt ist. Basileios gründete die makedonische Dynastie, die mit Theodora, der letzten Thronerbin, erlosch (gest. 1056). Mit der Thronbesteigung von Basileios' Sohn Leon VI. jedoch kam es zu politischen Querelen zwischen dem Palast, dem Sitz der Dynastie und Zentrum der Macht, und den großen, in Kriegszeiten unentbehrlichen Generälen des Reiches. Der Machtantritt des Basileios markiert den Beginn einer Politik der »Reconquista«, um nicht zu sagen: der Aggression, die bis zum Tode Basileios' II. fortdauerte und mit der erfolgreichen Missionierung der jungen slawischen Staaten im Süden und Osten einherging.

Wagenlenker aus Bronze: Konstantinopel, 10. Jh. (?) (Paris, Collection Mallon)

Diese Politik begründete die bedeutende Rolle der Strategen, deren Dynastien bloß bis ins 8. Jahrhundert zurückreichten und deren Prestige sich in einem Familiennamen niederschlug, der meist aus dem Stamm eines Eigenschaftswortes gebildet war. Die berühmtesten von ihnen stammten aus Ost- und Südostanatolien, d. h. dem armenischen Grenzgebiet. Kennzeichnend für den hervorragenden Rang eines Heerführers war der Wohnsitz in der Hauptstadt, unweit des kaiserlichen Palastes; die Quellen seiner Macht indes waren Grundbesitz und loyale Anhänger in der Provinz. Selbst der Kaiserthron, der im Prinzip vom Vater auf den Sohn überging, war für die Militärs erreichbar, da der Kaiser ein Bündnis mit einem Strategen schließen und ihn zum Mitkaiser erheben konnte. Auf diese Weise errang beispielsweise der Flottenkommandant Romanos I. Lekapenos (920–944) seine Stellung, seine Tochter heiratete den jungen Konstantin VII.

Im Jahre 963 heiratete Nikephoros II. Phokas, aus der vierten Gene-

König Salomo mit dem Buch der Weisheit; Email; Konstantinopel, 10. Jh.
(Venedig, San Marco, Pala d'Oro)

ration einer in den obersten Rang aufgestiegenen Familie, Theophano, die Witwe von Romanos II., dem Sohn Konstantins VII. Nikephoros wurde jedoch ermordet, und 969 folgte ihm Johannes I. Tzimiskes nach, der Sohn seiner Schwester, der nicht nur der Geliebte der Kaiserin, sondern auch ein vorzüglicher Stratege und mit der mächtigen Sippe der Skleroi verwandt war. Nach dem Tode Johannes' I. im Jahre 976 war Basileios II., Sohn von Romanos II., alt genug, um selbst die Herrschaft zu übernehmen; er mußte den Thron jedoch gegen eine heftige Rebellion im östlichen Kleinasien verteidigen, wobei er zwei mächtige Verwandte gegeneinander ausspielte, Bardas Phokas und Bardas Skleros. Offiziell mit seinem Bruder Konstantin VIII. verbündet, herrschte er ohne Mitregenten und ohne Gattin bis zu seinem Tode 1025; Konstantin starb 1028.

Da keine Söhne vorhanden waren, wurde die Dynastie von Konstantins Tocher Zoe fortgeführt. Zoe war zweimal verheiratet, in erster Ehe mit Romanos III. Argyros, den sie 1034 hinrichten ließ, in zweiter Ehe mit Michael IV., dem Bruder eines Hofeunuchen (1034–1041). Nach dessen Tod adoptierte sie seinen Neffen, Michael V. Kalaphates, der 1042 abgesetzt wurde. Danach teilte sich Zoe den Thron mit ihrer Schwester Theodora, während sie die Ehe mit Konstantin IX. Monomachos einging. Zoe starb 1050, Konstantin IX. 1055, und mit dem Tode Theodoras 1056 erlosch die makedonische Dynastie. Theodoras von ihr selbst bestimmter Nachfolger Michael VI. wurde 1057 von Isaak Komnenos beseitigt, dem ersten aus der Dynastie der Komnenen. Nach einen Zwischenspiel – auf die zwei Dukai Konstantin X. Dukas (1059–1067) und Michael VII. Dukas (1060–1067 und 1071–1078) folgten Romanos IV. Diogenes (1068–1071) und Nikephoros III. Botaneiates (1078–1081) – eroberten die Komnenen 1081 die Macht zurück. Mit der Thronbesteigung Alexios' I., eines Bruders von Isaak, begann eine andere Ära: das Jahrhundert der Komnenen, an dessen Schwelle wir haltmachen werden.

Als chronologische Meilensteine habe ich die Regierungszeiten einiger Herrscher gewählt – nicht aus persönlicher Vorliebe, sondern weil die Quellen eine solche Entscheidung gebieten. Immerhin beschränkt sich unsere Kenntnis der Sozialgeschichte jener Zeit nicht auf Anekdoten über Basileios I., seine Nachkommen und die großen Dynastien. Die Ostregion des Byzantinischen Reiches war gegen die kulturellen und politischen Einflüsse der Hauptstadt weitgehend abgeschirmt und hielt Kontakt mit den Randbezirken der islamischen Welt. Gewiß wurde auch diese Grenzregion von Konstantinopel aus verwaltet; sie war in Themen (Verwaltungsbezirke) eingeteilt, an deren Spitze ein militärischer Kommandeur mit seiner in einer Festung stationierten Truppe stand. Bei diesen Feldherren handelte es sich mitunter um lokale Persönlichkeiten, die in das byzantinische Verteidigungssystem integriert worden waren. Doch die offizielle Organisation dieses Verteidigungssystems trug der Freiheit der Soldaten selbst keine Rechnung und ebensowenig der Einzigartigkeit einer Zivilisation, die im 11. Jahrhundert allmählich zerbrach, als das Byzantinische Reich sich mehr und mehr auf Söldner stützte und die Türken als neuer politischer Fak-

Gregor von Nazianz, *Homilien*. Der Steuereinnehmer Julianos bei der Arbeit. (Paris, Bibliothèque Nationale, Paris, Gr. 550, 12. Jh.; aus Konstantinopel)

tor die Bühne betraten. In der Metropole mischten sich Menschen mit ziviler und solche mit religiöser Macht: Palastpersonal, Beamte der kaiserlichen Bürokratie und Justiz, Beamte der patriarchalischen Bürokratie und Justiz. Sie definierten sich selbst durch ihre Bildung und rhetorische Gewandtheit, d. h. durch die Kenntnis der rhetorischen Gattungen und Regeln und die Vertrautheit mit dem kulturellen Erbe des heidnischen und christlichen Altertums. Diese Bildung, zu der später auch die Kenntnis des Rechts zählte, wurde auf Schulen vermittelt, die ihre Zöglinge auf eine Laufbahn im Staat oder in der Kirche vorbereiteten. Die byzantinischen Kaiser bewiesen während der gesamten hier betrachteten Zeit großes Interesse an der Organisation dieser Schulen. Das herrschende Milieu pflanzte sich in den Provinzen fort, wohin der Kaiser seine Beamten und der Patriarch seine Bischöfe entsandte.

Der eigentliche Mittelpunkt der Gesellschaft und der Produktion waren das Land und seine Bauern; manche waren Kleinbauern, andere Pächter, wieder andere Sklaven. Die meisten lebten in Dörfern, doch findet man sie, zumal in den Grenzgebieten, auch auf großen Gütern, die auf neu erschlossenem Boden entstanden waren. Die Grundbesitzer bildeten eine eigene Klasse, unterschieden sich jedoch voneinander nach Wohlstand, gesellschaftlichem Einfluß und politischer Macht. Eine Region wie das mittlere und östliche Anatolien, die seit jeher zahlreiche große Güter aufwies, war die Ausnahme. Auch die Klöster hatten Grundbesitz, der insgesamt beträchtlich, jedoch ebenfalls ungleichmäßig verteilt war. Außerdem ist in diesem Zeitraum für das Byzantinische Reich ebenso wie für andere Teile der Welt eine erhebliche Prosperität der Städte aufgrund steigender Gewerbetätigkeit charakteristisch. Im 10. Jahrhundert kam es zu einem bedeutsamen Aufschwung des Handels mit Seidenerzeugnissen, Gewürzen, Pelzen und Sklaven. Die Kaufleute waren häufig Juden, Muslime oder Italiener aus Amalfi und Venedig, die großen Handelsplätze hießen Konstantinopel, Thessalonike und Trapezunt. Ausländische Kaufleute erhielten eine Konzession für die Hauptstadt – die Russen waren die ersten, die Anfang des 10. Jahrhunderts eine solche Konzession erlangten, gefolgt von den Venezianern am Ende des Jahrhunderts. Diese Entwicklung setzte sich im 11. Jahrhundert fort und machte Konstantinopel zu einem führenden internationalen Handelszentrum. Im 11. Jahrhundert nahm die Metropole mehr und mehr die Züge einer Großstadt mit einer vielschichtigen und betriebsamen Einwohnerschaft an.

Neben der zivilen Gesellschaft stand die Kirche. Kirche und Gesellschaft waren durch lokale, kulturelle und Familien-Bande miteinander verknüpft. Die byzantinische Kirche überwand im 9. Jahrhundert die schwere Krise des Bilderstreits und stellte die Bilderverehrung wieder her. Begründet in der Heiligenverehrung und letztlich im Dogma von der Menschwerdung Gottes, drückte diese Praxis der kollektiven und individuellen Frömmigkeit ihren Stempel auf. Nachdem die Krise behoben war, veränderte sich die Struktur der Kirche nur noch geringfügig. Der Patriarch, auf seine Bürokratie und Justiz gestützt, regierte die Kirche, d. h. die Bischöfe, Pfarreien, Laien und sogar Mönche (solange ihre Klöster nicht autonom waren und dem Kaiser direkt unterstanden).

In Wirklichkeit behaupteten in dieser Periode die Mönche den obersten Rang in der byzantinischen Kirche und im byzantinischen Christentum. Die Praxis der Weltflucht hatte sich seit der ersten Blüte des Mönchswesens zwischen dem Ende des 3. und dem Ende des 5. Jahrhunderts deutlich gewandelt. Religiöse und politische Kräfte hatten die Abschaffung der freieren, individualistischen Formen des Mönchtums betrieben, und die gesellschaftlichen Tendenzen wirkten dabei vermutlich als Verstärker. So war z. B. die einsame Askese so gut wie verschwunden. Es setzte sich die Auffassung durch, daß der Mönch in einer Gemeinschaft und nicht in der Einsiedelei leben sollte. Deshalb wurden Klöster für das städtische Leben zunehmend wichtiger. Ihr Status variierte von Fall zu Fall: manche unterstanden dem Kaiser, andere dem Patriarchen, wieder andere dem örtlichen Bischof; es gab auch autonome und sogar Privat-Klöster, d. h. solche, die im Besitz eines Einzelnen, einer Familie oder eines anderen Klosters waren. Die Zentren des Mönchswesens bildeten Prusa und insbesondere der »heilige Berg« Athos mit seiner Mönchsrepubik (von der es eine Kopie in kleinerem Maßstab in Süditalien gab). In Konstantinopel genoß das Studios-Kloster eine gewisse offizielle Bevorzugung. Bei den Kaisern gab es jedoch gewisse Vorlieben, vor allem bei denjenigen, welche nicht zur Dynastie Basileios' I. gehörten: Nikephoros II. Phokas und sein Bruder Leon gründeten die Laura auf dem Berg Athos; Alexios I. und seine Mutter wandten ihre besondere Aufmerksamkeit dem hl. Johannes von Patmos zu. Privatpersonen aller Stände machten den Klöstern Geschenke und Zuwendungen. Doch kannte das Byzantinische Reich auch religiöses Dissidententum, vor allem im 11. Jahrhundert.

Die Quellen

Dieser kurze geographisch-soziologische Abriß erklärt die Typologie der schriftlichen und nichtschriftlichen Dokumente, welche die byzantinische Gesellschaft hervorgebracht hat und die nur zum Teil erhalten geblieben sind. Die Archäologie des mittelalterlichen Byzantinischen Reiches hat bisher noch keine Ergebnisse erzielt, die sich mit denen der Archäologie des Okzidents messen könnten. Erdbeben haben ebenso großen Schaden angerichtet wie die klassischen Archäologen des 19. Jahrhunderts, die ausschließlich an den Überresten der Antike interessiert waren und die byzantinischen Schichten Athens abgetragen haben. Heute geht man bei Ausgrabungen (z. B. in Ephesus) behutsamer vor als früher und versucht, an der Ausgrabungsstätte gerade die Spuren der langen Tradition vom Altertum zum Osmanischen Reich zu bewahren. Allerdings sind die byzantinischen Schichten nicht immer zugänglich; das gilt z. B. für Istanbul. Die Archäologie der Dörfer und Befestigungen steckt noch in den Anfängen; immerhin hat die Erforschung der Höhlenkirchen Kappadokiens gewisse Aufschlüsse erbracht. Grundsätzlich gilt, daß die Ausgrabungsstätten und historischen Denkmäler uns über die hier in Rede stehende Periode bislang wenig mitzuteilen haben. Doch herrscht kein Mangel an teils seltenen, teils verbreiteten Objekten wie etwa Edelsteinen, Elfenbein- und Seidenarbeiten; besonders zahlreich sind die Werkzeuge und Hilfsmittel des persönlichen Kontakts zum Unsichtbaren – Ikonen und Amulette.

Zahlreiche Bilder sind überliefert, mit denen man die archäologischen Lücken zu füllen versucht ist, nämlich Handschriftenminiaturen. Doch es ist nicht einfach, mit diesen Zeugnissen richtig umzugehen. Zum großen Teil entstanden die Darstellungen im 10. und 11. Jahrhundert, in Konstantinopel und in den Provinzen. Bücher waren häufig Auftragsarbeiten, und in diesem Fall hing die Art des Buchschmucks von den Wünschen und finanziellen Möglichkeiten des Kunden ab, der durchaus der Kaiser selbst sein konnte. Unter den überlieferten Stücken befinden sich ein Psalter und ein Menologion (Kalender mit den Namensfesten der Heiligen), die für Basileios II. angefertigt worden sein sollen. Bestimmte Texte luden geradezu zur bildlichen Ausschmückung ein, so etwa die Evangelien, der Psalter oder die Homilien-Sammlungen des Gregor von Nazianz, eines der Väter der griechisch-orthodoxen Kirche. Doch gibt es in Abschrift auch eine Abhandlung über Schlangenbisse, die gemalte Abbildungen aufweist.

Ein Text, aus dem ich viel zitieren werde, ist die *Chronik* des Johannes Skylitzes; sie entstand im späten 11. Jahrhundert und befaßt sich mit der jüngsten byzantinischen Geschichte. Obgleich im 13. Jahrhundert kopiert, scheint sie in Teilen Wiedergaben von Miniaturen aus der ursprünglichen Entstehungszeit des Textes zu enthalten. Ein Problem ist die zeitliche Zuordnung dieser Bilder. Die Hochzeit zu Kanaan, der Dämon neben dem simonistischen Priester, der Bauer bei seiner Arbeit

Elfenbeinkasten mit Holzkern, 10.–11. Jh. Rechts: Adam am Amboß. Links: Eva am Blasebalg. (Darmstadt, Hessisches Landesmuseum)

– entstammen sie einem Vorlagenbuch oder der Inspiration der Zeit? Oder ist es müßig, eine solche Frage bei einer »trägen« Zivilisation zu stellen, sofern es sich nicht um die im 10. Jahrhundert überaus beliebten expliziten Anspielungen auf die Antike handelt?

Die Dokumente in den Archiven haben unter den Wechselfällen der Geschichte mehr gelitten als andere Quellen. Was aus dieser Periode erhalten ist, stammt aus Klosterarchiven, vor allem vom Berg Athos. Andere Sammlungen haben vielleicht noch nicht alle ihre Geheimnisse preisgegeben. Ich zitiere Urkunden über die Gründung und die Regel (»typikon«) eines Klosters, ferner Schenkungsurkunden und Testamente, die aus dem einen oder anderen Grund im Klosterarchiv aufbewahrt wurden. Sein Testament machte man u. a., bevor man ins Kloster ging, da der Mönch keine Besitztümer haben durfte. Ein Testament erzählt, wie eine Frau mit dem Beginn des Witwenstandes die Befähigung zur Führung der Familiengeschäfte erlangte. Der einzige Ehekontrakt hingegen, der Aussagen über Hochzeitsgeschenke macht, ist ein jüdisches Dokument aus Mastaura (am Mäander) vom Jahre 1022, das in dem berühmten Archiv einer Synagoge in Alt-Kairo entdeckt wurde. Die geringe Zahl privater Dokumente wird teilweise aufgewogen durch eine beachtenswerte Sammlung von Entscheidungen (»Peira«) des Richters Eustathios Romaios, der im ersten Drittel des 11. Jahrhunderts in Konstantinopel wirkte – die Zusammenfassungen sind bestechend, und wir haben verschiedene Fälle aus dem Familien- und Eherecht zur Auswahl. Schließlich gibt es Anhaltspunkte in den Büchern selbst. Die Kopisten begnügten sich nicht immer damit, ihren Namen unter den Text zu setzen; die Eigentümer der Bücher notierten Randbemerkungen und übertrugen manchmal ein Dokument auf eine leere Seite. Es war dies die Zeit, in der das moderne Griechentum Gestalt annahm – die gesprochene Sprache, das unschätzbare Zeugnis der Familiennamen, Glaubensüberzeugungen, Sprichwörter und Fragmente von Liedern geben darüber Auskunft.

Das Leben der byzantinischen Männer und Frauen war offenbar von kaiserlichen und kirchlichen Edikten reglementiert, anhand derer wir gelegentlich feststellen können, was die Behörden duldeten und was sie (vergeblich) zu unterbinden suchten. Die Novellen (Gesetze) des Kaisers Leon VI. des Weisen aus dem späten 9. Jahrhundert lassen auf das Vorhaben einer umfassenden Rechtsreform schließen; aus den Novellen des 10. und 11. Jahrhunderts, deren Zahl viel geringer ist, läßt sich ein solcher Vorsatz nicht ersehen. Die Kirche wiederum war in mitunter Jahrhunderte währende Auseinandersetzungen verstrickt. Das 2. Trullanische Konzil von 692 bemühte sich um die Abschaffung vermeintlich polytheistischer Gebräuche und Feste. Das 7. Ökumenische Konzil in Nikaia (Nizäa), das 787 vorübergehend die Bilderverehrung wiederherstellte, regelte die Disziplin von Klerikern, Mönchen und Laien und klärte das Verhältnis dieser verschiedenen Ordnungen der christlichen Gesellschaft zueinander. Das Photianische Konzil von Konstantinopel im Jahre 861 befaßte sich mit ähnlichen Fragen. Das Patriarchat von Konstantinopel stützte sich auf eine permanent tagende Synode, deren Beschlüsse wir zumindest indirekt kennen. Die Bußliteratur ist noch großenteils unveröffentlicht; ihr Quellenwert ist ohnehin geringer als der der okzidentalen Bußbücher. Im 12. Jahrhundert wurden die Konzilien von 692, 787 und 861 von drei hervorragenden Kennern des kanonischen Rechts untersucht: dem Chartophylax Theodoros Balsamon, einem Juristen und Verwaltungsbeamten des Patriarchats und späteren Patriarchen von Antiocheia, von Johannes Zonaras

Evangeliar; Konstantinopel, Mitte des 11. Jh. Oben: Ein Verwalter entlohnt in Anwesenheit des Besitzers die Winzer. Unten: Arbeiter im Weinberg. (Paris, Bibliothèque Nationale, Paris, Gr. 74)

Johannes Damaskenos, »Florilegium« *(Sacra Parallela)*. Oben: Zubereitung einer Arznei. Unten: ein Maler beim Kopieren eines Bildes. (Paris, Bibliothèque Nationale, Paris, Gr. 923; 9. Jh., Süditalien oder Palästina)

und von Alexios Aristenos. Schließlich gibt es zwei häresiologische Traktate – einen aus dem frühen 11. Jahrhundert unter dem Namen eines Mönchs Euthymios, einen weiteren aus der Regierungszeit Alexios' I. Komnenos unter dem Namen eines anderen Euthymios –, in denen die Ketzerei auf eine Weise attackiert wird, die auf einen Wandel der Frömmigkeit schließen läßt.

Wir werden noch zahlreiche andere – signierte und anonyme – Schriftstücke zu Rate ziehen, die jeweils einer bestimmten Gattung angehören und deren Informationsgehalt deshalb durch die Gattungsregeln gefiltert ist. Im übrigen gebot die byzantinische Kultur, daß man sich bei schriftlichen Äußerungen stets auf eine – authentische oder apokryphe – Tradition stützte. Man hat diese Eigentümlichkeit oft fälschlicherweise als Ausdruck von Starrheit und Leblosigkeit gedeutet; doch die Berufung auf eine Tradition war nichts weiter als eine Spielregel. Freilich ist es schwierig, hieraus Daten zu gewinnen und womöglich Seelenzustände zu rekonstruieren, die solchen Zwängen gerade widerstreben. Betrachten wir zunächst, um was für Dokumente es sich handelt.

Damit sind wir bei unserem Thema. Erhalten sind Hunderte von Briefen aus dem 10. und 11. Jahrhundert, und zwar nicht durch zufällige Anhäufung in den Archiven, sondern durch bewußte Auswahl und Zusammenstellung durch byzantinische Bibliothekare, welche die Episteln großer Autoren wie des Staatsmannes und Philosophen Michael Psellos (gest. 1079?) sorgsam hüteten. Diese Briefe sind der Selbstausdruck einer homogenen und männlichen sozialen Gruppe; zu ihr zählen hohe Verwaltungsbeamte, Bischöfe, Mitarbeiter des Kaisers, gelegentlich auch der Kaiser selbst. Neben die Briefe stellen wir einen durch seine Form und den persönlichen Tonfall einzigartigen Text, das sogenannte *Strategikon* des Kekaumenos, eine zwischen 1075 und 1081 entstandene Sammlung von Ratschlägen und Anweisungen eines aus dem Staatsdienst ausgeschiedenen Aristokraten an seine Söhne. Von der Bildungspoesie jener Zeit mache ich wenig Gebrauch. Dafür halte ich mich an das Epos von Digenis Akritas, hinter dessen romanhafter Fassade die Themen jener Lieder aufscheinen, welche die fahrenden Sänger in den Burgen an der Ostgrenze des Reiches seit dem frühen 10. Jahrhundert vortrugen. In mündlicher Form zirkulierte das Epos zweifellos schon im 11. Jahrhundert; es formulierte Muster des Heldentums, der Liebe und der Verführung.

Klosterbibliotheken ebenso wie private Büchereien enthielten neben Büchern mit Gebeten für alle Gelegenheiten auch Werke über häusliche Heilkunst und über Traumdeutung. Die Datierung dieser Werke ist sehr schwierig; nach einer dieser Handschriften zu schließen, war die Liturgie von Konstantinopel schon im 8. Jahrhundert eingeführt. Die hippokratische Medizin hinterließ ihre Spuren in einem kleinen Buch über Gynäkologie und in einem Kalender mit Hinweisen zur gesunden Ernährung für das ganze Jahr. Die Wissenschaft der Traumdeutung ging auf das griechisch-römische Altertum zurück und folgte in Byzanz zwei verschiedenen Wegen. Ich habe mich für Achmets *Oneirokritikon* (*Traumschlüssel*) entschieden; über den Autor wissen wir nichts, das

Kloster Daphni (bei Athen); 11. Jh.

Werk ist zwischen 813 und dem Ende des 11. Jahrhunderts entstanden und greift antike Ideen auf.

Der Leser mag sich fragen, ob es nicht »Lebensbilder« aus dieser Epoche gebe. In Byzanz wie in noch früherer Zeit übernahmen die Heiligenviten diese Funktion – sie waren exemplarisches Vorbild und individuelle Lebensgeschichte zugleich. In der Hagiographie des 10. und 11. Jahrhunderts tritt das individuelle Moment schärfer hervor, ohne daß die Vorbildfunktion abgeschwächt würde. In solchen Viten besitzen wir also eine schätzenswerte Quelle. Sie wurden zum Ruhme eines Klosters oder Heiligtums verfaßt, das mit dem jeweiligen Heiligen verbunden war, und feierten seinen Kalendertag. Die Verfasser der Heiligenviten waren ausnahmslos Mönche, was allerdings die kulturelle Mannigfaltigkeit dieser Texte nicht schmälert. Auch die Heiligen unterscheiden sich relativ klar voneinander. Wir haben für das 10. und 11. Jahrhundert rund zwanzig von ihnen ausgewählt, darunter auch einige Frauen. Es waren keine Menschen aus dem Volk – das wäre undenkbar gewesen –; doch sie führten allesamt vor dem Eintritt ins Kloster ein bemerkenswertes Leben als Laien. Der biographische Teil der Heiligenvita (im Gegensatz zum exemplarischen) eröffnet uns zudem Einblicke in die verschiedenartigen sozialen und geographischen Räume; mitunter spielt er in Konstantinopel, dann wieder in einer Provinz Kleinasiens oder Süditaliens oder aber auf den steilen Pfaden des Berges Athos. – Nicht weniger reichhaltig, wiewohl schwieriger zu nutzen ist die Geschichtsschreibung jener Zeit. Sie war im Grunde auf den Kaiserpalast fixiert, wenn sie nicht geradewegs vom Kaiser inspiriert war. Ihre Informationen spiegeln das Bedürfnis des Kaisers nach symbolischer Selbsterhöhung und sind mit Vorsicht aufzunehmen. Immerhin vermitteln die Geschichtsschreiber Daten über die Aristokratie im Umkreis des Herrschers, die anderswo nicht zu finden sind.

Begriffe

Damit sind die Quellen für die Erforschung des 10. und 11. Jahrhunderts gewiß nicht erschöpft, doch dieses Material genügt für die Untersuchung des privaten Lebens in Byzanz in diesem Zeitraum. Wir werden uns übrigens von der griechischen Sprache leiten lassen, weil sie selbst die Kategorie des Privaten in dem hier gemeinten Sinne kennt. Die alten Ausdrücke haben überlebt: die »Geschäfte« (»pragmata«) im weitesten Sinne, im Gegensatz zur profanen, politischen oder spirituellen »Ruhe« (»hesychia«) und zur »Muße« (»schole«); das »Private« oder Eigene im erbrechtlichen und gesellschaftlichen Sinne (»idios«, daher »idiazein«, »privatisieren«, »für sich leben«) und das »Private« (»oikeios«), ob Person oder Gut, das zum Haushalt (»oikos«) gehört. Andere Wörter indes haben ihre Bedeutung gründlich verändert. Die »Stadt« (»polis«) war jetzt, vor allem in den Provinzen, eine zumeist befestigte Siedlung (»kastron«), in der nicht mehr »Bürger« (»politai«) wohnten, sondern einfach »Bewohner« (»oiketores«). »Politikos« bedeutete nun, zumal in den Steuerklassifizierungen, »zivil« im Gegensatz zu »stratiotikos«, »militärisch«. Die soziale Einteilung der Laien unterschied tatsächlich »Mächtige« (»dynatoi«) und »Arme« (»penetes«). Die »öffentliche Gewalt« (»demosion«) meinte seit langem den Kaiser sowie die Finanzverwaltung und die Justiz; das »Volk« (»demos«) war nur noch die akklamierende Menge, eine Figur in der imperialen Liturgie. Der »demotes«, der »Mann aus dem Volk«, war nun der Mann auf der Straße oder gar ein Rabauke. Dies wird allerdings im 11. Jahrhundert anders. Die Renaissance des städtischen Lebens brachte es mit sich, daß »demokratia« eine Zeitlang nicht mehr die Herrschaft der Straße bezeichnete, sondern den politischen Druck einer Gewerbe und Handel treibenden Stadtbevölkerung.

Diese Veränderungen in der Terminologie des »Öffentlichen« belegen, daß die antike Stadt nicht länger den Rahmen für das soziale und politische Geschehen bildete; an ihre Stelle trat das imperiale Modell mit seinem Prinzip der zentralisierten Einheitlichkeit. Diese bedeutsame Entwicklung hinterließ ihre Spuren auch in der Kategorie des »Privaten«, selbst wenn der Wortschatz unverändert scheint. Was den »laïkos« betraf, so war er Teil des christlichen »Volkes« (»laos«). In diesem Sinne konnte das »Private« das bedeuten, was sich dem gebieterischen Zugriff der Kirche entzog – beispielsweise die von ihr nicht anerkannten Feste. Im übrigen müssen wir selbstverständlich mit unseren eigenen Begriffsbildungen arbeiten, die uns denn auch im folgenden begleiten sollen. Das »Öffentliche« ist nicht nur der Staat, sondern das Draußen, das kollektive Leben in allen seinen Manifestationen; dagegen bezeichnet das »Private« den engsten Kreis, die Intimität, insbesondere jedoch unser *Ich*. In diesem Sinne sei es hier verstanden.

Schlüssel und Schlüsselring mit Monogramm. (Menil Foundation, Baltimore, Walters Art Gallery)

Der private Raum

Die säkulare Hausgemeinschaft

Wir beginnen beim Raum, und zwar bei jenem Grenzbezirk, der »Öffentliches« von »Privatem« scheidet, nämlich beim »Haushalt«. Dafür gab es seit alters zwei griechische Wörter: »oikos« war die Hausgemeinschaft und der in ihr Lebende; »oikia« war das Haus als Gebäude. Der »oikos« war also definiert durch einen Raum, eine Gruppe und die Beziehungen zwischen beidem. Die Abgeschlossenheit des »oikos« gegen das Draußen, seine innere Intimität kommt im *Oneirokritikon* des Achmet zum Ausdruck, der die Traumbedeutung der einzelnen Körperteile des Menschen aufzählt: »Der Mund ist das Haus [›oikos‹] des Menschen, darin alles enthalten ist, was ihm gehört. [...] Die Zähne des Menschen bedeuten seine Verwandten.« Die Backenzähne sind die Kinder: die oberen die Knaben, die unteren die Mädchen.

In der Tat scheint der »oikos« auf den ersten Blick nicht rein privat gewesen zu sein, sondern auf dem Schnittpunkt zweier Bereiche zu stehen. Das »Haus« war in mancher Hinsicht etwas Öffentliches. In den Dörfern war der Rat der »Haushaltungsvorstände« für die Rechtspflege und vor allem das Steuerwesen in ländlichen Gemeinden verantwortlich, die aus sämtlichen vom Steuerzensus erfaßten Haushalten bestanden. Die »Militärhaushalte« hatten als Steuer einen wehrfähigen Mann samt Waffen und Ausrüstung zu stellen. Bei den Geschichtsschreibern wiederum lesen wir von diesem oder jenem aristokratischen »oikos« als einer Gruppe in der Metropole. Den Kern dieses »oikos« bildeten die Familienangehörigen, doch gehörten dazu ferner die »Bekannten« (»oikeioi«), die Diener (z. T. Sklaven) (»oiketai«), ja die »Leute« (»anthropoi«) und die »Freunde« (»philoi«). Diese Gruppe agierte auf der politischen Bühne des Palastes, zu der sie durch den militärischen Ruhm des Familienoberhaupts, durch ererbte Verbindungen oder durch Einheirat Zugang bekommen hatte. Fiel die Familie in Ungnade – sei es aufgrund einer aufgedeckten Verschwörung, sei es durch einen Wandel des politischen Klimas –, zog sie sich in ihre Residenz zurück, wo die »hesychia« einer vielleicht erzwungenen »Ruhe« nach der Entlassung aus den kaiserlichen Diensten glich. Ein solcher aristokratischer »oikos« war also ein ambivalenter Raum; Gegenpol zum Kaiserpalast, dem politischen Zentrum des Reiches, war er bald Treibhaus der Intrigen, bald Refugium. Diese Ambivalenz erstreckte sich sogar auf die Wohnungen der großen Familien in der Provinz, die jederzeit in den Mittelpunkt des politischen Geschehens zurückkehren konnten – als Basileios II. während eines Feldzugs bei einem der Magnaten jener Zeit, Eustathios Maleïnos, zu Gast war, verübelte der Herrscher seinem Gastgeber den aufwendigen Empfang – samt Aufzug einer Privatarmee –, weil er darin eine subversive Aktion witterte.

Der »oikos« umfaßte nur einen Teil der Verwandtschaftsgruppe (Parentel), d. h. jener Menschen, die sich aufgrund ihrer verwandtschaftlichen Beziehungen solidarisch miteinander fühlten. Seit dem 9., ja teilweise schon seit dem Ende des 8. Jahrhunderts trugen diese Gruppen übertragbare Familiennamen. Fortan pflegten die Geschichtsschreiber einem bestimmten Namen auch das Domizil seines Trägers in der Hauptstadt hinzuzusetzen, um ihn genauer zu bezeichnen. Auf den wenigen erhaltenen Steuerlisten aus dieser Zeit erscheinen die Namen von bäuerlichen Familien, die nicht unter einem Dach lebten, sondern nach dem jeweiligen Familienoberhaupt unterschieden wurden. Im *Leben des Philaretos*, entstanden um 821, wohnen im Hause des reichen, aber heiligen Philaretos drei Generationen miteinander. Das nach 1025 entstandene *Leben Mariens der Jüngeren* (gest. 902) sowie das *Leben des Kyrillos von Philea* (gest. 1110) berichten von Familien mit zwei Generationen und kleinen Kindern. Die Regesten des Richters Eustathios zeigen, daß mitunter Ehemänner zur Familie ihrer Frau zogen. Bäuerliche Testamente und Inventare beweisen, daß in manchen Haushalten das Familienoberhaupt eine Frau war. Ein Briefschreiber lebte bei seiner Mutter, die nach vierzigjähriger Witwenschaft starb. Andererseits gab es unter den Briefautoren viele unverheiratete Geistliche, die überhaupt keine Verwandten erwähnen.

Die Dienstboten wurden nicht von dem unterschieden, was wir heute »Familie« nennen. Trotz der Mehrdeutigkeit der Bezeichnung ist klar, daß es unter ihnen zahlreiche Sklaven gab. Theodoros, der Metropolit von Nikaia, erzählt in einem seiner Briefe, wie er des Nachts in Konstantinopel aus dem Haus ging, um in der Apostelkirche zum hl. Johannes Chrysostomos zu beten; ein Neffe des ehrwürdigen Mannes ritt auf dem Esel voran und leuchtete, während ihm zwei Diener folgten; diese wackeren Leute waren allerdings nicht imstande, ihn vor einem Überfall zu bewahren. Als derselbe Theodoros ins Exil gehen mußte, überließ er sein Haus der Obhut eines braven Mannes, der jeden Tag nachsah, ob die Türen und Fenster gut verschlossen waren. Die Freilassung von Sklaven war etwas so Alltägliches, daß die Gebetbücher ein entsprechendes Ritual enthielten; sie konnte auch testamentarisch verfügt werden – im Jahre 1049 ließ Gemma, die Witwe eines Beamten in Süditalien, ihre Sklavin Maria auf diese Weise frei; Maria bekam das Bett ihrer ehemaligen Herrin sowie vier Scheffel Weizen aus der nächsten Ernte.

Mancherlei Leute gingen im Hause ein und aus. Die Viten von Heiligen, die im Kindes- oder Jugendalter nach Konstantinopel kamen, um dort Karriere zu machen (man denke an Evaristos, einen Mönch des Studios-Klosters, oder Bischof Nikephoros von Milet), berichten von ihrer Unterbringung bei Verwandten oder bei einem gutsituierten »Pa-

Evangeliar; Konstantinopel, Mitte des 11. Jh. Schweinehirt mit seinen Tieren. (Paris, Bibliothèque Nationale, Paris, Gr. 74)

tron«. Die »Konkubine« (»pallaka«) wohnte vielleicht bei ihrem Galan. Die großen Häuser verfügten über einen eigenen Hauskaplan, der die Gottesdienste besorgte. Und als Digenis seine Provinzbehausung verläßt, um zum ersten Male auf die Jagd zu gehen, da begleiten ihn nicht nur sein Vater und der Bruder seiner Mutter, sondern auch einige junge Leute (»agouroi«), die in seinem Haus leben. In der Stadt war, unseren Quellen zufolge, die Bevölkerung so dicht, daß Verwandte oft beisammen wohnten, ohne wirklich unter einem Dach zu leben – die Häuser gingen auf denselben Hof (»aule«), und die einzelnen Stockwerke waren selbständige Wohnungen mit eigenem Eingang.

In mehrstöckigen Stadthäusern lebten zahlreiche Familien. Die Handwerker wohnten, arbeiteten und verkauften in ihrer »Werkstatt« (»ergasterion«); die Quellen berichten sogar von »Häuschen« (»oikiskoi«). Das aristokratische Wohnhaus war grundsätzlich freistehend. Innenhöfe mit Galerien, Terrassen, vorkragende Fenster, Säle und kleinere Zimmer sowie Bäder bildeten den Rahmen eines urbanen Lebens, dessen Luxus von den verfügbaren Geldmitteln abhing. Auf dem Lande gab es das freistehende Gebäude an beiden Enden der sozialen Skala – die Hütten der Sklaven oder der Pächter standen ebenso auf den großen Gütern wie die Residenz des Gutsbesitzers. Einige dieser Villen stammten aus dem Altertum; von Mosaiken und durch Ausgrabungen kennen wir schöne Beispiele dafür aus der Frühzeit des Islams in Syrien und Palästina. Diese Muster machten Schule in Byzanz, namentlich im Osten des Reiches; eine phantastische Reminiszenz an sie ist der verschwenderische Palast, der im Epos von Digenis beschrieben wird. Wie freilich die Residenz aussah, in der Eustathios Maleïnos mit rügenswertem Aufwand Kaiser Basileios II. empfing, wissen wir nicht. In Cavusin bei Urkup hat man eine Felsenburg mit befestigtem Turm ausgegraben, ferner eine Kirche, deren Stifter auf Bildern in der Apsis bezeichnet sind als Kaiser Nikephoros II. Phokas, seine Gattin Theophano, sein Vater Bardas Phokas und sein Bruder Leon Phokas. Die bäuerlichen Wohnungen drängten sich in Dörfern zusammen. Hier erzeugten Nachbarschaft, Verwandtschaft und Grenzgemeinschaft eine »Nähe«, die sowohl Solidarität als auch Konflikte beförderte.

Das durchschnittliche Haus war unzweifelhaft ein Zufluchtsort mit einer Intimität, die man Komfort nennen darf. Alexandros, der Metropolit von Nikaia, der nach einer obskuren Verleumdungsklage ins Gefängnis geworfen worden war, vermißte sein Haus mit dem Bad und der

Latrine bitterlich. Ein anderer Metropolit von Nikaia, Theodoros, schrieb an einen Mann, der ihm bei der Aufhebung seiner Verbannung helfen sollte: »Kannst du mir mein Haus [›oikia‹] zurückgeben, aus dem man mich ebenso vertrieben hat wie aus der Hauptstadt selbst, als ob ich ein Stück Dreck wäre, so daß ich unter freiem Himmel schlafen und wie die wilden Tiere leben muß, wo ich doch jeden Tag mit meinen Gebrechen und meiner kranken Leber zu kämpfen habe und Arznei und Behandlung brauche. Und möge dir der Herr dafür eine Wohnung im Himmel geben.« Das Haus, fest verschlossen wie der Mund, wurde durch ein kunstvolles System von Tür- und Vorhängeschlössern gesichert, von denen einige erhalten geblieben sind. Die Innenräume waren mit Vorhängen versehen, die in der *Chronik* des Johannes Skylitzes gern gelüftet werden. Die Vorhänge dienten nicht nur der Gliederung der Räume, sondern auch dem Schutz vor Luftzug, über den sich etwa Bischof Liutprand von Cremona bitter beklagte, der als Botschafter bei Nikephoros II. Phokas in einem ziemlich zugigen Palast untergebracht war. Die Wände pflegte man mit Kacheln zu bedecken, auf denen Tiere oder Akanthusranken zu sehen waren.

Man stellte verschiedenartige Gegenstände des persönlichen und häuslichen Bedarfs her; das geht aus der Liste der in Konstantinopel vertretenen Gewerbe hervor, die das Leon VI. zugeschriebene *Eparchenbuch* (*Buch des Präfekten* der Hauptstadt) verzeichnet. Kästchen aus geschnitztem Elfenbein und Geschirrteile sind überliefert. Unklar ist jedoch, ob bestimmte Räume des Hauses dauernd einem bestimmten Zweck vorbehalten waren. Die Einrichtung des Hauses klärt uns über diesen Punkt nicht auf, und die vorhandenen Quellen enthalten keine Besitzverzeichnisse von Verstorbenen, wie wir sie aus mittelalterlicher oder moderner Zeit kennen, was allerdings kein Zufall sein dürfte. Jene jüdische Braut, die 1022 in Mastaura heiratete, brachte nicht nur ihre Aussteuer, sondern auch Leinzeug und Haushaltsgegenstände mit in die Ehe, aber ihr Ehekontrakt war leider in doppelter Hinsicht ein Sonderfall. Die paar Testamente aus dem 11. Jahrhundert wiederum, über die wir verfügen, zählen keine Möbel und Gebrauchsgegenstände auf. Als der wohlhabende Provinzbewohner Eustathios Boïlas 1059 seine Habe verteilte, betraf das einzige Inventar, das diesen Namen verdient, seine Schenkung an die Gutskirche, der er Ikonen, religiöse und weltliche Bücher und Gegenstände aus Edelmetall vermachte; über die Verteilung der beweglichen und unbeweglichen Habe an seine verheirateten Kinder machte er hingegen keine Angaben. Das bereits erwähnte Testament der Witwe Gemma von 1049 ist ähnlich. Sie hinterließ »das ganze Haus, wie es ist, Kostas und Petros, den Söhnen [ihres] Neffen Leon«; es erschien ihr offenbar überflüssig, den Besitzstand des Hauses zu inventarisieren; wenig später vermachte sie aber pauschal einige Möbel.

Man darf hieraus nicht schließen, daß das materielle Leben kärglich gewesen sei. Doch der räumliche Kontext scheint eher instabil oder variabel gewesen zu sein. Das würde die Unbestimmtheit der narrativen Quellen in diesem Punkt erklären. Eine bedeutsame Ausnahme bildete der Kaiserpalast im 10. Jahrhundert, dessen Alltags- und Feiertagsnut-

zung wir aus der Geschichtsschreibung kennen, vor allem aus dem unter Konstantin VII. kompilierten *Zeremonienbuch* (*De ceremoniis aulae byzantinae*). Doch welche Schlüsse haben wir aus ihm zu ziehen? Audienzsäle, Büros, Bibliotheken, Zimmer für die Kopisten, dazu Speisesäle, ein Oratorium, das Schlafgemach des Herrschers – all dies deutet auf die imperiale Übernahme eines allgemein verbreiteten, im Grunde aristokratischen Musters hin, zu dem sogar das Bad paßte, in das sich die Braut des Kaisers am Vorabend der Hochzeit verfügt, aber ebenso das »purpurne Zimmer«, der Geburtsort der legitimen Nachkommen des Kaisers.

Überdies umschließt das Haus einen Raum, der per definitionem pri-

Keramik-Ikone mit Maria und Christuskind. Mehrfarbige Keramik (weißer Ton); Umgebung von Konstantinopel, 10. Jh. (30 × 29,8 × 1 cm.) (Sèvres, Musée National de la Céramique)

Fries mit Tierdarstellungen. Mehrfarbige Keramik (weißer Ton); Umgebung von Konstantinopel, 10. Jh. (7,8 × 32 cm.) (Sèvres, Musée National de la Céramique)

vat ist, nämlich das Zimmer der Frauen. Nicht daß die byzantinischen Frauen ein Einsiedlerdasein geführt hätten ... Die hl. Thomaïs konnte ungehindert die Muttergottes-Kirche in Blachernai, einem Vorort von Konstantinopel, besuchen und dort betend die Nacht verbringen. Die Mutter des Bischofs Nikephoros von Milet, der als Kind nach Konstantinopel gekommen war, reiste zu ihrem Sohn in die Hauptstadt, um ihn dort zur Schule zu begleiten und seine Unschuld zu beschützen – ein beispielhaftes Verhalten, wie der Hagiograph hervorhebt. Eine Illustration in der *Chronik* des Skylitzes zeigt, wie die Reise einer solchen reichen Witwe aussah: Sie wird in der Sänfte getragen und von ihrer gesamten Dienerschaft begleitet, was darauf schließen läßt, daß – jedenfalls auf den oberen Stufen der sozialen Treppe – der den Frauen vorbehaltene Raum jede Ortsveränderung mitmachte.

Im Innern des Hauses galten strenge Anstandsregeln, welche dafür sorgten, die Frauen und Mädchen vor den Augen Fremder zu verbergen. Das um 821 entstandene *Leben des Philaretos* beschreibt dessen Empörung, als Abgesandte des Kaisers, die auf der Suche nach einer Frau für ihren jungen Herrscher waren, seine Enkelinnen zu sehen verlangten; er war jedoch sogleich besänftigt, als eine von ihnen auserwählt wurde. Dasselbe Problem quälte den alten Kekaumenos am Ende des 11. Jahrhunderts; er riet energisch davon ab, Gäste an einem Tisch mit den Frauen des Hauses sitzen zu lassen, vielmehr seien sie getrennt zu bedienen, was er mit einer Geschichte über eine verführte Frau und einen betrogenen Gatten zu erhärten sucht. Die Belange der Ehre sind von höchster Bedeutung; so schreibt er z. B.: »Ein schamloses Mädchen versündigt sich nicht nur an sich selbst, sondern auch an ihrer Familie und ihren Verwandten. Darum halte deine Töchter hinter Schloß und Riegel, wie überführte Frevler oder Unvorsichtige, und beuge unliebsamen Überraschungen vor.« Gewiß, Anna Dalassena, die Mutter Alexios' I., zitierte Kyrillos von Philea, den sie kennenlernen wollte, in ihr Schlafgemach. Sie war freilich eine alte Frau und er ein Heiliger. Daß es die Frauen einzuschließen galt, war ein Hauptgesichtspunkt bei der Gliederung der Innenräume. Michael Psellos bestätigt in seiner *Chronographie*, daß es im Kaiserpalast des 9. Jahrhunderts, ebenso wie im Privathaus, eine »Frauenwohnung« (»gynaikonitis«) gab. In welchen gesellschaftlichen Schichten diese Einrichtung obligatorisch war, wissen

Fliese mit Pfau. Mehrfarbige Keramik (weißer Ton); Umgebung von Konstantinopel, 10. Jh. (30 × 29,3 cm.) (Sèvres, Musée National de la Céramique)

wir jedoch nicht. Grundsätzlich achtete man streng darauf, daß Fremde nicht mit den Frauen des Hauses zusammentrafen; doch wenn wir Kekaumenos glauben dürfen, sah die Realität anders aus.

Tisch und Bett. Der Tisch verdient Beachtung wegen seiner vielfältigen geselligen Funktion. Das von der Familie gemeinsam eingenommene Mahl zeichnete zumindest die Fest- und Feiertage aus. Als Maria die Jüngere während der Regierungszeit Basileios' I. fälschlich einer Affäre mit einem Sklaven bezichtigt wurde, war der Zorn ihres Gatten so groß, daß er sie nicht einmal am ersten Fastensonntag an seinem Tisch sehen wollte: »Er saß allein zu Tisch, mit seinen Brüdern [im Text heißt es: mit Bruder und Schwester] und Vertrauten und aß und trank.« Angesichts der (zweifellos übertriebenen) politischen Bedeutung der kaiserlichen Tafel vermerkt man mit Interesse, daß Eudokia Ingerina, die Mätresse Michaels III., welche dieser mit dem »Makedonier« Basileios I. verheiratet hatte, bei jenem Festgelage zugegen war, nach dessen Ende Basileios den Kaiser ermorden ließ.

Einige Informationen zu diesem Thema, über die wir verfügen, stammen aus Handschriftenillustrationen. Die Madrider Handschrift des Skylitzes zeigt die Witwe Danielis als Mätresse des Hauses zwischen ihrem Sohn und dem künftigen Kaiser Basileios, der zwar noch ein Unbekannter ist, dessen künftige Größe Danielis aber erahnt. Die beiden Männer – der Gast zu ihrer Rechten – essen vom selben Teller, während Danielis nichts ißt. Eine andere Szene schildert das offizielle Festbankett des Basileios nach seiner Thronbesteigung: Er ißt allein an einem separaten Tisch, der im rechten Winkel zu einer langen, ausschließlich mit Männern besetzten Tafel steht. Frauen sind bei der Mahlzeit zugelassen, sagen die Kanoniker, sofern es sich nicht um »Zechgelage« (»symposiai«) handelt, d. h. um Bankette mit zweifelhaften Einlagen – die Anwesenheit der Frau bei einem solchen Fest war für ihren Mann sogar ein Scheidungsgrund, während die männlichen Zechgenossen kein Tadel traf...

Was das Bett angeht, so bringt es zugleich das Ehepaar und den Kreis der Domestiken ins Spiel. Das Kaiserpaar teilt, nach dem Zeugnis des *Zeremonienbuches*, normalerweise Schlafzimmer und Bett. Ein Beispiel bringt Skylitzes in seinem Bericht über die Ermordung von Kaiser Nikephoros II. Phokas im Jahre 969. Der Kaiser, der seine Berufung zum Mönchtum unterdrückte, wird als Asket geschildert. In den Phasen der von der Kirche vorgeschriebenen Enthaltsamkeit zog er aus dem gemeinsamen Schlafzimmer aus. Seine Ermordung geschah in der Adventszeit; die Häscher irrten durch den Palast, bis sie den Kaiser endlich in einem entlegenen Raum entdeckten – er lag schlafend am Boden, unter sich ein Bärenfell, das ihm sein Onkel mütterlicherseits, der Mönch Michael Maleïnos, geschenkt hatte, auf dem Kopf eine purpurne Mütze. Der Anstifter der Untat, Johannes Tzimiskes, hockte mittlerweile auf dem Ehebett des Kaisers und wartete auf die Ausführung des Verbrechens... Kaiserin Zoe teilte das Bett sowohl mit ihrem Gatten Romanos III. als auch mit ihrem jungen Liebhaber, dem nachmaligen Michael IV. ... Während Konstantin IX. seine Geliebte Skleraina außerhalb des Palastes empfing, teilte Leon VI. das Bett mit seiner Mä-

Silberkanne. (Paris, Collection Hayford Pierce)

Chronik des Skylitzes (Süditalien? 13. Jh., nach älteren Vorlagen). Zwei Spione belauschen ein Gespräch im kaiserlichen Palast. (Madrid, Nationalbibliothek)

tresse Zoe Zautzina in einem Lusthaus auf dem Lande, zu dem die Kaiserin keinen Zutritt hatte; die Kaiserin gebar ihre Kinder nicht in demselben Raum, in dem sie sie empfangen hatte, sondern im »purpurnen Zimmer«, das einzig diesem Zweck vorbehalten war – wohl mit Rücksicht auf die Unreinheit, die dem Vorgang der Geburt anhaftete und die mit der heiligen Würde des Reiches unvereinbar war.

Weniger gut unterrichtet sind wir über die Gepflogenheiten bei den gewöhnlichen Eheleuten; eine Ausnahme macht nur die Hochzeitsnacht. Lukas der Stylit, ein Mönch des 10. Jahrhunderts, erweckte ein Baby zum Leben, das seine Eltern versehentlich im Bett erstickt hatten; der Ehemann von Maria der Jüngeren schlief nicht in ihrem Zimmer, doch als er es eines Morgens betrat, hielt sie einen Säugling im Arm. Die Kirche verordnete den Ehegatten bestimmte Perioden der Enthaltsamkeit, zumal in der Fastenzeit und an Samstagen und Sonntagen. Ob sie eingehalten wurden, wissen wir nicht, wenngleich dies Voraussetzung für den Empfang der Eucharistie war. Ebensowenig wissen wir, ob jenes kirchliche Verbot wirklich die sexuellen Beziehungen oder wenigstens das gemeinsame Schlafen in einem Bett während der Menstruation und in der Zeit zwischen der Entbindung und dem Dankgottesdienst der Wöchnerin unterbrach. Das könnte die eben angedeutete Szene mit Maria der Jüngeren erklären. – Auffallend ist die Enge der Betten, in denen die Miniaturenmaler Kranke, Sterbende, Tote oder Gebärende darstellen und die ein fahrbares Gestell und eine Rückenlehne hatten, anders als bei dem Lahmen aus dem Evangelium, der eine leichte Bettstatt auf dem Rücken trägt – zweifellos eine, wie sie die Witwe Gemma ihrer Sklavin zugleich mit der Freiheit testamentarisch vermachte.

Der private Gottesdienst fand in den Oratorien der großen Häuser sowie in den Gutskirchen statt, die sich die Grundbesitzer seit dem 4. Jahrhundert auf ihren Ländereien errichteten; Eustathios Boïlas vermachte 1059 seiner Kirche testamentarisch Bücher und Wertgegenstände. Nach den namentlich bezeichneten Stifterstatuen zu urteilen, haben manche Kirchen Kappadokiens bestimmten Familien gehört. Das war eine antike Übung, welche die Kirche lange Zeit mit Argwohn beobachtete, weil sie der Ketzerei Vorschub leisten konnte. Aber die

Stoff mit Greifen in Medaillons; 10.–11. Jh. (Florenz, Nationalmuseum)

Nachfrage blieb, und so waren Gottesdienste mit privaten Kaplanen mit Billigung des zuständigen Bischofs erlaubt, allerdings durften diese Kaplane nur innerhalb ihrer Pfarrei wirken. (Die Regelung wurde freilich um so weniger beachtet, als die Eigenkirche den Mißbrauch von Opfergaben begünstigte. Das soll uns hier nicht weiter beschäftigen.) Von der privaten Andacht zeugen noch kleine, tragbare Ikonen, auf Holz gemalt und mit Silber gehöht, ferner Ikonen aus hartem Stein, elfenbeinerne Reliquienkästchen sowie manches liturgische Gerät aus Silber oder Bronze. Die Ikonenecke, die man damals wie heute in orthodoxen Innenräumen findet, ist auf einer Illustration der Madrider Handschrift des Skylitzes vorgebildet – man sieht Theodora, die Gattin des letzten Ikonoklastenkaisers Theophilos, wie sie heimlich heilige Bilder anbetet, die sie in einem Geheimschrank ihres Gemachs versteckt hält.

Das vornehme Haus kannte noch einen weiteren Raum, von dem wir nur wissen, daß es ihn gab, ohne daß wir seine Lage und seine genaue Funktion bestimmen könnten: das Lese- und Schreibzimmer. Die zahlreichen Darstellungen der Evangelisten haben uns (vielleicht zu sehr) an das Bild des Schreibenden gewöhnt: Vor ihm auf dem kleinen Pult liegen die Gerätschaften, eine Hängelampe spendet Licht, daneben steht ein geöffneter Schrank mit Büchern. Das Bild trügt, weil es unvollständig ist, doch die Bibliothek, die man sieht, ist ohne Zweifel die des Kopisten in seiner Schreibstube, die des Lesers in seiner Wohnung. Las man still für sich (anstatt sich vorlesen zu lassen)? Anscheinend ja, wenn man den Lektürenotizen des Patriarchen Photios aus dem 9. Jahrhundert vertrauen darf; hier beginnt jeder neue Teil mit dem Hinweis: »Gelesen [das und das Buch].« Anscheinend nein, wenn wir der Bemerkung auf einer Handschrift folgen, die im Vatopedi-Kloster am Berg Athos aufbewahrt und 1021 von einem Basileios abgeschrieben wurde, der sich »Vorleser und Chronograph, Bedienter des Herren Nikolaos« nennt. Allerdings mag es sich bei dieser Bezeichnung um einen Rang im Klerus gehandelt haben. Kaiser Basileios I., ein Mann unklarer Herkunft, ließ sich vorlesen, übte sich aber zugleich in der Kalligraphie. Die Kunst des Lesens war jedoch auch in der Aristokratie und in der städtischen Mittelschicht verbreitet, und aus den Heiligenviten jener Zeit wissen wir, daß sogar die Mädchen lesen lernten, obschon sie nicht dasselbe lasen wie die Knaben. Lesen war vor allem eine Beschäftigung für Mußestunden, wie beispielsweise Kekaumenos hervorhebt und ein Briefschreiber sogar als Entschuldigung für die Saumseligkeit seines Briefpartners akzeptiert. Man erwarb die Bücher entweder in der Buchhandlung, so insbesondere in Konstantinopel, oder bestellte sie direkt beim Abschreiber oder einem Kloster. Konstantinopel, das östliche Grenzgebiet und Süditalien hatten ihren jeweils eigenen Stil ausgebildet. Der Kaiserpalast, vornehme Häuser und die Klöster stellten sich ihre Abschriften selbst her. All dies verweist darauf, daß das Verhältnis des Lesers zum Buch, die Auswahl der Lektüre und der Aufbau einer Privatbibliothek sich von unseren heutigen Gepflogenheiten deutlich unterschieden. Was las man, wenn man allein war? Wir werden weiter unten versuchen, diese Frage zu beantworten.

Jakobos von Kokkinobaphu, *Homilien über die hl. Jungfrau* (12. Jh.), illustriert vom Autor oder nach seiner Anweisung: Dankgebet Joachims und Annas nach der Geburt Marias. (Paris, Bibliothèque Nationale, Paris, Gr. 1208)

Gregor von Nazianz, *Homilien;* Gregor bei der Messe. Konstantinopel, 12. Jh. (Paris, Bibliothèque Nationale, Paris, Gr. 543)

Anders stellt sich das Problem des Schreibens dar. Nicht daß das Schreiben, wie in anderen antiken Gesellschaften, als subalterne Technik gegolten hätte – im 10. Jahrhundert betätigte sich sogar der Kaiser in der Kalligraphie. Doch die Briefschreiber aus jener Zeit bezeugen, wie kompliziert die schriftliche Kommunikation war: Von einem Boten überbracht, konnte der Brief eine vollständige Information übermitteln; doch oft genug kam es auch vor, daß der Brief nur ein förmliches und rhetorisch gemeintes »Begleitschreiben« zu dem war, was der Bote mündlich vortrug. Der Brief wurde keineswegs immer eigenhändig zu Papier gebracht, sondern häufig diktiert. Nicht selten beschäftigte man einen »Schreiber« (»grammateus«, »grammatikos«), der nicht nur für die Korrespondenz seines Herrn zuständig war, sondern auch für den Ausbau der Bibliothek, und der mitunter sogar selber schöpferisch eingreifen durfte; das beweist eine Diktatszene auf einer 1045 entstandenen Abschrift der *Apostelgeschichte* (Paris, gr. 223).

Klösterliche Hausgemeinschaften

Das Kloster war, nach einer der dafür gebrauchten Bezeichnungen, selbst ein »oikos«, aber auch ein Ort der »Ruhe« (»hesychia«). Es beherbergte eine Familie im übertragenen Sinne: die Bruderschaft (»adelphotes«) der Mönche bzw. »Brüder« (»adelphoi«), die der Leitung eines Hegumenos [Vorstehers] unterstanden. Dieser war der geistliche Vater (»pater pneumatikos«) nicht nur der Mönche, sondern auch der Laien-

Kommentiertes Evangeliar; Konstantinopel, Anfang 11. Jh.: Lukas. (Paris, Bibliothèque Nationale, Paris, Gr. 64)

»Kinder« (»tekna«), gleichgültig, ob sie in der Welt geblieben waren oder nicht. Für eine Klostergründung waren mindestens drei Mönche erforderlich, ein großes Kloster am Berg Athos zählte ihrer siebenhundert. In dieser Epoche war es gang und gäbe, zu stiften, zu gründen und den Habit zu nehmen. Es herrschte ein lebendiger Austausch zwischen Laientum und Mönchtum, gerade so, als mündeten alle Lebensperspektiven im Kloster als der letzten Rückzugsstätte, dem Ort der letzten, womöglich erzwungenen Rast. Dies interessiert in erster Linie im Zusammenhang mit der Struktur des privaten Lebens, und man muß die

Der hl. Georg tötet den Drachen. Wandmalerei; 11. Jh. (Göreme, Kappadokien, Kapelle Nr. 28, »Drachenkirche«)

Typologie der Gebäude und individuellen Zufluchtsorte auf diese Struktur beziehen und die juristischen und kirchlichen Anordnungen an den in der Hagiographie formulierten Normen messen, um die Nuancen dieser Praxis zu erkennen.

Die mönchische »Hausgemeinschaft« erfüllte, wie die militärische, eine anerkannte öffentliche Aufgabe und war deshalb auf steuerlichen Privilegien und diversen Einkünften begründet. Im 10. und noch im 11. Jahrhundert waren der Reichtum und die Steuerfreiheit der Klöster nicht durch deren wohltätige Rolle legitimiert, sondern durch die von allen Schichten der Gesellschaft geachtete Fähigkeit der Mönche, Fürbitte bei Gott einzulegen und die Menschen zu leiten. Es war daher von Vorteil, ein Grundstück als Klosterbesitz auszuweisen, was bei der großen Anzahl von privaten Klosterstiftungen ebenso zu berücksichtigen ist wie bei der im 11. Jahrhundert zunehmenden Anzahl von Laien, welche die Liegenschaften eines Klosters verwalteten. Was die Klosterdisziplin angeht, so beriefen sich die griechischen Mönche in dieser Zeit unverändert auf die Grundsätze, die Basileios von Kaisereia im 4. Jahrhundert entwickelt hatte. Theodoros gab dann dem Studios-Kloster von Konstantinopel, das Anfang des 9. Jahrhunderts unter ihm aufblühte, eine Regel, die sowohl das Mönchtum des Berges Athos als auch verschiedene andere Stiftungen, ja sogar Klostergründungen jenseits der Grenzen, in den jungen slawischen Staaten, inspirierte. Die Konzilien von 787 und 861 brachten gewisse Verbesserungen der Regel. Trotzdem bleibt es dabei, daß generell jeder Klostergründer, ob Laie oder Mönch, seine eigene Regel erfand, in der er Einzelheiten der Klosterzucht, die zu sprechenden Gebete und die Ziele der Wohltätigkeit festlegte.

Der Mönch mußte auf Eigentum verzichten und dem Kloster, für das er sich entschieden hatte, die Treue bewahren. Er machte nötigenfalls sein Testament, bevor er den Habit nahm, und zahlte bisweilen eine Aufnahmegebühr, bevor er ins Kloster ging. Theoretisch ernährte er sich von seiner Hände Arbeit in der Mönchsgemeinschaft; in der Praxis zehrte er (in dieser Zeit) oft genug von den Erträgen des klösterlichen Grundbesitzes. Satirische Gedichte des 12. Jahrhunderts aus Konstantinopel verspotten die Tafel- und die Bettfreuden der Oberen, ihre wöchentlichen Bäder, die Ärzte, die sich um ihre Beschwerden kümmern, während der arme kleine Mönch Entbehrung leidet und darbt. Die Vereinbarung, die 1030 zwischen dem Laura-Kloster auf dem Berg Athos und dem Mönch Athanasios geschlossen wurde, läßt prekäre Verhältnisse ahnen. Athanasios war der Neffe des früheren Hegumenos und vermachte sein heruntergekommenes Privatkloster Buleuteria samt Mönchszellen, Kirche und Weinberg dem Laura-Kloster. Für sich selbst verlangte er die Aufnahme in jene Mönchsgemeinschaft, in der er den Habit genommen hatte. Der Vertrag garantierte ihm eine Wohnung nach seiner Wahl, die Versorgung seiner drei Diener und seines Bootes, ein Reitpferd auf Lebenszeit und jährliche Rationen; ferner wurde verabredet, daß seine Familie nach seinem Tode die Einrichtungsgegenstände seiner Zelle erben sollte ... Gelegentlich kam es vor, daß der Kaiser einem Laien die Nutzung eines Klosters übertrug, wenn

Chronik des Skylitzes: Nach seinem Martyrium malt der Mönch Lazarus Ikonen im Kloster Johannes des Täufers.
Chronik des Skylitzes: Kaiserin Theodora, Gattin des Theophilos, bei der heimlichen Ikonenverehrung. (Madrid, Nationalbibliothek)

er vorher Mönch wurde; das entsprach einer allgemeinen Tendenz gegen Ende des 11. Jahrhunderts zur Reprivatisierung der öffentlichen Einkünfte. So verfügte beispielsweise Alexios I. Komnenos im Jahre 1083 die Übertragung des Xenophon-Klosters am Berg Athos samt allem Besitz auf den Mönch Symeon. Dieser Mann, vormals Stephanos geheißen, ein Eunuch und Admiral unter dem früheren Kaiser Nikephoros III., hatte den Wunsch geäußert, der Welt den Rücken zu kehren. Zum Lohn für seine Dienste durften ihn drei »Knaben« und seine »Bekannten« (»oikeioi«) begleiten. Sie alle wurden Mönche, wie man daraus ersieht, daß sie nach der Tonsur ihren Namen änderten. Der Vertrag schreibt dies fest, um eine weitere Spoliation des Besitzes für die Zukunft zu verhindern, und inventarisiert den klösterlichen Grundbesitz, die Ikonen und die Neuerwerbungen in der 130 Bände zählenden Bibliothek.

Was unser eigentliches Thema jedoch näher berührt, sind die Privatklöster, die in der damaligen Zeit in Byzanz eine hervorragende Rolle spielten. Es war durchaus üblich, das eigene Haus zu einem Kloster zu machen. Erwähnt seien aus Konstantinopel das Haus des Strategen Manuel (um 830), das Haus eines gewissen Mossele, dessen Familie armenischer Herkunft war und seit Ende des 8. Jahrhunderts dem Kaiserpalast nahestand, und das Haus Romanos' I. selbst, aus dem nach dem Aufstieg Romanos' zum Mitkaiser das Myrelaion-Kloster hervorging. Ein Dokument aus dem Laura-Kloster von 1016 belegt, daß eine verwitwete Glykeria, die Nonne geworden war, sowie ihr verstorbener Gatte ihr »armes Haus« dem Kloster geschenkt hatten, damit sie Nonne bleiben konnte. Andere Klöster wurden ganz bewußt als Privatbesitz gebaut, und zwar sowohl in der Hauptstadt wie in den Provinzen, wo die großen und mittleren Grundbesitzer sie auf ihren eigenen Ländereien errichteten. So besaßen etwa die Argyroi ein »Erbkloster«, das der hl. Elisabeth geweiht war und in der Gegend von Charsianon stand, wo zahlreiche Aristokraten beheimatet waren; sein Gründer war der »turmachos« (Befehlshaber eines Truppenkontingents) Leon, Großvater eines Eustathios Argyros, der zur Zeit Leons VI. (886–912) lebte. Euthymios d. J. (gest. 898), Sproß eines »Militärhaushalts« mit mittlerem Grundbesitz, erbaute für seine eigenen Nachkommen ein Männer- und ein Frauenkloster. Derlei private Klöster konnten freilich sehr bescheiden ausfallen. Ein Gesetz von 969 hält fest, daß die Bewohner bestimmter ländlicher Gemeinden Privatkirchen und daneben kleine klösterliche Gebäude für sich selbst und gegebenenfalls zwei oder drei weitere Personen errichtet haben. Selbstverständlich konnten Privatklöster verkauft und verschenkt werden, und in den Archiven des Berges Athos finden sich reichlich Spuren solcher Transaktionen.

Nicht alle Klöster, die von Privatleuten gegründet wurden, sollten für immer privat bleiben. Nehmen wir beispielsweise das Kloster Bačkovo (im heutigen Bulgarien), das im Jahre 1083 von zwei Georgiern gegründet und gestiftet wurde, die in Byzanz Karriere gemacht hatten: von dem Domestikos Gregorios Pakurianos (Bakouriani) und seinem Bruder. Das Kloster wurde für unabhängig erklärt, doch sollten beim Eintritt die Verwandten der beiden Brüder, ihre »Mannen« und ihre Landsleute bevorzugt werden. Der Richter Michael Attaleiates indes wählte 1077 eine Formulierung, die auf den Verbleib seiner Stiftung im Privatbesitz hinauslief: In seinem Testament vermachte er sie dem Schöpfer, den er zum »Erben [. . .], Verwalter und Herrn« des kleinen Klosters mit sieben Mönchen in der Hauptstadt einsetzte; die tatsächliche Verwaltung übertrug der Richter mit denselben Ausdrücken seinen direkten Nachkommen, und zwar auch Frauen, sofern keine Männer vorhanden waren.

Das private Kloster erfüllte im übrigen die Funktion des Familiengra-

Kloster Laura auf dem Athos.

bes und der Erinnerungsstätte. Der Leichnam des Eustathios Argyros wurde in dem oben erwähnten »Erbkloster« beigesetzt, und Michael Attaleiates verfügte, daß für seine Verwandten, für ihn selbst, die beiden Frauen, die er nacheinander gehabt hatte, sowie verschiedene andere, namentlich genannte Personen und schließlich die Kaiser Gebete zu sprechen seien. Die Bestattung in einem Kloster war ohne Zweifel ein geistliches Privileg, das man sich auf diese Weise sicherte und gleichzeitig seinen Günstlingen zukommen ließ: Basileios der Jüngere, jener merkwürdige Seher, der im 10. Jahrhundert in den großen Häusern von Konstantinopel verkehrte, liegt in einem Kloster begraben, das einem seiner Anhänger gehörte. Jetzt begreift man, wie Symeon der Neue Theologe so viele Laiengräber im Mammas-Kloster von Konstantinopel entdecken konnte, als er dort Abt wurde, und warum er im Rahmen seines Reformwerks die unberechtigt dort bestatteten Toten umbetten ließ. Mitunter scheint das Privatkloster auch eine Art Nebengebäude des weltlichen Hauses gewesen zu sein; beispielsweise empfing der Eunuch Samonas, der böse Geist Leons VI., diesen einmal in einem ihm gehörenden Kloster. Es kam aber auch vor, daß man in seinem eigenen Kloster oder in dem zum Kloster umfunktionierten eigenen Haus Mönch wurde.

Das Photianische Konzil von Konstantinopel im Jahre 861 hatte diese

Fenstergliederung der Hauptkirche in Hosios Lukas (Griechenland), 11. Jh.

ebenso üblichen wie bedenklichen Praktiken verurteilt. Die Gründung von Privatklöstern durch Umwidmung oder Neubau konnte ja sehr wohl bloß profitabler Humbug sein, so wie die in der eigenen Wohnung empfangene Tonsur lediglich ein formaler Akt, der den Gewohnheiten und Vergnügungen des Alltags keinen Abbruch tat. Das Konzil hatte daher im Falle der Klostergründung die Zustimmung des örtlichen Bischofs verlangt, bei dem ein Inventar über Hab und Gut zu hinterlegen war, im Falle der Tonsur die Aufnahme durch einen Hegumenos. Die Hagiographie ihrerseits verwandte viel Sorgfalt darauf, aus ihren authentischen Fallberichten die korrekten Schlüsse zu ziehen. Ein extremes Beispiel ist die Geschichte von Kyrillos dem Phileoten, einem Zeitgenossen Alexios' I. Nach seiner Dienstzeit bei der Marine fühlte er sich zum Mönch berufen, beugte sich jedoch zunächst den flehentlichen Bitten seiner Gattin, sie nicht zu verlassen, seine kleinen Kinder nicht zu Waisen zu machen und den bösen Nachbarn keinen Grund zur Schadenfreude zu geben. Sie sagte zu ihm: »Suche bei uns deine Ruhe!« Also errichtete er eine Zelle neben seinem Haus, worin er eine Zeitlang lebte, bevor er schließlich doch ins Kloster ging. Der rote Faden, der das ganze Werk durchzieht, ist die Suche nach Ruhe, der »hesychia«, als Vorbereitung der spirituellen Erfahrung. Die meisten Heiligenviten bringen diese Ruhe mit dem Kloster in Verbindung und versäumen nicht zu beschreiben, wie sehnsüchtig der Held darauf wartet, von seinem »geistlichen Vater« endlich den »Habit« – den schwarzen Kittel mit Kapuze – und die Tonsur zu empfangen und, wie wir sahen, einen neuen Namen annehmen zu können.

Damit sind wir bei den allgemeinen Lebensbedingungen der Mönche angelangt. In den Heiligenviten und den Klosterregeln des 10. und 11. Jahrhunderts fehlt es nicht an Informationen über den Binnenraum des klösterlichen Gebäudes mit seiner eigentümlichen »Ruhe«. Die traditionelle Unterkunft des Mönchs war das »kellion«, die Zelle, die er allein bewohnte, und zwar auch dann, wenn er einen Diener beschäftigte. In der Stadt waren die »kellia« normalerweise in das Klostergebäude integriert, das eine Umfriedung gegen die Straße abschirmte. Auf dem Berg Athos erwähnen die Dokumente mitunter isolierte Zellen oder kleine Gruppen von Zellen, die jedoch, was Disziplin und Liturgie betraf, Ableger des Mutterklosters blieben. Zum Gemeinschaftsbereich des Klosters rechneten das Refektorium, die Kapelle oder Kirche (die in den Städten auch der Andacht der Laien offenstand), die Bibliothek, die Schatzkammer, das dem Konservator unterstehende Archiv, ein Bad und die Krankenstube. Frauenklöster waren analog strukturiert. Wir wissen auch, wie in diesem Raum gelebt wurde. Das »typikon« (Klosterregel) bestimmte, was die Mönche an normalen Tagen und an Festtagen essen durften, was die Kranken und die Armen zu essen bekommen sollten und welches Gewand in welcher Jahreszeit zu tragen war; freilich ist, wie wir gesehen haben, die Klosterregel nicht immer beachtet worden. Auch der Grundsatz der mönchischen Arbeit wurde nicht konsequent befolgt. Die Regel des Studios-Klosters vom Anfang des 9. Jahrhunderts beabsichtigte, das Kloster zu einem sich selbst reproduzierenden Organismus zu machen. Die Mönche in dieser

Der Berg Athos.

Zeit lebten allerdings hauptsächlich von der Bodenrente; doch zeichnete sich das Laura-Kloster Mitte des 11. Jahrhunderts durch emsige Handelstätigkeit mit Schiffstransporten und Fischereibetrieb aus. Die Klöster nahmen auch Schüler auf, die jedoch nicht im Klosterbereich wohnten.

Der Vergleich zwischen Kloster und Laien-»oikos« läßt zweierlei deutlich werden. Das Prinzip einer eigenen weiblichen Sphäre wurde im Kloster zur Exklusivität eines einzigen Geschlechts erweitert: Die Männerklöster waren für Frauen verboten sowie für alles tabu, wovon eine vergleichbare Versuchung ausgehen konnte, also auch für weibliche Tiere – die Bußbücher äußern sich hier sehr drastisch – und für bartlose Jünglinge. Die Kinder wurden, wie gesagt, außerhalb des Klosters untergebracht. Unter dem Patriarchen Nikolaos III. Grammatikos (1084–1111) erschütterte den Berg Athos ein Skandal um das nomadische Hirtenvolk der Vlachern – es stellte sich heraus, daß die Frauen und Töchter des Stammes, als Männer verkleidet, das Vieh der Mönche geweidet und in den Klöstern gedient hatten. Für die Eunuchen gab es eigene Klöster. Michael Attaleiates überließ ihnen das seine und duldete darin lediglich seine eigenen Verwandten sowie Männer von untadeligem Ruf, die Grundbesitz hatten und über fünfzig waren. Schwieriger anzuwenden war das Grundprinzip des einheitlichen Geschlechts bei Frauenklöstern, die ebenfalls von Männern gegründet wurden, da die Würde des Priesteramtes nur ein Mann bekleiden konnte. Mit dem Aufkommen weiblicher Klostergründungen zu Beginn des 12. Jahrhunderts verschärfte sich das Problem; doch so weit sind wir noch nicht. Die Bußbücher lassen, wie zu erwarten, erkennen, daß weder die Mönche noch die Nonnen die Geschlechtertrennung allzu ernst nahmen; das mindert jedoch nicht deren grundsätzliche Bedeutung für das ideale Kloster und für unser Thema. Als Konsequenz hieraus war der klösterliche Raum für seine Bewohner nach außen abgeschlossen – ohne Genehmigung seines Oberen durfte kein Mönch das Kloster verlassen. Immer aufs neue verboten die Konzilien das Wandermönchtum. Daran ermißt man die gravierende Sündhaftigkeit jener Trias, mit der Umgang gehabt zu haben dem Patriarchen Michael Kerullarios in der Anklageschrift des Michael Psellos (nach 1058) vorgeworfen wurde: Der Patriarch war selber an Mantik und Hellseherei interessiert und soll sich, Psellos zufolge, mit einer als Mann verkleideten Seherin eingelassen haben, die mit zwei Wandermönchen durchs Land zog.

Die mönchische »Ruhe« stellte sich in der Einsamkeit der Zelle ein, wo nach der Klosterregel der Mönch seiner Arbeit nachzugehen hatte, während jedes Gespräch und jede Tätigkeit zu zweit untersagt waren und wo er nach dem »typikon« des Pakurianos die Zeit »für sich« (»idios«) verbringen mußte. Die Hagiographie jener Zeit gibt Zeugnis von solchen Reklusen. Wir werden noch sehen, wie in dieser Hinsicht Symeon der Neue Theologe in der ersten Hälfte des 11. Jahrhunderts mit seiner Spiritualität den Ansatzpunkt einer neuen Modernität markiert.

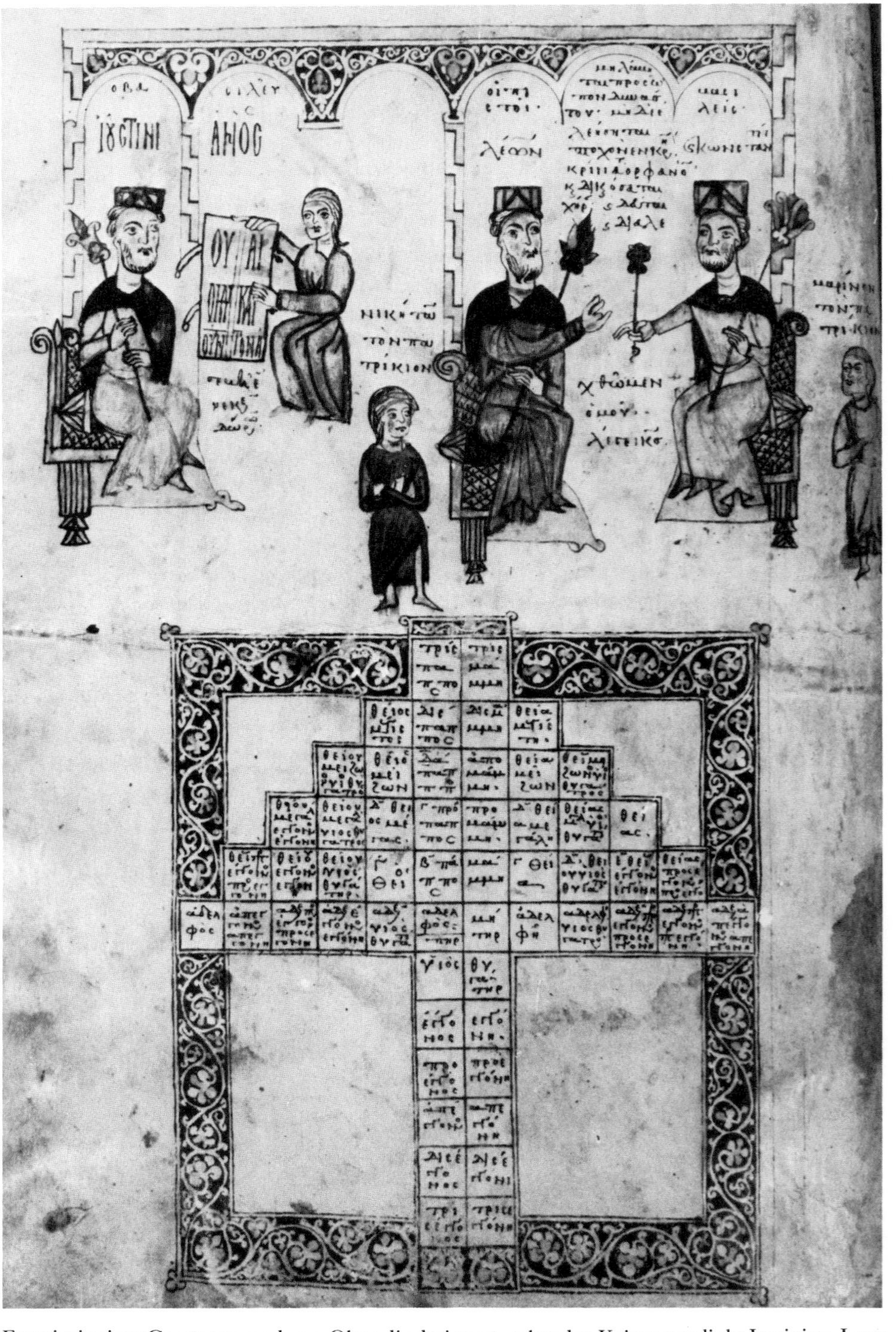

Frontispiz einer Gesetzessammlung. Oben die drei gesetzgebenden Kaiser: von links Justinian, Leon III. und Konstantin V. Unten: Tafel zur Berechnung des Verwandtschaftsgrades. (Venedig, Biblioteca Marciana, Fondo antico, Gr. 172; wohl kalabresisch, datiert 1175)

Das Ich und die anderen

Die Beziehungen zwischen dem Ich, dem anderen und den Mitmenschen definieren heute die Achsen des privaten Lebens oder, besser gesagt, seine Kreise. Selbstverständlich finden sich diese in der byzantinischen Gesellschaft des 10. und 11. Jahrhunderts nicht wieder. Auch die Grenze zwischen öffentlichem und privatem Bereich verläuft, was die Beziehung zum anderen betrifft, nicht mehr dort, wo wir sie in unserem Modell angesetzt haben. Heutzutage ist allein die Familie gehalten, eigentumsrechtliche und affektive Privatheit zu stiften und sich auf das konzentrische Netz um jeden Einzelnen zu beschränken. Der Westen heute verstößt in seiner sozialen Praxis tagtäglich gegen den einen oder den anderen oder gegen beide Punkte. Aber das Prinzip bleibt, zu Recht oder zu Unrecht, Ausgangspunkt unserer Betrachtung räumlich oder zeitlich getrennter Gesellschaften.

In Byzanz, im 10. und 11. Jahrhundert, waren die Beziehungen zwischen den Menschen anders organisiert als heute. Eine erste Unterscheidung grenzte die asymmetrischen Beziehungen – zu Dienern, Sklaven und den »Leuten« – von den symmetrischen zwischen Gleichgestellten ab. Zu den Gleichgestellten zählten in Byzanz ohne Rücksicht auf das Geschlecht zwei Gruppen, deren Benennung uns vertraut ist, deren Bedeutung aber unendlich weit über die unsere hinausging: Verwandte und »Freunde«. Die Verwandtschaft bestimmte sich nach anerkannten Kriterien wie Geburt, Adoption, eheliche Verbindung, Ritual; die »Freundschaft« umfaßte alle jene Beziehungen, die in den Rastern der Verwandtschaft nicht aufgingen und die man daher als »freie Beziehungen« einstufen könnte, wenn sie nicht häufig durch einen feierlich beschworenen Pakt besiegelt worden wären. Diese Gruppierung von Personen rund um den Einzelnen berührte sich mit dem häuslichen Bereich, ohne sich mit ihm zu decken; wir haben darauf schon hingewiesen. Insbesondere gehörte der »Diener« (»oiketes«) unstreitig zur Familie, während der »Bekannte« (»oikeos«) eine eher diffuse Stellung zwischen dem Ebenbürtigen und dem Unterlegenen einnahm. Doch wurde das ganze Bild durch die Abgrenzung des Öffentlichen vom Privaten und die des Religiösen vom Weltlichen zusätzlich kompliziert.

Familienstrategien

Die Verwandtschaftsgruppe (Parentel) bildete einen Verband, der sich horizontal wie vertikal seiner selbst bewußt war und ständig in unterschiedlicher Weise erweitert werden konnte. Seine Bedeutung ging auf ferne griechisch-römische Vorbilder zurück und ist nie in Abrede gestellt worden. Die Verwandtschaftsgruppe war in der Sozialgeschichte von Byzanz von wechselndem Gewicht, doch läßt sich diese Geschichte auch als Dialektik zwischen Verwandtschaft und Staat schreiben, wobei unter »Staat« die Gesetzgebungs-, Steuer- und Rechtsprechungsgewalt zu verstehen ist, die mit dem griechischen Ausdruck »demosion« bezeichnet wird. Das 10. und 11. Jahrhundert gehörten zu einer spätestens im 8. Jahrhundert beginnenden Periode, in der die Verwandtschaftsgruppen offen an den Investitionsstrategien von Kirche und Staat mitwirkten. Man kann daher die Familie nicht im Zeichen der Privatsphäre interpretieren, ohne die Schranken ihres eher öffentlichen Wirkens zu bestimmen.

Zwei Beispiele aus unterschiedlichen gesellschaftlichen Sektoren mögen das erläutern. Das eine ist sehr bekannt und spielt in der hohen Politik des 10. Jahrhunderts. Die drei führenden Familien der Zeit – Phokas, Skleros und Maleïnos – waren durch vielfältige Heiratsbande miteinander versippt. Nikephoros II. Phokas, der im Jahre 963 durch die Ehe mit Theophano, der Witwe Romanos' II., Kaiser wurde, war der Urenkel eines gewissen Phokas, dessen Taufname in der nächsten Generation zum Familiennamen geworden war; er war ein Mann, dem einer Chronik zufolge dank seiner »gewaltigen Kraft« das Waffenglück hold war. Sein Sohn, Nikephoros d. Ä., machte zu Beginn des 9. Jahrhunderts eine glänzende militärische Karriere, seine Enkel Bardas und Leon bezogen alsbald führende Positionen im Staatsdienst. Bardas, der Vater des künftigen Kaisers, heiratete eine Maleïne, d. h. eine Maleïnos-Tochter. (Frauen wurden fast nie mit ihrem Taufnamen genannt; eine Ausnahme waren die Ehefrauen, Schwestern und Töchter des Kaisers.) Die Maleïnoi waren damals schon in der dritten Generation auf beiden Feldern, dem weltlichen und dem geistlichen, berühmt. Manuel Maleïnos, der Bruder von Bardas' Frau, wurde unter dem Mönchsnamen Michael zum geistlichen Führer des Athos, insbesondere jedoch des Stifters des Laura-Klosters, dem die Verehrung seiner Neffen Leon und Nikephoros schon zu einer Zeit galt, als dieser noch nicht Kaiser war. Die Maleïnoi sind im übrigen als Großgrundbesitzer in Kappadokien bezeugt. Aus der Ehe des Bardas Phokas mit der Maleïne gingen, soweit wir wissen, Nikephoros II. und sein Bruder Leon sowie zwei Töchter hervor. Eine von diesen heiratete einen bedeutenden General, Johannes Kurkuas, und war die Mutter von Johannes Tzimiskes, dem Mörder und Nachfolger seines Onkels (969). Tzimiskes war zu diesem Zeitpunkt verwitwet; seine erste Frau stammte aus der Familie Skleros, die armenischen Ursprungs war, aber mindestens seit Beginn des 9. Jahrhunderts zur hohen Militärhierarchie gehörte. Das Ende des 10. Jahrhunderts war von Revolten in Kleinasien gekennzeichnet, in de-

Chronik des Skylitzes: Der Patriarch Nikolaos Mystikos tauft den Sohn Leons VI., den späteren Kaiser Konstantin VII.; rechts der Taufpate, ein Bruder des Kaisers. (Madrid, Nationalbibliothek)

ren Verlauf sich die Provinzklienten der Phokades und Skleroi gegen Basileios II. stellten, der 976 Kaiser geworden war. Basileios spielte nun Bardas Phokas, den Sohn Leons, des Bruders des ermordeten Kaisers, gegen Bardas Skleros aus, den Bruder der ersten Frau von Johannes Tzimiskes und Gattin von Bardas Phokas. Vor diesem Hintergrund begreift man die zornige oder vielleicht nur wohlbegründete Randbemerkung in der Novelle des Basileios von 996 gegen diverse Mißbräuche der »Mächtigen« zum Schaden der Zentralgewalt und ihrer Steuerzahler: Dort, wo von den »Mächtigen« die Rede ist, heißt es erläuternd am Rand: »Phokades, Skleroi, Maleïnoi« ...

Das andere Beispiel ist minder kraß, aber durchaus vergleichbar; es stammt aus dem *Leben der hl. Theodora von Thessalonike*, einer 892 gestorbenen Nonne. 812 geboren, war sie das dritte Kind eines Priesters von der Insel Aigina. Da ihre Mutter bei der Geburt Theodoras gestorben war, übergab ihr Vater sie ihrer Taufpatin als der »geistlichen Mutter« und verlobte sie im gesetzlich zulässigen Alter von sechs Jahren mit einem örtlichen Notabeln. Sie heiratete und wurde Mutter von drei Kindern, als 826 ein blutiger Arabereinfall die Familie für immer nach Thessalonike vertrieb. Theodoras ältere Schwester, zu diesem Zeitpunkt schon tot, war Nonne gewesen. Ihr Bruder, der bei dem Massaker ums Leben kam, hatte sich als Diakon auf die geistliche Laufbahn vorbereitet. In Thessalonike beschloß Theodoras Vater seine Tage im Mönchshabit. Die spätere Heilige verlor nun ihre beiden jüngsten Kinder und brachte ihre Älteste, die sechs Jahre alt war, als »Erstlingsopfer« der Kirche dar. Man vertraute die Kleine der Schwester Katharina an, einer Schwester des Erzbischofs von Thessalonike, der mit der Familie »verwandt« war. Nach dem Tode ihres Mannes trat auch die Heldin der Geschichte in ein Kloster ein, dem sie einen Teil ihres Grundbesitzes vermachte und dessen Äbtissin ebenfalls zur »Verwandtschaft«

gehörte. Später begegnet sie ihrer Tochter wieder, die nun ihre Schwester in der Religion und Superiorin ihres Klosters ist.

Der Hagiograph, ein Geistlicher aus Thessalonike und Zeitgenosse Theodoras, verfolgt mit seiner Schrift keine anderen Ziele als die Erbauung der Gläubigen, die Verherrlichung seiner Heimatstadt und des Klosters der Theodora. Es ist der Schilderung aber auch zu entnehmen, wie eine durchschnittliche Provinzfamilie alles, was sie hatte, in die Kirche investierte, die Söhne zu Geistlichen bestimmte und einige Töchter ins Kloster gab.

Die beiden typischen Beispiele mögen genügen, um die Parentel jener Zeit als eine Gruppe privaten Ursprungs zu definieren, die im öffentlichen Sektor und für öffentliche Güter agierte. Die Frage nach dem Verhältnis von Familie und Privatsphäre verschiebt sich also bereits, bevor wir zu einer Antwort angesetzt haben. Es liegt außerhalb unserer Themenstellung, diesen Strategien weiter nachzuspüren, die im übrigen die Kategorie des Öffentlichen gründlich in Zweifel ziehen. Begnügen wir uns deshalb mit der Feststellung, daß die Grenze zwischen Öffentlichem und Privatem von der Parentel verwischt wird, und richten wir unsere Aufmerksamkeit auf Typologie und Konstitution der Verwandtschaftsbande sowie ihre private Praxis.

Die soziale Wirksamkeit der Parentelen erklärt, warum die Verwandtschaft ihre Formen vervielfacht, warum sie selbst zur Metapher für so viele andere Beziehungen wird und warum das Netz verwandtschaftlicher Bindungen bis in die feinsten Verästelungen hinein akribisch expliziert wird, wenn es um Heiratsverbote geht. Das Ehebündnis schließlich ist der Ort einer bezeichnenden Spannung im Herzen dieser Praxis selbst.

Die Kirche, deren Entscheidungen von der Gesetzgebung des Reiches bestätigt wurden, befolgte den seit dem 4. Jahrhundert geltenden Grundsatz, nicht »die Namen durcheinanderzubringen«, d. h. die Beziehungen zwischen zwei Individuen nicht zu schichten. Der Patriarch Sisinnios stellte 997 explizite Regeln auf: Verboten waren die Ehe von Vetter/Kusine zweiten Grades mit Onkel/Tante zweiten Grades; von zwei Brüdern/Schwestern mit zwei Kusinen/Vettern zweiten Grades; von Onkel und Neffe mit zwei Schwestern bzw. Tante und Nichte mit zwei Brüdern (die Heirat Onkel/Nichte bzw. Tante/Neffe war schon lange verboten); schließlich die Heirat zwischen ein und demselben Mann mit zwei Schwestern nacheinander oder zuerst mit der Tochter und dann mit der Mutter. Für die Kindschaft durch Adoption oder Taufe galten dieselben Verbote wie für die biologische Abstammung. Das Verbot der Heirat zwischen dem männlichen Taufpaten und seinem weiblichen Patenkind reichte bis ins 6. Jahrhundert zurück, während das Trullanische Konzil 692 einen entscheidenden Schritt weitergegangen war und zusätzlich die eheliche Verbindung zwischen den geistlichen und den leiblichen Eltern eines Kindes untersagt hatte, also die Heirat zwischen der Mutter und dem Taufpaten; zur Begründung wurde auf die Überlegenheit der »Verwandtschaft im Geiste« über die »Verwandtschaft im Fleisch« verwiesen. Die Lehre der Kirche vertrug sich vorzüglich mit dem von jeder Parentel verfolgten Ziel der maxima-

Chronik des Skylitzes: Eheschließung nach griechischem Ritus zwischen Konstantin VII. und Helene, der Tochter Romanos' I. Lakapenos. (Madrid, Nationalbibliothek)

len Erweiterung des Solidaritätsnetzes. Aus der Praxis heraus entstand ein weiteres Heiratsverbot zwischen den Töchtern einer Familie und dem als Bruder adoptierten Mann – ein Fall, den das kanonische Recht nicht kannte. Die Aristokratie indes suchte und betrieb noch im 10. Jahrhundert die eheliche Verbindung zwischen verschiedenen Familienlinien oder zwischen einer alten und einer neu auftretenden Linie, da sie noch im Aufstieg begriffen war und sich für »Neuzugänge« offenhielt. Wie dagegen das Beispiel mit den Phokades, Maleïnoi und Skleroi lehrt, scheint der Zugang zur Aristokratie gegen Ende des 10. Jahrhunderts schon sehr schwierig gewesen zu sein.

Streitfälle, die zur Entscheidung an das Patriarchat herangetragen wurden, handeln meist von obskuren Familien, denen es nicht so sehr um die Vervielfältigung als um die Festigung ihrer verwandtschaftlichen Bande zu tun war oder die ihre Ehebündnisse in einem sehr engen Kreis verwirklichten. Der folgende Fall wurde dem Patriarchen Alexios dem Studiten (1025–1043) unterbreitet. Georgios hatte den Segen für seine Verbindung mit der damals fünfeinhalbjährigen Theodota erhalten, die aber inzwischen verstorben war; der Patriarch erklärte die Verbindung mit Rücksicht auf das jugendliche Alter der Braut für ungültig – wir werden darauf zurückkommen –, in Wirklichkeit freilich wollte er der verwitweten Mutter des kleinen Mädchens die Ehe mit einem Vetter zweiten Grades des Georgios ermöglichen. Die Geschlossenheit der Parentel spiegelte sich nicht nur in den Entscheidungen des Patriarchats wider, sondern auch in der zwanghaften Furcht vor »Vermischung des Blutes«, d. h. vor inzestuöser Geschlechtsbeziehung, sei sie ehelich oder nicht. Dies drückte sich in der Akribie aus, mit der die Bußbücher die kanonische Aufzählung der verbotenen Heiraten wiederholten. Die Schilderungen in Geschichtsschreibung und Hagiographie erwähnen bloß die üblichen Verwandtschaftsbeziehungen. Im politischen Bericht begegnet vor allem die Verbindung zweier Brüder, ferner die des

Schwiegervaters mit dem Schwiegersohn und des Bruders mit dem Gatten der Schwester. Mitunter trat auch die gesamte Parentel (»syngeneia«) oder zumindest das »Haus« auf den Plan. Häufig war es der Onkel mütterlicherseits, der seinem Neffen den Weg zum Mönchtum, bisweilen gar zum Patriarchat wies. Der Rest rangiert unter der allgemeinen Bezeichnung »Verwandter«. Doch lassen die Antworten des Patriarchats erkennen, mit welcher Präzision man den Einzelnen zu lokalisieren wußte, wenn es not tat. In einigen überlieferten Testamenten sind, in Ermangelung direkter Nachkommen, die Neffen als Erben eingesetzt, so etwa 1049 im Testament der Witwe Gemma, die nicht versäumt, sogar ihre Sklavinnen zu bedenken.

Die Kindschaft durch Adoption kam in der Praxis weniger häufig vor als in der Gesetzgebung. Leon VI. erweiterte die Befugnis zur Adoption auf Frauen und Eunuchen – trotz ihrer Zeugungsunfähigkeit –, und zwar nach dem bereits erwähnten Grundsatz, daß bei der Stiftung des Verwandtschaftsbandes das Geistliche über dem Leiblichen stehe. Undeutlich erkennen wir auch den uralten Brauch der Adoption eines Mannes als Bruder, ein Verfahren, das die Kirche mißbilligte, vielleicht weil sie hinter dieser Praxis Homosexualität argwöhnte; in den historiographischen und hagiographischen Berichten kaum erwähnt, war diese Sitte trotz kanonischer Mißbilligung doch hinreichend gebräuchlich, so daß die Gebetbücher ein eigenes Ritual für sie enthielten, wahrscheinlich um die uralte »Blutsbrüderschaft« durch einen priesterlichen Segen in der Kirche zu ersetzen. (Übrigens hat sich die Adoption zum Bruder in weiten Teilen des einstigen byzantinischen Herrschaftsgebiets erhalten, namentlich auf dem Balkan.) Die Wahl des Taufpaten wird von den Geschichtsschreibern ausdrücklich erwähnt, zumal dann, wenn es um die Taufe eines kaiserlichen Kindes ging und der Taufpate aufgrund der Gevatterschaft mit dem Kaiser in der Gunst des Herrschers stieg und seine eigene Karriere förderte. Zwar konnte auch ein Großvater oder Onkel Pate stehen, doch die Ehre mußte in jedem Fall auf Gegenseitigkeit beruhen; die Gevatterschaft stellte eine sozial anerkannte Solidarität her, die in den mediterranen christlichen Gesellschaften bis heute nicht erloschen ist. Die Gültigkeit dieses Bandes zwischen Männern stand im Gegensatz zu dem Verbot, das die Heirat zwischen Taufpate und Mutter des Täuflings, ja sogar jeden fleischlichen Verkehr zwischen ihnen untersagte. Dieser letzte Punkt kehrte nicht nur in den Bußbüchern wieder, sondern auch in den Schilderungen über das Jenseits und die Bestrafung der Sünder sowie in dem *Brief, der vom Himmel fiel*, einem apokryphen Text, der seit seiner Entstehung im 5. Jahrhundert in verschiedenen griechischen Versionen die kanonischen Weisungen versammelte. Der Taufpate fungierte andererseits als Trauzeuge bei der Hochzeit seines Patenkindes und hielt, nach griechischem Ritus, der Braut den Hochzeitskranz über den Kopf. Das räumte ihm wohl eine gewisse Mitwirkung bei dem Hauptwerk familiärer Strategie, der Ehestiftung, ein, doch wissen wir darüber nichts Genaues.

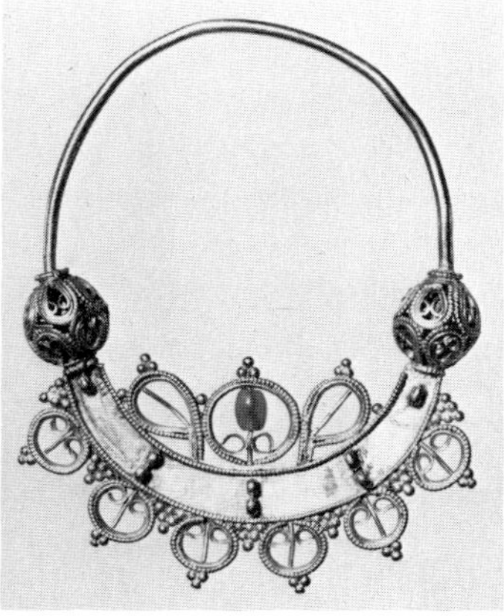

Goldene Ohrringe; Konstantinopel, 10. Jh. (Washington, Dumbarton Oaks, Byzantine Collection)

Der Angelpunkt der Familiengeschichte war in jeder Generation aufs neue die Entscheidung über die Zukunft der Kinder. Das galt zumindest für jene Familien, deren Prozeßakten in den Regesten des Richters

Eustathios und deren Anfragen in den Regesten des Patriarchats zu finden sind, sowie für einige Fälle in den Heiligenviten: Familien aus der Aristokratie und aus der – mitunter klerikalen – Mittelschicht mit guten Verwaltungspositionen; jedenfalls waren es in der überwiegenden Mehrzahl Stadtbewohner, also vermutlich Einwohner von Konstantinopel. Einer der Wege, die den Kindern offenstanden, war die Ehe, die (bei Knaben) den geistlichen Stand nicht ausschloß und die, wie gesagt, eine entsprechende strategische Vorbereitung erforderte. Ein anderer Weg war das Kloster. Und schließlich gab es die Kastrierung des noch nicht mannbaren Knaben, obwohl sie nach dem Gesetz nur bei medizinischer Indikation zulässig war; sie bedeutete den Zölibat in Verbindung mit einer geistlichen oder weltlichen Laufbahn. Die Geschichte des griechischen Eunuchen muß erst noch geschrieben werden. Der Eunuch war fraglos nicht jene orientalische Possenfigur, zu der ihn das Zeitalter der Aufklärung stilisiert hat. Er präsentierte sich gleichsam als drittes Geschlecht, aus dem die Natur getilgt war. Daraus ergaben sich Konsequenzen, auf die wir noch eingehen werden.

Tänzerin, von der sogenannten Monomachos-Krone, einem Geschenk des Kaisers Konstantin IX. Monomachos an den ungarischen König Andreas I. (1046–1060). Gold cloisonné und Email. (Budapest, Nationalmuseum)

So setzte sich die Familie und mit ihr die ganze Parentel für ihren Nachwuchs ein. Über das Alter, in dem solche Entscheidungen fällig waren, machen unsere Quellen unterschiedliche Angaben. Die meisten Heiligenviten zeigen den Heranwachsenden oder jungen Erwachsenen, wie er sich in dem Augenblick für die Askese entscheidet, da er gegen seinen Willen verheiratet werden soll. Euthymios d. J. (gest. 898) willigte mit achtzehn Jahren zunächst in die Ehe ein, um den Fortbestand seines Hauses – einer Provinzfamilie von »militärischen« Grundbesitzern – zu gewährleisten; ins mönchische Leben entfloh er erst, als feststand, daß seine Frau schwanger war und seine Schwester ebenfalls geheiratet hatte. Die hl. Thomaïs von Lesbos, die um die Mitte des 10. Jahrhunderts den Gehorsam gegen die Eltern über die eigene Sehnsucht nach Jungfräulichkeit stellte, heiratete erst mit vierundzwanzig Jahren. Andere hatten es eiliger, sei es infolge eines innigen Wunsches, sei es, um eine günstige Gelegenheit zu ergreifen. Noch nicht mannbare Jugendliche konnten zwar nicht heiraten, aber sich verloben; dabei setzte die Einwilligung in die Ehe oder in das Klosterleben die Verstandesreife voraus. Die antike Theorie der Lebensalter kam jedoch dem familiären Drängen entgegen; sie schrieb die Urteilsfähigkeit des Kindes auf das siebente Lebensjahr fest, nach Abschluß des ersten, relativ undifferenzierten Elementarunterrichts im Lesen und im Psalter. Eine so frühe Urteilsfähigkeit war natürlich eine riskante Hypothese. Man schickte also die Kinder, namentlich die Mädchen, weiterhin ins Kloster. Das Trullanische Konzil von 692 und die Gesetzgebung Leons VI. bestimmten zur Schwelle ein Alter von zehn Jahren, was in der Praxis natürlich nicht immer beherzigt wurde. Wir haben weiter oben – in einer Heiligenvita, die sich als exemplarisch verstand – von der Tochter der hl. Theodora von Thessalonike gehört, die mit sechs Jahren ins Kloster gesteckt wurde; die Probleme, die eine verfrühte Eheschließung aufwarf, waren aber noch komplizierter.

Den Schlußstein einer langen Entwicklung bildete ein Gesetz vom Ende des 8. Jahrhunderts, das den priesterlichen Ehesegen zur notwendigen, aber hinreichenden Bedingung der Hochzeitsfeier erklärte. Doch hatte schon mindestens seit dem 6. Jahrhundert die Verlobung zunehmend an Bedeutung gewonnen, ja, sie hatte schließlich fast dieselben Konsequenzen wie eine Eheschließung. Die Verlobung war damit ein Ausweg für Familien, die nicht das gesetzliche Ehefähigkeitsalter abwarten wollten, das traditionsgemäß beim Mädchen zwölf Jahre und beim Knaben vierzehn Jahre betrug; denn die Verlobung konnte bei Erreichen der Urteilsfähigkeit gefeiert werden. Die Regesten des Richters Eustathios verzeichnen Prozesse, die – aus Anlaß des Bruchs eines Verlöbnisses – eine Vorstellung von dieser Praxis zumindest im Adel vermitteln. Man ersieht aus ihnen, daß die Verlobung Gegenstand eines notariellen Aktes war, in welchem das Datum der Eheschließung, die Höhe der Mitgift und gegebenenfalls eine Konventionalstrafe für den Bruch des Verlöbnisses vereinbart wurden.

Bei Kindern, die noch nicht aus der väterlichen Gewalt entlassen waren, war die Einwilligung der Eltern erforderlich: Ein noch nicht emanzipierter junger Mann hatte sich mit einem jungen Mädchen verbunden, und zwar in dessen Haus; danach waren die beiden in die Kirche gegangen, doch die Eheschließung scheiterte am Widerstand des Vaters des jungen Mannes. Die Witwen in einer Familie – Mutter und Großmutter – waren normalerweise befugt, Eheverträge zu schließen. Die Wohnung des verlobten Paares war häufig Gegenstand von Verhandlungen. Der Vater eines noch nicht heiratsfähigen Mädchens nahm seinen zukünftigen Schwiegersohn zu sich ins Haus, zwar mit kirchlichem Segen, aber ohne förmliche Verlobung; die Sache wurde als null und nichtig erkannt und aufgehoben; das Gericht betonte darüber hinaus, daß ein Mädchen selbst dann, wenn es verlobt war, den kirchlichen Ehesegen empfangen hatte und in das Haus ihres künftigen Gatten gezogen war, erst nach Ablauf des zwölften Lebensjahres legitime Ehefrau wurde. Wir wissen weder, ob die Ehe in solchen Fällen vorzeitig vollzogen wurde, noch, wie alt in dieser Gesellschaft die Mädchen bei Eintritt der Geschlechtsreife waren. Der nachdrückliche Hinweis des Gerichts auf die Rechtsnorm läßt vermuten, daß gern gegen sie verstoßen wurde. In dem folgenden kuriosen Fall lebte ein junger Mann aus der Familie der Komnenen im Hause des Mädchens. Er hatte ein schriftliches Eheversprechen gegeben, von dem er jedoch später zurücktrat, da er zu jung dafür, nämlich erst achtzehn Jahre alt gewesen sei. Der Richter entschied gegen ihn und hielt ihm vor, er habe sich Zugang zu einem aristokratischen Haus verschafft, »das Mädchen gesehen, seine Zeit mit ihm verbracht und im Hause Wohnung genommen mit dem Versprechen, das Verlöbnis zu halten«. Auch in diesem Falle können wir nicht sagen, wie innig dieses Zusammenleben gewesen war. Bemerkenswert ist, daß dieselben Regesten den Fall einer Ehefrau verzeichnen, die sich beim Vollzug der Ehe als »entehrt« erwies. Ihr Mann hatte sie jedoch in gesetzwidriger Weise davongejagt; in derlei Fällen mußte der Ehegatte sofort das Schlafgemach verlassen und »die Nachbarn und die Verwandten der Frau« als Zeugen herbeirufen. Übrigens gibt eine gynäkologische Abhandlung aus jener Zeit Hinweise zur »Wiederherstellung« einer verlorenen Jungfräulichkeit.

Vogel aus Gold mit granuliertem Dekor, 10./11. Jh. (Lausanne, Collection Dr. Reber)

2. Band:
Vom Feudalismus zur Renaissance

Herausgegeben
von Georges Duby

Einleitung von Georges Duby
I. Georges Duby, Private Macht, öffentliche Macht
II. Georges Duby, Dominique Barthélemy, Charles de La Roncière, Porträts: *Aristokratische Haushalte im Feudalismus; Gemeinschaftsleben; Verwandtschaftsbande und Großfamilie; Toskanische Notabeln an der Schwelle der Renaissance*
III. Danielle Régnier-Bohler, Fiktionen: *Die Erfindung des Selbst; Auskünfte der Literatur*
IV. Dominique Barthélemy, Philippe Contamine, Interieur und privates Gehäuse
V. Georges Duby, Philippe Braunstein, Der Auftritt des Individuums

3. Band:
Von der Renaissance zur Aufklärung

Herausgegeben
von Philippe Ariès
und Roger Chartier

Einleitung von Philippe Ariès
I. Yves Castan, François Lebrun, Roger Chartier, Figuren der Modernität
II. Jacques Revel, Orest Ranum, Jean-Louis Flandrin, Jacques Gélis, Madeleine Foisil, Jean Marie Goulemot, Formen der Privatisierung
III. Nicole Castan, Maurice Aymard, Alain Collomp, Daniel Fabre, Arlette Farge, Gesellschaft, Staat, Familie: *Bewegung und Spannung*
Epilog von Roger Chartier

4. Band:
Von der Revolution zum Großen Krieg

Herausgegeben
von Michelle Perrot

Einleitung von Michelle Perrot
I. Michelle Perrot, Lynn Hunt, Catherine Hall, Der Vorhang hebt sich: *Die Französische Revolution und das private Leben; Sweet Home*
II. Michelle Perrot, Anne Martin-Fugier, Die Akteure: *Die Familie triumphiert; Riten der Bürgerlichkeit*
III. Michelle Perrot, Roger-Henri Guerrand, Szenen und Orte: *Modelle des Verhaltens; Private Lebenswelten*
IV. Alain Corbin, Kulissen: *Das Geheimnis des Individuums; Intimität und Vergnügungen im Wandel; Krise und Geflüster*
Resümee von Michelle Perrot

5. Band:
Der Erste Weltkrieg und die Gegenwart

Herausgegeben
von Antoine Prost
und Gérard Vincent

Einleitung von Gérard Vincent
I. Antoine Prost, Grenzen und Zonen des Privaten
II. Gérard Vincent, Geheimnisse der Geschichte und Geschichte des Geheimen
III. Gérard Vincent, Perrine Simon-Nahum, Rémi Leveau, Dominique Schnapper, Die Vielstimmigkeit der Kultur
IV. Sophie Body-Gendrot, Kristina Orfali, Einverleibung oder Öffnung: die fremden Muster

Die Wahl des Ehepartners scheint im allgemeinen den Eltern oder den Verwandten vorbehalten gewesen zu sein. Hierin bestätigen die Heiligenviten die Regesten des Richters Eustathios. Die verwitwete Mutter Euthymios' d. J. suchte eine Tochter aus gutem Hause für ihren Sohn; der Gatte der Schwester Marias d. J. trug einem Freund Marias Hand an, usw. Eltern waren gesetzlich verpflichtet, ihre Kinder zu verheiraten, und ein Mädchen, das mit fünfundzwanzig Jahren noch ledig war, konnte von ihren Eltern verlangen, daß sie einen Gatten für sie ausfindig machten. Einige der Fälle, die vor dem Richter Eustathios verhandelt wurden, zeigen, daß die Wünsche der Kinder nicht immer unberücksichtigt blieben. Der »protospatharios« [Erster Schwertträger; ein Rang bei Hofe] Himerios »verliebte sich in ein Mädchen aus der Familie eines Senators [...], vereinigte sich mit ihr und entjungferte sie ohne Wissen ihres Vaters, und als das Mädchen schwanger wurde und der Vater Kenntnis von der Situation bekam, eilten Himerios und das Mädchen in die Kirche«; die Eheschließung fand statt, aber Himerios, der damals noch der väterlichen Gewalt unterstand, versuchte nach dem Tod seines Vaters, die Verbindung anzufechten, wodurch es zu diesem Prozeß kam. Kekaumenos wußte, wie erinnerlich, sehr gut, daß seine Töchter nicht unzugänglich waren. Neben der Verführung des Mädchens in der elterlichen Wohnung gab es noch die Lösung einer gewaltsamen Entführung, wobei immer der Verdacht einer heimlichen Verständigung zwischen dem Räuber und seiner Beute blieb. Theodoros Balsamon urteilt im 12. Jahrhundert in einem kanonischen Kommentar mit großer Strenge über ein Mädchen, das den von seinem Vater vorbereiteten Vertrag über eine Ehe gelesen hatte, die es nicht eingehen wollte, und das den Geliebten davon in Kenntnis setzte, der es entführte: Balsamon erklärte diese Ehe, selbst wenn der Vater einwilligen würde, für ausgeschlossen.

Ganz anders war die Ehemoral in den Grenzgebieten des Byzantinischen Reiches und im Epos; wir werden das noch des öfteren bemerken. Die Eltern des Helden Digenis fanden auf folgende Weise zusammen: Ein junger Emir verliebt sich in ein christliches Mädchen aus großem Hause und entführt es, woraufhin die Verwandtschaft auf den Plan tritt: zuerst die Brüder des Mädchens, dann die beiden Elternpaare.

Bei der Anbahnung eines Ehebündnisses achteten die Familien auf Wohlstand und gute Beziehungen des künftigen Gatten. War die Wahl einmal getroffen, wurde von dem Paar Nachwuchs erwartet – die Hagiographie beweist es, die Liturgie bei der Eheschließung spricht es deutlich aus, und das *Oneirokritikon* des Achmet weist diese Sorge in den Träumen von Männern und Frauen nach. Aber was wissen wir tatsächlich über das Eheleben jener Zeit?

Mann und Frau – Familie – Gefühle

Die Kirche folgte den antiken Lehren des Paulus und propagierte die Ehe als die einzige Lebensform für alle Männer und Frauen, denen die höhere Weihe der Enthaltsamkeit bzw. Jungfräulichkeit unerreichbar war. Das eheliche Leben blieb Thema eines kirchlichen Diskurses, der sich, bei aller scheinbaren Konstanz, in Wirklichkeit wandelte, was ohne Zweifel auf die gesellschaftliche Entwicklung und die besondere Akzentuierung der Verwandtschaftsgruppen und der in ihnen geübten Solidarität zurückzuführen ist. Die Kirche blieb in puncto Sexualität – auch legitimer Sexualität – zurückhaltend und begründete von hier aus das Verbot der dritten Ehe und das Lob der Witwenschaft. Sie empfahl weiterhin hagiographische Musterviten, die im Eintritt in das Kloster gipfelten. Doch manche Heilige waren tatsächlich verheiratet, bevor sie den Habit nahmen, und das war neu – wenn nicht in der Realität, dann in der Hagiographie, in der weibliche Heilige nun nicht mehr zu übersehen waren. In manchen Berichten wird die Ehe offen zu etwas Glückhaftem und Verdienstvollem erklärt, so z. B. im *Leben der hl. Thomaïs von Lesbos*, das zwischen der Geburt und der Thronbesteigung Romanos' I. entstand. Kale [»die Schöne«], die Mutter der Heiligen, »nahm das goldene Joch auf sich, trug im Frieden der Seele das Joch, das dreimal glückliche, selige, evangelische, und hielt die göttlichen Gebote«. Sie und ihr Mann wetteiferten miteinander im geistlichen Verdienst und lebten in vollkommener Eintracht miteinander. Beweggrund ihrer Ehe war »nicht die körperliche Lust, sondern der Wunsch nach einem tugendhaften Kind« – ein Thema, das dieser Hagiograph ausführlich entfaltet. Nach langem Warten, wie es in Heiligenviten nicht selten ist, erschien endlich Thomaïs.

Die arme Kleine war weniger glücklich als die Mutter, aber noch tugendhafter. Sie hätte die Jungfräulichkeit vorgezogen, doch sie willigte in die Ehe ein, »und jedermann zollt diesen beiden Dingen Lob und Achtung«, und erst die Schläge ihres Mannes machten aus ihr eine Heilige. Auch Maria d. J. wurde mißhandelt, nachdem man sie fälschlich eines Fehltritts mit einem Diener bezichtigt hatte. Ihr Mann sperrte sie in ihrem Zimmer ein und verhörte ihre Lieblingszofe »mit grimmigen Blicken und drohender Stimme«. Obwohl die Zofe alles bestritt, wurde Maria geschlagen, von Pferden geschleift und fast zu Tode geprügelt. Das mag eine mönchische Übertreibung der Schrecken der Ehe sein, aber Vergleichbares findet sich auch in den Regesten des Richters Eustathios. In einem Fall, in dem es um das Eigentum einer Frau ging, die vor ihrem Mann ins Kloster geflüchtet war, durfte der Mann sechs Monate lang versuchen, die Frau zur Rückkehr zu überreden, wobei er nicht daran gehindert werden durfte, sie zu sehen. Es lag nun bei ihm, »ihr mit Worten zu schmeicheln, einen vollen Teller vor sie hinzustellen und alles zu tun, um die alten Gefühle wieder zu wecken, doch ohne Gewalt und Zudringlichkeit«. Eine dritte Person – offenbar eine Nonne des Klosters – mußte bei den Gesprächen zugegen sein und nötigenfalls eingreifen.

»Konkubinen« (»pallakoi«) zu haben war zwar kirchlich verpönt, muß aber verbreitet gewesen sein. Davon kündeten die Träume der Männer, während die Bußbücher die Konkubine des Mannes auf eine Stufe mit seiner Ehefrau (»metryia«) stellten, wenn es um die Verletzung sexueller Tabus ging. Man darf annehmen, daß die Konkubinen aus den niederen Schichten des Volkes kamen, weshalb ihre Kinder es

Ehebrecherin; Ausschnitt eines Freskos in der Kirche Sant' Angelo in Formis (Italien); Schule von Monte Cassino, 11. Jh.

schwer hatten. Richter Eustathios hatte einen Prozeß zu entscheiden, den der Sohn einer verstorbenen Mutter gegen die Tochter einer von seinem Vater geschwängerten und später geehelichten Dienstmagd führte. In einem Testament aus dem Jahre 1076 bestätigt Genesios, Sohn des Falkon, vor seinem Eintritt ins Kloster die Freilassung einer gewissen Lukia, »meiner um Silbergeld erworbenen Sklavin«, und vermacht deren Tochter Anna u. a. zwei Weinberge, »um der Sorgfalt und Pflege willen, welche sie ihnen angedeihen ließ«; doch soll das Mädchen von dieser Erbschaft vorläufig nichts erfahren. Wenn man bedenkt, daß die anderen Erben des Genesios seine Neffen und Nichten sind, ist man geneigt, in der neben ihrer Mutter namentlich genannten Anna die Tochter des Genesios zu vermuten. Romanos I., Schwiegervater Konstantins VII. und Mitkaiser, hatte neben einer zahlreichen legitimen Nachkommenschaft auch einen Sohn von einer Konkubine, die nicht namentlich bekannt ist. Der Junge wurde entmannt, was ihn zwar daran hinderte, eine konkurrierende Dynastie zu gründen, nicht aber daran, eine glänzende politische Karriere zu machen, zumal alle seine Neffen minderjährig waren. Ein anderer bemerkenswerter Fall war der »ménage à trois« im Kaiserhaus, von dem wir durch Psellos wissen. Zoe war nach dem Tode ihres Onkels, Basileios II., und ihres Vaters, Konstantin VIII., bereits alt – in den Fünfzigern –, als sie Konstantin Monomachos heiratete. Nun lebte dieser offen mit einer Frau – der Nichte seiner zweiten Gemahlin – zusammen, die aus der oben erwähnten Familie der Skleroi stammte. Er besuchte diese Frau in ihrem Haus, ging mit ihr eine »Freundschaft« (»philia«) ein – eine unerhörte Verbindung, die den Senat schockierte – und wartete im übrigen darauf, daß Zoe starb, um die Skleraina heiraten zu können; doch sie war es, die als erste starb.

Für weibliches Fehlverhalten gab es genau festgelegte Kriterien, die den Mann dazu berechtigten, die Frau zu verstoßen. Richter Eustathios erwähnt insbesondere Bäder und Gelage mit Männern, die nicht zur Familie gehörten, sowie den Besuch der Rennen im Hippodrom. Das Gesetz sah noch weitere Scheidungsgründe vor, deren Zahl jedoch stetig geringer wurde: diverse sexuelle Beziehungen der Frau, Impotenz des Mannes, Mordanschläge auf den Gatten und Lepra. Nach dem Gesetz wurden einem ehebrecherischen Paar die Nasen abgeschnitten, und die Frau mußte ins Kloster; von dort konnte der betrogene Ehemann sie binnen zwei Jahren zurückholen. Die Praxis sah offenbar anders aus. Die Ehegatten trennten sich einvernehmlich, um ins Kloster zu gehen; aber es kam, wie wir gesehen haben, auch vor, daß die Frau von sich aus ins Kloster flüchtete. Die erste Gattin Basileios' I. wurde ohne besondere Formalitäten wieder nach Hause geschickt, um Eudokia Ingerina Platz zu machen, und dasselbe Schicksal ereilte die Gattin Romanos' III. Argyros, der sich mit Zoe verbinden wollte. Solche Vorgänge wurden von derselben Kirche geduldet, die der vierten Ehe Leons VI. und der Verbindung Nikephoros' II. mit der Kaiserinwitwe – wegen seiner »geistlichen Verwandtschaft« [= Gevatterschaft] mit ihr – überaus energisch opponiert hatte. Bedeutet dies, daß sie nicht ungewöhnlich waren?

Chronik des Skylitzes: Akrobatische Darbietung im Hippodrom. (Madrid, Nationalbibliothek)

Schließlich lassen die Prozesse, deren wir einige erwähnt haben, gelegentlich eine matrimoniale Strategie erkennen, welche die Annullierung früherer Eheschließungen erforderlich machte. Das Witwentum war zugleich das Tor zu neuen Möglichkeiten, doch ist schwer zu sagen, wie diese Möglichkeiten in der Praxis genutzt wurden. Die Kirche untersagte, im Einklang mit dem Gesetzgeber, die dritte Heirat, doch auch die Wiederverheiratung fand nicht ihre Billigung. Die Texte bezeugen Witwen als Familienoberhaupt in dörflichen Steuererhebungen, als Herrin über Gemeindeeigentum in Testamenten; und sie waren für die Verheiratung ihrer Kinder und Kindeskinder verantwortlich. Eustathios Boïlas, aus dessen autobiographischem Testament ich mehrfach zitieren werde, verlor Anfang des 11. Jahrhunderts seine Frau in jungen Jahren, verheiratete sich aber nicht wieder, was er besonders hervorhebt. Alle diese Situationen, in erster Linie die Wahl eines Ehegatten, hatten offenbar einen Besitzaspekt. »Geldmangel führte zum Bruch des Verlöbnisses«, ließ Richter Eustathios einmal protokollieren. Die Rechtsfähigkeit der Witwe machte die Dinge einfacher, die andererseits durch alle möglichen gebrochenen Versprechen kompliziert wurden; wir werden hierauf nicht im einzelnen eingehen.

Der Leser, der uns bis hierher gefolgt ist, wird erwarten, die Analyse der Familienstruktur durch die Darstellung von Gefühlen belebt zu sehen. Das ist jedoch ein nahezu unmögliches Unterfangen. Nicht, weil es diese Gefühle nicht gegeben hätte – das wäre ein absurder Gedanke –, sondern aus zwei miteinander zusammenhängenden historischen Gründen. Erstens wurde die Familiensphäre durch eine Reihe öffentlich akzeptierter sozialer Werte und von diesen unmittelbar beeinflußter Verhaltensweisen bestimmt. So kann man die *Historie* des Leon Diakonos, eines Geschichtsschreibers am Ausgang des 10. Jahrhunderts, auf der politischen Ebene als Chronik der Regierungszeiten des Johannes Tzimiskes und des jungen Basileios II. sowie der großen Erhebung der Aristokratie in Kleinasien lesen; auf der dynastischen Ebene aber bekundet dieses Werk das Ränkespiel von Solidarität und Familienfehde. Das schon eher rein private Thema der durch Frauen und Töchter gefährdeten Familienehre, das Kekaumenos beschäftigt, ist darum kein intimeres. Der endgültige Charakter und die Typologie der Quellen, in denen Verwandtschaftsgruppen vorkommen, erlaubten nur ausnahmsweise oder als bewußten Regelverstoß den individuellen Gefühlsausdruck. Es gilt zudem, die Gattungen im einzelnen zu betrachten und sich keiner Täuschung über die Intention der Texte hinzugeben. Im übrigen sprechen die Texte des 11. Jahrhunderts Gefühle mit einer Unbefangenheit aus, die der kommenden Modernität nähersteht als der klassischen Zurückhaltung des 10. Jahrhunderts.

Man hat seit langem die Hagiographie dieser Zeit genau erforscht und darin Informationen über die Kindheit der Heiligen, die Lebensalter, Einzelheiten über ihre Erziehung und über die Pläne ihrer Familien entdeckt. Aber der Zweck der Hagiographie ist weder ein dokumentarischer noch ein anekdotischer, noch ein rein biographischer, insofern die Biographie vom Muster der Heiligkeit geprägt ist; ihr einziger Zweck ist es, die künftige Heiligkeit des Heiligen aus jeder Einzelheit hervorleuchten zu lassen, bis sie zuletzt durch Wundertaten offenbar wird. Die frühe Größe des Helden bzw. der Heldin färbt auf die Eltern ab, zumal auf die Mutter. Der Wunsch der Mutter nach einem Kind ist in Wahrheit der Wunsch nach Erweckung zur Tugend, wie aus den Worten der Jungfrau Maria hervorgeht, die im *Leben der hl. Thomaïs* der Mutter das freudige Ereignis ankündigt.

Die Hagiographie bezeugt die Rolle der Mutter bei der frühen Erziehung, auch der Knaben, was im übrigen antike Tradition war. Die Mutter des Nikephoros von Medikion (gest. 813) wird in der zwischen 824 und 827 entstandenen Vita dieses Heiligen zum Vorbild erhoben, weil sie ihren drei Söhnen eine gute Erziehung angedeihen ließ. Sie gab ihnen Lehrer, damit sie »die heiligen Buchstaben lernten«, und hielt sie von Vergnügungen fern, denen der Ruch des Heidnischen anhaftete: von Karnevalsumzügen, Rennen im Hippodrom und Schauspielen – all jenen Veranstaltungen also, die nach den Worten des Hagiographen die Herzen der Kinder höher schlagen lassen. Was Nikephoros von Milet aus dem 10. Jahrhundert betrifft, dessen Kindheit in die Regierungszeit Romanos' I. fiel, so wachte seine Mutter über seine Unschuld, indem sie sein kurzes Hemdchen gegen ein längeres Gewand vertauschte und ihn auf dem Schulweg begleitete; damit legte sie den Grundstein seiner künftigen Verdienste; daß der Knabe im Interesse seiner geistlichen Laufbahn in jungen Jahren entmannt wurde, ist dagegen keiner besonderen Bemerkung wert.

Sogar die alltäglichen Erscheinungen des altklugen Kindes, das kein Gefallen am kindlichen Zeitvertreib findet, wird wie ein Wunder geschildert. Der erwachsene Heilige freilich mußte das Nonplusultra der Tugend sein; so wollten es die rhetorischen Eulogen, und so wollten es auch die Hagiographen, die einander zu übertrumpfen suchten. Euthy-

Gregor von Nazianz, *Homilien*. Titelseite zur »Predigt über die Liebe zu den Armen.« Sternförmige Komposition mit Szenen der Armen- und Krankenhilfe. Am rechten Rand: Kinder mit Schaukel. (Paris, Bibliothèque Nationale, Paris, Gr. 550, 12. Jh.; aus Konstantinopel)

mios d. J. verläßt ohne ein Wort der Klage seine schwangere Frau, Theodora von Thessalonike überwindet ihr Bedauern über das harte Klosterleben ihrer kleinen Tochter ebenso, wie Maria d. J. die Trauer um den Tod ihrer beiden Kinder überwindet – im Tode wird sie einem malenden Klausner erscheinen, den sie zu einer Ikone inspiriert; er malt Maria, umgeben von ihren beiden verstorbenen Kindern und ihrer getreuen Dienerin. Dennoch wird sogar in der Hagiographie mitunter ein persönlicher Ton vernehmbar. Als der Mönch Niketas um 821 die Hagiographie seines Großvaters und Taufpaten, des hl. Philaretos, niederschrieb, der Hiob nachgeeifert hatte, verwirklichte er das Projekt einer Familienchronik, mit dem Philaretos selbst ihn beauftragt hatte. Aber die Schilderung hat die unverkennbar intime Färbung einer glücklichen Kindheit.

Texte, die für den privaten Gebrauch bestimmt waren, haben in dieser Hinsicht mehr zu bieten. Trotzdem gibt es kaum etwas so wenig Aufschlußreiches wie die zahllosen Bravourstücke, die in sklavischer Anlehnung an die Regeln der antiken Rhetorik oder zur Übung in einem formalen Genre wie dem Kondolenzbrief oder dem Hochzeitsglückwunsch entstanden. Zwar informieren sie ausführlich über gesellschaftliche und kulturelle Muster, doch sind sie ausnahmslos enttäuschend für jeden, der Einblick in die byzantinische Innenwelt gewinnen möchte. Im Brief hingegen konnte der Schreiber ungeniert über sich selbst und den Empfänger reden – zumindest in jenen Briefen, die für die Nachgeborenen gesammelt wurden und die ausschließlich von Männern im Zeichen der »Freundschaft« (»philia«), d. h. einer weltlichen und von beiden Partnern freiwillig eingegangenen Beziehung, verfaßt wurden. Insbesondere erläutern die Briefschreiber, um sich zu entschuldigen, die Gründe, weshalb sie so lange nicht geschrieben haben oder mit ihrer Antwort so lange auf sich warten ließen. So breitet sich beispielsweise Konstantin VII. in einem Brief an den Logotheten und Magistros Symeon über die Sorgen aus, die ihm seine Kinder bereiten, zumal das jüngste, das krank geworden ist. Testamente und Klostergründungen von Privatleuten ließen dem Ausdruck familiärer Zuneigung einen gewissen Spielraum, weil man in ihrer Abfassung ziemlich frei war – die Rhetorik blieb dabei aus dem Spiel. Eustathios Boïlas beginnt 1059 seinen »Letzten Willen« mit einer autobiographischen Skizze. Sodann erinnert er sich an das, was kurz nach dem Umzug der Familie in das neue Haus geschehen war: »Mein Sohn, der gerade das dritte Jahr vollendet hatte, starb in der sechsten Indiktion, und in der neunten [d. h. drei Jahre später] folgte seine Mutter, meine Frau, mit abgeschnittenem Haar und im Nonnenhabit, ihrem Kind nach und hinterließ nach der Vorsehung Gottes unsere beiden Töchter und mein Leben lang mich selbst.« Das ist alles, aber es ist genug. Als Genesios, der Sohn des Falkon, von dem »sehnlichen Wunsch« erfaßt wurde, ins Kloster einzutreten, teilte er 1076 seinen Besitz bei Tarent auf, indem er sein Testament machte. Einiges vermachte er Falkon und Gemma, den Kindern eines seiner Brüder; etwas war »für Gemma allein bestimmt, die ich geliebt habe wegen ihrer guten Manieren und der Achtung, die es ihr gefallen hat mir zu erweisen«. Das war gewiß eine Anspielung –

aber worauf? Und Gemma – war sie ein Geschöpf wie auf den Bildern Greuzes oder wie aus den Erzählungen Maupassants? Wir werden es niemals erfahren.

Zum Leben erwacht in Texten des 11. Jahrhunderts das Paar, ob verheiratet oder nicht. Man wird daraus nicht schließen, daß es erst um diese Zeit entstanden ist; aber man begann jetzt, es wahrzunehmen und zu verstehen, was viel bedeutsamer ist. Man bemerkte das Turteln der Verliebten, sei es auch nur, um es zu verspotten oder zu tadeln. Psellos beschreibt mit grausamer Genauigkeit die Verführungsspiele des jungen und schönen Michael, die der Hochzeit zwischen ihm und der überreifen, überempfänglichen Kaiserinwitwe Zoe vorangingen: »Er benahm sich, wie es der Liebhaber tut. Er umarmte sie, gab ihr einen unerwarteten Kuß, streichelte ihr den Hals und die Hände und tat alles, was sein Bruder [der Eunuch Johannes] ihm geraten hatte [. . .] endlich führten ihre Küsse zur Vereinigung, und sie wußten es einzurichten, daß viele Leute sie im selben Bett schlafend sahen.« Kekaumenos wiederum wußte Bescheid, wie man die Gunst einer Frau gewinnt und warum man die Frauen in der Familie niemals mit einem Gast allein lassen darf: »Wenn er es ungestraft tun kann, wird er deiner Frau verliebt zunicken, er wird ihr freche Blicke zuwerfen, und wenn er kann, wird er sie sogar entehren.« Der strenge Sittenrichter aus der Provinz fügte dem noch die wahre Geschichte von einem Mann aus Konstantinopel an, der in wichtiger Mission in der Fremde weilte und bei seiner Rückkehr den Verführer im eigenen Haus vorfand, wo er sich unter der Vorspiegelung, ein Verwandter der Frau zu sein, eingeschlichen hatte. Der Fehltritt der Frau brachte Unglück und Schande über den Ehemann und seine Familie. »Was den jungen Mann betrifft, so brüstete er sich seiner Tat wie einer Arbeit des Herkules.«

Psellos beschreibt auch die Leidenschaft zwischen Konstantin IX. Monomachos und der Skleraina: »Sie waren einander derart in Liebe verfallen, daß keiner vom anderen getrennt sein wollte, auch unter Umständen, wo sie es unglücklich trafen.« Das Epos von Digenis, so wie es auf uns gekommen ist, konfrontiert den Helden mit Lust und Leid der ehelichen Liebe, aber auch mit den unwiderstehlichen Verlockungen und den Gewissensnöten des Ehebruchs. Wir können diesen Text jedoch hier nicht als Beleg heranziehen, weil die zeitliche Bestimmung der verschiedenen schriftlichen Versionen unsicher ist; der Stoff, der an einigen Stellen auf Ereignisse des 9. Jahrhunderts verweist, läßt sich auf das 11. und 12. Jahrhundert datieren.

Krankheit, Alter und Tod der Laien bildeten Probleme nicht nur für die Hausgemeinschaft. Die Armen der Stadt wandten sich in ihrer Not an Wohltätigkeitseinrichtungen. Deren Vorbilder entwickelten sich zwischen dem 4. und dem späten 6. Jahrhundert in den kleinen und größeren Städten des spätrömischen Reiches, in denen es zahllose Bedürftige und Verstoßene gab. Spitäler, vom Kaiser oder von Privatpersonen gegründet und von Mönchen geleitet, erlebten nach jahrhundertelangem Niedergang einen Wiederaufschwung im 11. und vor allem im 12. Jahrhundert, was ohne Zweifel mit dem Aufblühen der Städte seit dem 9. Jahrhundert zusammenhing. Das bekannteste und am ausführlichsten belegte Beispiel ist das Krankenhaus, das Johannes II. Komnenos dem Pantokratorkloster in Konstantinopel angliederte und für das er 1126 eine detaillierte »Spitalordnung« (»typikon«) erließ. Bescheidener war das Spital, das Michael Attaleiates in seinem schon erwähnten Testament von 1077 zusammen mit seinem Kloster gründete. Doch in den wohlhabenden Häusern der Städte und gewiß auch in den Bauernhäusern wurde man daheim geboren, litt daheim und starb daheim. Daß Ärzte Hausbesuche am Krankenbett machten, ist aus Briefen bezeugt. Auch die Hebamme kam ins Haus. Manche Miniaturen bilden das Zimmer ab, in dem die Jungfrau Maria oder Christus zur Welt kam, andere stellen den Vorgang der Geburt selbst dar: Rachel oder Rebekka bringen ihre Söhne stehend oder hockend zur Welt. Das *Leben der hl. Maria d. J.* berichtet, wie die Heilige im Schoße ihrer Familie stirbt – an den Verletzungen, welche ihr Mann ihr zugefügt hat –, die Angehörigen brechen in Tränen aus, bevor die Tochter gewaschen wird – eine Szene, die viele Male beschworen wurde.

Klosterbrüder und geistliche Väter

Der klösterliche »oikos« war, wie wir gesehen haben, ein Sinnbild des familiären »oikos«. Daß es die Mönchsfamilie gegeben hat, ist durch ihre Rechtswirksamkeit bezeugt; sie repräsentierte freilich eine besondere Verwandtschaftsstruktur. Die einzig aus Männern bestehende »Bruderschaft« (»adelphotes«) lebte in einem »oikos«, bisweilen auch in sekundären Unterkünften (»metoikia«) und unterstand einem »Vater« (»pater«). Im Verlaufe einer Entwicklung, die uns hier nicht weiter beschäftigen muß, war das Priestertum unter den Mönchen erheblich aufgewertet worden. Die Wahl des »Vaters« war in der Klosterregel festgelegt; an der Wahl beteiligten sich die verantwortlichen Mönche sowie die Nachfahren des Klostergründers. Die »Bruderschaft« wuchs und sicherte ihren Fortbestand durch neue Mitglieder, die den Habit meist freiwillig nahmen, manchmal jedoch auch durch äußere Umstände dazu gezwungen wurden, etwa Kinder, verstoßene Frauen und gescheiterte Politiker. Nach Ablauf einer Probezeit empfing der Postulant vom Vater des Klosters die Tonsur – Symbol der negierten Sexualität – und den Habit sowie für den Eintritt in ein neues Dasein einen neuen Namen. Die weibliche »Schwesternschaft« unterstand einer Mutter, die freilich keine priesterliche Vollmachten besaß, weswegen die Abschließung des Frauenklosters gegen die Außenwelt lückenhaft blieb.

Die klösterliche Parentel war ein idealisiertes Spiegelbild der sozialen Parentel. Es gab in ihr logischerweise nicht die weltlichen Einrichtungen des Taufpaten oder des adoptierten Bruders; auch Sklaven hatten die Mönche nicht. So jedenfalls lauteten die Gründungsregeln von 963 für das Laura-Kloster, die auch in anderen Fällen angewendet wurden. In Wirklichkeit allerdings waren Abweichungen von der Norm gang und gäbe: Man hielt sich Diener, und die regulären verwandtschaftlichen Beziehungen brachen nicht ab, wenn ein Privathaus in ein Kloster umgewandelt wurde; davon berichten sogar die Hagiographen. In

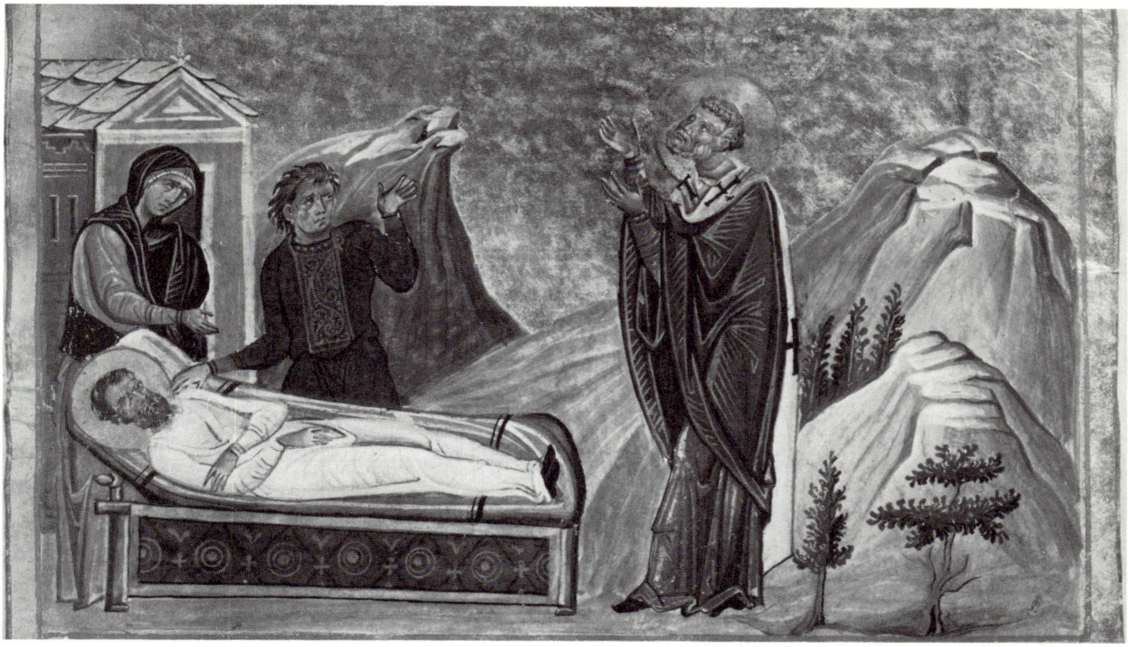

Menologion Basileios' II.; Konstantinopel, spätes 10. Jh. (Nach Monatstagen geordnete Sammlung von Heiligenviten.) Tod des hl. Martin von Tours. (Rom, Vatikanische Bibliotheken, Gr. 1613)

das Studios-Kloster traten den Zeugnissen zufolge Brüder, Onkel und Neffen der Mönche ein. Das in diesem Zusammenhang bereits erwähnte *Leben der hl. Theodora von Thessalonike* schildert, wie eine Mutter im Kloster ihre Tochter wiederfand, worauf das irdische Mutter-Kind-Gefühl, das dieser Beziehung innewohnt, der Liebe einer Nonne zu der anderen wich; noch ruhmreicher war, daß die Mutter nun der Tochter gehorsam war, die mittlerweile als Äbtissin des Klosters amtierte. Es kam auch vor, daß Laien in einem Akt geistlicher Adoption in die Klosterfamilie aufgenommen wurden. So vermachten im Jahre 1014 Konstantin und Maria Lagudes ihre Habe dem Laura-Kloster, dem sie in geistlicher Kindschaft angehörten, weil sie weder Nachkommen noch andere Erben hatten. Vor allem jedoch trat der »geistliche Vater« seit dem 9. Jahrhundert als Führer des individuellen Gewissens hervor und verkörperte damit einen außerordentlich wichtigen Austausch zwischen der Welt und dem Kloster.

Der geistliche Vater war stets ein »hieromonachos«, d. h. zugleich Priester und Mönch, wobei seine Aufgabe mehr umfaßte als nur das Abnehmen der Beichte. Die geistliche Kindschaft indes verband ihn nicht nur mit den Mönchen, sondern auch mit Laien. Diese vermachten seinem Kloster oft ihre Habe. Ein treffliches Beispiel hierfür ist die Schenkung, die Eustratios, ein Mönch und späterer Hegumenos des Laura-Klosters, 1012 von einem kinderlosen Ehepaar, dem »kubuklesios« [Kämmerer des Patriarchats] Johannes und seiner Frau Glykeria, empfing. Als der örtliche Bischof versuchte, die Schenkung an sich zu ziehen, bestätigte die inzwischen verwitwete und in den Nonnenstand getretene Glykeria im Jahre 1016 die Schenkung noch einmal schriftlich – die reale Macht der metaphorischen Verwandtschaft kommt in diesem Dokument klar zum Ausdruck. Das eigentümliche Verhältnis des geistlichen Vaters zu seinem Kind ist in vielen Exempla der mönchischen Autoren des 9., 10. und 11. Jahrhunderts belegt. Die Herausbildung dieser Vaterfigur entspricht dem Geist einer Epoche, in welcher die Kirche der Mönche zunehmend auf die Priorität dieses Lebensmodells und damit auf den Primat ihrer Mitglieder in der byzantinischen Christenheit pocht.

Seit dem *Leben des hl. Petros von Atroa*, das wenige Jahre nach dessen Tod 837 entstand, war die Beichte ein zentrales Thema geworden. Petros deckt verborgene Sünden auf. Er erweckt für kurze Zeit einen Mönch wieder zum Leben, der in seiner Abwesenheit gestorben war, ohne ihm beichten zu können, und dieser Mönch spricht zu ihm: »Vater, ich habe dich niemals als einen einfachen Sterblichen angesehen und angehört; ich habe in dir einen Engel vom Himmel erblickt und vernommen, und mein Leben lang habe ich die Worte, die du an mich gerichtet hast, wie Gebote von Gott selbst empfangen.« Petros nimmt auch Laien die Beichte ab und erlegt ihnen eine Buße auf. Hier beobachten wir eine Entwicklung, die weit über die schon im 4. Jahrhundert bezeugten geistlichen Bußen hinausgeht. Das *Leben des Patriarchen Euthymios*, ebenfalls nur wenige Jahre nach dem Tod seines Protagonisten (917) von einem Mönch seines Klosters verfaßt, läßt sich als Chronik der Regierungszeit Leons VI. lesen; der eigentliche Zweck des Buches indes bestand darin, die souveräne Autorität des »Vaters« über den Kaiser und seine Umgebung darzustellen, eine Autorität, die bedeutsamer war als alle Krisen im Palast, ja sogar als das Sakrament. In einem anderen Text des 10. Jahrhunderts finden wir das bestätigt – ich meine die Regel (»typikon«) des Athanasios, der 963 das Laura-Kloster am Berg Athos gründete. Athanasios erwähnt, daß Nikephoros II. Phokas bis zu seiner Thronbesteigung am Plan der Klostergründung beteiligt war und sich damals zum Mönch berufen gefühlt habe. Dann betritt Athanasios die Bühne: Er erklärt, daß Phokas, nachdem er Kaiser geworden war, den Bauplatz verließ und nach Konstantinopel reiste, und macht ihm deshalb heftige Vorwürfe: »Ich stellte den allerfrömmsten Kaiser zur Rede; denn ich wußte, daß er sich von mir alles würde sagen lassen.« In der Tat entschuldigte sich Phokas für sein Verhalten.

Unser letztes Beispiel führt uns in ein Männer-, nämlich das Studios-Kloster um die Wende vom 10. zum 11. Jahrhundert. Das Band der geistlichen Kindschaft verband hier den Mönch Symeon und seinen Schüler Symeon den Neuen Theologen, der, um 949/950 geboren, 1022 als Hegumenos des Mammas-Klosters in Konstantinopel starb. Symeon ist eine Schlüsselgestalt der byzantinischen Moderne im 11. Jahrhundert sowie der byzantinischen Mystik. Wir kennen ihn sowohl aus seinem Werk – wovon allerdings einzelne Stellen heute seinem Meister zugeschrieben werden – als auch aus der Vita, die sein geistlicher Sohn Niketas Stetathos, ein Mönch des Studios-Klosters, irgendwann nach 1054 verfaßt hat. In den Mittelpunkt der Darstellung rückt Niketas zwei Themen: die Glorifizierung Symeons des Neuen Theologen, dem der Heilige Geist persönlich seine Lehren und liturgischen Gesänge eingegeben habe, und die Beziehung zu seinem geistlichen Vater Symeon. Diese Beziehung war so innig, daß beim Tode

Symeons sein Schüler eine Ikone von ihm malen ließ und zu seinen Ehren einen Feiertag einführte, der sich alsbald allgemeiner Beliebtheit erfreute. Die genannten Themen waren vermutlich die Anklagepunkte, die den Neuen Theologen vor das Tribunal des Patriarchats brachten, wo er – wie seine Vita berichtet – ausführlich den fraglichen Feiertag verteidigte und sich auch über den Kult der Heiligen äußerte. Wir wollen hier auf die vom Neuen Theologen eingeleitete historische Wende in ihrem ganzen Ausmaß gar nicht eingehen, sondern lediglich festhalten, daß die Behauptung einer persönlichen Offenbarung sowie die beispiellose Erhöhung des geistlichen Vaters, dem der Mönch absoluten Gehorsam und völlige Offenheit schulde, einen tiefen Bruch mit der Tradition, eine Auflösung der mönchischen »Bruderschaft« und deren Befreiung von ihren Fesseln anzeigten. Niketas seinerseits sah sich in einem ähnlichen Verhältnis geistlicher Kindschaft zum Neuen Theologen. Dieser war ein junger Eunuch aus einer guten Familie der Provinz, der in jungen Jahren auf eine politische Laufbahn verzichtet hatte und die Tonsur von jenem Mönch empfing, der ihm seinen Namen gab und übrigens schon vorher sein geistlicher Vater gewesen war. Die Intimität der beiden war so innig, daß der Postulant in der Zelle des Meisters schlief – »aus Raummangel«, wie die Vita versichert. Am Ende der Geschichte hat Niketas eine Vision: Er sieht den inzwischen gestorbenen Neuen Theologen in einer kaiserlichen Residenz auf einem Bett liegen. »Symeon schloß [Niketas] in die Arme und küßte [ihn] auf den Mund«; dann überreicht er ihm einen Text, den er verbreiten soll. Der Hinweis auf körperliche Kontakte soll dem Leser der Vita vergegenwärtigen, daß diesen heiligen Männern die Gnadengabe der »Unempfindlichkeit« (»apatheia«) zuteil geworden war. Dahinter steht das große Problem, ob der Leib einen wirklichen oder einen symbolischen Tod stirbt, ein Problem, das die asketische Meditation des Neuen Theologen stark beschäftigte, wie sein Biograph hervorhebt.

Unsere Beispiele handelten ausschließlich von Männern; doch die Bußbücher sahen natürlich auch die Beichte für Frauen geistlichen wie weltlichen Standes vor. Die geistliche Kindschaft von Frauen gab es ebenfalls, wie die Beziehung des Patriarchen Nikolaos' I. zur Kaiserin Zoe, der Mutter Konstantins VII., beweist. Aber die grundlegende Asymmetrie des Modells, die aus dem Priesterstand der Männer und der Abschließung der Frauen resultierte, vermochte weder das Sakrament der Buße noch die Pflicht der Beichte vor der Mutter Oberin gänzlich zu beheben.

Freunde

Die Verwandtschaftsverhältnisse umschlossen nicht alle Beziehungen privaten Ursprungs; dazu war die Gesellschaft zu komplex. Außerhalb der Verwandtschaft gab es beispielsweise Bindungen, die aus jemandem den »Mann« eines anderen machten, den Boïlas in seinem Testament den »Herrn« (»authentes«) nennt. Dergleichen betraf zwar, ebenso wie die Verwandtschaft, die Privatsphäre, nämlich das Verhältnis des Privaten zum Öffentlichen, aber das Private im Verhältnis zur öffentlichen Macht der Zentralgewalt ist nicht Gegenstand unserer Erwägungen. Verwandtschaft hing ferner mit »Freundschaft« (»philia«) zusammen, die etwas Ergänzendes und sozusagen Residuales hatte; sie umfaßte diejenigen Beziehungen, die nicht in der biologischen Verwandtschaft, der Verwandtschaft durch Heirat oder der metaphorischen, rituell gestifteten Verwandtschaft aufgingen.

Die meisten unserer Quellen erwähnen die Freundschaft zwischen Männern, und zwar – zumindest auf den ersten Blick – »Freundschaft« im selben Sinne, wie wir das Wort heute noch gebrauchen. Nur sie hatte das Recht auf persönlichen Gefühlsausdruck im Brief. Dabei versteht sich von selbst, daß auf jener gesellschaftlichen Stufe, auf der die Produktion von Geschriebenem stattfand, auch Freundschaften die Grenze zwischen Privatem und Öffentlichem überschritten. Die Geschichtsschreibung zeigt »Freundschaft« häufig als – anscheinend feierlich beschworenes – Vorspiel zu einer Palastverschwörung; unter solchen Bedingungen mochten auch Verwandte, z. B. die Schwiegerväter eines Ehepaares, zu »Freunden« werden; die »Freundschaft« war dann ein zusätzliches, freiwillig geknüpftes und daher um so festeres Band. Als »Freundschaft« galt sogar der rechtswidrige Pakt zwischen dem Eunuchen Samonas, dem Vertrauten Leons VI., und zwei griechischen Kaufleuten, denen er zu einem einträglichen Monopol auf den Handel mit Bulgarien verhalf.

Im Alltag bot Freundschaft häufig die Gelegenheit, sich für einen Günstling oder Verwandten des Freundes zu verwenden. Briefschreiber hielten sich über die Wechselfälle ihrer Tätigkeit im Amt oder Episkopat auf dem laufenden und tauschten Nachrichten über gemeinsame Freunde aus. Das war keineswegs etwas Neues, wie ein Blick in Briefwechsel des 4. Jahrhunderts lehrt. Einigermaßen ungewöhnlich ist jedoch der Freimut, mit dem die Briefschreiber über ihre Stimmung und über Details von Krankheiten berichten. Für den heutigen Leser irritierend sind die glühenden, wenngleich stereotypen Wendungen, mit denen die Abwesenheit des Freundes beklagt wird; solcher Gefühlsbezeugungen wegen wurden die Briefe aufbewahrt. Bruchstücke aus Briefen, die der Aufnahme in eine Anthologie oder die Gesammelten Werke eines Autors für würdig befunden werden, können kaum als Zeugnisse individueller Intimität gelten; sie gehorchten einer vorgegebenen Rhetorik, als deren würdiges Muster sie denn gelegentlich gerühmt wurden – um ihres Verfassers willen, aber wohl auch wegen der Kunstfertigkeit des Ergebnisses. Festzuhalten bleibt, daß das Privileg des schriftlichen Ausdrucks der Freundschaft zwischen Männern vorbehalten war, während uns die byzantinische Gesellschaft keinerlei briefliche Zeugnisse einer Freundschaft oder einer Liebesbeziehung zwischen Frauen hinterlassen hat. Was in diesen beiden Fällen der Brauch war, wissen wir nicht. Doch beobachten wir, daß die Freundschaft zwischen Männern in einer Weise Ausdruck fand, die heutzutage Befremden auslösen würde. So schreibt der Magistros Symeon, im späteren 10. Jahrhundert ein hoher Beamter im Finanzministerium, an einen Mann, der entweder Mönch oder, durch einen gemeinsamen geistlichen Vater, sein geist-

Chronik des Skylitzes: Männer im Gespräch. (Madrid, Nationalbibliothek)

licher Bruder war: »Ich trage dich ständig in meiner Seele, mein geliebter Bruder, und gedenke deiner süßen Gegenwart.« An anderer Stelle im selben Brief heißt es: »Ich habe deinen sehr lieben Brief erhalten, und je mehr ich mich in seine Schriftzüge versenkte, um so größer wurde meine Liebe.« Belege für solche Herzensmetaphorik gibt es zuhauf. Der Abwesende weckt einen »Wunsch« (»pothos«), der Sehnsucht verrät, nicht Sexualität; die »Zärtlichkeit« (»agape«) ist überströmend, jedoch unspezifisch; die »Liebe« (»eros«) scheint oft bedenklich, doch die weitere Lektüre zerstreut die Bedenken. Insgesamt scheint es so gewesen zu sein, daß die aus guten Schulen hervorgegangene gute Gesellschaft in ihrem Diskurs über Gefühle anderen Unterscheidungskriterien folgte als wir und, wie wir noch sehen werden, auch anderen als die damaligen Mönche.

Für den Eros als »Liebe« gibt es keinen spezifischen Ort in unserer Darstellung. Unsere Beobachtungen betrafen in der einen oder anderen Weise das Ehepaar bei der Wahl des Gatten, das Konkubinat als Ergänzung oder Ersatz der Ehe sowie die ehebrecherische Liebe. Im folgenden wenden wir uns dem Verhältnis zwischen dem Gewissen des Einzelnen und seinen Wünschen und Begierden zu. Von der Liebe als Spiel und als Ernst wird keine Rede sein, auch nicht von der freien, käuflichen Frau als Partnerin oder der männlichen Homosexualität als einer gesellschaftlichen Kategorie, die mehr umfaßt als nur argwöhnisch beäugte Mönche oder hübsche Schulknaben, die laut Bußbuch im Alter von zwölf Jahren keine Opfer mehr sind, sondern Mittäter ...

Jäger mit Hase; der Gebrauch des Schwertes, der Lanze und des Bogens. (Schmalseiten eines hölzernen Kastens.) 10./11. Jh. (Musée de Reims)

Das Ich und das Selbst

Wenden wir uns nunmehr dem Ich und der individuellen Innerlichkeit zu. Wiederum stammen unsere Belege aus der Hand von Männern, Ehebrechern, Notabeln; und wiederum gilt es, zwischen den Zeilen zu lesen. Wir können nur hoffen, daß diese Schreiber uns ein halbwegs repräsentatives Bild von der *conditio humana* in Byzanz hinterlassen haben.

Körperbewußtsein

Auf den ersten Blick scheinen die byzantinischen Autoren ohne Scheu von ihrem Körper zu sprechen. Wir haben gesehen, wie Theodoros von Nikaia in einem Brief ausführlich seine Gebrechen schilderte, um in die Heimat zurückkehren zu dürfen. Johannes, ein Mönch vom Latmos, schlägt einen ähnlichen Ton an, um sein Schweigen zu entschuldigen: »Glaube mir, mein liebster, bester Freund, daß ich keinen einzigen Tag das reine Licht gesehen oder Lust auf Speise und Trank gehabt habe, auch nicht geschlafen, obwohl ich Muße genug habe, geschlagen und gequält wie ich bin von einer Krankheit, die ich nur *unsichtbar* nennen kann. Wer mich sieht, hält mich für gesund. In Wahrheit geht es mir gar nicht gut.« Theodoros von Nikaia scheint eine Karikatur seiner selbst zu zeichnen, gibt jedoch in Wirklichkeit ein literarisches Porträt: Er sei ein Mann »mit dichtem Bart, dickem Hals und aufgeschwollenem Bauch« sowie kahlem Schädel und Schielaugen, doch trotz dieses unvorteilhaften Äußeren nicht schuldig der ihm vorgeworfenen Verbrechen. In den Träumen, die Achmet deutete, spielten alle Teile des Körpers samt ihren Ausscheidungen und Ausdünstungen eine Rolle; sonderlich zuverlässig waren diese Auskünfte allerdings nicht.

Eine genauere Lektüre läßt erkennen, daß in der Hochkultur der Elite eine Diskrepanz zwischen antikem Erbe und zeitgenössischer Praxis bestand. Offensichtlich wurde diese Diskrepanz dort, wo es um die vernehmliche Präsenz des Körpers in seiner Sexualität ging. Auf Elfenbeintruhen sah man im präzisen anatomischen Detail die Nacktheit Adams und Evas sowie mythologischer Gestalten im Geschmack der Antike dargestellt. Ganz anders die Handschriftenmalerei. In der Madrider Handschrift der *Chronik* des Skylitzes erscheint die Witwe Danielis nur umrißhaft und dichtumhüllt. In einem Psalter, der Ende des 11. Jahrhunderts in Konstantinopel gemalt wurde, sind die Tänzerinnen verschwenderisch, also vollständig bekleidet; selbst die Hände sind unter weiten Ärmeln versteckt, und auf dem Kopf tragen sie ausladende Hüte. Was die Männer betraf, so arbeiteten und kämpften sie mit nackten Beinen, in den Städten freilich bekam man kaum einmal die Fußknöchel eines Vornehmen zu Gesicht.

Von Interesse ist die Art, wie sexuelles Begehren ausgedrückt wurde. Das weltliche Schrifttum ist hier von großer Direktheit, die allerdings eher der Verbundenheit mit einer antiken literarischen Tradition entsprang, als daß sie Ausdruck individueller Freizügigkeit gewesen wäre. Man denke nur an den Brief, den der vornehme Theodoros Daphnopates, der Sekretär Romanos' I., im Namen des »Protospatharios« [Erster Schwertträger] Basileios an einen von dessen Freunden schrieb, der am Tag zuvor geheiratet hatte – ein Brief, der auf den unvorbereiteten modernen Leser schockierend wirkt. Theodoros schildert, wie er sich den Ablauf der Ereignisse in der Hochzeitsnacht vorstellt, wobei er sich der üblichen kriegerischen Metaphorik bedient; dann erläutert er im einzelnen, wie heftig ihn diese Vorstellung körperlich bedrängte. Was der heutige Leser dazu wissen muß, ist, daß dieser Text einem traditionellen Genre, dem »epithalamios« oder Hochzeitsglückwunsch, zugehört und daß Theodoros lediglich den antiken Topos von dem Mann variiert, der einen Freund in der Liebesnacht belauscht. Immerhin machte der Autor nachdrücklich Gebrauch von diesen klassischen Reminiszenzen, und das in einem Brief, der so wenig intim und vertraulich war, daß er im Gegenteil abgeschrieben und in die Sammlung seiner Briefe eingereiht wurde.

Mehr als die literarische trug die medizinische Tradition dazu bei, die Einstellung der gebildeten Laien und Mönche zur Sexualität und zum Körper zu prägen. In privaten Bibliotheken standen häusliche Medizinratgeber, insbesondere Kalender mit Speiseregeln für das ganze Jahr auf der Grundlage der hippokratischen Lehre von den vier Säften. Dieselbe ehrwürdige Autorität klärte die Männer darüber auf, daß auch Frauen sexuelle Begierde und Lust empfänden, ja, daß diese zur Empfängnis unabdingbar seien. Die damit verknüpften Ansichten und Bräuche sind in einer Schrift über »die weibliche Pathologie des Unterleibes« zusammengefaßt, die irgendwann zwischen dem 6. und 12. Jahrhundert kompiliert und einer gewissen Metrodora zugeschrieben wurde – ein Name, der allzu sprechend ist [»Geschenk der Gebärmutter«], als daß er echt sein könnte. Kern dieser Schrift ist die angebliche zentrale Bedeutung des Unterleibes für die Gesundheit der Frau. Der Autor (die Autorin?) zählt eine Vielzahl von Beschwerden bei Frauen auf, »die in der Blüte ihrer Jahre Witwe wurden, oder bei Jungfrauen, die den richtigen Augenblick für die Heirat verstreichen ließen«. Erklärt werden diese Krankheiten damit, daß bei diesen Frauen »das natürliche Verlangen unerfüllt geblieben ist«. Obwohl es sich um ein weltliches Werk handelt, wird zur Abhilfe nicht sexuelle Betätigung empfohlen, sondern die Einnahme verschiedener, genau spezifizierter Arzneien: Mittel zur Behandlung von Unterleibsleiden sowie zur Erleichterung der Empfängnis und der Geburt, Hilfen zur Feststellung der Jungfräulichkeit ohne lokale Untersuchung sowie zur Vortäuschung verlorener Jungfräulichkeit, Präparate, um den Ehebrecher zum Geständnis zu zwingen, den sexuellen Verkehr mit Dritten zu unterbinden und die Lust der Frau oder des Paares zu steigern. Der Traktat enthält außerdem Rezepte für einen schönen Busen und für ein »weißes, strahlendes« Gesicht. Generell orientieren sich die detaillierten Beobachtungen und die zweifellos überwiegend traditionelle Pflanzenheilkunde an der herrschenden Unterscheidung zwischen der Frau in der Gewalt eines Gatten und der unverheirateten Frau.

Auch die sexuelle Begierde des Mannes beschäftigte die Mediziner, und zwar zum Zweck ihrer asketischen Unterdrückung. Dieses Hindernis auf dem Wege des Mannes zur Heiligkeit taucht in jeder Hagiographie auf. Der Hagiograph des Mönchs und späteren Bischofs Nikephoros von Milet geht auf das Thema ein, um sein Interesse an einem bereits in jungen Jahren kastrierten Mann in dessen Vita zu rechtfertigen. Die Reinheit dieses Mannes war so ausgeprägt, daß er sich sogar von seinen Familienangehörigen niemals anschauen, geschweige denn berühren ließ. Dies, so fährt der Autor fort, wird diejenigen nicht sonderlich beeindrucken, die nicht vom Kampf mit der Begierde geplagt sind; »diejenigen aber, die gemäß der menschlichen Natur und den vom Schöpfer gegebenen Gesetzen der Fortpflanzung die Heftigkeit des Kampfes mit diesem Stück Fleisch kennen, die von unreinen Gedanken verfolgt werden und denen das schmerzliche Ringen mit fleischlichen Vorstellungen und Gelüsten nicht fremd ist – sie werden es für groß und würdig halten«, von einem Umstand zu erfahren, der beweise, daß der Heilige nicht einmal den Gedanken an sinnliche Lust in sich aufkommen ließ. Der Hagiograph gibt sodann der Hoffnung Ausdruck, der Leser werde nicht »die Entfernung der Hoden« für diese bemerkenswerte Charakterstärke des Heiligen verantwortlich machen. »Die Physiologen wissen, daß der Drang nach fleischlicher Vereinigung bei

Johannes Damaskenos, »Florilegium« *(Sacra Parallela)*. Hesekias auf dem Krankenlager und der Prophet Jesaias. (Paris, Bibliothèque Nationale, Paris, Gr. 923; 9. Jh., Süditalien oder Palästina)

[Eunuchen] größer und heftiger ist als bei jenen, deren Körper unversehrt und intakt ist.« Für diese These führt er antike Belege an. Mehr noch, in der griechischen Originalsprache entwickelt das *Leben des hl. Nikephoros von Milet* eine reichhaltige Terminologie für die psychische Lokalisierung des sexuellen Verlangens, die ihrer Subtilität wegen unübersetzbar ist.

Den gelehrten Zusammenhang zwischen Medizin und Askese stellt noch ein anderes klassisches Thema der mönchischen Zucht her, nämlich die Beurteilung der nächtlichen Pollutionen. Ein *Versuch über die Lenkung der Seelen*, den Leon VI. an Euthymios, den Abt (und möglicherweise späteren Patriarchen) seines kaiserlichen Klosters richtete, erörtert das Problem mit Begriffen der hippokratischen Medizin. Johannes Zonaras schrieb, bald nachdem er Mönch geworden war, eine kurze Abhandlung *An die Verfechter der Unreinheit des natürlichen Samenergusses*; er hält die in diesem Titel vertretene Auffassung nicht nur für extrem, sondern auch für einen judaisierenden Rekurs auf alttestamentarische Vorschriften und widerlegt sie mit physiologischen Argumenten. Ein Mönch, der eine nächtliche Pollution erleidet, sollte nach Meinung des Autors nicht automatisch vom Empfang der Sakramente und vom Kontakt mit den Ikonen ausgeschlossen werden. Jeder solle selbst sein Gewissen erforschen: War der Erguß lediglich die Folge einer übervollen Samenblase, liegt nichts Tadelnswertes vor; eine Sünde wurde nur dort begangen, wo der lüsterne Gedanke an eine Frau so weit getrieben wurde, daß er sich im Traum Erfüllung verschaffte.

Die hier erörterte Tradition beherrscht die überlieferten Texte, doch gibt es Anzeichen dafür, daß manche Byzantiner eine andere Einstellung zum Körper hatten. Das *Oneirokritikon* des Achmet ging, ohne Rücksicht auf Seelenzustände zu nehmen, auf die sexuellen Wünsche der Leser ein. Daß Haare ein Symbol für politische Macht ebenso wie für sexuelle Potenz waren, wird niemanden überraschen, und Achmet widmet mehrere Abschnitte seines Textes dem Wachstum bzw. Verlust des Haares an verschiedenen Stellen des Körpers. Der Schulterbau eines Mannes gebe Aufschluß darüber, ob er Konkubinen hat und sie seiner rechtmäßigen Ehefrau vorzieht. Eine Frau mit einem Kopfnicken zu begrüßen sei ein Signal für eine künftige Beziehung – es war die Geste, die der mißtrauische Kekaumenos fürchtete. Wer neue Sandalen anzieht, aber nicht in ihnen geht, wird eine Frau finden oder, falls er verheiratet ist, eine neue Konkubine. Selbst ein Mann, der von Umarmungen oder gar von Sexualverkehr mit Tieren träumt, kann den Traumdeuter nicht erschüttern. Andererseits greifen noch im 9. und 10. Jahrhundert die Hagiographien männlicher und weiblicher Heiliger das antike Motiv der Flucht vor der Ehe und dem sexuellen Begehren zur Bewahrung der eigenen Jungfräulichkeit auf, und es wäre falsch, darin lediglich einen Gemeinplatz mönchischer Autoren zu vermuten. Der Zusammenhang zwischen der Entscheidung für die Jungfräulichkeit und dem Ideal der »hesychia«, der Ruhe, ist unverkennbar.

Das 11. Jahrhundert war gesprächiger und hegte teilweise vielleicht andere Auffassungen. Auch die Verspottung des Körpers hatte antike Tradition, obgleich das Christentum sie ebenso verpönte wie das La-

Nikander, *Theriaka* (Abhandlung über Schlangenbisse und ihre Behandlung), 10. Jh. Betreten eines von Schlangen befreiten Gartens; Spaziergang im friedvollen Garten. (Paris, Bibliothèque Nationale, Suppl. Gr. 247)

chen, das sie auslöste. Doch die christliche Zensur wurde anscheinend gelockert, als Michael Psellos das Porträt Konstantins IX. Monomachos zeichnete, also das Porträt eines Aristokraten aus der Hauptstadt, der um die Mitte des 11. Jahrhunderts durch eine späte Heirat auf den

Thron gelangte: »Die Seele des Monarchen lächelte bei Vergnügungen aller Art, und er wünschte sich ständige Zerstreuung.« Am meisten mokierte er sich über Sprachfehler, und zu seinen besonderen Günstlingen zählte ein Mann, der seinen Fehler auf witzige Weise übertrieb und durch seine saftigen Bemerkungen über die Kaiserin Zoe, die Frau Konstantins IX., und ihre Schwester Theodora der Liebling des Hofes wurde: »Er behauptete, der Sohn der älteren Schwester zu sein, und schwor bei den großen Göttern, daß die jüngere Schwester [eine Nonne] ein Kind geboren habe, wovon er Einzelheiten berichtete. Und als er sich an seine eigene Geburt erinnerte, berichtete er von den Wehen und schilderte schamlos den weiblichen Schoß.« Über denselben Kaiser lesen wir, daß er nach dem Tod seiner geliebten Mätresse, einer Skleraina, »im vertrauten Gespräch das Thema Liebe hin und her wendete. Er erging sich in allerhand Phantasien und stellte sich die ausgefallensten Szenen vor. Denn er war von Natur aus neugierig auf Liebesdinge und unfähig, seiner Pein durch ein bequemes Beilager ein Ende zu machen. Lieber ließ er sich von den Wellen seines Begehrens treiben, bevor er eine erste Umarmung wagte.« Psellos versichert, daß er dies alles nicht ohne Scham mitteile; doch das gesamte Porträt steht in krassem Gegensatz zu der strengen Größe der Biographik des vorangegangenen Jahrhunderts.

Der Diskurs über Askese in dieser Zeit enthält neue Töne, wenngleich die traditionellen Anklänge nicht fehlen. Wir haben gesehen, daß Symeon der Neue Theologe den Anspruch erhob, in der Einsamkeit seiner Zelle in eine unmittelbare Beziehung zum Heiligen Geist eingetreten zu sein. Er behauptete jedoch nicht, daß seine Art der Askese etwas Neues sei, sondern berief sich auf eine Stelle in der Abhandlung des Johannes Klimakos über das kontemplative Leben. Symeon entdeckte das im 7. Jahrhundert vielgelesene Buch in der Bibliothek seiner Familie; er las darin: »Nicht mehr fühlen heißt, die Seele abtöten; es ist der Tod des Geistes vor dem des Körpers.« Erfüllt von diesem Gedanken, durchwachte Symeon die Nächte betend an den Gräbern »und malte in seinem Herzen die Bilder der Toten«. Er wiederholte diese Übung, wann immer er jener eigentümlichen »Mutlosigkeit« anheimfiel, die das Los des Asketen war: »Er setzte sich nieder und stellte sich in seinem Geiste die Toten vor, die unter der Erde lagen. Manchmal verharrte er in der Trauer, manchmal sprach er mit tränenreicher Stimme. [...] Wie ein gemaltes Bild an der Wand stand die Vision der toten Leiber vor seinem Geist.« Bald erschien seiner Wahrnehmung alles als »wahrhaft tot«. Die Abtötung der Sinne durch die konkrete Vorstellung des individuellen Todes anzustreben, war ein Vorsatz, der, auf welche ehrwürdigen Quellen er sich auch stützen mochte, quer zur zeitgenössischen Hagiographie stand.

»Daselbst ward Abraham begraben, so wie Sara sein Weib.« 1. Mose 25, 10. (Rom, Vatikanische Bibliotheken, Gr. 747)

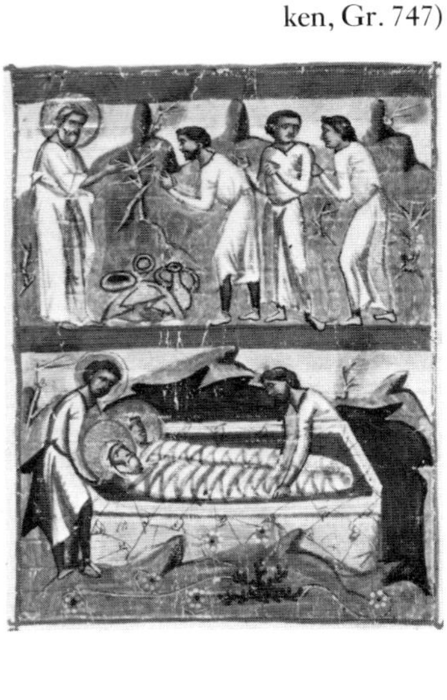

Dasselbe galt für den Puritanismus der ketzerischen Bogomilen, die auf eine lange Tradition der radikalen Verleumdung des Fleisches und der Ablehnung der Institution Kirche zurückblickten – und eine nicht minder lange Tradition übelster Verdächtigungen und Anfeindungen. Unter dem Namen »Bogomilen« ist die Sekte in Bulgarien schon im 10. Jahrhundert belegt, sie kam jedoch erst im 11. Jahrhundert nach

Elfenbeinkasten mit Holzkern; 10./11. Jh. Adam und Eva in ihrer Nacktheit. (Darmstadt, Hessisches Landesmuseum)

Byzanz. Wie Symeon waren auch die Bogomilen keine Hüter der Vergangenheit, sondern Boten des Künftigen oder jedenfalls Symptome des Gegenwärtigen. Diese wichtige, in sich geschlossene Bewegung wird uns noch beschäftigen. Hier beschränke ich mich auf die Schilderung der Bogomilen, die Anna Komnena während der Regierungszeit ihres Vaters, Alexios' I., gegeben hat: »Diese Bogomilen-Leute sind erschreckend, weil sie das Trugbild der Tugend errichten. Einen bogomilisierenden Laien erkennst du nicht am kleinsten Härchen; sorgfältig verbirgt er seine Bosheit unter Umhang und Kapuze. Der Bogomile schaut finster drein, er ist vermummt bis an die Nase, geht mit gesenktem Kopf und murmelt leise vor sich hin.« Eine Laienaskese? »Inwendig aber ist er ein Wolf im Schafspelz«, schließt die Prinzessin.

Träume und Visionen

Traditionellerweise achtete der Byzantiner auf seine Träume; sie spielten in der Alltagserfahrung eine erhebliche Rolle, da sie als warnende Botschaften galten, die man im Schlaf empfing. Romanos I. berichtete Theodoros Daphnopates voller Besorgnis, er habe in der vergangenen Nacht von einem Tempel geträumt – zuerst sei er hell erleuchtet, prächtig und voller Schätze gewesen, dann habe sich alles verfinstert, der Tempel habe in seinen Grundfesten geschwankt und sei voller toter Tiere und schwarzer Äthiopier mit blutigen Schwertern gewesen. Der Sekretär wartete daraufhin mit einer erbaulichen Traumdeutung auf, nach dem Muster: »Der Mensch ist der Tempel Gottes«.

Die Geschichtsschreiber überlieferten die Träume von Kaisern und politischen Persönlichkeiten; die Ikonographie stellte sie bildlich dar.

Auch die Träume von Privatleuten wurden registriert und mit Rücksicht auf deren Geschlecht und soziale Stellung gedeutet. Der Einfluß der Überlieferung auf die Traumdeutung ist weder zu übersehen noch erstaunlich: Der Abschnitt im *Oneirokritikon* des Achmet, der von geträumten Tieren handelt, steht in der Tradition antiker Bestiarien wie des *Physiologos*. Neben Eseln, Schweinen, Spatzen und Wölfen figurieren in den Träumen von Kaisern auch Adler und Löwe sowie der Drache; Kamel und Elefant verweisen ins Exotische. Bei Achmet erscheinen dem Träumenden zudem religiöse Gestalten wie der Prophet Elias, die Jungfrau Maria und Christus. Heutzutage hat jedermann Träume, aber keine Visionen mehr; in Byzanz hingegen waren Visionen eine ganz normale und recht verbreitete Erfahrung. Für den Byzantiner war eine Vision nicht das Werk der Einbildungskraft, sondern ein religiöses Erlebnis. Für die Leser Achmets machte es keinen Unterschied, ob sie von einem lebenden Menschen oder von Christus träumten; im Traum ebenso wie in der Vision begegnete man dem anderen wie im wachen Alltagsleben. Die Schwelle zum Imaginären, mochte sie gleich ins Erschreckende oder ins Magische führen, lag nicht dort, wo sie heute liegt.

Unbestreitbar in den Bereich der Einbildungskraft gehörten Geschichten, die man las oder sich erzählte. Hier kommen wir zum Problem der persönlichen Lektüre und zur Grenze zwischen dem Privaten und dem Öffentlichen. Es geht für uns weniger um die »Pflichtlektüre« der Menschen bei Hofe oder in der Kirchenhierarchie, die sich auf diesem öffentlichen bzw. politischen Gebiet auf die in Mode kommenden klassischen Autoren konzentrierte. Was uns interessiert, ist die private Lektüre in Mußestunden und die Wahl der einschlägigen Bücher. Der Lektüreplan eines Mannes von öffentlicher Bedeutung wird im *Leben Basileios' I.* beschrieben, einer Biographie, die von dessen Enkel Konstantin VII. angeregt oder sogar verfaßt worden ist. Dort finden sich historische Erzählungen, politische Ratschläge, moralische Ermahnungen, patristische und geistliche Literatur, Darstellungen von Leben und Taten großer Generäle und Kaiser sowie Heiligenviten.

Löwe, eine Gazelle schlagend; 10./11. Jh. (Athen, Byzantinisches Museum)

Ähnlichen Lesestoff versammelte die Bibliothek des Eustathios Boïlas, von dessen 1059 gesiegeltem Testament wir bereits gesprochen haben. Seine Bibliothek war wohl repräsentativ für die Privatbibliothek der Aristokratie – außer der Hl. Schrift erwähnt er mehrere Bände historiographischen und hagiographischen Inhalts; doch er besaß auch das *Oneirokritikon* und einen *Alexanderroman*. Die Tatsache, daß die Lektüre des Kekaumenos ganz ähnlich aussah, beweist, daß die private Lektüre nicht ausschließlich dem Vergnügen, sondern ebenso der Belehrung diente. Die belehrende Literatur scheint in zwei Untergattungen zu zerfallen: die geistliche und die weltliche. Die Grenze zwischen beiden ist nicht eindeutig zu ziehen, wie ich an zwei Beispielen zeigen möchte: dem *Roman von Barlaam und Josaphat* und dem erwähnten *Alexanderroman*.

Barlaam und Josaphat spielt in Indien, dem Kontinent köstlicher Wonnen, wohin die byzantinische Phantasie sich gerne flüchtete. Die Geschichte dreht sich um einen christlichen Missionar, dem es gelingt, im

Chronik des Skylitzes: Philosophen mit ihren Schülern. (Madrid, Nationalbibliothek)

jungen Josaphat, dem Sohn und späteren Thronfolger des indischen Königs, die Berufung zum Mönch zu erwecken. Der Missionar ist der Mönch Barlaam, der in der Verkleidung eines Kaufmanns aus der Wüste Senaar nach Indien gelangt. Das zentrale Sujet des Romans: der König als Mönch, kommt schon im Leben Buddhas vor und ist in der griechisch-römischen Erzählkunst nicht unbekannt; aber im Byzanz des 10. Jahrhunderts war es von besonderer Aktualität. Das Werk wird dem Johannes Damaskenos zugeschrieben, einem Lehrer der griechischen Kirche aus dem 8. Jahrhundert, und mag sowohl in seiner griechischen wie in seiner georgischen Fassung wirklich aus dieser Zeit stammen. Das ist für unseren Zusammenhang unerheblich. Hervorheben möchte ich jedoch, daß byzantinische Werke im Titel stets die Gattung anführen, zu der sie gehören, und daß unser Roman sich im Untertitel »Eine Geschichte, von Nutzen für die Seele« nennt. Das läßt darauf schließen, daß er den vielen erbaulichen und wunderbaren Geschichten über die Wüstenanachoreten zuzurechnen ist, einer Gattung, die in der Spätantike beliebt war und, nach den Handschriften zu urteilen, noch in späteren Jahrhunderten gelesen wurde. Dieses Beispiel für ein Werk, das zugleich erbaulicher Traktat und Abenteuerroman war, zeigt, wie schwer es für uns Heutige ist, in der byzantinischen Lektüre das Unterhaltende vom Belehrenden zu scheiden.

Noch komplizierter und interessanter ist der *Alexanderroman*. Der unvergleichliche Ruhm seines Helden hat diesen seit dem 3. oder 4. Jahrhundert zur Hauptgestalt von Geschichten gemacht, die ihn nicht nur nach Indien führen, von wo er Briefe an seinen Lehrer Aristoteles schreibt, sondern auch in eine Jenseitswelt, in die Tiefe des Meeres und sogar in den Himmel. Die außerordentlich vielschichtige Alexandertradition wurde im Mittelalter in Byzanz und anderswo weiter bereichert,

Johannes Damaskenos, »Florilegium« *(Sacra Parallela)*. David und Bethseba. (Paris, Bibliothèque Nationale, Paris, Gr. 923; 9. Jh., Süditalien oder Palästina)

doch wissen wir nicht, welche Version dieses Stoffes Boïlas in seiner Bibliothek stehen hatte. Wie *Barlaam und Josaphat* und trotz des andersartigen Stoffes verbindet der *Alexanderroman* den Reiz heldenhafter Gestalten mit Abenteuern in fernen Ländern und frommer christlicher Weisheit.

Wie weit das Lesevergnügen der Frauen gehen durfte, ist schwer zu ermessen. Erbauliche Werke werden ihnen zugänglich gewesen sein; dafür spricht die relative Bedeutung der Hagiographie weiblicher Heiliger in dieser Zeit. Aber wie wir soeben gesehen haben, war die erzählende Literatur erbaulicher Art viel breiter gefächert, als man denken sollte. Allerdings hatten Mädchen und Frauen zumindest theoretisch keinen Zugang zur klassischen Kultur. Das galt selbst noch für das 12. Jahrhundert, als Georgios Tornikes die Grab-Eulogen für Anna Komnena, die Tochter Alexios' I., schrieb. Tornikes erwähnt, daß die Prinzessin mit dem Studium der klassischen Literatur (»grammatike«) ohne Wissen ihrer Eltern begann, die befürchteten, ihre Tochter werde Mythen »mit vielen Göttern und daher ohne Gott« kennenlernen und möglicherweise Schaden an ihrer Tugend nehmen. Es gelang Anna, die Hindernisse zu überwinden, die ihr im Wege standen, doch entkam sie nicht der häuslichen Enge, in der die Frauen der guten Gesellschaft damals lebten. Falls sie die Heilkunst erlernten, übten sie sie zu Hause aus. Allenfalls gaben sie medizinischen Laienkenntnissen, die, nach den damaligen Gesundheitsratgebern zu urteilen, weit verbreitet gewesen sein müssen, eine Wendung ins Wissenschaftliche. Wie verbrachten Frauen dieser Gesellschaftsschicht ihre Zeit? Einige Jahrzehnte zuvor hatte Kaiserin Zoe sich leidenschaftlich mit der Herstellung von Kosmetika befaßt. Doch Psellos berichtet, Zoe habe niemals »Frauenarbeiten« verrichtet, womit Nähen, Stricken und Sticken gemeint waren, obwohl die uns erhalten gebliebenen Stickereien aus viel späterer Zeit als dem 11. Jahrhundert stammen.

Draußen

Bislang hat sich unsere Schilderung des privaten Lebens fast ausschließlich im Innern von Privathäusern und Klöstern bewegt – von Gebäuden also, die für Besucher mehr oder weniger offen waren. Über das gesellige Leben im 10. und 11. Jahrhundert erfahren wir aus unseren Quellen wenig; über das Leben auf der Straße wissen wir nichts. Bestimmte einfache Gewerbe werden in dem bereits genannten *Eparchenbuch* aus dem 10. Jahrhundert erwähnt. Die Ärmsten der Armen, die nachts in den Säulengängen schliefen, und das Gesindel, das sich in den Kneipen herumtrieb, bilden die Staffage einiger Episoden aus dem *Leben Andreas' des Narren*, doch dieses meist ins 10. Jahrhundert datierte Werk beruht möglicherweise auf einer früheren Stufe städtischer Askese. Um mehr über diese Aspekte des privaten Lebens zu erfahren, müssen wir bis zum 12. Jahrhundert warten, in dem das städtische Leben an Bedeutung gewonnen und der literarische Geschmack sich einem (nicht unaffektierten) Realismus zugewendet hat.

Evangeliar; Konstantinopel, Mitte des 11. Jh. Lukas. (Paris, Bibliothèque Nationale, Paris, Gr. 189)

Zu viele unserer Quellen sind städtischer Herkunft, als daß sie der Natur große Aufmerksamkeit schenken würden. Sie sind städtisch nicht nur im Faktischen, sondern auch kraft des kulturellen Erbes, das unmittelbar aus der klassischen Antike stammt. Die Unbequemlichkeit des Landlebens und die Ungeschlachtheit der Landbewohner sind ein ständig wiederkehrender Topos in Briefen von Verbannten oder von Gebildeten in abgelegenen Bistümern, wie etwa Theophylaktos, der von 1090 bis zu seinem Tode 1108 Bischof von Achrida (Ohrid) war. In derselben Zeit begann Kekaumenos, in seinem Ruhestand sich zwar nicht für die Natur selber, wohl aber für die Bewirtschaftung seiner Güter zu interessieren, was ebenfalls antiker Tradition entsprach.

Allein die Jäger und der Asket vermochten der Einsamkeit und der Wildnis Positives abzugewinnen. Die Jagd hatte in sich einen doppelten Sinn, einen öffentlichen und einen privaten. Vielleicht sollte man besser sagen: Gleichgültig, ob öffentlich oder privat, die Jagd hatte den Sinn einer Heroisierung des Jägers durch den Sieg über das Wild. Das war die Ideologie des ausgefeilten kaiserlichen Jagdprotokolls, und das erklärt auch, warum Jagdunfälle als böse Vorzeichen galten. Zudem erlaubt es uns, die erste Jagd des jungen Digenis als »rite de passage« zu interpretieren. Man kennt dies durchaus, und dennoch sind die Texte von einer erstaunlichen Frische. Da ist der alternde Basileios I., wie er, vom Jagdfieber gepackt, einem riesigen Hirsch nachsetzt; das Tier lockt ihn weit von der Jagdgesellschaft weg, wendet sich plötzlich um, spießt den königlichen Jäger an seinem Gürtel auf und schleift den hilflos Zappelnden fort. Und da ist der junge Digenis, der seinen Vater so lange bestürmt, ihn auf die Probe zu stellen und mit ihm auf die Jagd zu gehen, bis die beiden endlich eines frühen Morgens die Burg verlassen und ausreiten, begleitet vom Onkel mütterlicherseits des Jünglings und einem Trupp »junger Gefährten« (»aguroi«).

Zu ähnlichen Beobachtungen lädt die Askese ein. Seit dem 4. Jahrhundert, als das Christentum sein Modell der Heiligkeit entwickelte, war die Wüste (»eremos«) der Ort gewesen, an dem der Heilige sich durch Abtötung des Fleisches, Abkehr von der Zivilisation und den Kampf mit den Dämonen bewies. Bis auf wenige unbedeutende, um nicht zu sagen ketzerische Ausnahmen wandten die Heiligen der Stadt den Rücken. Die Heiligen des 5. und 6. Jahrhunderts waren überwiegend Klostergründer, und die Heiligenviten aus dieser Zeit gliedern sich in zwei deutlich unterscheidbare Teile – der erste schildert das ursprüngliche spirituelle Erleben des Helden, das sich in der Einsamkeit abspielt; der zweite enthält eine Chronik des Klosters, dessen Stolz und Ruhm dieser Heilige ist.

Im 9. Jahrhundert hat sich das Bild gewandelt. Das ehrwürdige Vorhaben des spirituellen Kampfes in der Wildnis ist einem neuen Modell gewichen, das sich auf klösterliche Werte, namentlich den Gehorsam, gründet. Dennoch lebte das alte Modell in der erzählenden Literatur, aber auch in der Praxis fort, man denke nur an Paulos, den Sohn eines Geschwaderkommandanten und Gründer des imposanten Klosters auf dem Berg Latmos bei Milet. Paulos nimmt in die Berge nur einen einzigen Gefährten mit, der ihn schließlich wieder verläßt; er ernährt sich

Menologion Basileios' II.; Konstantinopel, spätes 10. Jh. Notiz zum 23. Oktober: die Siebenschläfer von Ephesos in ihrer Höhle. (Rom, Vatikanische Bibliotheken, Gr. 1613)

von Eicheln, besteht heftige Konflikte mit bösen Geistern und überlebt in der »Einsamkeit« (»monosis«), obwohl es ganz in der Nähe eine halbklösterliche Mönchssiedlung (»laura«) gibt; bis zu seinem Tode im Jahre 955 ist sein Leben eine ständige Abfolge von Rückzügen und Wiederkünften in einem immer weiteren Umkreis. In Wirklichkeit freilich beobachtete die Mönchskirche des 9. und 10. Jahrhunderts das Einsiedlerdasein mit wachsendem Mißtrauen, da es dem Einzelnen zuviel Freiheit beließ. Athanasios, der 963 das Laura-Kloster auf dem Berg Athos gründete, holte einen aus Kalabrien stammenden Eremiten in die Gemeinschaft der Mönche zurück, Nikephoros, genannt »der Nackte«. Hat die Herkunft dieses Eremiten etwas zu bedeuten?

Die farbigsten Geschichten der damaligen Zeit über Schönheit und Reiz der Natur stammen denn auch aus dem byzantinischen »Wilden Westen«. Das Meisterwerk dieser Gattung ist das *Leben des Neilos von Rossano*, der 1004 starb. Der Text hat eine gewisse Ähnlichkeit mit dem *Leben des Paulos von Latmos* und schildert die gemächliche Reise des Neilos vom Golf von Tarent nach Rom, in dessen Nähe er das Kloster Grottaferrata gründete. Die Reise führt den Mönch über bewaldete Hügel und Berge, fernab von den Küstenstrichen, welche die Araber bedrohten. Dieses Lebensmuster war allerdings ein rein männliches, obschon das 9. Jahrhundert eine neue Version der Maria Aegyptiaca hervorbrachte: die Geschichte von Theoktiste von Paros, die in erbaulicher Manier die Rückkehr des weiblichen Körpers in eine Art Naturzustand thematisiert.

Die vierzig Märtyrer von Sebaste und thronender Christus; Elfenbeintafel, Konstantinopel, 10./11. Jh. (17,6 × 12,8 cm.) (Berlin, Staatliche Museen, Sammlung Preußischer Kulturbesitz)

Der private Glaube

Andacht

Die Byzantiner glaubten, daß die Menschenwelt im Schoß einer größeren Welt ruhe, deren Darstellung in früheren Jahrhunderten gefunden worden war. In dieser Welt hatten die Erlösten ebenso ihren Platz wie die Verdammten. Die Gesellschaft der Lebenden stand somit ständig in der Gegenwart von Personen ihres Glaubens; der Unterschied zwischen privat und öffentlich wird in diese Welt eingeführt, ohne jedoch ihre grundsätzliche Einheit gefährden zu können. Der öffentliche Kult, angeleitet vom Kaiser und dem Patriarchen, suchte den Schutz des Himmels für die Gemeinschaft und das Heer. Und so predigte Leon VI. persönlich in der Hagia Sophia und führte das Volk von Konstantinopel zu den Klängen eines von ihm komponierten Hymnus zum Hafen, um die Reliquien des hl. Lazarus einzuholen. Die liturgische Rolle des Herrschers gehörte zur öffentlichen Sphäre der Religion, ebenso wie der Appell der Regierung an die Mönche, sich beim Himmel für das Wohl des Staates zu verwenden.

Auch gewisse Formen der Andacht rechneten zur Öffentlichkeitsdimension der Religion: Das ganze Reich verehrte Christus in seiner Majestät, Maria als Beschützerin des Heeres und den hl. Michael, den Krieger, der die Seelen der Toten ins Jenseits geleitete. Der hl. Demetrios wachte über Thessalonike, die zweitwichtigste Stadt des Reiches. Die Hausgemeinschaft Basileios' I. betete zum Propheten Elias, dessen Sonnensymbolik trefflich zur traditionellen Symbolik der kaiserlichen Macht paßte. Öffentlich, wenngleich in einem ganz anderen Sinne, war der Kult der Heiligen, bei dem ihre Gräber und Ikonen verehrt wurden. Und schließlich gab es öffentliche religiöse Traditionen, die eine jahrhundertelange Geschichte hatten, etwa den Brauch, das Horoskop zu stellen, wenn dem Kaiserpaar ein Kind geboren wurde, oder den Karneval im Zeichen des Dionysos, der jedesmal von der Kirche verboten und jedesmal wieder von den Menschen gefeiert wurde – maskierte Männer und Frauen tanzten auf der Straße unzüchtige Tänze und lachten dazu.

Aus denselben Bestandteilen war die private Religion gefügt. Die wenigen Grundstücks- und Stiftungsinventare, die wir kennen, bezeugen Privatbesitz von liturgischen Gegenständen wie heiligen Büchern und Ikonen. Manche der religiösen Bücher und Gegenstände, die erhalten sind, mögen der privaten Andacht gedient haben. Dies gilt gewiß für Ikonen und Reliquiare sowie für Kreuze und Medaillons mit einem

Christus-Medaillon (Durchmesser 3,3 cm), Teil eines Ikonenrahmens (Silber auf Holz, mit Email-Medaillons und Kristall-Cabochons). (Washington, Dumbarton Oaks, Byzantine Collection)

Heiligenbild, die man um den Hals trug. Ikonen spielten für die private Frömmigkeit eine ebenso wichtige Rolle wie für den öffentlichen Kult. Diese nach strengen kanonischen Regeln verfertigten und vielfach reproduzierten Bildnisse stützten sich auf das Dogma von der Menschwerdung Gottes und das Charisma der Heiligen. Christliche Transzendenz, Vision, Ikonenglaube und die physische Gegenwart des Heiligen bildeten ein System von Korrespondenzen, das seinen Ausdruck nicht zuletzt in der Hagiographie fand. Seit dem 7. Jahrhundert begann man, über manche Ikone fromme Geschichten zu erzählen – etwa, daß sie beim Abschluß eines wichtigen Vertrages geholfen habe. Mit den Ikonen pflegten die Gläubigen privaten, täglichen, vertrauten Umgang. Von Kaiserin Zoe berichtet Michael Psellos, daß sie mit ihrer Christusikone sogar gesprochen habe.

Die beliebtesten Kulte in der privaten Sphäre waren dieselben wie im öffentlichen Bereich; das galt vor allem für den Marienkult. In den Heiligenviten ist es Maria, die eine lang ersehnte Geburt ankündigt, und die Frauen von Konstantinopel beteten nachts in ihrer Kirche in Blachernai zu ihr. Doch auch in der privaten Andacht war Maria damals noch nicht jene mütterliche Gestalt, als die wir sie heute kennen. Laien- wie Mönchskulte kannten eine Vielzahl von Heiligen, die sie verehrten; die Kirche bemühte sich jedoch, dieser Verehrung Grenzen zu ziehen. Im 10. Jahrhundert entstand ein offizielles Verzeichnis der traditionellen Heiligenviten sowie ein ikonographischer Kanon für die – zumeist mönchischen – Ikonenmaler.

Ein neuer Kult konnte jederzeit entstehen. Wunder, die ein lebender Mensch wirkte, trugen ihm die Bewunderung der Zeitgenossen ein; aber einen Kult im eigentlichen Sinne gab es erst, wenn die Verehrung sich an einem Grab entzünden konnte. Die Hagiographie befaßte sich per definitionem mit öffentlichen, d. h. mit kollektiven und kirchlich gebilligten Kulten. Die Kontrolle der kirchlichen Behörden über die Verbreitung neuer Kulte läßt sich an den Vorwürfen gegen Symeon den Neuen Theologen ablesen, von denen sein Biograph Niketas Stethatos berichtet. Symeon führte, wie erinnerlich, einen Kult zu Ehren seines geistlichen Vaters Symeon, eines Mönchs des Studios-Klosters, ein; er bestimmte einen Feiertag zu seinem Gedächtnis und ließ eine Ikone anfertigen. Damit sammelte er viele Gläubige um sich. Er folgte dabei einer Inspiration, und deshalb wurde er vor das Tribunal des Patriarchats zitiert. Dieser Fall zeigt die im 11. Jahrhundert mögliche Diskrepanz zwischen kirchlicher Autorität und der Offenbarung einer persönlichen Spiritualität.

Aberglaube und Dämonen

Zum privaten Glauben gehörte die tägliche Nachbarschaft der Dämonen (»daimones«) – eine Nachbarschaft, die vielfältiger und vertrauter war als bei den erwähnten Straßenfesten. Dämonen lauerten allerorten, insbesondere im Haus, aber auch an verlassenen Plätzen, in Ruinen, an Gewässern. In der Hagiographie des 9. und 10. Jahrhunderts sind die

Christus am Kreuz, zwischen Maria und Johannes; tragbare Ikone aus Steatit, 10./12. Jh. (Paris, Bibliothèque Nationale, Cabinet des Médailles)

Medaillon-Amulett mit Öse, Blei: Reiterfigur. (Paris, Bibliothèque Nationale, Cabinet des Médailles)

Dämonen weder so primitiv noch so undifferenziert wie in den Geschichten über die Asketen und Wundertäter der Spätantike; sie haben ein Gesicht und ähneln bereits den Geistern im modernen griechischen Volksglauben. Viele von ihnen tragen Namen, wohnen an einem bestimmten Ort und zeichnen sich durch eine bestimmte Fertigkeit aus, und wie die Engel sind sie nicht körperlos. Es gab keinen Byzantiner, gleichgültig welcher Gesellschaftsschicht, der nicht an Dämonen geglaubt hätte; davon zeugen im 10. Jahrhundert die in Gold gefaßten Amulette, welche die Frauen als Anhänger trugen, und davon zeugt vor allem im 11. Jahrhundert die wichtige Funktion der Dämonen im Werk des Michael Psellos und seiner Zeitgenossen, nach der großen Renaissance der klassischen Bildung in den vorangegangenen zwei Jahrhunderten.

Die humanistische Bildung, weit davon entfernt, ein rationalistisches Korrektiv des Volksaberglaubens zu sein, festigte und bereicherte diesen Glauben vielmehr durch neue Fragestellungen und Anspielungen. Wahrscheinlich schon vor dieser Renaissance haben slawische Einflüsse den Dämonenglauben geprägt, was vielleicht die Bedeutung von Wasserdämonen und eigenartigen Methoden der Weissagung erklärt. Der Glaube an böse Geister wie den furchtbaren Gyllu, der über Frauen in den Wehen herfällt, hat sich bis in unsere Zeit erhalten. Die alten Gottheiten, längst zu Dämonen herabgestuft, spielten weiterhin ihre Rolle in der privaten Magie; im 11. Jahrhundert zogen sie sogar die Besorgnis gelehrter Theologen auf sich.

In dieser Hinsicht war die hohe Kultur jener Zeit recht primitiv; Wissen bedeutete für sie unmittelbare Wirkung. Astrologie, Magie und Alchimie gehörten für Psellos und seinen Zeitgenossen, den Patriarchen Michael Kerullarios, zum geistigen Alltag. Als Kerullarios 1058 abgesetzt wurde, verfaßte Psellos für die Synode eine erstaunlich unklare

Anklageschrift gegen ihn. Gebetbücher des 10. und 11. Jahrhunderts verraten deutliche Zweifel über die praktische Wirkung des Betens. Kekaumenos rügt die »ungebildeten Menschen«, die zu Wahrsagern gehen, um einen Blick in die Zukunft zu werfen. Aber dergleichen Verhalten war nicht die alleinige Domäne der Ungebildeten.

Andere religiöse Erfahrungen

Um die Wende des 10. zum 11. Jahrhundert markierten Symeon der Neue Theologe und die Sekte der Bogomilen Bruchstellen im Verhältnis zwischen der Kirche und den Gläubigen. Wiewohl Symeon und die Bogomilen von unterschiedlichen Voraussetzungen her argumentierten, ist die historische Ähnlichkeit zwischen ihnen verblüffend. Symeons Position haben wir bereits umschrieben; hier möchte ich deshalb kurz auf die Bedeutung der bogomilischen Praxis eingehen. Der *Traktat* des bulgarischen Presbyters Kosmas, erschienen 972 oder kurz danach, wandte sich gegen die Bogomilen in Bulgarien, einem Land, das tief geprägt war von den Formen byzantinischer Kultur. In Byzanz selbst erschienen gegen die Bogomilen zwei orthodoxe Traktate von zwei Mönchen des Peribleptos-Klosters in Konstantinopel. Beide hießen Euthymios; der eine schrieb seinen Traktat um 1050, der andere während der Regierungszeit Alexios' I. Komnenos (1081–1118).

Die Bogomilen verwarfen die Kategorientafel der christlichen Gesellschaftsstruktur. Kirchen, so sagten sie, seien bloß »gemeinsame Häuser«. Die Taufe ist nichts anderes als Wasser und Öl, die Eucharistie Brot und Wein. Für sie gab es weder Priester noch Heilige, sie verehrten das Kreuz nicht, kannten kein Gebet außer dem Vaterunser, lehnten die Ehe ab und drängten Verheiratete, sich zu trennen. Für sie war Christus vom Heiligen Geist getauft worden, und diese Taufe wollten sie an ihren Neophyten wiederholen. Nach der Prüfung des Neophyten erfolgte die Auflegung des Evangeliums und der Hände der Helfer, wobei zwischen Männern und Frauen nicht differenziert wurde. Die gemischte gegenseitige Beichte war die Regel. Alle Bogomilen, in denen der Heilige Geist wohnte, hatten Anspruch auf den Ehrentitel »theotokos«, »Gottesgebärer« (eine Bezeichnung, die normalerweise der Jungfrau Maria vorbehalten war), weil auch in ihnen das Wort wirkte. All dies gründet in einer abweichenden Einstellung zu der Lehre von der Menschwerdung Gottes, die der christlichen Gesellschaftsordnung zugrunde liegt. Infolgedessen lebte die Sekte sozusagen als eine private Version des religiösen Daseins innerhalb der byzantinischen Gesellschaft fort.

Die Bogomilen nahmen uneingeschränkt am gemeinsamen religiösen Leben teil und interpretierten im stillen die religiösen Praktiken nach eigenem Gutdünken. Die Meister des Bogomilismus bewiesen eine Kenntnis der Heiligen Schrift und der Kirchenväter, die ihnen nach Meinung der offiziellen Kirche einzig der Teufel eingegeben haben konnte. Die orthodoxe Taufe störte sie nicht, da sie sie für unwirksam

Barberini-Psalter, um 1092. Folio 16^{V}: »Hades [!] nimmt die Sünder in Empfang, die ihm ein Engel zuführt.« (Rom, Vatikanische Bibliotheken, Gr. 372)

Barberini-Psalter, um 1092. Randillustration: Simonistische Priesterweihe; hinter dem korrupten Priester als schwarzer Schatten ein Dämon. (Rom, Vatikanische Bibliotheken, Gr. 372)

hielten; auch duldeten sie den Mönchshabit. Sie besuchten den Gottesdienst, um nicht aufzufallen. Innerlich waren sie davon überzeugt, daß der Ausdruck »Sünder« allein die Orthodoxen treffe, daß Bethlehem, die Wiege des göttlichen Wortes, ihre eigene Kirche bezeichne und daß mit Jerusalem, welches noch immer dem mosaischen Gesetz unterworfen war, die offizielle Religion gemeint sei. Dieses Dissidententum setzte sehr alte Tendenzen des östlichen Christentums fort, die von den Paulikianern des 9. Jahrhunderts herrührten und im 10. Jahrhundert von den Bogomilen aufgenommen wurden. Eine beispiellose Symbiose theoretischen Scharfsinns und gesellschaftlicher Wirkungskraft erreichte die Bogomilenbewegung im 11. Jahrhundert. Man ist versucht, diesen Umstand mit dem Aufschwung der städtischen Gesellschaft in Verbindung zu bringen. Der erste Euthymios erwähnt denn auch die Städte Thrakiens und die Gegend um Smyrna als Gebiete erfolgreicher Missionstätigkeit des Johannes Tzurillas; dieser Mann, so Euthymios, sei im übrigen berüchtigt, »weil er seine Frau verließ, nachdem er sie zu einer falschen Nonne gemacht hatte und selbst ein falscher Mönch geworden war«.

Die repressiven Maßnahmen gegen die Bogomilen, die Alexios I. Komnenos verfügte, lassen erkennen, welches Gewicht die Sekte in Konstantinopel mittlerweile besaß. In Reaktion darauf scheinen die Bogomilen noch subtilere Techniken der Verstellung und des geistigen Vorbehalts entwickelt zu haben. Es war ein neues Zeitalter, in dem die Experimente der Bogomilen mit einer privaten, innerlichen Form der Frömmigkeit (vergleichbar dem Vorhaben Symeons des Neuen Theologen) eine ungeheure Faszination ausübten.

Felskloster in Göreme (Kappadokien), 11. Jh.

Resümee

Hier, an der Schwelle zum 12. Jahrhundert, wollen wir innehalten. Was ich zu zeigen versuchte, war nicht, daß es im Byzanz des 10. und 11. Jahrhunderts ein privates Leben gegeben hat; das stand von vornherein fest. Alle Gesellschaften von einiger Komplexität unterscheiden zwischen Öffentlichem und Privatem. Aber Definition und Struktur des Privaten variieren von Gesellschaft zu Gesellschaft und hängen von Faktoren ab wie Macht, Religion, Behausung und Familie. Was privat ist und was nicht, bestimmt in erster Linie der Diskurs über Kultur. Anhand der schriftlichen Zeugnisse der Regierung und der sozialen Elite (der einzigen Zeugnisse, die wir in diesem Fall besitzen) haben wir das private Leben der christlichen Gesellschaft im östlichen Mittelmeerraum um das Jahr 1000 zu erhellen gesucht: Byzanz in einer Epoche, die wir die »mittelalterliche« nennen. Wir haben gesehen, daß sich das 11. Jahrhundert vom 10. Jahrhundert durch seinen deutlich anderen Tonfall unterscheidet. Das private Erleben, im 10. Jahrhundert vom Klassizismus kanalisiert, scheint sich im 11. emanzipiert und befreit zu haben – in einer Gesellschaft, in der sich ein umfassender struktureller Wandel vollzog. Ob es ein Wandel des Diskurses oder ein Wandel des Bewußtseins war, haben wir nicht zu klären vermocht. Jedenfalls nimmt die Entwicklung, die wir skizziert haben, im 12. Jahrhundert ihren Fortgang.

Anhang

Bibliographie

I. Das Römische Reich

Alföldy, G. *Die Rolle des Einzelnen in der Gesellschaft des römischen Kaiserreiches: Erwartungen und Wertmaßstäbe.* Sitzungsberichte der Heidelberger Akademie 1980, VIII.

Ameling, W. *Herodes Atticus.* 2 Bände. Hildesheim 1982.

André, J. *L'Alimentation et la Cuisine à Rome.* Paris: Les Belles Lettres 1981.

André, J.-M. *Les Loisirs en Grèce et à Rome.* Paris: Presses Universitaires de France 1984.

Andreau, J. *Les Affaires de Monsieur Jucundus.* Rom: École française de Rome 1974.

Apuleius, *Der goldene Esel* (= *Metamorphosen*). Übers. August Rode. Frankfurt/Main: Insel 1975.

Aufstieg und Niedergang der römischen Welt. Geschichte und Kultur Roms im Spiegel der neueren Forschung, Hrsg. H. Temporini und W. Haase. Berlin – New York 1972: Walter de Gruyter (mehrere Bände).

Balland, A. *Fouilles de Xanthos, VII, Inscriptions d'époque impériale du Létôon.* Paris: Boccard 1974.

Blanck, H. *Einführung in das Privatleben der Griechen und Römer.* Darmstadt: Wissenschaftliche Buchgesellschaft 1976.

Bleicken, J. *Staatliche Ordnung und Freiheit in der römischen Republik.* Frankfurter Althistorische Studien 6. Kallmünz: Lassleben 1972.

Blümner, H. *Die römischen Privataltertümer.* Handbuch der klassischen Altertumswissenschaft IV, 2,2. München 1911.

Boulvert, G., und M. Morabito, ›Le droit de l'esclavage sous le Haut-Empire.‹ *Aufstieg und Niedergang,* II, Band XIV, S. 98 ff.

Brödner, E. *Die römischen Thermen und das antike Badewesen.* Darmstadt: Wissenschaftliche Buchgesellschaft 1983.

Brunt, P. A. ›Aspects of the Social Thought of Dio Chrysostom and the Stoics.‹ *Proceedings of the Cambridge Philological Society* 1973, S. 9 ff.

– ›Charges of Provincial Maladministration under the Early Principate.‹ *Historia* 10 (1961), S. 189 ff.

– *Social Conflicts in the Roman Republic.* London: Chatto and Windus 1971.

– ›Stoicism and the Principate.‹ *Papers of the British School at Rome* 43 (1975), S. 7 ff.

Buti, I. *Studi sulla capacità patrimoniale dei »servi«.* Pubblicazioni della Facoltà di giurisprudenza dell'università di Camerino. Neapel: Jovene 1976.

Cagnat, R., und V. Chapot, *Manuel d'archéologie romaine.* 2 Bände. Paris 1916.

Canas, B. A. ›La femme devant la justice provinciale de l'Egypte romaine.‹ *Revue historique de droit* (1984), S. 358 ff.

Christes, J. *Bildung und Gesellschaft: Die Einschätzung der Bildung und ihrer Vermittler in der griechisch-römischen Antike.* Darmstadt: Wissenschaftliche Buchgesellschaft 1975.

Cockle, H. ›Pottery Manufacture in Roman Egypt.‹ *Journal of Roman Studies* 71 (1981), S. 87 ff.

Corbier, M. ›Les familles clarissimes d'Afrique proconsulaire.‹ *Epigrafia e Ordine senatorio* 5 (1982).

– ›Ideologie et pratique de l'héritage (Ier siècle avant Jésus Christ – IIe siècle après Jésus Christ).‹ *Index* 1984. Akten des GIREA-Kolloquiums, 1983.

Cotton, H. ›Documentary Letters of Recommendation in Latin from the Roman Empire.‹ *Beiträge zur klassischen Philologie.* Hain: Königstein 1981.

Crook, J. *Law and Life of Rome.* Ithaca, N. Y.: Cornell University Press 1967.

Daremberg, Saglio und Pottier, *Dictionnaire des Antiquités grecque et romaine.* Paris 1877–1918.

D'Arms, J. H. *Commerce and Social Standing in Ancient Rome.* Cambridge, Mass.: Harvard University Press 1981.

David, J.-M. ›Les orateurs des municipes à Rome: intégration, réticences, et snobismes.‹ *Les Bourgeoises municipales italiennes.* Paris und Neapel: Centre Jean Bérard 1983.

De Marchi, A. *Il Culto privato di Roma antica.* 2 Bände. Mailand 1896–1903.

De Robertis, F. *Lavoro e Lavoratori nel mondo romano.* Bari: Laterza 1963.

Dill, S. *Roman Society from Nero to Marcus Aurelius.* New York 1904; Reprint New York: Meridian 1957.

Dunbabin, K. *The Mosaics of Roman North Africa. Studies in Iconography and Patronage.* Oxford: Oxford University Press 1978.

Etienne, R. *La Vie quotidienne à Pompeii.* Paris: Hachette 1966.

Eyben, E. ›Family Planning in Graeco-Roman Antiquity.‹ *Ancient Society* 11–12 (1980/81), S. 5 ff.

Fabre, G. *Libertus, recherches sur les rapports patron-affranchi à la fin de la République romaine.* Rom: Ecole française de Rome 1981.

Finley, M. I. *Die antike Wirtschaft.* München: Deutscher Taschenbuch Verlag 1980².

– (Hrsg.) *Slavery in Classical Antiquity.* Cambridge: Cambridge University Press 1960.

Flory, Marleen B. ›Family and Familia: A Study of Social Relations in Slavery.‹ Ph. D.-Dissertation, Yale University 1975.

Foucault, M. *Sexualität und Wahrheit.* Band 2: *Der Gebrauch der Lüste.* Übers. U. Raulff und W. Seitter. Frankfurt/M.: Suhrkamp 1986. Band 3: *Die Sorge um sich.* Übers. U. Raulff und W. Seitter. Frankfurt/M.: Suhrkamp 1986.

Friedländer, L. *Darstellungen aus der Sittengeschichte Roms in der Zeit von Augustus bis zum Ausgang der Antonine.* 9. Aufl., hrsg. G. Wissowa, 4 Bände. Leipzig 1920.

Frier, B. W. *Landlords and Tenants in Imperial Rome.* Princeton: Princeton University Press 1980.

Gabba, E. ›Richezza e classe dirigente romane.‹ *Rivista storica italiana* 93 (1981), S. 541 ff.

Galbraith, J. K. *The Nature of Mass Poverty.* Cambridge, Mass.: Harvard University Press 1979.

Gagé, J. *Les Classes sociales dans l'Empire romain.* 2. Aufl. Paris: Payot 1971.

Garnsey, P. ›Independent Freedmen and the Economy of Roman Italy under the Principate.‹ *Klio* 63 (1981), S. 359 ff.

– (Hrsg.) ›Non-slave Labour in the Graeco-Roman World.‹ *Cambridge Philological Society*, Supplement VI, 1980.

Goldschmidt, V. *La Doctrine d'Epicure et le Droit.* Paris: Vrin 1977.

– *Le Système stoicien et l'Idée de temps.* Paris: Vrin 1953.

Gombrich, E. *Bild und Auge.* Übers. L. Gombrich und M. Looser. Stuttgart: Klett-Cotta 1984.

Gourevitch, D. *Le Triangle hippocratique dans le monde gréco-romain: le malade, sa maladie et son médecin.* Rom: Ecole française de Rome 1984.

Hadot, I. *Seneca und die griechisch-römische Tradition der Seelenleitung.* Berlin: Walter de Gruyter 1969.

– ›Tradition stoïcienne et idées politiques au temps des Grecques.‹ *Revue des études latines* 48 (1970), S. 133 ff.

Hadot, P. *Exercices spirituels et Philosophie antique.* Paris: Etudes augustiniennes 1981.

Hands, A. R. *Charities and Social Aid in Greece and Rome.* London: Thames and Hudson 1968.

Harris, H. A. *Sport in Greece and Rome.* London: Thames and Hudson 1972.

Helen, T. *Organization of Roman Brick Production in the First and Second Centuries A. D.* Helsinki 1975.

Hengstl, J. *Private Arbeitsverhältnisse freier Personen in den hellenistischen Papyri bis Diokletian.* Bonn: Habelt 1972.

Jerphagnon, L. *Vivre et Philosopher sous les Césars.* Toulouse: Privat 1980.

Kampen, N. *Image and Status. Roman Working Women in Ostia.* Berlin: Mann 1981.

Kaser, M. *Das römische Privatrecht*, Band I: *Das altrömische, das vorklassische und klassische Recht.* Handbuch der Altertumswissenschaft III, 3,1. 2. Aufl. München: Beck 1971.

– *Das römische Zivilprozeßrecht.* Handbuch der Altertumswissenschaft III, 4. München: Beck 1966.

Kelly, J. M. *Roman Litigation.* Oxford: Oxford University Press 1966.

Kleiner, D. *Roman Group Portraiture: The Funerary Reliefs of the Late Republic and Early Empire.* London und New York: Garland 1977.

Koch, G., und H. Sichtermann, ›Römische Sarkophage.‹ *Handbuch der Archäologie.* München 1982.

Krautheimer, R. *Rom – Schicksal einer Stadt.* München: Beck 1987.

Krenkel, W. *Der Abortus in der Antike.* Wissenschaftliche Zeitschrift der Universität Rostock 20 (1971).

La Rocca, E., M. de Vos und F. Coarelli, *Lübbes archäologischer Führer Pompeji.* Bergisch Gladbach 1979.

Laubscher, H. P. *Fischer und Landleute. Studien zur hellenistischen Genreplastik.* Mainz: von Zabern 1982.

Leveau, P. *Caesarea de Maurétanie, une ville romaine et ses campagnes.* Rom: Ecole française de Rome 1984.

Lewis, N. *Life in Egypt under Roman Rule.* Oxford: Oxford University Press 1983.

Lilja, S. ›Homosexuality in Republican and Augustan Rome.‹ *Societas scientiarium Fennica, Commentationes humanarum litterarum* 74, S. 192 ff.

Linnott, A. W. *Violence in Republican Rome.* Oxford: Oxford University Press 1968.

MacMullen, R. ›The Epigraphic Habit in the Roman Empire.‹ *American Journal of Philology* 103 (1982), S. 233 ff.

– *Paganism in the Roman Empire.* New Haven: Yale University Press 1981.

– *Roman Social Relations, 50 B. C. to A. D. 284.* New Haven: Yale University Press 1974.

Mallwitz, A. *Olympia und seine Bauten.* München: Prestel 1972.

Marc Aurel, *Selbstbetrachtungen.* Übers. A. Wittstock. Stuttgart: Reclam 1984. (RUB 1241.)

Marquardt, J. *Das Privatleben der Römer.* Handbuch der römischen Altertümer, VII. 2 Bände. Leipzig 1886.

Marrou, H.-I. *Geschichte der Erziehung im klassischen Alter-*

tum. München: Deutscher Taschenbuch Verlag 1977. (dtv 4275.)

Martin, R. ›La vie sexuelle des esclaves d'après les »Dialogues rustiques« de Varron‹, in: J. Collart (Hrsg.), *Varron, grammaire antique et stylistique latine*. Paris: Les Belles Lettres 1978, S. 113 ff.

– ›Pline le Jeune et les problèmes économiques de son temps.‹ *Revue des études anciennes* 69 (1967), S. 62 ff.

Mocsy, A. ›Die Unkenntnis der Lebensalter im römischen Reich.‹ *Acta antiqua Academiae scientiarum Hungaricae* 14 (1966), S. 387.

Moreau, P. ›Structures de parenté et d'alliance d'après le *Pro Cluentio*.‹ *Les Bourgeoises municipales italiennes*. Paris und Neapel: Centre Jean Bérard 1983.

Nardi, E. *Procurato aborto nel mondo greco-romano*. Mailand: Giuffrè 1971.

Neraudau, J.-P. *Etre enfant à Rome*. Paris: Les Belles Lettres 1984.

– Nilsson, M. *Die hellenistische Schule*, München 1955, kommt durch sein nichtfunktionales Herangehen an die Geschichte der Erziehung zu anderen Ergebnissen.

– *»Mousikos Aner«, Etude sur les scènes de la vie intellectuelle figurant sur les monuments funéraires romains*. Rom: Erma 1965.

Nilsson, M. *Geschichte der griechischen Religion*, Band 2, *Die hellenistische und römische Zeit*. Handbuch der Altertumswissenschaft V, 2. 2. Aufl. München: Beck 1961.

Nock, A. D. *Essays on Religion and the Ancient World*. 2 Bände. Oxford: Clarendon 1972.

Nörr, D. ›Zur sozialen und rechtlichen Bewertung der freien Arbeit in Rom.‹ *Zeitschrift der Savigny-Stiftung, Roman. Abt.* 82 (1965), S. 67 ff.

Ovid, *Liebeskunst*. Übers. W. Hertzberg u. F. Burger. München: Heimeran 1950.

– *Metamorphosen*. Übers. R. Suchier. München: Goldmann 1959. (= Goldmanns Gelbe Taschenbücher 583/584.)

Paoli, U. E. *Vita romana. La vie quotidienne dans la Rome antique*. Übers. J. Rebertat. Paris: Desclée de Brouwer 1955.

Pauly-Wissowa, *Realencyclopädie der klassischen Altertumswissenschaft*. Stuttgart 1893–1980.

Petronius Arbiter, *Satyrikon*. Übers. C. Fischer, Übers. der Ergänzungen Nodots: W. Heinse. München: Winkler 1962.

Picard, G.-C. *La Civilisation de l'Afrique romaine*. Paris: Plon 1959.

Pleket, H. W. ›Collegium juvenum Nemesiorum: A Note on Ancient Youth Organization.‹ *Mnemosyne* 22 (1969), S. 281 ff.

– ›Games, Prizes, Athletes, and Ideology: Some Aspects of the History of Sport in the Greco-Roman World.‹ *Arena* 1 (1976), S. 49 ff.

– ›Urban Elites and Business in the Greek Part of the Roman Empire‹, in: Garnsey et al., *Trade in the Ancient Economy*. London 1983, S. 131 ff.

– ›Zur Soziologie des antiken Sports.‹ *Medelingen van het Nederlands Instituut te Rome* 36 (1974), S. 57 ff.

Pohlenz, M. *Die Stoa, Geschichte einer geistigen Bewegung*. 5. Aufl. Göttingen: Vandenhoeck und Ruprecht 1978.

Pomeroy, Sarah B. *Frauenleben im klassischen Altertum*. Stuttgart: Kröner 1985. (KTA 461.)

Prachner, M. *Die Sklaven und die Freigelassenen im arretinischen Sigillatagewerbe*. Wiesbaden: Steiner 1980.

Quet, M.-H. ›Remarques sur la place de la fête dans le discours des moralistes grecs.‹ *La Fête, pratique et discours*. Annales littéraires de l'université de Besançon. Centre de recherches d'histoire ancienne 42 (1981), S. 41 ff.

Rabbow, P. *Seelenführung. Methodik der Exerzitien in der Antike*. München: Kösel 1954.

Raepset-Charlier, M.-T. ›Ordre sénatorial et divorce sous le Haut-Empire.‹ *Acta classica universitatis scientiarum Debrecenensis* 17–18 (1981/82), S. 161 ff.

Ramin, J., und P. Veyne, ›Les hommes libres qui passent pour esclaves et l'esclavage volontaire.‹ *Historia* 30 (1981), S. 472 ff.

Rawson, B. ›Family Life among the Lower Classes at Rome.‹ *Classical Philology* 61 (1966), S. 71 ff.

– ›Roman Concubinage and Other De Facto Marriages.‹ *Transactions of the American Philosophical Association* 104 (1974), S. 279 ff.

Reekmans, Tony, ›Juvenal's Views on Social Change.‹ *Ancient Society* 2 (1971), S. 117–161.

Robert, J., und L. Robert, *Bulletin épigraphique*, in: *Revue des études grecques* seit 1938 (seit 1971 bandweise gesammelt und mit Register versehen). Enthält eine Fülle von Material und Anregungen, die sich zum größten Teil auf die griechischen Gebiete des Römischen Reiches bzw. die unter römischer Herrschaft befindlichen Teile Griechenlands beziehen.

Robert, L. *Opera minora selecta*. 4 Bände. Amsterdam: Hakkert 1974.

Saller, R. P. *Personal Patronage under the Early Empire*. Cambridge: The Cambridge University Press 1982.

San Nicolo, M. *Ägyptisches Vereinswesen zur Zeit der Ptolemäer und Römer*. München: Beck 1972.

Schmitt-Pantel, P. ›Le festin dans la fête de la cité hellénistique.‹ *La fête, pratique et discours*. Annales littéraires de l'université de Besançon. Centre de recherches d'histoire ancienne 1981, Band 62, S. 85 ff.

Schuller, W. (Hrsg.) *Korruption im Altertum*. München: Oldenbourg 1982.

Syme, R. *Roman Papers I*. Oxford: Oxford University Press 1979.

– ›Greeks Invading the Roman Government.‹ *Brademas Lectures*. Brookline, Mass.: Hellenic College Press 1982.

Thomas, Y. *Paura dei padri e Violenza dei figli: immagini retoriche e norme di diretto*. In: Pellizer und Zoerzetti, *La*

Paura dei padri nella società antica e medievale. Bari: Laterza 1983.

– ›Remarques sur le pécule et les *honores* des fils de famille.‹ *Mélanges d'archéologie et d'histoire de l'Ecole française de Rome. Antiquité* 93 (1981), S. 529 ff.

Toynbee, J. M. C. *Death and Burial in the Roman World*. London: Thames and Hudson 1971.

Turcan, R. A. *Mithra et le Mithriacisme*. Paris: Presses Universitaires de France 1981.

Vallat, J.-P. ›Architecture rurale en Campanie septentrionale.‹ *Architecture et Sociéte*. Rom: Ecole française de Rome 1983, S. 247 ff.

Versnel, H. S. (Hrsg.) *Faith, Hope, and Worship. Aspects of Religious Mentality in the Ancient World*. Leiden: Brill 1981.

Veyne, P. *L'Elégie érotique romaine*. Paris: Seuil 1983.

– ›Le folklore à Rome et les droits de la conscience publique sur la conduite individuelle.‹ *Latomus* 42 (1983), S. 3 ff.

– ›Suicide, Fisc, esclavage, capital et droit romain.‹ *Latomus* 40 (1981), S. 217 ff.

– ›Les saluts aux dieux et le voyage de cette vie.‹ *Revue archéologique* 1985.

– ›Mythe et réalité de l'autarcie à Rome.‹ *Revue des études anciennes* 81 (1979), S. 261 ff.

Ville, G. *La Gladiature en Occident, des origines à la mort de Domitien*. Ecole française de Rome 1981.

Wissowa, G. *Religion und Kultur der Römer*. Handbuch der Altertumswissenschaft IV, 5. München: Beck 1971. (= Unveränderter Nachdruck der 2. Aufl. 1912.)

II. Spätantike

Die neuere Forschung über die spätere Kaiserzeit weist zwar viele zuverlässige Darstellungen zur politischen, religiösen und Sozial-Geschichte der Spätantike auf, jedoch keine einzige Abhandlung über diese Zeit unter dem Gesichtspunkt des vorliegenden Buches. Einer derartigen Darstellung am nächsten kommt die meisterhafte Arbeit von H.-I. Marrou, *Décadence romaine ou antiquité tardive*, Paris 1977. Für die englischsprachige Welt faßt William Lecky, *History of European Morals from Augustus to Charlemagne*, London 1869, die traditionelle Sichtweise zusammen. A. H. M. Jones, *The Later Roman Empire*, Band II, Oxford 1964, bes. S. 873–1024, enthält viele Zeugnisse, aber wenig Kommentar. Ohne die Arbeiten Paul Veynes hätten mir nicht nur die notwendigen Informationen für dieses neuartige Unternehmen gefehlt; ich hätte auch nicht den Mut dazu gehabt, den ich hauptsächlich der Energie und hohen Gelehrsamkeit verdanke, womit Veyne sich an Themen heranwagt, denen andere Forscher eher aus dem Wege gehen.

Die Welt der Stadt: P. Veyne, *Le pain et le cirque*, Paris: Seuil 1976 (dtsch.: *Brot und Spiele*, Frankfurt: Campus 1988), und R. MacMullen, *Paganism in the Roman Empire*, New Haven: Yale University Press 1981. – Erziehung und Sozialisation: Unübertroffen bleibt H.-I. Marrou, *Geschichte der Erziehung im klassischen Altertum*. München: Deutscher Taschenbuch Verlag 1977 (dtv 4275). Hervorragend auch A. J. Festugière, *Antioche païenne et chrétienne*, Paris 1959, bes. S. 211–240. Ein reizvolles neues Dokument präsentiert A. C. Dionisotti, ›From Ausontius' Schooldays? A Schoolbook and Its Relatives‹, *Journal of Roman Studies* 82 (1982), S. 83 ff.

Sexualität, Betragen und das Bild des Körpers in der Medizin: Die beiden Beiträge P. Veynes ›La famille et l'amour sous le Haut Empire romain‹, *Annales* 33 (1978), S. 35 ff., und ›L'homosexualité à Rome‹, *Communications* 35 (1982), S. 26 ff., geben der Diskussion neue Anstöße; Aline Rousselle, *Porneia: de la maîtrise du corps à la privation sensorielle*, Paris 1983, ist ungewöhnlich aufschlußreich. – Zur Stabilität normativer Werte auf Inschriften: Genannt sei in erster Linie L. Robert, *Hellenica* 13 (1965), S. 226–227, wo ein unvergleichlicher Kenner der griechischen Welt in der römischen Kaiserzeit zu diesem Thema Stellung bezieht.

Soziale Distanz: Überzeugend R. MacMullen, *Roman Social Relations*, New Haven: Yale University Press 1974. – *Popularitas* und die sittliche Qualität der Spektakel: L. Robert, *Les gladiateurs dans l'Orient grec*, Paris 1940, behandelt ein widriges Thema mit unfehlbarer Präzision; siehe auch G. Ville und P. Veyne, ›Religion et politique: comment ont pris fin les combats de gladiateurs‹, *Annales* 34 (1979), S. 651 ff. – Demokratisierung philosophischer Ideale in christlichen Kreisen: H. E. Chadwick, *The Sentences of Sextus*, Cambridge 1959; ferner die menschliche und kenntnisreiche Einleitung und die Anmerkung H.-I. Marrous (zusammen mit M. Harl) zu *Clément d'Alexandrie: Le Pédagogue*, Sources chrétiennes 70 (Paris 1960).

Über das »Herz« und die »bösen Neigungen« im Spätjudentum: Als Einführung in das Thema empfiehlt sich J. Hadot, *Penchant mauvais et volonté libre dans la Sagesse de Ben Sira*, Brüssel 1972. G. F. Moore, *Judaism*, Cambridge (Mass.): Harvard University Press 1950, S. 474–496, sammelt die rabbinischen Zeugnisse. – Die soziale Struktur der frühchristlichen Gemeinde in Korinth untersucht G. Theißen, *Studien zur Soziologie des Urchristentums*, Tübingen: Mohr 1983². Einen Quantensprung an soziologischer Gelehrsamkeit bietet Wayne Meeks, *The First Urban Christians: The Social World of the Apostle Paul*, New Haven: Yale University Press 1983. Für die verbleibenden Jahrhunderte haben wir das Werk des Altmeisters A. Harnack, *Mission und Ausbreitung des Christentums*, Leipzig 1902; siehe ferner H. Gülzow, ›Kallist von Rom‹, *Zeitschrift für neutestamentliche Wissenschaft* 58 (1968), S. 102 ff., und L. W. Countryman, *The Rich Christian in the Church of the Early Empire*, New York 1980.

Über das Almosenwesen und die Veränderungen in der Volksmoral: Als Ausgangspunkt eignen sich am besten zwei Stellen bei P. Veyne: *Le pain et le cirque*, S. 44–50, und die Bemerkungen in ›Suicide, Fisc, esclavage, capital et droit romain‹, *Latomus* 40 (1981), S. 217 ff. – Zölibat und ehelicher Rigorismus in der Urkirche: Eine treffliche Zusammenfassung bei C. Munier, *L'Eglise dans l'empire romain*, Paris 1979, S. 7–16. Ausgezeichnete Beiträge enthält der von R. Cantalamassa herausgegebene Band *Etica sessuale e matrimonio nel cristianesimo delle origini*, Mailand 1976; nennenswert vor allem P. F. Beatrice, ›Continenza e matrimonio nel cristianesimo primitivo‹, S. 3 ff. *Les Actes Apocryphes des Apôtres: Christianisme et monde païen*, Hrsg. F. Bovon, Genf 1981, berührt verwandte Themen. Was das Problem der sexuellen Entsagung in der Spätantike betrifft, bin ich anderer Ansicht als E. R. Dodds in *Heiden und Christen in einem Zeitalter der Angst*, Übers. H. Fink-Eitel. Frankfurt/M.: Suhrkamp 1985.

Gesellschaftsstruktur und Stadtleben in der späteren Kaiserzeit: Peter Brown, *Die letzten Heiden*, Übers. Holger Fliessbach, Berlin: Wagenbach, mit weiterer Sekundärliteratur; C. Lepelley, *Les cités de l'Afrique romaine au Bas-Empire*, 2 Bände, Paris 1979/81, ist entschieden ein Gewinn; siehe auch R. Krautheimer, *Three Christian Capitals: Topography and Politics*, Berkeley 1983. – Über die Kleidung: R. MacMullen, ›Some Pictures in Ammianus Marcellinus‹, *Art Bulletin* 1964, S. 49 ff., und G. Fabre, ›Recherches sur l'origine des ornements vestimentaires du Bas-Empire‹, *Karthago* 16 (1973), S. 107 ff.; Marrou, *Décadence romaine*, S. 15–20, sieht scharfsichtig die Bedeutung solcher Veränderungen.

Städtische Feiern und die Mystik der Macht: Zentral bleibt H. Stern, *Le Calendrier de 354*, Paris 1953. M. Meslin, *La fête des kalendes des janvier*, Brüssel 1970, beschreibt eine bedeutsame Veränderung der heidnischen Folklore. J. W. Salomonson, *Voluptatem spectandi non perdat sed mutet*, Amsterdam 1979, beschreibt die Kontinuität der Mystik der Spiele in christlichen Kreisen. Die Machtideologie der »potentes«, wie sie sich in den Mosaiken der Paläste spiegelt, untersucht K. M. D. Dunbabin, *The Mosaics of Roman North Africa*, Oxford 1978. Heftige Diskussionen haben die Mosaiken der Villa in Piazza Armerina auf Sizilien ausgelöst; siehe S. Settis, ›Per l'interpretazione di Piazza armerina‹, *Mélanges d'archéologie et d'histoire: Antiquité* 87 (1975), S. 873 ff.; über die Entdeckung ähnlicher Mosaiken in Tellaro und Parti siehe Lellia Cracco Ruggini, *La Sicilia tra Roma e Bisanzio: Storia di Sicilia*, Neapel 1982, III, S. 66 ff.

Stadt und Basilika: R. Krautheimer, *Rome: Profile of a City*, Princeton 1980, ist eine meisterhafte Ergänzung zu der monumentalen Studie von C. Pietri, *Roma cristiana*, 2 Bände, Paris 1977. – Wandlungen des kirchlichen Zeremoniells und Almosenwesens: Peter Brown, ›Dalla pleba romana alla plebs Dei. Aspetti della cristianizzazione di Roma‹, *Passatopresente* 2 (1982), S. 123 ff., und *The Cult of the Saints: Its Rise and Function in Late Christianity*, Chicago 1981, S. 39–49. – Armut und Almosen: E. Patlagean, *Pauvreté économique et pauvreté sociale à Byzance*, Paris 1977, untersucht auf neuartige Weise die spätrömische Gesellschaft und den Einfluß des Christentums auf die städtische Gemeinschaft.

Die Eigenart der heidnischen Epitaphe beleuchtet R. Lattimore, *Themes in Greek and Latin Epitaphs*, Urbana (Ill.) 1962. Die Sorge der christlichen Gemeinden für ihre Toten erörtert vorzüglich P. A. Février, ›Le Culte des morts dans les communautés chrétiennes durant le IIIème siècle‹, *Atti del IX° congresso di archeologia cristiana*, Rom 1977, I, S. 212 ff., und ›À propos du culte funéraire: culte et sociabilité‹, *Cahiers archéologiques* 26 (1977), S. 29 ff.; siehe auch R. Krautheimer, ›Mensa, coemeterium, martyrium‹, *Cahiers archéologiques* 11 (1960), S. 15 ff. Diese und andere Arbeiten haben meine Deutung in *Cult of the Saints*, S. 23–28, beeinflußt. B. Young, ›Paganisme, christianisme et rites funéraires mérovingiens‹, *Archéologie medievale* 7 (1977), S. 5 ff., ist ein wichtiger Beitrag über eine bestimmte Gegend; eine glänzende Sammlung über eine andere Gegend ist Y. Duval, *Loca sanctorum Africae*, Rom: École française de Rome 1982.

Über Vorformen mönchischer Spiritualität unterrichtet A. Guillaumont, ›Monachisme et éthique judéo-chrétienne‹, *Judéo-Christianisme: volume offert au cardinal J. Daniélou: Recherches de science religieuse* 60 (1972), S. 199 ff. Den Einfluß des Mönchtums untersucht man am besten am Wirken seiner großen Exponenten im Umkreis von Städten: *Jean Chrysostome: La Virginité*, Hrsg. B. Grillet, Sources chrétiennes 125, Paris 1966, und – besonders nützlich – *Grégoire de Nisse: Traité sur la Virginité*, Hrsg. M. Aubineau, Sources chrétiennes 119, Paris 1966. Die radikale Theorie des mönchischen Paradigmas kann den Forscher dazu verführen, die Härte der asketischen Praxis zu überschätzen; gegen diesen Trugschluß sind auch die besten Darstellungen nicht gefeit; siehe namentlich Festugière, *Antioche*, S. 291–310, und A. Vööbus, *A History of Asceticism in the Syrian Orient*, Bände 1 und 2, Löwen 1958 bzw. 1960. D. Chitty, *The Desert a City*, Oxford 1966, ist ein außerordentlich gelehrtes und menschliches Buch; Korrekturen dazu bei E. A. Judge, ›The Earliest Use of »Monachos«‹, *Jahrbuch für Antike und Christentum* 20 (1977), S. 72 ff. – Die mönchische Armut und deren Verhältnis zum Selbstverständnis der christlichen Gesellschaft hat Patlagean in *Pauvreté* als zentral herausgearbeitet; für die pachomischen Gemeinschaften untersucht dasselbe

Thema B. Büchler, *Die Armut der Armen*, München 1980. – Zu Oxyrhynchos: J. M. Carrié, ›Les distributions alimentaires dans les cités de l'empire romain tardif‹, *Mélanges d'archéologie et d'histoire: Antiquité* 87 (1975), S. 995 ff., und R. Remondon, ›L'église dans la société égyptienne à l'époque byzantine‹, *Chronique d'Égypte* 47 (1972), S. 254 ff. – Mönchische Bildung und die Stadt: Festugière, *Antioche*, S. 181–240, und Marrou, *Geschichte der Erziehung*, sehen deutlich die Probleme; die aufschlußreichste Quelle ist *Jean Chrysostome: Sur la vaine gloire*, Hrsg. A. M. Malingrey, Sources chrétiennes 188, Paris 1972. – Die Introspektion des Mönchs im Zusammenhang mit seiner Sexualität ist ein Thema, das gemeinhin mit gelehrten Platitüden übergangen wird; neue Wege gehen: R. Refoulé, ›Rêves et vie spirituelle d'après Évagre le Pontique‹, *La vie spirituelle: Supplement* 14 (1961), S. 470 ff.; M. Foucault, ›Le combat de la chasteté‹, *Communications* 35 (1982), S. 12 ff.; und A. Rousselle, *Porneia*, S. 167–250; unschätzbar ist *Évagre le Pontique: Traité pratique ou le moine*, 2 Bände, Hrsg. A. und C. Guillaumont, Sources chrétiennes 170 und 171, Paris 1971.

Byzantinische Ehemoral unter den Bedingungen der Stadt: C. Scaglioni, ›Ideale coniugale e familiare in san Giovanni Crisostomo‹, *Etica sessuale*, Hrsg. Cantalamessa, S. 273 ff., sowie die Beiträge in *Jean Chrysostome et Augustin*, Hrsg. C. Kannengiesser, Paris 1975, markieren einen Anfang. *Barsanuphe et Jean de Gaza: Correspondence*, Übers. L. Regnault, Solesmes 1971, gibt ein gutes Beispiel für die moralischen Probleme, mit denen Laien wie Mönche zu ihrem lokalen »Heiligen« kamen. – Sexualität als Mittel gegen die Sterblichkeit im griechisch-christlichen Denken: Die wichtigste Studie zu diesem Thema ist Ton H. C. van Eijk, ›Marriage and Virginity, Death and Immortality‹, *Epektasis: Mélanges J. Daniélou*, Paris 1972, S. 209 ff.

A. Kazhdan und A. Cutler, ›Continuity and Discontinuity in Byzantine History‹, *Byzantion* 52 (1982), S. 429 ff., erörtert Probleme der mittelalterlichen byzantinischen Gesellschaft, die für das 5. und 6. Jahrhundert gelten. Peter Brown, ›Eastern and Western Christendom in Late Antiquity: A Parting of the Ways‹, *Society and the Holy in Late Antiquity*, Berkeley 1982, S. 166 ff., skizziert im Umriß mögliche Divergenzen zwischen Ost und West.

Die Haltung von Augustinus ist mehrfach ausführlich untersucht worden, aber nicht immer seine Einstellung zu den hier erörterten Fragen. Sein *De nuptiis et concupiscentia*, geschrieben für Graf Valerius (418), ist ein zentraler Text, ebenso das Vierzehnte Buch des *Gottesstaates* (420). *De nuptiis* gibt es in einer glänzend kommentierten Ausgabe von A. C. de Veer, *Premières polémiques contre Julien: Bibliothèque augustinienne* 23, Paris 1974. In dem Brief (von 421?) an den Patriarchen Attikos von Konstantinopel legt Augustinus seine späteren Auffassungen über die Sexualität bei Adam und Eva und über das Wesen der jetzigen sexuellen Begierde dar: J. Divjak (Hrsg.), *Corpus Scriptorum Ecclesiasticorum Latinorum* 88, Wien 1981. Michael Müller, *Die Lehre des heiligen Augustins von der Paradiesehe und ihre Auswirkung in der Sexualethik des 12. und 13. Jahrhunderts*, Regensburg 1954, finde ich am zuverlässigsten, was die spätere Aufnahme der augustinischen Lehre durch mittelalterliche Autoren von kanonischen Schriften und Beichtspiegeln betraf.

III. Privates Leben und Hausarchitektur in Nordafrika

Becatti, G. ›Case ostiensi del tardo impero.‹ *Bolletino d'Arte* 33 (1948), S. 102–128, 197–224.

Boëthius, A., und J. B. Ward-Perkins, *Etruscan and Roman Architecture*. London: Penguin 1970.

Bruneau, P., et al., *L'Ilot de la maison des comédiens. Délos* XXVII, Paris 1970. Eine sorgfältig aufgeschlüsselte Liste jener aus dem 2. Jahrhundert v. Chr. stammenden griechischen Häuser, in denen der Innenhof zu einem von einem Portikus umringten Peristyl umgebaut wurde.

Clavel, M., und P. Lévêque, *Villes et structures urbaines dans l'Occident romain*. Paris 1971.

De Vos, A., und M. de Vos, *Pompei, Ercolano, Stabia*. Rom 1982.

Duby, G. (Hrsg.) *Histoire de la France urbaine*, Band I, *La Ville antique des origines au IXe siècle*. Paris: Seuil 1980.

Lancel, S. (Hrsg.) *Byrsa I et II*. Ecole française de Rome 1979, 1982.

La Rocca, E., M. de Vos und F. Coarelli, *Lübbes archäologischer Führer Pompeji*. Bergisch Gladbach 1979.

Lassus, J. ›Adaptation à l'Afrique de l'urbanisme romain.‹ *8e Congrès international d'archéologie classique, Paris 1963*. Paris 1965, S. 245–249.

Martin, R. *L'Urbanisme dans la Grèce antique*. Paris 1974².

Marin, R., und G. Vallet, ›L'architettura domestica‹, in: E. Gabba und G. Vallet (Hrsg.), *La Sicilia antica*, Band I, Teil 2, S. 321–354.

Pasini, F. *Ostia antica. Insule e classi sociali*. Rom 1978.

Pavolini, C. *Ostia*. Rom 1983.

Picard, G. *La Civilisation de l'Afrique romaine*. Paris 1959.

Picard, G. C., und C. Picard, *Vie et mort de Carthage*. Paris 1970, vor allem S. 220 ff.

Rebuffat, R. *Thamusida II*. Rom: Ecole française de Rome 1970. Eine gründliche Erörterung der afrikanischen Privatarchitektur am Beispiel einzelner Gebäude.

– ›Maisons à péristyle d'Afrique du Nord, répertoire de plans publiés.‹ *Mélanges de l'Ecole française de Rome* 81 (1969), S. 659–724; 86 (1974), S. 445–499.

Romanelli, P. ›Topografia e archeologia dell'Africa romana.‹ *Enciclopedia classica*. Turin 1970.

Van Aken, A. R. A. ›Late Roman Domus Architecture.‹ *Mnemosyne* (1949), S. 242–251.

IV. Abendländisches Frühmittelalter

Alvaro d'Ors, E. (Hrsg.) *Codigo de Eurico*. Madrid 1969.

Archéologie médiévale. Paris: Centre de recherches archéologiques médiévales de Caen, 1971. Diese Zeitschrift veröffentlicht regelmäßige Mitteilungen über mittelalterliche Ausgrabungen in Frankreich.

Baehrens, E. *Liber medicinalis de Q. S. Sammonicus*. Leipzig 1881.

Bellanger, G., und C. Sellier, *Répertoire des cimetières mérovingiens du Pas-de-Calais*. Arras 1982.

Beyerle, F. (Hrsg.) *Gesetze der Burgunden*. Germanenrechte, Band 10. Weimar 1936.

Beyerle, F., und R. Buchner (Hrsg.) *Lex Ribuaria*. Monumenta Germaniae Historica. Hannover 1954.

Buchet, Luc. ›La nécropole gallo-romaine et mérovingienne de Frénouville (Calvados), étude anthropologique.‹ *Archéologie médiévale* (1978), S. 5–53.

Center for the Study of the Early Middle Ages. *Proceedings of the Twenty-Fourth Congress*. 2 Bände, Spoleto 1977. (Über die Ehe.)

Chapelot, J., und R. Fossier, *Le Village et la Maison au Moyen Age*. Paris 1980.

Coleman, E. R. ›L'infanticide durant la haut Moyen Age.‹ *Annales* (1974), S. 315–335.

Delage, M.-J. *Sermons au peuple de Césaire d'Arles*. 2 Bände, Paris: Cerf 1972–1978.

Demolon, P. *Le Village mérovingien de Brebières*. Arras 1972.

Devisse, Jean, *Hincmar, archevêque de Reims (845–882)*. 3 Bände. Genf 1976, S. 367–468: Erörterung der christlichen Ehe.

Dill, S. *Roman Society in Gaul in the Time of the Merovingian Age*. New York 1926; Reprint 1966.

Dittrich, O. *Sainte Aldegonde, une sainte des Francs*. Kevelaer 1976. (Französisch-deutsch.)

Drew, K. F. ›The Germanic Family of the Lex Burgondionum.‹ *Medievalia et Humanistica* (1963), S. 5–14.

Dubois, Dom J., und L. Beaumont-Maillet, *Sainte Geneviève de Paris*. Paris 1982.

Eckhardt, K. A. (Hrsg.) *Lex Salica*. Germanenrechte, N. F. Abt. Westgermanisches Recht. Weimar 1953.

– (Hrsg.) *Pactus Legis Salicae*. 2 Bände. Monumenta Germaniae Historica. Hannover 1962–1969.

Einhard, *Vita Karoli Magni. Das Leben Karls des Großen*. Hrsg. E. Scherabon Firchow. Stuttgart: Reclam 1981. (= RUB 1996.)

Faral, E. *Poème sur Louis le Pieux et Epitre au roi Pépin par Ermold le Noir*. Paris: Champion 1932.

Ganshof, F. L. ›Le statut de la femme dans la monarchie franque.‹ *Recueil de la Société Jean Bodin* 1962, S. 5–58.

Gransen, G. ›La lettre de Hincmar de Reims au sujet du mariage d'Etienne.‹ *Pascua mediaevalia*. Löwen 1983, S. 133–146.

Gregor von Tours, *Fränkische Geschichte*. Übers. W. v. Giesebrecht, Bearb. M. Gebauer. Essen und Stuttgart: Phaidon 1988.

Halphen, L. *Vie de Charlemagne par Eginhard*. Paris: Champion 1923.

Hartel, C. (Hrsg.) *Prosper d'Aquitaine*. Wien 1894.

James, E. *The Merovingian Archeology of South-West Gaul*. 2 Bände, London 1977.

Joffroy, R. *Le Cimetière de Lavoye*. Paris 1974.

Kalifa, S. ›Singularités matrimoniales chez les anciens Germains, le rapt et le droit de la femme à disposer d'elle-même.‹ *Revue historique du droit français et étranger* (1970), S. 199–225.

Köttje, R. *Die Bußbücher Halitgars von Cambrai und des Hrabanus Maurus*. Berlin und New York 1980.

Krusch, B., und W. Levison (Hrsg.) *Passiones vitaeque sanctorum aevi Merowingici*. 7 Bände. Monumenta Germaniae Historica. Hannover 1920. Einführung in das Privatleben der wichtigsten Heiligen der gallischen Kirche.

Latouche, R. *Histoire de France par Richer*. Paris: Champion 1923.

Lauer, P. (Hrsg.) *Flodoard, Annales*. Picard 1905.

– *Histoires des fils de Louis le Pieux, par Nithard*. Paris: Champion 1926.

Lelong, Charles, *La vie quotidienne en Gaule à l'époque mérovingienne*. Paris: Hachette 1963.

Léo, F. (Hrsg.) *Fortunatus*. Monumenta Germaniae Historica. Hannover 1881.

Levillain, L. *Correspondance (829–862) de Loup de Ferrières*. Paris: Champion 1927.

Loyen, A. *Poèmes et lettres de Sidoine Apollinaire*. 3 Bände. Paris: Les Belles Lettres 1960–1970.

Manselli, R. ›Vie familiale et éthique sexuelle dans les pénitentiels.‹ Rom: Ecole française de Rome. Colloquium über Familie und Verwandtschaft im abendländischen Mittelalter. Rom 1977, S. 363–378.

Meyer, P., und T. Mommsen (Hrsg.) *Codex theodosianus*. 2 Bände. 2. Aufl. Berlin 1905.

Moussy, C. *Poème d'action de grâces et Prière de Paulin de Pella*. Paris: Cerf 1974.

Munier, C., und C. de Clerq (Hrsg.) *Concilia Galliae.* 2 Bände. 2. Aufl. Turnhout 1963.
Pharr, Clyde, *The Theodosian Code and Novels and the Sirmondian Constitutions.* Princeton University Press 1952.
Riché, P. *Manuel pour mon fils, par Dhuoda.* Paris: Cerf 1975.
– *La Vie quotidienne dans l'Empire carolingien.* Paris: Hachette 1973.
Rouche, Michel, ›La faim à l'époque carolingienne: essai sur quelques types de rations alimentaires.‹ *Revue historique* (1973), S. 295–320.
– ›Le repas de fête à l'époque carolingienne.‹ Kongreß in Nizza *Boire et manger au Moyen Age. Nice 1982.* Paris: Les Belles Lettres 1984, I, S. 265–296.
Salin, E. *La civilisation mérovingienne.* 4 Bände. Paris 1950–1959.
Salis, L. R. de (Hrsg.) *Leges Burgondionum.* Monumenta Germaniae Historica. Hannover 1892.
Schmitt, F. (Hrsg.) *Corpus Consuetudinum Monasticorum.* Siegburg 1963.
Simonnot, H. *Le Mundium dans le droit de famille germanique.* Paris 1893.
Stuard, S. M. (Hrsg.) *Women in Medieval Society.* Philadelphia: University of Pennsylvania Press 1976.
Temple, S. F. *Women in Frankish Society. Marriage and the Cloister, 500 to 900.* Philadelphia 1981.
Theiss, L. ›Saints sans famille? Quelques remarques sur la famille dans le monde franc à travers les sources hagiographiques.‹ *Revue historique* (1976), S. 3–20.
Thevenin, A. *Les Cimetières mérovingiens de la Haute-Saône.* Paris 1968.
Uddholm, A. (Hrsg.) *Marculfs »Formulae«.* Uppsala 1962.
Vogué, A. de, *La Règle de saint Benoît.* 7 Bände. Paris: Cerf 1972–1978.
Wallace-Hadrill, J. (Hrsg.) *Fredegaire.* London 1960.
Wasserschleben, F. W. H. *Die Bußordnungen der Abendländischen Kirche.* Halle und Graz 1958. Eine Sammlung von Bußbüchern.
Werminghoff, A. (Hrsg.) *Concilia aevi Karolini.* 2 Bände. Monumenta Germaniae Historica. Hannover 1904–1908.
Zerner-Chardavoine, Mme. ›Enfants et jeunes au IXe siècle, la démographie du polyptyque de Marseilles, 813–814.‹ *Provence historique* (1981), S. 355–384.
Zeumer, K. (Hrsg.) *Formulae Merowingici et Karolini aevi.* Monumenta Germaniae Historicae. Hannover 1886.

V. Byzanz im 10. und 11. Jahrhundert

Achmet ben Sirin. *Traumbuch.* Übers. K. Brackertz. München: Beck 1986.
L'Art byzantin, art européen. Athen 1964.
Beaucamp, J. ›La situation juridique de la femme à Byzance.‹ *Cahiers de civilisation médiévale* 20 (1977), S. 145–176.
Beck, H. G. *Das byzantinische Jahrtausend.* München: Beck 1978.
– ›Byzantinisches Gefolgschaftswesen.‹ *Sitzungsber. Bayer. Akad. d. Wissensch. Philos.-Histor. Kl.*, Band 5, 1965.
– *Geschichte der byzantinischen Volksliteratur.* München: Beck 1971.
– *Kirche und theologische Literatur im byzantinischen Reich.* München: Beck 1959.
Bréhier, L. *Le Monde byzantin.* 3 Bände. Paris: Albin Michel 1946–1950; Reprint mit bibliographischem Nachtrag von J. Gouillard 1969–1970.
Buckler, G. ›Women in Byzantine Law about 1100 A. D.‹ *Byzantion* XI (1936), S. 391–416.
Byzantine Books and Bookmen. Washington, D. C.: Dumbarton Oaks 1975.
Centre de recherches d'histoire et civilisation byzantine, *Travaux et Mémoires*, Band 6, *Recherches sur le XIe siècle.* Paris: Boccard 1976.
Dauvillier, J., und C. de Clerq, *Le Mariage en droit canonique oriental.* Paris: Sirey 1936.
Grabar, A. *L'Iconoclasme byzantin.* 2. Aufl. Paris: Flammarion 1984.
– *La Peinture byzantine.* Genf: Skira 1953.
Guillou, A. *La Civilisation byzantine.* Paris: Arthaud 1975.
Hackel, S. (Hrsg.) *The Byzantine Saint.* London: Fellowship of St. Alban and St. Sergius 1981. Siehe vor allem R. Morris, ›The Political Saint of the Eleventh Century‹, S. 3–50, und E. Patlagean, ›Sainteté et pouvoir‹, S. 88–105.
Hendy, M. F. ›Byzantium, 1081–1204: An Economic Reappraisal.‹ *Transactions of the Royal Historical Society* 1970, S. 31–52.
Hunger, H. *Die hochsprachliche profane Literatur der Byzantiner.* 2 Bände. München: Beck 1978.
– *Reich der neuen Mitte. Der christliche Geist der byzantinischen Kultur.* Graz – Wien – Köln: Styria 1965.
Hussey, J. M. (Hrsg.) *The Byzantine Empire.* 2. Aufl. Band 4 der *Cambridge Medieval History.* Cambridge: Cambridge University Press 1967–1968.
Kazhdan, A., mit S. Franklin, *Studies on Byzantine Literature of the Eleventh and Twelfth Centuries.* Cambridge und Paris: Cambridge University Press, Maison des Sciences de l'Homme 1984.

Kazhdan, A., und G. Constable, *People and Power in Byzantium: An Introduction to Modern Byzantine Studies.* Washington, D. C.: Dumbarton Oaks 1982.

Kirsten, E. ›Die byzantinische Stadt.‹ *Berichte zum XI. Internationalen Byzantinisten-Kongreß.* 3 Bände. München 1958.

Lemerle, P. *Cinq Etudes sur le XIe siècle byzantin.* Paris: Centre Nationale pour la Recherche Scientifique 1977. Vgl. dazu A. Kazhdan, ›Remarques sur le XIe siècle byzantin. A propos d'un livre récent de Paul Lemerle.‹ *Byzantion* 49 (1979), S. 491–503.

Lopez, R. S. *Byzantium and the World around It: Economic and Institutional Relations.* London: Variorum Reprints 1978.

Mango, C. *The Art of the Byzantine Empire.* Sources and Documents in the History of Art. Englewood Cliffs, N. J.: Prentice-Hall 1972.

Morris, R. ›The Powerful and the Poor in Tenth Century Byzantium: Law and Reality.‹ *Past and Present* 73 (1976), S. 3–27.

Obolensky, D. *The Bogomils. A Study in Balkan Neo-Manichaeism.* Cambridge 1948.

Ostrogorsky, G. *Geschichte des byzantinischen Staates.* München: Beck 1963[3].

– ›Observations on the Aristocracy in Byzantium.‹ *Dumbarton Oaks Papers* 25 (1971), S. 3–32.

Proceedings of the 13th International Congress of Byzantine Studies. Oxford: Oxford University Press 1967.

Svoboda, K. *La Démonologie de Michel Psellos.* Brünn 1927. Vgl. P. Gautier, ›Le *De daemonibus* du Pseudo-Psellos‹. *Revue des études byzantines* 38 (1980), S. 105–194.

Vasiliev, A. A. *History of the Byzantine Empire, 324–1453.* 2. Aufl. Madison: University of Wisconsin Press 1952.

Vryonis, S. ›Byzantine *Demokratia* and the Guilds.‹ *Dumbarton Oaks Papers* 17 (1963), S. 287–314.

Bildnachweise

Die Autoren möchten sich bei Simone Lescuyer, Agnès Mathieu und Claude Simion bedanken, die bei den Illustrationen dieses Buches Spürsinn, Sicherheit und Originalität bewiesen haben. Wir sind auch Mme. Judith Petit, Konservatorin der Sammlung Dutuit am Petit Palais, für die Veröffentlichung der Bronzemünzen zu Dank verpflichtet. Schließlich danken wir noch Prof. Christian Goudineau vom Collège de France und J.-P. Darmon, Forschungsassistent am Centre National de la Recherche Scientifique.

Die in diesem Buch gezeigten Stätten und Gegenstände (auf den angegebenen Seiten) befinden sich an den folgenden Standorten: Altertümer-Museum, Leyden: 215; Archäologisches Museum, Aquileia: 81, 113, 129 u., 136, 157; Archäologisches Museum, Mailand: 102 o; Archäologisches Museum, Neapel: 20, 44, 48, 50, 64 o., 70, 78, 80, 94, 96, 199, 204, 209 o, 211, 216; Archäologisches Museum, Ostia: 24, 31, 126, 127, 188, 207; Archäologisches Museum, Venedig: 201; Archäologisches Nationalmuseum, Athen: 40; Archives Nationales, Paris: 401; Ausstellungskatalog »Karl der Große«, Aachen 1965: 416; Baptisterium von Saint-Jean, Poitiers: 463; Bargello-Museum, Florenz: 499; Biblioteca Marciana, Venedig: 552; Bibliothek der Königlichen Universität, Utrecht: 405, 413, 502, 507; Bibliothèque Municipale, Boulogne-sur-Mer: 489; Bibliothèque Municipale, Cambrai: 505; Bibliothèque Municipale, Epernay: 409, 459; Bibliothèque Municipale, Poitiers: 396, 496; Bibliothèque Nationale, Paris: 281 o., 400, 407, 414, 420, 421, 426, 467, 469, 471, 500, 501, 509, 510, 521, 525, 526, 533, 541, 542, 543, 567, 579, 581, 586, 587; Bibliothèque Nationale, Cabinet des Médailles, Paris: 56 u., 205, 269, 271, 286, 287, 294, 390, 398, 399, 402, 403, 406, 425, 472, 593, 594; Bischöfliches Museum, Trier; 272; British Museum, London: 82, 131 o., 194 u., 282, 453; Byzantinisches Museum, Athen: 584; Cava dei Tirreni, Italien, Archiv der Abtei: 458, 511; Christliches Museum Monastero, Aquileia: 296; Christliches Museum, Brescia: 281 u.; Christliches Museum im Lateran, Rom: 268; Collection Hayford Pierce, Paris: 537; Collection Mallon, Paris: 518; Collection Dr. Reber, Lausanne: 560; CRAM, Caen: 476, 481 (mit freundl. Genehmigung v. Claude Lorren); Dom, Aquileia: 277; Dumbarton Oaks, Byzantine Collection, Washington, D. C.: 558, 592; Gewölbe in der Katakombe der Hl. Priscilla, Rom: 244; Göreme, Kappadokien, Kapelle Nr. 28, »Drachenkirche« : 544; Hessisches Landesmuseum, Darmstadt: 524, 583; Jandin, Ardennen: 428; Kapitularbibliothek, Modena: 388; Katakomben des Hl. Januarius, Neapel: 267; Kathedralmuseum, Reims: 431; Krypta von Cruas, Ardèche: 412; Krypta der Kirche Saint-Maximin, Var: 435; Krypta von Santa Maria, Verona: 257; Kunsthistorisches Museum, Wien: 446; Landesmuseum, Trier: 140, 145, 146, 190, 232, 261; Lateranmuseum, Rom: 37 (jetzt: Vatikan), 122, 270; Louvre, Paris: 22, 27, 29, 32, 35, 53, 54, 56 o., 119, 169, 185 o., 194 o., 228, 243 o., 249, 288, 295; Metropolitan Museum, New York: 218 u.; Montcaret, Dordogne: 429 u.; Musée des Antiquités Nationales, Saint-Germain-en-Laye: 142, 408, 417 u., 423; Musée d'Aquitaine, Bordeaux: 89; Musée Archéologique, Châtillon-sur-Seine: 474; Musée Archéologique, Straßburg: 429 o.; Musée du Bardo, Tunis: 95, 191, 265, 269; Musée du Berry, Bourges: 488; Musée des Beaux-Arts, Dijon: 247; Musée des Beaux-Arts, Lyon: 503; Musée des Beaux-Arts, Troyes: 461; Musée Calvet, Avignon: 178; Musée de la Civilisation Gallo-romaine, Lyon: 25; Musée de Cluny: 516; Musée Danon, Chalon-sur-Saône: 477; Musée Départemental, Rouen: 465; Musée Fabre, Montpellier: 486; Musée Lapidaire, Arles: 84; Musée de Metz: 419, 442, 460, 490; Musée Municipal, Laon: 473; Musée National de la Céramique, Sèvres: 535, 536 u., 537 o.; Musée de Reims: 576; Musée de Rohan, Straßburg: 404; Musée Royal, Brüssel: 449; Musée des Sciences Naturelles et d'Archéologie, Douai: 417 o., 478; Museo Communale, Velletri: 291; Museo dei Conservatori, Rom: 39, 52, 57, 100, 102 o., 111, 138, 145, 218, 230, 241 o.; Museo San Paolo fuori le mura, Rom: 75, 258; Museum, Ancona: 93, 134; Museum, L'Aquila: 109; Museum, Arezzo: 161; Museum, Beirut: 185 u.; Museum, Benevent: 60; Museum, Berlin: 128 u.; Museum, Bourges: 462; Museum, Dresden: 125; Museum, Este: 128 o.; Museum, Istanbul: 251; Museum, Marburg: 27; Museum, Parma: 180; Museum, Plovdiv: 186; Museum, Portogruaro: 107; Museum, Syrakus: 105; Nationalbibliothek, Madrid: 538, 545, 555, 557,

565, 575, 585; Nationalmuseum, Budapest: 559; Nationalmuseum, Florenz: 539; Nationalmuseum, Kopenhagen: 474; Nationalmuseum, Rom: 300; Ny Carlsberg Glyptotek, Kopenhagen: 196; Österreichische Nationalbibliothek, Wien: 415; Palast der Sforza, Mailand: 148; Palazzo Colonna, Rom: 43; Palazzo Doria, Genua: 222; Palazzo Ducale, Mantua: 164; Palazzo Mattei, Rom: 240; Palazzo Salviati, Rom: 147; Petit Palais, Sammlung Dutuit, Paris: 18, 58 o., 58 m., 59, 69 o., 69 m., 72, 97, 98, 144, 173, 208, 209 u., 210; Prado, Madrid: 193; Priorei Notre-Dame-de-Salagon, Mane, Alpes-de-Haute-Provence: 432; Rheinisches Landesmuseum, Bonn: 440, 441, 456; Saint-Benoît-sur-Loire, Loiret: 410; Saint-Pierre-de-la-Citadelle, Metz: 484; Sammlung Torlona, Rom: 120, 149, 197; San Marco, Pala d'Oro, Venedig: 519; Sant'Ambrogio, Mailand: 272; Sant'Angelo in Formis, Italien: 563; Santa Sabina, Rom: 290; San Vittore, Ravenna: 131 o.; Schleswig-Holsteinisches Landesmuseum für Vor- und Frühgeschichte, Schleswig: 444, 494, 495; Staatliche Museen, Stiftung Preußischer Kulturbesitz, Berlin: 430, 590; Staatsbibliothek, Berlin: 262; Thermenmuseum, Rom: 28, 51 o., 64 u., 67, 86, 88, 92, 124, 202, 217, 243 u., 250, 254; Uffizien, Florenz: 91; Vatikanische Bibliotheken, Rom: 154, 233, 276, 571, 582, 589, 595, 596; Vatikanische Grotten, Rom: 284; Vatikanische Museen, Rom: 29, 47, 63, 66, 138, 160, 162, 163 o., 167 u., 182, 195, 221, 226, 237, 242; Villa Albani, Rom: 51 u., 115; Villa Borghese, Rom: 239; Walters Art Gallery, Menil Foundation, Baltimore: 530.

Photographien wurden von den folgenden Agenturen und Personen zur Verfügung gestellt: Arabesken (J.-C. und E. Chambrier), 265, 289; Archives Ph. Toutain, 514; Bulloz, 20, 58, 59, 69, 72, 97, 98, 142, 144, 173, 208, 209, 209, 235, 269, 401, 431; G. Dagli Orti, 27, 28, 31, 43, 48, 50, 51, 60, 64, 66, 67, 75, 80, 86, 89, 94, 105, 109, 115, 120, 124, 125, 126, 128, 129, 131, 145, 148, 151, 157, 181, 185, 188, 189, 196, 197, 199, 202, 206, 209, 237, 243, 250, 251, 257, 258, 267, 277, 282, 296, 396, 408, 417, 429, 431, 458, 461, 493, 496, 499, 511, 554, 548, 598; Edimédia, 82, 265; Collection Snark, 374; Giraudon, 22, 27, 29, 32, 35, 53, 56, 205, 249, 286, 287, 423, 425, 442, 462, 465, 469, 474, 477, 486, 489, 503, 518, 524, 537, 539, 559, 560, 576, 583, 584; Alinari-Giraudon, 29, 39, 44, 63, 64, 70, 90, 91, 107, 111, 112, 128, 131, 147, 149, 268, 281; Anderson-Giraudon, 20, 78, 100, 124, 154, 160, 182, 193, 202, 230, 255, 266, 274; Lauros-Giraudon, 247, 473, 519; M. Langrognet, 211, 527; Jacques Laurent, Tarbes, 429; Magnum/E. Lessing, 244, 284, 291, 474; ARXIU MAS, Barcelona, 538, 545, 555, 557, 565, 575, 585; C. Michaelides, 276; Roger-Viollet, 84, 104, 106, 163, 166, 167, 186, 207, 236, 241, 278, 280, 423, 547, 550; Hurault-Viollet, 408; Alinari-Viollet, 40, 96, 167, 194, 242, 254; Anderson-Viollet, 47, 195, 270, 300, 563; J. Roubier, 394, 403, 412, 432, 439, 449, 453, 463, 479, 483, 485, 491; M. Rouche, 438; Scala, Florenz, 132, 272; Y. Thébert, 310, 316, 318, 321, 323, 325, 330, 333, 362, 366, 369, 370, 371, 372, 373, 376, 377, 378, 379, 380, 381, 384; R. Tournus, 288; Armand Colin, 416; Privatsamml., 57, 93, 103, 113, 161, 168, 191, 194, 239, 252, 290, 410.

Farbige Abbildungen zwischen den Seiten 320-321 (in dieser Reihenfolge): Archäologisches Museum, Neapel, (Edimédia); Pompeji, Haus der Vettii (Archiv Snark); Archäologisches Museum, Neapel, (G. Dagli Orti); Villa des Hadrian, Tivoli (M. Langrognet); Aquileia, Kathedrale (G. Dagli Orti); Katakomben des hl. Januarius, Neapel (G. Dagli Orti); Bulla Regia, Haus der Neuen Jagd (Y. Thébert); Utica, Haus der Kaskade (Y. Thébert); Bulla Regia, Haus der Neuen Jagd (Y. Thébert); Thysdrus, Haus der Monate, El Djem, Museum, (Y. Thébert); Archäologisches Museum, Straßburg (G. Dagli Orti); Château-Landon, Krypta der Abtei Saint-Séverin (G. Dagli Orti); Nationalbibliothek, Madrid, (ARXIU MAS, Barcelona); Biblioteca Apostolica Vaticana, Rom (Biblioteca Apostolica Vaticana, Rom); Biblioteca Apostolica Vaticana, Rom; Istanbul Museum (G. Dagli Orti).

Register

Sachregister

Namenregister

Geschichte des privaten Lebens

Herausgegeben
von Philippe Ariès
und Georges Duby

S. Fischer

Grundriß der deutschen Ausgabe

1. Band:
Vom Römischen Imperium
zum Byzantinischen Reich

Herausgegeben
von Paul Veyne

Einleitung von Paul Veyne
I. Paul Veyne, Das Römische Reich
II. Peter Brown, Spätantike
III. Yvon Thébert, Privates Leben und
Hausarchitektur in Nordafrika
IV. Michel Rouche, Abendländisches Frühmittelalter
V. Evelyne Patlagean, Byzanz im 10. und 11. Jahrhundert